포룸 로마눔: 팔란티움 언덕에서 촬영된 사진. 주 포룸의 서쪽 끝이 보인다. 사진 중앙의 개선문과 원로원 의사당을 포함해 대부분의 유적은 아우구스투스 이후의 여러 세기에 걸쳐 지어졌다. 그러나 기본 배치는 아우구스투스에게도 익숙할 것이다. 로스트라, 즉 공공연설대는 개선문 바로 왼쪽에 위치한다. (저자 소장)

율리우스 카이사르: 투스쿨룸에서 출토된 이 흉상은 이마가 벗겨지고 주름이 깊게 팬 독재관의 얼굴을 묘사한다. 생전에 제작되었을 가능성이 크며, 후대의 초상들에 비해 이상화가 덜하다. 아우구스투스에 관한 이미지 중에서는 이만큼 사실적인 것이 없다. (W&N archive)

폼페이우스 마그누스: 법적으로 카이사르의 아들이자 한때의 동맹이었기에, 그가 카이사르의 적으로 돌아선 일은 기원전 49년 내전을 유발했다. 그의 경력은 첫 내전 당시 사병을 일으켜 '젊은 도살자'라는 별명을 얻었을 때 시작되었다. 아우구스투스의 초기 경력은 여러 면에서 그를 선례로 삼았다. (저자 소장)

젊은 카이사르(옥타비아누스)가 각인된 주화: 면도한 모습이 아닌 것은 아우구스투스가 카이사르의 후계자로서 그 암살자들에게 복수를 결심했음을 모두에게 보여주기 위한 애도의 표시였다. 주화에 새겨진 문구는 카이사르를 이렇게 칭한다. "임페라토르 카이사르, 신(율리우스를 칭함)의 아들, 공화정을 되살린 삼두." (CNG)

마르쿠스 안토니우스: 탄탄한 귀족 가문 출신으로서 안토니우스는 본인이 탁월함을 드러내기 위해 태어났다고 여겼다. 내전에서 율리우스 카이사르를 지지한 몇 안 되는 귀족 중 한 명이었고, 기원전 44년에는 집정관을 역임했으며, 카이사르 암살 이후에는 직접 영원한 권력을 노리기에 유리한 위치를 점하고 있었다.
(National Trust/Simon Harns)

쿠리아 율리아(원로원 의사당): 기원전 51년 쿠리아(기존의 원로원 의사당)가 불타 없어진 뒤 율리우스 카이사르가 재건을 시작했으나, 아우구스투스가 이를 마무리했다. 이 건물은 이후 파괴되었다. 오늘날 볼 수 있는 구조물은 기원후 3세기에 지어진 것이고, 교회로 전환되었기에 현대까지 살아남은 것으로 보인다. 그 규모와 설계는 카이사르의 디자인을 따른 듯하다. (저자 소장)

리비아: 좋은 가문에서 태어난 야심가였던 리비아는 대단히 아름답기도 했다. 그녀는 카이사르의 눈길을 끌었다. 둘의 결혼은 구설수에 올랐으나, 아들을 낳지 못했음에도 꿋꿋하게 부부로 남았다. (저자 소장)

로스트라(공공연설대): 율리우스 카이사르는 옛 연단의 위치와 형태를 변경했으나, 그의 다른 여러 기획과 마찬가지로 실제로는 아우구스투스가 일을 끝마쳤다. 오늘날 볼 수 있는 것들 중 대부분은 현대에 복원한 것이다. 원래는 대리석으로 마감되어 있었고, 적의 군함 뱃머리로 장식되어 있었다. (저자 소장)

옥타비아: 귀족 여인의 운명은 가문 사내들의 출세를 돕기 위해 결혼하는 것이었다. 안토니우스가 옥타비아를 소홀히 대한 것은 그를 겨냥한 선전 활동의 중요한 부분이었다. (akg-images/Nimatallah)

클레오파트라: 피위임 통치 왕국을 다스렸던 클레오파트라는 로마에 일관적으로 충성했다. 로마의 지지만이 그녀가 살아남고 권좌에 머무르게 해주리라는 것을 깨달았기 때문이다. 클레오파트라의 불운은 로마가 내전에 휩싸인 시기에 살았다는 것이었다. 승자의 편에 서기란 쉽지 않았다. (Scala)

섹스투스 폼페이우스: 그는 폼페이우스 마그누스의 차남으로서 군벌로 거듭나기 위해 죽은 아버지의 명성에 의존했다. 시칠리아에 기반을 둔 강력한 함대로 서부 지중해를 지배했지만, 이탈리아를 제압하기에는 병력이 부족했다. 그럼에도 그는 아우구스투스가 겪은 최악의 패배들 중 일부를 안겼다. (Alinari/Topfoto)

마르쿠스 비프사니우스 아그리파: 아우구스투스와 가까웠던 동시대인이자 그의 젊은 시절 친구였던 아그리파는 아우구스투스에게 일관적으로 충성했으며 놀랍도록 유능했다. 제독이자 장군으로서 그가 갖추었던 기술은 섹스투스 폼페이우스와 마르쿠스 안토니우스를 차례로 격파했다. 나이 차이에도 불구하고 율리아와 결혼했으며 다섯 아이를 두었다. (저자 소장)

갤리 전투선: 프라이네스테에서 출토된 이 조각은 나울로쿠스와 악티움에서 쓰인, 고도로 양식화된 군선을 묘사하고 있다. 선원들이 선박과 비례가 맞지 않지만, 뱃머리에 솟은 탑 같은 세부는 사실적이다. 폼페이우스, 안토니우스와의 해전에서 거둔 승리는 아우구스투스 문학과 미술의 흔한 주제였다. (Scala)

푸테올리: 섹스투스 폼페이우스는 이탈리아로 들어오는 곡물선 중 상당수를 막아설 수 있었다. 로마는 수입 식량에 특히 강하게 의존했기에, 이는 삼두가 원성을 사는 데 일조했다. 이곳 푸테올리(오늘날의 포추올리)만에서 몇몇 협상이 진행되었다. 뒤편으로 미세눔곶이 보인다. (저자 소장)

악티움 전승 기념비: 아우구스투스가 마지막 경쟁자에게서 거둔 승리는 제국 전역에서 두고두고 기념했으나, 그 첫 기념비는 바로 악티움 근처에 계획되고 세워졌다. 지금은 거의 남아 있지 않지만 원래는 적함에서 떼어낸 청동 충각들로 꾸며져 있었다. (Erin Babnik/Alamy)

악티움만: 섹스투스 폼페이우스와의 전투보다는 잃은 것이 덜했으나, 악티움에서 안토니우스가 연인 클레오파트라를 따라 도망치자마자 그의 세력은 더 이상 회복 불가능한 상태에 빠졌다. 그들은 보물을 가지고 도망쳤으나, 군단과 대부분의 함대를 버린 일은 안토니우스의 평판을 영원히 깎아내렸다. (Harry Gouvas collection)

승리의 전리품: 아우구스투스는 이집트에서 성공을 거둔 기념의 의미로 고대 오벨리스크 두 개를 로마로 가져왔다. 18세기 말엽 복원되어 피아차 디 몬테치토리오의 현 위치로 옮겨진 이 오벨리스크는 아우구스투스의 거대 해시계 바늘로 쓰였다. (저자 소장)

위의 오벨리스크에 라틴어로 새긴 비문: 이집트 정복을 기념하기 위해 기원전 10년에 새긴 것으로, 아우구스투스를 다음과 같이 칭하고 있다. "임페라토르 카이사르 아우구스투스, 신(율리우스를 뜻함)의 아들, 폰티펙스 막시무스, 임페라토르로 열두 번 그리고 집정관consul으로 열한 번 추대된 자, 호민관 권한 14년차." (저자 소장)

신 율리우스 신전: 팔라티움 언덕에서 포룸 로마눔의 동쪽 끝으로 내려다본 전경. 신격화된 율리우스 카이사르에게 봉헌된 신전의 유적이 중앙 바로 아래(반원형 금속 지붕)에 보인다. 암살당한 카이사르가 화장된 지점 근처에 세워진 것이다. 본래 대리석 외장을 갖추고 있었고, 옛 로스트라(공공연설대)를 향하는 연설대도 있었다. (저자 소장)

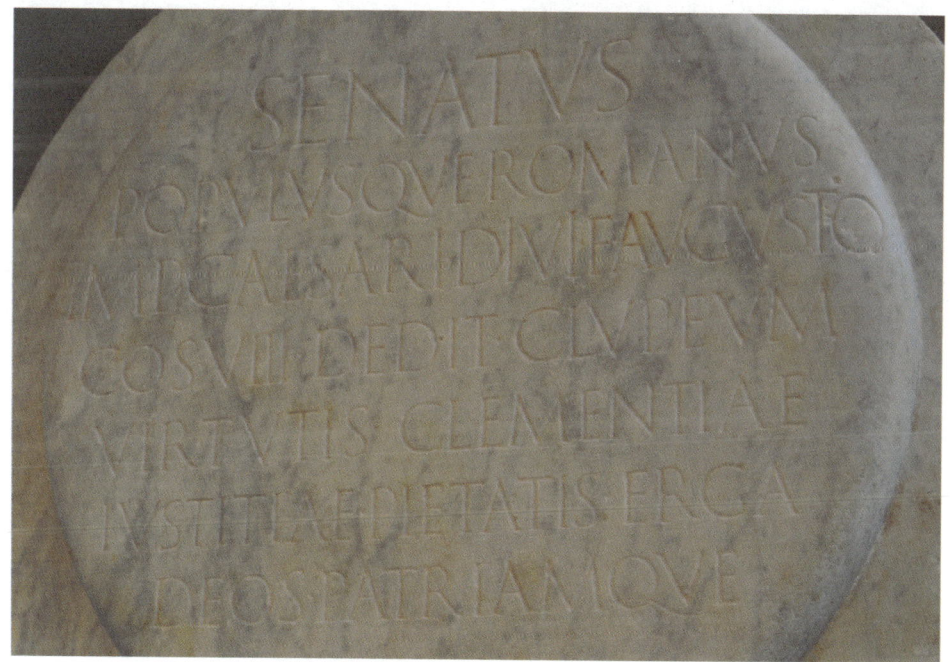

아를에서 발견된 '아우구스투스의 덕목들이 새겨진 방패' 복제본: 원로원과 로마 인민의 결의로 수여되었고, 방패 안에 새겨진 비문은 신격화된 율리우스의 아들 임페라토르 카이사르 아우구스투스에게 바쳐져 그의 덕성, 관용, 정의, 경건함을 찬양한다. 로마의 금제 원본을 대리석으로 복제한 것이다. (저자 소장)

임페라토르: 프리마 포르타에서 발견된 이 아우구스투스 조각상은 아마 그의 이미지 중 가장 유명할 것이며, 그를 영원히 젊고 위대한 장군으로 묘사한다. 더 유능한 부하들에게 깊이 의지했지만, 군사적 영광은 그가 스스로를 연출하는 데 있어 핵심이었다. 머리와 얼굴의 양식은 수많은 아우구스투스 초상 가운데 가장 흔한 유형을 대표한다. 이 이미지는 제국 전역에 퍼졌다. (Vatican Museums & Galleries/Bridgeman)

율리아: 아우구스투스의 유일한 자식이었으며, 로마 귀족들 사이 전통적인 방식으로 정치적 이유를 위해 결혼했다. 아그리파와의 두 번째 결혼으로 다섯 아이를 낳았으나, 티베리우스와의 세 번째 결합은 둘 모두에게 불행을 가져왔다. 아우구스투스는 이후 그녀가 간통을 반복해 추방했고, 다시 불러들이기를 영원히 거절했다. (Interfoto/Alamy)

루키우스 카이사르: 아우구스투스는 어린 두 손자를 갓난아기 때 입양했고, 특히 티베리우스가 자발적으로 은거해 속주에 보낼 가까운 가족이 없게 되었을 때 둘에게 큰 총애를 보였다. 가이우스 카이사르와 루키우스 카이사르의 초상 대부분은 사후에, 둘이 아주 어린 나이에 잇달아 죽었을 때 이탈리아와 속주 전역에서 벌어진 대대적 국장 기간에 만들어졌다. 공동체들이 아우구스투스의 비통함을 공유한다고 드러내기를 원했기 때문이다. (akg-images)

프린켑스의 얼굴: 아우구스투스의 재현물은 로마의 다른 어떤 황제보다(물론 인간을 통틀어서도) 더 많이 고대 세계를 거쳐 살아남았다. 영원히 젊은 리더를 이상화한 이미지는 주화에 새겨지고 흉상과 전신상으로 묘사되었으며, 그의 이름 또한 어디에나 있었다. 실물보다 큰 이 두상은 프랑스 남부 아를에서 나왔다. (저자 소장)

프린켑스로서의 아우구스투스: 아우구스투스를 그리는 또 하나의 흔한 유형 중 하나다. 입가의 옅은 주름은 위대한 지도자의 본질적으로 젊은 인상을 바꾸지 않으면서도 성숙함을 드러낸다. 그는 종종 월계관을 쓴 모습으로 묘사되었다. (저자 소장)

아우구스투스 영묘: 자신의 거대한 무덤을 짓는 일은 안토니우스가 이집트에 묻히고 싶어한다는 소문에 대한 아우구스투스의 대응이었다. 기존의 귀족 장례 기념물 양식을 따르면서도 규모로 이를 압도했고, 곧 세계 7대 불가사의 중 하나인 유명한 무덤의 주인 마우솔로스 왕의 이름을 따 마우솔레움Mausoleum이라 불리게 되었다. 결과적으로는 아우구스투스의 유해가 안치되기 전에 그의 가족 몇 명이 먼저 이곳에 매장되었다. (The Art Archive/Alamy)

메리다 극장: 로마가 전면적으로 재건된 것처럼, 속주 전역에도 기념물이 나타나기 시작했다. 히스파니아의 아우구스타에메리타(현 메리다)는 히스파니아 원정 후 제대 군인을 위한 식민시로 세워졌다. 아우구스투스와 아그리파는 이 석조 극장을 포함해 도시에 장대한 공공 건축물을 지었다. (저자 소장)

마르켈루스 극장: 여러 다른 기념물처럼, 이 석조 극장도 율리우스 카이사르가 구상했지만 아우구스투스 치하에 공사가 진행되었다. 조카 마르켈루스를 기려 그 이름을 땄으며, 기원전 23년에 그가 사망한 뒤 10년 만에 완공되었다. 중세에는 요새로 바뀌었고, 르네상스 시대에는 궁전으로 개조되었으며, 이후 분할되어 주거용 아파트가 되었다. (akg-images/Gerard Degeorge)

아테네의 석상 받침대: 아그리파는 아테네에 오데이온(극장의 종류)을 지으면서 로마식 콘크리트의 가능성을 최대한 활용했다. 이에 대한 감사로, 도시 측은 헬레니즘 왕들에 이어 안토니우스와 클레오파트라의 상을 올려놓았던 오래된 받침대를 재사용해 아그리파의 석상을 세우고 '자신들의 은인'이라 묘사했다. (Dorothy Lobel King)

아테나의 문: 내전에서 아우구스투스의 적에게 호의를 보였음에도 아테네는 그 명성 덕에 몫을 챙겼다. 사진은 로마 아고라(시장) 서문으로, 새겨진 비문은 기원전 11~9년에 아우구스투스가 제공한 자금으로 건립되었고 아테나에게 봉헌되었음을 밝히고 있다. (Dorothy Lobel King)

프린켑스와 그의 가족: 평화 제단Ara Pacis은 아우구스투스의 조치로 인해 내전이 끝나고 평화와 번영이 돌아왔음을 기념한다. 제단 측면의 종교 행렬 부조에는 프린켑스 아우구스투스와 그의 가족이 두드러지게 묘사되어, 가문의 조화와 그들이 보장하는 미래를 상징화한다. 왼쪽에는 머리를 덮은 아그리파가 보이는데, 그는 이 기념물이 완공되기 전에 사망했다. 그의 뒤에는 리비아에 이어 티베리우스가, 더 뒤로는 안토니아와 드루수스가 서 있다. (저자 소장)

드루수스: 리비아가 첫 남편과 낳은 둘째 아들인 드루수스는 리비아가 아우구스투스와 혼인하기 직전 태어났다. 기질이 다소 이상했던 형보다 카리스마를 갖추었던 드루수스는 장군으로서의 능력을 입증했고, 형제는 빠르게 승진하며 잇달아 중책을 맡았다. 드루수스가 기원전 9년에 낙마 사고의 부상으로 사망하자 아우구스투스는 광범위한 국장을 열었다. (De Agostini/A. Dagli Orti/Bridgeman)

동생 안토니아: 아우구스투스는 불어난 가족 구성원 간 동맹을 공고히 하기 위해 혼인을 활용했다. 옥타비아와 마르쿠스 안토니우스의 차녀 안토니아는 리비아의 둘째 아들 드루수스와 결혼했다. 훗날의 황제 칼리굴라, 클라우디우스와 네로가 모두 이들의 후손이다. (저자 소장)

로마 군단: 마인츠의 군사 기지 본부 건물에서 나온 이 조각은 기원후 1세기 중엽의 작품이지만 아우구스투스 말년 무렵 군단의 모습을 잘 보여준다. 오른쪽 병사는 방패 뒤로 몸을 낮추고 검으로 찌를 준비를 하고 있다. 뒤의 병사는 자기 방패로 앞 병사를 보호하며 무거운 투창, 필룸을 들고 있다. 통상적으로 갑옷을 착용했을 것이다.
(De Agostini/akg-images)

전투 장면: 프랑스 남부 오랑주 개선문의 이 부조는 로마인과 갈리아인의 전투를 묘사하는 것으로 기원후 1세기 초에 새겨졌다. 내전 이후 아우구스투스는 유럽 정복과 통합 전쟁에 막대한 자원을 투입했다.
(Nik Wheeler)

아그리파의 판테온 신전: 기원후 2세기에 황제 하드리아누스는 직접 설계하여 판테온을 재건해 오늘날까지 남아 있는 장대한 돔 지붕을 만들었다. 다만 기존의 건축 비문을 보존하거나 갱신하여, '세 번째로 집정관을 지낸 마르쿠스 아그리파'라는 이름이 현관 위에 자랑스레 남아 있다. 아우구스투스도 이와 유사하게 기존 건물을 다수 복원하며 원래 건축가의 이름을 남겨놓은 것을 자랑으로 삼았다. (저자 소장)

제국 군인들: 아우구스투스의 권력은 궁극적으로 군대의 장악에 기반했으나, 그는 자기가 공화국의 봉사자에 불과하다는 듯 가장해 현실을 신중히 감추었다. 그를 경호한 아홉 개의 보병 근위대는 이를 가장 뚜렷하게 상기시키는 존재였다. 이 조각은 기원후 1세기 중엽의 작품으로, 그 무렵 근위대는 도시에 집결되어 자체적인 요새를 갖추고 있었다. (저자 소장)

마르스 울토르 신전: 포룸 율리움의 중심부에는 조상 베누스의 신전이 있었다. 포룸 아우구스툼은 더 공개적으로 로마의 군사력과 지난 승리를 기렸고, 복수자로서의 전쟁신 마르스 신전을 중심에 두었다. 왼쪽에는 신전으로 오르는 계단이 보인다. 파르티아가 돌려준 군단기는 성대한 의식 속에서 이곳에 놓였다. (저자 소장)

독수리의 귀환: 프리마 포르타 조각상의 흉갑에는 아우구스투스의 성공과 그가 가져온 평화, 번영을 상징하는 도상이 여럿 새겨져 있다. 중앙에는 로마 지휘관 복장의 티베리우스가 파르티아인에게서 독수리 군단기를 건네받는 장면이 보인다. 파르티아인은 다소 일반화된 야만인의 모습으로 묘사되어 있다. 아래에는 대지의 어머니가 풍요의 뿔을 들고 비스듬히 누워 있고, 위에는 태양신, 아폴로, 디아나가 있다. 이러한 도상은 예술, 시, 세쿨라 게임 등의 의식에서 거듭 반복되는 주제를 이어갔다.
(Prisma Archivo/Alamy)

카이사레아의 대형 항구: 아우구스투스와 그 일가가 시작한 대규모 사업들 외에도 제국 전역의 수많은 공동체와 피보호국 통치자들이 안정기 건설 프로그램에 착수했다. 헤롯왕의 왕국에는 지중해 자연항이 없었기에 이 거대한 인공 항만이 카이사레아에 조성되었다. 큰 석재 블록을 가라앉혀 방파제를 만든 형태다. (저자 소장)

적대자들: 실물보다 큰 이 아우구스투스 두상은 수단에서 발견되었다. 메로에에서 온 군대가 이집트를 급습했을 때 약탈당한 것으로 보인다. 이후 한 신전의 계단 아래에 묻혔는데, 상징적으로 모욕하려는 것 외에 로마의 보복 원정으로부터 숨기려는 목적도 있었을 것이다. (De Agostini/Getty)

야만인들: 이 게르만 추장 무리는 아우구스투스 사후 한 세기 뒤에 세워진 트라야누스 기둥에 묘사되어 있다. 그러나 한 세기 동안 그들의 외형이 변했을 여지는 별로 없다. 몇몇은 그 유명한 수에비 매듭으로 머리를 묶었다. (저자 소장)

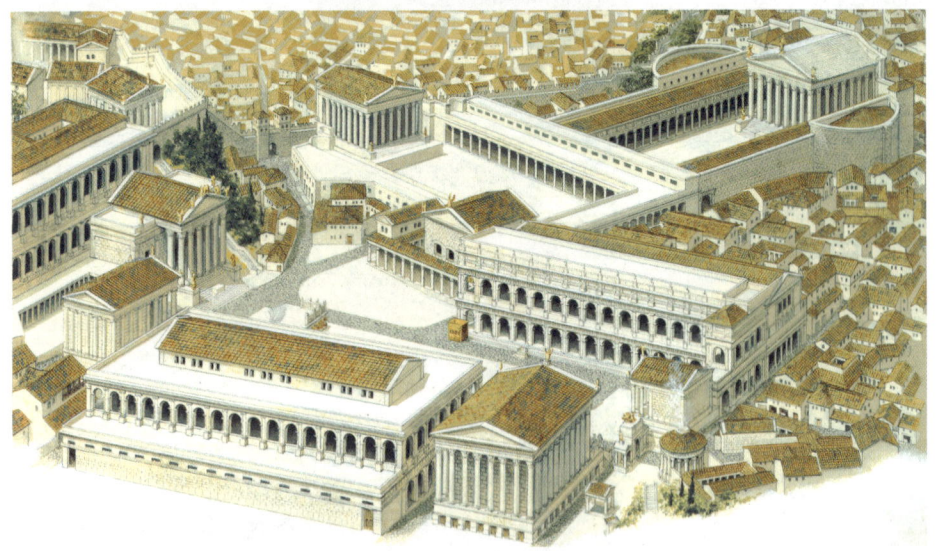

로마 중심지: 피터 코놀리의 이 회화는 아우구스투스의 건축 사업 이후 재조형된 로마 도심을 묘사한다. 도시의 장엄함이 잘 드러나고, 거의 모든 요소가 아우구스투스 및 그 일가와 연관되어 있음을 보여준다. 중앙의 쿠리아 율리아에는 황금으로 된 승리의 여신 조각상이 올려져 있다. 전경의 포룸 로마눔은 아우구스투스가 신축하거나 복원한 기념물이 가득하다. 쿠리아 율리아 뒤편 포룸 율리움 맨 끝에는 베누스 게네트릭스 신전이 있다. 포룸 율리움에서 직각 방향으로 뻗어 그림 우상단에 이르는 곳이 포룸 아우구스툼과 마르스 울토르 신전이다. (akg-images/Peter Connolly)

아우구스투스
AUGUSTUS

AUGUSTUS

Copyright ©2014 by Adrian Goldsworthy
Korean Translation Copyright ©2025 by Book21 Publishing Group
Korean edition is published by arrangement with Orion Publishing Group
through Duran Kim Agency Co. Ltd.

이 책의 한국어판 저작권은 듀란킴 에이전시를 통한
Orion Publishing Group과의 독점계약으로 (주)북이십일에 있습니다.
저작권법에 의하여 한국 내에서 보호를 받는 저작물이므로
무단전재와 무단복제를 금합니다.

아우구스투스

GREAT HARMONY 001

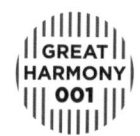

혼돈에서 제국을 세운 질서와 통치의 리더십

에이드리언 골즈워디 지음
박재영 옮김 | 김덕수 감수

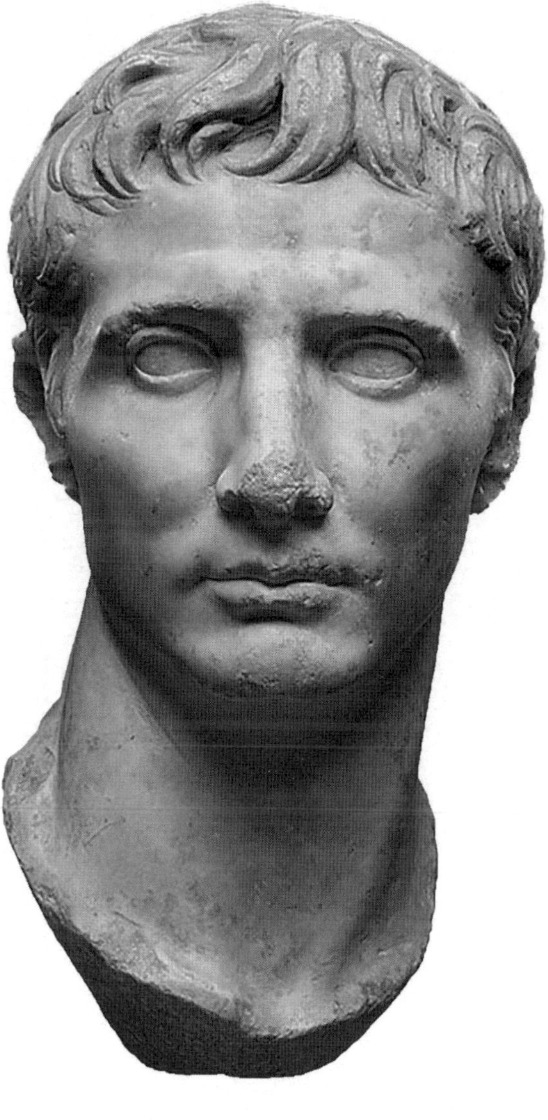

AUGUSTUS

21세기북스

차례

감사의 말   7
지도 목록   9
서문   11

1부 가이우스 옥타비우스(투리누스) 기원전 63~44년   31
  1장 국부   33
  2장 '부유하고 평판 좋은 남자'   49
  3장 집정관 율리우스와 카이사르   67
  4장 출구   87

2부 가이우스 율리우스 카이사르(옥타비아누스) 기원전 44~38년   109
  5장 후계자   111
  6장 찬양   130
  7장 보상과 배제   151
  8장 복수와 불화   168

3부 임페라토르 카이사르, 디비 필리우스 기원전 38~27년   193
  9장 신의 아들들   195
  10장 경쟁자들   219
  11장 개선   250

4부 임페라토르 카이사르 아우구스투스, 디비 필리우스 기원전 27~2년   273

    12장 쇄신과 복원   275

    13장 전쟁에서 교만한 자를 물리치다   302

    14장 '최고 권력을 일컫는 칭호'   324

    15장 독수리 군기   355

    16장 끝과 시작   383

    17장 가족과 동료들   417

    18장 아우구스투스의 평화   443

5부 임페라토르 카이사르 아우구스투스, 디비 필리우스, 파테르 파트리아이 기원전 2년~기원후 14년   469

    19장 조국의 아버지   471

    20장 공화국의 보초   502

    21장 국가를 위하여   532

    22장 팍스 아우구스타   557

맺음말 천천히 서둘러라   585

부록 1   601

부록 2   603

용어 해설   610

주요 인물   617

가계도   624

참고문헌   634

미주 약어 목록   648

미주   650

찾아보기   712

감사의 말

아우구스투스에 관해 오랫동안 가져왔던 여러 생각을 이 책에 담았습니다. 지난 1988년, 옥스퍼드대학 1학년 마지막 학기에, 아우구스투스 시대 로마에 관한 니콜라스 퍼셀Nicholas Purcell 교수의 훌륭한 강의를 들으면서, 플랫너Platner와 애쉬비Ashby가 공저한 두툼한 책 《고대 로마의 지형 사전A Topographical Dictionary of Ancient Rome》(1929)을 처음 접했습니다. 이후 몇 년 동안 앨런 보우만Alan Bowman, 미리엄 그리핀Miriam Griffin, 퍼거스 밀러Fergus Millar, 바바라 레빅Barbara Levick, 앤드류 린토트Andrew Lintott, 데이비드 스톡턴David Stockton과 같은 분들의 강의, 세미나, 개인지도를 통해 고대 세계, 특히 아우구스투스와 그 시대를 깊이 이해할 수 있었습니다. 이 모든 분의 저작은 이 책 뒷부분에 주석으로 수록해 놓았습니다. 이분들 외에도 제가 참고한 수많은 다른 학자의 책과 논문에 큰 빚을 졌음을, 이 기회를 빌려 밝힙니다.

이 아우구스투스 전기를 쓰는 동안 도움을 주신 분들께 특별히 감사드립니다. 우선 옥스퍼드대학 시절 친구인 필립 마티자크Philip Matyszak입니다. 로마 원로원의 내부 작동 방식에 관한 그의 통찰은 제게 늘 영감을 주었습니다. 필립은 자신의 집필 시간을 내어 제 원고를 읽고 유용한 의견을 많이 제공해 주었습니다. 이안 휴즈Ian Hughes 역시 이 책의 상당 부분을 검토한 후, 역사 이해와 편집자의 시각을 접목한 견해를 제시해 주었습니다. 케빈 파월Kevin Powell은 늘 그러하듯 세부적인 시각과 폭넓은 안목으로 이 책 전체를 읽어주었습니다. 또 다른 친구 도로시 킹Dorothy King은, 이 책 저술에 관한 제 생각을 경청하며, 통찰력 있고 재치 넘치는 조언을 꾸준히 해 주었고, 그녀의 소중한 사진 자료도 큰 도움이 되었습니다. 교정 능력을 발휘해 준 제 어머니와 일부 단원을 검토해 준 제 아내에게도 감사드립니다. 이 모든 분과 여러 가족, 친구들은 지난 몇 년간 저와 함께 아우구스투스의 시대를 살아야 했습니다. 모든 분의 지원에 진심으로 감사드립니다.

늘 그렇듯이, 제가 이 책을 제대로 집필할 시간을 확보할 수 있게 해 주고, 변함없는 열정으로 지원해 준 제 출판 대리인 조지나 카펠Georgina Capel에게 감사드립니다. 또한 이렇게 아름다운 책을 만들어 준 편집자, 영국의 앨런 샘슨Alan Samson과 미국의 크리스토퍼 로저스Christopher Rogers 및 그들과 함께 작업한 팀원들에게도 감사 인사를 전합니다.

마지막으로, 이 책에 수록된 가계도를 제작해 준 데이비드 브리즈David Breeze에게도 큰 빚을 졌습니다. 데이비드는 M. 쿨리M. Cooley가 편집한 《아우구스투스 시대. Lactor* 17The Age of Augustus. Lactor 17》(2003)에 수록된 도표들을 보고 영감을 받아, 아우구스투스 생애의 주요 시점별로 가계도를 작성하자는 구체적인 제안을 하고, 직접 제작하는 수고를 아끼지 않았습니다. 아우구스투스와 동시대인들의 가족 관계는 극도로 복잡하지만, 그의 노력 덕분에 이해하기 쉽게 정리할 수 있었습니다.

---

* Lactor(London Association of Classical Teachers-Original Records)

지도 목록

로마 제국, 기원전 1세기	41
로마 도심, 기원전 63년경	62
이탈리아	150
그리스와 마케도니아 및 필리피 전투	182
아우구스투스의 일리리쿰 원정, 기원전 35~33년	227
악티움 해전	245
히스파니아와 갈리아 등 로마의 서방 속주	309
팔라티움 언덕 위 아우구스투스 저택	344
포룸 아우구스툼	386
마르스 평원	486
로마의 14개 행정 구역	508
로마 도심, 기원후 14년	570
라인 강 및 다뉴브 강 국경	588

서문

> 그 무렵 아우구스투스 황제에게서 칙령이 내려, 온 세상이 호적 등록을 하게 되었다. 이 첫 번째 호적 등록은 퀴리니우스Quirinius가 시리아 총독으로 있을 때 실시되었다. 그래서 모두 호적 등록을 하러 저마다 자기 본향으로 갔다.
>
> —루카복음*, 1세기 후반[1]

이 짧은 성탄절 이야기에서 아우구스투스란 이름을 처음 들은 듯하다. 어린 시절의 기억이라 정확히 말할 수는 없지만, 아주 어렸을 때였음은 분명하다. 대부분의 사람처럼 나도 처음에는 그 이야기에 깊은 관심을 두지 않았다. 한참 시간이 흘러 내가 역사를 좋아하게 되고, 특히 고대 로마와 관련된 모든 사항에 특별한 흥미를 느끼게 된 후에야 비로소 그 이야기에 관심을 가지게 되었다. 아우구스투스라는 인물과 그의 유산을 모르고는 로마 역사를 제대로 이해할 수 없다. 아우구스투스는 거의 500년간 지속되었

---

* 2005년 한국천주교주교회의에서 승인한 성경에서 그대로 옮김. (옮긴이)

던 로마의 공화정을, 공화정으로 가장한 사실상의 군주정으로 대체한 로마의 첫 황제였다. 군주정 아래에서 로마 제국은 약 250년 동안 체제 안정을 누리며 그 어느 때보다 영토를 확장하고 번영했다. 3세기에 들어 수십 년간 위기를 맞기도 했지만, 로마 군주정은 광범위한 개혁 조치를 수용하며 살아남았고, '로마'의 모든 황제는, 콘스탄티노플리스에서 통치했던 15세기 황제들까지 포함해 스스로를 아우구스투스의 권력과 권위를 정당하게 계승한 후계자로 생각했다.

로마 역사에서 의심할 여지 없이 중요한 위치를 차지하는 아우구스투스의 생애는 매우 극적이기도 하다. 학생들에게 아우구스투스를 주제로 강의할 때마다 그가 극도로 포악했던 로마 정치에 투신하였을 당시 그의 나이가 열아홉 살도 채 되지 않았다는 사실을, 즉 강의실에 앉아 있는 학생들보다 어렸다는 점을 항상 상기시켰다. 내전 기간 아우구스투스가 복잡하게 얽힌 동맹 관계를 헤쳐 나가며 능숙하게 때로는 무자비하게 했던 일을 설명하다 보면, 그가 열아홉 살도 안 된 청년이었다는 사실을 잊기 십상이기 때문이다. 살해당한 율리우스 카이사르Julius Caesar의 조카손자였던 아우구스투스는 율리우스 카이사르가 유언장에 자신을 주 상속자로 지명하고 카이사르란 이름까지 물려주자, 이를 그가 자신을 완전한 양자로 인정했다는 의미로 받아들였다. 로마에서의 권력이 세습되는 것은 아니었지만, 아우구스투스는 카이사르란 이름을 내세워 그 죽은 독재관의 지지자들을 규합하면서, 양부가 가졌던 직위와 지위를 모두 차지하겠다는 의사를 확실히 드러냈다. 그리고 모든 난관을 헤치고 훨씬 더 노련한 경쟁자들을 물리쳐 가며, 정확히 그 목표를 달성했다. 기원전 30년, 마지막 경쟁자 마르쿠스 안토니우스Marcus Antonius를 물리쳤고, 패배한 안토니우스는 스스로 목숨을 끊었다. 내전에서 승리를 거둔 젊고 냉혹한 군사 지도자는 '사랑받는 국가의 수호자'로 변신에 성공했고, 종교적 의미를 내포하는 '아우구스투스'라는 이름을 취했으며, 마침내는 '조국의 아버지'라 불리며, 분열보다는 포용을 상징하는 인물로 자리매김한다. 군주로서는 매우 긴 세월인 44년 동안 최고 권력을 누린 후 노령으로 사망했을 때, 그가 지명한 후계자가 뒤를 이을 것이라는 데에 의심을 품는 사람은 없었다.

극적인 생애 그리고 서구 문화를 형성한 로마 제국 역사에 미친 깊은 영향에도 불구하고 카이사르 아우구스투스Caesar Augustus는 대중의 인식 속에 크게 자리 잡지 못했다. 대부분의 사람은 아우구스투스를 크리스마스 예배나 학교의 성탄극에서 언급되었던 이름으로 기억할 뿐이다. 7월July이 율리우스 카이사르의 이름에서 따왔다는 사실을 기억하는 사람도 그다지 많지 않지만, 8월이 아우구스투스의 이름에서 유래했다는 사실을 아는 사람은 더욱 드물 것이다. 율리우스 카이사르야 더 말할 나위 없이 유명하고, 마르쿠스 안토니우스, 클레오파트라Cleopatra, 네로Nero, 알렉산드로스Alexandros 대왕, 한니발Hannibal, 하드리아누스Hadrianus 그리고 몇몇 철학자들의 이름도 대중에게 널리 알려졌지만, 아우구스투스는 그렇지 않다. 한 가지 이유를 들자면, 자연사할 때까지 장수하고 침상에서 평온히 생을 마감한 그에게는 비극적인 요소가 거의 없어, 셰익스피어가 그를 주인공으로 삼은 희곡을 쓰지 않았기 때문일 것이다. 아우구스투스는 셰익스피어의 희곡 《율리우스 카이사르》에서는 옥타비우스Octavius로, 《안토니우스와 클레오파트라》에서는 카이사르로 등장하지만, 이들 작품에서 그의 역할은 브루투스나 안토니우스처럼 두드러지지 않고 심지어 에노바르부스Enobarbus에도 미치지 못한다. 용감하고 육체적 매력을 강렬히 발산하고, 단순하면서도 열정적인 안토니우스를 더욱 돋보이게 하는 배역에 머문 아우구스투스는 유약하고 심지어 비겁하면서 동시에 냉정하고 교활한 인물로 묘사된다. 당시에 벌어졌던 여론 선전전에서 비롯되어 고대 사료들에서 흔히 발견되는, 이러한 두 인물에 대한 대비는 현대의 각색물에서는 더욱 두드러지게 나타난다. (1963년 상영된 유명 서사 영화 〈클레오파트라〉에서 배우 로디 맥도월Roddy McDowall이 분한, 가학적 성정까지 내비치는 얼음처럼 차가운 아우구스투스를 보

라.)²

아우구스투스는 항상 계산적이고 교활하며 무자비한 인물로 그려지므로 안토니우스와 클레오파트라가 관객의 동정심을 자극하고, 따라서 주인공인 두 사람의 죽음은 더욱 처절한 비극으로 다가온다. 아우구스투스를 주인공으로 하여 대중의 상상력을 붙잡은 연극이나 영화, 소설은 아직 없다. 로버트 그레이브스Robert Graves의 소설 《나, 클라우디우스I Claudius》와 각색을 거쳐 소설 못지않게 유명해진 동명의 BBC 드라마에서도, 아우구스투스는 두드러지는 배역이긴 하지만 결국은 조연에 그친다. 그를 훨씬 더 동정적인 시각으로 다룬 이 소설과 드라마에서 아우구스투스는 때론 위협적이지만 대개는 단순하고 감정에 치우치는 노인으로서, 잔인하고 음흉한 아내 리비아Livia에게 조종당하는 인물로 그려진다. 아우구스투스에 관한 그러한 묘사들은 여러 인물과의 연관성을 밝혀 흥미를 자아낼 수는 있겠지만, 그러한 묘사들만으로는 아우구스투스가 왜 그토록 중요한 인물이었는지 제대로 이해할 수 없을 뿐만 아니라, 젊은 책략가와 주변 인물에 자주 농락당하는 늙은 황제를 동일한 인물로 연결하기도 어렵다.

아우구스투스의 생애는 이보다 훨씬 더 중요하면서도 전혀 지루하지 않은 이야기들로 가득하다. 아우구스투스를 평가할 때 자칫 빠지기 쉬운 위험은 그의 성공은 필연적이었다고 가정하는 것이다. 이것은 그의 정치적 천재성에 근거하기도 하고, 아니면 (더 오래된 관점이긴 하지만) 로마에서 군주제가 수립된 것은 당시의 시대적 흐름으로 보아 시간 문제였다는 점에 근거하기도 한다. 사실, 오랜 세월 아우구스투스가 누린 영화, 특히 젊은 시절에 그가 거둔 성공은 모든 사람을 놀라게 하기에 충분했다. 그의 인생 대부분은 주도면밀한 계획가라기보다 도박꾼에 가까웠고, 위험 감수가 항상 성공으로 이어진 것도 아니었다. 그는 인정받는 것 이상으로 율리우스 카이사르와 같은 면모를 더 많이 보여주었는데, 스스로 초래한 곤경에서 벗어나는 능력이 특히 그러했다. 그가 새로운 체제 수립을 위해 오랫동안 계획을 가다듬었다는 실질적인 증거 또한 없다. 새로운 체제 수립 과정은 즉흥적이고 실험적이었으며, 우연한 사건들이 사전 설계만큼 큰 역할을 하면서 시행착오를 거친 끝에 군주정이 수립되었다. 자신의 격정과 불같은 성미를 억제하려 애썼지만 때로는 실패하고 말았던 아우구스투스를 보게 되면 냉혹한 조종자라는 그의 이미지는 빠르게 퇴색한다. 기혼녀이면서 임신 중이었던 리비아와 불륜을 저지른 후 그녀의 남편에게 이혼할 것을 강요하고, 출산한 지 불과 며칠 후에 그녀와의 결혼을 그 남편에게 주재하도록 했던 사람이 바로 아우구스투스이다. 이는 차라리 마르쿠스 안토니우스에게 기대할 만한 일화이거나 아니면 네로 황제(마르쿠스 안토니우스와 아우구스투스 누나의 증손자)에게 더 어울릴 법한 일이다.

격정적이었던 아우구스투스는 매우 포악스럽기도 했다. 아우구스투스, 안토니우스 그리고 그들과 함께 삼두정triumviratus을 이끌었던 레피두스Lepidus 모두 대량 학살의 책임이 있다. 셰익스피어가 '이 많은 이들이 죽으리니, 그들의 이름에 표식이 찍혔도다'라고 묘사했던 악명 높은 공권 박탈proscriptio 기간 외에도 여러 차례 대량 학살이 자행되었다. 당시 군사 지도자들의 행동이 별반 다르지 않았다는 이유로 그들 모두의 흉포함이 면죄되는 것은 아니다. 아우구스투스는 인생 후반기에 접어들면서는 온화한 성정을 보였지만 잔혹했던 젊은 시절의 아우구스투스에게 호감을 느끼기란 쉽지 않기 때문에, 현대의 아우구스투스 전기 작가 대부분은 명백히 상반되는 그의 두 가지 성정을 조화시키는 데 애를 먹었다. 해결책은 종종 그의 삶을 사실상 두 부분으로 나누는 것이었다.

로마 정계에서 두각을 나타내기 시작하여 악티움 해전에서 승리하기까지의 그의 젊은 시절은 전투와 음모로 점철되고, 키케로, 브루투스, 섹스투스 폼페이우스Sextus Pompeius, 클레오파트라와 같이 잘 알려진 인물들도 등장하는 시기이므로, 많은 전기 작가가 장엄한 서사로 기록한다. 그다음에는 그의 인생 후반기로 건너뛰어 후계자 선택을 둘러싼 각종 음모와 소문을 주로 다룬다. 셰익스피어와 그레이브스가 뚜렷이 구별되는 이 두 기간에 벌어지는 이야기를 그들의 작품에서 각각의 주제로 선택했다는 점은 결코 우연이 아니다. 다른 작가들, 특히 학계의 작가들은 대개, 아우구스투스 개인에 관한 서사는 기원전 30년에서 끝내고, 그의 나머지 생애는 '아우구스투스와 원로원', '아우구스투스와 속주', '아우구스투스와 종교' 같은 포괄적인 주제 속에서 다루는 데 그친다.[3]

일반 대중 독자는 전기傳記라는 장르를 매우 좋아하지만, 바로 그 점이 부분적으로 이유가 되어 학계에서는 그다지 선호하지 않는다. 그렇지만 내가 율리우스 카이사르 전기를 직접 쓰게 된 이유는 근래 출간된 그의 전기 중 어떤 것도 만족스럽지 않았기 때문이다. 어떤 책은 구체적인 기술이 부족했고, 어떤 책은 그의 삶에서 한 측면만 다루고 있었다. 모든 그의 전기가 그의 정치적 경력과 군사적 행보를 종합적으로 조망하지 않고 개별적으로 다루는 데 그쳤다. 특정 인물의 정치적 경력과 군사적 행보를 구별하는 건 로마인들에겐 당황스러운 일일 것이다.

율리우스 카이사르의 전기를 쓰면서, 언젠가는 아우구스투스에 관해서도 비슷한 분량의 전기를 써야겠다고 생각했다. 율리우스 카이사르만큼 관심을 받아야 하는 인물임에도 아우구스투스에 관한 상세한 전기를 쓴 작가가 없었기 때문이다. 그의 삶의 특정 측면을 자세히 다룬 책들도 있고 그의 삶 전체를 간략히 개괄한 책들도 있지만, 그의 생애 전체를 아주 상세히 다룬 책은 없었다. 정책, 사상 또는 체제 속 이미지 등 주제별로 접근하여 특정 인물의 전기를 쓰려는 시도의 가장 큰 약점은 각 주제에 관한 논의 속에서 한 인간의 전체적 면모를 놓치는 경향이 있다는 것이다. 이러한 시도는 지나치게 단절된 형태의 서술이 되기 십상이다. 젊은 아우구스투스에 관해 서술하다가 노년의 아우구스투스로 건너뛰면, 젊은 아우구스투스가 어떻게 노년의 아우구스투스로 변모했는지 제대로 이해할 수 없기 때문이다.《카이사르: 거인의 생애Caesar: The Life of a Colossus》와 마찬가지로 이 책을 쓰는 목적은, 현대 정치가의 전기를 쓸 때 그들에게 던지는 질문을 아우구스투스에게도 똑같이 던짐으로써, 우리가 가진 사료가 부족하여 충분한 답변을 내놓기 어렵더라도, 가능한 한 그의 진정한 인간적 면모를 이해하려는 데 있다.4

변화무쌍한 황제의 얼굴

하지만 아우구스투스가 진정 어떤 인물이었는지 꼭 집어 이해하기란 매우 어렵다. 그는 일생을 거쳐 끊임없이 자기 모습을 재창조하는 데 심혈을 기울인 인물이었기 때문이다. 기원후 4세기 중반, 당시의 황제정 아래 몇 년간 카이사르로 있다가 무력으로 아우구스투스라는 최고 칭호를 차지한 율리아누스Iulianus 황제는 신들이 로마의 신격화된 황제들을 연회에 초대하는 장면을 상상하며 풍자의 글을 썼다. 이 글에 등장하는 아우구스투스는 처음에는 주변 환경에 맞춰 끊임없이 색깔을 바꾸는 카멜레온과 같은 이상하고 부자연스러운 인물로 묘사되다가, 철학을 통해 깨우침을 얻은 후 비로소 훌륭하고 현명한 통치자로 거듭난다.5

아우구스투스는 자기 모습이 어떻게 대중에게 비치는지 항상 의식했다. 사실 당시의 로마 정치인들은 모두 기회가 있을 때마다 그들과 그들 가문의 장점 및 공적을 선전했다. 마르쿠스 안토니우스는 노련하고 유능한 장군이었다는 명성을 지금도 누리고 있지만, 그 명성은 사실 그의 실제 군사 경험과 능력보다는 그가 펼친 자기 홍보에 힘입은 바 크다. 특히 아우구스투스는 그가 의도한 메시지를 개발하여 전파할 시간이 많았고, 그러한 목적에 동원할 수 있는 자원도 누구보다 많이 가지고 있었다. 고대 인물 중 아우구스투스보다 자신을 홍보하는 이미지를 많이 남긴 사람은 없다. 따라서 이러한 이미지로 싸인 그의 겉모습 너머에 자리 잡은 진정한 인간적 면모를 이해하기란 매우 어려운 작업이고, 특히 악티움 해전 이후는 더욱 그러하다. 그러나 그의 가정생활과 습관에 관한 수많은 이야기, 일상의 사건에서 유래한 다양한 일화, 심지어 그가 직접 했거나 그가 대상이 된 농담 모음까지 전해진다. 이처럼 아우구스투스에 관한 자료는 율리우스 카이사르를 포함한 로마 역사의 거의 모든 주요 인물보다 훨씬 풍부하게 존재한다. 그럼에도 우리는 주의해야 한다. 왜냐하면 겉으로 보기에 '자연스러운' 그런 순간들조차도 실제로는 연출되었을 수 있고, 로마에서의 공적 생활은 그 자체가 아주 극적인 행위였기 때문이다. 로마의 정치인들은 대중의 주목 속에서 살았고, 특히 아우구스투스는 공적 의무를 수행할 때뿐만 아니라 자신의 사적 생활까지도 올바른 행동의 귀감으로 대중에게 보이길 원했다. 그와 연관된 일 중 곧이곧대로 받아들일 수 있는 건 거의 없다.

셰익스피어조차 그가 쓴 두 희곡에서 각기 다른 이름으로 아우구스투스를 불렀다는 점을 고려하면, 그를 어떻게 부를지에 관한 기본적인 문제부터 해결해야 할 듯하다. 태어났을 때 이름은 가이우스 옥타비우스Caius Octavius였으나, 율리우스 카이사르의 상속인이 되면서 그의 이름을 함께 물려받아 가이우스 율리우스 카이사르Caius Julius Caesar가 되었다. 그는 이 이름에 다소 미천했지만 본래 가문 이름인 옥타비아누스Octavianus를 추가할 수도 있었지만 의도적으로 그렇게 하지 않았고, 이후로 그를 옥타비아누스라고 부른 건 그의 적들뿐이었다. 세월이 흐르면서 자신의 이름을 다시 바꾸었는데, 첫 번째 이름 '가이우스' 대신 매우 이례적인 칭호인 '임페라토르Imperator'를 사용했다. 이는 승전한 장군 또는 총사령관을 뜻하는 말이었다. 율리우스 카이사르가 신격화되자 그는 신성한 율리우스의 아들이 되었고, 마침내 기원전 27년 원로원과 로마 인민*은 표결을 통해 그에게 아우구스

---

* Senate and People of Rome. Senatus Populusque Romanus(S. P. Q. R.)의 영어 번역으로, 우리나라 로마사 연구자들은 대체로 '원로원과 로마 인민'으로 번역하는 전문용어이다. 여기서 로마 인민은 사실상 로마 민회를 의미한다. (옮긴이)

투스라는 이름을 헌정했다. 그 이름이 그를 기쁘게 하리라는 걸 알았던 원로원과 로마 인민이 주도면밀하게 사전 계획했음에 틀림없다.

따라서 이제 우리는 인생의 서로 다른 시기에 뚜렷이 구분되는 세 가지 이름을 가진 인물을 본다. 그 세 가지 이름도 형태와 세부 사항에서 상당한 변형이 있지만, 현대의 관례는 기원전 27년까지의 그는 옥타비아누스라 부르고, 그 이후로는 아우구스투스라 부르며, 카이사르라는 이름은 전혀 쓰지 않는데, 그 이유는 율리우스 카이사르와의 혼동을 피하기 위해서이다. 명확한 구분이라 생각할 수도 있겠지만, 오히려 아우구스투스에 대한 이해를 잘못된 방향으로 이끌 수도 있다. 특히 동일 인물을 두고 피로 얼룩진 삼두triumvir와 특출한 정치가 및 통치자로 구분하는 잘못을 심화시키기도 한다.

로마 시대에는 이름이 매우 중요했다. 근대에 들어서도 권력의 칭호로서 카이사르Caesar, 카이저Kaiser, 차르Tsar 등이 오랜 수명을 누린 것을 보면 그 중요성을 알 수 있다. 마르쿠스 안토니우스는 젊은 아우구스투스를 두고 '모든 걸 이름에 빚진 소년'이라고 비꼬았는데, 카이사르라는 이름이 당시 10대 소년에 불과했던 아우구스투스에게 중요한 의미를 부여했기 때문이다. 같은 이유로 당시 아우구스투스는 결코 자신을 옥타비아누스라 부르지 않았다. 따라서 우리가 그를 카이사르가 아닌 옥타비아누스로 부른다면 내전 기간 벌어졌던 사건들을 이해하기가 훨씬 어려워진다. 그가 인생의 각 단계에서 자신을 어떻게 불렀는지는 매우 중요하므로 이어지는 장들에서는 그가 자신을 부르던 방식대로 그를 지칭할 것이며, 그러한 이름 변화에 따라 이 책을 구성하였다. 독재관 카이사르는 항상 율리우스 카이사르로 지칭될 것이며, 이 책에서 언급되는 카이사르는 모두 아우구스투스를 가리킨다.

그의 이름만 문제가 되는 게 아니다. '임페라토르'는 우리가 사용하는 '황제emperor'라는 단어의 어원이 되는 라틴어이지만, 아우구스투스 시대에는 그런 의미를 지니지 않았다. 그는 자신을 '제일의' 또는 '선도적인' 시민을 의미하는 '프린켑스princeps'라 불렀고, 로마인들도 그를 그렇게 지칭했다. 우리가 그를 황제라고 부른다면, 로마가 그의 시대 이후 수 세기 동안 군주제가 된다는 사후적 지식과 시각으로 형성된 통치 개념을 그의 통치 체제에 덧씌우게 된다. 따라서 서문과 맺는 글 이외에서는 그를 결코 황제라고 지칭하지 않을 것이다. 비록 그의 후계자들은 때때로 황제라는 용어로 칭했지만 말이다. 마찬가지로 그가 만든 통치 체제를 '제국empire'이라고 부르지 않을 것이다. 공화정 시대에도 이미 로마는 해외에 영토를 소유했기 때문이다. 대신 학자들에게는 익숙하지만, 학계 밖에서는 거의 사용되지 않는 용어인 '원수정principate'이라고 부를 것이다.

　라틴어에 어원을 둔 또 하나의 어려운 용어는 '공화정Republic'인데, 이는 '공적인 것' 또는 '공공의 복리'를 의미하는 '레스 푸블리카res publica'에서 유래했다. 로마인들은 자신들의 국가를 '레스 푸블리카'라 불렀지만, 이는 우리가 현재 사용하는 '공화국'이라는 단어가 가진 구체적인 제도적 정의에 부합하는 체제는 아니었다. 그러나 공화정이란 용어를 전혀 쓰지 않기란 매우 어렵다. 기원전 1세기에 붕괴하기 전까지 그토록 오랫동안 로마를 통치했던 정치 체제를 어떻게 달리 표현할 수 있겠는가? 그러나 나는 율리우스 카이사르와 삼두정에 반대했던 이들을 '공화파'라고 한데 묶어 부르는 현대의 경향은 따르지 않으려 노력했다. 왜냐하면 실제로는 다양한 태도와 목적을 가진 이질적인 집단임에도 율리우스 카이사르와 삼두정에 반대했다는 이유로 모두 공화파라 부른다면, 그들이 공통의 무언가를 공유했다는 잘못된 인상을 심어 줄 수 있기 때문이다. 또한 그들을 모두 공화파라 부른다면, 그렇게 불릴 자격이 없는 자들에게도 정당성을 부여할 위험이 있다. 이는 마치 '옥타비아누스'라는 이름을 굳이 사용하여 마르쿠스 안토니우스에게 사후 승리를 안겨 주는 것과 같다. (정확성 추구에도 한계가 있음을 인정한다. 나는 July와 August라는 단어가 생기기 이전 시대의 7월과 8월을 지칭하기 위해 Quinctilis와 Sextilis 대신 July와 August를 그냥 사용했다. 대부분의 독자에게 Quinctilis와 Sextilis라는 단어가 익숙하지 않을 것이기 때문이다.)

이 책을 쓰는 내내 독자적인 견해를 유지하려 노력할 것이다. 2,000년 전에 있었던 갈등과 분쟁을 다루면서 이런 말을 한다는 게 이상하게 들릴 수 있겠으나, 역사는 인간의 감정을 쉽게 자극하고, 이 점에서는 냉철하고 진지한 학자들도 예외가 아니다. 율리우스 카이사르는 종종 아침에 달하는 찬사와 더불어 지독한 혐오를 받아왔으며, 아우구스투스도 별반 다르지 않다. 아우구스투스는 무너진 공화정의 병폐를 치유하고 로마인에게 평화와 안정, 번영을 가져다준 자비로운 군주로 19세기 내내 그리고 그 이후까지도 널리 찬양받았다. 왕들과 제국들이 여전히 유럽과 세계의 많은 부분을 다스리던 시대였으므로 이러한 해석은 쉽게 수용되었다. 그러나 20세기에 접어들며 세계가 격변하고 과거의 확신들이 사라지면서, 이러한 해석에 변화가 생겼다. 제2차 세계대전 직전, 로널드 사임 경Sir Ronald Syme이 아우구스투스에 관한 가장 영향력 있고 권위 있는 저서 《로마 혁명The Roman Revolution》을 출간했다. 아우구스투스의 정치·군사적 부상이 바람직하였다는 가정을 거부하면서 의도적으로 도발적인 태도를 보였던 이 책은, 귀족 가문과 그들의 상호 관계를 탐구하는 인물관계 연구prosopography란 신흥 연구 분야를 혁신적으로 활용하여, 아우구스투스의 시대를 그와 그의 파벌이 그 이전의 지배 계층을 대체하는 과정이었다고 설명했다. 당대 독재자들의 망령이 이런 논의의 배경이 되었다. 특히 무솔리니는 '둑스 아우구스투스 dux Augustus(장군 아우구스투스)'에서 의식적으로 모방하여 자신을 '일 두체 Il Duce(지도자)'로 칭했고, 자신의 지지자들을 로마 정무관의 권력을 상징하는 도끼가 달린 나무 막대기 다발인 '파스케스fasces'에서 따온 이름인 '파시스트'로 불렀다. 오늘날의 독자가 《로마 혁명》을 읽는다면 무솔리니의 정치·군사적 부상보다 더 사악했던 독일의 국가사회주의나 스탈린의 전체주의적 통제를 떠올릴 것이다.[6]

현대 세계는 정치적 성향과 관계없이 어떠한 독재자라도 심각한 우려의 눈길로 바라보기 때문에, 잔혹했던 아우구스투스의 권력 장악 과정을 그가 결국 평화를 가져왔다는 이유로 쉽게 정당화하려 하지 않는다. 그러나 우리는 단순한 색깔로 과거를 채색하여 모든 독재자나 제국, 또는 모든 국가가 본질적으로는 같다고 무의식적으로 가정하는 우를 범하지 않도록 주의해야 한다. 아우구스투스가 수많은 사람을 죽였지만, 히틀러나 스탈린이 이 세계에 초래한 비참함에 비할 바는 아니다. 그러나 늘 그래야 하듯 그의 행동을 당시 상황의 맥락 속에서 살펴보아야 한다. 적들을 주저 없이 죽이려 했다는 점에서 아우구스투스는 당시에 등장한 다른 군사 지도자들과 별반 다르지 않았다. 하지만 율리우스 카이사르는 달랐다. 그는 훗날 자신을 결국 칼로 찔러 죽인 브루투스와 카시우스 그리고 몇몇 적대자들에게 관용을 베푼 적이 있었다. 아우구스투스와 안토니우스 그리고 레피두스는 자신들이 처단할 적의 명단을 공개하면서, 율리우스 카이사르가 저지른 그러한 잘못을 되풀이하지 않겠다고 강조했다.

히틀러만큼 나쁘지 않았다는 지적이 결코 칭찬이 될 수 없으며, 경쟁자보다 나쁘지 않았다는 평가 역시 마찬가지이다. 하지만 아우구스투스처럼 성공한 지도자도 결함이 있었다는 인식 때문에 그 경쟁자들의 결점에 눈감아서도 안 된다. 로널드 사임 경은 이러한 함정에 빠지기에는 너무나 훌륭한 학자였음에도 안토니우스에 대한 평가는 매우 관대했고, 아우구스투스의 지지자들, 특히 기득권 귀족 출신이 아니었던 대다수 지지자에 대한 평가는 의도적으로 가혹했다. 또한 사임 경은 로마 지배 신분 사이의 가족 관계가 매우 복잡했으므로 가족 관계가 동맹 결성의 결정적 요소가 아니었다는 점도 인식했다. 사실 당시의 동맹은 가족 관계 외의 여러 고려 사항에 의해 결정되었고 변화되었다. 사임 경의 방대한 저작들과 그가 여러 학자에게 미친 영향이 더해져, 출간된 지 75년이 지났지만 《로마 혁명》은 여전히 아우구스투스와 그의 시대에 관한 대부분 논의의 바탕이 되고 있다. 특히 영어권 학계에서는 그러하다. 물론 새로운 연구 방식들도 등장했고, 주안점의 변화도 있었지만 대체로 특정 주제나 세부 사항에 관심을 두는 데 그쳤다. 《로마 혁명》에 비견될 정도로 아우구스투스 시대를 다룬 뛰어난 연구가 더 이상 없었으므로, 여러 면에서 아우구스투스 시대에 대한 인식은 내가 학생으로서 공부하고 이후 강사로서 가르쳤던 20세기 중반에 형성된 관점에 머물러 있다.

공식 교육에서 필연적인 시대 구분은 항상 과거를 왜곡할 위험을 수반한다. 후기 공화정에 관한 강의는 보통 율리우스 카이사르에서 끝나는 경향이 있다. 아우구스투스 시대에 관한 강의는 대개 악티움 해전부터 시작하여 별도로 다루어지거나 원수정 시기를 다루는 강의에 통합된다. 기원전 44년에서 31년까지의 삼두정 시기에는 거의 관심을 두지 않아 옥타비우스와 아우구스투스의 구분을 강화하는 데 일조한다. 아우구스투스와 그의 경력을 공화정의 연속으로 간주하는 경우는 더욱 드물고, 대신 공화정과 원수정의 명백한 차이를 조명한다. 정작 아우구스투스 본인은 수 세기 동안 지속될 새로운 체제를 자신이 창조하고 있다는 사실을 자각하지 못했음에도, 공화정과 원수정의 차이를 밝히려는 이런 식의 연구는 당시에는 전혀 두드러지지 않았던 정치 체제의 변화 과정을 과장하여 인식하는 결과를 낳는다. 이런 방식의 연구는 공화국 및 공화주의라는 현대적 의미의 용어로 당시의 정치 상황을 설명하려는 시도를 부추겨, 원로원의 반대 때문에 아우구스투스가 자기 권력의 실체를 공화정이란 외양 뒤에 숨길 수밖에 없었다는 주장을 근거로, 원로원의 반대를 공화주의자들의 행동으로 묘사하는 데까지 이를 수 있다.

율리우스 카이사르를 대하는 태도도 그의 후계자인 아우구스투스에 대한 우리의 인식에 영향을 미친다. 독재관 율리우스 카이사르는 최고 권력을 영구적으로 차지하려 했기에 암살당했지만, 아우구스투스는 영구적인 최고 권력을 획득하고도 고령까지 살아남았다. 따라서 대부분의 학자는, 아우구스투스의 '아버지'가 권력을 노골적으로 휘둘렀던 것과 달리 그는 자신의 권력을 부드럽게 행사하고 또 숨겨 가면서, 그의 '아버지'와는 근본적으로 다르게 행동했을 것이라는 논리를 자연스럽게 편다. 이러한 논리 밑에 자리 잡은 가정에 얽매여 아우구스투스에 관한 현대의 기록들은 그를 카이사르라는 이름으로 부르기를 꺼린다. 앞으로 보게 되겠지만, 많은 학자가 사임 경의 견해를 따르고 더욱 발전시켜, 아우구스투스가 안토니우스를 물리치고 로마의 주인으로 등극한 후에는 자신을 신격화된 율리우스 카이사르와 상반되는 의미인 인간 율리우스 카이사르와는 의도적으로 거리를 두었다고 주장한다.

얼핏 들으면 서로 달랐던 두 인물의 운명을 설명하는 것처럼 보이는 이 편리한 사고는 지속해서 반복되고 있어, 이를 뒷받침할 증거가 없는 것이 안타까울 지경이다. 우선, 두 인물의 비교에는 결함이 있을 수밖에 없다. 필연적으로 율리우스 카이사르가 기원전 45년 말에 처한 상황과 아우구스투스가 악티움 해전 승리 이후 맞은 상황을 대비시키기 때문이다. 율리우스 카이사르가 치열한 내전에서 승리를 막 거둔 시점이 기원전 45년 말이고, 그가 생의 마지막 5년 동안 로마에서 거의 시간을 보내지 않았다는 사실을 아무도 주목하지 않는 것 같다. 비록 그가 지치지 않는 열정의 소유자라 하더라도, 최고 권력을 가진 기간이 짧고 또 자주 중단되었으므로 실질적인 성취를 이루는 데는 한계가 있었다. 반면, 악티움 해전에서 안토니우스를 물리쳤을 때, 아우구스투스는 이미 10년 이상 삼두정의 일원으로서 무제한의 권력을 보유하고 있었고, 그 10년의 대부분을 삼두정의 다른 두 동료와 달리 로마와 이탈리아에서 보냈다. 따라서 악티움 해전 이후의 아우구스투스에 관해서만 언급한다면, 이는 아우구스투스가 권력을 행사하면서 자신에게 충성을 약속한 인물들을 약진시켜 자신의 통치 기반을 공고히 했던 그 긴 세월을 도외시하는 결과가 된다. 또 악티움 해전 이후는 전통 귀족 가문의 수가 많이 감소했고, 브루투스와 카시우스의 실패를 목도한 다른 실력자들이 그들의 전철을 밟을 수도 있는 시도를 도모하지 않았다. 따라서 율리우스 카이사르가 전통적으로 원로원의 의견을 대변하는 강경파의 저항에 부딪혀 결국 그 저항을 달래는 데 실패했다는 점을 들어, 아우구스투스도 비슷한 저항에 직면했을 테지만 이를 극복해 냈을 것이라는 가정은 근거가 없다. 두 사람이 처한 상황은 너무도 많은 면에서 달랐다. 현대의 많은 학자가 원로원이 공화정을 지키려 아우구스투스에 반기를 들었다는 점을 강조하고 싶어 하지만, 이를 뒷받침할 설득력 있는 증거는 사실 없다. 학자들이 보이는 로마 공화정에 대한 애착은 로마 귀족들이 보여준 것보다 훨씬 더 깊고 크다. 좀 더 자세히 살펴보면, 율리우스 카이사르와 카이사르 아우구스투스 간의 개인적 차이는 흔히 생각하는 것보다 훨씬 적다는 걸 알 수 있다.

아우구스투스의 이야기를 새롭게 들려주려면 수 세대에 걸쳐 축적된 학문적 논쟁에서 한 걸음 물러날 필요가 있다. 이 책은 당대를 기록하는 역사서가 아니라 한 인물에 관한 전기이므로 당시의 다양한 사건들도 다루지만, 이 책의 주된 관심은 아우구스투스에게 고정되어 있다. 중요한 것은 그가 생애의 각 시점에 어디에 있었는지, 또 가능하다면 무엇을 하고 있었는지를 파악하는 것이다. 이를 통해 드러나는 한 가지 사실은 그가 이탈리아와 속주들을 순방하는 데 매우 많은 시간을 보냈다는 것인데, 기원후 2세기 하드리아누스 황제가 등장하기 전까지 그런 시도를 한 그의 후계자는 거의 없었다. 이는 또한 그가 노년에도 과중하게 국정을 돌보았음을 확실히 보여준다. 아우구스투스의 행적과 성취를 빠르게 개관하다 보면 쉽게 놓칠 수 있는 그의 면모 중 하나는 그가 단순히 개혁과 입법에만 집중했던 것이 아니라 세부적이고 일상적인 행정에도 깊은 관심을 보였다는 사실이다. 로마시와 로마 제국에서 발생한 제도적, 사회적, 경제적 변화 또는 물리적 변모가 지니는 중요성은 그 변화와 변모들이 실현되었던 속도를 함께 이해해야 비로소 드러난다.

이미 두꺼운 책이지만 쉽사리 두세 배 더 길어질 수 있었다. 로마 귀족 가문들의 운명 변천을 단순히 좇는 것이 아니라 아우구스투스가 이탈리아와 로마 제국에 미친 영향을 보여주려 노력했으나, 지면의 제약으로 더 많은 세부 내용을 포함할 수 없었다. 포함하지 못한 세부 내용들과 가볍게 다루어진 여러 주제도 각기 별개의 책으로 탄생할 수 있는 것들이다. 베르길리우스Vergilius의 《아이네이스Aeneis》를 단 몇 페이지로 요약하고, 오비디우스Ovidius와 다른 시인들에 대해선 이야기할 기회조차 거의 없어서 매우 아쉽다. 이 책을 쓰면서 느낀 큰 기쁨 중 하나는 당대의 시를 포함한 여러 문학 작품을 다시 읽을 기회를 가졌다는 것이다. 대부분 학창 시절 이후 처음으로 읽는 작품들이었다. 이 책의 주인공 아우구스투스를 소홀히 다루지 않으면서도 독자들이 당시의 문학적 분위기를 맛볼 수 있도록 최선을 다했다. 아우구스투스란 인물과 그가 살았던 시대에 관심을 가지게 될 독자들이 방대한 자료에 접근할 수 있도록 미주를 달았고, 참고 문헌도 길게 수록했다.

아우구스투스의 생애를 전하는 자료들

로마 시대의 문헌, 공식 문서, 개인 서신 중에서 현재까지 전해지는 것은 극히 일부에 불과하다. 인쇄기가 발명되기 전이었으므로 모든 걸 손으로 필사해야 했는데, 매우 수고롭고 비용이 많이 드는 작업이었을 뿐만 아니라 필사 과정에서 오기의 위험도 컸다. 사본을 충분히 만들지 않았기 때문에 많은 자료가 분실되었다. 로마 제국의 붕괴에 이어 문맹률이 높고 필사를 독려할 부가 부족했던 시대가 오면서 훨씬 많은 문헌이 사라졌다. 중세에는 교회가 매우 선별적으로 일부 고대 문헌을 보존했지만, 보존된 문헌들조차 화재, 사고, 방치로 상당량이 없어졌다. 이는 고대 세계에 대해 많은 걸 알 수 없다는 의미이므로, 우리는 고대 자료들의 불완전성과 상충 가능성을 매 순간 염두에 두어야 한다.

로마 시대에 관한 온전한 기술은 당시의 사건이 발생하고 오랜 시간이 지난 후 이루어졌다. 2세기 초에 아피아노스Appianos는 기원전 36년에 있었던 섹스투스 폼페이우스의 패배까지를 다룬 《내전기Bellum Civile》를 썼다. 3세기 초에는 디오Dio가 고대 로마의 전 기간을 기술한 역사서를 썼는데, 아우구스투스의 생애에 관해 극히 일부의 내용만 빠진 채 현재까지 전해진다. 두 사람 모두 그리스인이었으며, 디오는 로마의 원로원 의원으로 고위 정무관을 지내기도 했다. 그들은 그리스어로 글을 썼고, 따라서 그들이 번역한 라틴어 용어를 확실히 이해하기 어려울 때가 있다. 두 사람 모두 원수정이 확고히 자리 잡혀 황제의 통치를 자연스럽게 받아들이던 시기에 글을 썼으므로, 당대에 자신들이 지녔던 태도를 이전 시기에 투영하는 경향을 보인다. 벨레이우스 파테르쿨루스Velleius Paterculus는 아우구스투스 치하에서 공직 생활을 시작했으므로, 그가 기술한 간략한 문헌은 아우구스투스 시대에 일어난 사건과 아주 가까운 시점에 쓰였다는 장점이 있지만, 티베리우스Tiberius 황제를 향한 그의 확고한 상찬 때문에 객관성을 담보할 수 없다. 이상의 저술들이 아우구스투스 시대에 관한 가장 상세한 기록이지만, 그 책들이 다루지 않은, 특히 속주와 국경 지역의 사건들은 플로루스Florus나 오로시우스Orosius 같은 후대 저술가들의 기술에 의존할 필요가 있다. 후대의 자료는 없는 것보단 낫겠지만 매우 신중하게 사용되어야 한다. 역사가 리비우스Livius는 당대인으로 기원전 9년까지를 기술한 관련 역사서들을 남겼으나, 훨씬 후대에 편찬된 매우 간략한 요약분만이 현재까지 전해 온다.

기원전 43년 아우구스투스, 안토니우스, 레피두스의 명령으로 처형되기 전까지 키케로Cicero가 남긴 편지들과 연설문에서 당시 사건들에 관한 직접적이고 매우 상세한 묘사를 접할 수 있다. 물론 분명 당파적으로 치우친 면도 있다. 키케로가 다른 사람들에게 받은 편지들뿐만 아니라, 당시처럼 절박했던 시기에는 진실만큼 사람들의 행동에 영향을 미칠 수 있었던 근거 없는 소문들까지 포함되어 있어 더욱 흥미롭다. 안타깝지만, 키케로의 저작 중 일부만 현재까지 전해지며, 이 웅변가가 아우구스투스와 교환했던 여러 서신을 포함하여 고대 작가들은 접할 수 있었던 그의 다른 저작들은 이후 유실되고 말았다.

아우구스투스의 자서전은 기원전 25년까지의 시기를 다루었으나 현재는 전해지지 않는다. 다만 당대인이었던 다마스쿠스의 니콜라우스Nicolaus of Damascus가 쓴 짧은 그의 전기에 자서전의 일부 내용이 보존되어 있다. 아우구스투스가 말년에 준비한 명문銘文으로 사후에 그의 묘소 바깥 비석과 다른 장소에도 새겼던 《신 아우구스투스의 업적록Res Gestae》은 지금까지 전해진다. 아우구스투스 자신이 자신의 공적과 명예를 주로 나열한 이 명문은 그가 자기 경력에 관해 어떠한 공식 기록을 남기고 싶어 했는지를 보여준다. 수에토니우스Suetonius는 1세기 말과 2세기 초에, 완성도가 비교적 높고 아우구스투스의 개인적 면모를 비중 있게 기술한 그의 전기를 썼다. 다양한 출처의 자료를 바탕으로 쓴 것이 분명한데, 일부 자료는 아우구스투스에게 매우 적대적이며, 기원전 44~30년의 여론 선전전 시기에서 비롯된 것으로 전반적으로 아우구스투스에 관해 풍부한 정보를 제공한다. 그가 가족들에게 쓴 개인적인 편지들에서 발췌한 내용들이 특히 흥미로운데, 그중 일부는 티베리우스와 클라우디우스Claudius의 전기에도 등장한다. 아쉬운 점은 많은 사건의 발생 시점을 특정하지 않았고, 각 사건에 대한 부연 설명이 부족하다는 것이다.

아우구스투스에 관한 단편적인 정보를 제공하는 자료들도 있다. 플루타르코스Ploutarchos가 쓴 《비교 영웅전Lives》 중 브루투스 전기, 키케로 전기, 마르쿠스 안토니우스 전기에도 아우구스투스에 관한 짧은 언급이 있으며, 수에토니우스 및 아피아노스와 비슷한 시기에 플루타르코스가 쓴 다른 저작들에서도 아우구스투스가 간략히 거론된다. 타키투스Tacitus는 이들과 동시대인이었고 고위 원로원 의원이었지만, 그는 자신이 쓴 역사서에서 아우구스투스를 직접 다루지는 않았고, 간접적으로 아우구스투스에 대한 정보를 전달한다. 1세기 초반에 활동했던 세네카Seneca 부자도 흥미로운 몇 가지 세부 사항을 전한다. 훨씬 후대의 작가이지만 이전 사료들을 참고했음이 분명한 5세기 초의 저술가 마크로비우스Macrobius는 앞서 언급한 아우구스투스와 관련된 농담들을 모아 놓았다. 이 모든 저자들이 어디서 정보를 얻었는지는 알 수 없고, 검증도 불가능하다. 아우구스투스와 관련해 가장 중요한 특징은 그에 관한 수많은 개인적 일화가 존재한다는 것인데, 이들 일화를 통해 우리는 사람들이 그를 어떻게 생각했는지 그리고 그는 자신이 어떻게 보이기를 원했는지를 알 수 있다.7

이미지나 조각품을 통해 의도된 메시지가 유통되듯 돌에 새겨진 글이나 동전에 새겨진 구호 등은 당대에 어떤 메시지를 의도적으로 전달했는지 보여준다. 이러한 명문은, 특히 날짜가 명확히 기재되면 즉각적인 효과를 거둘 수 있다는 이점이 있으므로, 단기적 우선순위를 반영한 메시지를 널리 전할 수 있었을 것이다. 건물과 기타 구조물의 발굴은 체제의 우선순위가 어떻게 변화했는지 이해하는 데 도움이 될 수 있지만, 발굴로 드러난 유적들은 신중히 해석해야 한다. 절대적으로 정확한 해석을 담보할 수 있을 만큼 온전한 형태로 남아 있지 않아 완벽히 이해할 수 없으므로 주의를 기울여야 한다. 발굴을 통해 얻는 물리적 증거는 맥락 파악이 매우 중요하지만, 우리가 원하는 만큼 명확히 맥락을 파악할 수 있는 경우는 거의 없으며, 과거의 발굴 작업이 현대의 발굴 작업에 비해 종종 덜 세심하고 덜 정교하게 이루어진 점도 인정해야 한다. 특히 예술 작품과 건축물을 연구할 때는 객관적 시각을 유지하기가 어렵다는 걸 깨닫게 되므로, 사소한 세부 사항에 너무 많은 또는 너무 적은 의미를 부여하지 않으려고 노력해야 한다. 자신들이 사용하는 주화에 담긴 그림이나 구호에 대해 로마인들은 과연 얼마나 진지하게 생각해 보았겠는가? 그렇지만 문헌 자료와는 달리, 아우구스투스 시대의 물리적 증거를 보강하기 위한 연구는 지속해서 진행되고 있어, 아우구스투스가 다스렸던 세상에 대한 우리의 이해를 많이 증가시킬 것이다.

아우구스투스는 쉽게 이해할 수 있는 인물이 아니므로, 모든 유형의 증거를 다룰 때 주의를 기울여야 한다. 우리의 자료가 가진 한계를 솔직히 인정하는 것도 매우 중요하다. 아우구스투스에 관해 어떤 사항은 우리가 알 수 없고 앞으로도 영원히 알지 못할 것이다. 또한 그에 관한 많은 사항은 추측에 의존해야 하므로, 추측의 근거에 대해서도 솔직해야 한다. 그 무엇도 확실하지 않은 상황에서 확실함을 가장해선 결코 안 된다. 절대적인 진실은 찾기 어렵고 어쩌면 불가능할 수도 있다. 그렇다고 해서 진실에 최대한 가까이 다가가려는 노력을 포기해야 한다는 뜻은 아니다. 우리는 지금도 아우구스투스에 관해 많은 것을 알고 있지만, 다양한 유형의 모든 증거를 수집하면, 그와 그가 살았던 세계를 더 많이 이해할 수 있다.

1부

가이우스 옥타비우스
(투리누스)

기원전 63~44년

'어릴 적 그의 사문명cognomen은 투리누스Thurinus였다. 조상들이 유래한 지역을 기리기 위해서였거나 또는 그가 태어난 지 얼마 안 돼 아버지 옥타비우스가 투리나Thurina에서 도망친 노예들을 상대로 거둔 승리를 기념하기 위해서였을 것이다…. 그는 마르쿠스 안토니우스와 주고받은 편지에서 종종 투리누스라는 이름으로 조롱받았다. 그러나 그는 자신이 옛 이름으로 불리면 모욕을 느끼리라고 생각한다는 사실이 놀라울 뿐이라며 응수했다.'
– 수에토니우스, 《아우구스투스》 7. 1.

1장 국부

> 그가 태어난 날, 원로원은 카틸리나Catilina의 역모를 토의 중이었으나 옥타비우스는 아내의 출산 때문에 뒤늦게 참석했다. 그때 옥타비우스가 늦은 이유와 태어난 아이의 생시生時를 알게 된 푸블리우스 니기디우스Publius Nigidius가 "전 세계의 주인이 태어났다"라고 말했다 전해진다.
>
> — 수에토니우스, 2세기 초[1]

기원전 63년의 로마, 당시에는 단연 세계에서 가장 큰 도시였다. 인구는 적어도 75만 명에 달했고, 그 세기말에 이르면 100만 명을 넘길 추세였다. 그러나 대부분의 사람이 화재에 취약하고 질병이 번지기 쉬운, 인술라Insula('섬'이라는 의미)라는 불결한 과밀 집단 주택에 살았다. 수많은 사람이 함께 살았던 도시였으므로 매일 누군가 태어났고, 누군가 죽었다. 따라서 아티아Atia란 이름의 여자가 산통産痛을 시작하여, 9월 23일 동트기 전 그녀의 남편에게 아들을 안겨 주었다 해서 특별히 주목할 만한 일은 아니었다.

아티아는 다른 산모들보다 운이 좋았다. 그녀 자신이 귀족 출신이었고, 남편 가이우스 옥타비우스도 원로원 의원이었기 때문에 팔라티움Palatium

언덕 동쪽 편에 자리 잡은 안락한 집에서 최상의 보살핌을 받을 수 있었다. 아티아의 출산이 임박하자 가족 중 여자들과 여종들, 여종이었다가 자유인이 된 여자들 그리고 경험 많은 산파가 그녀 곁을 지켰다. 관습상 남자들은 분만실에 들어갈 수 없었다. 산모의 상태가 위중해지면 남자 의사를 부르기도 했지만, 실제로 그렇게 위중한 상황에서는 남자 의사도 할 수 있는 일은 거의 없었다. 아티아는 몇 년 전 딸을 출산한 경험이 있었기 때문에 분만의 위험을 잘 알고 있었다.

출산 경험, 주위의 배려와 보살핌이 있어도 아티아가 출산의 위험에서 안전할 수는 없었다. 출산은 산모와 아기 모두에게 위험한 일이었고, 그날 태어난 아기 중 상당수는 사산되거나 며칠 내로 죽을 운명이었다. 산모 중 상당수도 마찬가지였다. 9년 후 아티아의 외사촌 율리아Julia가 출산 중 사망했고 며칠 후 아기도 목숨을 잃고 말았다. 그 당시 로마에서 최고의 권력과 부를 쥐고 있던 사람이 율리아의 아버지였지만, 어쩔 수 없었다. 출산은 여자의 삶에서 가장 위험한 순간이었을 것이다.

다행히 출산은 순조로웠다. 아티아도 무사했고, 남자 아기도 건강했다. 산파가 아기를 바닥에 내려놓고 살폈을 때 기형이나 다른 문제는 없어 보였다. 곧이어 아버지에게 아기가 인계되었다. 로마 전통에 따르면 로마의 가장paterfamilias은 가족 구성원 모두에 대한 생사여탈권을 쥐고 있었다. 가장이 그러한 강력한 권한을 엄격히 사용하던 때는 아니었지만, 어쨌든 아기를 가족으로 받아들이는 결정은 아버지인 가이우스 옥타비우스의 몫이었다. 옥타비우스는 선뜻 그 갓난아기를 가족으로 받아들인 후, 그와 함께 출산을 기다리고 있던 친척과 친구들 혹은 출산 소식을 듣고 그의 집을 방문한 이들에게 아기를 보여주었다. 가이우스 옥타비우스에게는 전처가 낳은 큰딸을 포함해 이미 2명의 딸이 있었다. 야심가에게는 딸도 필요했다. 혼인 동맹을 통해 정치적 동지를 얻고 유지할 수 있었기 때문이다. 그러나 공직에 진출하여 아버지와 동등하거나 아버지를 능가하는 지위를 차지해 가문에 영광을 더할 수 있는 건 아들이었다.

집안에 위치한 제단에 불이 밝혀졌고, 가정과 화로의 신들인 라레스Lares와 페나테스Penates 그리고 가족이 특별히 숭배하는 다른 수호신들에게도 제물을 바쳤다. 방문객도 각자의 집으로 돌아가 같은 의식을 치렀다. 방문객 중에는 이미 자신의 이름을 널리 떨치고 있던 야심에 찬 원로원 의원인 서른일곱 살의 아티아의 외삼촌, 가이우스 율리우스 카이사르도 분명히 있었을 것이다. 얼마 전 율리우스 카이사르는 치열한 선거에서 승리해 로마에서 가장 명예스러운 최고위 사제인 폰티펙스 막시무스Pontifex Maximus가 되었다. 주로 정치적 의미를 띠는 직위였고, 율리우스 카이사르가 신실한 종교적 신념을 보인 사람은 아니었지만, 다른 로마인들처럼 그도 전통 의식을 매우 소중하게 여겼다. 로마의 모든 귀족은 평생을 각종 의식에 둘러싸여 살았고, 성공적인 출산은 원로원 의원이 속한 가문과 그들과 관계있는 사람들에게는 의식을 치를 만한 큰 경사였다.2

그 아기가 율리우스 카이사르의 친척이라는 점을 제외하면 아이의 가족을 넘어선 공동체가 그 아이의 출생에 관해 특별한 관심을 가질 이유는 없었다. 아기의 아버지 가이우스 옥타비우스가 유력한 원로원 의원은 아니었기 때문이다. 한참 후에야, 즉 그 아이가 성장하여 아우구스투스라는 이름을 얻고도 많은 시간이 흐른 뒤에야, 그 아이가 커서 위대한 인물이 될 것이라는 징조가 있었고 심지어 공공연한 예언도 있었다는 이야기들이 돌기 시작했다. 수에토니우스가 그러한 이야기들을 길게 서술하는데, 대개가 개연성이 없으며 일부는 터무니없기까지 하다. 터무니없는 이야기 중 하나는 로마에 왕이 태어난다는 예언이 있었기 때문에 원로원이 특정 날짜 사이에 태어난 남자아이는 아무도 살려두지 말라는 의결문을 포고하도록 촉구했다는 것이다. 하지만 임신한 아내가 있었던 원로원 의원들이 법령 제정 절차상의 문제를 들어 그 법령이 시행되지 못하도록 했다고 한다. 그러나 공화정 하에서의 법령 작동 방식이 아니었을 뿐만 아니라 키케로가 그토록 음침하고 논란을 일으켰을 조치를 기록에 남기지 않은 점을 보아 그 이야기는 낭만적인 상상으로 지어낸 허구였다고 치부할 수 있다. 아버지가 인간이라는 사실이 영웅 서사를 완성하기엔 부족해서 지어낸 알렉산드로스 대왕 및 다른 영웅들의 신화에서 비롯된 이야기들 역시 허구이다. 예를 들면 다음과 같다. 아티아가 아폴로Apollo 신전에서 야간 의식을 치른 후 가마 안에서 잠이 들었다. 그때 한 마리 뱀이 나타나 아티아의 몸 위를 지나갔고, 뱀의 비늘 같은 모양의 자국을 허벅지에 남겼다. 잠에서 깬 아티아는 자신이 방금 성관계를 한 것 같은 느낌이 들어 육체를 정화하는 의식을 치러야겠다고 생각했다. 육체적으로 정결한 사람만이 신전의 경내에 들어갈 수 있었기 때문이다. 그러나 허벅지 위의 뱀 비늘 자국을 지울 수 없었던 아티아는 공중목욕장 출입을 중단했다. 그로부터 9개월 후 아티아는 아들을 낳았다.[3]

가이우스 옥타비우스는 그런 신비한 경험은 없었지만, 아들을 얻어 매우 기뻤다. 로마 문화에서 생일은 중요한 기념일이어서 한 사람의 생애 전반에 걸쳐 기념되었다. 고대 로마 음력에서 9월은 이름이 붙여진 10개의 달 중 일곱 번째 달이었다. 이는 로마 군단이 원정을 떠나던 전쟁의 신 마르스Mars의 달인 3월부터 한 해가 시작되었기 때문이다. 로마인들에게 9월 23일은 10월 칼렌다이Kalendae의 9일 전이었다. 로마인들은 매달 있는 3개의 축제일을 기준으로 앞뒤로 날짜를 세었는데, 매달 1일이 칼렌다이, 7일이 노네스Nones 그리고 달에 따라 13일이나 15일이 이두스Idus였다. 0이라는 숫자를 사용하지 않았으므로, 10월 칼렌다이를 1일로 하여 총 9일을 거슬러 세면 9월 23일에 이른다.

로마인들에게 그 아기가 태어난 연도는 로물루스Romulus가 '도시를 건설한 이후ab urbe condita' 691년이 되는 해였다. 직접적으로는 마르쿠스 툴리우스 키케로Marcus Tullius Cicero와 가이우스 안토니우스Caius Antonius가 집정관으로 있던 해였다. 로마에서는 2명의 집정관이 최고위 정무관으로 동등한 권한을 가지고 12개월 동안 재직했다. 공화정은 어느 한 사람이 최고 권력이나 영구적인 권력을 차지하는 것을 방지하기 위해 고안된 체제였으므로, 집정관은 임기가 끝난 후 10년이 지나야 재선에 도전할 수 있었다. 두 집정관의 이름을 함께 적어 각 연도를 지칭하는데, 선거에서 최다 표를 얻은 집정관의 이름이 먼저 기재되었다. 집정관은 안토니우스 집안처럼 소수 기득권 가문 출신이 압도적으로 많았다. 키케로는 특이한 경우였는데, 그의 가문에서 처음으로 로마 정계에 진출한 인물이었으며, 그 외에는 한 세대가 넘도록 어떤 '신인novus homo'도 집정관에 오르지 못했다. 가이우스 옥타비우스 역시 '신인'이었기 때문에 분명 키케로의 성공을 본받으려 했을 것이다.⁴

선임 집정관은 매달 교대로 바꾸었으므로, 9월 23일 원로원 회의는 키케로가 주재했다. 가이우스 옥타비우스가 아들의 출생 때문에 회의에 늦었다는 수에토니우스의 주장은 '세계의 통치자' 탄생을 예언하는 또 다른 이야기의 배경이 될 수 있으므로 신중하게 받아들여야 한다. 완전히 꾸며 낸 이야기일 수도 있겠으나, 가이우스 옥타비우스가 회의에 늦었다거나 원로원 이 의원 중 한 명인 루키우스 세르기우스 카틸리나Lucius Sergius Catilina가 연루된 모반을 두고 토의했다는 주장이 전혀 개연성이 없는 건 아니다. 혁명이 일어날 것이라는 소문들이 파다했고, 그해 여름 선거에서 다음 해의 집정관 당선에 실패한 카틸리나가 그런 소문의 중심에 있었다. 원로원이 그러한 소문을 실제로 논의했다 하더라도, 당시에는 어떠한 조치도 취하지 않았고, 상황이 정점으로 치달은 건 시간이 좀 더 흐른 후였다.⁵

일상생활은 계속되어 9월 30일 밤, 가이우스 옥타비우스와 아티아는 그들의 집에서 철야 의식을 치렀다. 여러 의식이 거행되었고, 그 절정은 다음 날인 10월의 칼렌다이(아이의 출생 9일 후)에 치른 희생제와 공식적인 정화 의식인 루스트라티오lustratio였다. 의식을 치르는 목적은 출산 중 아기에게 들어왔을 수 있는 모든 악령이나 여러 초자연적인 영향들을 쫓아내는 것이었다. 부모는 아이가 공식적으로 성인이 될 때까지 목에 착용할, 금으로 만든 불라bulla라는 부적을 주었다. 뒤이어 조점관augur(아우구르)이라 불린 사제단 사제가 아이의 미래를 알아보기 위해 새들의 비행을 관찰했다. 아마도 아이의 부모는 상서로운 징조가 있다는 말을 들었을 것이다.6

이제 아이는 공식적으로 이름을 얻고, 절차를 거쳐 시민으로 등록되었다. 아이의 이름은 아버지 이름을 따라서 가이우스의 아들, 가이우스 옥타비우스가 되었다. 가족 간에는 대대로 동일한 이름을 사용하는 경향이 있었지만, 이 당시 일부 유력한 귀족 가문은 다른 원로원 신분과 더욱 구분되려는 의도로 이러한 관습을 깨기 시작했다. 씨족 이름Nomen은 자동으로 정해졌고(이 아이의 경우 옥타비우스), 첫 번째 이름praenomen은 선택할 수 있었다. 대부분 중요 인사는 3개의 이름tria nomina을 모두 가졌다. 아티아의 외삼촌은 가이우스 율리우스 카이사르였다. 두 번째 이름 율리우스는 방대한 가문의 이름이었고, 세 번째 이름은 율리우스 씨족 중 특정 가계만 사용하는 가문명이었다. 3개의 이름이 명망 있는 가문들 사이에서 보편적인 건 아니었다. 세 번째 이름을 가질 정도로 가족 수가 많지 않은 씨족도 있었고, 이미 씨족이 충분히 알려져 있다는 믿음으로 굳이 세 번째 이름을 가질 필요를 느끼지 못하는 씨족도 있었기 때문이다. 옥타비우스 씨족도 아직 씨족 내에서 특정 가계를 구분할 필요성을 느끼지 못했다.

로마인들은 여성을 자세히 구별할 필요를 느끼지 않았다. 여성은 투표권도 없었고 공직에 출마할 수도 없었기 때문이다. 아티아는 이 이름 하나였는데, 이는 그녀의 아버지 마르쿠스 아티우스 발부스Marcus Atius Balbus에서 씨족 이름인 'Atius'의 여성형이었다. 로마의 여성에게는 아버지의 신분과 아버지의 가족 구성이 중요했다. 로마 여성들은 평생 자신의 이름을 유지했으며, 결혼 후에도 이름을 바꾸지 않았다. 아티아가 낳은 딸의 이름은 옥타비아Octavia였는데, 남편이 이전 결혼에서 낳은 딸의 이름도 옥타비아였다. 다른 딸들이 있었다면 이들 또한 옥타비아로 불렸을 것이다. 일부 가문

에는 공적 필요에 따라 딸들에게 번호를 매겨 구별하기도 했다.7

아기들은 많은 보살핌이 필요했지만, 아티아의 역할은 아마도 다소 멀리서 보육을 감독하는 수준이었을 것이다. 그녀는 가정사를 관장하고 남편을 내조하기에도 바빴다. 아기의 어머니가 직접 수유해야 한다고 주장하는 목소리도 있었으나 실제로는 흔한 일이 아니었고, 대신 유모 역할을 하는 노예가 있었다. 이 유모나 다른 여성 노예가 대개 보모가 되었다. (일부 철학자들이 어머니가 아기에게 직접 수유해야 한다고 주장했는데, 그 이유는 아기들이 노예의 젖을 먹으면 노예근성도 함께 받아들인다는 두려움 때문이었다.) 부모가 아이들과 얼마나 많은 시간을 보내는가는 각 가정의 선택에 달려 있었다. 어떤 가정에서는 부모가 아이들과 보내는 시간이 매우 적었지만, 예외도 있었다. 기원전 2세기, 엄격하고 고루한 덕성을 열렬히 전파하기로 유명했던 대 카토Cato the Elder는 아주 중요한 공무가 아니면 어린 아들이 목욕하는 모습을 지켜보았다는 이야기가 전해진다. 대 카토의 아내는 자신의 아이에게 수유했던 여성이었으며, 때로는 노예 아이들에게도 자신의 젖을 물리곤 했다.8

옥타비우스의 어린 시절을 알려 주는 자료는 거의 없지만, 수에토니우스가 옥타비우스의 위대한 성공을 예견하는 징조들에 대해 전한 이야기 중 하나는 대부분의 이야기보다 덜 극적이어서, 어쩌면 일말의 진실을 담고 있을지도 모른다. 이 이야기에 따르면, 유모가 그를 재우려 1층에 있는 방에 눕혔다. 아이가 기어다닐 수 있을 만큼 자랐을 때인데, 그만 아이가 사라졌고, 집안은 황급히 아이를 찾기 시작했다. 다음 날 새벽 아이를 찾았을 때, 아이는 집에서 가장 높이 위치한 방에서 태양이 떠오르는 걸 보고 있었다.9

불안한 세계

실제 그런 일이 있었다면, 나중의 일이었을 것이다. 기원전 63년 말, 로마의 정세는 심상치 않아서 아이의 부모가 걱정할 일이 많았다. 로마 공화국은 기원전 2세기 중반부터 지중해 세계를 제패했다. 카르타고는 파괴되었고, 동방의 왕국들은 정복되거나 로마의 선의에 의존할 만큼 약해져서 더 이상 위협이 되지 않았다. 소아시아에 있는 폰투스Pontus 왕국의 미트리다테스 6세Mithridates VI는 한 세대 동안 끈질기게 전쟁을 걸어왔지만, 마침내 로마에서 가장 성공적이고 인기 있던 폼페이우스 마그누스Pompeius Magnus에게 완전히 참패당했다. 패배한 미트리다테스 6세는 평생 해독제를 복용한 탓에 도리어 독에 면역이 생겨 버렸다는 것을 알고는, 자신의 경호원에게 그해가 가기 전에 자신을 죽이라고 명령했다. 그해 10월에는 폼페이우스의 군단이 3개월간의 포위 끝에 예루살렘을 함락했는데, 유대 왕가의 경쟁자 사이에 벌어진 내전에서 한쪽을 지원한 결과였다. 로마 공화국의 군사력에 필적할 수 있는 경쟁자는 없는 것처럼 보였다.[10]

로마는 인근 국가들이나 잠재적 적들보다 훨씬 강력했지만, 정복 전쟁과 제국 운영에서 벌어들이는 막대한 이익이 정치, 사회, 경제 내의 미묘한 균형을 위협하기 시작했다. 고위직을 차지하고 신분 상승을 꾀하려는 귀족들 사이의 경쟁은 늘 치열했지만, 이전에는 관습과 법의 엄격한 테두리 안에서 제어되었다. 그러나 이제 원로원 의원들은 인기를 얻기 위해 점점 더 많은 돈을 썼고, 궁핍한 처지의 대중은 그들의 입장을 옹호하는 원로원 의원이면 그 누구라도 추종하는 상당 규모의 집단을 만들면서, 그동안 체제를 지탱하던 여러 기둥이 위협받기 시작했다. 일부 소수가 과거엔 상상하지 못했던 수준으로 신분 상승할 기회를 독점하자, 그들의 동료들은 이를 시기하고 반감을 품었다.

기원전 133년, 티베리우스 셈프로니우스 그라쿠스Tiberius Sempronius

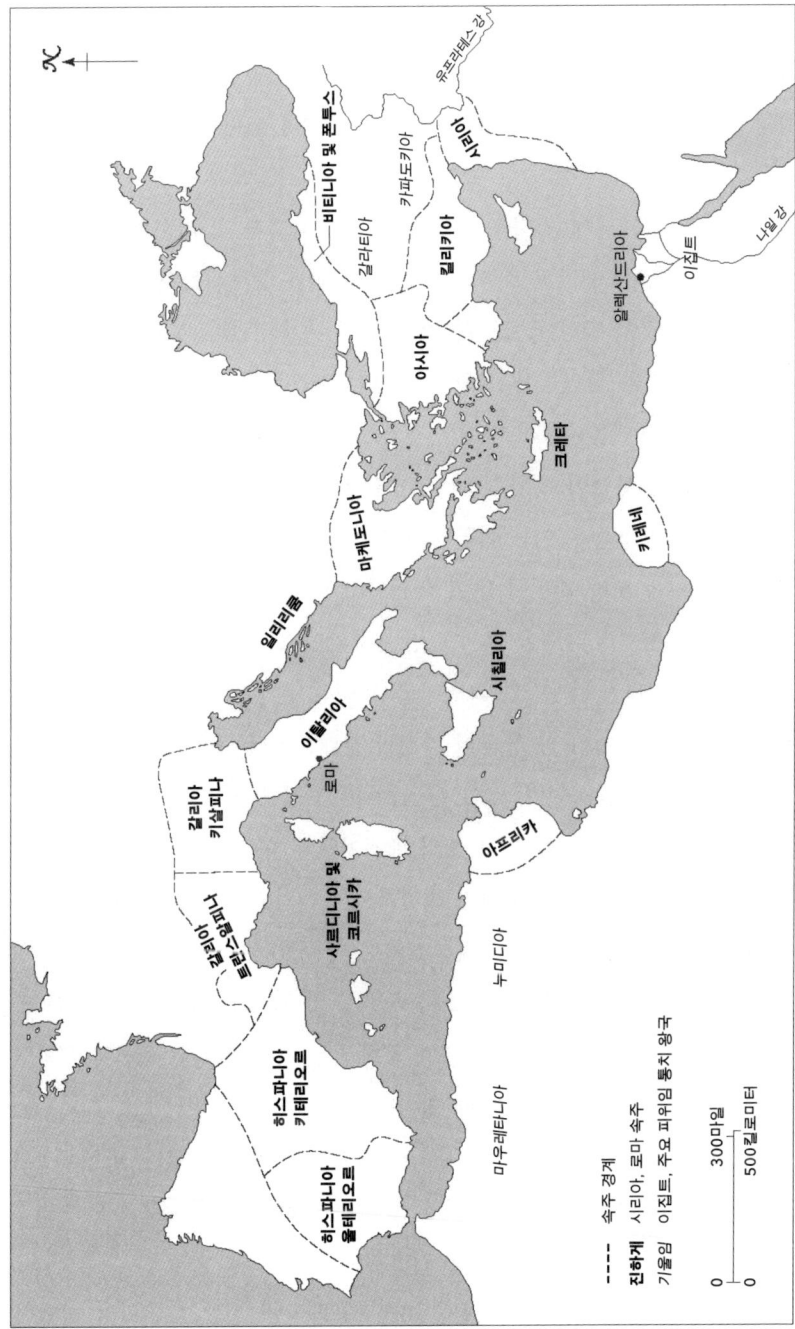

로마 제국, 기원전 1세기

Gracchus라는 귀족이 매년 선출되는 10명의 호민관 중 한 명으로 선출되어 농촌 빈민을 돕기 위한 일련의 법안을 도입했다. 이 조치로 티베리우스는 상당한 신망을 얻었으나, 군주에 버금가는 권력을 노린다는 비난을 받았고, 결국 그의 사촌이 앞장선 한 무리의 원로원 의원들에게 몽둥이로 맞아 죽었다. 기원전 122년에는 더욱 급진적인 개혁 작업에 착수했던 티베리우스의 동생 가이우스가 그의 추종자 수백 명과 함께 살해되었다. 이 사건은 사전에 계획된 것이 분명한, 조직된 세력 간의 싸움이었다. 정치적 경쟁이 폭력으로 비화하는 장면들은 기원전 100년에도 반복되었다. 그로부터 10년 후, 이탈리아 주민들에게 로마 시민권을 부여하자고 제안했던 호민관이 살해되자 그들의 불만이 폭발해 반란이 일어났다. 로마인들은 힘든 싸움 끝에 반란을 진압했으나, 이는 이탈리아 주민들의 요구를 마지못해 수용한 결과였다. 그렇게 로마 시민이 많이 늘어났고, 그들이 정치인들의 새로운 표밭이 되면서 정치적 균형을 다시 한번 변화시켰다.

곧이어 기원전 88년, 한 호민관을 둘러싼 분쟁이 매우 격렬해져 로마 역사상 최초로 로마의 한 장군이 자신의 군대를 이끌고 로마시로 진군했다. 그의 이름은 술라Sulla였다. 당시 큰 인기를 누리던 노영웅 마리우스Marius와 술라와의 경쟁 구도가 이 분쟁의 배경이었다. 학살이 학살을 부른 잔혹함의 소용돌이가 지난 후 술라가 내전에서 승리하고 스스로 독재관이 되었고, 아주 드문 경우에만 임시 비상조치로 만들었던 독재관직을 자신을 위한 영구적인 최고 권력의 지위로 바꾸었다. 몇 년 후 술라는 공직에서 물러났고, 수개월 후 자연사했다. 로마 공화국은 다시 새로운 내전에 휩싸였다. 기원전 78년의 집정관 중 한 명이던 마르쿠스 아이밀리우스 레피두스 Marcus Aemilius Lepidus가 군대를 일으켜 권력을 장악하려 했다. 마르쿠스와 그의 일파는 패배하여 처형되었지만, 술라의 여러 정적은 이후로도 수년간 히스파니아를 근거지로 삼아 계속 저항했다.

기원전 63년, 내전의 망령은 여전히 공화국에 짙게 드리워져 있었다.

술라와 마리우스 추종자들 사이에 벌어진 잔혹한 투쟁에서 살아남은 원로원 의원 대부분은 그 과정에서 가까운 친척이나 친구들을 잃었다. 율리우스 카이사르의 고모는 마리우스와 결혼했고, 그의 첫 번째 아내는 마리우스의 최측근 딸이었다. 따라서 율리우스 카이사르가 술라 추종자들의 손에서 처형을 면할 수 있었던 이유는 아직 젊었기 때문이었을 것이다. 그럼에도 그는 한동안 쫓기는 도망자 신세로 지내다가 어머니의 술라파 인맥 덕분에 목숨을 건질 수 있었다. 술라가 처형한 사람들의 자손들은 정치 활동이 금지되었으므로 복권을 위해 강력한 로비를 펼쳤다. 술라는 사망했지만, 원로원의 모든 고위 의원은 술라가 선택했거나 적어도 거부하지 않은 사람들이었다. 언제라도 새로운 내전이 일어날 이유가 충분했고, 내전은 혼돈과 위험을, 그러나 누군가에는 기회를 가져올 것이었다. 술라의 지지자들은 죽은 적들에게서 빼앗은 전리품으로 큰 재산을 모았다. 당시 체제하에서 실패한 자들은 새로운 혁명의 전망에 이끌릴 수밖에 없었다.

카틸리나는 술라파의 일원으로 부를 축적했지만, 화려한 생활 방식을 유지하고 잠재적 지지자들의 환심을 사서 정치적 야망을 충족하기에는 여전히 부족했다. 술라는 원로원의 규모를 두 배로 늘리고, 집정관 다음으로 서열이 높은 정무관이었던 법무관praetor 수를 8명으로 증가시켰지만, 1년 임기의 집정관은 여전히 2명뿐이어서 이 최고의 영예를 차지하기 위한 경쟁은 날로 치열해졌다. 공직을 차지하려는 사람 중에는 지나치게 부패하고 부적격하다는 이유로 기원전 70년에 갑자기 벌어진 이례적인 숙청으로 원로원에서 쫓겨난 수십 명의 의원들도 있었다. 부와 야망이 있었던 이들 중 일부는 다시 공직에 올라 명예를 회복하려 했다.

정치적 사다리를 오르려면 많은 대가를 치러야 했다. 원로원 의원들은 그 신분의 일원이 되기 위해서라도 상당한 규모의 토지를 소유해야 했고, 선거전을 치르기 위해 갈수록 많은 돈을 빌렸다. 카틸리나는 엄청난 돈을 빌렸고, 율리우스 카이사르도 마찬가지였다. 대제사장 선거가 있었고, 율리우스 카이사르의 주요 경쟁자는 그보다 연장자고 훨씬 더 유명한 정치가였다. 양측 모두 투표권을 가진 지역구민들에게 뇌물을 쏟아부었다. 율리우스 카이사르는 선거에서 패배하면 채권자들에게 빚을 갚을 가망이 없다는 것을 알았다. 따라서 그는 선거 승리에 모든 걸 걸었다. 채권자들에게 그런 자세를 보여야만 그가 계속 출세하여 그들에게 유용한 인맥을 만들어 주고, 장기적으로 빚도 갚는 좋은 투자 대상이 되리라는 인상을 심어 줄 수 있다고 믿었다. 선거 당일, 율리우스 카이사르는 어머니에게 승리하여 돌아오거나 아니면 돌아오지 않겠다고 말했다. 결국 그는 승리했고, 당분간 채권자들은 그를 기꺼이 지원할 것이었다.[11]

카틸리나는 율리우스 카이사르보다 운이 없었다. 그의 가문은 로마에서 가장 오래된 명문 귀족이었고, 따라서 그도 율리우스 카이사르처럼 세습 귀족 신분이었다. 가이우스 옥타비우스와 그의 아들까지 포함하는 평민의 수가 귀족보다 훨씬 많았으나, 수 세기의 세월이 흐르면서 이들 중 다수는 지배 계층 진출에 성공했다. 쇠퇴하여 잊힌 귀족 가문들도 있었다. 수 세기 동안 카틸리나와 율리우스 카이사르의 조상들은 선거에서 큰 성공을 거두지 못했으므로 두 사람은 이를 바꾸어 보겠다는 결심이 대단했다. 두 사람 모두 카리스마와 재능이 있었다. 난봉꾼이라는 평판도 대중의 입길에 올라 자신들의 이름을 각인시키는 효과가 있었다. 율리우스 카이사르는 계속 성공을 거둔 반면, 카틸리나의 경력은 정체하기 시작했다.[12]

카틸리나는 아프리카 속주 총독 재임 중의 행적이 빌미가 되어 기원전 65년과 64년의 집정관 선거에 출마하지 못했다. 다음 해 선거에서는 점점 거칠어지는 발언 때문에 많은 유력 인사가 그에 대해 지지를 철회하여, 결국 영리한 선거 운동을 펼친 키케로에게 패배했다. 그에게 더욱 굴욕적인 것은 유서 깊은 귀족 가문 출신인 그가 '신인'인 키케로에게 패했다는 사실이었다. 그는 키케로를 로마의 '거주 외국인resident alien'이라 부르며 무시했다. 키케로와 함께 당선된 또 1명의 집정관은 기원전 70년에 원로원에서 축출된 인물로서 정치적 위상을 되찾는 과정에 있던 가이우스 안토니우스였다. 비록 안토니우스와 카틸리나는 선거 초반에는 서로를 도왔지만, 키케로가 집정관으로 당선되면 자신에게 배속될 마케도니아를 넘겨주겠다고 안토니우스에게 제안하자, 그는 중립을 지키는 쪽으로 돌아섰다. 마케도니아는 부도덕한 총독이라면 손쉽게 재산을 불릴 수 있는 지역이었다.[13]

기원전 63년 7월, 카틸리나는 집정관인 키케로가 주재하는 집정관 선거에 다시 도전했다. 모든 후보가 뇌물을 살포했고, 폭력배로 구성된 지지자들의 엄호를 받았다. 키케로는 자신의 지지자들에 둘러싸여 도착했는데, 토가toga 아래 착용한 흉갑을 '우연히' 드러냄으로써 그의 단호함을 보여주었다. 협박은 난무했지만, 심각한 폭력 사태는 없었다. 카틸리나는 두 번째로 집정관 선거에서 패배했다.[14]

카틸리나와 여러 야심가는 절박해졌다. 빚을 갚고자 토지를 매각했다면 당시 시장 상황으로 보아 손해를 보았을 것이다. 그러나 손해보다 더 큰 문제는 원로원 의원의 자격 조건인 토지가 없어지면 정치적 미래도 사라진다는 점이었다. 이런 처지에 몰린 사람들에게 남겨진 선택지는 정치적 소멸 아니면 혁명이었다. 한편 에트루리아Etruria 지방에서는 술라 군단에서 백인대장百人大將(켄투리오centurio)으로 복무했던 만리우스Manlius라는 인물이 주로 가난하고 절박한 사람들을 중심으로 병력을 규합하고 있었다. 여기에, 제대하며 받은 농지가 척박하거나 경제 상황이 나빠서 또는 자신들이 저지른 실수로 농사에 성공하지 못한 술라군의 퇴역 군인들, 과거 마리우스 지지자들 그리고 혁명 외에는 희망이 없다고 생각하는 사람들이 합류했다. 그들은 마리우스의 군단이 사용했던 독수리 깃발을 들고 행군할 예정이었다. 술라 군단과의 내전에서 사용된 깃발이 아니라 마리우스가 이탈리아를 야만족의 침략에서 구한 위대한 원정에서 사용한 독수리 깃발이었다. 그러나 아직은 이들이 과연 반란을 일으킬지, 그렇다면 언제일지 불분명했다.[15]

이에 대비하여 원로원은 10월 21일, 국가를 보호하는 데 필요한 모든 조치를 할 수 있는 권한을 집정관들에게 부여한 '원로원 비상 의결senatus consultum ultimum'를 통과시켰다. 사실상 비상사태를 선언한 것이었지만, 이 최종 의결을 통해 기존 법의 적용을 어느 정도 유예할 수 있는지에 관해선 의견이 나뉘었다. 동일한 조치가 기원전 122년에 가이우스 그라쿠스를 상대로, 이후 기원전 100년, 88년, 78년에도 취해진 바가 있었다. 이 최종 의결은 공화정의 전통적인 작동 방식이 심각한 내부 혼란의 위협에 대처하기에는 여러 면에서 부족하다는 것을 인정할 때, 내리는 조치였다.

카틸리나는 아직 로마에 있었고, 10월 말 만리우스가 공개적으로 반란을 일으킨 후에도 계속해서 원로원 회의에 참석했다. 반란에 대한 키케로의 공개적인 비난은 거세졌고, 반란 공모자들은 키케로를 암살하려 했으나 실패했다. 마침내 11월 8일 밤, 카틸리나는 로마에서 탈출해 만리우스와 합류했다. 로마에 남겨진 카틸리나의 공모자들은 반란군을 위한 기병대를 확보하려고 갈리아 부족인 알로브로게스Allobroges의 사신들에게 어설프게 접근하는 등 놀라울 정도의 무능함을 드러냈다. 그래서 오히려 갈리아 사신들은 로마 당국에 신고했고, 공모자들은 현행범으로 체포되었다.

4명의 원로원 의원이 체포되었는데, 그중 가장 선임이었던 푸블리우스 코르넬리우스 렌툴루스Publius Cornelius Lentulus는 법무관으로 기원전 70년, 원로원에서 축출된 인물 중 1명이었다. 그의 아내 율리아Julia는 율리우스 카이사르와 8촌 관계였으며, 이미 한 번 과부가 된 상태였다. 렌툴루스를 포함한 4명은 원로원 심문에서 한동안 무죄를 주장했다. 하지만 증거가 쌓이면서 더 버틸 수 없게 되자 모두 자백했고, 이제 그들을 처리하는 문제만 남았다. 그들의 운명은 12월 5일 콩코르디아Concordia 신전에서 열린 회의에서 결정되었다. 신전 이름처럼 화합을 호소하려고 일부러 선택한 장소이기도 했지만, 동시에 과거의 강력한 조치를 상기시키기 위한 목적도 있었을 것이다. 가이우스 그라쿠스의 진압을 이끌었던 사람이 건설한 신전이었기 때문이다.

토의에 나선 이들이 잇달아 사형 선고를 지지했다. 가이우스 옥타비우스는 말단 원로원 의원이어서 아무도 그의 의견을 들어 보려 하지 않았지만, 다음 해의 법무관 당선자이자 대제사장인 율리우스 카이사르에게는 키케로가 의견을 물었다. 사람들은 아티아의 화려한 외삼촌 율리우스 카이사르도 반란 공모자라고 주장했지만, 카이사르는 사형을 주장하는 다른 의원들에 동의하여 공화국에 대한 충성을 증명하려 하지 않고, 오히려 사형에 반대한다는 과감한 주장을 폈다. 재판 없이 사형에 처하는 건 법률 위반이라는 그의 지적은 옳았지만, 4명의 공모자를 이탈리아의 다른 도시에 각각 별도로 감금하자는 그의 제안은 전례가 없는 것이었다. 로마에는 무기한은 고사하고 일정 기간 범죄자를 가두는 감옥도 없었다.

의원들 간 의견이 나뉘면서, 야심에 찬 율리우스 카이사르가 혼자만의 주장으로 원로원의 생각을 바꾸어 큰 명성을 얻는 것처럼 보였다. 그때 새로 떠오르는 인물인 호민관 당선자 소 카토Cato the Younger가 즉각적인 사형을 촉구하는 강력한 연설을 했다. 그에 동조하는 의원들이 잇따랐고, 구금의 실용성에 대해서도 심각한 의문이 제기되었다. 투표가 실시되었고, 결과는 압도적으로 사형을 지지했다. 가이우스 옥타비우스가 어느 쪽에 투표했는지는 알 수 없지만, 율리우스 카이사르의 의견이 아닌 다수의 의견을 따랐을 가능성이 높다. 원로원의 최고 연장자이자 존경받는 정치가 중 1명이 키케로를 '국부parentem patriae'라고 추켜세웠다.16

렌툴루스는 법무관직에서 박탈되었고, 그에 대한 마지막 예우로 키케로가 직접 그를 처형장으로 인도했다. 그곳에서 4명의 공모자를 교수형에 처했다. 이후 키케로는 '그들은 살았다They lived'라는, 라틴어로는 단 한 단어인 '빅세룬트vixerunt'로 그들이 처형된 사실을 아주 짤막하게 발표했다. 반역 공모자들이 혼란을 조장하기 위해 학살과 방화를 저지를 것이라는 소문이 파다했으므로, 드디어 위험이 사라졌다고 여론은 안도했다. 공화국은 당장의 위협에서는 벗어났지만, 카틸리나는 도주 중이었고, 그의 군대는

1장 국부

여전히 건재했다. 이번 내란을 처리하면서 로마 정치가 보여준, 법 적용 유예를 기꺼이 수용하려는 태도가 장기적으로 어떤 결과를 가져올지 예측하기란 더욱 어려워졌다. 비록 로마는 세계를 지배하고 있었지만, 로마의 정치는 위험스러울 정도로 경쟁적이었고, 폭력과 불안정의 위협은 사라지지 않았다. 그러나 위험이 크면 보상도 컸기 때문에, 그해가 끝나갈 무렵 가이우스 옥타비우스는 본격적으로 정치에 발을 들여놓기로 결심했다.[17]

2장 '부유하고 평판 좋은 남자'

> 그의 아버지 가이우스 옥타비우스는 비록 세습 귀족 출신은 아니었으나, 매우 유명한 기사 신분 가문의 후손이었다. 그 자신 아주 부유하고 품위 있었으며, 정직하고 부끄럽지 않은 삶을 살았다.
>
> – 벨레이우스 파테르쿨루스, 기원후 30년경[1]

우리는 아티아의 남편인 가이우스 옥타비우스에 대해서는 많이 알지 못한다. 사료들은 그가 상당한 부자였다고 말하지만, 다른 원로원 의원들과 비교하여 그의 재산이 어느 정도였는지는 전혀 알 수 없다. 그는 '황소 머리'라 불리던 팔라티움 언덕에 집이 있었고, 나폴리에서 동쪽으로 약 20마일(약 32킬로미터) 떨어진 놀라Nola에도 집이 있었다. 놀라는 술라 장군이 자기를 따르던 군인들이 퇴역 후 살아갈 수 있도록 조성한 지역이었다. 또한 로마 외곽의 알바Alban 언덕 남쪽에 있는 볼스키Volsci족의 마을 벨리트라이Velitrae와 그 주변에 상당한 규모의 가문 영지도 있었다. 로마는 끈질기게 저항했던 볼스키족을 기원전 4세기에 정복하여 흡수했다.[2]

가이우스 옥타비우스는 재산을 상속받았는데, 로마에서는 상속 재산이 가장 바람직한 형태의 부였다. 옥타비우스 가문은 벨리트라이의 현지 귀족으로 이 마을에서 가장 오래된 거리 이름도 이 가문 이름에서 유래했다. 옥타비우스 가문의 한 사람이 이웃 마을의 공격을 막기 위해 마을 전사들을 급히 모아 마르스 신에게 서둘러 제사를 지냈다는 이야기도 있다. 이는 벨리트라이가 로마에 정복당하기 전의 일로, 마르스 신에 대한 제사 방식이 지역마다 독특했다는 사실도 설명한다. 비교적 잘 남아 있는 기원전 205년의 기록에 따르면, 가이우스 옥타비우스의 할아버지는 한니발과의 전쟁에서 로마군의 천인대장tribunus militum으로 복무했다. 전쟁이 끝난 후에는 다른 공직을 구하지 않았다는 점에서, 그도 당시의 많은 사람처럼 초유의 위협에 직면한 로마 공화국을 구하기 위해 분연히 참전했음을 알 수 있다.[3]

그의 아들, 즉 가이우스 옥타비우스의 아버지는 긴 생애 동안 벨리트라이에서만 공직을 맡으며 지역 정치에 만족했다. 그는 이미 부유했지만, 현명한 투자와 은행업으로 더욱 부를 쌓았는데, 당시에는 돈을 빌려주고 받는 이자는 토지에서 창출하는 수익에 비해 훨씬 떳떳치 못한 수입원으로 여겨졌다. 그래서 후에 마르쿠스 안토니우스는 그를 천박한 환전상이라고 비웃었고, 일부 사람들은 가이우스 옥타비우스도 그의 아버지처럼 은행업을 했기 때문에 선거를 치를 때마다 투표권이 있는 지역구민들에게 각종 선물과 노골적인 뇌물을 살포할 수 있었다고 주장했다. 개인에 대한 중상모략은 로마 정치인들이 주고받는 언사에서 흔히 등장했으므로, 그러한 주장들을 곧이곧대로 받아들여선 안 된다. 가이우스 옥타비우스에 관한 그러한 주장은 아우구스투스에 대해 여러 악의적인 비방을 서슴없이 기록했던 수에토니우스조차도 의심했다.[4]

지방 귀족이자 성공한 사업가의 아들이었던 가이우스 옥타비우스는 로마 시민이었을 뿐만 아니라 로마 인구조사에서 가장 높은 계층으로 등록된 기사 신분의 일원이었다. 기사들은 40만 세스테르티우스sestertius 이상의 재산을 보유해야 했는데, 기원전 1세기에 이르면 이는 큰 금액이 아니었으므로, 일반적으로 기사들은 이보다 훨씬 더 많은 재산을 소유하고 있었다. 기원전 1세기 이전, 로마 군인은 자기의 무기와 갑옷을 살 만큼 부유한 사람 중에서 모집되었다. 가장 부유한 사람들은 말을 살 여유가 있었고, 따라서 그들이 기병, 즉 에퀴테스equites를 구성했다. 이후 이런 군사적 역할은 사라지고, 로마 군단은 가장 가난한 사람들로 구성되어 무기도 국가가 제공했지만, 에퀴테스란 이름은 그대로 남았다. 원로원 의원 신분은 일정 재산이 있어야 주어지는 것이 아니라 정무관직에 선출되거나 원로원에 등록될 때 부여되었지만, 모든 원로원 의원은 기사 신분이어야 했다. 원로원 의원은 약 600명이었지만, 기사 신분의 수는 수천 명이었고, 당시의 인구조사에 따르면 로마 시민의 수는 약 90만 명이었다.[5]

이 당시 가장 부유했던 원로원 의원은 아마도 폼페이우스 마그누스였을 텐데, 동방에서의 전쟁 승리로 그의 부는 더욱 늘어나고 있었다. 원로원 의원 중 그와 버금가는 부를 가진 인물은 기원전 70년에 그와 함께 집정관을 지낸 마르쿠스 리키니우스 크라수스Marcus Licinius Crassus로, '부자dives'라는 별명을 가진 인물이었다. 두 사람 모두 술라 장군 밑에서 복무하며 적들을 처형해 몰수한 재산으로 부를 쌓았다. 크라수스는 영민하고 정력적인 사업가였다. 그가 거느린 노예 중에는 상당수의 장인, 건축업자 그리고 화재 진압 훈련을 받은 자들이 있었다. 그가 사용한 술책 중 하나는 로마에서 자주 발생하던 화재의 진행 경로에 있던 부동산을 싸게 사들인 다음 노예들을 보내 방화대를 만든다는 명목으로 건물을 허물고, 그 이후 건물을 재건축하여 임대하는 것이었다. 결국 로마의 상당 지역을 소유하게 되었다. 어느 시점에 그가 소유한 전체 부동산의 가치가 2억 세스테르티우스에 달한다고 평가되었는데, 이는 500명이 기사 신분 자격을 취득할 수 있는 금액이었다. 자기가 거느리는 군대의 유지비용을 감당할 수 없으면 부자가 아니라고 그는 주장했다. 실제로 폼페이우스는 3개의 군단을 모집해 자기 영지에서 나오는 수익금으로 비용을 대가며 내전을 치렀다.[6]

가이우스 옥타비우스가 크라수스나 폼페이우스처럼 막대한 재산을 가졌을 가능성은 크지 않지만, 적어도 크라수스가 돈을 어떻게 활용했는지는 알고 있었을 것이다. 크라수스는 단순히 부자가 되기 위해 부를 축적한 것이 아니라, 자기 재산으로 정치적 이득을 취했다. 그는 많은 원로원 의원에게 무이자 또는 매우 낮은 이자로 돈을 빌려주었다. 원로원 의원의 절반 이상이 크라수스에게 돈을 빌렸다는 소문도 있었다. 크라수스가 카틸리나와 연루되었다는 비난이 제기되었을 때, 원로원 의원들은 크라수스가 자신들의 빚을 당장 갚으라고 요구할까 두려워 그 문제에 대해서는 함구했다. 크라수스는 여러 사업에 이해관계를 가지고 있었고, 특히 속주에서 세금을 징수하는 등 공공 용역을 대행하는 조직인 푸블리카니publicani*와도 연결되어 있었다. 원로원 의원은 이윤 추구 행위에 종사해서는 안 되었기 때문에 크라수스는 그의 사업을 모두 비밀리에 했다. 실제 많은 의원이 이윤 추구 행위와 연관되어 있었지만, 크라수스가 아마도 가장 성공적인 사례였을 것이다. 크라수스는 돈뿐만 아니라 호의도 거래했다. 유능한 변호사였던 그는 소송대리인으로도 활발히 활동하였기 때문에 그에게 호의를 빚진 사람들이 많았다.7

아버지가 은행가였던 가이우스 옥타비우스는 많은 유력 인사가 그에게 빚이 있고, 이전에 빌린 자금에 감사하고 있다는 사실을 틀림없이 알았을 것이다. 이러한 점에서 정치적 야망을 돕는 유용한 수단으로 그가 가족 사업인 은행업을 계속했을 가능성이 높다. 많은 원로원 의원과는 달리, 그의 재산 대부분은 토지에 묶여 있지 않아서 정치적 목적을 위해 쉽게 동원할 수 있었다. 그가 아티아를 그의 두 번째 아내로 맞이할 수 있었던 것도 상당 부분 그의 재산 덕분이었을 것이다. 첫 번째 아내 안카이아Anchaia

---

* 영국 제임스 왕이 편찬한 성경에 나오는 세리稅吏, publican란 용어는 푸블리카니에서 유래한다. (옮긴이)

와의 결혼이 사별로 끝났는지 아니면 더 유용한 인연을 맺을 기회를 발견하자 그녀와 이혼했는지는 알려지지 않았다. 로마의 지배 계층 사이에서 결혼은 일종의 정치적 도구였다.[8]

본인은 부유한 기사 신분의 딸과 약혼했던 율리우스 카이사르는, 그의 누나 중 1명을 옥타비우스 가문과 아주 비슷한, 지방의 귀족 가문 출신인 마르쿠스 아티우스 발부스와 결혼시켰다. 발부스는 벨리트라이보다 로마에 좀 더 가까운 알바 언덕의 아리키아Aricia 출신이었으며, 어머니 쪽으로 폼페이우스와 인척 관계였으므로 상당한 재력을 보유하고 있었다. 발부스의 아버지는 유력 원로원 신분 가문과 혼인 관계를 맺었기 때문에 로마에서 공직을 맡으려는 자기 아들의 야망을 키워 주는 데 도움을 줄 수 있었다. 율리우스 카이사르의 또 다른 누나도 로마에서 경력을 쌓으려는 야망을 품은 지방 귀족 신분 출신 인물 2명과 차례로 결혼했다. 이렇게 혼맥으로 조성한 동맹을 통해 율리우스 카이사르는 오래된 세습 귀족 가문 출신인 자신과 관계를 맺고자 열망하는 충직한 동맹자들을 얻었고, 자신의 경력 개발에 필요한 실질적인 자금 지원도 받았을 것이다.[9]

기원전 62년, 당시 40대 초반이었을 가이우스 옥타비우스는 다음 해에 봉직할 8명의 법무관을 뽑는 선거에 출마할 준비가 되었다고 생각했다. 로마의 공직은 나이와 밀접하게 연관되어 있었고, 술라는 직위별 최소 나이 요건을 다시 한번 법으로 정해 이를 더욱 명확히 하려 했다. (로마의 공직 체계, 즉 쿠르수스 호노룸cursus honorum에 대한 자세한 내용은 부록 1 참조.) 법무관이 되기 위해서는 최소 서른아홉 살이 되어야 했다. 야심가들은 첫 번째 찾아오는 기회에 출마하여 공직을 차지하는 걸 자랑스럽게 여겼고, 특히 최고의 자랑은 '자기의 해suo anno*'에 출마하여 집정관으로 당선되는 것이었다. 키케로도 그렇게 집정관이 되었지만, 법정에서의 눈부신 경력과 더불어 행

---

*   각 공직에 출마할 수 있는 최소 나이에 해당하는 해. (옮긴이)

운이 따라주었기에 가능했다. 가이우스 옥타비우스가 변호인으로 활동했다는 기록은 찾아볼 수 없는데, 아마도 그의 재능이 그 방면에 뛰어났던 것 같지는 않다.[10]

가이우스 옥타비우스는 기원전 70년대 어느 시점에 천인대장으로 두 번 복무했는데, 적어도 경력 초기에는 유권자들에게 일반적으로 호감을 얻을 수 있는 군사적 명성을 쌓으려 최선을 다했던 것으로 보인다. 매년 24명의 천인대장이 선출되었는데, 이는 4개의 군단을 6명의 천인대장이 각각 이끌었던 과거의 유산이었다. 1세기가 되면 보통 수십 개의 군단이 동시에 존재했고, 천인대장 대부분은 속주 총독들이 직접 선발하여 임용했다. 가이우스 옥타비우스가 어디서 근무했는지는 알 수 없지만, 임기가 적어도 1년인 천인대장을 두 번 지냈다는 것은 그가 그 직책에 꽤 열정을 가졌음을 시사한다. 공화정 초기에는 공직에 나서려는 후보자는 누구나 10년 동안 군 복무를 하거나 여러 차례 군사 원정에 참여해야 했다. 1세기에 이르러 이 규정은 대폭 완화되었지만, 군인 기질이 없던 키케로도 일정 기간 군 생활을 했다. 젊은이들은 군 경험을 쌓기 위해서 사실상 속주 총독의 초급 참모 장교인 '콘투베르날레스contubernales(문자 그대로 '막사 동료')'로 근무하기도 했다.[11]

가이우스 옥타비우스는 이후 로마 정무관직 중 가장 하위직인 재무관직quaestorship에 선출되어 정치 경력의 첫 공식적인 발걸음을 내디뎠다. 술라의 개혁으로 재무관이 되면 자동으로 원로원 의원으로 등록되었다. 매년 20명의 재무관이 있었는데, 기원전 73년의 재무관 중 1명이 후에 가이우스 옥타비우스와 관계를 맺은 가이우스 토라니우스Caius Toranius였으므로, 아마도 옥타비우스도 이 해에 재무관직을 맡았을 것이다. 재무관의 임무는 주로 재정 관리와 관련 있었다. 일부는 로마에서 근무했고, 일부는 속주 총독들을 보좌하여 재무를 감독하기 위해 여러 속주로 파견되었다. 가이우스 옥타비우스에게 어떤 임무가 할당되었는지는 알 수 없다. 반면 토라니우스

는 스파르타쿠스의 노예 반란을 진압하기 위해 군대를 이끌다 크게 패했다.12

기원전 64년, 이 연도도 일부 추측에 의한 것이지만, 가이우스 옥타비우스와 토라니우스는 2명의 평민 출신 조영관造營官, aedile이었다. 매년 4명의 조영관이 있었는데, 2명은 평민 출신이었고, 2명은 귀족 출신으로 세습 귀족에게 개방된 직위였다. 조영관의 임무는 공공 축제 조직부터, 특히 수확의 여신을 기리는 축제 루디 케리알레스ludi Ceriales와 평민들의 운동 경기를 포함하여, 로마 시내의 교통과 공공 건설 사업 규제까지 다양했다. 조영관은 유권자들의 눈에 잘 띌 수 있는 직책이었으므로 모자라는 공공 예산을 자기 돈으로 보충할 수 있는 사람에게는 더욱 좋은 자리였다. 축제에는 행렬, 연회 그리고 맹수 싸움과 같은 공공 오락이 포함되었다. 로마 역사에서 이 시기 검투사 경기는 장례 행사에 국한되어 열렸다. 조영관 수는 매년 4명밖에 되지 않았으므로, 필수적으로 거쳐야 하는 정무관직은 아니었다. 토라니우스에게는 전쟁 패배 후 명예를 회복하는 데 도움이 되는 직책이었고, 가이우스 옥타비우스에게는 더 많은 정치적 동지를 얻고 유권자들에게 자신을 알리는 좋은 기회가 되었다.13

가이우스 옥타비우스는 그의 처외삼촌처럼 출세 가도를 달린 사람은 아니었다. 율리우스 카이사르의 가문은 공화정 초기부터 정치의 중심에서 밀리 떨어져 있었지만, 그가 어렸을 때부터 가세를 회복하기 시작했다. 가문의 한 분파가 부상하여 적어도 가문의 이름을 다시 알리는 데 성공했다. 율리우스 카이사르의 아버지는 자기 누이가 당시 인기가 높았던 군사 영웅 가이우스 마리우스Caius Marius와 결혼한 덕분에 쉽게 법무관직에 올랐지만, 어느 날 아침 신발을 신다가 갑작스럽게 쓰러져 죽어 더 이상의 고위직으로 나아가지 못했다.

율리우스 카이사르는 10대 후반에 로마의 최고 무공 훈장을 받았는데, 이는 전투에서 동료 시민의 생명을 구한 사람에게 전통적으로 수여하는 시민관市民冠, corona civica이었다. 이 훈장 수상 덕분에, 그리고 세습 귀족들의 권고가 더해져 율리우스 카이사르는 각 정무관직의 최소 나이보다 2년 먼저 출마할 수 있는 특혜를 받은 것으로 보인다. 율리우스 카이사르는 법정에서도 매우 활발히 활동했고, 화려한 의상과 생활 방식을 자랑했으며, 성실히 공직을 수행했고, 공금이 부족하면 자신이 돈을 빌려 충당했다. 그는 해적과 침략군을 극적으로 만나 싸운 구국의 영웅이었고, 유부녀들과의 수많은 불륜 행각으로 그를 둘러싼 소문도 끊이지 않았다. 늘 그러하듯 당시에도 정치인에게는 무명보다는 악명이 더 나았다. 그렇지만 율리우스 카이사르의 이력은 대체로 관습을 크게 벗어나는 수준은 아니었다.[14]

가이우스 옥타비우스의 부상은 더디고 덜 화려했지만, 꾸준히 계속되었다. 공직에 나가려는 사람은 공식 의상으로 특별히 하얀 토가인 토가 칸디다타toga candidata를 입었는데, 여기서 현재 우리가 사용하는 '후보자 candidate'라는 단어가 유래했다. 선거 운동 중에는 눈에 띄는 것이 중요했다. 로마에는 우리가 이해하는 의미의 정당이 없었고, 선거도 정책을 둘러싼 경쟁이 아니었다. 유권자들은 후보의 정견보다 후보의 성격과 과거 행적에 기반을 두고 거의 공개적으로 투표했다. 후보의 품성을 명확히 알 수 없는 경우, 로마 시민들은 개인의 덕성과 능력은 유전된다는 믿음 속에 유명한 가문 이름에 끌려 투표하는 경향이 있었다. 따라서 후보자의 아버지와 할아버지가 두드러진 업적을 세웠거나 적어도 최악의 불명예만 남기지 않았으면, 후보자도 비슷한 재능을 가졌으리라 추정했다. 조상들이 과거에 쌓아 놓은 호의, 의무, 우정으로 얽힌 인적 관계망을 물려받는 경향도 있었다. 유수의 귀족 가문들은 자신들이 이룬 업적을 부단히 홍보했다. 집의 현관은 과거 승리의 상징들로 장식되었고, 집안으로 들어서면 그들이 지낸 공직의 휘장으로 둘러싸인 조상들의 흉상을 마주할 수 있었다.[15]

옥타비우스 가문은 널리 알려지지 않았다. 그렇지만 매일 아침 친구들, 지지자들 그리고 청원자들의 방문을 받는 것은 가이우스 옥타비우스에게 중요한 일과였다. 이는 모든 원로원 의원이 아침을 시작하는 일상으로서, 그들에게 빚진 사람들, 호의를 바라는 사람들 혹은 그와 연이 닿거나 연을 맺고 싶어 하는 사람들이 공식적으로 인사를 올렸다. 특히 일과가 시작되는 동트기 직전 시간에 후보자의 집이 분주히 돌아가는 게 매우 중요했다. 기원전 64년, 퀸투스 키케로Quintus Cicero는 집정관 선거에 출마한 형을 돕기 위해 선거 운동에 관한 조언을 담은 소책자를 썼는데, 이는 이미 노련한 정치가인 형을 위해 썼다기보다 저작물로 남기려는 의도에서 비롯되었던 것 같다. 퀸투스 키케로는 누가 당선될지 알 수 없는 유권자들이 위험 분산을 목적으로 여러 후보자를 방문하는 것이라고 지적한다. 따라서 후보자들은 유권자들의 방문을 크게 반기고 그 기회를 이용해 그들의 환심을 사서 진정한 지지자로 만들라고 조언한다.[16]

후보자에겐 정치적 동지가 많을수록 당선에 도움이 되므로, 이는 새로운 동지를 만들 수 있는 더없이 좋은 기회였다. 퀸투스 키케로는 말했다. "이때는 당신이 원하면 망신을 당하지 않고도 누구든 친구로 만들 수 있는데, 다른 때는 불가능하다. 평상시에 그런 사람들과 친분을 쌓으려 한다면 당신이 품위 없는 사람으로 보이기 때문이다. 하지만 선거 기간에 그런 사람들과 가능한 한 많이 교류하고 열성적으로 친분을 쌓지 않으면, 유권자들은 당신을 아주 형편없는 후보자로 여길 것이다."[17]

유권자들에게 선거는 특정 후보자를 지지하는 호의를 베풀고, 그 대가로 후보자가 향후 자신들을 위해 행동하도록 의무감을 지우는 좋은 기회였다. 특정 후보자에 대한 확실한 지지를 표현하는 방식은 다양했는데, 가장 눈에 띄는 방법은 후보자와 함께 포룸Forum* 구석구석을 걸어 다니는 것이었다. 유명 인사를 포함한 가능한 많은 사람이 그를 수행하며 따르는 모

---

* 로마 도심 한가운데에 있는, 주요 공공건물들이 직사각형 모양으로 감싼 광장을 말한다. (옮긴이)

습이 연출되어야 후보자가 그의 친구들로부터 폭넓은 지지를 받는다는 걸 보여줄 수 있었다. 로마 유권자들은 승리가 유력해 보이는 후보자를 선호하는 경향이 있었으므로, 승자 쪽에 줄서기를 원하는 사람들이 늘어날수록 추종자의 수도 금방 불어났다.

이렇게 지지자들과 함께 도심을 행진하면서 후보자는 행인들에게 인사를 건네고, 그때마다 자신의 추종자 중에는 다수의 유명 인사도 포함되어 있다는 점을 과시하고 싶어 했다. '노멘클라토르nomenclator'라고 불리는 노예는 주인의 귀에 행인들의 이름을 속삭여 주어 주인이 그들에게 제대로 인사를 건넬 수 있도록 하는 특별한 임무를 맡았다. 이 노예에게 지나치게 의존하는 후보자는 상스러워 보이기도 했다. 그런 점에서 보자면, 노멘클라토르를 데리고 다니지 않는 자기 모습을 공개적으로 보이다가 나중에는 다른 후보들도 그들을 이용하는 것을 금지하려 시도했던 '소 카토'는 아주 특이한 인물이었다. 빗발치는 항의에 소 카토는 자신의 요구를 접었고, 그 이후로 계속 노멘클라토르는 정치인에겐 꼭 필요한 참모로 기능했다.[18]

공동체의 일부 계층에서 인기를 얻는 방법 중 하나는 그들에게 소구할 수 있는 특정한 대의명분을 표방하는 것이었다. 그라쿠스 형제와 다른 개혁가들을 뒤이어, 율리우스 카이사르는 공공 소유 토지를 도시 빈민과 퇴역하는 군인들에게 재분배하는 법안을 꾸준히 지지했다. 그는 또 속주민들의 권리 보호를 위해서 법정과 원로원에서 싸웠다. 그러나 대다수 로마인에게 훨씬 더 큰 반향을 가져올 의제는 원로원이 '원로원 비상 의결'을 통과시킬 경우, 정무관들이 무제한의 권한을 행사할 수 있는가였다. 기원전 63년, 율리우스 카이사르는 37년 전인 기원전 100년에 있었던 폭동 중에 체포된 죄수들을 살해한 혐의로 기소된 한 남자의 재판에 관여했다. 재판은 정치적 여론 형성을 위한 보여주기식이었고, 과거의 재판 절차를 따라 결국 평결 없이 끝났다. 재판의 목적은 공화국에 반대해 무기를 든 시민을 처형해야 하는가를 논의하려는 것이 아니라, 항복하여 더 이상 국가에 직접적인 위협이 되지 않는 상황에 놓인 사람들에게 정식 재판을 받을 권리를 박탈하는 것이 합당한가에 대해 의문을 제기한 것이었다. 같은 의문이 카틸리나 역모에 연루된 4인의 처형을 둘러싼 논쟁에서도 제기되었고, 그해가 저물기도 전부터 키케로는 그들을 재판 없이 처형했다는 이유로 공격을 받기 시작했다.[19]

가이우스 옥타비우스가 그처럼 논란이 많은 문제에 깊이 관여했을 것 같지는 않다. 기원전 62년 초에도 카틸리나가 이끄는 군대는 진압되지 않았기 때문에 내전이 장기화할 우려는 여전히 남아 있었다. 결국 카틸리나의 지지자들이 흩어지기 시작하면서 반란은 추진력을 잃었다. 명목상으로는 가이우스 안토니우스의 지휘를 받았으나 실상은 경험 많은 그의 부하가 이끈 군대가 반란군을 궁지로 몰아넣었다. 중과부적에 몰린 반란군은 이미 대의를 상실했다. 그런데도 카틸리나와 포기를 모르는 수천 명의 추종자들은 항복하여 처형당하느니 싸우다 죽겠다며 전투를 계속 이어갔다.[20]

기원전 62년 내내 로마 공직 사회의 가장 큰 관심사는 동방 원정을 떠난 폼페이우스 마그누스의 귀환이었다. 미트리다테스 왕의 죽음으로 전쟁은 끝나고, 몇 달 동안 그 지역의 속주들과 동맹국들의 재편을 마친 후 폼페이우스 마그누스와 그의 군대는 로마로 돌아오는 중이었다. 그들이 돌아와 무엇을 할지 확실히 예상하는 사람은 없었다. 일부 사람은 그가 또 다른 술라가 될 것이라고 두려워했다. 그보다 많은 시민은 막대한 부와 명성을 지닌 그가 국가를 손아귀에 넣을지도 모른다는 생각에 몸서리쳤다. 폼페이우스 마그누스는 내전 중 사병私兵을 양성하고 해산을 거부하면서 공직자로서 지켜야 할 모든 의무를 거의 위반했지만, 원로원은 그가 반란군 편에 서기보다 반란군에게 대항해 싸워주기를 원했기 때문에 그에게 법적 권한을 그대로 부여하기로 한 바 있었다. 그는 기원전 70년 1월 1일, 서른여섯 살의 나이에 원로원 의원이 되는 동시에 집정관으로 선출되기 전까지 어떠한 선출직 공직도 맡은 적이 없었다. 내전 중 그는 유명 귀족들을 서슴없이 처형하여 '젊은 도살자adulescentulus carnifex'라는 별명을 얻었다. 근래에는 그가 다른 장군들이 이미 다 이겨 놓은 전투에서 지휘권을 잡아 그들의 공적을 훔쳤다고 비난받기도 했다.21

서로 입장이 달랐던 크라수스와 카토를 포함하여 여러 원로원 의원은 폼페이우스의 성공에 반감을 품었지만, 대부분의 로마인에게 그는 가장 위대한 영웅이었다. 율리우스 카이사르는 자신의 정치적 독립성을 유지하면서도 폼페이우스 마그누스에게 유리한 여러 제안을 기꺼이 지지했다. 기원전 62년 초, 율리우스 카이사르는 카틸리나의 반란을 제압하기 위해 폼페이우스 마그누스과 그의 군대를 부르고자 하는 호민관에게 동조하였다. 반대가 거세지자 그 호민관은 도망쳤고, 율리우스 카이사르는 공개적으로 속죄하기 전까지 법무관직 권한이 잠시 박탈되었다. 가이우스 옥타비우스는 아마도 그러한 소란에 연루되지 않으면서도 자기 말에 귀 기울이는 청중에게 그들이 듣고 싶어 하는 의견을 적당히 제시하며 그 시절을 보냈을 것이다.22

현명한 공직 후보자는 가능한 많은 사람을 만족시키기 위해 최선을 다했다. 후보자와 그의 친구들은 기사 신분, 푸블리카니, 취약 계층, 여러 길드의 조합원, 민회의 각종 투표단 등 개인과 다양한 집단 모두에게 호의를 베풀며 환심을 사야 했다. 특히 유권자의 지원에 관대한 마음으로 기꺼이 보답할 사람으로 보여야 했다. 퀸투스 키케로가 말했다. "유권자는 공약을 원한다. 그것도 뻔지르르하고 달콤한 공약을 원한다." 유권자들이 후보자에게 호의를 바라는 것은 어쩌면 당연했다. "당신이 지킬 수 없는 약속이라도 거절하지 않는 게 최선이지만, 꼭 거절해야 한다면 예의 바르게 거절해라. 좋은 사람은 예의 바르게 거절하지만, 좋은 후보자는 거절하지 않는다." 가능한 한 약속을 하는 것이 더 나았다. 왜냐하면 "당신이 거절한다면, 곧바로 더 많은 사람이 분명 당신에게 적대감을 품을 것이기 때문이다…. 특히 유권자는 이유가 있어 약속을 지키지 못하는 후보자보다 약속하지 않는 후보자에게 더 화를 내기 때문이다".²³ 오늘날과 마찬가지로 기원전 1세기에도 선거 공약은 즉흥적이었고, 유권자들도 경험을 내세우는 후보자보다 낙관적 전망을 제시하는 후보자에게 승리를 안겼다.

가이우스 옥타비우스는 사람들에게 호의를 베풀거나, 기존의 우정을 유지하고 새로운 인맥을 쌓기 위해 선물을 살포하고 빚을 내줄 만큼 충분한 재산이 있었다. 그에게 관심을 베풀고 지원을 아끼지 않는 율리우스 카이사르 같은 친척에 더하여 상업 활동에 종사했던 그의 가족들로부터 이어받은 인맥도 틀림없이 많았을 것이다. 돈으로 환심을 살 수 있었을 테고, 그가 제공한 대부분의 선물이나 호의가 부패 방지법에 저촉되지도 않았을 것이다. 합법인지 불법인지 그 경계가 모호하긴 했지만, 율리우스 카이사르가 유권자에게 아낌없이 돈을 뿌렸음에도 뇌물 공여로 기소된 적이 없다는 사실에 주목할 필요가 있다. 뇌물 문제는 은밀히 처리될 수 있었고, 노골적으로 부패 방지법을 어긴 사람들만 결국 법정에 섰다.²⁴

법무관직은 8개에 불과했으므로, 매년 20명의 재무관 중 12명은 법무관에 오를 수 없었다. 그렇지만 법무관으로 오를 확률은 집정관 당선 확률보다 상당히 높았다. 법무관 선거는 코미티아 켄투리아타Comitia centuriata라는 민회에서 집정관 선거 다음에 실시되었다. 이 민회에서 로마의 35개 지역구는 재산과 로마군의 과거 조직도에 근거하여 여러 투표단, 즉 켄투리아centuria로 나뉘었다. 무장한 시민은 로마시의 신성 구역인 포메리움pomerium 안으로는 들어올 수 없어서, 마르스 평원Campus Martius에 울타리를 쳐 투표단을 구분해 놓은 투표장인 '사에프타saepta', 즉 '양 우리'라고 알려진 곳에 모였다.

부유층으로 구성된 켄투리아는 유권자 수가 적어서 가장 먼저 투표에 나섰는데, 이들은 나무로 된 통로인 '폰테스pontes'를 따라 이동해, 자신이 선택한 후보 이름의 머리글자를 명판에 적어 바구니에 넣었다. 각 켄투리아의 투표는 다수결로 결정되었다. 후보자들은 코미티아 켄투리아타가 공식

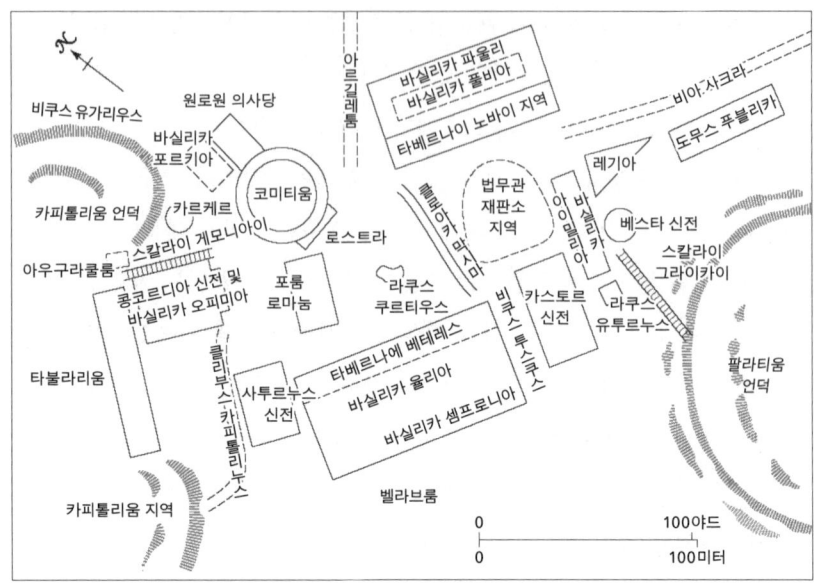

로마 도심, 기원전 63년경

적으로 소집되기 전에는 비공식적인 회합에서 연설할 수 있었지만, 소집 후에는 각자 밝은 흰색 토가, 즉 토가 칸디다타를 입고 바깥 연단에서 투표 과정을 지켜보며 기다렸다. 과반수의 켄투리아(193개의 켄투리아 중 97개)를 먼저 얻는 후보자 순서대로 당선되었다. 투표 과정은 번거롭고 시간이 걸렸으므로 8명의 법무관이 해 질 녘까지도 선출되지 않아, 민회가 해산되고 다음 법정 일에 투표가 재개되기도 했다.25

가이우스 옥타비우스는 법무관 선거에서 제일 먼저 과반수 켄투리아를 확보해 당선되었다. 그의 장인 마르쿠스 아티우스 발부스도 아마 다음 해에 법무관에 당선될 것이었다. 이는 율리우스 카이사르의 영향력과 명성이 가이우스 옥타비우스에게 중요한 자산이었음을 말해 준다. 법무관의 주요 임무는 판사 역할이었다. 8명의 법무관 중 7명은 술라가 만든 7개의 법정인 '퀘스티오quaestio'를 각각 관장했고, 나머지 1명은 명망과 함께 폭넓은 책임도 지는 '프라이토르 우르바누스praetor urbanus'라는 시민 담당 법무관

직위를 맡았는데, 이 직위가 가지는 권한은 집정관 다음으로 컸다. 가이우스 옥타비우스는 7개 법정 중 한 곳을 배정받았다.26

　재판은 포룸에 높이 설치된 연단에서 진행되었으며, 중요하고 흥미롭고 또 단순히 추문에 얽힌 사건의 심리가 열리면 군중이 참관하러 모여들었다. 재판을 주재하는 법무관은 그 직위를 상징하는 의자에 앉아 있었고, 신체형이나 사형을 내릴 수 있는 법무관의 힘을 상징하는 파스케스(도끼가 달린 나무 막대기 다발)를 들고 있는 6명의 릭토르lictor가 그를 보좌했다. 릭토르와 같은 참모들은 해마다 바뀌는 법무관과 달리 전문직이었고, 때때로 그들의 경험이 재판 진행에 상당한 영향을 미쳤다. 재판 주재는 유명해질 수 있는 또 하나의 좋은 기회였다. 법무관은 원고와 피고, 그들의 변호인 그리고 원로원 의원과 기사 신분, 유력 인사로 구성된 배심원단, 그 모두를 정중하고 호의적으로 대함으로써 폭넓은 정치적 관계를 맺을 수 있었다. 로마의 법체계에서는 왕이나 국가 대 피고인의 법적 대결 구도는 성립할 수 없었으므로, 개인이나 복수의 시민이 누군가를 고소해야 재판이 열렸다. 대개 고소인은 자신의 이름을 알리려는 야심 있는 젊은이들이었던 반면, 피고소인 변호인은 이름이 알려진 인사가 맡았다. 피고소인이 동료 원로원 의원이면 그가 명백히 유죄일 경우에도, 그의 경력을 끝내기보다 가급적 선처를 베푸는 것이 더 명예로운 법무관의 행동으로 여겨졌다. 다시 한번 로마는 기득권층에 유리한 체제였음을 보여주는 대목이다. 많은 재판이 정치적 색채를 띠었다. 재판은 관련된 사람들에게 중요한 일이었고, 그들에게 호의를 베풀 기회이기도 했다.

　기원전 60년 후반, 키케로는 법무관으로서의 가이우스 옥타비우스의 업무 수행을 높이 평가하면서 아시아 총독으로 부임하는 동생 퀸투스에게 그를 본받으라고 조언했다. 그 이유는 다음과 같다.

　청문聽聞할 때는 예의를 갖추어야 하고, 판결할 때는 관용이 있어야 하며, 분쟁을 만족스럽게 조정하려면 신중한 고려가 필요하다. 최근 가이우스 옥타비우스가 큰 인기를 얻은 이유는 이처럼 행동했기 때문이다. 그의 법정에서 처음으로 릭토르가 소란을 피우지 않았고, 악켄수스 accensus(법무관의 또 다른 보좌관)는 입을 다물었던 반면, 모든 사람이 원할 때마다 원하는 만큼 발언할 수 있었다. 이러한 그의 행동이 너무 관대하다는 인상을 줄 수도 있었으나, 이러한 관대함이 없었다면 다음의 경우에 그가 보여준 엄격함을 두둔해 줄 수 없었을 것이다. 술라의 추종자들도 폭력과 협박으로 빼앗은 것을 반환해야 했고, 재직 중 부당한 법령을 통과시켰던 자들은 사인으로 돌아가면 같은 법령을 준수해야 했다. 그의 이러한 엄격함이 커다란 친절이란 꿀로 싸여 있지 않았다면 삼키기 힘든 쓴 약과 같았을 것이다.[27]

특히 탐욕스럽고 사악했던 술라의 과거 심복들에게 불리한 판결을 내리는 일은 대중의 지지를 받는 인기 있는 명분으로, 율리우스 카이사르와 카토 모두 각기 다른 시기에 이를 지지했다. 가이우스 옥타비우스는 소수에게는 추상과 같았지만, 명문가 출신과 인맥이 좋은 이들에게는 친절함과 아량을 베푼, 이상적인 로마의 판사였던 것으로 보인다. 원로원 의원의 경우 유죄 판결이 불가피하다고 판단하면, 재판과 시민권을 포기하고 재산은 온전히 지킨 채 로마를 떠나 망명지에서 편안히 살아갈 수 있었다. 이것이 바로 키케로가 카틸리나 역모 가담자들에게 공식 재판을 받을 기회를 주지 않으려 했던 이유 중 하나였다. 그들은 분명 처형보다 망명을 선택했을 것이기 때문이다.[28]

가이우스 옥타비우스는 원로원 의원들의 기준에서 볼 때 훌륭한 성과를 보였다. 속주가 늘어나면서 대부분의 법무관은 임기가 끝나면 속주의 총독으로 파견되었다. 원로원이 파견할 속주들을 선정하여, 추첨을 통해 배정했다. 가이우스 옥타비우스는 부유하고 군사적으로 중요한 마케도니아 속주의 총독으로 임명되었다. 프로콘술Proconsul*과 프로프라이토르 Proprietor**는 직접 선출되지 않는 임명직이었지만 원로원으로부터 군 통수권인 임페리움imperium을 부여받았다. 부임지로 가는 길에 가이우스 옥타비우스는 남부 이탈리아 타렌툼Tarentum 근처 투리이Thurii 지역에서 말썽을 일으키는 무법자 무리를 처리하라는 임무를 받았다. 수에토니우스에 따르면, 스파르타쿠스의 노예 반란 생존자들과 카틸리나 군대의 낙오자들이 섞인 무리였는데, 가이우스 옥타비우스가 빠르게 해산시켰다.29

총독이란 자리는 이권이 매우 많았으므로 로마인 대부분에게 속주 근무는 곧 부의 축적을 의미했다. 당시 시인 카툴루스Catullus는 자기가 비티니아Bithynia 총독의 참모직을 마치고 돌아왔을 때 한 친구가 그에게 처음 던진 질문이 "얼마나 벌었나?"였다고 전했다. 특히 악명 높았던 시칠리아의 한 총독은 임기가 3년은 되어야 한다고 주장했다. 첫해는 그동안 진 빚을 갚고, 둘째 해는 앞으로 먹고 살 만큼 재산을 모으고, 셋째 해는 로마로 돌아갔을 때 틀림없이 받게 될 부패 혐의 재판에서 판사와 배심원을 매수할 자금을 모아야 하기 때문이라고 떠벌렸다. 대부분은 이보다 덜 노골적이었지만, 총독들은 그들이 다스리는 속주에서 최고의 군사적, 사법적 권한을 가졌으므로 그들에게 호감을 사려는 사람들이 항상 많았다. 총독들은 자신들과 소규모 참모진의 업무 수행에 필요한 실비는 지원받았지만, 급여를 따로 받지는 않았다.30

가이우스 옥타비우스는 총독직 수행을 통해 다시 한번 다른 원로원 의원들의 눈에 들었던 것으로 보인다. 그가 다스린 속주는 안으로는 평화로웠고, 국경에서 있었던 베사이Bessi(베소이Bessoi)족과 트라키아인Thracian과의 분쟁은 오히려 그가 군사적 영광을 얻는 기회가 되었다. 전투에서 승리

---

* 집정관을 지낸 후 속주 총독으로 임명된 자. (옮긴이)

** 법무관을 지낸 후 속주 총독으로 임명된 자. (옮긴이)

하자, 그를 따르던 열광적인 군인들이 승리한 장군을 뜻하는 임페라토르로 그를 추켜세워 불렀다. 이 정도의 칭송은 받아야 원로원이 승인하는 영예로운 개선식을 받을 수 있었다. 규정에 따르면 최소 5,000명의 적군을 죽이는 대규모 승리를 거두어야 개선식을 받을 수 있었지만, 실제로는 누구도 정확한 숫자를 세려 하진 않았을 것이다. 누군가에게 개선식을 승인하는 문제는 원로원에 있는 친구들의 영향력에 더 많이 좌우되었다.[31]

가이우스 옥타비우스는 순조롭게 경력을 쌓고 있었다. 개선식은 집정관으로 출마하는 그의 선거 운동에 분명 도움이 될 것이었다. 율리우스 카이사르도 기원전 59년에 집정관직을 차지하며 출세 가도를 달리고 있었으므로, 모든 면에서 그의 조카의 남편인 가이우스 옥타비우스가 그를 이어 곧 최고의 정무관직에 오를 가능성은 매우 높았다. 그러나 마케도니아에서 로마로 돌아오는 길에 가이우스는 병에 걸렸고, 놀라에 있는 그의 자택에서 사망하고 만다.[32]

3장 집정관 율리우스와 카이사르

누군가가 물었다. "그가 집정관이 되려 하면서 군대도 계속 보유하려 한다면 어떻게 하시겠습니까?" 이 물음에 폼페이우스가 조용히 답했다. "내 아들이 막대기로 나를 공격하려 하면 어찌해야 하겠는가?" 이 말을 들은 사람들은 폼페이우스와 카이사르의 관계가 심상치 않다고 생각했다.

- 기원전 51년 10월, 카일리우스 루푸스Caelius Rufus가
키케로에게 보낸 서신에서[1]

어린 옥타비우스가 겨우 네 살이었을 때, 그의 아버지는 재산 대부분을 외아들인 그에게 물려주고 사망했다. 가문의 재산은 후손들의 경력을 지원하기 위해 모으는 것이었다. 귀족층 간의 결혼은 대개 정치적 또는 경제적 이익을 즉시 얻으려는 목적이었으므로, 이혼과 재혼도 흔했다. 율리우스 카이사르는 젊어서 약혼했고 이후 세 번 결혼했다. 폼페이우스는 네 번 결혼했다. 아티아가 가이우스 옥타비우스와 결혼했을 때 남편의 성을 따르지 않고 자기 이름을 유지했던 것처럼, 지참금을 제외하고는 부부의 재산

이 분리되었으므로, 그녀의 재산은 친정아버지가 관리했다. 당시는 아내가 남편의 재산을 상속받는 것은 드문 일이어서, 자녀들 특히 아들들이 주 상속인이 되었다.

유언장에는 그 아이가 성년이 될 때까지 재산을 관리해 줄 후견인들이 지정되었다. 후견인 중 1명이 가이우스 토라니우스였다. 그는 아이의 아버지와 함께 조영관을 지냈던, 아마도 재무관도 함께 지냈던 사람이었다. 재산을 보호하고 증식해서 상속인에게 넘겨주려면 재산을 잘 관리하고 투자도 잘해야 했다. 그러나 토라니우스는 후에 자신의 목적을 위해 가이우스 옥타비우스의 재산을 많이 썼다는 비난을 받았다. 그가 후견인의 지위를 남용한 것이 아니라 재산 관리를 잘못했을 가능성도 있지만, 성인이 된 옥타비우스는 그렇게 생각하지 않았기 때문에 적당한 기회를 보아 냉혹한 보복을 할 참이었다.²

아티아는 그녀의 친정아버지에게 귀중한 자산이었다. 아직 젊고 (아마 20대였을 것이다) 아이도 더 낳을 수 있었기 때문에 재혼하지 않으면 그게 도리어 이상한 일이었다. 로마법은 미망인이나 이혼녀는 사별이나 이혼 후 10개월의 기간이 지나고 나서 새 남편을 맞이하도록 규정했는데, 새 결혼 후 태어날 수 있는 아이의 친부를 명확히 하기 위한 목적이었다. 마르쿠스 아티우스 발부스는 율리우스 카이사르의 누나와 결혼하고, 사위 가이우스 옥타비우스와 동맹을 맺은 덕에 잘 지낼 수 있었다. 그렇다고 다른 귀족 가문과 새로이 혼인 동맹을 맺어 인맥을 쌓을 자유가 없었다는 뜻은 아니다. 아티아는 다시 결혼했고, 이번 결혼 상대는 기원전 56년에 집정관에 오른 루키우스 마르키우스 필리푸스Lucius Marcius Philippus였다. 필리푸스가 율리우스 카이사르의 가까운 친구는 아니었지만, 필리푸스 가문도 정치적으로 매우 성공한 유력 가문이었으므로, 그 결혼은 두 가문 모두에게 도움이 될 수 있었다. 필리푸스는 이 결혼으로 막대한 지참금을 챙겼을 수도 있다. 필리푸스에게는 이미 딸뿐만 아니라 정치 경력을 막 시작한 성인 아들도 있

었는데, 만약 그가 아티아와 결혼에서 더 많은 자녀를 원했다면 결국은 실망하고 말았을 것이다.³

옥타비우스는 어머니의 신혼집으로 가지 않고 누나와 함께 당분간 아티아의 부모님 집으로 가서 살게 되었다. 아티아의 부모님이 딸을 대신해 두 외손주의 양육과 초기 교육을 맡기로 한 것이다. 보통 아이들이 커 가면 유모에 파이다고구스paedagogus를 추가로 구했다. 옥타비우스를 주로 시중든 이의 이름은 스파이루스Sphaerus였다. 파이다고구스는 대개 그리스 혈통의 노예였는데, 임무 중 일부가 아이에게 라틴어와 함께 그리스어를 가르치는 것이었다. 기원전 1세기의 로마 귀족들은 두 언어를 모두 유창하게 구사했다. 초기 교육은 읽기, 쓰기, 기초 산수 외에도 로마 공화국의 관습과 역사에 큰 비중을 두었다. 키케로는 말했다. "역사란 감각을 통해 전 세대의 삶과 교감하지 않는다면 인생에 무슨 의미가 있는가?" 국가의 역사를 광범위하게 가르치면서도 매번 가장 크게 강조하는 건 국가의 역사 속에서 가문이 수행한 역할이었다. 아티아는 옥타비우스가 율리우스 씨족 전체와 특히 카이사르 가문의 유구한 역사와 위대한 업적을 반드시 배우도록 했을 것이다. 물론 어린 옥타비우스는 덜 화려한 역사를 지닌 친아버지 가이우스 옥타비우스의 가문에 대해서도 약간의 자부심은 가졌을 것이다. 후에 옥타비우스는 친아버지의 가문이 '오래되고 번영했던 기사 신분의 가문'이었다고 간단히 적었을 뿐 더 이상 자세히 언급하지는 않았다.⁴

'머리 셋 달린 괴물'⁵

기원전 62년 말, 폼페이우스 마그누스는 군대를 이끌고 이탈리아로 귀환했다. 민회로부터 전례 없이 막대한 군사 지휘권과 자원을 지원받아 거둔 그의 승리는 과거 로마 장군들의 업적을 무색하게 만들 정도였다. 폼페이우스는 로마 공화국을 위해 훌륭히 봉사했는데, 그의 경험, 타고난 조직력과 기획력으로 먼저 지중해 연안에서 해적들을 소탕했고, 이후 마침내 폰투스의 미트리다테스 왕을 무찔러 근동 지역을 전면적으로 재편성했다. 원로원 의원들은 그렇게 권력에 익숙해진 사람이 다시 일개 원로원 의원 신분에 만족할 수 있을지 의문을 품었다. 그래서 그가 술라가 했던 것처럼 자신의 군단을 이용해 무력으로 공화국을 지배하려 하지 않을까 두려워했다.[6]

폼페이우스는 술라가 아니었고, 게다가 상황도 완전히 달랐다. 술라가 미트리다테스와의 전쟁에서 돌아왔을 때, 이미 그는 무장한 로마의 적들과 마주했다. 술라가 돌아왔을 때는 끝나지 않은 내전이 지속되고 있었기 때문이다. 기원전 62년, 폼페이우스는 사람들의 두려움을 불식시키려는 의도로 이탈리아에 도착하자마자 자신의 군단을 해산하기 시작했다. 처음에는 폼페이우스의 조치에 안도했던 사람들이 시간이 지나며 그 위대한 정복자가 이제 종이호랑이로 전락했다고 생각하기에 이르자, 로마의 정치적 분위기는 변했다. 폼페이우스는 개선식을 치를 때까지 로마의 공식적인 경계 밖에 머물며 임페리움(군 통수권)만 가질 뿐, 더 이상 공식적인 권력이 없었고 군대를 직접 통솔하지도 않았다. 대신 폼페이우스는 그의 부와 역량 그리고 로마인들이 아욱토리타스라고 부르는 무형의 자산에 의존해야 했다 ['auctoritas'에서 영어 단어 'authority(권위)'가 유래했는데, 정확한 번역은 아니다]. 아욱토리타스는 특정 개인과 그 가문이 이룬 업적과 인맥 때문에 그 개인에게 주어지는 존경심과 그 개인의 현재 지위가 결합한 것이다. 한마디로 말해, 한 개인이 다른 사람에게 얼마나 중요한 인물로 여겨지는가를 측정하는 척도가 아욱토리타스였다.[7]

폼페이우스의 중요성을 의심하는 사람은 없었고, 부나 정치적 인맥에서 그를 능가하는 사람도 없었다. 그렇다고 폼페이우스가 부나 인맥을 독점한 것은 아니었고, 다른 많은 사람도 그에 비할 바는 아니지만 나름 부와 인맥을 갖추고 있었다. 폼페이우스는 그의 젊은 시절 전체와 성년기 대부분을 원정으로 보냈다. 따라서 일상적인 공직 생활 경험, 정치적 호의를 거래하고 활용하는 경험을 거의 하지 못했다. 게다가 그는 자신에 대한 군중의 찬사와 원로원 동료들의 자발적인 인정을 갈망했고, 그러한 찬사와 인정이 주어지지 않는 상황이 받아들이기 힘들었다. 그에겐 세 가지의 실질적인 목표가 있었다. 첫 번째이자 가장 간단한 목표는 로마의 도심을 누비는 가두 행진으로 자신의 업적을 과시하는 개선식을 거행할 권리를 얻는 것이었다. 두 번째는 동방의 속주와 동맹 왕국 재편성에 대한 공식적인 비준을 받아 그가 내린 모든 결정을 추인받는 것이었다. 마지막 목표는 전역 병사들에게 일정 토지를 나누어 주는 법안을 통과시켜, 그들이 농장을 운영해 자신과 가족을 부양할 수 있도록 하는 것이었다.

사실 국가에도 도움이 될 수 있는 사항들이었다. 폼페이우스의 동방 지역 재편성은, 비준된다면 많은 조항이 향후 수 세기 동안 효력을 발휘할 수 있을 만큼 합리적이었다. 잘 싸웠고, 또 승리한 병사들에게 로마 공화정은 쥐꼬리만 한 급여만을 지급하였으므로 전역하는 병사들 대부분은 생계 수단이 없었다. 따라서 폼페이우스가 세 번째 목표를 달성하면 전역 병사들의 감사하는 마음과 함께 향후 그들의 표심까지 확보할 수 있고, 이미 그에게 신세를 진 사람들에 더해 그를 지지할 유권자가 대폭 늘어날 것이었다. 당시의 로마 귀족들은 다른 누군가가 커다란 명망을 얻으면 그만큼 자신들의 위신은 추락한다고 믿었다. 또한 '젊은 도살자' 폼페이우스에게 친인척이 처형당한 사실을 기억하며 그에게 원한을 품은 사람들도 많았다.[8]

폼페이우스는 개선식을 거행할 권리를 힘겹게 얻어 냈다. 그의 세 번째 개선식이었고, 타의 추종을 불허하는 그의 무공을 특별히 강조하며 매우 성대하게 치러졌다. 군중은 행군하는 병사들, 포로들의 행렬, 전리품을 가득 실은 꽃수레, 정복 지역을 담은 목록, 원정 전투 장면을 그린 그림 등을 보며 환호했다. 폼페이우스 자신은 전투용 마차를 탔다. 개선장군의 보라색 예복을 입고, 월계관을 쓰고, 로마의 최고신 유피테르 옵티무스 막시무스Jupiter Optimus Maximus의 옛날 조각상들처럼 보이려 얼굴을 테라코타*처럼 붉게 분장했다. 그날만큼은 폼페이우스 마그누스가 신이었다. 그러나 그날 이후 몇 달 그리고 몇 년 동안, 그에게 대항하기 위해 힘을 합친 반대파와 맞섰을 때 그가 가진 부와 영향력의 한계가 적나라하게 드러났다. 일반 시민의 한 사람으로서 폼페이우스는 권력도 없었고, 원로원을 소집하거나 민회에 법안을 제출할 수도 없었다. 기원전 61년과 60년에는 그가 지원한 옛 부하가 1명씩 집정관에 오르기도 했으나, 둘 다 정치적으로 영민하지 못해 각자의 공동 집정관들에게 쉽게 제지당하거나 하찮게 취급당했다.

카토는 폼페이우스의 영향력을 줄이려 눈에 띄게 노력했고, 여러 유력 가문의 사람들도 그 위대한 영웅의 기를 꺾어 놓기 위해 그들 간의 습관적인 경쟁은 잠시 미루어 놓았다. 스스로를 '선인들boni' 또는 '옵티마테스optimates(최고의 사람들)'로 부르기를 좋아했던 이들은 자기들의 신분 이익에 부합할 때만 '자유'와 '공화정'을 논했다. 그들은 경쟁자가 국가의 문제를 해결해 공을 차지하도록 하느니 차라리 문제를 방치하는 게 더 낫다고 생각하는 사람들이었다. 이렇게 그들은 공직 사회의 중심부에 복지부동을 초래했다. 전역 병사들 또는 빈민들에게 토지를 나눠 주는 어떠한 법안도 통과되지 않았으며, 동방 지역은 여전히 로마의 승인을 기다리고 있었다. 동방의 속주들과 동맹 왕국들의 통치자들 그리고 그곳의 공동체들은 그들에게 부여된 권한이 지속될지 확신하지 못해 어정쩡한 상태에 머물렀다.

폼페이우스를 향한 공격에 많이 가담했던 크라수스도 얼마 지나지 않아 폼페이우스처럼 좌절을 맛보았다. 몇몇 유명한 푸블리카니가 터무니없이 높은 입찰 금액을 제시해 아시아와 다른 동방 속주들에서 세금을 징수할 권리를 얻었으나, 그 금액으로는 수지타산을 맞추기가 불가능하다는 것을 깨달았다. 결국 그들은 입찰 금액 일부를 환급해 줄 것을 국가에 요구했

---

* 적갈색 점토를 유약을 바르지 않고 구운 것. (옮긴이)

다. 크라수스는 아마도 이 회사들에 투자했을 것이고 틀림없이 그들과 긴밀한 사업 관계를 맺고 있었을 것이다. 원로원에서 푸블리카니들의 요구가 토의되었을 때, 크라수스에게 정치적으로 빚진 원로원 의원들이 많았음에도 그 요구안은 결국 폐기되고 말았다.⁹

물론 이 시기를 폼페이우스와 크라수스 그리고 그들의 반대자들 관점에서만 보는 것은 잘못이다. 매년 치러지는 선거는 뇌물과 협박이 오가며 여전히 치열한 경쟁을 벌였고, 법정에서는 정치적 동기로 촉발된 싸움이 벌어지고 있었다. 율리우스 카이사르는 기원전 61~60년에 히스파니아 울테리오르Hispania Ulterior(먼 히스파니아)의 총독으로 재직했지만, 일부 채권자들이 그의 엄청난 부채를 당장 갚으라고 요구해 하마터면 부임지로 떠나지도 못할 뻔했다. 크라수스가 개입해 일부 빚은 갚아주고 나머지 빚은 상환 보증을 서 주어 히스파니아로 떠날 수 있었다. 히스파니아에서 반란이 일어나 신임 총독 율리우스 카이사르는 반란을 진압하는 공을 세우고, 또 많은 전리품도 챙길 수 있었다. 덕분에 로마로 돌아온 그는 재무 상태를 개선하고 또 개선식을 받는 영예도 얻었다.

율리우스 카이사르는 여세를 몰아 기원전 59년에 법정 최연소 나이로 집정관이 되기로 결심했다. 히스파니아에서 귀환 중이었던 그는 집정관 후보로 출마하는 사람은 출마 선언 시 현장에 출석해야 한다는 법 규정을 자신에게는 유예해 달라고 요청했다. 그런데 그 요청을 다룬 원로원 회의에서 카토가 자신의 의견을 묻는 질문을 받고는, 그에 대해 끊임없이 말하는 필리버스터로 의사 진행을 방해함으로써, 결국 율리우스 카이사르의 요청은 통과되지 못했다. 해가 지면 더 이상 토론은 허용되지 않았고, 따라서 그때까지 표결로 결정되지 않은 사안은 모두 폐기되었기 때문이다. 카토가 비교적 젊은 나이에도 불구하고 원로원에서 그토록 막강한 인물이 될 수 있었던 이유가 필리버스터 덕분이었고, 그는 이후에도 이 기교를 반복해서 사용했다. 그러나 이번에 그가 거둔 성공은 잠시뿐이었다. 율리우스 카이사르가 때맞춰 로마에 당도하여 집정관 후보로 나선 것이다. 그 대가로 그는 군대를 해산하고 개선식도 포기해야 했다.10

카토가 율리우스 카이사르에게 품은 적대감은 순전히 개인적인 반감에서 비롯된 것이었는데, 율리우스 카이사르와 카토의 이복 누나인 세르빌리아Servilia 사이의 오랜 불륜 관계도 일부 원인이 되었다. 카토의 사위이면서도 카토보다 나이가 많았던 마르쿠스 칼푸르니우스 비불루스Marcus Calpurnius Bibulus도 집정관직에 출마했기 때문에, 카토는 비불루스와 함께 율리우스 카이사르에 비해 주목도가 떨어지는 사람이 공동 집정관으로 당선되기를 바랐을 것이다. 카토는 또 카틸리나가 집정관직 선거에서 패배한 후 몰락했던 것처럼, 율리우스 카이사르도 그 전철을 밟기를 기대했을 수 있지만, 그건 커다란 오판이었다. 모든 후보자가 지지를 얻기 위해 아낌없이 돈을 썼다. 율리우스 카이사르가 넉넉하게 1위로 당선되었고, 비불루스는 간신히 공동 집정관이 되었다.11

알려진 내용은 이와 같았다. 그러나 막후에서 율리우스 카이사르는 크라수스 및 폼페이우스와 일련의 협의를 거치면서, 두 사람이 원하는 바를 얻을 수 있는 유일한 방법은 서로 간의 적대감은 제쳐두고, 자신을 통해 함께 일하는 것이라고 설득했다. 율리우스 카이사르는 이와 비슷한 수준의 긴밀한 연합을 맺어 키케로도 자기편으로 끌어들이려 시도했지만, 끝내 설득하지 못했다. 현대 학자들은 로마 최고의 부자 2명(크라수스와 폼페이우스)과 야심에 찬 신예(율리우스 카이사르) 사이의 이 동맹을 '제1차 삼두정'이라 부른다. 세 사람 간의 합의가 처음엔 비밀 협정이었지만, 기원전 59년 중 서서히 알려졌다.12

그해 1월, 율리우스 카이사르는 한 토지 법안을 원로원에 제출하며 집정관 임기를 시작했다. 그는 온건한 어조로 유화적인 태도를 보이며 합리적인 비판이 있다면 어떤 조항도 수정할 용의가 있다고 선언했다. 그는 원로원 심의에서 표출된 모든 의견은 대중에게 공개한다는 법령을 이미 공포한 바 있었다. 카토는 자신이 그 법안에 반대하는 사실이 기꺼이 기록되기를 원한다며 곧바로 예의 그 끝없는 연설을 시작했다. 카토의 행동에 분노가 치민 율리우스 카이사르는 릭토르들에게 카토를 끌어내라 명령했고, 카토는 폭군에게 희생당하는 인물의 연기를 멋지게 해냈다. 적어도 1명의 원로원 의원이 카토를 따라 나가며 "카이사르와 여기 있느니 카토와 함께 감옥에 갇히겠노라"고 외쳤다. 회의는 표결 없이 끝나고 말았다.[13]

이처럼 카토와 비불루스 그리고 그들의 지지자들이 기회 있을 때마다 율리우스 카이사르를 방해하는 방식이 반복되었다. 그들은 카이사르의 행보를 저지하는 것보다 그가 점점 더 급진적인 방안을 선택하도록 유도하는 데 관심이 더 많았다. 이는 향후 그가 한 모든 일의 합법성에 의문을 제기할 근거를 마련하기 위해서였다. 토지 법안은 결국 민회에서 통과되어 폼페이우스의 전역 병사들은 그들의 농장을 얻게 되었다. 몇 달 후에는 첫 번째 토지 법안을 보완하는 두 번째 법안이 통과되어, 전직 병사들과 도시 빈민 중 최소 세 자녀를 둔 기혼 남성 2만 명에게도 공유지를 분배할 수 있게 되었다. 이 토지 분배를 감독하기 위해 20명의 위원이 임명되었고, 그중 1명이 아티아의 아버지였다. 폼페이우스의 동방 지역 재편성은 마침내 전체가 비준되었다. 같은 시기, 고가 입찰을 했던 푸블리카니들은 앞으로는 더 신중하라는 경고와 함께 일부 금액을 환불받았다.[14]

율리우스 카이사르가 공공 집회와 민회를 통해 자신의 법안을 관철하려는 시도가 늘어나면서 폼페이우스와 크라수스의 지원은 점점 더 공공연해졌다. 반대파들도 추종자들을 동원해 협박을 시도하곤 했지만, 삼두정 추종자들이 숫자도 훨씬 많았고 더 조직적이었다. 앞서 언급한 토지 법안이 토의된 한 공공 집회에서 비불루스의 릭토르들이 들고 있던 파스케스가 내동댕이 쳐지고 비불루스 자신은 똥 바구니를 뒤집어쓰는 모욕을 당했다. 이 사건 이후 비불루스는 그해가 끝날 때까지 자기 집에 틀어박혀 지냈고, 하늘의 전조를 살피는데 번개가 계속 쳤다고 선언했다. 만약 현직 정무관이 번개와 같은 유피테르Jupiter의 징조로 여겨지는 그런 신호를 목격하면 공무는 중단되었지만, 그는 집에서 숨어 지내는 대신 집회나 민회에는 참석해야 했다. 그러나 결국 비불루스의 이 태업 때문에 그해에 이루어진 모든 입법에 혼란이 초래되었다.15

동방에서 돌아왔을 때, 폼페이우스는 카토의 조카딸 중 1명과 결혼하려고 카토에게 접근했으나, 결국 거절당했다. 이후 그는 율리우스 카이사르의 딸인 율리아와 결혼하며 둘의 동맹 관계를 공개적으로 확인시켰다. 장인인 율리아의 아버지 율리우스 카이사르가 사위인 폼페이우스보다 여섯 살 어렸다. 나이 차이에도 불구하고 이 결혼은 대단히 성공적이어서 폼페이우스는 젊고 매력적인 신부의 애교에 푹 빠져 살았다. 이제 모든 사람이 크라수스와 폼페이우스가 야심에 찬 집정관과 동맹을 맺고 있다는 사실을 알게 되었고, '머리 셋 달린 괴물'이 나라를 지배하고 있다고 수군대기 시작했다. 공동 집정관 비불루스는 법안 제출이나 다른 업무도 하지 않고 사람들 눈에 잘 띄지도 않았으므로, 사람들은 '집정관 율리우스와 카이사르'의 해에 살고 있다는 우스갯소리를 했다. 그러나 비불루스는 하늘의 조짐을 관찰하는 것 외에도 공동 집정관 율리우스 카이사르를 겨냥한 비방문을 작성해 모든 사람이 볼 수 있도록 포룸에 게시하는 데 열심이었다. 중상모략에 동참하는 사람들이 줄을 이었다. 비티니아의 늙은 왕이 율리우스 카이사르를 유혹했다는 오래된 소문이 다시 나돌기 시작하면서, 그는 '여성들의 남편이자 남성들의 아내'라는 조롱까지 받았다.16

폼페이우스, 크라수스 그리고 율리우스 카이사르는 극단적인 방법을 동원해야 했을 때도 있었지만, 대개는 서로 힘을 합쳐 어떤 법안이라도 통과시킬 수 있었다. 그러나 비판자들이 주장했던 것처럼, 그들이 공적 업무의 모든 부분을 통제할 수 있었던 것은 아니다. 그들은 기원전 58년 집정관을 뽑는 선거에서, 율리우스 카이사르의 새로운 장인 루키우스 칼푸르니우스 피소Lucius Calpurnius Piso를 포함해 자신들에게 우호적인 2명의 집정관을 당선시키는 데 성공했다. 그렇지만 더 적대적인 인물들이 여러 정무관직에 당선되는 걸 막을 수는 없었고, 장기적으로 그들이 원하는 대로 선거 결과를 통제할 수 있다는 희망도 품지 않았다. 그해 말, 율리우스 카이사르는 5년간 속주 통치를 하기 위해 로마를 떠났다. 이는 그가 빚을 갚고 부를 축적하며 무공을 쌓을 기회였다. 한 호민관이 민회에 제출한 법안에 따라 그는 갈리아 키살피나Gallia Cisalpina와 일리리아Illyria, 두 속주를 배정받았다. 이후 갈리아 트란스알피나Gallia Transalpina의 총독이 사망하자, 폼페이우스는 원로원에 이 속주도 율리우스 카이사르에게 배정할 것을 제안했고, 이번에는 원로원의 명령에 따라 세 번째 속주로 그에게 배정되었다.[17]

'그들이 이 내전을 원했다'

원로원 의원의 아들들은 공식적인 교육과 더불어 관찰을 통해 배워야 했다. 소년들은 일곱 살 때부터 아버지나 친척 남성의 일상을 따라다니며 배우기 시작했다. 매일 집으로 찾아오는 피호민cliens*들을 맞이하고 환대하는 모습을 지켜보고, 함께 포럼을 지나 원로원 회의까지 따라갔다. 소년들은 원로원 회의실 안으로 들어갈 수는 없었지만, 문은 열려 있었기 때문에 수행원들과 함께 회의실 바깥에 모여 회의에서 오가는 이야기를 들을 수 있었다. 그들은 또한 사람들이 지켜보는 가운데 마르스 평원에서 운동도 하고, 때가 되면 말을 타고 창을 던지며 방패와 칼로 싸우는 법도 배웠다. 이렇게 어렸을 때부터 나중에 커서 공직을 두고 경쟁하거나 동료로서 일하

---

* 피호제被護制, clientela는 고대 로마 사회의 핵심적인 사회적 관계 시스템으로, 귀족들이 후견인patronus으로서 하층민이나 해방 노예인 피호민을 법적, 사회적으로 보호하고 경제적으로 지원한다. 그 대가로 피호민은 후견인의 정치 활동을 지지하고 후견인의 각종 의례나 공적 행사를 도움으로써 후견인 가문에 충성한다. (옮긴이)

게 될 또래 아이들과 함께 시간을 보내며 자랐다.

아티아의 아버지 마르쿠스 아티우스 발부스가 언제 사망했는지는 알려지지 않았다. 그가 지낸 마지막 직책은 기원전 59년에 설치된 토지 분배 위원회의 위원이었다고 알려진다. 어린 옥타비우스가 아티우스 발부스의 말년에 외할아버지를 따라다니며 공적인 생활에 대해 배우기 시작했을 가능성이 있지만, 이에 관한 직접적인 증거는 없다. 할아버지뻘인 엄마의 외삼촌 율리우스 카이사르가 있었지만, 그는 10년간 로마에서 멀리 떨어져 있었으므로 어린 옥타비우스에게는 먼 존재에 불과했다. 공적 생활을 관찰하기 시작하는 그즈음에 아이들은 언어뿐만 아니라 문학도 가르치는 교사인 그라마티쿠스grammaticus로부터 공식적으로 교습을 받기 시작했다. 부모가 교육비를 지급할 수 있는 아이들을 위한 학교가 로마에 약 20개가 있었다. 아주 부유한 사람들은 보통 자기 집에 그라마티쿠스를 두고, 친구나 친척 또는 피호민 자식들이 자기 아이와 함께 공부할 수 있도록 배려했다. 이렇게 교육을 받으면서 옥타비우스도 평생 지속될 우정을 쌓기 시작했다.[18]

로마의 아이들은 라틴어와 그리스어로 쓰인 고전을 읽고 암기했기 때문에, 인용뿐만 아니라 그에 대해 논평도 할 수 있었다. 또한 로마법의 오랜 기초인 12표법Lex Duodecim Tabularum 같은 주요한 내용들은 줄줄 외웠다. 그렇지만 결국은 어떻게 공화정이 운영되고, 어떻게 원로원 의원이 개인 사업을 꾸려나가는지는 실제로 관찰하는 것이 성인 생활을 준비하는 데 가장 큰 도움이 되었다. 여자아이들에게는 어머니가 어떻게 가사를 처리하는지 지켜보는 것이었다. 기원전 50년대 공화정의 공직 사회를 지켜보면 교훈을 얻을 것이 거의 없다. 집정관직에서 물러난 율리우스 카이사르가 로마를 떠나자, 폼페이우스와 크라수스가 다시 막대한 영향력을 행사하기 시작했으나, 이 두 사람이 일상적인 공무를 통제할 능력은 율리우스 카이사르가 집정관으로 있을 때와 비교해 떨어질 수밖에 없었다. 대부분 원로원 의원은 그들보다 영향력이 떨어졌지만, 그래도 몇몇은 일을 성사시킬 힘을 가졌다.

따라서 폼페이우스, 크라수스, 율리우스 카이사르와는 아무 상관 없는 정치적 경쟁도 나날이 심해졌다.

푸블리우스 클로디우스 풀케르Publius Clodius Pulcher는 카리스마 있고 성마르며 결단력 있는 정치인으로서 이 시기 10년 동안의 중심인물 중 1명이었다. 가문의 이름은 클라우디우스 풀케르Claudius Pulcher였으나, 일찍이 클로디우스라는 보다 상스럽게 들리는 철자를 스스로 채택했다. 하지만 그는 수 세기 동안 가문의 위신을 유지해 온 귀족들의 자신감이 몸에 밴, 뼛속까지 세습 귀족이었다. 가계 이름인 풀케르는 '아름답다'라는 뜻으로, 스스로를 어떻게 생각하는지 잘 보여준다. 클라우디우스 가문은 최고의 자신감과 오만함 그 자체로 유명했다. 카르타고Carthago와의 1차 포에니 전쟁First Punic War에서, 클라우디우스 풀케르 가문의 한 인물이 신성한 닭들이 먹이 먹는 것을 기다리다 그만 지쳐 버렸다(당시에는 신성한 닭들이 먹이를 먹으면 함대 공격이 성공한다는 징조로 받아들였기 때문이다). 결국 그는 닭장을 집어 들어 자신이 타고 있던 기함 밖으로 던지며 "신성한 닭들이 먹으려 하지 않으면, 마시게 하라"라고 외쳤다. 그는 함대 공격을 시작했고, 카르타고와 길고 긴 전쟁 중 가장 큰 해전 패배를 당했다. 몇 년 후에는 바로 그 인물의 누이가 고발되었는데, 그 이유는 그녀가 타고 있던 가마가 로마의 혼잡한 거리에 막혀 꼼짝 못 하게 되자, "오빠가 평민들을 더 많이 익사시켰으면 길이 이렇게 막히지 않았을 텐데"라고 큰 소리로 외쳤기 때문이다.[19]

클로디우스는 그런 조상들보다는 훨씬 더 대중의 정서를 잘 이해했지만, 자신이 하고 싶은 말이나 행동을 할 때는 그들과 비슷하게 자제력이 부족한 모습을 보였다. 세습 귀족이었던 그는 호민관직에 출마할 수 없었으므로 평민이 되려고 몇 번의 시도를 했다. 클로디우스가 키케로를 깊이 증오한다는 것은 널리 알려져 있었다. 기원전 59년 웅변가 키케로가 삼두정을 공개적으로 비판하자, 거의 즉각적인 반응이 나왔다. 몇 시간 만에 집정관 율리우스 카이사르와 조점관 폼페이우스가 입양식을 주재했고, 이로써 클로디우스는 공식적으로 자신보다 나이 어린 한 평민의 아들이 되었다. 이 일 전체가 순전히 상징성을 띠는 사건으로, 어딘가 희극적인 요소도 풍겼지만 입양은 기술적으로 유효했다. 클로디우스는 다른 모든 면에서 여전히 그를 지지하는 수많은 피호민과 정치적 우정을 확보한 귀족이었으므로, 손쉽게 호민관으로 선출되었다. 많은 정치인이 지지자들을 동원해 폭도처럼 상대를 위협하거나 심지어 물리적으로 공격하는 수법을 써 왔다. 하지만 클로디우스는 이를 새로운 차원으로 끌어올려, 전통적인 콜레기아collegia, 즉 동업 조합들을 조직 폭력 단체의 기반으로 활용했다. 클로디우스의 정적들은 이들을 폭도일 뿐이라고 무시했지만, 실제로 그의 심복 중 많은 사람이 상점 주인들과 장인들이었고, 일부는 도시 인구의 상당수를 차지하는 해방노예들이었던 것으로 보인다.[20]

키케로는 곧 공격받게 되는데, 카틸리나 모반 연루자들을 처형한 일이 주된 빌미가 되었다. 몇 달 만에 키케로는 운명의 버림을 받아 추방되고 말았다. 클로디우스는 율리우스 카이사르나 크라수스 또는 그 누구를 대리하는 사람이 아니었다. 오직 자신의 목적에 부합하는 경우에만 그들과 협력했다. 곧 클로디우스는 기원전 59년의 입법에 의문을 제기하겠다고 위협했고, 그의 폭력단이 폼페이우스를 겨냥하자 이 공화정의 위대한 영웅마저도 두려움에 한동안 자신의 집을 나서지 못했다. 이윽고 밀로Milo라는 이름의 원로원 의원이 자신의 지지자들(그중 많은 이가 검투사였다)을 모아 거리와 공공장소에서 클로디우스 폭력단과 맞서게 했다. 정치 폭력은 심해졌고, 선거에서의 뇌물수수는 더욱 기승을 부렸다.[21]

크라수스와 폼페이우스 사이의 오랜 적대감이 다시 불거졌고, 삼두정 동맹은 이제 끝난 것처럼 보였다. 율리우스 카이사르가 부임지를 벗어날 수 없었기 때문에, 삼두는 갈리아 키살피나의 루카Luca에서 만나 치열한 협상 끝에, 가까스로 상황을 봉합했다. 그에 따라 기원전 55년, 폼페이우스와 크라수스는 집정관 선거에 출마하여 두 번째로 당선되었다. 두 사람은 1년의 임기를 마치면 특별 속주 통치권을 받아 프로콘술로서 각자 부임하기로 하였고, 동시에 율리우스 카이사르는 갈리아와 일리리아의 총독으로 추가 5년의 임기를 부여받았다. 크라수스는 시리아 총독을 맡은 초반부터 당시까지 로마의 지배를 받지 않고 있던 동방의 마지막 거대 왕국 파르티아Parthia를 공격할 계획이었다. 폼페이우스는 히스파니아에 있는 두 지역의 총독이 되었고, 그곳에 자신의 군단도 주둔시켰지만, 정작 자신은 부임지로 가지는 않았다. 대신 로마의 공식 경계 밖에 있는 알바 언덕 위에 있는 자기 별장에 머물며 속주에 대한 임페리움은 유지했다. 폼페이우스는 필요하면 언제든 주둔군을 동원하면 된다고 생각하면서, 대관 총독legatus(속주 총독의 임페리움을 위임받아 명령권을 행사하는 속주 총독의 부관)들을 보내 속주 통치를 맡겼다.[22]

폭력 없이는 어떠한 일도 이루어지지 않았다. 선거에서의 폭동은 이제 거의 일상이 되었고 사망 사고도 점점 빈번해졌다. 한번은 폼페이우스가 누군가의 피를 뒤집어쓴 채 집에 돌아왔고, 이 모습을 본 그의 아내 율리아가 너무 놀란 나머지 유산했다. 그렇게 폭력을 조장했음에도, 이들 삼두는 자신들에게 얽매이지 않고 독립적으로 사고하는, 그리고 종종 그들에게 격렬한 적대감을 보이는 원로원 의원들이 고위직에 오르는 것을 막을 수는 없었다. 크라수스가 자신의 속주로 떠날 때, 그는 한 호민관의 집요한 추궁을 받았다. 이 호민관은 공식적으로 신들에게 이 부정한 전쟁을 계획한 크라수스와 그의 원정이 저주받기를 기원했다. 대부분 원로원 의원의 마음에는 공화국의 선善보다 사적인 증오와 경쟁심이 더 크게 자리 잡았다.[23]

저주의 결과였든 또는 단순한 부주의 때문이었든, 크라수스의 파르티아 침략은 재앙이 되었다. 그의 군대는 기원전 53년 카르하이Carrhae에서 저지당했고, 기동성 좋은 파르티아 기병대로부터 도주하다 소수의 잔존 병사를 제외하고는 모두 살해되거나 포로가 되었다. 크라수스는 항복 협상을 시도했으나, 결국 참수당했다. 그의 죽음은 폼페이우스와 율리우스 카이사르 사이의 동맹을 심각하게 약화시켰다. 같은 시기에 두 사람의 동맹을 흔든 더 큰 사건이 있었는데, 폼페이우스의 아내 율리아(율리우스 카이사르의 딸)가 출산 중에 사망한 것이었다. 율리우스 카이사르는 폼페이우스에게 새 결혼을 서둘러 제안하며, 옥타비우스의 누나 옥타비아를 신붓감으로 제안했다. 폼페이우스는 이 결혼 제안을 받아들이지 않았다. 얼마 지나지 않아 옥타비아는 평민 출신 귀족 중 가장 명망 높은 가문 출신인 마르쿠스 클라우디우스 마르켈루스Marcus Claudius Marcellus와 결혼했다. 마르쿠스 클라우디우스 마르켈루스는 율리우스 카이사르의 친구가 아니었으므로 그가 이 혼사에 어떤 발언권도 없었을 테지만, 이 결혼은 정치적 측면에서 소녀 신부 옥타비아의 가까운 친척들에게는 매우 좋은 기회였다. 아티아의 남편 필리푸스는 기원전 56년에 집정관이었고, 마르켈루스는 기원전 50년에 집정관에 오르게 된다.[24]

클로디우스와 밀로는 계속해서 충돌을 이어갔고, 다른 지도자들도 작은 규모로 이에 가담했다. 소요가 너무 심해서 기원전 53년은 집정관 당선자들 없이 시작되었고, 여름이 되어서야 선거를 치러 2명의 집정관이 선출되었다. 그해 가을에는 폭력이 더욱 기승을 부렸다. 밀로가 집정관 후보로 나섰고, 그의 천적 클로디우스는 법무관직에 출마했다. 다시 한번 폭동으로 인해 코미티아 켄투리아타가 제 역할을 하지 못해 또다시 집정관 없이 새해가 시작되었다. 기원전 52년 1월, 클로디우스와 밀로가 우연히 시 외곽에서 마주쳤다. 첫 싸움에서 클로디우스가 부상을 입고 선술집으로 옮겨졌다. 그 선술집에 밀로가 보낸 수하들이 쳐들어가 마침내 숙적 클로디우스를 끝장냈다. 클로디우스의 지지자들과 동조자들은 이후 치러진 장례식을, 분명 살해당한 전 호민관이 맘에 들어 했을 법한, 일종의 극적 저항 운동으로 만들었다. 클로디우스의 시신은 원로원 의사당 안으로 옮겨져 화장되었고, 그 과정에서 의사당 건물이 불타 버렸다. 로마는 무정부 상태로 빠져드는 것처럼 보였다. 경찰력은 충분하지 않아, 오직 군대만이 폭도를 진압할 수 있었다. 문제는 누가 이 상황을 통제할 수 있는 임페리움(군 통수권)과 아욱토리타스(권위) 모두를 가지고 있는가였다.25

카토와 '보니(선인들)'는 폼페이우스가 독재관으로 지명되는 건 겨우 막았다. 대신 폼페이우스는 그야말로 전례 없는 직책인 단독 집정관이 되었다. 그해 후반에 폼페이우스는 공동 집정관으로 퀸투스 코르넬리우스 메텔루스 피우스 스키피오 나시카Quintus Cornelius Metellus Pius Scipio Nasica를 받아들였다. 고귀한 혈통을 과시한 긴 이름이었으나 타고난 재능은 그에 미치지 못했다. 폼페이우스는 또한 스키피오의 딸 코르넬리아Cornelia와 결혼하여 이 전통 귀족 가문과 새로운 동맹을 맺었다. 질서는 무력으로 회복되었다. 밀로는 군인들과 적대적인 군중에 둘러싸인 채 재판을 받았고, 피할 수 없는 판결이 선고되기 전에 망명했다. 밀로는 확실히 유죄였으나, 재판은 공정하게 진행되는 것 같지 않았고 통상적인 절차도 무시되었다. 오히려 불공정한 재판에서 수세에 몰린 클로디우스의 지지자들이 북쪽으로 달아났고, 율리우스 카이사르가 그들을 순순히 받아주었다. 폼페이우스의 속주 통수권이 연장되자 그해 말 폼페이우스는 시 경계 밖으로 물러나 이전의 독특한 태도를 다시 취했다. 때때로 원로원은 폼페이우스가 자신의 임페리움과 군사 지휘권을 포기하지 않고도 참석할 수 있도록 포메리움 밖의 신전에서 회의를 열기도 했다.26

기원전 51년, 율리우스 카이사르는 갈리아에서 마지막 군사 작전을 마무리하고 있었다. 사실 물론 본인 생각은 달랐겠지만, 그가 장군으로서 그토록 뛰어난 재능을 보여주리라고 기대한 사람은 거의 없었다. 갈리아 트란스알피나에 이어 그 너머에 있는 로마의 동맹국들까지 위협했던 갈리아 지방의 한 부족이 이주를 시작하자, 이 기회를 틈타 율리우스 카이사르는 군 투입 지역을 점점 넓히더니 마침내 서쪽의 대서양에서 동쪽의 라인강에 이르는 모든 땅을 '정복'했다. (로마인들은 정복 대신 '평정'이란 완곡 표현을 사용했다.) 율리우스 카이사르는 그가 거둔 혁혁한 승리를 직접 기록하여, 키케로조차도 라틴어로 쓰인 최고의 저술이라고 칭송한 그 유명한《갈리아 전쟁기Commentarii de Bello Gallico》로 매년 발표했다. 원로원은 폼페이우스 마그누스이 동방에서 거둔 승리를 기념하기 위해 그 이전의 로마 장군에게 주어진 기간의 두 배인 10일을 공공 감사제 기간으로 선포한 바 있었다. 율리우스 카이사르는 갈리아에서 거둔 무공으로 15일의 공공 감사제를 받았고, 이후 미지의 신비로운 섬 브리타니아를 공격했을 때는 20일을, 갈리아의 여러 부족이 연합해 일으킨 반란을 진압했을 때도 같은 기간의 공공 감사제를 받았다. 로마 시민에게 새로운 군사 영웅이 탄생한 것이다.[27]

　율리우스 카이사르는 갈리아에서 돌아와 개선식을 거행하고, 곧바로 기원전 48년의 집정관이 되기를 원했다. 집정관으로 재출마하는 데 법적으로 요구되는 10년의 기간을 충족했기 때문이다. 율리우스 카이사르는 쉽게 고소의 대상이 되는 평범한 일개 시민으로 돌아가고 싶지 않았다. 그의 정적 중 몇몇은 밀로처럼 그를 군인들이 둘러싼 법정에서 재판받게 하겠다고 공공연히 떠벌렸다. 집정관에 재선되려면 부재 상태에서 후보자 등록을 할 수 있는 권리가 필요했다. 이는 근래 폼페이우스가 법률을 무시한 행태에 비하면 대단한 요구도 아니었다. 또 율리우스 카이사르는 민회가 그에게 부여한 특별 통치권의 일부라고 주장하면서, 기원전 49년 말까지 임페리움을 가진 프로콘술 직위를 유지하기를 원했다. 비록 그 이후로 더 나쁜 일들이 벌어졌지만, 그의 정적들은 그의 첫 번째 집정관 임기 동안의 협박과 폭력을 언급하며, 두 번째 임기는 훨씬 더 혼란스러울 것이라고 예측했다. 더욱 중요한 점은 율리우스 카이사르의 처지가 취약해졌음을 감지한 정적들이, 기원전 60년대 후반 폼페이우스에게 등을 돌렸을 때와 똑같이 이를 이용하려 서둘렀다는 사실이었다.

　이런 상황에서는 폼페이우스의 입장이 매우 중요했지만, 오랫동안 누구도 그의 입장이 무엇인지 확실히 알 수 없었다. 키케로는 이미 오래전에 '로마의 알렉산드로스'는 의중을 파악하기 힘든 사람이라는 점을 간파했다. 하지만 점차 폼페이우스가 그의 전 장인 율리우스 카이사르에게 등을 돌리고 있다는 조짐들이 나타났다. 율리우스 카이사르에 대한 그의 지지는 점점 얕아졌다. 거의 한 세기 후 시인 루카누스Lucanus가 요약했듯이, 후대 사람들에게는 '카이사르는 자신보다 위에 있는 자를 참을 수 없고, 폼페이우스는 자기와 동등한 자를 참을 수 없다'라는 점이 분명해 보였다. 자신이 원하는 방식으로 로마로 돌아오기 위해서는 폼페이우스의 도움과 지지가 필요하다는 사실을 갈리아 총독은 인정해야만 했다. 율리우스 카이사르가 원로원의 명령에 복종하지 않는다면 어떻게 할 것이냐는 질문을 받았을 때, 폼페이우스는 "내 아들이 막대기로 나를 공격하려 하면 내가 어찌하겠는가?"라고 여유 있게 대답했다. 폼페이우스의 이런 발언들이 율리우스 카이사르의 정적들을 고무시켰다.[28]

이전 집정관들이 줄줄이 공격에 나서면서 율리우스 카이사르의 즉각적인 소환을 요구했다. 첫 번째 공격에 나선 이는 기원전 51년 집정관이었던 옥타비아 남편의 사촌이었다. 기원전 50년의 집정관이자 옥타비아의 남편 마르켈루스도 장모의 외삼촌인 율리우스 카이사르에게 적대적이었다. 이러한 공격에 맞서기 위해, 갈리아 지방의 전리품이 로마로 흘러 들어왔고, 이는 특히 호민관들 계층에서의 지지자를 확보하는 데 사용되었다. 기원전 50년 12월 1일, 한 호민관이 폼페이우스와 율리우스 카이사르 두 사람 모두 동시에 군사 지휘권을 내려놓아야 한다고 요구하며 원로원에서 표결을 밀어붙였다. 370명의 원로원 의원이 이 조치에 찬성했고, 단지 22명만 반대했다. 이 투표 결과는 압도적 다수가 율리우스 카이사르의 정치적 부상은 싫어했지만, 또 다른 내전의 위험은 감수하고 싶어 하지 않았다는 점을 보여준다.[29]

갈리아 총독 율리우스 카이사르가 이미 이탈리아로 쳐들어왔다는 소문이 퍼졌다. 집정관 마르켈루스는 원로원이 조처하도록 설득하려 했으나, 원로원의 망설임과 호민관의 거부권 행사로 좌절되었다. 이를 무시한 채, 마르켈루스와 그의 공동 집정관은 친구들의 호위를 받으며 알바 언덕에 있는 폼페이우스의 별장으로 서둘러 가, 그에게 칼을 건네며 그의 군단으로 공화국을 지켜 달라고 요청했다. 폼페이우스는 주저하지 않고 전 장인이자 친구에 대항해 무기를 들었다. 그러나 소문은 거짓으로 밝혀졌고 아무 일도 일어나지 않았다. 기원전 49년 1월 1일, 또 다른 마르켈루스가 집정관이 되었는데, 기원전 51년 집정관의 동생이었다. 협상 제안이 오갔으나 상호 신뢰도 없었고, 협상에 응하려는 의사를 비치는 건 열세를 인정하는 것으로 생각하는 경향도 있었다. 1월 7일, 원로원은 '비상 의결'을 통과시켰고, 정무관들과 로마 인근에 있는 프로콘술들(명백히 폼페이우스를 지칭한다)에게 필요한 모든 조치를 해 공화국을 위해로부터 지킬 것을 촉구했다. 율리우스 카이사르의 입장을 지지해 왔던 마르쿠스 안토니우스와 또 다른 호민관은 그들의 안전이 더 이상 보장될 수 없다는 귀띔을 받고, 로마에서 탈출해 북쪽으로 갔다.30

며칠 후, 아마도 1월 10일, 율리우스 카이사르는 하나의 군단을 이끌고, 그가 여전히 합법적인 임페리움을 가지고 있는 속주와 그러한 권한을 가지고 있지 않은 이탈리아를 구분하는 경계인 루비콘강Rubicon River을 건넜다. 군 통수권을 가진 동안 연이어 공공 감사제를 수여 받았지만, 이제 그는 반역자가 되었고 그의 앞날엔 승리 아니면 카틸리나의 운명이 놓여 있었다. 내전에 돌입하면서 도박사들의 오랜 문구인 '주사위는 던져졌다'라는 말을 그가 실제로 했는지는 알 수 없지만, 내전의 위험성을 잘 알았고, 다른 대안은 없다고 믿었음은 분명하다. 율리우스 카이사르는 자신의 지위와 존엄dignitas을 지키기 위해 공화국을 기꺼이 내전으로 끌어들이려 했다. 율리우스 카이사르에게서 바로 그 지위와 존엄을 빼앗으려 폼페이우스와 카토 그리고 다른 정적들도 기꺼이 내전에 뛰어들었다.31

4장 출구

>그들이 원했다. 내가 이룬 모든 위대한 업적에도 불구하고, 내가 군대의 힘을 빌리지 않았으면 그들은 나를 비난했을 것이다.
>- 율리우스 카이사르가 파르살루스Pharsalus 전장에서 적의 주검을 보고 한 말 아시니우스 폴리오Asinius Pollio의 목격담 중에서
>기원전 1세기 후반[1]

내전에 관해 상세히 다룰 필요는 없다. 당시 옥타비우스는 열세 살로 내전에 연루되기에는 너무 어렸기 때문이다. 율리우스 카이사르는 재빨리 이탈리아를 짐령했다. 폼페이우스가 그의 옛 동지가 물러서리라고 기대했거나 아니면 자신의 힘을 과신한 결과였을 것이다. 몇 달 전만 해도 그는 "내가 발을 구르면 이탈리아 땅에서 군단과 기병들이 솟아오를 것이다"라고 으스댔었다. 그러나 그의 동맹자들은 그가 제대로 싸워보지도 않고 로마를 내주며 브룬디시움Brundisium으로 후퇴하는 것을 보고 오히려 크게 실망했다. 한 원로원 의원은 그에게 "이제 발을 구를 때가 아닌가요?"라고 냉소 섞인 질문을 했다. 그러나 폼페이우스는 모든 병력을 이끌고 아드리아해를 건

너 북부 그리스로 갔고, 거기서 동방의 속주들과 동맹 왕국들의 도움을 얻어 병사를 충원하고 함대를 구축하기 시작했다. 예순에 가까운 나이였지만 폼페이우스는 뛰어난 조직 능력을 보여주었다. 그는 "술라가 해냈다면, 왜 내가 못 하겠는가?"라고 거듭 말했다. 술라도 그리스에서 돌아와 내전을 승리로 이끌었던 경험이 있기 때문이다. 그러나 그 상황에서 술라의 사례가 큰 위안이 될 수는 없었다. 폼페이우스의 동맹자 중 일부는 자신들은 단지 자신들을 지배할 독재자를 선택하는 싸움을 하는 것뿐이라고 투덜댔다. 일부는 또 그가 내리는 모든 결정을 공개적으로 비난했다. 그러나 모든 법과 규정을 어겨 가며 현재의 위치에 오른 폼페이우스는 어쩐 일인지 자유 공화국의 수호자로 떠올랐다. 그와 수년간 격렬히 대립해 온 반대파 보니까지 그의 지휘 아래 모였다. 이것은 씁쓸한 아이러니였고, 결국 불편한 동맹을 만들어 냈다.2 폼페이우스의 정적들과 중립을 지키려 했던 대다수는 율리우스 카이사르가 마리우스나 술라처럼 자기 적들을 무참히 도살하는 잔혹한 지배자가 되지 않을까 두려워했다. 그러나 율리우스 카이사르는 그에 맞선 자들하고만 싸우고 그에게 항복한 이들은 모두 용서하며, 관용을 베풀었다. 기원전 49년 3월, 그는 말했다. "이런 방식으로 모두의 자발적인 지지를 얻고 영구적인 승리를 거둘 수 있는지 두고 보자. 잔혹함을 보인 자들은 그 누구도 증오를 피하거나 승리를 지속시킬 수 없었다. 루키우스 술라 Lucius Sulla는 예외였지만 나는 그를 모방하고 싶지 않다. 이것은 새로운 정복 방식이다. 우리는 연민을 느끼고 관용을 베풀면서 더욱 강해진다."3

    이탈리아를 평정한 후 율리우스 카이사르는 히스파니아로 갔다. 그는 그곳에 남아 있던 폼페이우스의 군대를 빠르게 제압하고 항복을 받아냈다. 율리우스 카이사르는 가는 곳마다 승리를 거뒀지만, 그의 부하들은 그만큼 유능하진 못해 몇몇 무모한 전투를 벌여 패배를 자초하기도 했다. 기원전 48년 초 율리우스 카이사르는 일부 군단을 마케도니아로 수송할 선박 수배를 마쳤다. 그곳에서는 폼페이우스가 술라를 재현하기 위해 전쟁 준비를 하고 있었다. 병력과 자원에서는 폼페이우스가 우세했지만 율리우스 카이사르의 군대는 그에게 헌신적으로 충성하고 수년간의 전쟁으로 단련된 정예 병사들이었다. 율리우스 카이사르는 아드리아해를 건너 공격했다. 디라키움Dyrrachium에서 수적으로 우세한 적군을 봉쇄하여 항복을 받아내기 직전, 폼페이우스가 전선을 뚫는 데 성공했다. 율리우스 카이사르의 군대는 후퇴했고, 이제 폼페이우스 군대의 추격이 시작되었다. 유력 원로원 의원들은 폼페이우스에게 신속한 승리를 재촉하며 예상되는 전리품을 놓고 서로 다퉜다. 기원전 48년 8월 9일. 폼페이우스가 파르살루스에서 전투를 제안했고, 율리우스 카이사르가 기꺼이 수락했다. 폼페이우스의 작전은 율리우스 카이사르 군대에 비해 7배나 많은 기병대를 이용한 측면 공격에 모든 것을 거는, 절묘하지는 않지만, 타당한 전투 계획이었다. 율리우스 카이사르는 그런 작전 의도를 간파하고 역이용했다. 이후 노련한 그의 병사들이 전투 경험이 부족한 폼페이우스 군대와 외국인으로 구성된 보조군까지 괴멸시켰다.[4]

용감한 모습을 보이고 영구적인 패배를 인정하지 않으며 다음 전투를 위해 군대를 재정비하는 결의를 보이는 한, 로마의 귀족들은 군사적 무능함에 대해서는 용서받을 수 있었다. 그러나 폼페이우스는 용기를 잃고 전투가 끝나기도 전에 도망쳐 결국 이집트로 갔지만, 소년 왕 프톨레마이오스 13세Ptolemaios XIII의 신하들은 율리우스 카이사르의 환심을 사려고 그를 살해하라는 명령을 내렸다. 폼페이우스가 그렇게 죽는 것이 율리우스 카이사르에게는 편리할 수 있었지만, 추적 끝에 도착해 자신에게 바쳐진 전 사위의 잘린 머리를 보자 율리우스 카이사르는 혐오와 분노를 보였다. 포로가 된 수만 명의 폼페이우스 군대가 더해져 그 수가 급격히 불어난 군대에 지급할 경화硬貨가 필요했던 율리우스 카이사르는 이집트 왕국의 내정에 개입하기 시작했고, 곧 어린 왕이 그의 누나 클레오파트라와 권력 다툼을 하는 그들 간의 내전에 휘말렸다. 수가 적었던 로마 군대는 곧 포위되었고, 힘겨운 전투 끝에 지원군이 도착한 후에야 적을 물리칠 수 있었다. 율리우스 카이사르는 연인이 된 클레오파트라와 나일강을 유람하며 필요 이상으로 오래 이집트에 머물렀다. 그 사이 폼페이우스 지지자들이 재집결했고, 특히 카토는 강철 같은 의지로 아프리카에서 새 군대를 규합했다. 결국 이집트를 떠난 율리우스 카이사르는 아시아에서 미트리다테스의 아들이 이끄는 군대를 격파한 후 가을에 잠시 이탈리아로 돌아왔다가 다시 아프리카로 건너갔다. 폼페이우스 지지자들은 기원전 46년 4월 6일 탑수스Thapsus에서 패배했다. 카토는 항복해 적의 자비를 받기보다 자살을 택했다. 이것으로 내전이 끝난 것은 아니었다. 폼페이우스의 큰아들 그나이우스Cnaeus가 히스파니아에서 군대를 일으키자 다시 한번 율리우스 카이사르는 로마를 떠나 전쟁에 나섰다. 기원전 45년 3월 17일에 히스파니아 문다Munda에서 벌어진 최후의 전투는, 필사적이고 잔혹한 싸움이었지만 갈리아 전쟁을 치른 경험 많은 군대가 결국 승리했다.[5]

세계는 전쟁 중

내전이 끝났을 때 옥타비우스는 의붓아버지 필리푸스의 집에서 어머니와 함께 살고 있었다. 그의 외할머니 율리아는 기원전 51년에 사망했다(율리아의 남편은 아마도 그보다 몇 해 전에 사망했을 것이다). 열두 살밖에 되지 않았지만, 옥타비우스는 율리아의 장례식에서 추도사를 낭독해 찬사를 받았다. 귀족의 장례식은 포룸에서 의식을 치르고 나서 실제 화장이 이루어지는 시 외곽까지 행렬을 지어 나가는, 일종의 공개 행사였다. 장례식은 단순히 고인을 칭송하는 행사가 아니라 고인의 조상들이 이룬 업적을 과시하는 기회이기도 했다. 가장 성대히 치르는 장례식에서는 배우들을 고용하여 고위직을 역임했던 모든 조상의 예복 차림으로 장례 가면을 쓰도록 하여, 가문의 영광을 재현하기도 했다. 후손 중에서 젊은 남성이 추도사를 낭독하는 것이 관례였는데, 이를 통해 조상의 위대한 업적을 상기시키고, 그가 미래에 비슷한 업적을 이룰 것을 은연중에 약속하는 효과까지 얻었다.[6]

외할머니의 장례식은 어린 옥타비우스가 관심의 중심에 선 첫 번째 공식 행사였으며, 당시 커다란 논란의 대상이던 그의 유명한 외종조부(어머니의 외삼촌) 율리우스 카이사르와 그를 더 가깝게 연상시키는 계기가 되었다. 그 점을 제외하면 옥타비우스는 모든 면에서 사람들이 보는 앞에서 말을 타고 운동하며 또래들과 만나고 경쟁하는 10대 귀족의 1명일 뿐이었다. 필리푸스는 의붓아들을 돌보는 데 적극적이었다고 전해지므로, 일상 업무를 하거나 공적 모임 또는 원로원 회의에 참석할 때 옥타비우스를 데리고 다녔을 가능성이 매우 높다. 필리푸스와 아티아는 옥타비우스의 활동과 학습 진도에 대해 파이다고구스와 가정교사들에게 매일 물었다고 한다. 특히 아티아는 후에 이상적인 로마 어머니의 본보기로 칭송받았다.

> 그 옛날 좋은 시절에는, 결혼 생활에서 태어난 모든 남자의 아들은 고용된 유모의 방이 아닌, 어머니의 슬하에서 자랐다. 그리고 어머니에게 가사를 잘 돌보고 자녀들에게 헌신했다는 것보다 더 큰 찬사는 없다…. 이러한 어머니 앞에서 천한 말을 하거나 잘못된 행동을 하면 큰 꾸짖음을 받았다. 어머니는 종교적 신실함과 최대한의 근면함으로 어린 자녀들의 진지한 과제뿐만 아니라 오락과 놀이까지 규제했다. 이러한 성신으로 그라쿠스 형제의 어머니 코르넬리아Cornelia, 카이사르의 어머니 아우렐리아Aurelia, 아우구스투스의 어머니 아티아가 자녀들을 양육했다고 전해진다: 이 어머니들은 그들의 고귀한 자녀들을 이렇게 교육했다.[7]

당시 어머니들은 아이들과 심정적으로는 거리를 두고, 가문과 국가가 기대하는 행동을 할 때만 아이들을 칭찬하는 권위를 보여야 했다.[8] 내전이 시작되자 아티아와 필리푸스는 로마가 위험해질 수 있다고 판단하여 10대의 옥타비우스를 의붓아버지 필리푸스의 별장 중 한 곳으로 보냈다(우리는 필리푸스가 적어도 2개의 별장을 가지고 있었다는 걸 안다. 하나는 푸테올리Puteoli에, 다른 하나는 로마에 더 가까운 해안 지역인 아스투라Astura 근처에 있었는데, 다른 곳에 더 있었을 수 있다). 필리푸스는 내전에서 어느 편에도 서지 않기로 했다. 옥타비아의 남편이자 불과 몇 주 전에 폼페이우스에게 칼을 건넸던 마르켈루스도 마찬가지였다. 율리우스 카이사르는 이러한 중립을 존중하고, 자신에게 맞서는 사람들과만 싸울 것이라고 선언했다. 반면 법과 공화국을 수호한다고 자처하던 폼페이우스 지지자들은 그들을 지지하지 않는 모든 사람을 적으로 간주하겠다고 위협했다.[9]

옥타비우스가 언제 로마로 돌아가도 안전하다고 느꼈는지는 알 수 없지만, 분명 기원전 47년 후반에는 로마에 있었고, 그해 10월 18일 공식적으로 성인이 되었다. 성년식을 치르는 정해진 나이가 있는 건 아니었지만 대개 열네 살에서 열여섯 살 사이에 치렀다. 옥타비우스의 성년식은 열여섯 번째 생일이 몇 주 지나고서 행해졌다. 소년은 갓난아이 때부터 목에 걸었던 불라 부적을 마침내 벗고, 첫 면도를 했다. 머리카락도 잘랐다. 소년들의 머리카락은 길고 다소 부스스해도 괜찮았지만, 성인 시민에게는 짧고 단정한 모습이 더 적합했기 때문이다. 소년들은 자주색 테두리가 있는 토가 프라이텍스타toga praetexta를 입었는데, 이 옷은 원래 고위 관직자들이 입었다. 그러나 옥타비우스는 이제 어른이 되었음을 상징하며, 가장자리 장식이 없는 성인의 토가, 즉 토가 비릴리스toga virilis로 갈아입어 자신의 새로운 지위를 드러냈다. 여기서 옥타비우스가 누릴 미래의 영광을 전조했다는 수에토니우스의 또 다른 이야기가 전해진다. 그 이야기에 따르면, 어린이용 토가를 벗는 과정에서 그의 웃옷tunic이 찢어져 발목까지 내려갔다고 한다(이는 정무관들과 원로원이 언젠가 그에게 복종하게 될 것을 의미한다는 것이다). 늘 그렇듯이 이 일이 실제로 일어났는지 아니면 후대의 창작인지는 알 수 없다.

집에서 치른 성년식이 끝나면, 남자 친척들과 가문의 친구들이 이 새 성인을 안내해 로마의 중심부를 지나곤 했다. 포룸을 지나 카피톨리움 언덕을 올라 유피테르 신전으로 가서 젊음의 신 유벤투스Iuventus에게 제물을 바치고 봉헌했다.10

율리우스 카이사르가 조카손자의 인생에서 중요한 이 성년식을 목격했을 가능성은 충분하다. 그는 그해 9월 말 동방에서 돌아와 이탈리아에 도착했다. 하지만 곧 있을 아프리카 원정을 준비하면서 그의 오랜 부재 동안 불만이 쌓여 반란을 일으킨 군단병들의 반란을 진압하기도 했고, 각종 선거를 주재한 후 12월 중순에 시칠리아로 가야 했다. 일정이 너무 바빴던 율리우스 카이사르가 옥타비우스의 성년식에 참석하지 못했을 수도 있지만 그는 이미 열여섯 살의 조카손자에게 관심을 보이고 있었다. 폼페이우스의 주요 지지자 1명이 파르살루스 전투에서 사망했기 때문에 사제단에 공석이 생겼다. 율리우스 카이사르는 공식적으로 자신의 조카손자를 후보로 추천했고, 선거인단은 이를 순순히 따랐다.11

성인이 되었고 로마의 고위 사제가 되었지만, 옥타비우스는 계속 의붓아버지 필리푸스의 집에서 살았으며, 어머니 아티아는 여전히 아들의 생활과 교육을 관리했다. 옥타비우스는 특출나게 잘생긴 청년으로 통했다. 그의 머리카락은 약간 곱슬곱슬했고, 약간 금발이었다고 하는데, 어떤 색상인지 정확히 말할 수 없으나, 단순히 검은색이 아닌 갈색을 의미했을 수도 있다. 치아는 삭았고, 치아 사이가 보통보다 더 벌어져 있었다. 나이 들어서는 치아가 심하게 썩었지만, 젊었을 때는 분명 더 건강했을 것이다. 그의 안색은 특별히 어둡거나 밝지 않았으며, 움직임은 우아했고 몸과 사지의 균형이 매우 잘 잡혀 있어서 실제보다 더 커 보였다. 그의 해방 노예 중 1명이 그가 성인이 되어서는 키가 5피트 6인치(로마의 측정 단위로는 5피트 9인치, 약 168센티미터) 이상이었다고 주장했지만, 아마도 관대한 추정이었을 것이다. 옥타비우스는 분명 자신이 작다고 생각했음이 틀림없다. 일생 대부분 실제보

다 더 커 보이려고 굽이 높은 신발을 신었다.[12]

율리우스 카이사르는 꿰뚫어 보는 듯한 눈을 가졌고 키도 컸으므로, 그의 조카손자는 키는 외종조부에 못 미치더라도 눈빛만은 외종조부처럼 강렬하기를 바랐다. 로마의 귀족들은 자신과 자신의 가문은 특별히 중요하다는 의식을 내면화하면서 성장했다. 옥타비우스는 특히 자신감이 넘쳤고, 어린 나이부터 주변에 친구들을 많이 몰고 다녔다고 한다. 그의 전기를 쓴 다마스쿠스의 니콜라우스Nicolaus of Damascus는 나이 지긋한 탐욕스러운 여자들도 그에게 관심이 많았다고 주장했다. 자신의 매력을 감추기 위해 사람들이 붐비는 낮에는 가급적 모습을 드러내려 하지 않았고, 심지어는 신전도 어둠이 내린 시간에만 가곤 했다. 원로원 의원의 아내들은 그들의 남자 형제들만큼이나 교육을 잘 받았지만, 공적 생활에서는 배제된 채 정치적 동맹을 맺거나 깨기 위해 결혼도 하고 이혼도 당했는데, 그들 중에는 남편이 로마에 없거나 자신들에게 관심이 없어 무료함을 느끼며 생활하는 이들이 많았다. 클로디우스의 여자 형제들은 그들의 연애 행각과 방탕한 생활 방식 때문에 자주 사람들의 입길에 올랐다. 그들 중 1명인 '레스비아Lesbia'를 위해 시인 카툴루스가 사랑을 노래했고, 그녀가 그를 떠나자, 증오와 갈망도 노래했다. 또 율리우스 카이사르의 부하 중 1명인 데키무스 유니우스 브루투스Decimus Junius Brutus의 어머니에 대해서 한 원로원 의원이 다음과 같이 노골적으로 묘사하기도 했다.

> 이들 중에 셈프로니아Sempronia가 있었다…. 본인의 태생과 용모도 축복받았고, 남편 복, 자녀 복도 있었다. 그리스어 문학, 라틴 문학에도 조예가 깊고, 수금手琴을 연주했으며, 정숙한 여인이라 부르기엔 너무도 요염하게 춤을 추었고, 사치스러운 생활을 부추기는 재능도 많았다. 명예와 정절만큼 그녀가 하찮게 여긴 것도 없었다. 돈과 덕성 중 어느 것을 더 헤프게 쓰는지 말하기 어려웠다. 남자들이 그녀를 쫓아다닌 게 아니

라 정욕이 넘쳤던 그녀가 남자들을 쫓아다녔다…. 약속을 자주 어겼고, 빚을 갚지 않았으며, 살인에도 가담했다. 돈이 부족해서가 아니라 사치에 중독된 나머지 방종한 길을 걸었다. 그럼에도 그녀는 여전히 놀라운 여인이었다. 시를 쓰고, 농을 던지고, 대화도 겸손하고 다정하게, 또는 음탕하게 나눌 줄 알았다. 대체로 보아 다양한 재능과 상당한 매력을 지닌 여인이었다.13

젊은 옥타비우스는 명문가 출신 세이렌Seiren*들의 유혹을 이겨 냈다고 전해진다. 당시의 귀족 청년들은, 그들의 누이들과는 달리, 성적 방탕함에 있어서는 상당한 자유를 허락받았다. 로마에는 매춘굴이 많았고, 값비싼 방식으로 구애받고 보살핌을 받는 고급 매춘부들도 넘쳐났다. 당시 마르쿠스 안토니우스는 키테리스Cytheris라는 무언극 여배우와 불륜 관계였는데, 율리우스 카이사르가 이탈리아를 떠나 있어서 부관인 그가 대행하고 있을 때, 그녀를 아주 공개적으로 데리고 다녔다. 로마는 인간을 재산으로 간주하던 노예 소유 사회였다. 주인(남자든 여자든)이 성관계를 원하면 노예들은 거부할 권리가 없었다.14

옥타비우스는 그나이우스 폼페이우스와의 전투에 참여하기 위해 히스파니아로 갔으나, 병으로 인해 전투가 끝난 후에야 도착했다. 그런데도 그는 율리우스 카이사르로부터 특별히 따뜻한 환대를 받았다. 로마로 돌아온 후, 옥타비우스는 필리푸스의 집 근처에 있는 공동 주택으로 이사했다. 고급 인술라 중에는 큰 집도 있었으므로 부유한 청년들이 결혼하여 자신의 집을 사기까지 몇 년간 임차해 사는 일이 흔했다. 열일곱 살의 옥타비우스는 여전히 부모님과 많은 시간을 보냈지만, 가끔 친구들을 초대해 저녁 파

---

* 여자의 모습을 하고 바다에 살면서 아름다운 노랫소리로 선원들을 유혹하여 위험에 빠뜨렸다는, 고대 그리스 신화 속 존재. (옮긴이)

티를 열기도 했다. 이들 친구 중 일부가 전하는 말에 따르면, 옥타비우스가 전반적으로 건강에, 특히 목소리에 좋다고 생각하여 1년간 성생활을 자제한 적도 있다고 한다. 정치적 사다리를 오르고자 하는 남성은 적어도 어느 정도의 웅변가가 되어야 했기 때문에 목소리는 중요했다. 그러나 옥타비우스가 무슨 이유로 1년 동안 성적 금욕을 실천했든지 간에, 그 사실이 로마의 젊은 귀족들 전체에게가 아닌 옥타비우스에게만 하나의 성취로 여겨졌다는 점은 매우 흥미롭다.15

독재관

율리우스 카이사르는 기원전 49년 중 단 며칠 동안만 독재관의 지위를 가졌는데, 이는 집정관 선거를 개최하기 위해서였다. 그는 기원전 48년의 집정관이 되었고, 이후 기원전 46년, 기원전 45년(기원전 52년의 폼페이우스처럼 이 해 초반에는 단독 집정관이었다) 그리고 기원전 44년에 다시 집정관이 되었다. 파르살루스 전투의 소식이 로마에 전해졌을 때, 그는 다시 독재관으로 지명되어 그 직책을 12개월 동안 수행했는데, 이는 과거 술라의 예를 제외하면 독재관의 일반적인 임기인 6개월의 두 배였다. 기원전 46년, 율리우스 카이사르는 매년 형식적 갱신 절차를 거쳐야 했지만, 임기 10년의 독재관으로 지명되었다. 기원전 44년이 시작되고 몇 주가 지나지 않아 그의 독재관직은 종신직이 되었다. 여러 권한도 추가되었다. 미풍양속 감독관 praefectura morum이 되어, 최근 수십 년 동안 제대로 기능하지 못했던 전통적인 감찰관 업무를 대신 수행하게 되었다. 기원전 45년, 독재관인 율리우스 카이사르는 향후 3년 동안의 집정관과 집정관 밑의 정무관직 중 절반을 임명할 수 있는 권리를 부여받았다. 그가 대규모 파르티아 원정을 계획하고 있었고, 그 기간의 대부분은 로마에 없을 예정이었기 때문이었다.16

이처럼 모든 권력을 가진 율리우스 카이사르였지만, 그가 실제로 로마에서 보낸 시간은 매우 짧았다는 사실을 기억해야 한다. 그는 기원전 44년을 제외하고는 매년 원정 전쟁을 치렀으며, 심지어 살해당한 그해에도 원정에 나설 준비를 하고 있었다. 그에게는 시간이 매우 부족했고, 특히 그가 사망한 후 몇 년 동안은 갖은 소문과 선전으로 인해 그의 진정한 의도가 무엇이었는지 알 수 없게 되었다. 그렇지만 그 독재관은 특유의 쉼 없는 열정을 보여주며 끊임없이 활동하고 입법하고 개혁을 추진했다. 그중 얼마나 단순한 발표나 계획에 그치지 않고 실제로 실행되었는지는 알기 쉽지 않다. 분명한 건, 그가 기원전 59년 집정관 재직 시 취했던 조치에 뒤이어, 군단 해산으로 전역하는 병사들과 도시 빈민들에게 널리 토지를 배분해 주는 안을 실행했다는 사실이다. 덕분에 많은 사람이 죽은 폼페이우스파에게서 몰수했거나 전쟁 전리품으로 사들인 이탈리아 내의 농장에 정착할 수 있었다. 또한 여러 속주에 로마 시민들이 정착할 식민시를 설립했는데, 카르타고와 코린토스Korinthos가 두드러진 예다.

집정관을 제외한 정무관의 수가 증가하여, 매년 40명의 재무관과 20명의 법무관이 있었다. 일부 공직은 충성스러운 추종자들이나 새롭게 충성을 약속한 폼페이우스파에 보상해 주기 위해 늘어나기도 했지만, 실용적인 측면도 있었다. 계속 확장하는 제국을 운영하려면 정무관이 더 필요했기 때문이다. 원로원 의원도 더 많이 지명되었는데, 대다수는 여러 이탈리아 도시의 지역 귀족 출신이었고, 히스파니아와 갈리아 속주의 시민 출신도 일부 있었다. 원로원 의원 수는 새로 선출된 재무관들이 매년 등록됨에 따라 900명 이상으로 증가했다.[17]

폼페이우스는 로마 최초의 석조 극장을 지었는데, 그가 전쟁에서 획득한 전리품으로 건설 비용을 댄 웅장한 복합 단지 내의 한 건축물이었다. 율리우스 카이사르는 갈리아에서 확보한 자금으로 마르스 평원의 투표장을 재정비하기 시작했다. 낡은 투표장의 바닥과 벽은 대리석으로 포장되었고,

투표하느라 기다리는 시민들에게 그늘을 제공하는 가림막도 설치했다. 독재관으로서 율리우스 카이사르는 투표장 재정비 사업을 계속 진행하면서, 한편으로는 원로원 의사당을 재건축했고, 주 포룸에서 비스듬히 뻗은 새로운 광장인 포룸 율리움Forum Julium(율리우스 광장)을 착공했다. 율리우스 광장 안에는 그의 신성한 조상인 베누스Venus를 모신 신전과 공공 업무 및 상업 활동에 필요한 공간들을 건설할 계획이었다. 건설 프로젝트는 실업자들에게는 양질의 일자리를 제공했고, 이를 추진한 인물에게는 영광을 남겼다. 로마의 귀족들은 오래전부터 자신들이 후원한 기념 건축물을 업적 목록에 포함했다. 시간이 흐르며 달라진 건 그 규모였다.[18]

새로운 법들이 도입되어 로마와 이탈리아 그리고 속주들 내의 생활과 사업을 규제하고, 부채를 진 사람들도 일부 구제했다. 로마 달력은 달의 주기를 기반으로 하여 1년을 355일로 정했고, 실제 계절과의 연관성을 유지하기 위해 사제단이 결정하는 해에 추가 월을 삽입했다. 그러나 이 방식은 정치적 동기에 의해 조작되기도 하였고, 기원전 1세기 중반에 이르러서는 자연의 변화와 심각하게 어긋났다. 율리우스력은 본질적으로 우리가 오늘날 사용하는 달력의 기초가 되었으며, 16세기에 약간 수정되었다. 이 달력은 태양의 주기를 기반으로 하여, 1년을 365일로 계산하고 4년마다 하루를 추가했다. 기원전 46년에 젊은 옥타비우스가 일원이었던 사제단이 3개의 윤달을 추가하여, 그해를 446일로 만들어 율리우스력에 의한 새해 1월 1일이 본래의 시간과 비슷해지도록 조정했다. 이에 대한 경의를 표하기 위해 율리우스 카이사르가 태어난 달을 '율리우스'로 개명했다. 오늘날의 'July(7월)'가 그 이름에서 비롯된 것이다.[19]

이는 독재관 율리우스 카이사르에게 주어진 수많은 영예와 특권 중 하나에 불과했다. 아프리카 전쟁에서 돌아온 후 그는 네 번째 개선식을 거행했는데, 이는 폼페이우스보다 한 차례 더 많고, 로마 공화국의 과거 어떤 영웅보다도 많은 횟수였다. 네 번의 개선식은 모두 표면상으로는 갈리아, 이집트, 아시아, 아프리카에서 외국 적들을 무찌른 승리를 기념하는 것이었다. 그러나 아프리카 승리를 기념하는 개선식에는 주요 폼페이우스 추종자들의 죽음을 묘사한 그림들이 전시되었다. 기원전 45년 말 히스파니아에서 돌아왔을 때, 율리우스 카이사르는 분명 로마인들을 상대로 거둔 그 내전의 승리를 공공연히 기념하는 다섯 번째 개선식을 거행했다.[20]

그래도 그의 관용 정책은 유지되었다. 일부의 우려에도 불구하고, 승리에 취한 율리우스 카이사르가 숨겨진 잔혹성을 드러내거나 새로운 술라가 되지는 않았다. 또 그의 지지자들이 마음대로 약탈과 살인을 저지르게 내버려두지도 않았다. 충성스러운 그의 추종자들은 분명 잘 살았다(율리우스 카이사르는 언젠가 그에게 충성하면 강도일지라도 보상하겠다고 말했다). 그들은 원로원 의원이 되고, 고위 공직자가 되고, 속주의 총독이 되었다. 죽은 적들에게서 몰수한 재산은 추종자들에 무상으로 주지 않고 경매를 통해 처분했다. 마르쿠스 안토니우스는 율리우스 카이사르가 낙찰 금액이 실제로 지급되기를 원한다는 걸 알고 놀랐던 인물 중 하나였다. 마찬가지로 기존 부채의 탕감을 바랐던 사람들은(당시 로마 정치권에서 인기 있는 구호는 '새 회계장부novae tabulae'였다) 온건한 구제책에 실망하기도 했다.[21]

옥타비우스도 자기 몫의 보상을 받았다. 그는 내전 내내 이탈리아에 있었음에도 아프리카 승리를 기념하는 개선식에서 상징적 의미의 무공 훈장을 받았다. 고래의 세습 귀족들이 퇴락하고, 특히 근래의 내전을 거치면서 그 수가 크게 줄어들자, 율리우스 카이사르가 그 숫자를 보충했고, 그 과정에서 옥타비우스도 세습 귀족의 신분을 얻었다. 옥타비우스가 내전 중 폼페이우스 편에서 싸웠던 자기 친구들의 친척을 사면해 달라고 요청하자, 율리우스 카이사르가 이를 선뜻 수용하기도 했다. 율리우스 카이사르는 옥타비우스에게 여러 명예직을 수여했고, 그에 대한 애정을 공개적으로 나타냈다. 독재관 율리우스 카이사르에게는 옥타비우스뿐만 아니라 2명의 조카가 있었는데, 이들은 그의 큰 누나 율리아(아티아의 어머니가 아님)의 아들들이었다. 율리아의 첫 결혼에서 태어난 큰 조카 퀸투스 페디우스Quintus Pedius는 갈리아 전쟁과 내전에서 외삼촌 율리우스 카이사르와 함께 싸웠다. 율리아의 두 번째 결혼에서 태어난 둘째 조카 루키우스 피나리우스 Lucius Pinarius에 관해서는 알려진 바가 거의 없는데, 아마도 그 당시에 경력을 막 시작했기 때문일 것이다. 율리우스 카이사르가 옥타비우스에게 특별한 애정을 보여주었다는 후대의 주장들이 허구인지 실제인지는 정확히 알 수 없다. 분명한 건, 기원전 45년 말 옥타비우스는 겨우 열여덟 살로, 공적 생활에서 특별히 주목할 만한 인물로 여겨지기에는 너무 어렸다는 사실이다.22

충성스러운 카이사르의 추종자들만이 이 시기에 잘 살았던 건 아니다. 기원전 44년 1월 1일에 취임한 새 법무관 중 2명이 마르쿠스 유니우스 브루투스와 가이우스 카시우스 롱기누스Caius Cassius Longinus였다. 두 사람 모두 폼페이우스 추종자였으나 파르살루스 전투 이후 투항했다. 브루투스는 카토의 이복 누나이자 율리우스 카이사르의 오랜 연인이었던 세르빌리아의 아들로, 특히 명예로운 직위인 시민 담당 법무관이 되었다. 두 사람 모두 나이가 되면 집정관이 될 것이라고, 이미 낙점받은 인물들이었다. 대개, 망명한 폼페이우스 추종자들의 귀환 요청은 받아들여졌다. 기원전 46년, 키케로의 열정적인 연설 결과, 율리우스 카이사르는 옥타비아 남편의 사촌이자 기원전 51년 집정관으로서 그에게 지독히 적대적이었던 마르쿠스 클라우디우스 마르켈루스의 망명 귀환 요청도 허가했다.

3월 15일

독재관의 통치는 전혀 가혹하지 않았다. 그의 개혁은 실용적이고 대체로 국가의 전반적인 이익을 위한 것이었다. 하지만 그 누구도 그렇게 막대한 권력을, 더구나 영구적으로 가져서는 안 되었다. 술라의 통치는 가혹했지만, 술라는 적어도 몇 년 후 독재관직을 스스로 내려놓고 공직에서 은퇴했다. 율리우스 카이사르는 그런 결정을 한 술라를 '정치적 문맹자'라고 부르며, 통치권을 포기할 의사를 전혀 내비치지 않았다. 그는 쉰여섯 살이었고, 간질로 고통받긴 했지만, 수십 년은 더 충분히 살 수 있었다. 계획 중인 파르티아 전쟁은 외국의 적을 상대로 승리했다는 깔끔한 영광을 그에게 안길 것이고, 3년쯤 후 돌아오면 그의 위신은 더욱 높아질 것이었다.23

율리우스 카이사르는 레그눔regnum, 즉 국가에 대한 사실상의 왕권을 가지고 있었다. 그에게 주어진 영예는 폼페이우스를 포함한 과거 위인들이 누린 영예의 연장선상에 있는 것이었지만, 규모 면에서는 그들 모두를 훨씬 능가했다. 그는 황금으로 된 집무실 의자에 앉았고, 모든 공적인 자리에서 개선장군이 입는 토가를 입고 월계관을 썼다. 게다가 자신의 먼 조상들, 즉 로마의 초기 역사에서 로마와 경쟁했던 로마 인근 도시 알바 롱가Alba Longa의 왕들이 입던 의복이라 주장하며, 긴 장화를 신고 긴 소매의 튜닉을 입을 권리도 누렸다. 신전에서나 볼 수 있는 페디먼트Pediment*가 그의 집을 장식했다. 율리우스 카이사르가 누린 이외의 영예들은 신에 매우 가까운 지위를 그에게 부여하였지만, 생전에 실제로 그가 신격화되었는지는 명확히 알 수 없다. 어쨌든 개인의 신격화는 다신교 전통이 있는 로마인들에게는 그다지 충격적인 생각은 아니었다. 위대한 행동으로 신이 된 영웅들의 이야기가 많았고, 위대한 업적을 '신과 같은'이라고 수식하며 찬양하는 일도 흔했다.24

흉흉한 이야기들이 떠돌았다. 율리우스 카이사르가 수도를 로마에서 일리움Ilium으로, 즉 그리스인들이 파괴해서 로마인의 조상들이 탈출했다는 소문이 있는 트로이로 옮길 계획이라는 것이었다. 그가 연인 클레오파트

---

*   건축물의 앞쪽 꼭대기에 있는 삼각형 모양의 박공. (옮긴이)

라와 함께 살면서 통치하기 위해 수도를 알렉산드리아로 이전하고 싶어 한다는 이야기도 있었다. 클레오파트라는 기원전 46년에서 44년 사이에 로마를 두 번 방문했고, 그녀의 수행원들과 함께 로마의 공식 경계 밖에 있는 독재관의 별장에 머물렀다. 그녀는 아들도 낳았는데, 아마도 율리우스 카이사르의 자식이었을 것이다. 후에 알렉산드리아 사람들은 아이를 카이사리온Kaisarion(작은 카이사르)이란 별명으로 불렀다. 사생아로 로마 시민이 아니었던 그 아이는 로마법상 어떤 지위도 가질 수 없었고, 율리우스 카이사르가 그 아이에게 특별히 관심을 보였다는 어떠한 증거도 없는 것으로 보아, 클레오파트라가 그녀의 로마 연인에게 큰 영향력을 행사했다는 현대의 생각은 순전한 환상이다. 더한 소문도 있었다. 한 원로원 의원이 율리우스 카이사르가 원하는 만큼 자식을 얻을 수 있도록 여러 아내를 취할 수 있는 권리를 부여하는 법안을 곧 제출하려 한다는 것이었다. 독재관의 친구가 아니었던 키케로조차도 그 소문은 믿지 않았다. 분별 있는 사람이라면 분명 이러한 이야기 대부분을 믿지 않았겠지만, 그게 중요한 것은 아니었다. 그러한 소문들이 떠돌았다는 사실 자체가 당시의 로마인들이 율리우스 카이사르에 대해 가졌던 두려움과 우려가 어떠했는지를 말해 준다. 그런 소문들이 되풀이될 정도로 그럴듯하게 들렸다는 사실이 당시 로마 지배 신분의 우울한 분위기를 반영한다.[25]

'왕위'를 둘러싼 이야기들도 많았다. 율리우스 카이사르는 자신을 '렉스rex(왕)'라 부르며 환호하는 군중에게 "나는 왕(렉스)이 아니라 카이사르다"라고 말했다(렉스는 사실 한 귀족 가문의 이름이었다). '왕'은 민감한 주제였다. 호민관들이 그의 조각상 머리에 얹힌 작은 관을 없앴을 때 율리우스 카이사르는 불같이 화를 내며 반응했는데, 자신이 직접 그 관을 거부할 기회를 그 호민관들이 박탈했을 뿐만 아니라 그런 행동으로 세간의 주의를 끌어 도리어 자신의 이름을 더럽혔다고 주장했다. 가장 유명한 사건은 기원전 44년 2월 15일에 열린 루페르칼리아Lupercalia 축제에서 일어났다. 이 축제에서는 사제들이 염소 가죽으로 사타구니만 가린 채 무리를 지어 도심을 달리며 행인들을 채찍으로 살짝 때리는 전통이 있었다. 독재관 율리우스 카이사르는 높은 연단에 앉아 축제를 주재하고 있었는데, 사제들의 우두머리였던 마르쿠스 안토니우스가 율리우스 카이사르에게 달려 올라가 왕관을 바쳤다. 율리우스 카이사르가 왕관을 거절하자 군중은 환호했고, 안토니우스가 다시 왕관을 건넸을 때도 거절의 동작을 반복했다. 이 사건의 가장 유력한 해석은 자신이 '왕'의 지위를 원하지 않는다는 사실을 확실히 보여주기 위해 율리우스 카이사르가 의도적으로 연출한 무언극이었다는 것이다. 이 사건이 그렇게 의도된 것이었다면 효과는 없었다. 곧 사람들은 그것이 일종이 시험이었으며, 만약 군중이 열광적인 반응을 보였다면 율리우스 카이사르가 왕관을 받아들였을 것이라고 말하기 시작했다. 원로원이 로마를 제외한 모든 곳에서 율리우스 카이사르에게 왕의 지위를 수여하려 논의할 것이라는 소문도 떠돌았다.26

    소문의 진위는 중요하지 않았다. 원로원 의원들은 마음 깊은 곳에서 뭔가 잘못되어 가고 있다는 걸 느꼈다. 왕이든 아니든, 신이든 아니든, 개인적으로는 친절하고 효율적인 사람이라 할지라도 율리우스 카이사르는, 그의 호칭이 무엇이든, 최고 권력, 즉 사실상의 왕권regnum을 가지고 있었고, 그것은 '레스 푸블리카, 즉 공화정이 존재할 수 없다는 것을 의미했다. 로마 귀족에게 진정한 공화정이란 지배권을 공유하는 원로원 신분이 공개경쟁을 통해 선출된 정무관들을 지도하고 또 그들을 정기적으로 교체하여 되도록 많은 시민이 고위직과 이익을 얻을 수 있는 체제를 의미했다. 이것이 공화정에서 뜻하는 자유였는데, 다수의 카이사르 추종자조차도 이제 그 자유는 명백히 죽었다고 보았다.

    독재관 본인의 태도도 도움이 되지 않았다. 짧은 기간 로마에 머물며 너무 많은 일을 처리하고, 수년간의 전쟁으로 지쳐 있으면서도 명령을 내리는 데 익숙해져 있고, 자신보다 덜 활동적인 사람들에 대해 습관적으로 참을성이 없었던 율리우스 카이사르는 종종 제멋대로인 모습도 보였다. 기원전 45년에 그는 집정관직을 사임하고 후임자 2명이 선출되도록 했다. 그중 1명이 임기 마지막 날인 12월 31일에 사망하자, 그는 예정된 입법 회의를 서둘러 투표 회의로 바꾼 다음 그의 심복 중 1명을 집정관으로 선출했고, 그날 남은 몇 시간 동안 집정관직을 수행하도록 했다. 키케로는 이를 두고 다음과 같이 비꼬았다. "카니니우스Caninius가 집정관으로 재임하는 동안에는 아무도 점심을 먹지 않았다. 그의 재임 중에는 나쁜 일도 일어나지 않았다. 놀라운 경계심을 발휘해 전체 재임 기간을 뜬 눈으로 보냈기 때문이다." 그러나 사적인 자리에서는 이는 모두를 울릴 슬픈 일이라고 술회했다. 법무관과 재무관의 수가 늘어남에 따라 추가로 그 직위를 받은 사람들은 개인적으로는 감사를 느끼면서도, 그 직위의 가치가 떨어졌다고 한탄했다.[27]

"공화정은 더 이상 존재하지 않는다. 몸도 형태도 없이 이름만 남았다." 율리우스 카이사르는 이렇게 말했다고 전해진다. 이제 결정은 비공개적으로 내려지고 있었다. 이는 내전의 혼란과 그 이전부터 지속된 오랜 행정적 무질서로 인해 남겨진 수많은 청원과 문제를 처리하기 위한 것이었다. 때때로 합리적인 결정들도 있었지만, 그게 중요한 게 아니었다. 대개의 결정이 원로원 의결에 따라 실제 이루어진 것처럼 적절한 절차로 포장되었기 때문이다. 키케로는 자신이 참석해 투표한 것으로 기록된 허구의 원로원 회의에서 자기들에게 특권을 부여했다는 이유로 여러 속주로부터 감사의 인사를 받기도 했다. 율리우스 카이사르와 함께 기원전 44년의 집정관이었던 마르쿠스 안토니우스가 일군의 원로원 의원들을 이끌고 율리우스 카이사르에게 수여할 새로운 영예를 알리려 그를 찾아갔을 때, 그는 공무 처리에 집중한 나머지 자리에서 일어나 그들을 맞이하지 않았다. 엄밀히 말하면 그의 지위가 그들보다 더 높아서 꼭 일어날 필요는 없지만, 그럼에도 많은 원로원 의원은 큰 모욕을 느꼈다. 공공 경기를 참관할 때도 율리우스 카이사르는 늘 하던 대로 여러 필경사에게 동시에 편지를 받아 적게 하고, 다른 일들도 재촉하며 분주한 모습을 보였다. 군중은 그의 그런 모습보다 그가 제공한 그 호화로운 구경거리를 자신들과 함께 즐기기를 원했다. 율리우스 카이사르는 항상 쫓기듯 서둘렀고, 따라서 원로원 의원들이나 대중의 호감을 얻을 시간이 부족했다.[28]

군중의 불만은 곧 사라졌지만, 많은 귀족의 반감은 사라지지 않았다. 독재관 자신도 이를 알았다. 키케로는 후에 율리우스 카이사르가 슬픈 어조로 말했다는 장면을 회상했다. "마르쿠스 키케로조차 앉아서 나를 기다려야 하고 또 스스럼없이 나를 만나러 올 수도 없다면, 내가 매우 미움받고 있다는 사실을 어찌 의심하겠는가? 나를 편하게 대할 수 있는 누군가가 있다면, 바로 그 친구일 텐데, 그도 분명 나를 싫어하는 것이다." 율리우스 카이사르가 자주 했다는 말에서도 체념한 듯한 피로함이 느껴진다. "나는 살 만큼 살았고 영광도 누릴 만큼 누렸다." 로마와 제국을 효율적으로 운영하겠다는 그의 결의는 꺾이지 않았고, 자신이 그래야 한다고 공감하는 사람들이 많을 것이라는 기대도 했던 듯하다. 율리우스 카이사르는 자신이 갑자기 죽거나 암살당하면 다시 내전이 일어날 것이라고 예견했고, 다른 사람들도 이를 알고 자신이 살아 있는 것이 더 큰 선을 위해 바람직하다는 점을 이해하리라 믿었다. 자신감의 발로였는지 아니면 단순한 방심이었는지 명확히 알 수 없지만 독재관은 히스파니아 출신 전사들로 이루어진 경호대를 해산시켰다. 원로원은 그에게 원로원 의원들과 기사들로 구성된 호위대를 배정하기로 의결했시만, 실제로 구성되지는 않았다. 율리우스 카이사르는 걷거나 가마를 타고 거리를 지나다녔으며 공개된 장소에서 업무를 처리하고 원로원 회의에도 참석했다. 로마에 있는 한 그는 접근할 수 없는 인물은 아니었지만, 파르티아 원정을 떠나면서 상황은 달라졌다.[29]

바로 이 이유로 브루투스와 카시우스가 이끄는 일군의 원로원 의원들이 행동에 나섰다. 이즈음 율리우스 카이사르의 권력이 어느 정도였는지 정확히 정의할 필요도 없고, 더욱이 그의 다음 계획이 무엇이었는지 답을 알 수 없는 질문을 할 필요도 없다. 그의 권력과 지위는 공화정과 양립할 수 없었고, 그가 없어지지 않는 한 공화정은 복원될 수 없었다. 공모자 중에는 폼페이우스 추종자뿐만 아니라 카이사르 지지자로 널리 알려진 인물도 몇몇 있었다. 가이우스 트레보니우스Caius Trebonius는 기원전 45년의 집정관이었고, 마르쿠스 브루투스의 사촌인 데키무스 브루투스는 갈리아에서 율리우스 카이사르를 보좌했을 뿐만 아니라 기원전 45년의 법무관이자 율리우스 카이사르가 로마를 떠나면 집정관직을 맡도록 예정된 인물이었다(그는 살루스티우스Sallustius가 신랄하게 묘사했던 셈프로니아의 아들이기도 했다). 음모 주동자들은 율리우스 카이사르 정권에서 남부럽지 않게 살아가는 사람들이었지만, 그들 역시 누가 되었든 한 사람이 로마를 지배하는 상황에는 분개했다.

정치적 명분이 가장 중요했다. 이들 공모자는 독재관이 죽은 후에도 공화정의 지도자들로서 변함없이, 어쩌면 훨씬 더 잘 살 수 있었을 사람들이었다고 말해도 무방하다. 그러나 이들은 야망을 품고 자란 로마의 귀족들이었고, 적어도 일부는 폭군들을 살해해 찬양받는 그리스인들에게 감응된 자들이었다. 마르쿠스 유니우스 브루투스는 카토의 조카였지만, 율리우스 카이사르에게 투항했고, 그 덕분에 잘 살았다. 그의 삼촌 카토는 승자의 관용을 받느니 차라리 죽겠다며 자신을 칼로 찔렀다. 그러한 자살은 쉽지 않아서 카토는 즉사하지 않았고, 그의 아들이 의사를 불러 상처를 꿰맸다. 그러나 혼자 남겨졌을 때 카토는 봉합한 상처를 찢고 자기 내장을 끄집어내, 더없이 끔찍한 방식으로 죽었다. 적들을 잔혹한 압제자로 묘사하는 그의 재능에 걸맞은 죽음이었다. 브루투스가 카토을 찬양하는 전기를 쓰고, 자기 아내와 이혼하고 비불루스의 미망인이었던 카토의 딸과 결혼하며 죽은 삼촌에 대해 커다란 경의를 보냈던 이유는 이러한 개인적 죄책감이 더해진 까닭이었을 것이다.[30]

율리우스 카이사르는 브루투스가 쓴 카토의 전기와 키케로가 좀 더 온

건히 쓴 카토의 전기에 대응하여 독설로 가득한 《안티카토Anticato》를 가장 적나라한 로마 욕설을 사용하여 썼지만 그 이상은 반응하지 않았다. 기원전 45년 초, 카시우스는 율리우스 카이사르를 '자비로운 옛 주인veterem et clementem dominum'이라고 칭했는데, 그를 공격적인 그나이우스 폼페이우스보다 선호했기 때문이었다. 자비롭든 아니든 독재관은 그들의 '주인'이었는데, 이제 그 자체가 잘못된 것이었다. 공모자들은 맹세하지 않았다. 비밀 맹세는 본질적으로 불길하게 여겨졌고, 카틸리나 추종자들도 그런 맹세를 했었다. 더구나 얼마 전 모든 원로원 의원이 공개적으로 율리우스 카이사르를 보호하겠다고 공개적으로 맹세한 바 있었다.[31]

3월 15일, 율리우스 카이사르는 폼페이우스가 건설한 극장 단지 내 한 신전에서 열린 원로원 회의에 참석했다. 데키무스 브루투스는 곧 있을 경기를 위해 고용한 검투사 부대를 근처에 대기시켜 두었다. 독재관은 경호원 없이 왔다. 트레보니우스는 마르쿠스 안토니우스를 밖으로 데리고 나가 대화를 나누며 그를 붙잡아 두었다. 공동 집정관으로서 안토니우스는 율리우스 카이사르 옆에 앉을 것이고, 건장하고 대담한 사람이어서 싸우려 할 것이기 때문이다. 독재관 외에는 아무도 죽이지 않는 것이 마르쿠스 브루투스의 계획이었다.

청원을 구실로 율리우스 카이사르 주위에 모였던 공모자 중 1명이 갑자기 뒤에서 독재관을 칼로 찔렀다. 독재관의 반응은 놀람에 이은 분노였다. 그는 긴 철필을 꺼내 그 날카로운 끝으로 공격자들을 찌르려 했다. 공모자들은 그의 주위에 몰려들어 칼로 그를 마구 찔렀다. 브루투스는 허벅지에 상처를 입었고, 공모자 중 1명은 다른 공모자들의 칼날에 다쳤다. 율리우스 카이사르는 더 이상 버티지 못하고 폼페이우스의 조각상 기단 앞에 쓰러졌다. (후일담에 따르면, 그가 입은 스물세 군데의 상처 중 단 한 곳만이 치명적이었다고 한다.) 그는 마지막 힘을 짜내 토가로 얼굴을 덮었다. 죽어가면서도 마지막 품위를 지키겠다는 시도였다.[32]

독재관이 죽었으니 이제 공화국은 자유로워질 수 있었다. 브루투스는 키케로의 이름을 외쳤고, 다른 공모자들은 자유가 회복되었다고 외쳤다. 지켜보던 원로원 의원들은(키케로를 포함하여) 폭력 사태가 번질 것을 두려워하며 공포에 질려 도망쳤다. 데키무스 브루투스가 이끄는 검투사들의 보호를 받으며, 공모자들은 카피톨리움 언덕으로 올라갔다. 도시 전체가 그들의 행동에 경악했다. 공모자들은 대중의 정서가 그들과 같지 않다는 걸 이미 감지했을 것이다. 대중의 상당수는 여러 세대의 원로원 의원들보다 그들의 요구를 더 잘 수용했던 율리우스 카이사르에게 여전히 충성심을 보였다. 공모자들이 상상하고 갈망했던 그 공화정이 너무 오랫동안 제대로 기능하지 않았기 때문이다.

몇 주 후, 독재관 체제를 옹호하지는 않았지만 확고한 카이사르파였던 원로원 의원 마티우스Matius는 키케로에게 침울한 편지를 썼다. "카이사르처럼 천재적인 인물도 출구를 찾지 못했는데, 누가 찾을 수 있겠는가?"[33]

2부

가이우스 율리우스 카이사르
(옥타비아누스)

기원전 44~38년

후에 그는 외종조부의 뜻에 따라
가이우스 카이사르라는 이름을 택했다.
- 수에토니우스, 《아우구스투스》 7. 2.

5장 후계자

옥타비아누스는… 사리에 밝고 정신력도 강하며, 우리의 영웅들(공모자들)에게도 우리가 바라는 만큼 호의적일 것 같다. 그러나 그 나이에 그런 이름과 그런 유산, 그런 교육을 받은 사람을 어디까지 신뢰할 수 있을까? 내가 아스투라에서 만났던 그의 계부는 그를 절대 신뢰하면 안 된다고 생각한다. 그렇더라도 우리는 그를 주시해야 하며, 최소한 그를 안토니우스와 떨어뜨려 놓아야 한다.

― 키케로, 기원전 44년 6월[1]

율리우스 카이사르의 조카손자는 3월 15일에 로마에서 멀리 떨어져 있었다. 기원전 45년 말, 독재관이 그를 더 교육시킬 목적으로 해외로 보냈기 때문이다. 젊은 귀족들이 속주 통수권을 받은 친척이나 가문 친구의 '막사 동료'로 복무하는 것은 흔한 일이었다. 고향 포룸에서 친척을 따라다니며 배우는 것처럼, 속주 총독과 그의 참모들과 함께 생활하며 그들이 무엇을 어떻게 하는지 관찰했다. 율리우스 카이사르는 옥타비우스를 파르티아 원정에 데려갈 계획이었으므로, 옥타비우스가 그런 경험을 사전에 쌓을 수 있기를 바랐다. 그래서 6개의 군단과 상당한 규모의 보조군이 동방 원정을 준비하고 있는 마케도니아로 옥타비우스를 파견했다. 마케도니아의 부대는 율리우스 카이사르가 크라수스의 원수를 갚기 위해 집결시키고 있던 대군의 일부였지만, 이탈리아에서 접근하기 편리한 그리스 지역이라는 추가적인 이점이 있었다. 옥타비우스는 전쟁에 대비한 훈련을 하면서도 정치 기술을 배우는 데도 소홀해서는 안 되었다. 공적 생활을 받치는 두 기둥이었기 때문이다. 그리스의 수사학 교사들이 가장 높은 평가를 받았으므로, 로마의 젊은 귀족들은 수사학을 공부하기 위해 그리스로 유학을 떠나곤 했다.²

옥타비우스와 그의 친구들 그리고 수행원들은 4개월 동안 마케도니아 서부 해안에 있는 아폴로니아Apollonia에서 지냈다. 이 도시는 기원전 2세기에 그리스반도를 가로질러 에게해Aegean 연안까지 이어진, 로마의 광역 도로 에그나티우스 가도Via Egnatia 위에 전략적으로 자리 잡고 있었다. 아폴로니아 사람들은 과거 율리우스 카이사르가 베풀었던 관대함을 잊지 않고 그의 조카손자를 기꺼이 맞이했다. 옥타비우스는 겨울 동안 발성 훈련을 하고 연설 연습을 했으며, 군단 부대들의 훈련과 연습을 지켜보고 직접 참여하기도 했다. 옥타비우스는 보병대뿐만 아니라 시민권이 없는 기병대들과도 함께 훈련했다. 실제 전투 시에는 젊은 귀족들이 기병대를 지휘하는 것이 일반적이었기 때문이다. 이 기병대가 파르티아 왕의 기마 부대와 맞서는 전투에서 중요한 역할을 하게 될 것이었다.³

율리우스 카이사르의 암살 소식이 아드리아해를 건너 전달되려면 시간이 걸릴 수밖에 없었으므로, 3월 말이 되어서야 옥타비우스의 어머니가 보낸 편지가 도착했다. 그녀의 가문 사람이나 가문과 어떤 식으로든 연결된 사람이 인편으로 전달했을 것이다. 아티아가 암살 사실만 전한 것으로 보아, 3월 15일 당일 편지를 썼던 것으로 보인다. 늘 그렇듯 쓰인 글은 전달하고 싶은 내용의 일부일 뿐이고, 대개 전령이 세부 사항과 나름의 해석을 덧붙이는데, 이 경우는 전령도 더는 아는 것이 없었다. 전령은 사건 발생 후, 바로 로마를 떠나 서둘러 왔기 때문에, 3월 15일 이후 일어난 일에 대해서는 전혀 알지 못했다. 따라서 전령도 아티아처럼 충격과 향후 전개될 사태의 불확실성 그리고 죽은 독재관의 친척들이 표적이 되는 더 큰 폭력이 예상된다는 우려 정도만 전할 수 있었다. 아티아는 옥타비우스에게 가능한 한 빨리 그리고 조용히 이탈리아로 돌아오라고 재촉했다.

옥타비우스는 그 소식에 예의 로마식으로 대응했다. 정무관들이나 속주 총독들에게 자문하는 콘실리움consilium(자문단)과 같은 일종의 임시 자문회의를 구성해 그의 동료들에게 조언을 구했다. 그 회의 참석자 중 두 사람의 이름이 알려져 있는데, 퀸투스 살비디에누스 루푸스Quintus Salvidienus Rufus와 마르쿠스 비프사니우스 아그리파Marcus Vipsanius Agrippa로, 이들은 이후 한동안 옥타비우스와 교류를 이어 갔다. 두 사람 모두 옥타비우스의 아버지와 비슷한 배경을 가진 이탈리아의 지방 귀족 가문 출신이었다. 살비디에누스는 옥타비우스보다 다소 나이가 많았을 테고, 아그리파는 옥타비우스와 어릴 때부터 함께 교육받은 동갑내기였을 가능성이 높다.[4]

독재관이 죽었다는 소문이 퍼지자, 근처에 주둔하고 있던 군단의 천인대장들과 백인대장들이 찾아와 암살자들에게 분노하며 옥타비우스를 위로하고 무엇이든 돕겠다고 제안했다. 그들이 기꺼이 옥타비우스의 지휘 아래 들어가 로마로 함께 진군하겠다고 제안했다는 주장은 후대의 과장일 수 있으나, 그들의 선의를 의심할 이유는 없다. 마케도니아에 있던 6개 군단은 율리우스 카이사르가 기원전 48년 파르살루스 전투 이후 창설한 부대였으므로, 이곳의 모든 장교는 독재관의 승인 덕분에 임관했거나 한두 계급 승진했다. 그중 일부는 마케도니아 군단이 창설되기 전 다른 군단에서도 독재관 휘하에서 복무했을 것이다. 율리우스 카이사르에게 은혜를 입었던 과거의 경험이 미래의 풍성한 보상에 대한 열렬한 기대로 이어져 마케도니아 군단에 합류한 장교들이었을 것이다. 그들 사이에서 동방 전쟁은 그 지역의 부유한 왕국들에서 엄청난 전리품을 획득할 수 있다는 기대로 인기가 좋았다. 율리우스 카이사르는 전쟁에서 한 번도 진 적이 없는 운 좋은 장군이면서 전리품을 나눌 때 매우 관대한 것으로 알려져 있기도 했다. 병사들뿐만 아니라 아폴로니아를 대표하는 사람들도 옥타비우스를 찾아와 위로를 전하고, 그의 안전을 책임지겠다고 약속했다.[5]

일반적으로 로마의 귀족들은 문제가 생기면 콘실리움을 통해 자문을 얻은 후 스스로 문제를 심사숙고하여 결정을 내렸다. 옥타비우스는 추가적인 소식을 기다리는 대신 이탈리아로 즉시 돌아가기로 결정했고, 따라서 일행과 수행원들을 태울 선박을 준비시켰다. 칼라브리아Calabria 해안의 외딴 지점에 잠시 정박했다가, 이후 항해를 계속해 큰 항구인 브룬디시움(지금의 브린디시Brindisi)에 상륙했을 것이다. 곧 로마의 상황이 윤곽을 드러내기 시작했다.[6]

암살 사건에 대한 초기 충격이 가시자, 일부 원로원 의원들은 암살 가담자들의 행위를 치하했으나, 일반 대중의 호응은 거의 없었다. 브루투스를 포함한 공모자들의 설명에 대중은 별다른 반응을 보이지 않았고, 돈을 살포해도 마찬가지였다. 훗날 역사가 아피아노스는 뇌물로 매수할 수 있는 유권자들이 자유를 외치며 열광하기를 기대하는 모순을 신랄하게 지적했다. 암살 가담자들은 제때 행동하지 못해 주도권을 잃었고, 결국 3월 17일, 안토니우스가 집정관 자격으로 원로원 회의를 소집했다. 브루투스, 카시우스 및 다른 공모자들은 안전하지 않다고 생각해 원로원 회의에 참석하지 않고 카피톨리움 언덕에 머물렀다. 오랜 논의 끝에 원로원은 키케로가 제안한 결의안을 압도적인 찬성으로 통과시켰는데, 그 내용은 공모자들을 사면해 주는 동시에 율리우스 카이사르가 내린 모든 결정과 조치를 추인한다는 것이었다. 논리적이진 않았지만, 현실적으로 필요한 타협안이었다. 독재관 카이사르가 대부분의 공직을 임명했으므로 그의 결정을 무효화 하면 브루투스, 카시우스, 안토니우스를 포함한 원로원 의원 누구도 합법적으로 공직을 유지할 수 없었기 때문이다. 이와 마찬가지로 모든 속주 통수권이 불법이 되고, 최근 제정된 모든 법이 효력을 잃으며, 전역 군인과 정착민들에게 분배한 토지도 더 이상 그들이 소유할 수 없게 될 것이다. 새 선거를 치러 모든 법령과 조치를 다시 의결하기 전에 이제 막 복원된 공화국이 곧바로 혼란에 빠질 위험이 있었다.

율리우스 카이사르에게는 그의 장인이 제출한 안건에 따라 국장을 치러 주기로 했다. 아마도 3월 20일 포럼 중심부에서 열린 장례식은 안토니우스가 주재하고 추도 연설도 했다. 추도 연설에서 안토니우스가 무슨 말을 얼마나 했는지는 출처마다 다르지만, 장례식 후에 일어난 일에 대해서는 일치한다. 안토니우스는 칼에 찢기고 피로 얼룩진 독재관의 망토를 군중에게 보여주었고, 시신의 밀랍 모형을 극장에서 사용하는 크레인으로 들어 올려 회전시키며 23군데 상처 모두를 드러내 보였다. 그가 읽은 독재관의 유언장에 따르면, 독재관은 과거 여러 차례의 기부에 더해, 티베리스Tiberis 강변에 있는 독재관 소유의 널따란 정원을 공원으로 만들고, 모든 시민에게 1명당 75데나리우스(혹은 300세스테르티우스)를 주라는 유언을 남겼다. 데키무스 브루투스가 2차 상속인으로 지명되었다는 독재관의 유언이 알려지자, 시민들은 분노했다. 분노가 끓어올라 암살 가담자와 동조자의 집들을 공격하기에 이르렀다. 율리우스 카이사르의 가까운 친구이자 호민관이었던 킨나Cinna는 같은 이름을 가진 공모자로 오인당하여 폭도에 의해 살해당했다. 또 다른 대중의 영웅 클로디우스처럼 율리우스 카이사르는 포럼에서 화장되었고, 의자와 기타 불에 타는 모든 물건들을 장작더미처럼 쌓아 그 위에 불을 놓아 화장했다. 로마는 더 이상 암살 가담자들에게 안전한 장소가 아니었고, 수일 내 그들 모두 로마를 떠날 수밖에 없었다.[7]

율리우스 카이사르는 유언장에서 자신의 막대한 개인 재산 중 4분의 3을 가이우스 옥타비우스에게 유산으로 남기면서, 옥타비우스가 유산 상속자로서 그의 이름인 율리우스 카이사르도 계승한다는 당시로서는 흔한 단서를 붙였다. 이 유언장은 독재관이 히스파니아 원정에서 돌아온 직후인 기원전 45년 9월 15일에 작성되었는데, 옥타비우스나 그의 직계 가족이 그 내용을 알았다는 증거는 없다. 옥타비우스는 확실히 그의 외종조부에게 총애받았는데, 율리우스 카이사르는 그가 다른 두 조카보다 더 많은 재능이 있다고 생각했음에 틀림없다. 하지만 율리우스 카이사르가 자신에게 곧 닥칠 죽음을 대비해 사전에 조치한 건 아니란 점을 잊으면 안 된다. 그렇게 빨리 죽으리라고 생각했다면 독재관이 애초에 동방 전쟁에서 돌아오지 않았을 것이라고 키케로가 나중에 주장했지만, 이 견해가 당시에 널리 받아들여졌다거나 개연성이 있었다고 볼 근거는 없다. 옥타비우스가 율리우스 카이사르보다 오래 살 것이란 보장도 없었다. 옥타비우스는 이미 기원전 45년 한 차례 심한 병을 앓아 히스파니아 전쟁에 제때 도착하지 못한 바도 있으며, 그다지 건강한 체질은 아니었던 것으로 보인다. 10대의 옥타비우스가 파르티아 원정 전쟁의 혹독함과 파르티아 병사들의 화살을 견뎌내고 그의 장래성을 계속 보여주었다면, 율리우스 카이사르가 더 공개적으로 옥타비우스를 인정했을 것이다. 다시 한번 율리우스 카이사르의 장기 계획이 무엇이었는지는 우리에겐 미지의 영역이다.[8]

로마인들에게 입양은 아주 중대한 문제였다. 입양된 아들은 모든 면에서 친아들과 똑같은 존재로 인정받았고, 여기에 더해 자신의 친가에서 비롯되는 유용한 인맥도 유지했다. 이러한 완전 입양은 양부가 생존해 있는 동안 가능했고, 양부의 사후에는 인정되지 않았다. 이에 따라 율리우스 카이사르의 유언이 옥타비우스에게 정확히 어떤 신분을 부여했는지를 둘러싸고 아주 기술적인 학술 논쟁이 오랫동안 지속되어 왔다. 그러나 대체로 이러한 논쟁은 본질을 놓치고 있다. 옥타비우스는 외종조부의 재산을 물려받을 주 상속인으로서 외종조부의 이름을 함께 계승하는 것뿐이었다. 율리우스 카이사르의 권력, 공직 그리고 명예는 율리우스 카이사르라는 개인에게 부여된 것이지, 물려줄 수 있는 그의 소유물이 아니었다. 율리우스 카이사르는 원로원 의원으로서 가문의 명성을 되살리고 이를 전례 없는 수준으로 끌어올렸던 인물이었다. 따라서 율리우스 카이사르의 재산과 이름을 물려받은 젊은이는 그 가문의 성공을 이어가야 한다는 정치적 기대를 받을 수밖에 없었다. 이런 기대에 즉각적으로 부응할 필요는 없었으나, 적절한 상황과 나이가 되면 공직에 진출해 카이사르라는 가문의 이름을 새롭게 빛내면 될 일이었다.

옥타비우스가 율리우스 카이사르의 유산을 받았다면(이는 의무가 아니라 선택의 문제였으며, 유산 중 일부에 대해서는 상속을 거부하는 사례도 있었다고 한다) 율리우스 카이사르의 이름뿐만 아니라 그 이름에 따르는 정치적 기대도 상속받게 되는 셈이었다. 확실한 완전 입양이 아니어도 주 상속인과 아들 간의 차이는 현실적으로 뚜렷하지 않았다. 하지만 일부 기술적인 사안은 실제로 큰 차이를 만들었다. 친아들이든 입양된 아들이든 관계없이 아들은 아버지의 해방 노예들에 대한 권리를 상속받는데(율리우스 카이사르의 해방 노예는 매우 많았고, 일부는 부유하기도 했다), 이 해방 노예들이 새로운 후견인인 아들을 위해 도움을 주고 선거에서 표를 주며 기꺼이 자신들의 자원을 제공할 의무를 졌다. 그러나 공식적인 완전 입양이 아니면, 옥타비우스가 그들에게 이러한 법적 의무를 강제하기 힘들 수도 있었다. 그러나 독재관의 일부 또는 모든 해방 노예가 옥타비우스를 그들의 후견인으로 받아들이려 하지 않았다는 의미는 아니다.[9]

브룬디시움에서 옥타비우스는 필리푸스와 아티아로부터 각각 편지를 받았는데, 이즈음엔 두 사람 모두 독재관의 유언장 내용을 알고 있었다. 두 사람은 또한 원로원의 사면과 다수 원로원 의원의 계속되는 지지에도 불구하고, 암살 공모자들을 향한 대중의 분노는 누그러지지 않고 있다는 것도 알았다. 율리우스 카이사르 가문을 겨냥한 유혈사태나 보복 공격이 아직 없다고 해서 그것이 옥타비우스가 독재관의 후계자로서 공직에 진출해도 안전하리라는 걸 의미하지는 않았다. 열여덟 살의 옥타비우스가 공직에 당선되어 원로원 의원이 되려면 아직 10년 이상 기다려야 했지만, 카이사르라는 이름만으로도 모든 사람의 관심과 더불어 감당하기(심지어 살아남기) 힘든 적대감을 불러일으킬 것이었다. 옥타비우스의 계부 필리푸스는 브루투스와 카시우스가 나설 기원전 41년의 집정관 선거에 자기의 친아들을 출마시킬 생각을 이미 하고 있었으므로, 옥타비우스를 정계에 서둘러 진출시킬 마음은 없었다. 따라서 필리푸스는 독재관의 유산을 거절하고 이름을 지키라고 옥타비우스에게 조언했다. 어머니 아티아는 약간 망설였지만, 필리푸스와 비슷하게 신중한 입장이었다. 남아 있는 사료들은 모두가 후대에 작성된 것이고, 대부분 아우구스투스 자신의 회고록에서 유래했으므로 충분히 과장되었을 수 있다. 경험 많은 연장자의 조언을 과감히 물리치는 젊은 영웅상은 아킬레우스Achilleus에서 알렉산드로스 대왕에 이르기까지 오랜 문학적 전통을 이어간 서사였다. 심지어 아피아노스는 젊은 옥타비우스가 그의 어머니 아티아에게, 《일리아스Ilias》에서 아킬레우스가 그의 어머니 테티스Thetis에게 한 말을 인용했다고 전한다.10

그렇지만 주의하라는 충고가 필요하지 않았다는 의미는 아니고, 적어도 두 사람은 편지로 옥타비우스에게 성급히 행동하지 말 것을 촉구했을 것이다. 그들의 구체적인 조언이 무엇이었든 관계없이 결정은 옥타비우스가 했으며, 그 결정 이후 일어난 모든 일은 그의 야망과 자신감, 자존심이 주된 동기가 아니었다면 이해할 수 없는 일들이었다. 그의 경쟁자가 아무리 나이가 많고 경험이 많더라도 그들을 물리칠 수 있다고 처음부터 옥타비우스가 확신했을지도 모른다. 하지만 아무리 합리적인 관찰자라도 그 이후 몇 년 동안 일어난 일들과 그 속에서 그가 한 역할을 예측할 수는 없었을 것이다.11

옥타비우스가 율리우스 카이사르의 유산과 이름을 받아들이는 걸 망설였다 하더라도, 그 기간은 아주 짧았다. 열여덟 살의 그는 가이우스 옥타비우스라는 이름 대신 가이우스 율리우스 카이사르란 이름을 택했다. 당시의 관례상 그는 새 이름에 '옥타비아누스'를 덧붙여 본래 이름의 흔적을 남길 수 있었다. 하지만 그는 그렇게 하지 않았다. 그렇지만 그의 적들은 그가 미천한 가문 출신이라는 걸 일부러 강조하기 위해 때때로 그를 옥타비아누스라고 불렀다. 서문에서 언급했듯이, 이 책에서는 그를 옥타비우스라 칭하는 현대의 관행을 무시하고 카이사르라고 부를 것이다. 그 이름이 그가 사용한 이름이며, 여러 사료에서 그를 지칭하는 이름이기 때문이다. 카이사르라는 이름이 가진 힘은 이후의 사건 전개와도 밀접한 관련이 있었다.[12]

로마

젊은 카이사르와 그의 일행은 브룬디시움에서 로마를 향해 출발했다(보통의 경우 9일 이상 걸리는 거리였다). 그의 친구들은 이미 그를 새로운 이름으로 불렀으며, 어쩌면 이쯤에서 그는 아시아 속주로 사자를 보내 율리우스 카이사르가 파르티아 원정을 위해 준비해 두었던 전쟁 자금 일부라도 확보하려 했을지도 모른다. 일행은 4월 초에 로마에 도착했다. 여정을 서둘렀음이 분명하다. 키케로는 당시 로마에 있지 않아서, 4월 10일 로마에 편지를 보내 '옥타비우스의 도착을 환영하는 인파가 몰렸는지 또는 혁명의 조짐이 있었는지' 묻긴 했지만, 그렇게 중요한 일이 일어나리라고는 예상하지 않았던 건 분명하다. 실제 카이사르의 로마 방문은 짧았고, 별다른 영향을 미치지도 않았다. 안토니우스는 팔라티움 언덕에 있는 자신의 저택(이전에는 폼페이우스의 집이었던) 정원에서 젊은 카이사르를 잠시 기다리게 한 뒤에야 냉랭한 분위기에서 짧은 만남만 가졌다. 집정관 안토니우스는 길게 늘어선 청원자들을 상대하느라 실제로 매우 바빴고, 그 10대 소년을 정치적 효용이 있거나 심지어 정치적 고려의 대상이 될 수 있는 존재로 생각할 이유도 딱히 없었다. 오히려 자신의 입지를 다지기 위해 할 일도 많았고, 가용할 수 있는 자금이면 한 푼이 아쉬웠던 안토니우스에게, 율리우스 카이사르의 유산 전체를 물려받게 될 이 젊은이의 존재는 오히려 매우 불편했다. 4월 12일, 카이사르에 관한 보고를 담은 편지를 읽은 키케로는 요주의 인물이 아니라며 카이사르를 가볍게 일축했다.13

로마를 떠난 열여덟 살의 청년은 캄파니아Campania를 거쳐 나폴리로 향했다. 도중에 그 지역에 정착한 독재관의 군단 출신 전역 군인들을 만나 이야기를 나눌 기회도 있었다. 4월 18일, 카이사르는 루키우스 코르넬리우스 발부스LuciusCornelius Balbus를 만났는데, 발부스는 가데스Gades(지금의 카디스Cadiz) 출신의 히스파니아인으로, 폼페이우스에게 공로를 세워 로마 시민권을 얻은 후 율리우스 카이사르의 참모가 된 인물이었다. 그는 히스파니아와 갈리아에서 율리우스 카이사르의 부하로 지내기도 했지만, 점차 로마에서 정치 대리인으로 입지를 닦아 막후에서 일을 성사시키는 조언자 역할을 하고 있었다. 발부스처럼 영향력 있고 부유한 정치 거간꾼과 새롭게 관계를 맺는 것은 중요했고, 그런 인물에게 인정받는 것은 상당한 정치적 자산이 될 수 있었다. 만남이 있던 그날 늦게, 발부스는 이 젊은이가 율리우스 카이사르가 남긴 재산과 이름을 받기로 결심했다는 사실을 키케로에게 알렸다.14

며칠 후 키케로는 젊은 카이사르를 만났다. 카이사르가 나폴리만의 푸테올리에 있는 계부의 별장에 머물고 있었는데, 키케로도 마침 푸테올리 근처 자신의 전원 별장에 있었던 것이다. 키케로는 자기 친구 아티쿠스Atticus에게 보낸 편지에 이렇게 썼다. '옥타비우스가 우리와 함께 있는데, 존경심과 따뜻한 우정을 보이며 처신하고 있소. 그의 일행들은 그를 카이사르라 부르지만, 필리푸스는 그렇게 부르지 않길래, 나도 그렇게 부르지 않는다오.'

암살 가담자들에 대한 위협을 우려하고 집정관인 안토니우스가 내린 결정들에 대한 경멸을 훨씬 더 많이 담고 있는 키케로의 편지에서 젊은 카이사르에 관한 언급은 사소한 내용에 불과했다. 키케로는 아직 열여덟 살인 청년을 그다지 중요한 인물로 생각하지 않았다. 남편과 달리 아티아는 자기 아들을 카이사르라고 불렀다. 필리푸스는 누구의 편도 대놓고 드는 사람이 아니었지만, 의붓아들의 야망을 탐탁지 않게 생각한 것은 아니어서 어쩌면 그를 조용히 돕기 시작했을 수도 있다. 이 점에서는 당시 암살 가담자들과 좋은 관계를 유지하고 있던 옥타비아의 남편 마르켈루스도 마찬가지였을 것이다. 자연사에 더해 수년간의 내전으로 많은 사람이 희생되어 생존한 전직 집정관은 단 17명뿐이었으며(폼페이우스와 그를 이은 율리우스 카이사르가 여러 차례 집정관을 지냈기 때문이기도 하다), 이들 중 몇몇은 적극적인 정치 활동을 할 수 있는 건강 상태도 아니었고, 의욕도 부족했다. 공화정을 이끌고 로마 세계를 하나로 묶는 후원 관계망을 통제할 능력이 있는 원로 정치인이 거의 없었다. 율리우스 카이사르의 죽음은 이 상황을 더 악화시켰다. 그는 전례 없이 거대한 후원 관계망의 중심에 서 있었고, 누구도 쉽게 그 공백을 메울 수 없었다. 율리우스 카이사르의 지지자들은 각자 개별적으로 그와 연결되어 있었을 뿐, 하나의 응집력 있는 정파가 아니었던 까닭이다.15

마르쿠스 안토니우스는 집정관이었지만, 마흔 살밖에 되지 않아 엄밀히 말해 그 자리에 오르기에는 너무 젊었다. 율리우스 카이사르는 자신이 파르티아 원정을 떠날 때, 푸블리우스 코르넬리우스 돌라벨라Publius Cornelius Dolabella를 보궐 집정관으로 지명했다. 돌라벨라는 겨우 서른 살 정도로, 독재관이 노골적으로 전통을 무시한 또 하나의 사례였다. 그렇지만 독재관이 암살된 3월 15일 이후 그가 집정관 예복을 입고 릭토르들을 대동한 채 나타났을 때 누구도 이의를 제기하지 않았다. 안토니우스와 돌라벨라 두 사람 모두 생전의 율리우스 카이사르를 지지했고, 그건 암살 가담자 중 몇몇도 마찬가지였다. 또한 두 사람 모두 난폭하고 방탕한 행동으로 악명이 높았다. 더욱 중요한 것은, 그들이 서로를 혐오하는 것으로 알려져 있었다는 것이다. 율리우스 카이사르가 원했음에도 불구하고 안토니우스는 돌라벨라의 집정관 당선을 막으려 시도했다. 로마 국가 종교의 통설을 이용해 선거 과정에서 천둥소리를 들었다는 주장까지 하며 투표 결과를 무효로 하려고 했다. 이런 점을 보면 정무관들 사이의 경쟁과 공개적인 적대감이 특정 개인에게 권력이 집중되는 현상을 막는 데 도움을 주었던 것도 사실이다.[16]

마르쿠스 안토니우스는 역사 속에서 허세로 가득 차고 단순하기 짝이 없는 군인이자 율리우스 카이사르의 충직한 부관으로 희화화戲畫化되어 있어서, 그러한 묘사를 꿰뚫고 그의 실질적인 인간적 면모를 이해하기란 쉽지 않다. 안토니우스는 스스로 호전적인 인물이라 으스댔는데, 율리우스 카이사르가 베누스의 후손임을 주장했던 것처럼 자신은 힘을 뻐기는 반신반인半神半人 헤라클레스의 후손이라고 자랑했다. 안토니우스는 종종 영웅의 상징인 덥수룩한 수염을 뽐냈는데, 이는 카틸리나를 추종했던 많은 '전통에 얽매이지 않는' 젊은 귀족들의 듬성듬성한 수염과는 대조적이었다. 그는 자신의 근육질 허벅지를 과시하기 위해 튜닉을 바짝 걷어 올려 입고 도시 경계 안에서도 칼을 차고 다녔는데, 이는 적절한 행동으로 여겨지지 않았다. 주화에 그려진 안토니우스는 황소의 목과 두툼한 몸매를 가졌는데, 이는 그가 공격적인 남성성을 뽐내기 위해 최선을 다했던, 건장한 체격의 사람이었다는 사실을 확인해 준다. 그의 연설 방식은 미사여구가 가득한 아시아 스타일로 활기가 넘쳤지만, 키케로는 그의 연설 방식을 싫어했다.[17]

안토니우스의 집안은 평민 출신의 명망 높은 귀족 가문이었다. 안토니우스의 할아버지는 당대 가장 유명한 연설가로서 집정관과 이후 감찰관까지 지내는 등 뛰어난 경력을 쌓았다. 폭력적인 시대에 명성은 대가를 치르기 마련이어서, 결국 내전 중 마리우스의 명령으로 살해되었다. 그의 아들(안토니우스의 아버지)은 아버지보다 평가가 좋지 않았는데, 좋게 봐주면 마음씨 좋은 바보, 나쁘게 보면 상습적 방탕아였다. 가문의 명성과 아마도 위험한 인물은 아니라는 인식 때문에, 원로원은 기원전 73년 안토니우스의 아버지에게 해적 소탕을 위한 특별 지휘권을 주었지만, 6년 후 같은 목적을 위해 원로원이 폼페이우스에게 제공한 자원에 비하면 너무 인색한 지원이었다. 결과는 예상대로 실패였고, 로마로 돌아오기 전에 사망했다. 이후 그의 미망인은 렌툴루스와 재혼했으나 카탈리나 추종자였던 그는 기원전 63년에 처형되었다. 그래서 안토니우스는 20대 초반에 친부와 계부를 모두 잃었다. 안토니우스의 성장 과정에서 그를 공화정의 신봉자로 만들었을 특별한 계기는 거의 없었다.[18]

뼛속까지 귀족이었던 안토니우스는 자신이 명예와 영광을 누릴 자격이 있다고 깊이 믿었고, 관습적인 행동 방식을 존중할 필요가 없다고 생각했다. 그의 아버지는 엄청난 빚을 남겼고, 가문 재산 일부에는 너무나 많은 저당이 잡혀 있어서 안토니우스는 그런 재산의 상속은 거부했다. 자신의 사치스러움을 억제할 필요를 느끼지 못했던 그는 돈이 없다는 등의 진부한 이유에 구애받지 않는 타고난 낭비벽으로 술과 여자에 빠져 젊음을 보냈다. 빚이 엄청나게 늘어났지만, 우리가 보았듯이, 당시에는 그런 생활 방식이 드문 건 아니었다. 매우 늦은 나이에 공직에 진출한 안토니우스는 시리아, 유대, 이집트에서 군 복무를 한 후 율리우스 카이사르가 이끈 갈리아 군단에 합류했다. 갈리아에서 벌어진 주요 전투 대부분에 참여할 수 없었지만, 기원전 52년 여름 알레시아Alesia의 혹독한 포위전으로 절정에 달한 갈리아 부족들의 대반란 후반부에 참전했다. 율리우스 카이사르를 따라 내전에 참가해 이탈리아 전투 및 마케도니아 2차 원정에 참전했고, 파르살루스 전투에서는 좌익을 지휘하였다. 이후 내전에서는 더 이상 전투에 참여하지 않았다.[19]

안토니우스의 군 경력은 사실 그다지 인상적이지 않았다. 개인적으로는 용감했지만, 대규모 군단을 독자적으로 지휘해 본 경험은 거의 없었고,

전반적으로 군단과 함께 보낸 시간이 일반적인 경우보다 적었다. 그렇지만 그는 자신을 위대한 군인이자 지휘관으로 내세웠고(헤라클레스는 괴력을 이용해 수행한 과업들로 더 유명하지만, 군대도 지휘했다), 이런 이미지는 오늘날까지도 지속되고 있다. 율리우스 카이사르는 안토니우스에게 정치적 역할을 맡기기를 선호하여, 기원전 49년과 파르살루스 전투 후에 이탈리아의 행정을 맡겼다. 결과가 아주 만족스러웠던 건 아니다. 안토니우스는 율리우스 카이사르의 다른 지지자들보다 인맥도 많고 출신 가문도 훌륭했지만, 섬세함이 부족했다. 그는 자신의 어머니, 연인인 무언극 여배우 그리고 로마 정무관의 수행원으로는 부적절하다고 여겨지는 온갖 사람들을 보란 듯이 행렬에 포함시켜 이탈리아 전역을 순회했다. 안토니우스는 당시의 남녀 배우들과 어울리는 것을 좋아했다. 그들이 분명 현대 배우들 못지않게 열정과 개방적인 태도를 지녔지만, 안토니우스가 자신을 어떤 인물로 가장하든 그들이 그에 비해 사회적으로 열등한 신분을 가진 사람들임은 분명했다. 원로원 의원은 자신의 정부나 이전 노예 등 사회적으로 열등한 사람들과 어울리면 안 되었지만, 안토니우스는 그런 관습에 얽매이지 않았다. 한 번은 그가 포룸에서 청원을 듣기 위해 공식 의자에 앉아 있었지만, 엄청난 숙취에 시달리고 있었다. 업무를 보던 중 메스꺼움을 참을 수 없어 토했는데, 어떤 전언에는 자기 무릎 위에, 또 다른 전언에 따르면 친구가 영리하게 내민 망토에 토했다고 한다. 심지어 말 대신 사자가 끄는 전차를 시험 삼아 타보았다는 소문도 있었다.[20]

내전의 승리로 얻은 권력을 이렇게 무분별하게 과시하는 것보다 더 심각한 문제는 로마와 지방에서 폭력으로 이어진 소요였을 것이다. 돌라벨라를 포함한 여러 야심 있는 인물들이 채무자들의 이익을 옹호했기 때문이다. 율리우스 카이사르가 마침내 로마로 돌아왔을 때, 그는 한동안 안토니우스를 공적 업무에 활용하지 않았고, 대신 돌라벨라를 관심 있게 지켜보며 그를 데리고 전투에 나섰다. 문다 전투가 끝날 무렵 독재관은 마르쿠스 안토니우스를 히스파니아로 불렀고, 그를 다시 총애하는 징후들이 나타났다. 독재관과 1호 마차를 같이 탄 사람은 안토니우스였고, 젊은 옥타비우스와 데키무스 브루투스가 두 번째 마차를 타고 그 뒤를 따랐다. 기원전 44년 율리우스 카이사르가 안토니우스를 자신의 공동 집정관으로, 돌라벨라를 자신의 보궐 집정관으로 선택한 것은 그의 안토니우스에 대한 총애와 신임이 확실히 회복되었음을 알리는 증거였다.[21]

기원전 44년, 집정관으로서 안토니우스와 돌라벨라는 그해 남은 기간 즉각적인 권력을 행사했다. 그들은 율리우스 카이사르를 지지했고 그 결과로 성공을 거두었지만, 둘 다 자신만의 야망을 품은 명문가 출신의 귀족이었다. 그들을 단순히 율리우스 카이사르의 부하로 묶어 보는 것은 잘못된 것이다. 오히려 그들은 율리우스 카이사르를 지지하는 것이 개인의 명성을 추구하는 데 유리하다고 판단한 별개의 인물이었다. 트레보니우스가 암살 음모의 초기 단계에 안토니우스의 의중을 떠보았다고 전해진다. 그 '해방자들Liberators'이 독재관을 살해한 이유는 공직과 영향력을 차지하기 위한 귀족들 간의 경쟁이 다시 활발해질 수 있는 공화정을 복원하기 위해서였다. 두 집정관도 당연히 이 경쟁에 참여하였으나 그들의 행보는 권력을 차지하려는 경쟁의 방식이 돌이킬 수 없이 달라졌다는 사실을 보여주었다.[22]

암살 공모자들과의 휴전은 늘 불안했다. 안토니우스나 돌라벨라가 브루투스와 카시우스를 포함한 암살 공모자들 편에 확고히 서거나 그들의 입장을 강화해 준다고 해서 두 집정관에게 득이 될 것은 없었다. 독재관과 그의 피살에 대해 두 집정관이 어떻게 생각하든 주요 공모자들은 이제 공직과 명예를 놓고 그들과 경쟁하는 경쟁자가 되었다. 양측 모두 미래를 내다보았다. 왜냐하면 당분간은 암살 가담자들에 대한 사면과 율리우스 카이사르의 행위에 대한 추인이 필요했지만, 이런 상황이 지속되지 않으리라는 걸 알았기 때문이다. 머지않아 암살 가담자들의 행위와 독재관의 과거 행적이 원로원, 민회, 법정에서 공격받게 될 것이다. 기원전 49년에 시작된 내전은 그보다 10년 전에 이루어진 입법 행위에 대한 기소 위협으로 촉발되었다. 로마에서는 어떤 결정도 변경될 수 있고 소급되어 불법화될 수 있었으므로, 영구적인 안정이란 사실상 불가능했다. 법적 공격은 쉽게 한 개인의 경력을 끝장낼 수 있었고, 폭력은 실질적인 위협이었다.

혼돈과 충돌로 빠져드는 상황은 누구에게도 바람직하지 않았다. 집정관들이나 암살 공모자들 모두 즉시 동원할 수 있는 군대가 없었다. 독재관의 참모이자 기병대장 magister equitum이었던 레피두스는 로마 외곽에 한 군단을 두고 있어서, 3월 15일 사건 이후 며칠 동안 일부 병사들을 포룸으로 데려왔지만, 병력을 확대해 상황을 지속해서 장악할 용기도 의지도 없었다. 특히 독재관의 사망과 함께 그의 임페리움은 형식상 만료되었다. 안토니우스는 레피두스가 독재관을 이어 대제사장을 맡도록 하고 뒤이어 그를 다시 갈리아 트란스알피나로 보내 대군을 지휘하도록 함으로써, 당분간 레피두스는 적들의 공격으로부터 안전할 수 있었다.[23]

율리우스 카이사르의 장례식이 끝나자마자, 한 무리의 열성 지지자들이 독재관을 화장한 자리에 제단을 세웠다. 아마티우스 Amatius가 그 무리를 이끌었는데, 그는 자기가 마리우스의 손자이며 따라서 법적으로는 아니더라도 혈연으로는 독재관의 친척이라고 주장했다. 그러나 율리우스 카이사르가 생전에 그의 주장을 인정하지 않았고, 젊은 옥타비우스를 포함한 독재관의 다소 먼 친척들에게 접근하려 했던 그의 시도 역시 실패했다. 마찬가지로 안토니우스와 돌라벨라도 아마티우스에게 동정적이지 않아서, 아마티우스의 추종자들을 해산시키고 제단을 철거하라고 명령했다. 4월 하순, 독재관과 함께 근무했던 퇴역 병사들을 결집하려고 안토니우스가 로마를 비우자, 직접적인 충돌이 발생했다. 돌라벨라는 아마티우스와 추종자들을 처형했고, 키케로는 이 조치에 열렬한 찬사를 보냈다. 그러나 아마티우스와 그의 추종자들이 보인 행동은 상당수의 로마 시민은 독재관의 죽음을 애도하고 있으며, 암살자들에 대한 조치가 미흡해 분개하고 있다는 사실을 알려 주는 신호였다. 안토니우스는 이러한 민심을 이용해, 암살 공모자들의 기세를 꺾고 퇴역 병사들, 특히 전직 백인대장들을 규합하려 했지만, 시민들의 불만이 폭발해 자신이 통제할 수 없는 상황이 되는 것은 원치 않았다. 기원전 44년에 그의 두 형제가 각각 법무관과 호민관이라는 사실 덕분에 당시 안토니우스의 입지는 확고했으나, 이는 오래 가지 않을 것이었다. 다른 모든 이들처럼 안토니우스도 미래를 준비하고 있었고, 자신을 보호하고 장기적으로 권력을 유지할 필요가 있었다.[24]

율리우스 카이사르가 생전에 내린 결정들은 3월 17일에 추인되었다. 일부 결정은 공식적으로 공표되지는 않았으나 그 내용이 이미 널리 알려져 있었으므로 추후에라도 승인되어야 하는 것들이었다. 집정관으로서 안토니우스는 각각의 결정을 승인하기 전에 원로원 고위 의원들로 구성된 위원회와 협의를 거쳐야 했다. 그러나 그러한 협의는 현실적으로 어려웠고, 안토니우스도 바람직하다고 생각하지 않았다. 많은 결정이 미결 상태로 남았고, 제국 각지에서 오는 그보다 많은 수의 청원자가 줄을 이었다. 율리우스 카이사르는 수년간 원로원이 보여준 타성과 뒤이은 내전의 혼란으로 인해 많은 의사 결정을 제때 하지 못하고 미루어 놓았다. 실무적인 차원에서 안토니우스도 시급하다고 느낀 문제들이 분명 많았을 것이다. 따라서 이러한 상황은 안토니우스가 호의적인 결정을 내려 그에 감사하는 수혜자들을 자신의 지지자로 만들 수 있는 절호의 기회이기도 했다. 암살 이후 혼란한 틈을 타 안토니우스는 독재관이 소유하고 있던 서류들을 입수했다. 이제 그는 이전까지 알려지지 않은 율리우스 카이사르의 여러 결정들을 발표하면서 그것들을 비준해야 한다고 주장했다. 일부 결정은 독재관의 생전 행위와 모순되는 것처럼 보이기도 했다. 키케로는 안토니우스의 아내 풀비아Fulvia(클로디우스의 미망인)가 갈라티아Galatia의 데이오타루스Deiotarus 왕으로부터 뇌물을 받고 안토니우스가 데이오타루스 왕의 통치를 승인하도록 했다고 주장했다. 후에 키케로는 이 몇 달 동안 독재관의 뜻이라는 핑계를 대며 안토니우스가 조작한 결정들을 맹비난했으나 안토니우스가 무슨 짓을 했는지 정확히 알 수는 없다. 키케로의 비난이 과장되었을 수 있지만 그가 그런 이야기 모두를 지어냈을 수는 없었을 것이다.25

안토니우스는 자금을 모으고 여러 사람에게 선심을 써 가며 향후의 성공, 특히 자신의 안전을 도모했다. 장기적으로 보아 이를 위해서는 대규모의 충성스러운 병력을 확보하는 것이 가장 중요했다. 트레보니우스와 데키무스 브루투스는 각각 시리아와 갈리아 키살피나 속주를 배정받았다. 브루투스와 카시우스는 시칠리아와 아시아에서 곡물 공급을 관장하는 직책을 맡았는데, 국가에는 중요했지만, 그들의 지위에 비해 격이 떨어지는, 더 중요하게는 군사력을 보유하는 자리가 아니었다. 안토니우스와 돌라벨라는 연말에 카시우스가 트레보니우스를 대신해 시리아를 맡아, 예정된 파르티아 전쟁을 수행하도록 합의했다. 안토니우스는 6개 군단이 있는 마케도니아를 차지했으나, 그중 1개 군단은 공동 집정관 돌라벨라에게 주기로 약속했다. 그런 다음 안토니우스는 동생 가이우스가 자신을 대신해 마케도니아를 통치하고, 자신은 데키무스 브루투스를 대신해, 이탈리아를 감시하기 좋은 지역인 갈리아 키살피나와 근래 율리우스 카이사르가 정복한 지역인 장발長髮의 갈리아Gallia Comata를 통합해 통치하기로 했다. 마케도니아에 있는 5개 군단과 보조군은 안토니우스와 함께 이동할 것이므로 동생 가이우스는 새 병력을 모집해야 했다. 독재관이 속주 총독의 임기를 2년으로 제한했음에도 불구하고, 안토니우스는 민회가 자신이 통합, 확대한 속주의 총독으로 5년 임기를 보장하는 표결을 하도록 했는데, 이는 폼페이우스와 율리우스 카이사르가 받았던 특별 통수권과 다름없는 특권이었다.26

여러 면에서 상황은 기원전 49년에 다다르는 과정과 비슷했다. 주요 지도자들은 서로를 신뢰하지 않았고, 필요하면 언제든 싸울 능력을 갖추고 있었다. 브루투스와 카시우스는 멀리서 지켜보기만 할 뿐 결국 주도권을 되찾지는 못했다. 시민 담당 법무관이었던 브루투스는 태양신 아폴로에게 바치는 연례 축제이자 경기인 루디 아폴리나레스ludi Apollinares를 개최할 책임이 있었다. 브루투스는 이 행사의 개최 비용을 댔고, 행사 내용 일부와 공연자들도 선정했지만, 로마로 돌아오는 것이 너무 위험하다고 느껴 행사에는 참석하지 않았다. 마르쿠스 안토니우스의 동생 가이우스가 그를 대신해 경기들을 주재했고, 이에 따라 군중은 누구에게 감사해야 할지 몰랐다. 경기들은 순조롭게 진행되었고, 일부 군중은 브루투스의 이름을 기꺼이 연호했지만, 만약 그가 참석했다면 그를 암살자라며 항의하는 군중도 있었을 것이다. 얼마 지나지 않아 브루투스와 카시우스는 이탈리아를 떠나 동부 지중해로 갔고, 시간이 지나면서 그들 역시 군대를 모았다. 마지못해 그랬을 수도 있지만, 브루투스는 로마인들로 구성된 군단에서 반란을 부추겼고 불법적으로 지휘권을 장악했다. 사태의 추이를 지켜본 키케로는 안토니우스가 암살 공모자들과 진정한 공화정에 가까운 체제의 복원에 가장 커다란 위협이 되리라는 걸 깨달았다. 키케로는 암살 공모자들이 독재관만 죽이고 안토니우스는 죽이지 않은 점을 계속 아쉬워했다. 키케로는 이렇게 회상했다. "그들의 용기는 어른스러웠지만, 내 말을 믿으오, 그들의 전략은 아이들 수준밖에 되지 않았소."[27]

키케로는 아직 젊은 카이사르를 그의 새 이름으로 부르지 않았다. 열여덟 살 청년 카이사르가 하기 시작한 말과 행동이 그를 걱정시키긴 했으나, 그의 머릿속을 가득 채운 것은 안토니우스였다. 키케로에게 돌라벨라는 불한당 같은 존재였다. 그 이유는 그가 키케로의 사랑하는 딸 툴리아Tullia와 잠시 결혼했다 이혼하면서 지참금을 돌려주지 않았기 때문이었다. 어쨌든 돌라벨라가 속주 통치를 위해 떠난 이상 그가 문제 될 일은 없었다. 그러나 안토니우스는 공화정의 부활을 그 누구보다 방해할 수 있는 진정한 위협이었다. 키케로는 안토니우스의 권력을 무너뜨리고 그 대신 암살 공모자들이 로마로 돌아와 번성할 방안이 없을까 전전긍긍했다.[28]

6장 찬양

내 나이 열아홉 살에, 스스로 느낀 책임감에 내 재산으로 군대를 일으켜, 한 줌 파당의 폭정으로 신음하던 공화정의 자유를 성공적으로 수호했다.

- 《신 아우구스투스의 업적록》에서
기원후 14년 아우구스투스 사망 직후 출간[1]

젊은 카이사르는 5월에 로마로 돌아왔다. 후세 사람들은 그의 위대한 미래를 알리는 또 다른 전조로, 그가 로마에 도착한 날 태양 주위를 햇무리가 감쌌다고 전한다. 당시 호민관이던 안토니우스의 동생 루키우스Lucius는 카이사르가 공공 집회에서 연설하도록 허락했다. 그의 연설에 관해 보고 받은 키케로는 연설 내용이 대수롭지 않다고 생각해 여전히 그를 중요한 인물로 꼽지 않았다. 그 열여덟 살 청년은 자신의 입양이 공식적으로 인정되어 독재관의 재산과 이름 모두를 물려받고자 했다. 그때까지는 아직 암살 공모자들을 직접적으로 공격하지 않았고, 대신 '아버지'의 명성과 영예를 피력하는 데 집중했다. 카이사르는 적어도 한 번, 아마도 수확의 여신

케레스Ceres를 기리는 제전에서 독재관의 집무용 의자와 월계관을 전시하려 했다. 율리우스 카이사르가 생전에 제정한 원로원 의결에 따른 시도였다. 그 월계관은 루페르칼리아 축제에서 안토니우스가 독재관에게 바쳤으나 거절당한 바로 그 관이었지만, 안토니우스는 전시를 허락하지 않았다.

안토니우스는 카이사르의 다른 요청들, 특히 독재관의 영지와 관련해서도 마찬가지로 비협조적이었고, 실제 주화는 거의 혹은 전혀 카이사르에게 건네지지 않았다. 집정관 안토니우스는 새로운 카이사르를 귀찮은 존재로 여긴다는 인상을 명백히 드러냈다. 다른 사람들은 카이사르를 취약한 인물로 평가했다. 아마도 율리우스 카이사르의 개인 재산과 그가 관리하던 국유 자산을 정확히 구분하는 데 많은 어려움과 혼란이 있었을 것이다. 개인 재산의 소유권을 놓고 다수의 소송이 벌어졌는데, 일부 소송은 내전 중 불법적으로 압수했다는 이유로 제기되었다. 대체로 판결은 상속인 카이사르에게 불리하게 나왔다.[2]

젊은 카이사르는 돈을 빌렸다. 대부분은 마티우스Matius와 율리우스 카이사르와 가끔 거래했던 라비리우스 포스투무스Rabirius Postumus라는 은행가가 빌려줬다. 오피우스Oppius와 발부스도 일부 빌려주었을 것이다. 카이사르도 자기 재산과 독재관의 재산 중 일부를 팔거나 저당 잡혀 현금을 마련했다. 필리푸스와 아티아도 도움을 주었고, 독재관의 또 다른 두 조카손자는 유산으로 받은 독재관의 재산 4분의 1을 기꺼이 주 상속인 카이사르에게 넘겨주었다. 율리우스 카이사르가 파르티아 원정을 위해 아시아 속주에서 모았던 전쟁 자금이 얼마나 일찍 도착했는지는 불분명하다. 하여튼 그 전쟁 자금과 함께 아시아 속주에서 거둔 1년 치 세금도 들어왔다. 카이사르는 이 세금과 다른 국가 재원은 모두 국고에 넘겼고, 자기는 독재관의 개인 재산만 보관했다고 주장했다.[3]

이후 몇 달 동안 카이사르는 독재관의 내전 승리를 이끈 파르살루스 전투 승리와 독재관의 신성한 조상 베누스 게네트릭스Venus Genetrix를 기념하기 위해 개최하기로 약속된 제전을 준비하는 데 대부분의 시간을 쏟았다. 이 축제는 독재관의 통치 기간 중 원로원이 투표로 결정하여 독재관에게 바친 영예 중 하나였다. 따라서 아무도 축제의 개최를 막거나 카이사르의 행사 주재를 방해하지 않았다. 카이사르는 이 제전을 장례 행사 경기와 함께 진행하기로 하여 자신이 맹수 사냥, 연회, 연극 공연뿐만 아니라 검투사 시합까지 직접 주관하기로 했다. 그중 많은 행사를 주요 공공건물에 임시 관람석을 설치하여 포룸에서 개최했다. 축제는 7월 20일부터 28일까지 호화롭게 진행되었고, 이후 카이사르는 돈을 더 빌려 모든 로마 시민에게 독재관의 유산을 지급하기 시작했다.4

제전이 진행되는 동안 하늘에 혜성이 나타났다. 이 '긴 머리를 한' 별들은 곧 닥칠 재앙의 불길한 징조로 여겨졌다. 그때 카이사르 또는 그의 지지자 중 1명이 나서서 혜성은 율리우스 카이사르가 신들과 합류하기 위해 하늘로 올라가는 것을 상징한다는 더 멋진 해석을 내놓았다. 이후 율리우스 카이사르가 만든 포룸 중앙에 있는 베누스 신전 안에 설치된 독재관의 조각상 머리에 별 하나를 붙여 놓았다. 이 이야기는 율리우스 카이사르에 대한 기억을 소중히 간직한 이들에게 퍼져 나갔다. 여러 면에서 이 이야기는 독재관의 생전에 원로원이 그에게 부여한 반신성semi-divine의 영예와 그를 위해 세워졌다가 나중에 집정관들의 명령으로 철거된 제단에서 비롯되어 발전된 것이었다. 혜성의 등장을 빌미로 제전을 막으려는 공식적 시도는 없었다.5

공공 오락 행사를 개최하고 조상을 기리는 것은 대중의 인기를 얻는 데 효과적이라고 정평이 난 방법이었다. 하지만 이 경우에는 행사의 규모와 신성함에 대한 주장으로 볼 때, 과거 어느 누구에게 주어졌던 영예를 훨씬 능가했다. 평민 출신 몫의 호민관이 되는 것도 대중의 탄탄한 인기를 얻는 또 하나의 길이었으므로, 킨나가 암살당해 공석이 된 호민관을 선출하기 위해 7월 초 선거가 열렸을 때, 젊은 카이사르가 나서리라는 이야기가 진지하게 오갔다. 그러나 율리우스 카이사르가 그를 후계자로 지명하기 전에 이미 세습 귀족으로 만든 점을 고려하면 평민 출신 몫의 호민관 출마는 불법이었다. 이 일화에 관한 정확한 세부 내용을 지금 와서 재구성하기란 불가능하지만, 일부 역사가들은 그가 직접 출마하려 했다기보다 자기 친구를 그 자리에 당선시키려 시도하였으나 실패했다고 해석하려 한다. 혜성 출현 시 노련하게 대응했던 것과는 대조적으로 젊은 카이사르가 이 사안에서는 심각한 오판을 했다는 걸 알 수 있다. 당시 카이사르의 나이가 열여덟 살이었다는 사실을 반복적으로 언급한다고 생각할 수 있겠으나, 카이사르가 당시 얼마나 젊고 경험이 일천한 청년이었는지 잊지 말아야 한다. 여하튼 그러한 방식으로 공적 생활에 첫발을 내디딘 카이사르의 엄청난 자기 확신은 쉽게 무모함으로 이어졌다. 카이사르는 혜성의 출현이 실제로는 자신의 신분 상승이 임박했음을 알리는 신호라고 굳게 믿었다. 카이사르가 공개적으로 재산을 매각하고 돈을 빌려 가면서까지 행사를 주최하여 죽은 독재관을 명예롭게 했다는 점 때문에 대중은 그에게 크게 감사했다.[6]

집정관 안토니우스와의 관계는 계속 좋지 않았지만, 그의 권력은 점점 더 커졌다. 늦여름쯤 안토니우스는 정착한 퇴역 군인들을 뽑아 강력한 경호대를 구성했다. 대부분이 최전선에서 전투를 지휘했던 백인대장 출신이어서 무시무시한 전사들이었다. 안토니우스가 새로운 군단을 결성하기로 했다면, 신병들의 조직, 훈련, 지휘 능력을 갖춘 노련한 이들 전직 군 간부들이 매우 유용할 것이다. 더욱 중요한 것은 그들이 갖는 정치적 의미였다. 일부 백인대장들은 기사 신분이었지만, 대다수는 코미티아 켄투리아타의 최상위 투표단에 속해 있었으므로 그들의 투표권은 그들의 완력만큼 중요했다. 아마도 이 집단의 환심을 사고 법정을 장악하려는 의도에서, 안토니우스는 이 계급의 일부 또는 모두가 배심원으로 활동할 수 있도록 하는 법을 제정하여, 원로원 의원과 기사 신분으로 구성된 배심원단에 이어 세 번

째 배심원단을 구성했다.7

집정관 안토니우스와는 대조적으로, 카이사르는 어떤 공직이나 권력도 없었다. 카이사르에게 자금을 대며 그를 공개적으로 지지하는 사람들은 직접적인 정치적 권력을 가진 인물들이 아니었다. 마티우스는 키케로에게 율리우스 카이사르와의 우정 때문에 그 소년을 돕고 있을 뿐이라고 주장했다. 돈과 이름만이 실질적 자산의 전부였던 카이사르는 초기부터 이 둘을 이용해 독재관의 전직 장교들과 병사들의 호의를 얻으려 했다. 카이사르는 자신에게 충성하겠다는 이들에게 일반 병사의 2년 이상의 급여에 해당하는 500데나리우스의 목돈을 재빠르게 지급하면서, 나중에 더 많은 금액을 주겠다고 약속했다. 백인대장들이나 천인대장들에게는 훨씬 더 많은 보상을 제공했을 것이다. 그러면서 그들에게 암살 공모자들에 대한 복수를 언급했을 수는 있지만, 공개 모임에서는 아직 거론하지 않았다. 돈을 받고 충성을 맹세하는 사람들이 생겨났지만, 그 숫자는 아직 안토니우스의 추종자들에 비하면 훨씬 적었다. 누구 편에 섰든 모든 퇴역 군인에게는 율리우스 카이사르에 대한 열렬한 충성심이 남아 있었으므로, 일부 전직 천인대장들과 백인대장들은 독재관의 후계자를 좀 더 우호적으로 대하라고 한동안 안토니우스를 설득했다. 젊은 카이사르는 투표장의 칸막이 밖에 서서 갈리아 키살피나의 통수권을 데키무스 브루투스 대신 안토니우스에게 주는 법안을 승인하라고 백인대장들을 독려하기도 했다. 그러나 안토니우스가 자신의 경호대에 속한 한 퇴역 군인이 카이사르에게 매수당해 자신을 살해하려 했다고 주장하면서 두 사람의 관계는 다시 악화하였다. 폼페이우스를 포함한 꽤 많은 로마 정치인이 암살에 대한 신경증적 두려움을 가지고 있었기 때문에, 안토니우스의 주장은 실체 없는 비난일 수 있다. 현실적으로 보아 젊은 카이사르가 집정관 안토니우스를 제거하여 얻을 수 있는 것이 무엇이었을지 이해하기 어렵다. 카이사르가 정말로 집정관을 살해하려 했다면, 그가 그 시점에도 아직 순진한 생각에 머물렀다는 걸 보여

주는 또 다른 증표이다.⁸

8월 1일, 율리우스 카이사르의 장인인 칼푸르니우스 피소Calpurnius Piso가 용기를 내 원로원에서 안토니우스를 비판했다. 그의 연설은 신랄하다기보다는 조언하는 말투였고, 더욱 중요한 것은 이미 널리 논의된 바 있는 내용이었다는 점이다. 키케로는 아들의 교육 문제를 구실로 그리스로 향했지만, 사실은 정치 상황이 폭력 사태로 비화할 것 같아서 절망과 두려움에 빠져 있었다. 암살 공모자들 모두와 레피두스 같은 주요 가담자들은 이미 이탈리아를 떠났다. 돌라벨라도 곧 이탈리아를 떠날 예정이었으므로, 안토니우스의 권력 장악에 맞서 군 통수권을 행사할 수 있는 인물은 이탈리아에 남아 있지 않았다. 많은 사람이 당시 상황이 점점 내전으로 빠져들고 있다는 걸 감지했고, 기원전 49년에 다다르는 기간에 그랬듯 내전을 반기는 분위기는 아니었다. 피소는 암살 공모자들의 사면을 확정하고자 주장했다. 공모자들이 로마로 돌아오도록 하여 그들과 독재관 지지자들 모두 더 이상 위신 손상이 없도록 하자는 취지였다. 그 주장에 대해 집정관이 거칠게 반응하지 않았으므로, 키케로는 새로운 타협의 가능성에 고무되어 로마로 돌아왔다. 한 달 후인 9월 2일, 키케로는 제1차 필리피카Philippica로 알려지게 되는 연설을 했다. 이는 기원전 4세기에 유명한 연설가 데모스테네스Demosthenes가 아테네인들에게 마케도니아 필리포스Philippos 왕의 위협을 경고한 일련의 연설문에서 이름을 딴 것이다. 이 연설에서 키케로는 안토니우스가 보인 근래의 행동들을 비판하면서도, 3월 15일 사건 직후 보였던 화해의 정신을 다시 보여 달라고 촉구했다.⁹

최고위급 원로원 의원들은 권고와 조언 외에 할 수 있는 일이 없었지만, 집정관으로서 안토니우스는 행동으로 옮길 수 있는 권력이 있었다. 안토니우스에게는 그를 지지하는 퇴역 군인들로 구성된 6,000명에 달하는 병력이 있었다. 마케도니아 군단의 선발 부대가 브룬디시움 항구에 상륙했고, 후발 부대도 바로 뒤를 따르고 있었으므로, 안토니우스는 제대로 조직된 군대를 곧 자신의 휘하에 두게 될 것이었다. 안토니우스는 자신을 향한 비난에 분노로 반응했지만, 아직 가용 병력을 동원하려 하지는 않았다. 하지만 키케로는 집정관이 분명 대량 살육을 꾸미고 있을 것이라는 내용의 사신私信을 썼다. 키케로는 다시 한번 로마를 떠나 공식 회의에 출석하지 않으며 〈2차 필리피카〉를 쓰기 시작했다. 이 〈2차 필리피카〉는 키케로의 연설을 통해 전해지지는 않았으나, 이 신랄한 소책자에서 키케로는 안토니우스의 근래 행적을 비난함과 동시에 그의 인격마저 산산조각 냈다. 한동안 소강상태가 이어졌지만, 전쟁 준비는 계속되었다. 10월 초, 안토니우스는 새로 도착한 마케도니아 군단을 검열하기 위해 남쪽 브룬디시움으로 향했다.10

열아홉 번째 생일을 맞이할 무렵인 9월, 카이사르는 독재관이 조성한 퇴역 병사들의 정착지인 캄파니아 지역을 다니며 병력을 모으기 시작했다. 이후 몇 주 동안 추종자 수를 3,000명까지 늘릴 수 있었지만, 군 장비는 부족했다. 자신들의 옛 부대에 상당한 충성심을 가지고 있었던 이 병사들은 율리우스 카이사르의 제7군단과 제8군단에 해당하는 신규 부대들로 나뉘어 연말까지 편제될 것이었다. 카틸리나의 군대가 그랬던 것처럼, 처음부터 이 부대들의 조직은 추후 신병들이 제때 충원될 것이라는 희망하에 설계되었을 것이다. 따라서 120명의 백인대장과 12명의 천인대장을 임명할 수 있었고, 병사들에게 과거의 계급을 주거나 더 높은 계급으로 승진시켜 더 큰 지위와 급여를 보장했다. 10대 청년 카이사르의 사람 됨됨이를 아직 알 수 없었으므로 이 시기 병사들은 카이사르라는 이름 못지않게 후한 보상에 끌려 그 젊은 청년 밑에 모여들었다. 율리우스 카이사르는 병사들을 승리로 이끌고 후하게 보상하면서 수년에 걸쳐 점진적으로 그들을 자신에게 결속시켰다. 이러한 연결고리가 가지는 힘을 독재관의 후계자가 즉시 그리고 또 완전히 승계할 수는 없었지만, 병사들은 이 청년과 그가 가진 돈을 믿어보기로 했다. 당장의 현금 그리고 미래의 보상에 대한 약속이 발휘하는 힘을 깨달은 젊은 카이사르는 안토니우스 군단의 움직임을 살피기 위해 브룬디시움으로 척후병들을 보냈다.[11]

그리하여 이제 열아홉 살의 청년은 그가 규합한 퇴역 병사 부대(이 부대는 존재만으로 명백히 불법이었다)의 선두에 서서 11월 초 로마로 돌아왔고, 무장한 그의 추종자들을 시 경계 안으로 이끌고 들어와 그 불법성을 더했다. 사실 카이사르는 이 병력 이동을 몇 주 동안 계획해 왔다. 카이사르는 키케로와 다른 저명한 원로원 의원들에게 자신이 로마에 도착하면 자신의 병력을 승인하고 더 나아가 공개적으로 지지해 달라고 요청하는 서신을 끊임없이 보냈다. 카이사르는 노정치가인 키케로에게 아첨하며, 기원전 63년에 이어 '공화국을 두 번째로 구해 달라'고 촉구했다. 키케로는 카이사르가 요청한 사실을 인정했다. "그의 요청을 거절하자니 수치스러웠고, 수락하자니 두려웠다. 하지만 그는 지금까지 그랬듯이 앞으로도 계속 활력 있게 행동할 것이다. 강력한 추종자 무리와 함께 로마에 올 테지만 아직은 소년일 뿐이다. 로마에 도착하면 즉시 원로원 회의를 소집할 수 있다고도 생각한다. 누가 참석할 것인가? 이 불확실한 시기에 누가 회의에 나타나 안토니우스의 눈 밖에 나겠는가?" 그러나 키케로는 "그렇지만 지방 도시들은 그에게 열광한다"라고 인정했다.[12]

카이사르는 원로원을 통해 합법적으로 일하고 싶다고 키케로를 안심시키면서도, 자신이 로마로 이끌고 온 불법적인 무장 추종자들에 관해서는 함구했다. 하지만 카이사르라는 그 소년의 이름과 그 소년의 명성을 향한 집착에 늘 불편했던 키케로는, 젊은 카이사르의 의도와 특히 독재관의 모든 입법과 영예를 추인하려는 그의 고집스러움을 우려하기 시작했다. 그렇지만 키케로는 여전히 이 청년을 '자신감은 넘치지만, 아욱토리타스는 아주 부족한' 인물로 치부해도 무방하다고 느꼈다. 그러나 키케로의 서신 상대인 영악한 기사 신분의 인물 아티쿠스는 공직에 나서지는 않았지만, 로마의 거의 모든 영향력 있는 인물들과 매우 좋은 관계를 유지했고, 좀 더 신중한 태도를 보였다. 그는 "그 소년이 현재 강하고 안토니우스를 견제하고 있지만, 그에 대한 장기적 판단은 유보해야 한다"라고 언급했다. 카이사르라는 이름과 그가 가진 재산은 안토니우스에게서 상당수의 잠재적 지지자를, 특히 퇴역 병사들을 앗아 갔다.[13]

젊은 카이사르가 로마에 입성했을 때 안토니우스는 여전히 로마에 없었다. 이미 집정관 안토니우스를 공개적으로 비난하기 시작한 한 공격적인 호민관이 그 젊은 지도자를 공공연히 포룸으로 데려와 공개 집회를 소집했다. 그와 카이사르는 공개 집회와 입법 민회가 가끔 열리는 개활지開豁地가 내려다보이는 카스토르Castor와 폴룩스Pollux 신전의 계단에 서 있었다. 퇴역 병사들이 보란 듯이 칼을 차고 노골적으로 불법 무력을 과시하면서 그들의 지도자인 카이사르를 경호하고 있었다. 호민관이 먼저 연설을 시작했다. 안토니우스를 다시 한번 맹렬히 비난하면서 지켜보는 시민들에게 집정관에 맞서 율리우스 카이사르의 후계자를 위해 단결하자고 촉구했다. 이어서 청년 카이사르가 직접 연설했고, 그 연설은 즉시 사람들에게 퍼져 나갔다. 키케로는 곧 그 사본을 받아 보고, 그 내용에 실망했다. 우선 율리우스 카이사르와 그의 업적을 칭송한 그의 후계자는 독재관의 조각상을 가리키며 자신도 '아버지에 버금가는 영예'로 빛나겠다고 맹세했다. 뒤이어 카이사르는 자신의 유산 상속을 방해하고 또 매사에 자신에게 적대적이라고 안토니우스를 공격하였는데, 이는 카이사르 본인의 입맛에는 맞는 비난일 수 있으나 많은 퇴역 병사의 공감을 얻을 수는 없었다. 율리우스 카이사르에 충성스러웠던 퇴역 병사들은 그를 암살한 자들이 처벌받지 않고 있는 사실에 분노했다. 그들이 보기에 진정한 악당은 암살자들이지 마르쿠스 안토니우스가 아니었다.[14]

집정관은 퇴역 병사로 구성된 경호대의 호위를 받으며 로마로 돌아오는 중이었다. 마케도니아에서 건너온 첫 두 군단이 브룬디시움에서 북쪽으로 행군하고 있었으므로 필요하면 즉시 소집할 수 있었다. 카이사르를 추종하는 퇴역 병사들에게 안토니우스는 주적이 아니었고, 또 안토니우스의 병력은 카이사르의 부분 무장한 소규모 부대에 비해 훨씬 강했다. 전투가 벌어진다면 카이사르의 부대가 필연적으로 패배할 수밖에 없었다. 따라서 퇴역 병사들은 그들의 젊은 지도자 카이사르를 버리고 각자의 집으로 돌아가기 시작했다. 카이사르를 향한 대중의 지지가 큰 폭으로 증가하지 않았고, 특히 주요 원로원 의원들의 열정적인 지원도 없었다. 앞서 언급한 호민관 한 사람을 제외하고는 단 1명의 원로원 의원도 카이사르가 소집한 원로원 회의에 참석하지 않았다. 키케로는 로마에 있지도 않았고, 다른 많은 사람이 비슷하게 시골 별장에서 눈에 띄지 않게 지냈다. 실망한 율리우스 카이사르의 후계자는 남은 추종자들을 데리고 슬그머니 로마를 떠나 새롭게 병력을 모으기 위해 독재관의 퇴역 병사들이 많이 정착해 있는 또 다른 지역인 에트루리아Etruria로 갔다. 에트루리아에는 모병하는 사람들이 또 있었는데, 독재관의 전직 장교들이 안토니우스를 위해 병사를 모집하고 있었다.

이 당시의 젊은 카이사르는 정치적 경쟁의 장에서 여전히 미미한 존재였다. 안토니우스를 제외하면 카이사르가 유일하게 무장한 추종자들을 거느렸지만, 그를 진정한 권력자로 옹립하기엔 그 수가 너무 적었다. 그렇지만 그렇게 어린 나이에 주목받았다는 사실 자체는 놀랄 만한 일이었다. 우리가 아우구스투스의 정치적 천재성이나 응집된 카이사르파의 힘(심지어 그 존재 자체)을 당연하게 받아들이면, 젊은 카이사르가 여러 정치적 오판을 했다는 사실에 도리어 놀라게 된다. 그러나 당시의 카이사르는 그해 초에 처형된 가짜 마리우스보다 특별히 중요할 게 없는 인물이었다. 가짜 마리우스와 달랐던 것은 그의 재산과 독재관과의 확실한 인연이었고, 이것이 없었다면 카이사르도 가짜 마리우스처럼 쉽게 제거되었을 것이다. 안토니우스는 원로원을 소집하여 카이사르를 공공의 적으로 선포할 계획을 세웠다.[15]

그때 모든 상황을 바꾸는 일이 일어나, 젊은 카이사르가 순식간에 세간의 주목을 받게 되었다.

군사 지도자

브룬디시움에 가장 먼저 도착한 군단은 전쟁의 신 마르스의 이름을 딴 마르스 군단Legio Martia이었고, 곧이어 제4군단이 도착했다. 군단 병사들이 그 항구도시 외곽에 주둔하고 있을 때, 젊은 카이사르의 척후병들이 나타나 로마 군대를 따라다니며, 병사들의 호주머니를 노리는 민간인들과 장사꾼들 사이에 섞여 들었다. 속삭이는 말들과 전단들이 군 막사 주변을 오갔다. 이미 잘 알려진 500데나리우스의 목돈은 물론, 전역 시 추가로 5,000데나리우스를 지급한다는 내용이었다(거의 20년 치에 해당하는 급여를 한 번의 군사 원정에 주겠다는 제안이었다). 늘 그러하듯 백인대장들과 천인대장들에게는 훨씬 더 많은 보상을 제안했을 것이다.[16]

이 두 군단과 이미 상륙 중이었던 제2군단 그리고 곧 마케도니아에서 건너올 예정인 제35군단은 모두 율리우스 카이사르가 기원전 48년의 승리 후에 창설했다. 따라서 적어도 일반 병사 중 일부는 당시 폼페이우스의 대의에 특별한 감정적 유대가 없었더라도 폼페이우스의 군단에 속해 율리우스 카이사르와 맞서 싸웠을 수도 있다. 그러나 장교들은 달랐다. 율리우스 카이사르가 원정 전쟁을 치르면서 줄곧 지켰던 인사 관행은 정예 군단의 하급 백인대장들을 진급시켜 새로 창설한 부대의 상위직으로 배치하는 것이었다. 마케도니아에서 건너온 모든 군단의 천인대장들과 백인대장들은 율리우스 카이사르의 사람들로, 그가 임명했고 그에게 헌신한 군인들이었다. 그들 중 다수는 율리우스 카이사르와 함께 전쟁을 치르면서 상당한 전투 경험이 있었을 것이다. 군단 편제 이후 아직 실전에 투입된 경험은 없지

만, 거의 완전한 전력을 갖추고 있었고 수년간의 훈련으로 전투 준비도 잘 되어 있었다.[17]

이 군단들을 지휘하기 위해 브룬디시움에 도착하기 전까지 마르쿠스 안토니우스는 이 군단들과 아무런 인연이 없었다. 그는 장교들과 일반 병사들 모두에게 낯선 사람이었다. 또한 일반 통념과는 달리, 안토니우스는 어려운 상황에서 오랫동안 병사들을 통솔한 경험도 없었고, 위대한 승리로 내세울 만한 과거의 무공도 없었다. 몇 달 전까지만 해도 파르티아 원정에서의 전리품 약탈을 고대했던 이 군단들은 이제 생면부지의 지휘관 밑에서 내전의 벼랑 끝에 서 있었다. 같은 시기에 젊은 카이사르의 이름이 그들에게 들렸고, 더구나 그는 후한 보상을 약속하고 있었다. 일부 장교들은 카이사르가 아폴로니아에서 지낸 몇 달 동안 거기서 그를 알게 되었고, 그래서 카이사르의 제안을 진지하게 고려했을 것이다.

아내 풀비아와 함께 도착한 집정관 안토니우스는, 병사들이 군말 없이 자신의 명령을 따를 것이라고 기대한 나머지 처음부터 상황 대처에 실패했다. 군단 병사들은 고분고분하지 않았고, 안토니우스가 100데나리우스를 지급하겠다고 하자 야유를 퍼부었다. 이는 카이사르의 제안보다 5분의 1에 불과하고 반년 치 급여에도 미치지 않는 금액이었다. 집정관은 화를 참지 못하고 병사들을 협박해 복종을 강요하려 했고, 분노에 찬 목소리로 "명령에 따르는 법을 가르쳐 주겠다!"라고 고함쳤다. 안토니우스는 장교들에게 문제를 일으킨 병사들의 명단을 제출하라고 요구했다. 몇몇 병사들이 체포되어 처형되었고, 희생자 중에는 백인대장들도 있었다. 안토니우스가 기거했던 집으로 장교들과 병사들을 끌고 와 거기서 학살을 자행해 그들의 피가 풀비아에게까지 튀었다는 키케로의 주장이 과연 사실인지는 매우 의문스럽지만, 사실 여부는 중요치 않았다. 마르스 군단과 제4군단이 브룬디시움을 출발해 북쪽 갈리아 키살피나를 향해 해안을 따라 행군을 시작했을 때, 병사들의 사기는 바닥이었다.[18]

선두에 서서 진군했던 마르스 군단이 먼저 카이사르에 대한 지지를 공개적으로 선언했다. 곧이어 안토니우스의 재무관이 직접 지휘했던 제4군단이 카이사르로 돌아섰다. 이를 본 안토니우스가 병사 1인당 500데나리우스를 재빠르게 약속한 덕분에 카이사르에게 합류하기 위해 개인적으로 이탈한 몇몇 병사를 제외하고는 제2군단과 제35군단은 계속 통솔할 수 있었지만, 마르스 군단과 제4군단은 끝내 회유당하지 않았다. 안토니우스는 마침내 병사들을 협박하여 복종하게 하거나 낯선 이들에게는 충성을 기대할 수 없다는 사실을 깨달았으나, 이미 그의 군대 상당 부분을 잃은 후였다.[19]

11월 28일, 안토니우스는 원로원의 심야 회의를 소집하여(해가 지고 나서는 토론이 금지되었기 때문에 심야 회의 자체가 불법이었다) 젊은 카이사르를 공격했다. 다음 날에는 시 외곽에서 정예 병사들의 열병식을 계획하고 원로원 의원들의 참석을 요구했다. 병사들이 열병식에서 안토니우스에 대한 충성을 맹세할 때 참석한 원로원 의원 모두 그에 휩쓸려 얼떨결에 충성 서약을 하게 되었다. 이후 안토니우스는 갈리아 키살피나로 떠났고, 도중에 자신이 지휘했던 두 군단(제2군단과 제35군단) 및 또 하나의 부대와 합류했다. 이 부대는 율리우스 카이사르가 창설한 제5알라우다이 군단Legio V Alaudae(알라우다이는 '종달새들'이란 뜻으로, 갈리아 트란스알피나에서 모집되어 후에 시민권을 받은 군단이다)의 퇴역 병사들로 구성되었는데, 아마도 안토니우스가 그해 일찍이 모집한 6,000명 중에서 차출되었을 것이다. 키케로는 11월 초부터 안토니우스의 경호대를 알라우다이로 불렀다. 이외에도 안토니우스는 무어인 기병을 포함한 상당한 보조군을 보유하고 있었다. 모든 시대의 군부대들과 마찬가지로 로마 군단도 이론상의 최대 전력을 오랫동안 유지하기 힘들었기 때문에, 안토니우스의 병력은 약 1만 5,000명 정도였다. 모두 잘 훈련되고 군 장비도 제대로 갖춘, 작지만 강력한 군대였다.[20]

카이사르는 공직에 나서거나 원로원 의원이 되기에는 아직 어린 일반 시민이었으나, 이제 그는 공식적으로 편성된 군대를 보유한 인물이 되었다. 알바 푸켄스Alba Fucens에서 주둔 중이던 두 군단을 맞이하러 서둘러 이동한 그는 즉시 약속한 500데나리우스를 분배했다. 제4군단과 마르스 군단은 열병식을 열고 모의 전투로 마무리하는 훈련을 시행했다. 로마군의 기본 훈련이었으나 이 두 군단은 지난 몇 년간 파르티아 전쟁을 준비해 왔으므로 틀림없이 매우 수준 높은 모습을 보여주었을 것이다. 한 세기 후, 유대인 역사가 요세푸스Josephus는 로마군의 "훈련은 피 흘리지 않는 전투이고, 전투는 피 흘리는 훈련"이라고 다소 과장 섞어 이야기했다. 완전한 전력을 갖춘 군단은 각각 480명으로 구성된 10개의 보병대cohors로 구성되었다. 모두 중무장 보병으로 밀집 대형을 이루어 싸웠고, 투구(주로 청동제), 쇠사슬 갑옷 그리고 길쭉한 반 원통형 방패를 보호 장비로 썼다. (과거의 방패는 보통 타원형이었으나, 이 시기에는 우리에게 더 익숙한 사각형 모양으로 일반화되었을 것이다.) 필룸pilum이라는 무거운 투창을 들고 다니다 백병전에 돌입하기 전에 10~15야드(약 9~14m)의 유효 사거리 내에 있는 적에게 던지기도 하지만, 기본적으로 칼을 사용하였다. 아우구스투스 생전에 길이 2피트(약 60cm)도 되지 않는 전형적인 베고 찌르는 형태의 단검이 표준이 되었지만, 이 시기에는 칼날이 최대 1피트(약 30cm)까지 더 길었다. 고품질의 무거운 칼날은 베기에 적합하게 제작되었고, 특히 찌르면 치명적이었는데, 삼각형 모양의 칼끝으로 적의 쇠사슬 흉갑을 뚫을 수 있었다.[21]

마케도니아에서 온 군단들은 아마도 이론상 최대 전력에 매우 근접해 있었을 것이다. 군 장비도 완전히 갖추고 있었고, 야전 작전에 필요한 텐트, 노예, 짐 나르는 동물, 짐 안장, 수송 마차 등 모든 보조용품도 보유하고 있었다. 노련한 장교들의 훌륭한 지휘 아래 오랜 기간의 훈련을 마친 이들은 단결력도 높았고 정체성도 강했다. 마르스 군단도 이전에는 군단 번호가 있었을 것이나 전해지지 않았는데, 이 점 자체가 군단병들이 자신들의 군단 이름에 대해 얼마나 큰 자부심을 품고 있는지를 보여주는 하나의 증거였다. 마케도니아에서 온 이 두 군단을 지원하기 위해 카이사르는 제7군단과 제8군단을 재편성했다. 이 두 군단의 병사들 대부분은 퇴역 병사들이었지만, 주요 퇴역 병사 정착지에서 모집한 퇴역 병사들의 아들들과 같은 젊은이들이 포함되어 있었을 가능성도 배제할 수 없다. 병사 개개인을 보자면, 율리우스 카이사르의 지휘 아래 복무했던 제7군단과 제8군단의 병사들이 마케도니아 군단병들보다 전투 경험과 승리 경험이 훨씬 더 많았다. 하지만 당시 제7군단과 제8군단은 모든 종류의 장비가 부족한 상태였고, 여전히 재편성 과정에 있었다. 이 두 군단의 병사들을 집단적으로나 개인적으로 전투에 나갈 수 있는 상태로 만드는 데는 시간이 더 필요했다. 그러나 마케도니아에서 온 군단들은 이미 전투에 임할 준비가 잘 되어 있었고, 바로 이들 덕분에 열아홉 살의 카이사르가 즉각적으로 중요한 인물로 부상했다. 카이사르가 그들에게 명령을 내리거나 급여를 지급할 어떠한 법적 권한이 없었음에도 그들은 카이사르의 지휘를 받았다.

카이사르의 군대는 그 수와 질적인 면에서 마르쿠스 안토니우스의 군대와 대등했다. 그리고 기원전 43년의 집정관으로 내정된 두 인물도 4개의 신규 군단을 창설하는 중이었다. 모병 자원은 (이들이 자원병이었는지 징집병이었는지는 분명하지 않다) 풍부했으나, 군 경험이 있는 사람은 거의 없었다. 과거 율리우스 카이사르와 함께 복무했던 장교 중 다수가 좋은 보상 조건에 끌려 이미 다른 군단으로 갔기 때문에, 이 신규 군단의 편성과 훈련을 책임진 천인대장들과 백인대장들은 최고의 경험자나 능력자는 아니었을 것이다. 재소집된 퇴역 병사들로는 몇 달 혹은 몇 주 만이면 새로운 정예 군단을 만들 수 있었을 것이다. 그러나 막 창설된 신규 부대가 이러한 정예 군단과 대등해지려면 훨씬 더 많은 시간이 필요했다. 마케도니아에서 온 군단들은 훈련과 경험 면에서 4년 정도 앞서 있었다. 4개의 집정관 군단이 안토니우스의 군대와 맞닥뜨리면 완전히 열세에 놓일 것이라는 점은 누구도 의심하지 않았다. 따라서 안토니우스 군대와 전장에서 맞서려면 좀 더 강한 군대가 필요했는데, 이탈리아에서 찾을 수 있는 유일하게 강한 군대가 이미 카이사르에게 충성을 맹세했던 것이다.

기원전 43년의 집정관들인 아울루스 히르티우스Aulus Hirtius와 가이우스 비비우스 판사Caius Vibius Pansa는 모두 독재관이 선택한 인물들이어서 한동안 그를 충실히 섬겼다. 둘 다 명문가 출신이 아니었고, 아마 집정관으로서도 나이가 많은 편이었을 것이다. 키케로는 공개적으로는 이들을 넘치도록 칭찬했지만, 사적으로는 열정과 헌신이 부족하다고 여겼다. 율리우스 카이사르의 갈리아 원정 시 그들과 함께 일했던 그의 동생 퀸투스는 그들을 쓸모없고 부패한 작자들이라고 일축했다. 안토니우스가 로마를 비우자, 키케로는 다시 로마로 돌아와 안토니우스에 대항해 행동을 취하라고 원로원을 압박했다. 12월 20일, 키케로는 호민관들이 소집한 원로원 회의에서 〈3차 필리피카〉를 연설했다. 두 집정관과 여러 정무관은 이미 배정받은 속주로 떠난 상태였다. 11월에 젊은 카이사르의, 아니 키케로가 고집스럽게 불렀던 대로 '옥타비우스'의, 연설은 키케로를 이미 크게 실망시킨 바 있었다. 키케로는 자주 하던 대로 편지에 그리스어 구절을 인용하며 카이사르에 대한 실망감을 드러냈다. "이런 자 덕에 목숨을 부지하느니 차리라 목숨을 버리겠다!" 그러나 지금은 안토니우스가 훨씬 큰 악일 뿐만 아니라 유일한 악으로 보였다. 데키무스 브루투스는 안토니우스가 자기에게서 갈리아 키살피나를 인수 받으려는 것을 거부한다는 서한을 보냈다. 이러한 상황에서 작은 악은 용인할 수밖에 없다고 생각한 키케로는 드디어 그 열아홉 살 청년을 옥타비우스나 옥타비아누스가 아닌 카이사르라고 부르기 시작했다. 공화국은 불법적인 군대를 가진 열아홉 살 청년의 도움을 받을 수밖에 없었다.[22]

키케로의 수사는 여느 때처럼 상황에 맞게 고조되었다.

안토니우스의 광기가 절정에 달했을 때, 잔혹하고 무시무시한, 그의 브룬디시움에서의 귀환이 우리를 두려움에 떨게 했을 때, 소년이라 해도 무방한, 그러나 믿기지 않는, 말하자면 신적인, 지성과 용기를 지닌 가이우스 카이사르라는 한 젊은이가, 불가능해 보였으므로 우리가 도움을 요청할 생각은커녕 심지어 희망조차 품지 못했을 때, 공화국을 구하기 위해 자신의 유산을 아낌없이 써 무적의 노련한 병사들을 모아 매우 강건한 군대를 만들어…. 그가 공화국에 태어나지 않았더라면, 안토니우스의 죄악으로 인해 더 이상 공화국은 존재하지 않았을 것이다.23

이 젊은이의 병사들도 그들 몫의 찬사를 받았다.

마르스 군단에 대해서도 말하지 않을 수 없다. 마르스 군단 전체보다 더 용감히 싸웠고 공화국을 더 사랑했던 사람이 단 1명이라도 있었던가? 마르쿠스 안토니우스가 로마 인민의 적이라고 판단했기에 마르스 군단은 그의 광기에 협력하기를 거부했다. 그들이 보기에 시민들의 살육과 공화국의 파괴를 꾀하고 있는 집정관을 그들은 버렸다.24

이와 같은 키케로의 수사로, 마르스 군단과 제4군단의 반란(로마 집정관의 명령을 거부한 행위를 이 단어 외에는 법적으로 정의할 수 없다) 그리고 변절로 증가한 불법적인 사병 부대가 어떠한 적법한 권한도 없는 자의 명령을 따르고 있는 이 모든 상황 전개가 용인받는 결과를 낳았다. 이제 안토니우스는 더 이상 집정관이 아니라 공공의 적(또 하나의 카틸리나이거나 더 나쁘게는 스파르타쿠스 같은 존재)이 되었으므로 모든 것이 정당화될 수 있었다. 이것이 키케로의 논거였으나, 안토니우스가 실제로 그런 비난을 받을 만한 일을 했는지는 명확하지 않았다. 사실 법을 더 많이 어긴 사람은

카이사르였다.[25]

    키케로가 원한 만큼 빠른 속도는 아니었지만, 여론은 키케로의 말처럼 움직이기 시작했다. 카이사르와 그의 군대에 맞설 수 없다는 것이 현실이었다. 기원전 43년의 집정관들이 새로 조직한 4개의 군단은 안토니우스의 군대뿐만 아니라 카이사르 군대의 적수도 되지 못했다. 당장 제압할 수 없는 카이사르를 허용하고 심지어는 용인할 수밖에 없었다. 스물셋의 폼페이우스가 거느린 사병을 술라가 활용한 사실이 하나의 역사적 전례였다.

    안토니우스는 다른 문제였다. 그는 집정관이었고(안토니우스는 집정관으로서의 정통성을 적어도 히르티우스와 판사, 심지어 데키무스 브루투스만큼 주장할 수 있었다), 민회는 갈리아 키살피나 통치권을 안토니우스에게 부여하는 법을 통과시켰고, 카이사르는 그 법에 찬성하라고 유권자들을 독려하기까지 했다. 이 법안 표결의 합법성은 의심받았는데, 협박이 있었다는 주장도 있었지만, 나쁜 징조라고 꾸미려 한 것이 아니라 실제 당일 회의 중 천둥 번개가 쳤기 때문이다. 안토니우스에 대한 개인적 호불호나 그의 집정관직에 대한 인정 여부와 관계없이, 민회의 그 표결 때문에 내전을 불사하겠다는 움직임은 아직 없었다. 안토니우스는 원로원에 친구가 많았고, 그의 어머니와 아내도 지지 세력을 규합하려 최선을 다했다. 독재관 암살 공모자들은 모두 해외로 떠나 버려 그들에게 단지 동정적인 사람들만 남아 있었고, 데키무스 브루투스를 강력히 돕겠다는 사람들도 거의 없었다. 따라서 원로원은 안토니우스를 낭상 공공의 적으로 선언하기를 거부했고, 대신 3명의 고위 원로원 의원으로 사절단을 꾸려 안토니우스에게 대사로 파견했다. 그중 1명이 카이사르의 의붓아버지인 필리푸스였는데, 그가 타협을 진정으로 원하지 않았다는 증거는 없다.[26]

    협상은 결국 아무런 성과도 없었다. 안토니우스는 계속해서 카이사르를 공격했고, 카이사르의 본래 가문까지 모욕하면서 그가 실제로는 율리우스 카이사르의 아들이 아니라는 점을 계속 상기시켰다. '소위' 카이사르라는 자는 외국 노예의 후손으로 듣도 보도 못한 촌놈이며, 늙어가는 독재관의 총애를 얻기 위해 자신을 팔아넘긴 어린애에 불과하다는 것이었다. 귀족의 거만함이 묻어나는 말들이었지만, 로마의 통상적인 정치적 비방이었으므로 당시에도 대수롭지 않게 받아들여졌다.27

하지만 카이사르에 대한 안토니우스의 일부 언급은 그 맥락이 잊힌 후에도 말은 그대로 남아 오랫동안 널리 알려졌다. 안토니우스는 이 젊은 신예를 '이름 덕분에 모든 것을 얻은 소년'에 불과하다고 말했지만, 우리는 이 말에 '군대의 보유'를 덧붙일 수 있다. 키케로는 카이사르의 '이름'과 '군대' 이 두 가지 모두를 활용하려고 했다. 키케로에게는 안토니우스가 율리우스 카이사르보다 더 나쁜 존재로 보였기 때문이다. 개인적 반감도 있었지만, 더 큰 이유는 키케로가 안토니우스를 존경할 수 없었기 때문이다. 폭군이 살해된 후에도 폭정은 계속되고 있었고, 이 새로운 폭군은 율리우스 카이사르에 비해 내세울 업적이 없음에도 그 명성을 누리고 있었기 때문이다. 키케로에게 더욱 중요한 동기는 자신의 오랜 정치 경력에도 불구하고 로마가 다시 위기에 처했다는 사실에 대한 좌절과 실망 때문에 마지막으로 한 번 더 그토록 사랑하는 로마와 공화정을 위해 봉사할 수도 있겠다는(어쩌면 구할 수도 있겠다는) 생각이었다. 처음부터 젊은 카이사르는 키케로에게 경의와 존경을 표시했다. 진심에서 우러나온 것이 아니라고 생각할 필요는 없다. 키케로는 저명한 원로 정치인이었고, 야심에 찬 신예가 환심을 사둘 가치가 충분한 대상이었다. 그렇다고 해서 키케로가 이 청년에게 보인 애정이 완전히 꾸며 낸 것이라고 생각할 필요는 없다. 정치적 우정은, 종종 그것을 확고히 하는 결혼과 마찬가지로, 당장의 이득을 얻기 위해 맺어졌으므로 오래 가지 않을 것이란 점도 모두가 알았다. 당장은 서로가 서로에게 필요했고, 누구도 미래가 어떻게 펼쳐질지 알 수 없었다. 기원전 49년 카토와 그의 동지들이 율리우스 카이사르에게 맞서 폼페이우스를 이용하고자 했던 것처럼, 키케로는 이 소년과 그의 군대를 기꺼이 이용하고자 했다. 절대적인 신뢰가 있어야 상호 이익이 담보되는 건 아니었다. 카이사르는 겨우 열아홉 살이었고 정치적 경험도 없었다. 정말 카이사르는 장기적으로 위험한 인물이 안 될 것인가?[28]

히르티우스와 판사가 1월 1일부로 집정관이 되자, 키케로는 안토니우스에 대한 맹비난을 재개했다. '원로원 비상 의결'이 통과되었으나, 안토니우스에 대한 구체적인 언급은 피했다. 안토니우스의 삼촌인 루키우스 율리우스 카이사르Lucius Julius Caesar가 그를 공공의 적으로 선언하는 투표를 저지했고, 다른 문구들도 희석되었다. 국가 비상사태, 즉 투물투스tumultus가 선포되었으나, 아직 공식적으로 전쟁이 시작된 건 아니었다. 전쟁이 시작되지 않았다고 전쟁 준비가 멈춘 건 아니었다. 데키무스 브루투스가 갈리아 키살피나의 총독으로 확정되었다. 이보다 훨씬 더 극적으로, 카이사르는 전직 법무관에게 주어지는 임페리움이 부여되어, 마침내 그가 한동안 보유해 온 군대를 합법적으로 지휘할 수 있게 되었다. 카이사르는 원로원 의원도 되었고 재무관 직급으로 인정받아, 다른 공직에도 일반적인 경우보다 10년 먼저 나설 수 있게 되었다(그럼에도 집정관으로 출마하려면 아직 10년 이상의 세월이 더 필요했다). 그의 병사들도 지도자처럼 칭송받았다. 더구나 카이사르가 병사들을 모집하면서 약속했던 전역 상여금을 국가가 대신 지급해 주기로 합의했다.[29]

10대의 카이사르는 군대를 모집해 잠시 포룸을 점령했다가 충분한 지지를 얻지 못해 후퇴할 수밖에 없었다. 그러나 곧 돈으로 2개 군단의 충성을 사들여 무시할 수 없는 실력자가 되어, 자신과 싸우거나 자신을 인정하라고 원로원을 압박했다. 원로원은 후자를 선택했다. 이 모든 일이 불과 몇 달 사이에 벌어졌다. 곧 카이사르는 안토니우스와 전쟁을 벌일 것이고, 그 전쟁에서 자신의 '아버지'를 살해한 인물 중 1명이자 기원전 45년 히스파니아에서 같은 마차를 탔던 데키무스 브루투스를 돕게 될 것이었다.

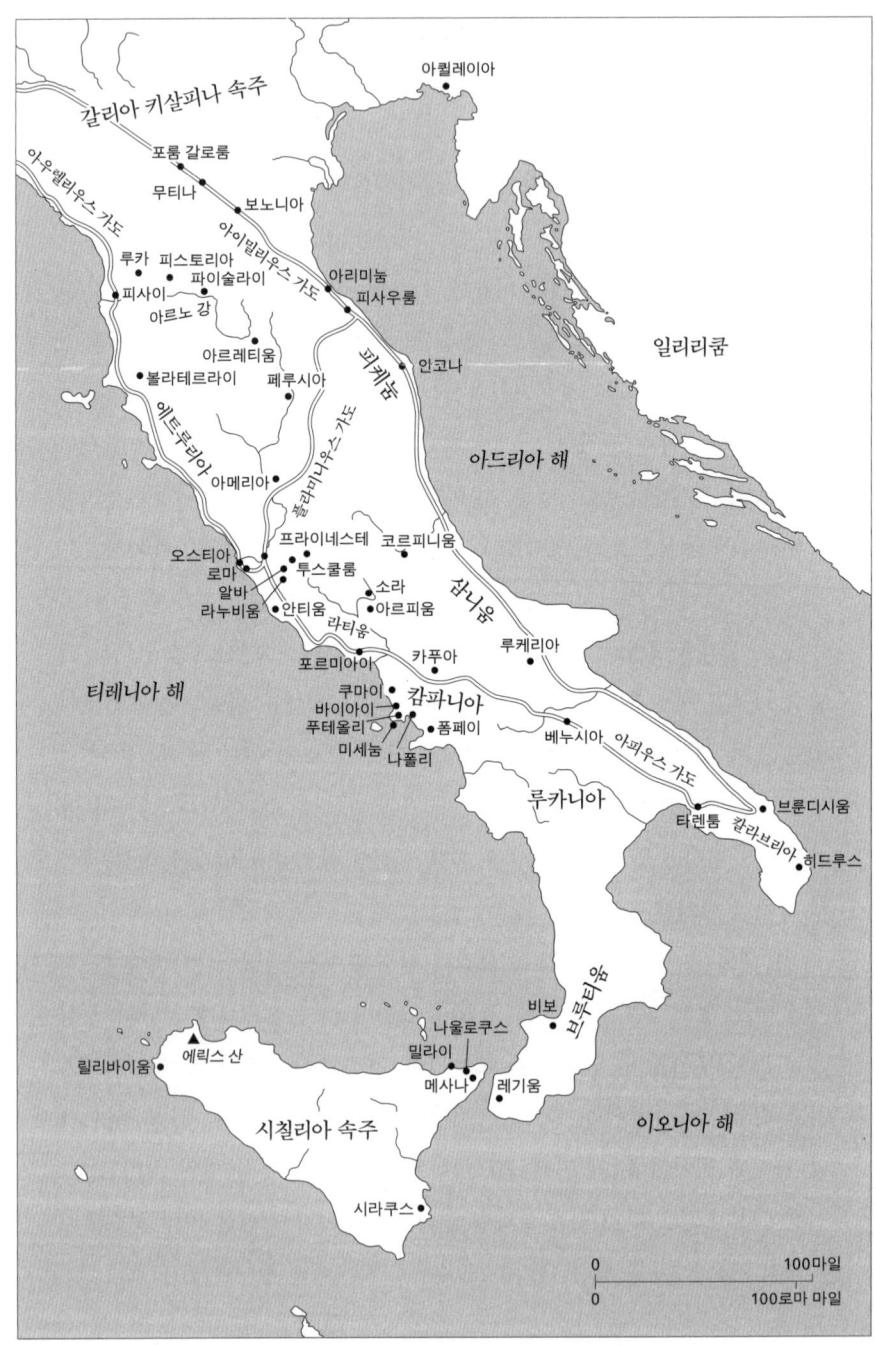

이탈리아

7장 보상과 배제

확실히 말하지만, 카이사르는 당신에 대해서는 불평하지 않았습니다. 다만 당신이 했다는 말을 꼭 집어 이야기하더군요. "우리는 그 젊은이를 찬양하고 보상한 다음 버려야 한다." 그는 자신이 버려지는 일은 없을 것이라고 덧붙였습니다.

— 데키무스 브루투스가 키케로에게, 기원전 43년 5월 24일[1]

협상은 아무런 성과를 거두지 못한 채 겨울이 지났다. 겨울철에는 병사들을 위한 식량 조달이 어려웠지만 집정관들은 새로운 군단을 훈련하고 물지를 모으느라 바빴다. 데키무스 브루투스는 무티나Mutina로 피신했고, 그의 군단병들은 짐 나르는 동물들을 잡아 염장한 고기로 연명했다. 안토니우스가 데키무스 브루투스의 군대를 봉쇄했지만, 아주 가까이 다가가 압박하지는 않았고 공격을 시도하지도 않았다. 시간은 그의 편이었다. 기다리기만 해도 상대는 굶주림에 시달리다가 결국 항복할 수밖에 없을 것이었다. 또한 적들이 선제공격에 나설 때까지 기다렸다가 격렬한 전투를 펼치는 것도 나쁘지 않았다. 진영은 아직 명확하게 정해지지 않았고, 군대를 동원할 수 있는 속주 총독들이 어떻게 행동할지도 불확실했다. 키케로는 히스파니아 속주 총독 가이우스 아시니우스 폴리오Caius Asinius Pollio와 갈리아 속주 총독 레피두스와 루키우스 무나티우스 플랑쿠스Lucius Munatius Plancus에게 그들 휘하의 군단들로 데키무스 브루투스를 지원하라고 촉구했다. 그들 모두 키케로에게 공화정에 대한 사랑과 충성을 말로는 약속했지만, 아무도 구체적인 행동은 취하지 않았다.2

한편 다른 브루투스, 즉 마르쿠스 유니우스 브루투스는 마케도니아 속주를 통치하며 그 주둔군을 지휘하고 있었다. 이 지역을 확보하라고 마르쿠스 안토니우스가 보낸 그의 동생 가이우스 안토니우스는 주둔군을 상대로 승리를 거두지 못했다. 오히려 병사들이 자신의 눈앞에서 투항하는 모습을 지켜보았고, 자신도 포로가 되었다. 트레보니우스는 돌라벨라에 의해 체포된 뒤 살해당했다(죽기 전 고문을 당했다는 일부 주장도 있다). 트레보니우스는 율리우스 카이사르의 암살자 중 첫 번째로 죽음을 맞았다. 얼마 지나지 않아 군단병들이 돌라벨라에게 등을 돌렸다. 몇 달 후 돌라벨라는 급속히 열세에 몰린 끝에 스스로 목숨을 끊었다. 결국 카시우스가 시리아에 주둔한 모든 군단을 장악했다. 다른 암살 공모자들도 군대를 확보했고, 속주들로부터 돈과 다른 자원들을 갈취하기 시작했다. 키케로는 이들이 이미 한 일들을 합법화하자고 원로원 설득에 나섰다. 그러나 이들 군대 중 어느 누구도 데키무스 브루투스를 도울 상황은 아니었다. 그리고 이탈리아 내의 판세를 결정지을 수 있는 병력은 여전히 카이사르와 그의 병사들뿐이었다.3

프로프라이토르 직위에 새로 임명된 카이사르는 기꺼이 두 집정관의 지휘하에 들어갔고, 그들과의 관계는 우호적이었다. 두 집정관 모두 그들의 이력으로 보아 확실한 율리우스 카이사르 추종자였다. 히르티우스가 율리우스 카이사르가 쓴 《갈리아 전쟁기》에 제8권을 추가한 것은 아마도 기원전 44년 말경이었을 것이다. 율리우스 카이사르가 쓴 《내전기Bellum Civile》

에 이어진 《알렉산드리아 전쟁기Bellum Alexandrinum》와 《아프리카 전쟁기 Bellum Africum》을 쓴 저자 역시 히르티우스일 것이다. 히르티우스가 과거 독재관의 승리를 기념하는 기록을 남겼다는 사실을 독재관 군대에서 복무했던 전직 장교들은 매우 긍정적으로 평가했다.[4]

3월이 되자, 원로원은 동원 가능한 군대들을 움직이기 시작했다. 카이사르가 거느린 군단들만이 제대로 전투 준비가 되어 있는 부대였으므로, 그는 자신의 제4군단과 마르스 군단을 히르티우스의 지휘 아래 두어 갈리아 키살피나로 향하도록 했다. 젊은 장군 카이사르는 제7군단을 이끌고 그 뒤를 따랐다(제8군단은 나중에 합류했을 것이다). 기병대와 경보병대도 함께 했다. 안토니우스에게 등을 돌린 군단들이 데려온 전투 코끼리 부대도 함께 했을 것이다. 히르티우스와 카이사르는 직접 뽑은 노련한 병사들로 각자 근위대cohortes praetoriae를 구성해, 평시에는 군사령부를 경호하고 전투 시에는 정예 전투원 역할을 하도록 했다. 공동 집정관 판사는 일단 로마 근교에 머물면서 4개 신규 군단의 훈련과 전쟁 준비를 서둘렀고, 한편으로 원로원 회의를 주재했다. 3월 19일, 판사는 원로원 회의에 참석했고, 다음 날은 로마를 떠나 4개의 신규 군단을 이끌고 북으로 향했다.[5]

히르티우스와 카이사르는 안토니우스의 전선 근처에 요새처럼 2개의 진영을 구축했지만, 후발 군대가 도착하기 전까지는 적의 전선을 돌파해 무티나로 진입하기에는 전력이 충분하지 않다고 판단했다. 봉화를 피워 데키무스 브루투스에게 신호를 보내기도 했지만, 한 전령이 적의 전초 기지를 몰래 통과해 강을 헤엄쳐 건너 무티나로 들어가기 전까지는 데키무스 브루투스가 그들의 도착을 아는지조차 확신할 수 없었다. 포위된 주둔군과 구원군 사이의 통신은 이런 용감한 병사들과 비둘기들이 아슬아슬하게 전해 주는 서신들에 의존할 수밖에 없었다. 수 주간 양측은 소규모 전투를 벌였다. 그 사이 마케도니아 군단이 카이사르의 지지를 선언했을 때 함께 합류했던 보조군 기병대 중 일부가 안토니우스에게 다시 투항하기도 했다.

안토니우스의 병력이 3개 군단 이상으로 증가한 것처럼 보이는 게 그에게도 증원군이 도착했던 것 같다. 봉쇄된 무티나에서는 데키무스 브루투스의 병사들이 먹을 식량이 바닥나고 있었지만, 히르티우스와 카이사르도 후발 부대가 도착하기 전까지는 그들을 도울 수 없었다.6

4월 둘째 주경, 판사와 그의 군대가 아이밀리우스 가도Via Aemilia를 따라 무티나에 가까이 다가오고 있었다. 안토니우스는 적군의 합류를 두고 볼 여유가 없었으므로, 아직 적이 분산되어 취약할 때 신속히 공격하기로 했다. 소규모 부대를 히르티우스와 카이사르의 진영으로 보내 시위성 공격을 하게 하여 각 진영의 수비군을 분주하게 만들었다. 안토니우스는 마케도니아 군단 중 2개 군단, 즉 제2군단 및 제35군단과 거기에 더해 기병대와 경보병 전력 대부분을 직접 이끌고, 판사의 풋내기 병사들을 매복 공격하기 위해 서둘러 남쪽으로 향했다. 안토니우스의 움직임을 감지했거나 보고받은 히르티우스는 4월 13일에서 14일 밤사이에 마르스 군단과 함께 자신과 카이사르의 근위대를 보내 판사와 합류해 판사의 부대를 호위하도록 했다. 이 작전은 만약 파견군이 길을 벗어나 더 강력한 안토니우스의 군대와 마주치면 전멸될 수도 있는 위험한 도박이었지만, 큰 어려움 없이 양쪽 병력을 합류시키는 데 성공했다.

4월 14일 아침, 양쪽 병력의 합류로 전력이 강화된 판사가 이끄는 군대가 무티나에서 약 7마일(약 11킬로미터) 넘게 떨어진 작은 마을 포룸 갈로룸Forum Gallorum에 접근했다. 안토니우스의 병사 대부분은 집안이나 도로 양쪽의 늪지와 덤불 지대에 숨어 있었지만, 그들의 전초 기지들이 눈에 띄자, 마르스 군단은 브룬디시움에서 벌어진 처형의 기억으로 분노에 싸인 나머지 경솔하게 공격에 나섰다. 그 결과 혼란스럽고 잔혹한 전투가 벌어졌고, 지형으로 인해 여러 개의 소규모 전투가 펼쳐졌다. 카이사르의 근위대는 도로 위에서 안토니우스의 경호대와 맞닥뜨리면서 끔찍한 피해를 입었다. 후방에서는 풋내기 병사들로 구성된 신규 군단이 전날 밤 구축했던 행군 진영으로 후퇴해 그곳에서 방어진 구축에 최선을 다했다.

그러나 마르스 군단은 버텨냈고, 심지어 제35군단을 반 마일(약 800미터)이나 밀어냈다. 하지만 시간이 지나며 안토니우스의 기병대가 위력을 나타내자, 마르스 군단은 후퇴할 수밖에 없었다. 잘 훈련된 병사들이 버텨내고, 판사와 그의 장교들이 통솔력을 발휘한 덕분에, 궤멸하지 않고 후퇴에 그칠 수 있었다. 대부분 병력이 신규 군단이 구축한 방어진으로 퇴각하여 한숨 돌릴 수 있었으나, 집정관 판사는 퇴각 중 옆구리에 무언가를 맞아 심각한 부상을 입었다. 안토니우스의 기병대가 방어진의 낮은 잔디 성벽을 공격했지만 돌파하는 데는 실패했다. 이미 늦은 오후였고, 안토니우스는 병사들이 지치고 배고파한다는 걸 깨달았다. 율리우스 카이사르였다면 틀림없이 그 자리에서 진영을 요새화하고 식량을 조달하여 적을 계속 압박했을 것이다. 그러나 안토니우스는 그 대신 병사들을 본 진영으로 퇴각시켰다.

이즈음 히르티우스와 카이사르는 안토니우스 부대의 시위성 공격이 눈속임이었다는 걸 깨달았다. 집정관 히르티우스는 제4군단과 제7군단 대부분을 이끌고 출발했고, 젊은 동료 카이사르에게는 진영 방어를 맡겼다. 운이 좋았든지 또는 계획대로 맞아떨어졌든지 간에, 히르티우스는 본 진영으로 물러나는 안토니우스의 군대를 공격할 수 있었다. 안토니우스 군은 저녁의 어스름한 빛 속에서 서둘러 전열을 갖췄지만, 승리의 들뜸이 피로로 바뀐 상태에서 육체적으로나 정신적으로 또 한 번의 전투를 치를 준비가 되어 있지 않았다. 제2군단과 제35군단은 무너졌고, 심각한 사상자가 발생했으며, 각 군단 모두 소중한 독수리 군기를 포함해 군기의 절반을 잃었다. 대부분의 병사가 뿔뿔이 흩어졌고, 일부가 포룸 갈로룸의 피신처에 겨우 닿았으며, 다른 이들은 늪지에 몸을 숨겼다. 안토니우스의 기병대만이 거의 손실 없이 탈출했고, 밤새 순찰대를 보내 가능한 한 많은 낙오자를 찾아서 데려왔다.[7]

이 잔존 병력 외에도 안토니우스에게는 전력 손실이 전혀 없는 제5알라우다이 군단과 다른 부대들이 있어서 무티나를 계속 봉쇄할 수 있었다. 안토니우스는 또한 그 수와 능력에서 뚜렷한 우위를 보이는 기병대를 보유하고 있어서 이후 며칠 동안 이어진 소규모 전투에서 좋은 성과를 거두었다. 하지만 수세에 처해 있는 안토니우스를 향해 히르티우스와 카이사르는 압박을 강화해 적진 가까이 진군한 후 거기에 진을 친 다음 싸움을 걸었으나, 안토니우스는 응하지 않았다. 이처럼 적을 도발하는 행위는 병력의 우위를 내세워 아군의 자신감을 북돋우는 좋은 방법이었다. 일주일이 지나자, 결국 안토니우스는 상대의 도발에 더 이상 참지 못하고 전투 대형을 갖추고 싸움에 나섰다. 안토니우스는 패배했고, 이 기회를 이용해 히르티우스와 카이사르는 요새화된 적의 진지를 향해 전면 공격을 펼쳤다. 열아홉 살의 청년 카이사르가 첫 전투에서 보인 역할은 미미했다(안토니우스는 후에 카이사르가 장군의 표식인 붉은 망토를 버리고 도망쳤다고 주장했다). 따라서 그는 이 두 번째 교전에서 영웅적인 전공을 세우려 의지를 불태웠을 것이다. 수에토니우스에 따르면, 카이사르는 교전 중 한 군단의 기수aquilifer가 부상을 입자, 그가 들었던 독수리 군기를 직접 들었다고 한다(망설이는 병사들의 사기를 북돋아 담대한 공격에 나서도록 부추기는 데 아주 효과적이라고 알려진 행동이었다). 요새화된 진지를 공격하는 것은 항상 어려운 작전이었지만, 그 결과는 병사들의 자신감과 수적 우세에 달려 있었다. 히르티우스는 안토니우스의 본진으로 돌파해 들어갔으나, 병영 막사들 사이에서 벌어진 혼란스러운 전투 중에 전사했다. 해 질 무렵 안토니우스 군은 여러 주요 진지에서 축출되었다. 안토니우스는 봉쇄를 포기하고, 새로운 증원군을 이끌고 오는 부하들과 합류할 수 있기를 희망하며 퇴각했다.[8]

신명 나는 추격이 될 수는 없었다. 히르티우스는 사망했고, 판사는 옆구리 부상으로 천막에 갇혀 있다가 그달이 끝나기 전에 끝내 숨졌다. 다음 해의 집정관 당선자였던 데키무스 브루투스(율리우스 카이사르가 생전에 임명한 집정관 중 1명이었다)는 카이사르의 상사였지만, 그의 군대는 수개월간 무티나에 포위되어 형편없는 식량으로 버티느라 열악한 상태였다. 또한 그들의 지휘관 데키무스 브루투스는 심각한 자금난에 시달리고 있어 병사들에게 급여는 고사하고 보급품도 지급하기 어려웠다. 봉쇄 기간 중 주둔군은 식량 부족으로 짐을 나르는 동물들뿐만 아니라 말들까지 도살했고, 이들을 달리 확보하기도 어려웠다. 데키무스 브루투스는 전장에 나갈 만한 기병대나 보급 수송대도 없었다. 그에게 구원의 손길을 제공할 수 있는 가장 강력한 부대는 젊은 카이사르에게 충성을 맹세한 군단뿐이었으나, 율리우스 카이사르와 함께 복무한 군단의 고참 병사들은 독재관의 암살자 중 1명인 데키무스 브루투스에게 좋은 감정을 품고 있지 않았다.[9]

카이사르는 이제 자신의 군단뿐만 아니라 집정관들의 군단도 사실상 지휘하게 되었다. 후에, 카이사르는 히르티우스의 살해를 명령하고(심지어 직접 살해하고), 그다음 판사의 죽음도 모의하여 그들의 군단을 인수했다는 비난을 받았다. 집정관 판사의 부상이 갑자기 악화되어 그의 주치의가 체포되어 심문받았다는 주장도 있었다. 사후적 시각과 내전 중의 선전 필요가 분명히 그 배경으로 작용했겠지만, 이러한 이야기들이 사실일 가능성은 낮다. 로마군의 지휘관은 전투선 바로 뒤에서 지휘했고, 붉은 망토와 화려한 갑옷을 입어 눈에 잘 띄었으므로, 투사체나 공명심에 불타는 용감한 적군의 공격 표적이 되는 위험에 노출되었기 때문이다. 같은 군복을 입은 군대들끼리 싸우는 내전에서는 혼란이 불가피해 지휘관들은 더 큰 위험에 빠졌다. 제1차 포룸 갈로룸 전투에서 마르스 군단의 지휘관 중 1명이 판사의 신병들에 의해 거의 살해될 뻔했으나, 마지막 순간에 신병들이 알아보아 겨우 목숨을 건진 사건도 있었다.[10]

2명의 집정관이 제거된 것이 누군가의 계획에 의해서가 아니라 우연의 결과였음은 틀림없지만, 어쨌든 이제 카이사르가 약 7~8개의 군단을 이끌어야 한다는 필연적인 결과를 낳았다.

다시 로마로

원로원은 포룸 갈로룸 전투의 전체 소식을 듣기 전에 안토니우스의 승리에 대한 소문(아마도 판사 군의 패배)을 먼저 들었다. 카이사르의 역할은 실제 미미했지만, 2명의 집정관과 카이사르는 1차 포룸 갈로룸 전투에서 세운 각자의 공적으로 찬사를 받았다. 안토니우스에 대한 두려움을 가지고 있던 키케로와 그 두려움을 공유했던 원로원 의원들은 2차 포룸 갈로룸 전투에서 무티나 봉쇄를 깨뜨렸다는 소식을 무엇보다 반겼다. 50일간의 공공 감사제가 선포되었다(분명히 내전에서 거둔 승리를 축하하는 것이었지만, 율리우스 카이사르에게 주어졌던 영예를 훨씬 뛰어넘는 것이었다). 안토니우스는 마침내 공공의 적으로 선포되었고, 브루투스와 카시우스는 그들 군대의 지휘권과 속주 통치권을 합법적으로 인정받았다. 하지만 모두가 기뻐했던 건 아니다. 아시니우스 폴리오는 히스파니아 속주 중 한 곳의 총독이자 오랫동안 율리우스 카이사를 추종했던 인물이었다. 그는 너무도 많은 이탈리아의 훌륭한 아들들이 헛되이 죽는다고 한탄하는 편지를 키케로에게 보냈다.[11]

데키무스 브루투스는 최선을 다했지만, 안토니우스의 탈출을 막을 수는 없었다. 5월 초, 그는 "내가 카이사르에게 명령을 내리는 것도 불가능하고, 카이사르가 자기 군대에 명령을 내리는 것도 불가능하다. 둘 다 나쁜 일이다"라고 불평했다. 그러자 원로원은 브루투스가 제4군단과 마르스 군단의 지휘권을 넘겨받아야 한다는 지시를 내렸다. 그러나 군단병들이 그를 지휘관으로 받아들이길 거부했고, 몇 주 후 키케로는 군단병들을 강제할 방법이 없다고 브루투스에게 인정해야 했다. 아마도 데키무스 브루투스는 일부 신병 군단을 지휘할 권한을 거의 영구적으로 받았을 것이고, 이들과 함께 지쳐 빠진 자기 병사들을 추슬러 안토니우스를 추격했다. 안토니우스는 곧 율리우스 카이사르의 옛 참모 장교 중 1명인 푸블리우스 벤티디우스 바수스Publius Ventidius Bassus가 창설한 3개의 신병 군단과 합류했다. 그 다음 전체 병력이 갈리아 트란살피나로 넘어갔다. 레피두스와 플랑쿠스는 안토니우스에게 맞서 싸우라고 촉구받았지만, 그들 휘하에 있는 최고의 장교들과 병사들 역시 율리우스 카이사르와 함께 복무했던 퇴역 병사들이었다. 5월에 안토니우스의 군단은 레피두스의 주력군 옆에 진을 쳤다. 양측 군대에 있던 옛 전우들이 만나 옛정을 나누다 보니 서로 싸울 의욕이 전혀 없다는 것이 곧 분명해졌다. 레피두스의 군단병들이 안토니우스를 지지한다고 선언했고, 그들의 지휘관 레피두스도 곧 그들을 따랐다. 레피두스의 부하인 원로원 의원 1명이 자살했지만, 더 이상의 죽음은 없었다. 레피두스와 안토니우스는 이제 동맹이 되었고, 곧 플랑쿠스와 뒤를 이어 아시니우스 폴리오도 합세했다. 공공의 적은 이제 그 어느 때보다도 더 강력해졌다.[12]

원로원은 표결을 거쳐 데키무스 브루투스에게 개선식을 수여했다. 카이사르는 그보다 낮은 영예인 소개선식ovatia을 받았는데, 소개선식 수령자는 전차 대신 말을 타고 행진하므로 개선식에 비해 그 영예가 덜 했다. 군단을 해산하고 전역 병사들에게 토지를 분배할 목적으로 설립된 위원회에 두 사람 모두 제외되었는데, 이는 젊은 지휘관 카이사르의 군대를 없애는 조치였을 뿐만 아니라, 그가 위원으로 활동하면서 병사들에게 제공하는 보상을 통해 그들의 호의를 얻을 기회마저 박탈하는 것을 의미했다. 다수의 원로원 의원은 위기가 끝났다고 생각하며 안도하는 경향을 보였고, 결국 안토니우스가 재규합한 병력 규모를 제때 파악하지 못했다. 원로원은 한 회의에서 군단이 망명했을 경우, 약속한 포상금을 절반으로 줄인다는 경솔한 결정을 내렸다.[13]

5월 24일, 데키무스 브루투스는 키케로에게 편지를 보내, 카이사르가 자기 참모 중 한 사람에게서 들었다며 키케로가 했다는 말을 반복하고 있다고 전했다. 그 말은 "그 젊은이는 칭찬하고, 보상한 다음 버려야 한다"였다. 키케로도 자신이 한 말임을 부인하지 않았고, 'laudandum aduluscentum, ornandum, tollendum'란 라틴어 문장의 어조(특히 마지막 단어는 '들어 올린다'와 '제쳐둔다'라는 이중적 의미를 지닌다)로 보아 키케로가 그 말은 한 것은 사실로 보인다.[14]

카이사르는 처음부터 안토니우스를 제어하기 위한 편리한 수단이었다. 카이사르는 원로원의 명령을 따름으로써 자신의 군대 모집을 법적으로 승인받았고, 따라서 다가올 권력 투쟁에 주요 일원으로 뛰어들 수 있었다. 그러나 이제 원로원은 브루투스와 카시우스의 군사력 증강도 공식적으로 승인해 주었고, 심지어 히스파니아와 지중해 연안 섬들에서 반란을 일으킨 폼페이우스 마그누스의 둘째 아들인 섹스투스 폼페이우스까지 인정했다. 이들 중 누구도 율리우스 카이사르의 후계자에게 호의적일 수는 없었을 것이다. 그해 초, 안토니우스는 히르티우스와 카이사르에게 편지를 써서, 그들 사이의 갈등으로 이득을 보는 사람들은 오직 이전 폼페이우스 추종자들뿐이라고 경고하기도 했다.[15]

카이사르는 '버려질' 생각이 없었으므로 자신의 의도를 공공연히 밝혔다. 다른 모든 이들처럼, 카이사르의 관심은 자기의 지위를 오래 유지하는 것이었다. 그달 초, 데키무스 브루투스는 히르티우스와 판사의 죽음으로 공석이 된 집정관직을 카이사르가 노리고 있다는 걸 눈치챘다. 카이사르가 키케로에게 접근하여 둘이 함께 집정관에 나서자고 제안했을 수도 있다. 그 노련한 웅변가는 이미 2개의 공석 중 하나를 차지했다는 소문도 돌았다. 마르쿠스 브루투스는 마케도니아에서 이 소문을 들었는데, 그는 애초부터 카이사르를 집정관으로 기용한다는 생각에 우려를 표명했다. 6월에 키케로는 브루투스에게 편지를 써, 원로원에서 자기가 카이사르를 최고 공직인 집정관으로 추대하려고 노력하는 카이사르의 친척들을 향해 반대 발언을 했다며 그를 안심시켰다. 키케로가 언급한 카이사르의 친척은 필리푸스와 마르켈루스였을 것이다. 키케로는 카이사르에게도 그처럼 무모한 야망을 포기하라고 직접 말했지만, 그럼에도 카이사르를 높이 평가하는 발언은 계속했다. 브루투스는 여전히 키케로의 말에 설득되지 않았고(브루투스는 자기 믿음에 집착하는 경향이 있다고 율리우스 카이사르가 지적한 바 있었다), 키케로가 너무 쉽게 겁을 먹고 또 어린애의 아첨에 너무 쉽게 넘어간다고 오히려 우려했다. 브루투스는 카이사르를 자신과 그의 동료들이 폭군이라며 죽였던 바로 그 율리우스 카이사르의 이름과 재산을 함께 물려받은, 선출되지 않은 군사 지도자 정도로 여겼다. 결국 키케로는 '해방자들'의 지도자 브루투스에게 군대를 이끌고 이탈리아로 돌아오라고 촉구했다. 결국 이상理想보다는 군대가 더 중요했던 것이다.[16]

 7월에 카이사르 군단의 대표단이 로마에 도착했다. 400명 규모로 대략 한 보병대 크기였기 때문에, 그 자체로는 군대라고 할 수는 없었지만, 상당수의 백인대장과 함께 일반 병사들의 대표들로 구성되어 있었다. 그들은 지휘관 카이사르에게는 집정관직을, 자신들에게는 약속한 포상금 전부를 달라고 요청했다. 수에토니우스는 대표단의 대변인이 코르넬리우스Cornelius라는 이름의 백인대장이었다고 주장한다. 그는 법정 연령 미만의 젊은이들도 국가가 그들의 재능이 필요할 때는 최고 지도자의 위치에 올랐다는 주로 먼 옛날의 전례들을 인용했다. 백인대장들은 어느 정도의 재산이 있는 사람들이었고, 일부는 이탈리아 지방 도시의 귀족 출신이었다. 그들을 일반 병사에서 진급한 중간 간부쯤으로 보는 견해는 안타깝게도 지금까지 지속되는 잘못된 통념이다. 여하튼 그들을 사회적 지위가 훨씬 낮은 사람들로 보았던 원로원 의원들은 자기들 주장을 펼치는 그들의 강압적인 어조에 분개했고, 분노에 차서 그들의 요구를 거절했다. 그러자 코르넬리우스는 자신의 군용 망토를 옆으로 제치며, 일반 병사들과 달리 백인대장들만 왼쪽 허리에 차는 칼의 손잡이와 칼자루를 보여주었다고 한다. 그리고 그는 "당신들이 하지 않는다면, 이것이 할 것이다"라고 말했다.[17]

 그처럼 노골적인 위협은 지어낸 이야기일 수도 있지만, 곧 현실이 되었다. 대표단이 갈리아 키살피나에 있던 카이사르에게 돌아갔을 때, 자신들을 로마로 이끌 것을 그에게 '요구했다'. 카이사르는 어떠한 망설임도 없이 군단을 이끌고 남쪽으로 향했다. 이리하여 카이사르 가문의 또 다른 인물이 그 군대를 이끌고 루비콘강을 건너게 되었는데, 이번의 루비콘 도강은 과거 율리우스 카이사르의 도강과 달리, 임페리움(지휘권)을 둘러싼 형식적 문제가 아무런 영향을 미치지 않았다. 카이사르는 그의 군 지휘권이 특정 지역에 제한되지 않는 특별 권한을 이미 부여받았기 때문이다. 카이사르는 약 8개의 군단을 보유하고 있었다. 그에 비해 원로원은 판사가 조직한 하나의 군단만 보유했는데, 그나마도 당장 실전에 투입하기에는 부적합해 보였다. 원로원은 로마를 보호하기 위해 북아프리카 속주에 전령을 보내 그곳의 3개 군단을 로마로 소환했다.

뒤늦게 자신들의 실수를 깨달은 원로원은 표결을 거쳐 부재중에도 선거에 출마할 수 있는 권리를 카이사르에게 부여했다. 이는 기원전 49년에 율리우스 카이사르가 원했던 바로 그 권리였다. 그러나 카이사르는 원로원을 더 이상 믿을 수 없었고, 계속해서 로마로 진군했다. 카이사르가 로마에 도착하기 전에 아프리카 속주의 2개 군단이 로마에 도착했다. 아프리카 군단은 판사가 남긴 신병 군단보다 훈련은 더 잘 되어 있었지만, 이 3개 군단이 수적 열세를 아랑곳하지 않고 8개 군단과 맞서 싸울 동기는 없었다. 그런데도 복수의 법무관 지휘하에 방어 태세를 갖추기 시작했다. 아티아와 옥타비아를 인질로 잡으려는 사악한 시도도 있었으나, 그들을 찾지 못해 실패했다. 아마도 경고를 받았거나, 상황이 위험하다는 것을 영리하게 깨닫고 미리 피신했을 것이다.

카이사르가 로마에 도착하자, 원로원 군단들은 눈치 빠르게 카이사르에게 투항했다. 법무관 1명이 수치심과 분노로 자결했지만, 카이사르와 그의 근위대가 로마 시내로 행군하는 동안 실질적인 전투는 없었다. 군중은 물론 원로원 의원들이 줄지어 찾아와 카이사르를 환영했다. 키케로가 마지막으로 왔는데, 젊은 카이사르는 그를 차갑게 지켜보았다. 그런 후 밤사이 마르스 군단과 제4군단이 카이사르에게 반란을 일으켰다는 소문이 퍼졌다. 원로원은 동이 트기 전에 소집되어(또 다른 관례 위반이었다) 그 소식에 잠시 기쁨에 들떴으나 곧 사실이 아님을 알게 되었다.

기원전 43년 8월 19일, 카이사르는 19년 10개월 26일의 나이에 집정관으로 당선되었다. 그렇게 젊은 나이에 그 직책을 맡은 사람은 없었으므로 카이사르는 그 전례 없는 기록을 자랑스러워했다. 공동 집정관은 율리우스 카이사르의 조카인 퀸투스 페디우스였다. 다른 후보자들도 있었는지는 불분명하지만, 로마 시민들이 투표장을 줄지어 통과해 투표하는 동안 선거의 모든 형식적 절차는 유지되었다. 유권자들이 표심을 정하는 데 도움을 주기 위해 카이사르의 군단은 마르스 평원에 주둔해 있었지만, 카이사르가 진정으로 대중적 지지를 받았을 가능성도 아주 높다. 선거 승리 후, 카이사르가 전통적인 희생제를 올릴 때 12마리의 독수리가 그의 머리 위로 날아갔다고 전해진다. 신화에 따르면, 로물루스가 로마를 건설할 때도 같은 일이 있었다.

얼마 지나지 않아 로마 시민들은 다시 모였다. 이번에는 율리우스 카이사르가 카이사르를 정식으로 입양했다는 사실을 법으로 확정하는 투표를 하기 위해서였다. 다른 법들도 이어졌는데, 그중에는 기원전 44년 3월 17일의 사면 조치를 뒤집고, 독재관의 살해를 범죄로 선언하는 법도 있었다. 브루투스와 카시우스가 각각 차지한 속주에 대해서는 공식 인정이 철회되었고, 특설 법정은 궐석으로 진행된 재판에서 하루 만에 브루투스와 카시우스를 포함한 암살 공모자들에게 유죄를 선고했다. 배심원들은 신중하게 선정되었고, 그만큼 신중하게 감시받았지만, 단 1명만은 무죄에 찬성표를 던졌다. 암살 공모자들은 분명 독재관을 살해했고 그 행위를 자랑스러워했기에, 독재관의 살해를 범죄로 간주하는 한 그들은 당연히 유죄였다. 궐석 재판이란 관례를 벗어난 절차를 통해 그렇게 서둘러 판결했다는 점에서 우려가 없지 않았으나, 기원전 63년 키케로가 주재했던 카틸리나 공모자들의 재판보다는 더 형식을 갖춘 재판이었다. 또 다른 법은 안토니우스와 레피두스를 공공의 적으로 낙인찍었던 법을 뒤집었다. 돌라벨라 역시 공공의 적에서 합법적인 전직 정무관으로 복권되었는데, 이 소식을 듣기 전에 그는 이미 사망했을 것이다. 섹스투스 폼페이우스는 잠시 누렸던 합법적 권력을 잃고 다시 반역자가 되었다. 젊은 카이사르의 암살을 모의했다는 혐의로 기소된 한 법무관은 즉각 해임되고 사형 선고를 받았다. 당시로서는 예외적으로 신속하고 가혹한 판결이었다.

독재관이 유언장에 명시하여 로마 시민들에게 남긴 유산의 나머지는, 마침내 공식적으로 그의 후계자이자 아들이 된 젊은 카이사르가 지급했다. 카이사르는 거의 빈 국고를 털어 그의 군단병들에게 포상금의 절반인 2,500데나리우스를 지급했고, 나머지 절반은 나중에 지급하겠다고 약속했다. 카이사르는 새로 얻은 군단들의 병사들에게도 포상금의 일부 또는 전부를 지급하는 관대함을 보였다. 결국 그의 권력은 군대에서 비롯되었기 때문이다. 카이사르는 이제 11개의 군단을 보유했지만, 안토니우스와 레피두스의 병력은 그 두 배였다. 대부분의 군단은 이론적인 최대 병력에 비해 절반 이하 수준으로 허술하게 편성되었다. 지휘관의 위신은 그가 지휘하는 병사의 정확한 숫자보다 그가 거느리는 군단의 수가 좌우했으므로 가능한 군단 수를 늘리는 경향이 있었는데, 이는 충성스러운 추종자들을 승진시켜 임명할 고위직급을 더 많이 만드는 추가적인 이점도 있었다.[18]

카이사르와 그의 군단은 북쪽 갈리아 키살피나로 다시 행군할 예정이었다. 안토니우스와 레피두스가 카이사르를 기다리고 있었다. 데키무스 브루투스는 조심스럽게 거리를 유지하면서 안토니우스와 레피두스를 추격했지만, 수적 열세로 전투를 벌일 엄두는 내지 못했다. 데키무스 브루투스는 무나티우스 플랑쿠스의 군대와 잠시 합류했으나, 이후 병사들이 안토니우스에게 투항하기 시작했다. 데키무스 브루투스는 그의 병사들이 대거 탈영하자, 소수 기병대의 호위를 받으며 도망쳐 한 갈리아 부족장에게 피신했다. 데키무스 브루투스가 율리우스 카이사르의 참모로 있을 때부터 알고 있던 부족장이었지만, 오랫동안 서로 환대하던 관계도 당장의 필요 앞에서 무너졌다. 아마도 안토니우스의 명령으로(그리고 분명히 그의 사후 승인으로) 데키무스 브루투스는 살해되었고, 그의 머리는 증거로 안토니우스에게 보내졌다.

양측의 최고 장교들과 병사들은 모두 율리우스 카이사르를 위해 싸웠다. 따라서 그들은 독재관에 대해 좋은 추억을 여전히 가지고 있었던 만큼 독재관의 암살자들에게는 적대감을 품었다. 카이사르의 군대는 레피두스와 안토니우스의 군대에 비해 절반 정도의 규모에 불과했지만, 양측 군대가 서로 싸우기를 원하지 않았기 때문에, 카이사르는 큰 두려움 없이 상대 진영에 접근할 수 있었다. 세 지도자 모두 서로를 공격하기가 어려울 것이라는 걸 알았다. 더 중요한 것은 서로 싸워도 얻을 것이 거의 없다는 점이었다. 안토니우스가 지난해 자칭 '해방자'들과 공존하려 했던 것은 순전히 양측 모두의 필요 때문이었다. 브루투스와 카시우스는 동방 속주들의 군사력을 등에 업고 있었기 때문에, 안토니우스나 레피두스, 더 나아가 젊은 카이사르에게 우호적이거나 타협하려는 태도를 보일 가능성은 낮았다. 그들의 선의를 믿는 것은 분명 너무 큰 위험이었다. 이런 감정을 브루투스와 카시우스 그리고 그들의 동맹자들도 같은 강도로 느꼈을 것이다.[19]

안토니우스, 레피두스 그리고 카이사르는 서로 편지와 사절을 교환하며, 모두 타협할 의사가 있다는 걸 알았다. 10월 말, 세 사람은 그들의 참모들과 함께 무티나 북쪽에 있는 보노니아Bononia 인근에서 만나 이틀간 상호 동맹의 세부 사항을 협상했다. 각자 5개 군단을 이끌었고, 각자의 초병들이 강 건너편에서 지켜보는 가운데 세 지도자는 작은 섬에서 대화를 나누었다. 협상의 결과로 맺은 협약은 로마 역사에서 전례가 없는 것이었다. 사실 어느 시대에서도 비견할 만한 것을 찾기 어렵다. 폼페이우스, 크라수스, 율리우스 카이사르가 맺었던 비공식 협력 협정과 달리, 이번 동맹은 로마에 도착하자마자 법적으로 비준될 예정이었다. 세 사람은 독재관에게만 주어졌던 최고 권력을 공유하기로 합의했다. 그들은 국가 재건을 위한 3인 위원회tresviri rei publicae constituendae, 즉 국가를 재건할 권한을 가진 삼두(문자 그대로는 3명으로 이루어진 위원회)가 될 것이었다. 이처럼 막강한 권력을 가진 카이사르는 자신이 잠시 맡았던 집정관직을 벤티디우스에게 넘기기로 했다. 벤티디우스는 현직 법무관으로, 증원군을 이끌고 가 안토니우스를 구했던 바로 그 인물이었다. 벤티디우스는 그해 남은 몇 주 동안 집정관직을 맡았지만, 남은 평생 전직 집정관이라는 신분을 갖게 되었다.

세 사람은 연합 군대의 상당 부분을 이끌고 로마로 향했다. 이탈리아에는 그들을 막아설 세력이 더는 남아 있지 않아서, 몇 달 전 카이사르가 로마에 도착했을 때처럼 그들의 로마 입성은 평화로웠다. 11월 27일, 티티우스Titius라는 이름의 호민관이 민회를 소집해 삼두정을 공식적으로 비준하며, 그들에게 5년간의 권한을 부여했다. 민회는 또한 그들이 이미 나눠 가진 속주들을 공식적으로 승인했을 것이다. 레피두스는 갈리아 트란스알피나와 히스파니아 속주들을 차지했고, 안토니우스는 나머지 갈리아를 가졌다. 카이사르는 시칠리아와 사르디니아, 기타 작은 섬들 그리고 북아프리카를 할당받았다. 카이사르가 할당받은 지역의 상당 부분은 이미 섹스투스 폼페이우스에게 점령되었거나 곧 점령될 가장 취약한 속주들이었다. 섹스투스 폼페이우스의 아버지인 폼페이우스 마그누스처럼 삼두들도 자신들의 속주를 대관 총독을 통해 통치했으며, 직접 부임할 의무는 없었다. 중요한 것은 속주에 주둔한 군단을 지휘하는 것이었다. 스무 살의 카이사르에게는 광범위한 속주들을 통치하여 장기적으로 얻을 수 있는 이점보다 강력한 군대를 보유하는 것이 훨씬 더 중요했다.[20]

사실 삼두는 국가보다 자신들에게 더욱 충성하는 군대를 거느린 노골적인 군벌들이었다. 브루투스와 카시우스 그리고 섹스투스 폼페이우스 역시 군벌들이었고, 이들도 병사들의 충성을 확보하기 위해 아낌없이 후한 선물을 제공했다. 카이사르도 그들과 다르지 않았지만, 그의 정치적 부상은 그들 중 가장 빠르고 화려했다. 보통의 상황이었다면 카이사르는 이제 막 군대에서 하급 장교로 복무하거나 법정에서 변호인으로서 등장할 나이였다. 그러나 그는 이미 세계에서 가장 강력한 힘을 가진 인물 중 하나가 되어 있었다.

8장 복수와 불화

공화국의 질서를 바로 세우고 규율하라고 로마 시민이 선택한 마르쿠스 레피두스, 마르쿠스 안토니우스, 옥타비우스 카이사르는 배신의 반역자들이 자비를 구해 용서받은 후 도리어 은인들의 적이 되어 그 은인들을 상대로 음모를 꾸미지 않았더라면, 가이우스 카이사르도 자신이 관용을 베풀어 살려준 자들에 의해 살해되지 않았을 것이라고 선언한다. 우리 또한… 모욕당하고 공공의 적으로 선포되지 않았을 것이다. 이제… 적들의 손에 당하느니 차라리 선수 치는 게 낫다.

- 아피아노스의 공권 박탈령에 관해, 2세기 초[1]

그러나 꼭 언급하고 지나가야 할 점은 공권 박탈 희생자들에게 가장 충성스러웠던 사람은 그들의 아내들이었다는 것이다. 해방 노예는 적지 않게, 노예는 약간 충성했지만, 그들의 아들들은 전혀 충성하지 않았다.

- 벨레이우스 파테르쿨루스, 1세기 초[2]

대량 살상과 함께 삼두정은 시작되었다. 보노니아에서 남쪽으로 행군을 시작하면서 카이사르와 안토니우스, 레피두스는 10여 명의 저명인사를 제거하라고 병사들을 먼저 보냈다. 어떠한 사전 경고도 없었다. 그렇지만 키케로를 포함해 몇몇 희생자들은 위험을 예상하고 로마에서 도망쳤다. 먼저 도착한 병사들이 4명을 살해하고 나머지 인물을 찾아다니자, 자신들도 위험할 수 있다는 공포에 질려 밤새 로마의 지배층은 공황에 빠졌다. 카이사르의 공동 집정관이자 그의 삼촌인 페디우스는 시내 곳곳으로 전령을 보내 아침이 되면 병사들이 찾고 있는 사람들의 명단을 발표하겠다며 시민들을 진정시켰다. 젊지도 않고 건강도 좋지 않았던 페디우스는 사태의 중압감을 이기지 못해 급격히 건강이 나빠져 며칠 뒤 사망했다고 전해진다. 삼두는 그렇게 공석이 된 집정관직에 그들의 추종자 중 1명을 보상 차원으로 임명해 그해의 마지막 몇 주 동안 집정관으로 지내게 했다.[3]

일단 삼두가 로마에 도착하자, 술라의 공권 박탈 관행이 부활하면서 살인은 더욱 공공연히 자행되고 게다가 제도화되었다. 포룸에 2개의 명단이 게시되었는데, 그중 한 명단에는 원로원 의원들의 이름만 적혀 있었다 한다. 이 명단에 오른 사람들은 모든 법적 보호를 상실해 삼두의 부하들뿐만 아니라 원하는 사람은 누구라도 그들을 살해하고 그에 대한 보상으로 그들의 재산 일부를 받을 수 있었다. 보상금은 희생자의 머리를 잘라 가져다주면 지급되었고, 잘린 머리들은 이후 로스트라Rostra(공공연설대)에 매달렸다. 나머지 시신은 살해된 장소에 방치되거나 도시의 쓰레기와 함께 티베리스강에 버려졌다. 가까운 가족을 포함해 누구든 이들을 도우려 하면 공권 박탈 대상자가 될 위험을 감수해야 했다. 초기 희생자 명단은 수백 명이었으나, 몇 달이 지나면서 2,000명 이상으로 늘었다. 아무리 나름의 형식을 갖추었다고 해도 공권 박탈은 결국, 키케로가 재판 없이 카틸리나 모반자들을 처형했던 일을 무색하게 하는, 대규모로 자행된 불법적인 살인이었다는 명백한 진실을 감출 수는 없다. 키케로의 무재판 처형 때와 달리 이번에는 호민관들을 포함한 그 누구도 항의의 목소리를 내지 않았다. 안토니우스의 지휘관 중 1명은 후에 "당신을 공권 박탈 대상자로 만들 수 있는 누군가를 비판하는 글을 쓰는 것은 쉽지 않은 일이다"라고 냉담하게 말했다. 이탈리아에 주둔한 모든 군대가 사실상 삼두의 휘하에 있었으므로, 비록 그들이 각각 1개의 군단과 근위대만을 이끌고 로마로 왔어도 그들의 의지에 맞서 싸울 수 있는 세력은 없었다.[4]

새로운 체제의 정통성은 허약했다. 삼두정을 합법화한 티티우스 법lex Titia은 법안 통과 전 3일간의 심사 기간을 두어야 한다는 법적 요건을 무시한 채, 제출된 당일 서둘러 통과되었다. 삼두는 공권 박탈이 국가와 국가 지도자들의 적을 제거하는 데 필요한 조치라고 주장했다. 그들은 율리우스 카이사르는 그가 관용을 베풀어 살려준 자들에게 결국 살해당했다고 강조하며, 자신들은 그런 실수를 반복하지 않을 것이므로, 적이라 생각되는 모든 사람은 우정이나 가족 관계에도 얽매이지 않고 무자비하게 처형할 것이라고 선언했다. 공권 박탈 명단을 작성하면서 카이사르, 안토니우스, 레피두스는 명단을 두고 서로 거래하기도 했는데, 이를 후에 셰익스피어는 연극의 한 장면으로 섬뜩하게 재현했다. "이 많은 이들이 죽으리니, 그들의 이름에 표식이 찍혔도다." 안토니우스는 자기 외삼촌인 루키우스 율리우스 카이사르를, 레피두스는 친형제인 아이밀리우스 파울루스Aemilius Paullus를 명단에 포함했는데, 두 사람 모두 전직 집정관이었다. 젊은 카이사르에게는 희생시킬 만한 유명 친척이 많지 않았으므로 친아버지가 유산으로 남긴 많은 토지를 횡령한 혐의가 있는 전 후견인 토라니우스를 명단에 포함시키는 것으로 만족했다.[5]

아이밀리우스 파울루스는 밀레투스Miletus로 도망쳐 망명 생활을 했다. 레피두스가 진지하게 그를 추적하지 않은 걸로 보아 레피두스가 사전에 위험을 알려 주었을 것이다. 안토니우스의 어머니 율리아는 자신의 오빠를 자기 집에 숨겼다. 처형자들이 도착하자 문을 막아서며, 플루타르코스의 기록에 따르면, "너희 지휘관의 어머니인 나를 먼저 죽이지 않고서는 루키우스 카이사르를 죽일 수 없다!"라고 말했다고 한다. 후에 그녀는 사람들이 보는 앞에서 포룸에 있던 자기 아들에게 다가가 말을 걸었고, 안토니우스는 '마지못해' 자기 외삼촌을 사면했다. 토라니우스는 그러한 보호자가 없어 결국 죽었다. 이후 약 1년 동안 수백 명 이상이 죽었다.6

키케로는 탈출에 성공할 수도 있었다. 동쪽으로 향하는 배를 탔으나 악천후로 바람에 밀려 해안으로 돌아왔고, 다시 시도할 의욕을 잃었던 것으로 보인다. 그 사이 그의 동생 퀸투스와 조카는 붙잡혀 살해되었다. 당시 키케로의 아들은 안전하게 아테네에서 학업을 하고 있었으나 곧 브루투스의 부관이 되어 삼두에 대항하여 전쟁에 참여하게 될 것이었다. 키케로는 체념했지만 용기 있게 또 품위를 잃지 않은 채 기원전 43년 12월 7일 최후를 맞았다. 키케로는 그때까지의 공권 박탈의 희생자 중 가장 저명한 인물이었으며, 또 전직 집정관 중에서는 첫 희생자였으므로 그의 죽음은 삼두정에 반기를 들면 아무리 유력한 인물이라도 안전하지 않을 것이라는 강력한 경고로 작용했다. 성공적인 이력에도 불구하고 여전히 '신인'이었던 키케로는 기존 귀족 가문들이 누렸던 여러 세대에 걸친 세습적 인맥이 없었기에 명백한 표적이자 취약한 존재였다. 같은 이유로 키케로는 집정관직을 마친 후 수년간 클로디우스와 여러 야심가로부터 공격을 받기도 했다.7

후에 젊은 카이사르가 노정치인 키케로가 과거에 자신을 지지해 주었던 일을 기억하고 그를 살려주자고 주장했다는 말이 전해졌다. 실제로 그랬을 수도 있고 정치적 타협을 떠나 진심으로 원했을 수도 있으나, 진실이 무엇이든 카이사르의 주장은 결국 받아들여지지 않았다. 안토니우스는 키케로의 오른손과 머리를 잘라 로마로 가져오라고 명령했고, 결국 키케로의 오른손과 머리는 로스트라에 못 박혔다. 키케로가 오른손으로 필리피카를 썼고, 입으로 필리피카를 연설한 것에 대한 복수였다. 로스트라로 보내기 전에, (누군가) 그 끔찍한 전리품을 아내 풀비아와 식사하고 있던 안토니우스에게 가져와 확인시켰다고 한다. 안토니우스는 잘린 머리를 움켜쥐고 잔혹한 웃음을 터뜨렸다고 하고, 곧이어 풀비아도 그 전리품을 들고 죽은 키케로에게 욕설을 퍼부었으며 심지어 머리핀을 빼 키케로의 혀를 찌르기까지 했다고 전해진다. 안토니우스와 풀비아 모두 키케로를 증오할 이유가 충분했다. 특히 풀비아의 경우, 키케로는 그녀의 첫 번째 남편 클로디우스의 가장 악랄한 정적이었을 뿐만 아니라, 비록 성공하진 못했지만, 키케로가 클로디우스를 암살한 밀로를 법정에서 변호한 적도 있기 때문이다. 게다가 최근에는 키케로가 원로원을 설득해 정당한 집정관이었던 안토니우스를 공공의 적으로 선언하게 하는 것을 지켜보아야 했다. 로마에 살면서 풀비아는 야망에 찬 남자들이 그녀가 부유하나 정치적으로 취약하다는 걸 알아채고, 그녀와 그녀의 재산을 법적으로 공격하는 걸 경험하기도 했다.[8]

현존하는 자료들은 삼두 모두 학살을 즐겼다는 기록을 포함하고 있다. 로마의 정치적 비방은 폭력적이고 상상력이 풍부하다는 점을 고려하면, 실체적 진실과 후대의 선전을 구분하기란 매우 어렵다. 카이사르와 그의 후계자들이 통치하는 기간에 기록된 대부분의 자료에는 온건한 성품의 젊은 카이사르는 마지못해 학살에 협력한 인물로 그려지고, 나머지 2명의 삼두는 짐승처럼 잔혹한 인물들로 묘사된다. 그러나 그 기간의 기록들이 모두 그렇지는 않다. 수에토니우스는 카이사르가 초기에는 망설였지만, 곧바로 태도를 바꿔 열렬히 희생자를 색출했다고 주장한다. 당시 레피두스와 안토니우스는 공적 영역에 나설 만한 나이에 이른 성숙한 인물들이었기 때문에, 그들을 시기하고 혐오했던 원로원 의원들조차도 그들의 정치적 부상보다 풋내기 청년이 살인적인 권력을 쥐었다는 사실에 더 분개했다. 로마인들 대부분은 이제 겨우 스무 살인 카이사르가 그렇게 많은 적을 만들어서는 안 된다고 생각했다.[9]

실제로 삼두정에 반대한다고 확인된 사람들만이 공권 박탈 대상이 된 건 아니었다. 후한 보상에 익숙해진 약 40개 군단의 수장이었던 안토니우스, 레피두스, 카이사르는 국가 운영에 필요한 여러 비용도 조달해야 했지만, 군단병들에게 급여를 지급하기 위해서라도 현금이 절실히 필요했다. 부유했으나 삼두가 살려둘 만한 충분한 이유가 없다고 판단한 많은 사람이 공권 박탈 대상자가 되었다. 재산은 몰수되었고, 저택과 지방 영지들은 새 정권 유지를 위한 자금 조달을 위해 경매에 부쳐졌다. 이런 경우에는 공권 박탈 대상 인물의 재산 확보가 목적이었기 때문에 그들이 죽든 아니면 해외로 도망가든 그건 중요하지 않았다. 카이사르와 안토니우스는 단지 코린토스 양식의 고급 청동 화병 수집품을 손에 넣기 위해 사람들을 죽였다는 비난도 받았다. 안토니우스는 속주 총독을 지냈던 베레스Verres라는 인물을 죽이라는 명령을 내리기도 했다. 베레스는 로마의 기준으로도 매우 탐욕스러워 기원전 70년 키케로에 의해 기소된 후 망명 생활을 하고 있었다. 그의 재산은 여전히 상당했고, 특히 미술 소장품이 훌륭했던 까닭에 노령의 범죄자는 살해당했다. 개개인으로도 또 집단으로도 삼두는 돈이 절실히 필요했다. 풀비아와 안토니우스는 공권 박탈 기간에 뇌물을 받고 대상자를 죽이거나 사면해 주었고, 특히 풀비아는 누군가의 재산이 탐나면 그들을 명단에 올렸다는 소문도 있었다. 또한 안토니우스는 공권 박탈 대상자의 아내가 자신과 동침하는 것에 동의한 후 그 남편을 사면해 주었다고도 한다.10

공권 박탈령은 많은 희생자를 낳았지만, 대다수는 탈출하여 생존했고 시간이 지나면서 이탈리아와 로마로 돌아왔다. 이 숙청 기간에 공권 박탈 대상자들의 극적인 생존담과 가족, 친구, 노예들이 그들을 보호하기 위해 보인 영웅적인 행동, 또 그들을 기만적으로 배신한 행위 등 숱한 이야기들이 생겨났고, 이후 수년간 많은 책이 그런 이야기들로 채워졌다. 한 소년은 등교 도중에 살해되고, 또 다른 소년은 성인식을 치르던 중에 급히 명단에 추가되었다는 주장도 있지만, 본인 명의로 상당한 재산을 소유하지 않았으면 대체로 아이들은 안전했다. 공권 박탈 대상자들을 숨겨 주기만 해도 처벌하겠다고 위협했으나, 일관되게 처벌하지는 않았다. 한 여인은 남편의 은신처가 발견되자 남편과 함께 죽여 달라고 애원했다. 병사들은 이를 거절했고, 그녀가 남편을 보호했다고 공개적으로 죄를 자백했음에도 정무관(아마도 삼두 중 1명이거나 그의 고위 부관이었을 것이다) 역시 그녀를 처벌하려 하지 않았다. 결국 그 미망인은 스스로 굶어 죽었다고 전해진다.[11]

아버지나 아들들과는 달리, 남편을 숨겨 준 아내가 죽임을 당했다는 구체적인 이야기는 없다. 한 악명 높은 이야기에 따르면, 한 여자가 자기 남편이 공권 박탈 명단에 오르도록 작업 한 후, 병사들이 올 때까지 집안에 가두어 남편을 배신했고, 남편이 처형된 지 몇 시간 만에 곧바로 자신의 정부와 결혼했다고 한다. 공권 박탈 대상이었던 남편이 그의 사랑하는 아내를 기리기 위해 세운 추모비도 있다. 그 비문에 의하면 아내가 남편을 숨겨 주고 탈출을 도왔으며, 마침내는 카이사르를 설득해 사면을 받아내는 데 성공했다. 그러나 사면 실행은 어렵다는 결정이 나자, 그 여인은 다시 레피두스를 찾아가 남편이 돌아올 수 있도록 조처해 달라고 요청했고, 이에 레피두스는 그녀를 때려서라도 내쫓으라고 수행원들에게 명령했다 한다.[12]

카이사르가 처형을 유예한 또 다른 이야기가 전해진다. 한 여인이 남편을 큰 궤 안에 숨겨 공공 경기를 주재하고 있던 카이사르 앞으로 데려오는 데 성공했다. 속임수가 밝혀졌지만, 군중은 그녀의 대담함과 남편에 대한 충성심에 깊이 감동했고, 카이사르는 이러한 군중의 분위기를 감지하고 그 남편을 사면했다. 군사 지도자도 여론을 완전히 무시할 수는 없었다. 공권 박탈령은 공권 박탈 대상이 된 주인을 배신한 노예들에게 자유를 주었는데, 몇 가지 알려진 사례에 따르면, 그렇게 해방된 노예들이 지나치게 기쁨을 표시하거나 전 주인의 가족들을 계속 공격하면, 삼두는 사회 질서가 심각하게 위협받는다는 인상을 주지 않기 위해 그들을 처형하거나 다시 노예로 만들었다고 한다.[13]

카이사르, 안토니우스, 레피두스 중 그 누구도 공권 박탈령을 무자비하게 시행한 잘못에서 벗어날 수 없다. 순전히 공리적인 관점에서 보자면, 대량 살육은 공포를 퍼뜨리는 데 매우 성공적이었다. 그러나 사람들이 몰수된 재산의 경매에는 별다른 열의를 보이지 않아 금전적 수익은 신통치 않았다. 몰수 재산을 살 여력이 있는 사람들은 자신들이 경매 물건을 살 정도로 부유하다는 것을 드러내고 싶어 하지 않았을 뿐 아니라, 술라의 공권 박탈 때 몰수 재산을 사들여 이익을 본 사람들에게 향했던 대중의 곱지 않은 시선을 기억했기 때문이다. 더 많은 현금이 절실했던 삼두는 재산을 기준으로 부유층에 과세하는 등 다양한 징세 방안을 도입했는데, 이는 아주 로마답지 않은 조치였다. 가장 부유한 여성 시민 1,400명의 재산을 평가하여 그들도 과세하겠다는 발표도 했는데, 이 역시 전례 없는 일이었다. 기원전 3세기 한니발과의 절박한 전쟁 중에 귀족 여성들이 자발적으로 보석과 다른 귀중품들을 공화국에 기부한 적은 있었지만, 그들에게 세금을 부과한 사례는 단 한 번도 없었다. 키케로 이전 로마 최고의 연설가였던 인물의 딸인 호르텐시아Hortensia의 주도로, 많은 여성이 먼저 삼두의 여성 친척들을 찾아갔고, 이어서 포룸으로 가 카이사르, 안토니우스, 레피두스를 직접 대면했다. 여성들의 이러한 용기 있는 행동에 공감하는 군중이 늘어나자, 삼두는 그 사안은 양보하는 것이 현명하겠다고 판단했다. 단 400명의 여성에게만 과세하기로 하고 대신 더 많은 남성에게 징세한다고 발표했다. 농장 수확물의 절반이 징발되었고, 이탈리아 내의 마을들도 이제 병사들에게 동절기 숙영을 무료로 제공할 의무를 지게 되었다. 이는 속주의 공동체들에게만 부과되던 의무였다.[14]

필리피 전투

기원전 42년 1월 1일, 레피두스는 두 번째로 집정관직을 시작했다. 율리우스 카이사르와 함께 공동 집정관이 된 지 불과 4년 만이었다. 이번 공동 집정관은 무티나 전투 후 안토니우스에게 합류했던 군 지휘관 중 1명인 루키우스 무나티우스 플랑쿠스였다. 두 집정관은 죽은 독재관의 모든 행적은 영원히 구속력을 가진다는 내용의 선서를 시작으로 업무를 개시했다. 안토니우스와 카이사르는 기꺼이, 나머지 원로원 의원들은 마지못해 선서에 동참했다. 율리우스 카이사르는 이제 공식적으로 신으로 추앙되었고, 그의 화장터 근처에는 그를 위한 신전을 건축하는 공사가 시작되었다(신전 유적은 오늘날까지도 포룸에 남아 있다). 그의 후계자인 카이사르는 이제 단지 이름만 카이사르가 아닌, 당장 그 칭호를 채택하지는 않았지만 '신의 아들'이 된 것이었다.15

로마 귀족들에게 가문 간 연결은 언제나 중요한 문제였다. 기원전 43년 말, 카이사르의 어머니 아티아는 아들이 집정관직이 되는 것을 보고 생을 마감했다. 그녀를 예우해 국장이 치러졌다. 이 무렵 카이사르는 한 연로한 귀족의 딸과 약혼한 상태였으나, 삼두정이 시작되면서 그 약혼은 파기되었다. 안토니우스와 레피두스 모두 카이사르와 결혼시킬 만한 적정한 나이의 딸이 없었다. 군대가 새로운 삼자 동맹을 공고히 할 방안을 소리 높여 요구했고, 그 결과 젊은 카이사르는 풀비아의 첫 번째 결혼에서 태어난 딸과 결혼했다. 소녀의 이름은 클라우디아였다. 그녀의 아버지는 평민 신분이 되면서 자신의 이름을 더 상스럽게 들리는 클로디우스로 바꿨지만, 딸의 이름은 클로디아로 바꾸지 않았다. 그녀는 친가와 외가 모두 유력한 귀족 가문 출신이었으므로 카이사르에게는 적합한 혼처였다. 그러나 그녀는 통상적인 혼인 적령기 나이보다 몇 살 더 적은 너무 어린 신부였다. 두 사람은 결혼했지만 부부로 살지는 않았다. 2년 후 두 사람이 이혼했을 때, 카이사르는 그 소녀가 여전히 처녀임을 선서로써 확인해 주었다.16

여하튼 그 결혼으로 불과 몇 달 전까지만 해도 서로를 비방하고 전투까지 벌였던 안토니우스와 카이사르 사이에는 매우 전통적인 유대감이 형성되었다. 이제 두 사람은 공동 지휘관으로서 브루투스와 카시우스가 규합한 강력한 군대와 싸우기 위해 동방으로 출발할 것이었다. 레피두스가 몇 개 군단만 거느리고 이탈리아에 남았다. 나이는 어리고 경험은 일천하나, 자신의 아버지를 살해한 자들을 처벌하기 위해 카이사르가 군대를 이끌고 원정에 참여하는 것은 너무도 당연했다. 이번 원정은 삼두 간의 속주 배분보다 훨씬 더 중요한 문제였다. 안토니우스와 카이사르는 이 원정에서 영광을 얻거나 아니면 그 과정에서 죽을 수도 있었다. 만약 그들이 승리의 영광을 차지한다면, 레피두스는 그 승리에 따르는 자신 몫의 명성과 권력을 간접적으로 얻게 될 것이다. 만약 그들이 패배하여 돌아오지 못한다면, 공권 박탈에 가담했던 사람으로서 레피두스는 수많은 적에 둘러싸이게 될 것이다.[17]

승리는 쉽지 않을 것이다. '해방자들'이 확보하고 또 모집한 군단은 20개가 넘었다. 이 중 일부 군단은 원래 율리우스 카이사르가 모집했지만, 어떤 군단병도 독재관의 지휘 아래 오랜 기간 복무하지 않았으므로 그의 후계자인 젊은 카이사르나 마르쿠스 안토니우스에게 긴밀한 유대감을 느낄 이유도 없었다. '해방자들'의 군단병들은 또 원로원 지배층들의 권리 수호에는 그다지 관심이 없었으므로, 브루투스와 카시우스는 삼두정 정권이 제공하고 약속한 것만큼이나 후한 금전적 보상을 자신들의 군단병들에게도 제공하려 신경 썼다. 이 보상 재원은 동부 지중해의 속주들이 부담할 수밖에 없었으므로 속주민들에게 과중한 세금이 부과되었고, 식량과 물자, 동맹군 역시 속주들이 제공해야 했다. 일부 속주는 기꺼이 응했고, '해방자들' 군단의 위력에 맞서 저항할 엄두를 낼 만한 속주는 없었기에 대부분은 마지못해 응할 수밖에 없었다. 카시우스는 그의 요구에 응하지 않으려는 로도스Rodos 섬을 침략했고, 마찬가지로 저항했던 유대 지방의 여러 공동체 주민을 노예로 팔아넘기기도 했다. 같은 시기에 브루투스가 리키아Lycia의 크산투스Xanthus를 포위하고 약탈하자 많은 주민이 집단 자살을 했다. 이렇게 끔찍한 경고를 본 대부분의 공동체는 그들이 요구하는 것들을 순순히 내놓았다. 브루투스는 자신이 획득한 은의 일부로 여러 종류의 주화를 만들어 한쪽 면에 자신의 얼굴을 새겼다. 주화에 얼굴 새기기는 율리우스 카이사르가 처음 시작했고, 이후 삼두도 따라 했다. 그리고 다른 면에는 자신의 대의에 좀 더 걸맞게, 공화정기에 더 적합한 해방 노예가 쓰는 모자를 새겼다.[18]

기원전 42년 여름이 끝날 무렵, '해방자들'은 충분한 병력을 집결시켰다고 판단해 소아시아에서 헬레스폰토스Hellespontos 해협을 건너 마케도니아로 진군했다. 안토니우스와 카이사르는 8개 군단의 병력을 먼저 아드리아해 건너 마케도니아로 보내는 한편, 주력군을 준비시키고 수많은 병사를 수송할 함선을 수배했다. 수적으로 열세였고 전술로도 압도당한 이 8개 군단은 에그나티우스 가도를 따라 서쪽으로 암피폴리스Amphipolis까지 후퇴했다. 해방자들은 그들을 암피폴리스까지 추격하지 않고, 대신 필리피Philippi시 앞에서 강력한 진지를 구축했다. 필리피시는 기원전 4세기 알렉산드로스 대왕의 아버지인 필리포스 2세Philippos II가 건설해 그의 이름을 따서 명명되었다.

안토니우스와 카이사르의 주력군은 9월이 되어서야 출항했다. 원정을 시작하기엔 한 해 중 매우 늦은 시기였지만, 율리우스 카이사르가 과거 내전을 수행하며 보여준 단호한 결기와 비견될 만한 결정이었다. 율리우스 카이사르와 마찬가지로 그들도 수송선이 부족했고, 아드리아해를 건너오지 못하도록 방해하는 적의 강력한 함대와 맞서야 했다. 안토니우스는 원정을 준비하면서도 브룬디시움 항구에 대한 적의 기습 공격도 막아내야 했다. 카이사르는 아드리아해에 도달하기도 전에 세력을 키워가던 섹스투스 폼페이우스와 소규모 해상 전투를 벌였으나 승부를 가리지 못했다. 그들이 마침내 출항했을 때는 일부 병력만을 데리고 갈 수 있었고, 수송선들은 증원군을 수송하기 위해 다시 돌아와야만 했다. 두 번째 병력을 가까스

로 실어 나른 후엔 한동안 해방자들의 전함들이 해상 경로를 차단하기도 했다.[19]

안토니우스와 카이사르는 아폴로니아에 상륙했다. 가이우스 옥타비우스가 불확실했던 로마의 정치판에 뛰어들기 위해 떠난 지 2년도 더 지난 후 이제 카이사르로 돌아온 것이다. 그러나 아폴로니아의 친숙한 주변 환경도 카이사르에게 큰 위안이 되지 못했는데, 항해 중 심각한 병에 걸렸기 때문이다. 어떤 병이었는지 알 수 없지만 카이사르는 한동안 진군할 수 있는 상태가 아니었다. 안토니우스는 자신의 군단들을 이끌고 계속 전진해 암피폴리스의 전위대 병력을 보강했다. 그는 거기서 더 대담하게 전진해 브루투스와 카시우스가 진을 치고 있는 필리피 맞은편까지 과감히 진군했다. 3분의 1밖에 안 되는 수적 열세였으므로 위험한 진군이었지만 해방자들은 너무 신중한 나머지 자신들의 이점을 활용하지 못했다. 양측 군대의 전초 기지 사이에서 소규모 전투가 10일 동안 있고 난 뒤 카이사르가 그의 군단들을 이끌고 마침내 안토니우스 군대와 합류했다. 스물한 번째 생일을 얼마 남기지 않은 이 젊은 지휘관은 말을 탈 수 없는 상태였으므로 가마에 실려 와야 했다.[20]

안토니우스와 카이사르는 19개 군단을 거느리고 있었는데, 이는 기원전 48년 파르살루스 전투에서 폼페이우스와 율리우스 카이사르가 보유했던 군단 수와 맞먹는 규모이다. 그들이 맞서 싸우는 브루투스와 카시우스의 군대는 17개 군단이었다. 해방자들은 기병대 병력에서 우위를 점하고 있었는데, 해방자들이 2만 명, 삼두정 군단이 1만 3,000명의 기병을 보유했던 것으로 전해진다. 양측 군단이 이론적인 편제에 가깝게 병력을 갖추었다면, 20만 명 이상의 병사가 앞으로 있을 전투에 참여한다는 의미이지만, 이 점에 대해서는 신중해야 한다. 양측 군단 모두 이론적인 편제에 많이 못 미치는 병력을 보유했을 것이며, 기병대 숫자도 부풀려졌을 것이다. 말을 배로 수송하기는 어려운 일이었다. 게다가 그렇게 많은 수의 말과 비숫한 숫자의 짐 나르는 동물, 그 모든 병사와 종군 민간인들을 위한 식량 조달은, 아무리 짧은 기간의 전쟁을 위해서라도 엄청나게 어려웠을 것이다. 브루투스와 카시우스는 상당한 양의 식량과 사료를 비축했고, 해상으로 보급품을 쉽게 공급받을 수 있었다. 그들의 적은 누릴 수 없는 이점이었다. 그럼에도 그들이 전쟁 기간 그렇게 많은 병력에 보급품을 지원할 수 있었다는 것은 여전히 매우 의심스럽다.[21]

실제 병력이 주장된 숫자에 비해 3분의 2나 절반 수준이었다 해도 여전히 대규모의 병력이었을 것이다. 양측 군대 모두에 참전 경험이 있는 퇴역 병사들도 있었지만, 대다수 병사와 다수의 장교는 전투 경험이 거의 없었다. 전투 경험이 없기는 지휘관들도 마찬가지였다. 카시우스는 기원전 53년 크라수스의 재무관으로 복무하며 패배한 부대의 소수 낙오병을 구해낸 적은 있으나 이미 20년 전의 일이었다. 카시우스와 브루투스 모두 기원전 48년 마케도니아 원정에 참여했지만, 전쟁 자금 모집을 위한 소규모 징벌 작전을 제외하고는 이렇다 할 전투 경험을 쌓지 못했다. 로마 역사상 가장 큰 규모로 전장에 투입된 병력을 지휘할 만한 경험이라고 말할 수는 없었다. 안토니우스는 그들에 비해 전투 지휘 경험은 더 있었지만, 앞서 보았듯이 일반적으로 추정하는 것보다는 훨씬 적었다. 안토니우스는 결코 율리우스 카이사르나 폼페이우스에 비견할 만한 지휘관이 아니었으며, 심지어 율리우스 카이사르나 폼페이우스도 그렇게 많은 군단을 전투에서 지휘한 경험은 없었다. 양측에 대규모 전투를 치러본 고위 장교가 단 1명도 없이, 수많은 병사가 어설프게 싸운 전쟁이었다. 양측 모두 각 군단은 대체로 서로 분리된 채 그들에게 급여를 지급하는 지휘관에게만 충성했다. 각 군단은 서로 나란히 전열을 형성했지만, 단일 지휘 체계로는 통합되지 못했다.

브루투스와 카시우스는 각각 필리피 외곽의 고지대에 별도의 진영을 갖췄다. 브루투스의 진영이 우측에 위치했고, 진영 측면에는 구릉지가 연속으로 이어져 있었다. 카시우스의 진영이 좌측에 있었으며, 넓게 펼쳐진 습지대 옆에 자리 잡았다. 두 진영은 방어선으로 연결되어 있었다. 물도 구하기 쉬웠고 해안 쪽으로 보급로도 확보되어 있었다. 그들의 계획은 적군이 불리한 상황에서 공격하거나 적군의 식량이 바닥날 때까지 기다리는 것이었다. 성공할 수 있는 계획이었지만, 삼두정 군단에 전쟁의 주도권을 넘기는 것이므로 로마군답지 않은 작전이었다. 카이사르의 군단은 브루투스의 맞은편에 진을 쳤고, 안토니우스의 군대는 카시우스의 진영 앞에 자리 잡았다. 한동안 그들은 소규모 전투에 만족했다. 양측 군대는 행진하며 진군해 각자의 진영 앞에서 전투 대형을 갖추는 것으로 대부분 날을 보내며, 어느 쪽도 전투가 벌어질 수 있는 지점까지 전진하지는 않았다. 이런 식의 전투 도발은 이 시대 전쟁의 일반적인 특징이었다.22

교착 상태를 깨기 위해 안토니우스는 적군 진영의 좌측 습지대가 취약하다고 판단하고, 병사들에게 습지를 가로지르는 방어선을 구축하도록 했다. 안토니우스의 병사들은 자신들의 진영 앞쪽으로 방어선을 구축해 나가기 시작했다. 그들의 생각은 카시우스 진영의 측면을 통과하는 방어선을 구축해 적의 보급로를 차단할 수 있는 대형을 갖추는 것이었다. 처음에는 키 큰 갈대들에 가려 방어선 구축 작업이 눈에 띄지 않았고, 또 매일 진영 앞에 주력 부대로 전투 대형을 갖춰 적의 주의를 분산하려 노력했다. 그러나 카시우스는 적이 무슨 작전을 꾸미고 있는지 깨닫고, 파견대를 보내 안토니우스의 방어선과 직각을 이루게 해자와 방벽을 구축하도록 했다. 카시우스의 계획은 안토니우스 병사들이 구축한 방어선을 꿰뚫어 그 지점의 병력을 제압하고, 그 방어선 앞으로 전진한 모든 병력을 고립시킨 후 일거에 소탕하려는 것이었다. 10월 3일, 안토니우스의 정찰대가 적이 무엇을 하고 있는지 발견했다. 평소처럼 양측 군대는 전투 대형을 갖추고 있었으므로 해방자들의 군대는 약간 더 전진하거나 공격을 감행해 안토니우스 병사들의 방어선 구축 작업을 방해할 수 있었다.

전투 대형의 맨 오른쪽 측면에 있었던 안토니우스는 즉시 가장 가까

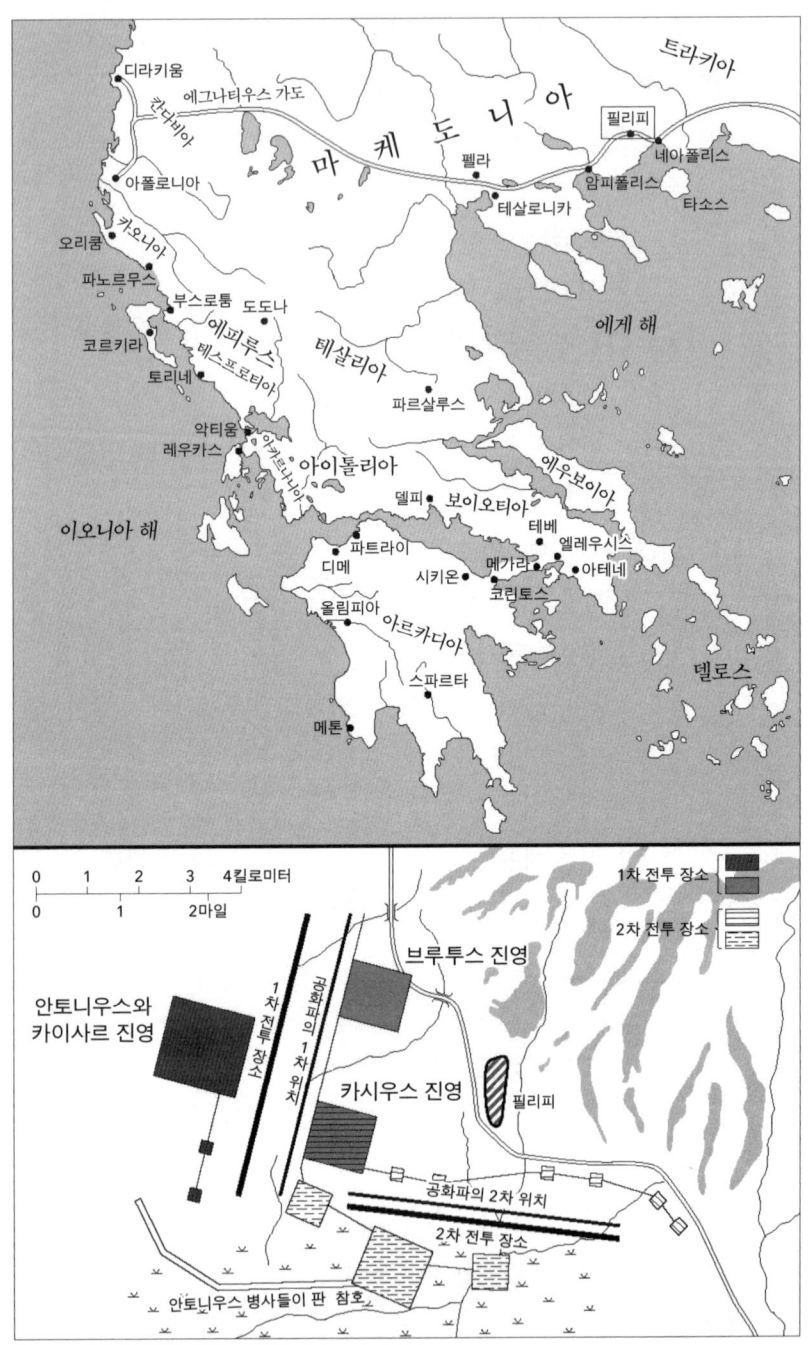

그리스와 마케도니아 및 필리피 전투

이 있던 부대를 이끌고 습지로 나가 카시우스 군이 새로 구축한 방어선과 마주했다. 여러 다른 지점에서 혼란스럽게 전투가 발생했다. 안토니우스의 공격이 사전에 계획된 것이었는지는 불분명하지만 브루투스와 카시우스의 참모진은 전투 경험이 많지 않은 그 많은 군단을 조율하는 데 애를 먹었다. 전진 명령이 각 부대에 동시에 전달되지 않아 현장 지휘관들의 판단에 따라 일부 부대는 기다렸고 일부는 명령 없이도 전진했다. 그 결과 열렬하나 무질서한 전진이 이루어졌다. 그런데 상대편은 더욱 혼란스러웠다. 며칠 동안 전투 없이 적과 마주 보며 전투 대형만 갖추기를 일삼던 삼두정 군단들은 전면전을 예상하지 못했다. 브루투스의 전선은 카이사르의 부대보다 우측으로 더 뻗어 있었는데, 이는 계획한 것이 아니라 우연이었을 것이다. 카이사르의 제4군단은 전선 맨 왼쪽의 명예로운 위치를 지키고 있었는데, 전면과 측면에서 동시에 공격받자, 전투 경험이 많은 군단이었음에도 빠르게 제압당했다. 공포가 퍼져 나갔고, 카이사르 군대의 좌익 전체가 무너졌다. 브루투스의 환호하는 군대는 앞으로 돌진하며 후퇴하는 적을 추격해 적의 진영으로 쳐들어갔으나 병사들이 곧 약탈에 정신이 팔려 뿔뿔이 흩어지는 바람에, 승리를 마무리하지 못했다.

한편 안토니우스의 병사들이 사다리를 이용해 카시우스 군대가 만든 새 방벽을 기어올라 점령하자, 안토니우스는 계속 전진하라고 병사들을 독려했다. 안토니우스는 카시우스의 본진에 가장 먼저 병사들과 함께 쳐들어갔다. 카시우스의 군단병 대부분은 전방에서 교전 중이었고 습지대 전투에는 관여하지 않았다. 그러나 자신들의 소지품들이 안토니우스 병사들에게 약탈당했다는 소문이 돌자, 그에 동요해 후퇴하기 시작했다. 카시우스는 자신의 군대가 와해하는 것을 보고 절망했다. 시력이 좋지 않았던 그는 브루투스의 기병대를 적군으로 오인했고, 포로가 되느니 차라리 죽겠다며 시종에게 필요하면 자살할 수 있게 도와 달라고 명령했다(이 시종이 즉시 사라졌다는 이유로 일부 사람은 그가 명령을 기다리지 않고 자기 주인을 죽였을 것으로 생각했다). 브루투스는 약탈에 정신이 팔린 병사들을 다시 통제해 안토니우스 군에 맞서도록 노력했지만 실패하고 말았다. 대신 병사들은 약탈물을 잔뜩 챙겨 자기 진영으로 느긋하게 돌아가기 시작했다. 안토니우스는 카시우스의 진영을 습격하는 데 너무 몰두한 나머지 전체 전투의 흐름에 영향을 미치지 못했고, 브루투스 병사들의 무질서한 행태도 제대로 활용하지 못했다. 카이사르는 어디에서도 보이지 않았다.[23]

그 젊은 삼두의 10월 3일 당일의 행적을 둘러싼 논란은 여생 내내 계속되었다. 그가 군대를 이끄는 수장으로서 로마 귀족이 마땅히 해야 할 일을 하지 못했다는 사실은 분명했다. 그는 여전히 심각하게 병을 앓고 있어서 적극적인 지휘가 불가능했음에도 자신의 역할을 대신할 부관을 임명하지 않은 듯하다. 군사 지도자로서 죽은 아버지에 대한 복수는 자신이 직접 해야지 대리인을 시키면 안 된다고 틀림없이 생각했을 것이다. 브루투스 군대의 공격을 받은 그의 군대가 무질서해져 빠르게 붕괴한 가장 중요한 원인은 지도력의 공백이었다. 카이사르는 자기 병사들과 함께 이동했겠지만, 가마에 실려 전선 후방에 있었을 것이다. 브루투스의 몇몇 병사가 자신들이 직접 그 젊은 삼두를 죽였다고 브루투스에게 자랑하며 보고했지만, 해방자들의 군대가 침입했을 때 카이사르가 본진에 없었던 것은 확실하다. 카이사르 자신의 이야기로는, 그의 주치의가 막사에 머무르면 위험한 일이 생길 것이라는 꿈을 꾸었고, 어느 시점에 이 경고를 염두에 두었던 수행원들이 그를 데리고 나갔다고 한다. 그 시점이 전투 전이었는지 전투 중이었는지는 분명하지 않았다. 수행원들은 카이사르를 전투가 벌어지는 장소에서 멀리 떨어진 후방 습지대에 숨겼다. 수행원들이나 카이사르가 전투를 포기했을 수도 있고 또는 카이사르가 너무 지쳐 움직이지 못했을 수도 있다. 카이사르는 습지대에서 3일을 머문 후 진영으로 돌아갔다.[24]

양측 모두 어설프고 사실상 아마추어 같은 병력에, 부족하거나 아예 없었던 지휘관의 지도력이 더해져 제1차 필리피 전투는 무승부로 끝났다.

특히 카이사르 군단에서 사상자가 가장 많았고, 군기도 수없이 뺏겼다. 설상가상으로 이탈리아에서 최근 출항해 삼두정의 병력을 싣고 오던 수송 선단이 적군의 전함에 습격받아 파괴되었다는 전령의 보고가 전해졌다. 수송 선단이 불에 타면서 마르스 군단 및 또 다른 군단의 상당 병력이 불에 타거나 물에 빠져 숨졌다. 브루투스는 이 보고를 듣고도 믿지 않았고, 오히려 자신의 동맹자이자 매형인 카시우스의 죽음으로 우울증에 빠졌던 것으로 보인다. 카시우스는 사망했고, 그의 군대는 브루투스의 군대와 여전히 철저하게 분리된 상태였으므로 브루투스는 즉시 카시우스의 병사들에게 후한 보수를 지급하여 공화국과 자유를 위해 목숨을 바쳐 싸우겠다는 병사들의 결의가 약해지지 않도록 했다. 한편 안토니우스는 적군의 좌측을 둘러싸는 방어선을 계속해서 확장해 갔다. 반면 브루투스는 단순한 실수였는지 아니면 자신의 권위를 과시하려는 잘못된 욕망 때문이었는지 불분명하지만, 카시우스가 전략적 고지에 주둔시켰던 수비대를 철수시켰다. 그것을 본 안토니우스와 카이사르는 즉시 군대를 보내 신속히 그 자리에 강력한 요새를 구축했다. 이제 브루투스 군의 보급선이 위태로워졌다. 날이 가고 한두 주가 지나며 버티기 힘들어지자, 브루투스의 군대는 다시 한 번 적과 전면전을 치러 그 상황에서 벗어날 수 있기를 강렬히 바랐다.

 10월 23일, 결국 브루투스는 마지못해 전투에 나섰다. 이번에는 첫 번째 전장과 직각을 이루어 병력을 배치했는데, 이는 브루투스의 군대가 완만한 경사를 유리하게 활용할 수 없다는 것을 의미했다. 이처럼 불리한 지형 조건에서도 브루투스 군대는 길고 치열한 전투를 벌였다. 그러나 삼두정의 군대가 '무거운 기계를 미는 노동자들처럼' 꾸준히 적들을 밀어내자, 결국 적군은 무너져 패퇴했다. 브루투스는 몇 개 군단만을 가까스로 추슬러 질서 있게 퇴각했다. 그런 다음 카토와 다른 이들의 예를 보고 영감을 얻은 듯, 동시대의 많은 이들처럼 기꺼이 스스로 목숨을 끊었다.[25]

 카이사르는 건강을 충분히 회복해 이 두 번째 전투에서는 적극적인 역할을 하였지만, 승리의 공은 주로 안토니우스에게 돌아갔다. 귀족 포로들이 젊은 삼두는 비웃고 조롱한 반면, 안토니우스는 임페라토르로 찬양했다고 전해진다. 따라서 사면받은 귀족 중 훨씬 많은 수가 카이사르보다 안토니우스 편에 서기로 선택하면서, 의심의 여지 없는 귀족 혈통을 가진 데다가 나이도 더 많고 더 확고한 지위에 있는 인물을 선호하는 경향을 다시 한번 보여주었다. 안토니우스는 브루투스의 시신을 존중의 태도로 대했다고 찬사를 받았는데, 플루타르코스에 따르면, 카이사르 역시 브루투스의 유해를 관대하게 대했다고 한다. 브루투스의 머리는 로마로 보내져(누구의 명령인지는 불분명하다) 율리우스 카이사르의 조각상 발치에 놓일 예정이었으나, 운송하던 배가 침몰하면서 유실되었다. 독재관의 후계자는 포로들을 잔인하게 다룬다는 비난을 받았는데, 예를 들어 아버지와 아들에게 누가 먼저 참수될지 결정하는 내기를 하게 했다고도 한다.[26]

브루투스와 카시우스를 물리친 공의 대부분은 안토니우스가 차지했으나, 후에 카이사르는 이렇게 선언했다. "나는 내 아버지를 살해한 자들을 추방해 적법한 법 절차에 따라 그들의 행위를 처벌했다. 후에 그들이 다시 공화국에 대항해 전쟁을 일으켰을 때 나는 두 번의 전투에서 그들을 물리쳤다."[27]

당장은 독재관의 주요 암살 공모자들이 패배하여 죽었고, 그 과정에 자신도 관여했다는 사실에 카이사르는 충분히 만족했다. 군사 지도자로서 카이사르는 성공이 필요했는데, 어쨌든 전쟁에서 승리했다. 카이사르와 안토니우스는 병사들에게 한 약속을 이행해야 했는데, 이들 중 상당수는 복무 기간이 끝났거나 이번 전쟁만을 위해 입대했기 때문에 곧 제대할 예정이었다. 그들에게 이탈리아 내의 토지를 주기로 약속했으므로 카이사르는 그 과정을 감독하기 위해 이탈리아로 돌아가기로 했다. 안토니우스는 동지중해에 남아 속주들의 충성을 확보하고, 병사들에게 지급할 보수와 토지 배분에 필요한 막대한 자금을 마련하기 위해 속주민을 수탈할 예정이었다.

속주 왕국들과 도시들은 최근 '해방자들'의 요구에 응했던 것처럼, 불과 몇 년 전 폼페이우스와 율리우스 카이사르의 요구에 응했던 것처럼, 안토니우스의 요구에도 따를 수밖에 없었다. 속주의 왕들과 지도자들은 자신들이 로마의 요구를 거부하면, 로마는 곧 자신들을 대신할 야심 많은 경쟁자를 쉽게 찾아낼 것임을 잘 알고 있었다. 클레오파트라도 안토니우스의 호의를 얻기 위해 필사적으로 노력한 수많은 동방의 왕족 중 하나에 불과했다.[28]

카이사르는 이탈리아로 돌아가는 배를 타기 전 다시 심각한 병에 걸렸다. 이전과 마찬가지로 정확한 병의 증상도, 새로운 병인지 아니면 이전 병이 재발했는지도 알 수 없었다. 한동안 그가 죽을지도 모른다는 우려가 있었고, 그가 실제로 사망했다는 거짓 소문이 퍼지기도 했다. 그의 귀환이 계속 지연되면서 로마는 점점 더 불안해졌다. 카이사르가 공권 박탈령을 무색하게 할 만큼 끔찍한 음모를 꾸미고 있다는 소문까지 돌았다. 로마를 떠나 있는 동안 카이사르와 안토니우스는 레피두스가 섹스투스 폼페이우스와 독자적인 협상을 시작했으리라는 의혹을 떨치지 못했다. 이에 두 사람은 당장은 자신들이 레피두스의 속주를 서로 나눠 가지고 있지만 향후 어느 시점에 2개의 아프리카 속주를 그에게 넘겨줄 수 있다는 의도도 함께 내비친 것으로 보인다. 공식적으로는 여전히 삼두정의 일원이었지만, 레피두스는 더 이상 나머지 두 사람과 동등한 위치에 있지 않았다.[29]

기원전 41년, 마침내 카이사르가 로마에 도착했을 때, 긴급하고 단호하게 토지 물색 작업에 착수했다. 삼두는 마케도니아 원정을 떠나기 전에도 제대히는 군인들에게 토지를 나누어 주기 위해 토지 몰수 대상이 될 18개의 이탈리아 도시를 지정한 바 있었다. 부유하고 인맥이 좋은 이들, 특히 원로원 의원들과 가장 부유한 기사 신분은 그들의 토지가 몰수 대상에 포함될 때마다 항의했다. 영향력 있는 사람들의 반감을 사면 항상 위험했으므로 그들 대부분은 면제되었다. 그 결과 항의할 역량이 상대적으로 부족한(이들 중 많은 이는 여전히 로마로 와 항의했다) 중간 소득과 재산을 가진 이들의 토지가 형평에 맞지 않게 심하게 몰수당했다. 몰수 대상으로 지정된 도시들 주변의 땅이 불충분했던 몇몇 사례에서는 삼두정이 지정하지도 않은 인근 공동체들의 토지가 몰수되기도 했다.

병사들은 농장을 약속받았다. 자신들이 충성하는 장군들을 위해 목숨을 걸고 전장에서 싸웠던 병사들은 그들의 지지가 있어야 삼두정 통치가 가능하다는 것을 잘 알고 있었다. 그들은 좋은 농장 부지라고 생각되면 억지를 써서라도 차지하려 했고, 특히 자신들의 친척뿐만 아니라 전사한 전우의 아버지와 아들의 토지가 몰수 대상이 되는 것을 막으려 했다. 동시에 어떠한 범죄도 저지르지 않고 삼두정에 반기를 들지도 않은 가문들이 대대로 지켜 온 농장이 몰수 대상이 되었다. 토지와 함께 가축, 농기구, 집과 건축물 그리고 노예도 빼앗겼다. 따라서 두려움의 대상이긴 했지만 결코 대중의 지지는 얻지 못했던 삼두정은 퇴역 병사들을 만족시키면서 동시에 나머지 사람들이 지나치게 반감을 갖지 않도록 그 사이에서 줄타기를 잘해야 했다. 같은 시기에 섹스투스 폼페이우스가 이탈리아로 향하는 해상로를 끊임없이 공격하고 있었기 때문에, 평소보다 곡물 수송이 줄어들었다. 식량은 부족해졌고, 언제나처럼 기근의 위험에 가장 취약한 사람들은 가장 가난한 계층이었으며, 그들은 이미 생활이 극도로 어려웠으므로 변화라도 반기려는 경향이 있었다.30

카이사르가 토지 몰수와 배분을 직접 관장하는 책임자였으므로 수많은 상이한 집단이 그를 집중적으로 원망했다. 그때 예상치 못한 방향에서 갑작스럽게 공격이 들어왔다. 브루투스가 데키무스 브루투스를 죽인 것에 대한 보복으로 안토니우스의 동생 가이우스를 처형했는데, 기원전 41년에 안토니우스의 또 다른 동생이 집정관이 되었다. 루키우스 안토니우스는 자기 확신에 찬 로마 귀족으로서, 단순히 형의 도구가 아니라 그 자신이 야심에 찬 인물이었다. 집정관으로서 그는 토지를 빼앗긴 농부들과 불만에 찬 이탈리아 지역 공동체의 대의를 위해 나섰다. 몇 개월이 지나자 루키우스 안토니우스와 카이사르의 관계가 악화되었다. 그 이후 벌어진 일들의 진실은 당시에도 정확히 밝히기 어려웠으며, 곧바로 선전 속에 파묻혀 버렸다. 풀비아는 어느 시점부터 루키우스와 협력하기 시작해, 안토니우스의 퇴역 병사 중에서 루키우스를 위한 병력 모집에 최선을 다했다. 그러나 안토니우스는 좋아했지만, 자신들뿐만 아니라 카이사르의 퇴역 병사들에게도 부지런히 토지를 나누어 주는 삼두정의 권위에 반기를 들면서까지 토지를 빼앗긴 농부들의 편에 서는 것을 부담스러워했기에 적극적인 열의를 보이지는 않았다. 루키우스의 대의에 동참한 병력 대부분은 토지 재분배의 영향을 가장 많이 받은 북부 이탈리아와 캄파니아의 비옥한 지역 출신의 신병들이었다.

기원전 41년 말, 루키우스는 새로 모집한 군단들을 이끌고 로마로 진군했다. 레피두스가 로마에 있었지만, 그의 군대는 수적으로 크게 열세였을 뿐만 아니라 일반 대중은 삼두정을 거의 지지하지 않았다. 로마는 빠르게 함락되었고 레피두스는 도망쳐 카이사르와 합류했다. 카이사르가 잘 훈련된 대규모 군단을 이끌고 로마로 오자, 루키우스 안토니우스는 자신이 로마로 진군했을 때보다 더 빠르게 후퇴했다. 루키우스는 북쪽으로 향했다. 안토니우스의 여러 장군이 전투 경험이 많은 약 13개의 군단을 데리고 이탈리아 북부에 주둔하고 있었기 때문이다. 그러나 카이사르 휘하의 장군들이 루키우스의 행로를 막았고, 결국 루키우스는 페루시아Perusia(지금의 페루자)에서 궁지에 몰렸다. 카이사르 군대는 도시를 도랑과 성벽으로 포위하고, 성벽에는 탑을 촘촘히 세워 보강한 후, 루키우스 군대가 굶주림을 이기지 못해 무릎을 꿇을 때까지 기다렸다. 루키우스 안토니우스는 안토니우스의 장군들이 그를 구하러 오기를 고대하며 겨울을 버텼다. 구원군은 한때 20마일(약 30킬로미터)도 채 떨어지지 않은 곳에 진을 칠 만큼 가까이 왔지만, 지휘체계가 나뉘어 있고, 안토니우스의 지시도 없었기에 그들의 작전에는 목적의식이 부족했다. 아마도 안토니우스의 장군들은 자기 병사들이 루키우스의 반란군에게 공감하지 않는다는 사실도 깨달았을 것이다. 따라서 동태만을 살피고 있는 카이사르의 장군들과 굳이 교전하려 하지 않았고, 마찬가지로 카이사르의 장군들도 상대편을 도발하지 않으려 조심했다.[31]

페루시아에서는 당시 양측이 주고받은 선전과 저속한 욕설이 새겨진 납탄이 발견되었다. 납탄에 새겨진 내용을 보면, 카이사르의 병사들은 루키우스 안토니우스가 대머리라고 조롱했고, 자기들이 던진 납탄이 풀비아의 '란디카landica(음핵을 지칭하는 특히 저속한 속어)'를 맞추기를 바랐다. 안토니우스의 아내 풀비아는 페루시아에 없었지만, 그녀는 확실히 증오와 조롱의 대상이었다. 루키우스의 군대는 그에 응수해 카이사르의 엉덩이를 맞출 것이라며, 카이사르를 항문 성교를 허락하는 타락한 동성애자라고 묘사한 납탄을 던졌다. 이러한 욕설 세례도 있었지만, 포위군의 전선을 향한 빈번한 습격도 있었다. 한번은 카이사르 본인이 군 지휘관으로서 희생제를 올리던 중 급습을 당해 겨우 죽음을 면했다. 하지만 대개 그보다는 덜 극적이었고, 가끔 몇몇 병사가 포위망을 뚫고 탈출에 성공하기도 했다.[32]

자기 형 안토니우스의 지휘관들이 도움을 줄 능력도 의향도 없는 상황에서, 루키우스 안토니우스의 군대는 식량이 바닥났고, 결국 기원전 40년 2월에 항복했다. 페루시아는 약탈당했고 불길에 휩싸였다. 그 불이 승자들이 지른 것인지 아니면 일부 주민이 지른 것인지는 확실하지 않았다. 아마도 루키우스 안토니우스를 지지했던 일부 지도층 시민들과 몇몇 원로원 의원이 처형당했을 것이다. 그러나 거기서 그치지 않고 각종 소문과 적대적 선전이 또 다른 끔찍한 학살을 불러왔고, 300명의 지도층 시민이 율리우스 카이사르의 영혼에 제물로 바쳐졌다는 이야기가 퍼졌다. 이는《일리아스》에서 아킬레우스가 친구 파트로클루스Patroclus의 장례식에서 트로이 포로들을 죽인 이야기에서 영감을 받은 허구임이 분명하다. 수에토니우스는 젊은 삼두 카이사르가 자비와 용서를 구하는 탄원을 듣고, "그는 죽어야 한다" 또는 "너는 죽어야 한다"(라틴어로 moriendum esse)라고 간결한 말로 답했다고 주장한다. 그러나 대체로 광범위한 보복이 자행되지는 않았다. 반란군 병사들은 목숨을 건졌고, 이 중 많은 수가 카이사르 군단에 합류했다. 루키우스 안토니우스는 해를 입지 않았을 뿐만 아니라, 히스파니아 속주 가운데 한 곳의 총독으로 보내졌다. 풀비아는 항복 전에 도망쳐 남편에게 갔고, 안토니우스의 어머니도 해외로 도망쳤는데, 먼저 섹스투스 폼페이우스에게 갔다가 그의 도움으로 동쪽에 있는 아들에게로 갔다.33

안토니우스는 페루시아 전쟁에 개입하지 않았다. 동생과 아내를 지원하지도 않았고, 그렇다고 제지하지도 않았다. 기원전 40년 봄, 안토니우스는 강력한 함대를 이끌고 이탈리아로 돌아오는 중이었다. 이 새로운 내전이 정말 끝났는지, 아니면 이제 막 시작되었는지 아무도 몰랐다.

3부

임페라토르 카이사르, 디비 필리우스

기원전 38~27년

임페라토르는 승리한 장군에게 주어지는 칭호였지만, 이전에는 영구적인 이름으로 사용된 적은 없었다. 기원전 42년 율리우스 카이사르가 공식적으로 신격화된 후, 그는 공식적으로 '신의 아들'이 되었지만, 이 칭호를 항상 사용한 건 어느 정도 시간이 흐른 후였다.

9장 신의 아들들

아, 내 고향 들녘을 언제 다시 볼 수 있을런가? 떼장 덮인 지붕을 인 내 초라한 오두막을 언제 또 볼 수 있을런가? 내 왕국이던 옛 땅에 여전히 자란 옥수수 몇 자루를 내 놀란 눈으로 언제 다시 볼 수 있을런가? 기름진 휴경지는 불경한 병사의 몫이고, 수확물은 야만인의 차지라니. 보라, 내전의 아귀다툼에 우리 가엾은 시민들이 어디로 쫓겨 가는지를!

베르길리우스, 기원전 30년대 초[1]

다가올 위대한 세기들의 물줄기가 새롭게 출발하노라. 신성한 정의가, 사투르누스의 통치가 다시 시작되노라. 새로운 세대가 저 높은 하늘에서 내려오니. 순결한 루키나여, 당신이 한 아이의 탄생을 미소로 맞이하여 그 아이의 통치 아래 철의 종족이 마침내 사라지고, 황금의 민족이 전 세계에 등장하리니! ···그리고 폴리오, 당신이 집정관일 때, 그렇소, 바로 당신이 집정관이 되면서 이 영광의 시대가 시작할 것이니···.

새로운 황금시대의 도래를 예언하며, 베르길리우스, 기원전 40년[2]

기원전 41년경, 풀비아 및 루키우스 안토니우스와의 관계가 악화하자, 이에 고무된 카이사르는 자기 장모이자 마르쿠스 안토니우스의 아내인 풀비아를 조롱하는 짧은 시를 썼다.

안토니우스가 글라피라Glaphyra를 범하니, 풀비아가 화풀이로 나를 유혹하는군! 뭐라고? 내가 풀비아를 범해야 한다고? 그렇다면 마니우스Manius가 항문 성교를 애원해도 들어줘야 한단 말인가? 생각이란 게 있다면 내가 그렇게 할 순 없지. 풀비아가 말했지. "날 범해 줘, 아니면 전쟁을 하든지." 음, 내겐 목숨보다 나의 동정이 더 소중하니 전쟁을 시작할 수밖에![3]

시인 마르티알리스Martialis는 한 세기가 더 지난 후에 이 시구를 인용하며(그래서 후세에까지 전해질 수 있었다), 로마의 초대 황제가 추잡한 시를 쓸수 있었다면 자신도 그럴 수 있다고 주장했다. 저 시에 쓰인 라틴어는 특히 저속했다. 페루시아 전쟁에서 카이사르의 병사들이 납탄에 새겼던 그 어떤 욕설보다 심했다. 글라피라는 속주 카파도키아Cappadocia의 통치를 위임받은 현지 왕의 정부로 좋은 가문 출신의 여자였다. 글라피라는 안토니우스가 동방 속주들을 재편성할 때 그를 설득하여 자기 아들을 카파도키아 왕으로 만들려고 그의 연인이 되었다. (당시에는 안토니우스가 다른 사람에게 왕위를 주었지만, 몇 년 후 그녀의 아들이 결국 왕으로 즉위했으므로 그녀의 노력이 헛된 것은 아니었다.) 두 사람의 연애 소문은 안토니우스가 클레오파트라를 만나기 몇 달 전에 이미 로마에 퍼져 새롭고 풍부한 화젯거리가 되었다. 마니우스는 이탈리아 내에서 안토니우스를 대리했던 중요 인물로, 당시 상황을 악화시켜 페루시아 전쟁을 일으킨 책임이 크다고 후일 비난받았다.[4]

당시 로마의 정치적 비방 수준을 참작하더라도 매우 노골적인 이 여섯 줄의 시는 저속함을 탐닉하고 자신감에 넘치는 아주 젊은 청년의 작품이었다. 그러나 그로부터 불과 몇 년 후 카이사르는 세계에서 가장 강력한 두 사람 중 1명이 되었다. 이제 그는 '아버지'가 누렸던 국가 최고의 명예와 지위를 주장할 수 있는 위치에 이르렀다. 카이사르가 그토록 빠르게 부상할 수 있었던 이유는 그가 뚜렷하게 집중된 야망과 뛰어난 정치적 재능을 가졌기 때문이지만, 운도 많이 따랐다. 성공한 거의 모든 정치인이 그렇듯이 카이사르도 기회주의자였다. 율리우스 카이사르가 암살되지 않았다면, 그의 정치적 이력은 매우 다른 길을 걸었을 테고, 또 상당히 더딘 진전을 보였을 것이다. 물론 결국에는 뛰어난 업적을 남겼을지도 모른다. 키케로가 원로원을 이끈 덕분에 카이사르는 권력을 키우고 정당성을 확보할 기회를 얻었고, 그 결과 원로원의 지도자들이 그를 '배제'하기로 결정했을 때도 안토니우스와 레피두스의 매력적인 동맹이 될 수 있었다. 첫 로마 진군과 제1차 필리피 전투에서의 불명예스러운 역할처럼 실패도 있었다. 또 많은 위험도 있었다. 전투에서 패배하거나 전사할 수도 있었다. 두 차례 심각한 병도 이겨 냈고, 분노한 시민들과 반란을 일으킨 전역 병사들과도 상대해야 했다. 한번은 반란을 일으킨 전역 병사들이 그들을 진정시키려던 백인대장을 살해하고, 카이사르가 확실히 볼 수 있도록 그의 일행이 지나가는 길에 시신을 버렸다. 매번 카이사르는 살아남았고, 결국 원하는 것을 얻었다. 고대 사료에 기록된 여러 징조는 종종 후대의 창작이지만, 삼두 중 하나였던 카이사르가 자신의 행운과 승리할 운명을 확신하지 않았다면 그 역시 놀랄 만한 일일 것이다.[5]

카이사르는 페루시아 전쟁이 시작되기 이전에 클라우디아와 이혼했다. 일부 사람들은 카이사르가 그 결혼(그리고 그것이 상징하는 정치적 동맹)이 오래가지 않을 것이라 예상했기 때문에 의도적으로 부부관계를 하지 않았다고 주장했다. 그러나 단순히 신부가 너무 어렸기 때문일 수도 있다. 당시는 자녀가 있더라도 결혼이 정치적으로 불편해지면 주저 없이 이혼하던 시절이었다. 카이사르와 그의 지휘관들이 루키우스 안토니우스를 물리칠 수 있었던 이유는 안토니우스의 장군들이 실제로는 루키우스를 도와주지 않았기 때문이다. 다시 한번 카이사르는 승리했고, 궁지에 몰린 듯 보이는 상황을 탈피해 더 강해져 나타났다. 그리고 행운은 또다시 그의 편이 되어 주었다. 필리피 전투 이후 속주를 재분배하는 과정에서 갈리아 키살피나는 이탈리아 일부로 편입되었고, 안토니우스는 자신에게 할당된 나머지 갈리아 속주들을 부하인 퀸투스 푸피우스 칼레누스Quintus Fufius Calenus를 통해 통치했다. 기원전 40년 여름, 칼레누스가 병들어 사망하자 그의 젊은 아들이 책임을 맡게 되었다. 젊은 칼레누스와 또래였거나 약간 더 나이가 많았을 카이사르는 서둘러 갈리아로 가서 그를 강압하여 군 통수권을 넘겨받았다. 단숨에 11개 군단이 카이사르 손에 들어온 것이다.[6]

카이사르가 이탈리아를 떠나 갈리아로 가는 동안 안토니우스가 이탈리아로 돌아왔다. 브루투스와 카시우스의 전 해군 지휘관이었던 그나이우스 도미티우스 아헤노바르부스Cnaeus Domitius Ahenobarbus가 합류하면서, 안토니우스는 대규모의 함대를 보유하게 되었다. 아헤노바르부스가 얼마 전까지도 이탈리아 해안을 습격했기 때문에, 두 사람의 연합 함대가 브룬디시움에 나타나자 그의 함대를 알아본 수비대가 항구를 봉쇄했다. 안토니우스는 항구 봉쇄를 카이사르 측의 의도적인 적대행위로 보고 브룬디시움 시를 포위했다. 아마도 이 모두는 양측의 실수였을 것이다. 하지만 페루시아 전쟁으로 인해 긴장된 분위기 속에서 양측 지지자들 모두 과민한 반응을 보일 수밖에 없었을 것이다. 갈리아에서 돌아온 카이사르는 전쟁 준비에 나섰다. 군단을 모두 소집하고, 근래에 농장에 정착한 전역 병사 중에서 다시 지원자를 모집하기 시작했다. 땅을 배분받은 것에 감사했던 전역 병사들은 처음에는 카이사르의 병력 모집에 적극 호응했다. 그러나 그들이 싸울 상대가 자신들의 옛 전우가 많은 안토니우스의 군대라는 이야기가 전해지자, 일부는 지원을 포기하고 집으로 돌아갔고 일부는 마지못해 모집

에 응했다.[7]

현대 학자들은 일반적으로 안토니우스가 더 유리한 위치에 있었다고 생각한다. 섹스투스 폼페이우스가 이미 그에게 접근하여 카이사르에 대항하는 동맹을 제안했다. 안토니우스의 어머니 율리아가 페루시아 전쟁에서 패배한 후 시칠리아로 도망가 섹스투스의 보호를 받고 있었던 것이다. 율리아가 카이사르를 진정으로 두려워했을 수는 있지만, 사실 그녀가 실질적인 위험에 처했을 가능성은 적었으므로, 율리아가 섹스투스에게 도움을 요청한 것은 카이사르에 대한 적대감을 공개적으로 드러낸 행동이었을 가능성이 더 크다. 카이사르도 분명히 그렇게 해석했다. 섹스투스는 율리아를 환영했고, 그녀를 동쪽으로 데려가 아들 안토니우스를 만날 수 있도록 해 주었다. 안토니우스는 섹스투스의 호의와 동맹 제안에 감사했지만, 당장은 동료 삼두 카이사르와의 전면적인 전쟁을 선뜻 결정할 수는 없었다. 안토니우스가 신중함을 보인 데는 충분한 이유가 있었다. 그는 기원전 41~40년 사이의 겨울을 클레오파트라와 이집트 수도인 알렉산드리아에서 즐겁게 여가를 즐겼다. 그가 떠날 때쯤 그녀는 임신 중이었으며, 이후 남자아이와 여자아이 쌍둥이를 출산했다. 그 기간 동안 파르티아인들이 티투스 라비에누스Titus Labienus의 군대를 지원한다는 구실로 시리아 속주를 침략했다. 티투스 라비에누스는 공화정의 열성 지지자였으나 필리피 전투에는 참여하지 못했다. 그의 아버지는 율리우스 카이사르가 가장 신임했던 갈리아 속주의 대관 총독이었으나, 내전에서는 폼페이우스 편에 섰고 기원전 45년 문다 전투에서 패한 후 스스로 목숨을 끊었다. 두 번의 로마 내전에서 양측에 모두 물자를 지원하느라 자원이 고갈된 동방 속주들은 주둔군도 허약했고, 따라서 외부의 공격에 저항할 수 있는 상태가 아니었다. 파르티아인들은 미약한 저항에 직면해 손쉽게 시리아를 점령했고, 그러고 난 후 소규모 군대를 보내 유대 지역과 소아시아의 상당 부분을 장악했던 것이다.[8]

9장 신의 아들들

안토니우스는 대규모 함대를 이끌고 브룬디시움 해안에 도착했지만, 그가 보유한 육상군은 많지 않았다. 그의 지휘관 일부가 이탈리아와 그 서쪽에 여전히 군단을 보유했지만, 칼레누스의 군단을 잃은 후, 카이사르의 군대에 비해 수적으로 현저하게 열세였다. 동방 속주의 상황을 고려할 때, 그곳에서 병력을 차출하는 것은 현실적으로 어렵고 또 정치적으로도 큰 타격을 입을 수 있었다. 차출한다고 해도 최소 몇 달은 걸릴 것이었다. 섹스투스 폼페이우스와 동맹을 맺으면 잘 훈련된 수병이 있는 전함들은 더 확보할 수 있겠지만 추가로 얻을 수 있는 병사는 거의 없었다. 장기적으로는 힘의 균형이 변할 수 있어도 당장의 군사적 우위는 분명히 카이사르에게 있었다. 그렇다고 해서 전쟁의 결과가 확실하다는 뜻은 아니었고, 지금 당장 서로를 파괴하는 것이 두 사람 중 누구에게든 진정으로 이익이 되는 것도 아니었다.

결국 양측의 병사들은 한쪽 편에 서야 하는 결정을 하지 않아도 되었다. 양측의 군대가 브룬디시움 주변에 결집하자, 율리우스 카이사르와 함께 원정 전쟁에 참여했던 고참 병사들은 서로를 알아보고 친교를 쌓기 시작했다. 농담으로 시작한 대화는 점차 진지해졌고, 장교들과 병사들 모두 옛 전우들과 싸우려 하지 않았다. 병사들 간의 친교가 전쟁을 막으려는 시도로 이어진 건 이번이 처음이 아니었다. 페루시아 전쟁에서도 양측 군대에 있던 옛 전우들이 카이사르와 루키우스 안토니우스가 마지막 순간에 협상에 나서도록 만들기도 했었다. 비록 그때는 회담이 시작되기도 전에 상호 불신과 오해로 인해 소규모 충돌이 발생해 결국 협상이 무산되고 말았지만, 이번에는 서로 싸우지 않으려는 병사들의 의지가 더욱 단호했고, 양측의 지도자들도 진정으로 타협을 원했다.9

안토니우스와 카이사르 두 지도자가 직접 협상에 나서지는 않았다. 안토니우스 측에서는 아시니우스 폴리오가, 카이사르 측에서는 그의 핵심 측근 중 1명인 가이우스 마이케나스Caius Maecenas라는 기사 신분 출신의 젊은이가 대표로 나섰다. 그는 카이사르와 비슷한 또래로 어린 시절 함께 교육받은 친구 중 1명이었을 것이다. 중립적 인물로 여겨져 양측 군대에서 신임이 두터운 경험 많은 고위 장교 루키우스 코키우스 네르바Lucius Coccius Nerva도 참석했다. 레피두스를 대변할 인물은 아무도 회의에 참석하지 않았다. 레피두스는 당시 기준으로는 소규모 군대의 통수권을 보유하는 북아프리카의 총독직을 약속받았다. 카이사르는 갈리아와 일리리아의 스코드라Scodra에 이르는 서방의 모든 속주를 할당받았다. 안토니우스는 카이사르가 할당받은 속주의 동쪽에 있는 제국의 모든 영토를 차지했다. 아헤노바르부스를 포함한 몇몇 인물은 사면해 주기로 했다. 안토니우스는 카이사르에게 그가 가장 신임하는 지휘관 중 1명인 살비디에누스 루푸스Salvidienus Rufus가 자신과의 비밀 협상을 시도했다고 알려 주었다. 루푸스는 체포되어 처형되었는데, 그 과정에 정당성을 부여하기 위해 카이사르는 원로원이 루푸스의 신병 처리에 관한 최종 명령을 통과시키도록 만들었다. 안토니우스 또한 자신의 대리인 마니우스가 루키우스와 풀비아를 선동하여 자신의 이름으로 반란을 일으키도록 문서를 위조했다는 소문을 빌미로 그를 처형했다.[10]

 운도 협상을 도왔다. 풀비아가 그리스로 도망쳤을 때, 남편 안토니우스는 그녀를 아주 차갑게 맞았다. 지친 데다 깊은 우울증에 시달리던 풀비아가 곧 병에 걸려 사망하자 최근 벌어진 페루시아 전쟁의 주된 책임을 편리하게 그녀에게 돌릴 수 있었다. 풀비아를 둘러싼 당시의 신랄한 여론 선전전 때문에, 지금은 그녀의 실제 성품과 역할을 공정하게 판단하기가 매우 어렵지만, 그녀는 분명 그 세대에서는 정치적으로 가장 눈에 띄는 여성이었다. 풀비아가 사망하면서 안토니우스는 다시 혼자가 되었다. 우연히도 옥타비아의 남편 마르켈루스도 그해에 사망하여, 카이사르의 누나와 재확인된 카이사르의 동맹자 사이의 결혼이 신속하게 주선되었다. 로마법에 따르면, 미망인은 남편이 죽고 10개월이 지나야 재혼할 수 있었으므로 카이사르와 안토니우스는 이 기간이 지나기 전에 결혼할 수 있도록 사제들에게 판결을 요청하는 모습을 연출했고, 예상대로 그들에게 유리한 결정이 내려졌다.[11]

옥타비아는 서른 살쯤이었고, 이미 마르켈루스와의 사이에 아들이 있었다. 귀족 여성들은 자신들의 결혼에서 선택권이 거의 없었지만, 옥타비아는 안토니우스와 결혼 이후 수년간 좋은 아내이자 충실한 아내가 되기 위해 최선을 다했고, 실제로 초기에 이 부부는 진정으로 행복해 보였다. 안토니우스와 카이사르가 동맹을 재확인했다는 소식은 로마와 이탈리아 전역에서 크게 환영받았다. 무엇보다도 내전이 재개되지 않을 것이라는 걸 의미했기 때문이다. 이는 삼두 정치가들이 널리 알리고 싶어한 소식이었다. 옥타비아는 남편과 함께 주화에 등장했는데, 이는 로마 화폐에 등장한 최초의 여성이었다. 시인 베르길리우스는 그해의 집정관 중 1명인 아시니우스 폴리오의 집정관직 시작과 함께 새로운 황금시대가 열릴 것이며, 황금시대의 전조로 멋진 사내아이가 탄생할 것이라고 예언했다. 베르길리우스가 그 사내아이의 이름을 밝히진 않았지만, 안토니우스와 옥타비아 사이에서 태어날 것으로 예상되는 아이를 염두에 둔 것임은 틀림없다. 실제로 옥타비아는 곧 임신했으나 여자아이였다. 평화와 번영이 곧 만연하리란 예측은 다소 성급했다고 판명이 난 것이다.[12]

카이사르는 안토니우스와 화해하기 전에 재혼했다. 그의 새 신부 스크리보니아Scribonia는 그보다 열 살 정도 많고 이미 여러 번 결혼했지만, 섹스투스 폼페이우스의 장인 루키우스 스크리보니우스 리보Lucius Scribonius Libo의 여동생이었다. 섹스투스의 주요 동맹자인 스크리보니우스 리보도 중요한 인물이었으나, 카이사르는 그 결혼을 통해 섹스투스와의 관계 개선 가능성을 높이려고 희망했을 것이다. 이 새 결혼은 적어도 스크리보니우스 리보 형제들이 카이사르와 안토니우스 중 누구에게 충성할지 모호하게 만들었을 것이다.[13]

넵투누스의 아들

섹스투스 폼페이우스는 무시하기에는 너무나 강력한 인물이었다. 그는 기원전 42년에 시칠리아를 장악했고, 이어서 사르디니아Sardinia와 코르시카Corsica를 점령했다. 그곳들을 거점으로 잘 훈련된 수병이 충분한, 강력한 그의 함대가 이탈리아 해안을 습격하고 해상 교역로를 심각하게 교란한 결과 이탈리아, 특히 대도시 로마로 가는 식량 공급이 점점 줄어들었다. 브룬디시움에서 체결된 평화 협정에서 향후 협상을 시도하자는 취지의 모호한 언급 외에는 철저히 배제된 섹스투스는 그 후 몇 달 동안 해안 습격 빈도를 늘렸다. 평소 로마에 필요한 곡물 대부분을 공급했던 지역은 시칠리아였다. 그러나 시칠리아가 섹스투스 폼페이우스의 수중에 있고 더 먼 곳에서 곡물을 싣고 오는 선박들도 종종 그의 함대가 습격하자, 식량 가격은 위험한 수준으로 치솟았고, 급기야 율리우스 카이사르가 공식적으로 정한 식량 배급량도 확보하기 힘들어졌다. 불만을 품은 전역 군인들, 땅을 빼앗긴 이탈리아 농부들 그리고 이 두 집단의 존재와 요구를 못마땅하게 여기는 도시 빈민들 사이에서 주기적인 폭동이 1년 이상 벌어지던 로마에 더욱 큰 불안이 엄습했다.14

섹스투스 폼페이우스는 계속해서 압박을 가했다. 젊은 군사 지도자들의 시대에 그는 특히 젊었는데, 카이사르보다 겨우 서너 살 정도 더 많았을 것이다. 피르실루스 전생에 참여하기에는 너무 어렸던 그는 이집트에서 자기 아버지가 살해되는 것을 목격했고, 이후 형이 율리우스 카이사르에게 맞서 싸우기 위해 군대를 일으켰다가 결국 패배해 죽임을 당하는 것도 지켜보았다. 섹스투스는 탈출하여 히스파니아에서 새로운 반란을 도모했다. 가문의 인맥과 그 자신의 카리스마로 빠른 성공을 거두었다. 그의 병사들은 배들을 나포하거나 직접 건조하여 서지중해 해안에서 약탈 지역을 점점 넓혀갔다. 기원전 43년 봄, 키케로는 원로원을 설득하여 그가 단지 폼페이우스 마그누스의 아들이라는 이유만으로 그가 보유한 병력을 합법화했고, 공식적으로 섹스투스를 '함대 및 해안 책임관praefectus classis et orae maritimae'으로 임명했다. 그해 말에 권력이 갑작스럽게 변동되면서 그는 합법적으로 임명된 정무관에서 졸지에 범법자가 되었다. 그가 독재관 암살에 관여하지 않았음에도 불구하고 암살 공모자들과 함께 페디우스 법lex Pedia에 의해 유죄 선고를 받았기 때문이었다. 삼두에 대해 모두 적대적이었지만, 섹스투스와 해방자들 사이에 적극적인 협력은 없었다. 카시우스는 이전에 그나이우스 폼페이우스를 매우 낮게 평가했으므로 그의 동생에 대한 평가도 크게 다르지 않았을 것이다. 또한 카시우스와 브루투스 모두 아버지의 권력을 계승한다고 자처하는 젊은 섹스투스에 대해 불편함을 느꼈을 수도 있다.[15]

카이사르와 마찬가지로 섹스투스도 아버지에 대한 존경을 과시하여 자신의 군 지휘권에 대한 정당성의 기초로 삼았다. 경건함pietas은 신들과 조국, 특히 부모에 빚진 명예를 말하는 개념으로 로마 사회에 독특하고 심오한 개인의 의무였다. 카이사르는 살해당한 양부의 원수를 갚으면서 자신의 경건함을 선포했다. 루키우스 안토니우스는 형을 대신해 반란을 일으켰을 때 자신의 이름과 집정관 직위에 'Pietas'라는 단어를 덧붙였다. 섹스투스 폼페이우스는 자신을 피우스Pius(경건한 자)라 칭했고, 이후 자기 아버지의 별명인 마그누스Magnus(위대한 자)도 이름으로 썼기 때문에, 그는 매우 이례적인 이름인 마그누스 피우스로 주화에 등장한다.[16]

카이사르와 섹스투스 폼페이우스는 여러 면에서 비슷했다. 주화 앞면에 새겨진 폼페이우스는 턱수염을 기른 모습인데, 이는 죽은 아버지와 형을 추모하는 애도의 표시였다. 주화에 새겨진 카이사르 모습도 항상 턱수염을 기른 채였는데, 해방자들의 죽음을 기념하여 깨끗이 면도했던 몇 년 동안도 그러한 모습으로 주화에 등장했다. 하지만 섹스투스의 아버지는 카이사르의 '아버지'처럼 전성기에 암살당한 것이 아니라 전쟁에서 패배하고 도망자로 죽임을 당했다. 따라서 섹스투스의 권력 기반은 필연적으로 이탈리아에서 멀리 떨어져 있었고, 국가의 전통적인 제도보다는 자신과 가문의 명성에 기반을 두고 있었다. 그러나 카이사르는 공화정 정치 무대의 중심에서부터 그의 경력을 시작하여 국가의 핵심 권력으로 다가갈 수 있었다. 두 사람 사이에 존재하는 또 하나의 커다란 차이는 자신을 영원한 칭송의 대상으로 만든 섹스투스의 행위였다. 공권 박탈령이 시행되자 섹스투스는 공권 박탈의 모든 희생자와 삼두정 통치를 피해 탈출하는 모든 이들에게 피난처를 제공했다. 그의 함선들이 이탈리아 해안선을 순찰하며 도망자들을 구출하였고, 섹스투스는 공권 박탈 대상자를 안전하게 데려오는 이들에게 현상금의 두 배를 보상금으로 지급했다. 수백 명이 섹스투스 덕분에 목숨을 구할 수 있었다. 물론 정치적인 이득을 염두에 둔 행위라고 말할 수도 있겠지만, 섹스투스가 보인 그러한 행동들은 잔혹했던 당시의 살인적인 행태들과는 극명한 대조를 이룬다는 점에서 주목할 만하다.[17]

섹스투스는 여전히 이탈리아와 로마로 향하는 식량 대부분을 차단했다. 그의 식량 차단 전략은 삼두를 겨냥한 것이었지만, 그 결과로 가장 큰 고통을 겪은 것은 필연적으로 일반 대중, 특히 가장 가난한 사람들이었다. 기원전 40년 말, 안토니우스와 카이사르는 함께 로마에 머물며 마케도니아에서 거둔 승리를 기념하여 소개선식을 거행했다. 두 사람 모두 인기가 없었으므로 소개선식에 참가한 군중들은 식량 부족 사태의 책임을 그들에게 돌리며, 당장 섹스투스와 협상하라고 촉구했다. 전역 병사들과 마찬가지로 일반 대중 대부분도 평화를 원했고, 대중들은 전역 병사들을 흉내 내 점점 더 폭력적인 시위를 벌이며 지도자들에게 평화를 가져다 달라고 압박했다. 기원전 39년 초, 포룸에서 업무를 보고 있던 카이사르가 분노한 군중과 마주쳤다. 군중이 돌을 던지기 시작했고, 소규모 수행원들은 카이사르를 보호하는 데 애를 먹고 있었다.

이때 안토니우스가 비아 사크라Via Sacra(신성한 도로)를 따라 대형을 갖춘 일군의 병사들을 이끌고 카이사르를 구조하러 왔다. 처음에 군중들은 안토니우스가 섹스투스에게 더 호의적이라고 생각했기 때문에 적대적인 행동은 하지 않고 단지 그들의 길만 막으려 했다. 하지만 안토니우스가 병사들에게 군중을 뚫고 지나가라고 명령하자, 시민들은 돌을 던지며 격하게 반응하며 쫓아냈다. 병사들은 전열을 가다듬고 증원군도 요청했다. 그런 다음 병사들이 두 방향에서 포룸으로 밀고 들어가면서 막아서는 군중을 쓰러뜨렸다. 안토니우스의 병사들이 시민들을 헤치고 들어가 겨우 카이사르를 구출했으나, 이후 몇 시간 동안 군중이 시의 중심부를 장악했다가 서서히 해산했다.[18]

안토니우스와 카이사르는 섹스투스의 어머니와 그의 다른 친척들에게 접근했고, 이들을 통해 봄에 협상 자리가 마련되었다. 양측은 나폴리만의 바이아이Baiae 해안 근처에서 첫 회담을 가졌다. 서로에 대한 신뢰가 없었기 때문에, 양측의 적대적인 지도자들과 참모진은 바다 위로 각자 따로 지은 목재 연단 위에 서서 대화하며 회담을 진행했다. 첫 회담에서 성과는 없었지만, 여름이 끝나갈 무렵 인근 미세눔Misenum 곶에서 회담이 재개되었고, 이번에는 합의를 도출했다. 섹스투스는 다시 한번 그가 거느린 군대에 대한 합법적인 통수권을 부여받았다. 원로원 의원이 되었고, 그가 이미 통제하고 있던 시칠리아, 사르디니아, 코르시카와 더불어 그리스의 펠로폰네소스반도를 속주로 통치할 권리도 받았다. 이미 조점관이었던 안토니우스가 섹스투스의 사제단 입회를 직접 관장했고, 섹스투스는 삼두정이 통제하는 선거를 통해 기원전 33년의 집정관이 되기로 합의하였다.

미세눔 협약으로 섹스투스는 이탈리아 해안 봉쇄를 거두었다. 섹스투스가 이 협약을 통해 많은 이익을 얻은 건 아니었다. 협약의 내용이 대체로 섹스투스의 현 상태를 그대로 추인하는 것이었기 때문이다. 하지만 섹스투스는 공권 박탈 대상자들과 망명을 선택할 수밖에 없었던 사람들을 모두 사면하고, 그들의 이탈리아 귀환을 허용하며, 그들에게 몰수당한 재산의 4분의 1을 되돌려 주어야 한다고 삼두에게 요구했다. 결국 율리우스 카이사르의 암살 공모자 중 아직 살아 있는 인물들과 극소수 몇 명을 제외하고 모두 사면되었다. 시칠리아로 도망쳤던 많은 귀족이 고향으로 돌아가기를 바라며 섹스투스에게 평화 협약을 맺도록 압력을 행사했을 가능성도 있다. 흥미로운 점은 카이사르의 처남인 스크리보니우스가 기원전 34년의 집정관으로 내정된 점이다.

섹스투스는 그가 거느린 해군과 해군 기지들에 대한 지휘권을 포기하지 않고서는 로마로 돌아갈 수 없었다. 섹스투스는 이를 카이사르와 안토니우스가 그들의 군단 해산을 꺼렸던 만큼 꺼릴 수밖에 없었다. 군사 지도자들은 오직 무력을 통해서만 권력을 유지하고 장기적인 안전을 확보할 수 있었기 때문이다. 이전에 안토니우스는 폼페이우스 마그누스의 집들과 영지들, 특히 팔라티움 언덕 경사면에 자리 잡은 부유층이 몰려 사는 지역인 카리나이Carinae에 있는 큰 저택을 경매로 사들였다. '카리나이'는 문자 그대로 '배의 용골'을 의미했다. 자신의 기함에서 카이사르와 안토니우스를 대접했을 때, 섹스투스는 함대의 용골들이 자신이 기거하는 유일한 집들이라는 농담을 한 적이 있다. 안토니우스와 카이사르가 육지에서 베푼 연회에 이어 열린 이 해상 연회에서, 섹스투스의 해병 지휘관 중 1명이 배의 닻줄을 끊고 선상의 하객들을 처치하면 자신의 사령관을 세계의 주인으로 만들 수 있다고 섹스투스에게 말했다고 한다. 섹스투스는 그러한 기만적 배신행위를 하라는 명령을 당시에는 내릴 수 없었으나, 언젠가 그 지휘관이 자신에게 상의하지 않고 그냥 행동했더라면 더 좋았을 것이라고 애석해했다고 전해진다.[19]

연인들

공권 박탈 대상자들이 이탈리아로 귀환할 때, 섹스투스는 시칠리아에 머물렀다. 섹스투스가 펠로폰네소스를 공식적으로 통치했는지는 분명하지 않다. 안토니우스와 옥타비아는 기원전 39~38년의 겨울을 보내기 위해 동쪽으로 여행해 아테네에서 지냈다. 그곳에서 안토니우스는 그리스식의 도시 생활에 흠뻑 빠졌다. 아테네 시민들은 이 부부를 '자비로운 신들'이라 불렀다. 그들은 안토니우스를 '새로운 신 디오니소스'라 칭하며, 그를 아테네의 여신 아테나와 결혼시키는 의식혼까지 거행해 주었다. 아테네 시민들이 그렇게 큰 명예를 선사했음에도 안토니우스는 그들에게 '결혼 지참금'이란 명목으로 새 세금을 요구했다. 하지만 아테네 현지인들이 그와 그의 아내에 베푼 환대 덕에 그 세금액은 다소 낮아졌을 것이다. 봄이 오자 안토니우스는 공식적으로 그리스 민간인의 옷을 벗고 다시 로마 지휘관 복장을 했다. 안토니우스 휘하의 장군인 벤티디우스가 이미 파르티아인들을 로마 속주에서 몰아냈으므로, 앞으로 몇 년간 안토니우스의 큰 과제는 파르티아인들을 제대로 응징해 제대로 크라수스의 원수를 갚는 것이 될 터였다.[20]

카이사르는 이탈리아에 남아 강력한 해군을 만들기 위해 선박 건조 계획에 착수했다. 해군력 증강은 명백히 섹스투스를 겨냥한 것이었고, 불안정했으나 한동안 평화가 유지되었다. 식량 공급이 다시 풍부해지고 망명자들이 귀환하면서 로마의 전반적 분위기는 다시 생기가 돌았다. 돌아온 망명자 중에 티베리우스 클라우디우스 네로Tiberius Claudius Nero가 있었는데, 그는 기원전 42년의 법무관이었으나 다소 터무니없는 이유로 연말에 직위를 내려놓기를 거부했다. 충성 대상을 쉽게 바꾸는 인물이었던 그는 (율리우스 카이사르를 지지했다가 3월 15일 사건 이후에는 열성적으로 암살자들을 칭송했다) 페루시아 전쟁 때는 루키우스 안토니우스 편에 가담하여 전역 병사 정착지 조성 때문에 토지를 잃은 사람들을 대상으로 병사들을 모집했었다. 반란이 실패하자 그는 공권 박탈되었고, 익숙한 경로를 따라 시칠리아로 도망갔지만, 섹스투스 폼페이우스의 환대가 충분하다고 느끼지 않았던 탓에 거기서 다시 그리스로 갔다. 고난이 항상 그를 따라다녔는지, 한번은 스파르타에서도 도망쳐야 했고, 도망 중 일행이 산불에 갇혔다가 겨우 화를 면한 적도 있다.21

클라우디우스 네로의 아내는 모든 면에서 남편보다 훨씬 더 주목할 만한 인물이었다. 그녀의 이름은 리비아였지만, 흔히 드루실라Drusilla라는 별명으로 불렸다. 또한 그녀는 혈통적으로 남편과 같은 클라우디우스 가문 출신이었지만, 이 위대한 귀족 가문의 훨씬 더 명망 높은 다른 분파의 후손이기도 했다. 그녀의 선천적 혈통은 그녀의 아버지가 평민 귀족 중 가장 오래되고 중요한 가문의 자손 마르쿠스 리비우스 드루수스Marcus Livius Drusus의 양자가 되면서 더욱 강화되었다. 리비우스 드루수스는 기원전 91년에 호민관으로 재직하면서 이탈리아 내에 있는 로마의 동맹국들이 내건 대의를 옹호했다. 그가 살해당하자, 곧이어 동맹국들이 반란을 일으켜 '동맹국 전쟁Social War'이 일어났다. 로마 공화정은 전쟁의 위기에서 벗어나려 동맹국 주민들에게 로마 시민권을 부여할 수밖에 없었다. 따라서 많은 로마인이 여전히 커다란 애정을 품고 이 호민관을 기억했다. 리비아의 아버지는 공권 박탈되었고, 해방자들과 함께 싸웠으며, 필리피 전투 이후 자살했다. 이때쯤 리비아는 이미 결혼한 상태였고, 기원전 42년 11월 그녀의 남편에게 아들을 낳아 주었고, 그 부부는 아들의 이름도 티베리우스 클라우디우스 네로라고 지었다.22

남편이 페루시아 전쟁에서 반란군 편에 서자, 당시 약 열일곱 살이었던 리비아는 남편과 합류하기 위해 길을 떠났다. 리비아는 반란 전쟁과 그 이후 망명 생활 동안 남편을 따라다니며 추적자들을 피해 거친 생활을 했다. 어린 티베리우스의 울음소리가 두 번이나 그들의 위치를 드러낼 뻔했다고 한다. 스파르타에서 도망칠 때는 리비아의 머리카락과 옷이 산불에 그을렸다. 로마로 돌아온 그 가족은 돈이 궁핍했다. 망명에서 돌아온 많은 이들과 마찬가지로 미세눔 협약의 일부로 약속받은 몰수 재산의 4분의 1조차도 회수하기 어려웠던 것이다. 부부는 아들 티베리우스를 유서 깊은 세습 귀족 가문과 인맥을 맺고 싶어 하던 한 원로원 의원의 양자로 들어가도록 주선했다. 정치적으로 이는 현명한 판단이 아니었을 수도 있다. 불과 얼마 전, 그 원로원 의원의 한 형제가 카이사르에 대한 음모를 꾸몄다는 의심을 받아 체포된 뒤 다소 미심쩍은 상황에서 사망했기 때문이다.23

리비아의 귀족 혈통은 혈연과 입양 모두를 통해 흠잡을 데가 없었다. 또한 그녀는 젊고 매우 매력적이었으며, 날카로운 지성의 소유자였다. 먼 훗날 그녀의 증손자인 칼리굴라Caligula 황제는 그녀를 '율리케스 스톨라투스Ulixes stolatus', 즉 '치마 입은 오디세우스'라고 불렀다. 그녀의 영민함과 재치는 의심할 여지 없이 그녀의 타고난 아름다움을 더욱 돋보이게 했다. 기원전 38년 1월, 리비아는 둘째 아들을 낳았는데, 이는 그녀가 로마로 돌아온 시점에 이미 몇 달째 임신 중이었음을 의미한다. 임신한 모습이었음에도 리비아는 카이사르의 눈에 띄었다. 카이사르의 스물네 번째 생일이나 그 무렵에 그의 수염 깎기를 축하하기 위해 마련한 연회에서였을 것이다.24

카이사르가 자발적으로 행한 1년간의 성적 금욕 생활은 이제 먼 기억이 되었다. 스크리보니아는 기원전 39년 말에 딸을 낳았지만(당연히 율리아라고 이름 지었다), 카이사르가 이 결혼을 통해 애초 누리고자 했던 정치적 편의는 이제 그다지 절실하지 않았고, 부부 사이 역시 가깝지 않았던 것으로 보인다. 따라서 카이사르는 다른 여성들을 열정적으로 찾아다녔다. 안토니우스는 당시 카이사르의 여성 편력을 관대한 시선으로 바라보았다. 수년 후 카이사르의 친구들은 카이사르가 종종 원로원 의원의 아내들을 유혹한 것은 그녀의 남편들이 무슨 생각을 하고 무엇을 하는지 알아내기 위해서였다고 주장하며, 그의 여성 편력을 변명했다. 안토니우스는 후에 카이사르가 '식사하다 말고 전 집정관의 아내를 내가 보는 앞에서 침실로 끌고 갔다가 헝클어진 머리에 귀까지 붉어진 채로 식사 자리로 다시 돌려보낸' 이야기를 퍼뜨렸다. 리비아 드루실라는 임신 중이었음에도 곧 카이사르의 연인이 되었는데, 두 사람의 관계는 섣부른 애정 행각이나 정치적 염탐 이상으로 발전했다.25

카이사르는 리비아의 아름다움과 지성에 반했다. 리비아도 카이사르의 사랑에 열정으로 답했을 것이다. 리비아가 자기 남편이 밟아온 경력에 깊은 인상을 받았거나 그의 미래 전망에 큰 기대를 걸었을 것 같지는 않다. 권력은 일종의 최음제란 유명한 말이 있다. 젊은 카이사르의 눈부신 부상은 그에게 막대한 권력을 안겨 주었을 뿐만 아니라 엄청난 자기만족과 자신감을 심어 주었다. 리비아의 가문 배경과 인맥이 정치적으로 중요했지만, 그건 장기적인 이점이라는 점을 고려한다면, 이후 두 사람을 둘러싸고 이어진 기이한 추문을 정당화할 만큼 충분한 당장의 정치적 이익이 있는 것도 아니었다. 결국 두 사람의 관계는 카이사르가 모든 일에서 자기 뜻을 관철하는 데 익숙했고, 두 연인 모두 지체 없이 자신들의 욕망 실현에 단호했다는 맥락에서만 이해할 수 있다. 카이사르는 당시 스물네 살이었고, 리비아는 채 스무 살이 되지 않았다. 어쩌면 리비아가 새 연인의 변덕스러운 관심이 다른 데로 향할까 두려워 기다리려 하지 않았을 수도 있다.26

카이사르는 스크리보니아가 딸 율리아를 출산하자마자 그녀와 이혼했다. 로마에서 남편은 "당신 물건은 당신이 가져가시오tuas res tibi habeto"라는 가장 기본적인 수준의 말만으로도 아내와 헤어질 수 있었다. 카이사르는 스크리보니아의 '더 이상 참을 수 없는 모진 성격'이 이혼의 이유라고 덧붙였는데, 그의 말이 사실인지 아니면 악의적인 핑계였는지는 알 수 없다. 클라우디우스 네로도 순순히 리비아와 이혼했고, 기원전 39년 10월 초쯤 카이사르와 리비아는 약혼했다. 카이사르는 자신이 속한 사제단에 이 약혼을 승인해 달라고 요청했고, 사제단은 리비아가 임신 중이고 아이의 아버지는 클라우디우스 네로라며 그에게 친권을 공식 확인해 준 것으로 보인다. 하지만 리비아가 임신 중인 아이의 친부가 카이사르라는 소문도 퍼졌는데, 이에 단 3개월 만에 아이를 갖게 되다니, 얼마나 운이 좋은 부부냐는 농담도 생겨났다. (하지만 아이는 클라우디우스 네로와 리비아가 그리스에 있을 때 임신되었기에, 이는 불가능한 이야기였다.) 당분간 리비아는 약혼녀로서 카이사르의 집으로 거처를 옮겼고, 그곳에서 기원전 38년 1월 14일 아들 드루수스 클라우디우스 네로Drusus Claudius Nero를 출산했다. 아이는 아버지에게 보내져 양육되었다.27

    1월 17일, 카이사르와 리비아는 결혼식을 올렸다. 리비아가 출산한 지 불과 사흘 만이었다. 신부의 아버지는 이미 사망했고, 가까운 남성 친척이 거의 없어 신부의 전남편이 결혼식에 동행했다. 결혼식은 성대하게 치러졌고, 이어진 연회는 올림포스 신화를 주제로 진행되었는데, 연회 참석자 중 6명의 남자와 6명의 여자가 모두 그리스 신과 여신으로 분장했다. 카이사르는 아폴로 신의 역할을 맡았다. 음식과 음료는 호화롭게 준비되었고, 젊은 부부는 그들의 부와 권력을 만끽했다. 당시 귀족 여성들 사이에서는 델리키아이deliciae라 불리는 옷을 거의 입지 않은 어린 노예 소년들의 시중을 받는 것이 유행이었는데, 아마도 이번에는 결혼 연회였으므로 이 소년들이 큐피드로 분장했을 것이다. 이 소년들은 주변 사람들에 대해 신랄한 말을 속삭이곤 했다. 그들의 유머는 독설적이고, 과장되고, 때로는 노골적이었지만, 세련된 취향을 가진 사람들은 이를 즐겼다. 그날 연회에서 한 소년이 식탁 반대편에 누워 있는 클라우디우스 네로를 가리키며 리비아에게 "왜 여기에 계십니까, 부인? 당신의 남편은 저쪽에 계시는데요"라고 말했다고 전해진다.

    후대의 비평가들은 이 결혼을 두고 카이사르가 다른 남자의 아내를 납치한 것과 같다고 말했는데, 이는 폭군들이나 저지르는 행위로 간주되었다. 클라우디우스 네로가 순응적이었다는 점을 고려하면, 정치적 비난을 하기 위해 과장한 측면이 있다. 그러나 클라우디우스 네로가 그 상황에서 선택의 여지가 거의 없었던 것도 사실이다. 리비아가 그 결혼에 신속히 동의하고 심지어 먼저 제안하며, 그 결혼을 열정적으로 원했다는 사실을 부인하기도 어렵다. 당시 로마는 식량이 다시 부족한 상황이었으므로, '열두 신의 연회'라고 불린 호화로운 결혼 잔치 소식에 대중의 반감이 널리 퍼졌다. 사람들은 카이사르가 아폴로인 건 맞지만, 그 신의 덜 유쾌한 면모를 지닌 '고통을 부르는 아폴로'라고 말했다. 세간에는 이러한 노래도 널리 나돌았다. "카이사르는 거짓으로 아폴로 흉내를 내고, 전에 없던 방탕함으로 신들의 연회를 즐기니, 유피테르는 황금 왕좌에서 이미 도망쳤고, 모든 신이 지상으로부터 얼굴을 돌리리라."28

임페라토르

섹스투스 폼페이우스와의 갈등 재발로 로마는 다시 식량 부족 상황을 맞았다. 해적들이 이탈리아 해안에 출몰했다. 카이사르는 체포된 해적들을 고문으로 심문한 결과 섹스투스의 지시를 받았다는 사실을 실토했다고 주장했다. 그 주장의 사실 여부를 떠나, 그리고 폼페이우스가 자신의 대의에 공감하여 휘하에 들어온 모든 사람을 통제할 수 없었을 수도 있지만, 카이사르는 해전에서 싸워 이길 준비가 완벽히 되었다고 자신했다. 폼페이우스에게 두터운 신임을 받았던 해군 지휘관인 메나스Menas라는 해방 노예가 함선들을 이끌고 카이사르에게 투항하면서, 코르시카와 사르디니아의 통제권을 카이사르에게 헌납했기 때문이다. 이 시기의 전쟁에서는 양적 규모, 즉 적보다 더 많은 군단을 전장에 배치하는 것을 매우 중요시했다. 로마인에게는 막대한 병력과 자원을 투입하면 문제 해결에 성공할 수 있다는 뿌리 깊은 믿음이 있었다. 율리우스 카이사르를 포함해 로마의 어떤 지휘관도 해전은 육상 전투와 근본적으로 다르다는 생각을 미처 하지 못했고, 이 점에서는 독재관의 후계자 카이사르도 다르지 않았다. 기원전 38년, 시칠리아 침공 계획은 수적 우위에 대한 자만심만 여실히 드러냈을 뿐, 예측 불가능한 바다의 위험성은 크게 고려하지 않은 작전이었다.29

이탈리아의 서해안은 메사나 해협Straits of Messana(오늘날의 메시나 Messina)부터 나폴리만에 이르기까지 천혜의 항구가 거의 없었다. 이러한 지형적 특성에 더해, 섹스투스의 병사들은 자신들이 기지로 쓰고 있는 섬들에서 다다를 수 있는 모든 항구를 습격할 수 있었기 때문에, 카이사르의 해상 병력은 목표 지점에서 상당히 멀리 떨어진 곳에서 준비하고 있어야 했다. 애초 계획은 카이사르의 두 함대가 해상에서 합류하여 시칠리아를 협공하는 것이었으나, 계획대로 되지 않아 각 함대가 따로 전투를 벌였다. 함선들은 새로 건조한 것이었고, 수병들은 경험이 부족했으며, 메나스를 제외한 지휘관들 역시 미숙했다. 섹스투스의 경험 많은 소함대들이 카이사르의 함대 중 한 대와의 전투에서는 우위를 점했고, 나머지 함대는 크게 무찔렀다. 이후 날씨가 승부를 결정지었다. 이탈리아 서해안의 예측 불가능한 바다에서조차 이례적으로 강한 폭풍이 몰아쳤다. 메나스의 함선들은 대처 방법을 알고 있었지만, 다른 대부분 선장은 강한 폭풍에 속수무책이었고, 결국 그들의 함선은 해안가로 밀려가 산산조각이 나고 말았다. 다음 날, 카이사르 함대는 채 절반도 남지 않았고, 원정은 실패로 끝났다. 로마에서는 폭동이 일어났고, 마이케나스를 보내 상황을 진정시키려 했으나, 식량 부족 문제 해결은 요원했다.30

섹스투스는 강한 폭풍이 아주 적절한 순간에 몰아친 그 행운을 믿을 수 없었다. 그 이후 섹스투스는 바다 빛깔의 푸른 망토를 걸치고, 자신을 '넵투누스Neptunus의 아들'이라 불렀다. 한편, 카이사르는 넵투누스를 상대로 다음에는 승리할 수 있다고 호언장담했다고 하며, 로마에서 열리는 다음 경기 행렬에서 그 바다신의 조각상을 운반하지 말라고 명령했다고 전해진다. 그러나 대부분 로마 시민은 식량 부족과 재앙적인 결과를 낳은 불필요한 전쟁을 넵투누스가 아닌 카이사르의 탓으로 돌렸다. 카이사르가 주사위 게임과 도박에 중독되어 있다는 것을 아는 어떤 익살꾼이 이 시기에 다음과 같은 시를 지었다. "해전에서 두 번 패하며 함대를 잃고 나자, 그는 주사위를 던진다. 한 번이라도 이기길 바라면서!"31

카이사르는 그해 여름 초 브룬디시움에서 회담하자고 안토니우스에게 요청했다. 그러나 정작 본인이 약속을 저버리고 회담에 나타나지 않았다. 안토니우스는 기다리다 지쳐 동방으로 돌아갔다. 여름에 있었던 로마의 폭동 이후 카이사르는 회담 주선을 위해 마이케나스를 안토니우스에게 보냈고, 결국 기원전 37년 타렌툼에서 새 회담이 열렸다. 안토니우스는 300척의 전함으로 호위를 받으며 왔고, 이 중 120척을 타렌툼 협정의 일환으로 처남인 카이사르에게 빌려주었다. 카이사르는 그 대가로 안토니우스의 파르티아 원정에 병사들을 지원해 주기로 약속했다. 옥타비아가 협상에 도움을 준 것으로 알려졌다. 남편을 설득하여 작은 배 10척을 추가로 카이사르에게 보내도록 했고, 이에 카이사르는 안토니우스에게 1,000명의 정예 근위대원을 보내 화답했다. 더 공식적인 협정 내용으로는 타렌툼 회담에서 삼두정이 갱신되었는데, 기원전 43년에 삼두에게 주어진 5년의 법정 임기가 지났기 때문이었다. 갱신된 삼두정에 정당성을 부여하려 동원된 법률적 세부 조항은 현대 학자들도 제대로 이해할 수 없으며, 당시에도 다소 모호했을 가능성이 크다. 왜냐하면 이런 방식으로 강력한 권력을 연장한 실질적인 선례가 없었기 때문이다. 타렌툼 협정을 마무리 짓는 행사로서 이제는 거의 관례가 된 혼인 동맹이 맺어졌다. 안토니우스와 풀비아 사이에서 태어난 열 살 된 아들 안틸루스Antyllus와 카이사르의 어린 딸 율리아와의 약혼이 발표되었다.32

섹스투스와의 새로운 전쟁이 계획되어, 기원전 37년 전체와 그다음 해 전반기에 걸쳐 준비가 진행되었다. 전쟁 준비를 책임진 인물은 아그리파였다. 기원전 44년, 카이사르와 함께 아폴로니아에서 있었던 오랜 친구이자 동료로, 그 이후 점점 더 높은 직책을 맡아 카이사르를 보좌했던 것으로 보인다. 아그리파는 섹스투스와의 첫 번째 전쟁에는 참여하지 못했는데, 당시 갈리아에 머물며 아퀴타니아Aquitania에서 일어난 반란을 진압하고, 율리우스 카이사르를 본받아 다리를 놓아 라인강을 건너가 게르만 부족들을 무찌르는 원정을 지휘하고 있었기 때문이다. 장군, 기술자, 행정가 등 어떤 자리에 있든 그의 삶 전체에서, 노련함과 능력은 아그리파의 표상이었고, 카이사르에 대해서는 절대적인 충성과 절제된 겸손함을 보였다. 갈리아에서 거둔 업적으로 당연히 개선식을 받을 수 있었지만, 자신의 상관 카이사르의 시칠리아 원정 실패와 비교될 것을 우려해 개선식을 하지 않기로 했다. 그리고 곧바로 더 강력한 신규 전함 건조를 감독했다. 나폴리만의 쿠마이Cumae 뒤편으로 운하를 파 아베르누스 호수Lake Avernus를 더 작은 호수를 거쳐 바다와 연결함으로써, 광활한 항구와 수병들을 훈련시킬 수 있는 안전 수역을 만들었다.

노잡이 팀들은 전함 내부를 모사하여 특별히 제작한 층계식 좌석에 앉아 육지에서 노 젓는 훈련을 시작했다. 노 젓는 병사 중 많은 이가 이전까지는 노예였으나 군 복무의 대가로 자유를 얻은 사람들이었다. 이는 노예들이 병사가 될 수 있는 드문 경우 중 하나였다. 쇠사슬로 노에 묶인 노예들이 전함의 노를 젓는 할리우드 영화의 장면은 신화일 뿐이며, 전함에 승선하는 수병과 노잡이들은 모두 급여를 받는 자유인들이었다. 전함들은 크고 견고하게 건조되었고, 갑판은 노잡이들을 보호하기 위해 덮여 있었으며, 많은 전함에는 적선에 투사체를 던지거나 발사할 수 있도록 새로운 형태의 접이식 탑을 장착했다. 또한 하르팍스harpax라 불리는 비밀 병기도 있었는데, 이는 투석기로 발사하는 밧줄이 달린 갈고리로, 적선에 단단히 박혀 아군이 적선에 승선할 수 있도록 적선을 붙잡아 두기 위한 무기였다.[33]

섹스투스 역시 전쟁 준비에 분주했다. 마침내 양측은 상대방을 압도하려 각각 300척이 넘는 전함을 집결시켰다. 기원전 38년에 겪었던 일부 문제들이 되풀이되어 카이사르의 함대들은 각기 다른 장소에서 공격 준비를 해야 했고, 7월 초 시칠리아를 향해 삼면 공격을 개시하였을때 협공 작전 조율에 애를 먹었다. 다시 한번 넵투누스가 심술을 부리는 것 같았고, 아그리파는 악천후로 인해 전함들을 잃었다. 첫 시도에서는 북아프리카에서 건너온 레피두스만이 시칠리아섬에 군단을 상륙시킬 수 있었으나, 증원군을 실은 함대는 적에게 가로막혀 파괴당하고 말았다.

아그리파는 밀라이 곶Cape Mylae 앞바다에서 벌어진 전투에서 승리했다. 기동성은 좋지만 크기가 작은 적함들이 크고 견고하게 지어진 아그리파의 전함에 쉽게 타격을 입힐 수 없었다. 그러나 곧 카이사르는 타우로메니움Tauromenium(오늘날의 타오르미나Taormina) 앞바다에서 섹스투스에게 패해 전함 대부분을 잃고 육지로 피신해야 했다. 한동안 단 1명의 경호원이 카이사르를 지켰고, 마침내 아군을 만났을 때 카이사르는 거의 탈진하기 직전이었다. 하지만 이후 며칠 동안 점점 더 많은 병사가 시칠리아에 상륙하여 결국 21개 군단과 지원군이 섬에 주둔하게 되었다. 폼페이우스 군대는 카이사르의 일부 부대를 심각하게 괴롭히기도 했지만, 그들을 완전히 파괴할 만한 병력과 전의가 부족했다. 섹스투스의 기지들이 하나씩 포위되고 함락되면서, 전세는 그들에게 더욱 결정적으로 불리해졌다. 섹스투스는 대규모 해전을 벌이는 것 외에는 선택지가 없었다.

9월 3일, 나울로쿠스Naulochus 앞바다에서 전투가 벌어졌다. 전투 시간과 장소가 사전에 상호 합의되었을 가능성도 있다. 아그리파는 기함에서 지휘했고, 카이사르는 해안가에서 지켜보았다. 카이사르는 극도의 피로로 잠에 빠졌다가 겨우 깨어나 힘겹게 전투 개시 신호를 보냈다고 한다. 안토니우스는 후에 그가 공포에 질린 나머지 혼수상태에 빠져 적과 싸우기는커녕 쳐다보지도 못했다며 조롱했다. 카이사르가 있든 없든 상관없이 전세는 결정 났다. 자신감을 얻고 경험이 쌓인 수병들이 조종하는 더 큰 전함들을, 해군 사령관으로서 역량이 더 커진 아그리파가 지휘하여 폼페이우스 함대를 격파했고, 도망치는 적함 대부분을 파괴했다. 카이사르는 아그리파에게 특별히 푸른 벡실룸vexillum과 전함의 뱃머리 모양을 따 새롭게 제작한 금관인 코로나 나발리스corona navalis를 수여하며 그의 전과를 치하했다.34

카이사르는 또다시 승리를 거두었지만, 섹스투스 폼페이우스와의 전쟁은 그의 인생에서 가장 힘겨운 시련 중 하나였다. 충분한 군단을 모집할 수 있는 지역적 바탕이 없어 폼페이우스가 이탈리아 내륙으로 전쟁을 확대할 만한 지상군을 보유할 수 없었던 것이 어쩌면 큰 행운이었다. 카이사르는 섹스투스 폼페이우스와의 전쟁에서 위험을 무릅썼고, 일이 잘못될 때마다 큰 타격을 입었다. 그의 도피 행각과 죽음을 간신히 모면한 이야기들이 여러 건 전해지고 있다는 점은 흥미롭다. 이는 로마인들의 상상력을 사로잡았던 공권 박탈 희생자들의 도피담과 유사한 특징을 보인다. 이러한 이야기들 대부분은 아마도 그의 회고록에서 비롯된 것으로 보이는데, 자신의 무용담에 대해서는 거의 언급하지 않은 율리우스 카이사르의 담담한 전쟁기와 매우 대비된다. 회고록과 전쟁기로서 서로 장르는 달랐지만, 더 중요한 것은 독재관 율리우스 카이사르는 자신이 거둔 승리를 겸손하게 이야기했다는 점이다. 반면 그의 후계자 카이사르는 자신이 패배한 전쟁과 부하들이 승리한 전투에 자신의 영웅적 면모를 어떻게든 덧입히려 했다. 기원전 36년에 이르면, 아그리파 같은 인물들의 재능에 의존해 실제 전투를 치러야 한다는 것을 인정할 만큼 영민해졌지만, 카이사르는 주된 공은 자신이 차지하고 자신의 참여를 가능한 한 가장 흥미진진한 방식으로 그려내는 데 아주 능숙했다.

10장 경쟁자들

내전이든 대외 전쟁이든 전 세계 곳곳의 해상과 육지에서 벌인 전쟁에서 승리했을 때, 나는 용서를 구하는 시민은 모두 살려주었다.

- 《신 아우구스투스의 업적록》[1]

마침내 그는 마르쿠스 안토니우스와의 동맹을 파기했다. 이 동맹은 항상 의심스러웠고 불확실했으며, 여러 차례의 화해로 겨우 유지되어 왔다. 그리고 그는 경쟁자가 로마 시민으로서 품위를 잃었음을 선명히 보여주기 위해, 안토니우스가 클레오파트라와의 사이에서 낳은 자녀들까지 상속인으로 지정해 로마에 남긴 유언장을 대중 앞에서 공개하고 낭독하게 하였다.

- 수에토니우스, 2세기 초[2]

곧이어 카이사르는 자신의 영웅적인 모습을 새로이 보여줄 기회를 얻었는데, 이번에는 1명의 동맹자를 희생시키는 방식을 통해서였다. 레피두스는 시칠리아 점령에 일조하며 수년 만에 처음으로 중요한 역할을 했다.

삼두 중 최고령으로 필리피 전쟁 이후 권력 핵심에서 밀려난 현실에 당연히 분개했던 레피두스는 이제 잃어버린 권력의 일부를 되찾을 수 있으리라 기대했다. 레피두스는 가장 강력한 폼페이우스 부대가, 섬에 주둔한 카이사르의 휘하 장군들을 거치지 않고 자신에게 곧바로 항복해 자신의 지휘를 받도록 조치했다. 그 결과 레피두스가 거느린 병력은 20개 군단 이상으로 증가했다. 비록 많은 군단이 완벽한 편제의 최상 전력에는 훨씬 못 미쳤지만, 수적으로는 내세울 만한 규모였다. 레피두스는 자기 병사들이 메사나를 약탈할 때 폼페이우스 병사들도 동참하도록 허용해 그들의 환심을 사려 했다. 레피두스의 병사들은 최근까지도 적이었던 자들과 전리품을 나누는 것이 못마땅했을 테지만, 명령에 따를 수밖에 없었다. 자신이 다시 강력해졌다고 느낀 레피두스는 시칠리아를 자신의 아프리카 속주들에 추가해 통치하고, 늘어난 군단도 자신이 그대로 지휘하기로 결심했다. 레피두스가 시칠리아에 대한 자신의 지휘권을 주장하자 카이사르와 카이사르의 현지 지휘관들과 격렬한 말다툼이 잇따랐고, 결국 레피두스의 병력은 진을 따로 치기 위해 철수했다. 이 당시 권력의 궁극적인 기반은 군단이었고, 강력하고 충성스러운 군대를 가진 사람은 무시할 수 없었다. 그러나 충성심은 종종 협상의 대상이 되었고, 기원전 43년 브룬디시움에서 제4군단과 마르스 군단을 회유했던 것처럼, 카이사르의 요원들이 곧 병사들 사이에서 활동하기 시작했다.

임페라토르 카이사르가 기병대의 선두에 서서 레피두스 군단을 따라갔다. 그는 기병대를 바깥에 남겨 두고 단지 몇 명의 장교들과 경호원들만 대동한 채 대담하게 레피두스 진영 안으로 들어갔다. 이는 율리우스 카이사르가 얼음처럼 차가운 표정을 지은 채 반란을 일으킨 제10군단과 담판을 지었던 장면을 떠오르게 한다. 당시 율리우스 카이사르는 반란군을 흔히 말하는 '전우들이여commilitones'라고 부르는 대신 '시민 여러분quirites'이라고 부름으로써 그들의 기를 꺾어 놓았다. 그러나 독재관의 후계자는 독재관보다 카리스마가 부족했고, 마주한 병사들은 그와 오랜 인연이 있지도 않았다. 병사들 대부분은 낯선 이들이었고, 일부는 얼마 전까지도 적이었다. 율리우스 카이사르 휘하에서 복무했던 장교들이 몇 명 있었는데, 아마도 그것이 카이사르에게 도움이 되었을 것이다. 레피두스와 그에게 충성하는 자들이 이 대담한 젊은 지휘관을 저지하려 했다. 카이사르를 밀쳤고, 누군가 던진 투창이 카이사르를 비켜 갔으나, 카이사르와 그의 일행을 학살하진 않았다. 만약 레피두스의 병사들이 조금이라도 더 결연했다면 분명 모두 학살당했을 것이다.

카이사르는 레피두스의 병사들에게 연설하며 자신에게 합류할 것을 촉구했다. 그는 무티나에서 했던 것처럼 독수리 군단기를 직접 잡고, 내심 병사들이 따라오기를 기대하면서 진지 밖으로 나갔다. 일부 병사들이 그를 뒤따랐고, 그중 일부가 기수였으므로 더 많은 병사가 뒤따랐다. 즉각적인 투항은 아니었다. 병사들 대부분은 어찌할지 모르고 망설였다. 카이사르의 군대가 그들의 진영 밖에 도착한 것이 그들의 결심을 돕는 계기가 되었을 것이다. 그러나 더욱 결정적인 것은 레피두스가 자신의 휘하에 있는 병사들의 열정을 불러일으키는 데 실패했다는 점이었다. 그의 병사들은 처음에는 조금씩 그를 떠나다가 결국은 대규모로 투항했다. 버림받은 지휘관은 갑옷과 군복을 벗고 평민의 토가를 입은 채 항복했다.

율리우스 카이사르는 기회 있을 때마다 관용을 과시했지만, 삼두는 공공연히 다른 길을 택했다. 독재관의 후계자는 이번에는 '아버지'를 본받는 것이 실용적이고 또 가치 있는 일이 되리라고 판단했다. 레피두스를 삼두정에서 축출했고 모든 권력을 박탈했으나, 목숨은 살려주어 감금 상태에서 여생을 보내도록 했다. 카이사르가 레피두스를 그렇게 조치할 법적 권리가 있는지는 불분명했지만, 당시 상황에서 그건 중요하지 않았다. 레피두스는 수년 후 사망할 때까지 대제사장직을 유지했다. 더 이상 위험한 인물이 아니었으므로 목숨을 부지할 수 있었던 것이다. 그러나 다른 누군가가 자신의 운명을 결정할 수 있다는 사실을 인정하는 것 자체가 로마 귀족에게는 커다란 굴욕이었으므로, 카이사르의 그런 조치에는 잔인함도 묻어났다. 수년간 카이사르는 가끔 레피두스를 로마로 불러 의식이나 원로원 회의에 참석시키곤 했다. 그렇지만 공권 박탈보다 훨씬 더 자비로운 처사임은 틀림없었고, 이 덕분에 레피두스는 장수했다.[3]

섹스투스 폼페이우스는 그다지 운이 좋지 못했다. 그는 얼마 남지 않은 전함들과 병사들을 이끌고 동쪽으로 항해했다. 카이사르보다 안토니우스를 상대하는 것이 낫겠다고 판단했기 때문이다. 불합리한 선택은 아니었고 안토니우스가 처음에 보여준 환대도 고무적이었으므로, 섹스투스는 힘을 더 키워 자신의 행운을 되살리고 협상할 기회를 포착하기 위해 다시 군대를 모집하기 시작했다. 그러자 안토니우스의 지휘관 중 1명이 곧바로 그를 패퇴시킨 후 처형했다. 안토니우스가 그를 처형하라고 명령했는지는 당시에도 불분명했다.[4]

삼두 안토니우스(이제 삼두정 구성원이 2명뿐이었음에도 자신을 계속 삼두라 불렀다)는 섹스투스 폼페이우스의 운명보다 더 큰 문제에 직면했다. 기원전 36년 여름, 크라수스가 겪은 패배를 복수하고, 파르티아의 최근 동방 속주 침략으로 실추된 로마의 자존심을 회복하기 위해 마르쿠스 안토니우스는 마침내 파르티아에 대한 대대적인 공격을 개시했다. 카이사르가 전년도에 약속했던 병사들을 보내지 않았음에도 안토니우스의 병력은 대단한 규모였다. 약 15~18개에 달하는 군단이 보조군 및 속국의 통치자들이 보낸 강력한 동맹 파견군의 지원을 받았다. 후에 플루타르코스는 인도처럼 멀리 떨어진 곳의 통치자들도 이 강력한 군대의 거병 소식에 몸을 떨 정도였다고 기술했다.[5]

하지만 안토니우스는 알렉산드로스 대왕이 아니었고, 파르티아인들도 기원전 4세기의 페르시아처럼 쉽게 무너질 상대가 아니었다. 기만 작전이 귀중한 시간만 허비한 채 아무런 성과를 얻지 못하고 실패하자, 조급함을 느낀 안토니우스는 빨리 이동시킬 수 없는 공성 장비와 보급 수송대를 제대로 된 경계 병력 없이 후방에 남겨 둔 채 진군했다. 기동성 높은 파르티아인들은 즉시 이 안토니우스 군대의 후방을 덮쳐 전멸시켰고, 그 결과 안토니우스의 주력 부대는 겨울이 다가오는 가운데 장비와 식량이 거의 없이 적지 깊숙이 고립되었다. 아르메니아 동맹군의 배신으로 상황이 악화된 측면도 있었지만, 모든 실수는 안토니우스가 전적으로 저질렀다. 후퇴 외에는 선택의 여지가 없자 로마군은 철수를 시작했고, 이후 4주라는 긴 시간 동안 파르티아인들의 무자비한 추격에 고통을 받았다. 안토니우스는 용기 있는 모습을 보였고 그의 병사들도 종종 용감하게 싸웠지만, 어느 날 밤 로마 진영이 극심한 공황에 빠지자, 안토니우스는 절망에 빠져 자살까지 고려했다. 거짓 경보에 의해 벌어진 상황이라는 보고를 듣고서야 자살 생각을 접었다. 얼마 지나지 않아 적군은 추격을 포기했고, 로마군은 결국 안전한 지역으로 물러날 수 있었다. 군단병 중 적어도 4분의 1이 돌아오지 못했다. 종군 민간인들과 동맹군은 더 많이 희생당했고, 당연히 기병대와 짐 나르는 동물의 희생도 매우 컸다. 그런 시련을 겪은 생존 병사들은 건강 상태가 좋지 않았고 회복하는 데 시간이 필요했다. 안토니우스에게는 다행히도, 파르티아인들은 반격에 나설 의향이 없었다. 안토니우스는 앞으로 수년간, 어쩌면 영원히 파르티아를 다시 공격할 수 있는 상황을 맞지 못할 것이었다.

파르티아에서 승리를 거두었다면, 안토니우스는 로마 역사상 모든 지도자를 능가하는 전무후무한 군사적 영광과 카이사르를 포함한 그 어떤 경쟁자보다 더 풍족한 전리품까지 얻었을 것이다. 하지만 그는 완전히 실패했다. 많은 현대 학자는 안토니우스가 자신의 목숨과 병력 전체를 잃지 않았다는 점을 들어 이 재앙과 같은 실패를 부각하지 않았다. 지금 돌아보면, 로마가 파르티아를(그리고 그들의 후계자인 페르시아인들을) 결코 정복하지 못한 사실을 우리는 알지만, 당시 로마인들은 자신들이 언젠가는 파르티아를 정복할 것이라는 점을 의심하지 않았다. 공화국에 대한 가장 큰 공헌은 외적을 물리치는 것이었다. 안토니우스는 자신을 위대한 군인으로, 위대한 영웅 헤라클레스로 그리고 동방에서 포도주의 신만이 아닌 승리의 신으로도 추앙받던 디오니소스로 자처했다. 자신이 펼친 여론 선전전을 안토니우스 스스로 진실이라고 믿었을 가능성이 매우 높다. 앞서 살펴보았듯, 사실 그의 군사 경험은 제한적이었고, 고위 지휘관으로서의 경험은 더욱 부족했으며, 그가 치른 대부분의 전투는 내전이었다. 따라서 우리에게 안토니우스의 파르티아 원정 실패는 그리 놀라운 일은 아니다. 그러나 그에게는 커다란 충격이었고, 개인적으로나 정치적으로 그를 파멸로 이끈 사건이었다.[6]

영광과 약속

임페라토르 카이사르라는 정통적이지 않은 명칭은 그가 전쟁에서 승리한 지휘관임을 선포하기 위해 붙인 이름이었고, 이를 여론 선전전을 통해 끊임없이 강화했다. 이 무렵 카이사르는 자신이 장군으로서의 역량은 부족하다는 사실을 인식하고, 아그리파처럼 재능 있는 부하들에게 크게 의존했다. 기원전 36년 말 무렵엔 카이사르가 섹스투스에게 승리할 것이 명백했고, 이는 동방에서 들려오는 혼란스러운 전황 소식과 뚜렷이 대조되었다. 안토니우스는 자신의 패배를 마치 성공인 양 포장하려는 헛된 노력을 하고 있었다. 카이사르는 로마로 돌아와 시칠리아에서의 승리를 기념하기 위해 소개선식을 거행했다. 한때는 금기시되었던 내전 승리 기념이 이제는 거의 일상적인 행사가 된 상황에서, 카이사르는 그의 승리가 확실히 로마의 이익에 부합한다는 의미를 명확하게 부여하기 위해 섹스투스를 해적이자 도망친 노예들의 괴수로 낙인찍었다. 카이사르가 자신의 함대에서 복무하겠다고 약속한 수천 명의 노예를 해방시켰다는 사실에는 모두 눈감아주었고, 포로 중 노예는 모두 주인에게 돌려주었다. 주인이 빨리 나타나지 않은 약 6,000명의 포로는 그대로 처형했다. 아마도 기원전 71년 크라수스가 스파르타쿠스의 노예군에서 살아남은 같은 수의 노예를 집단으로 십자가 처형한 것을 연상시키려는 의도였을 것이다. 원로원은 카이사르에게 전함들의 뱃머리로 장식된 기둥 위에 영웅적인 모습으로 그의 나체 조각상을 세울 수 있는 영예를 부여했다. 이 카이사르의 조각상은 포룸에 세워졌는데, 로마의 첫 번째 위대한 해전 승리를 기념하는 또 하나의 기념물 옆에 자리 잡았다. 역시 밀라이에서 벌어졌던 그 해전은 기원전 260년 카르타고의 강력한 해군을 상대로 한 것이었다.7

위험한 외적들을 상대로 거둔 과거 승리의 기억을 상기시키는 것도 좋지만 직접 새로운 승리를 거두는 것이 더 좋았으므로 카이사르는 이후 3년 동안 대부분의 시간을 일리리쿰Illyricum 속주 안팎의 부족민들을 상대로 원정 전쟁을 벌이며 보냈다. 율리우스 카이사르는 파르티아 원정의 서막으로 발칸반도 원정을 계획했다. 기원전 40년대에 독재관의 두 부하가 이 발칸 지역에서 패배당했고, 그 과정에서 귀중한 군기 다수를 잃었다. 이는 크라수스와 안토니우스가 파르티아인에게 빼앗긴 전리품에 비하면 대수롭지 않은 손실이었다. 그렇지만 카이사르는 일리리아 원정 전쟁을 과거의 패배를 복수하고 손상된 로마 자존심의 상징을 되찾을 기회로 삼았다.

기원전 35년, 카이사르는 일리리쿰 북쪽에서 작전을 펼쳐 사바강Sava River 강가의 세게스타Segesta(현재 크로아티아의 시사크Sisak)까지 진격했고, 겨울을 나기 위해 그곳에 2개 반 군단 규모의 주둔군을 배치했다. 그때 카이사르는 다뉴브강을 건너 다키아Dacia를 향해 대규모 공격을 구상했을 수 있다. 율리우스 카이사르의 일리리아 원정의 최종 목표이기도 했을 다키아 왕은 근래 몇 년간 로마의 실질적인 위협이 되었기 때문이다. 그러나 그러한 구상이 있었더라도 적어도 당시에는 금방 포기했다. 기원전 34년 카이사르는 달마티아Dalmatia 남쪽 지역에 더 집중했다. 이는 수많은 소규모 부족과 씨족들을 상대로 한 작전이었다. 카이사르는 이 원정에 대해 원로원에 보고할 때 최소 30개 종족을 나열했다. 지형이 험난하고 적들이 양쪽의 높은 계곡으로 드나드는 지점을 모두 장악하고 있었기 때문에 과거에도 로마군이 한 번 이상 고립된 적이 있었다. 카이사르는 신중히 전투를 준비하며, 양쪽 계곡 꼭대기를 따라 측면 부대를 보냈다. 이는 19세기 인도 북서부 국경에서 '고지 점령'이라고 알려진 전술이었다. 목적은 기원전 1세기에 있었던 전투에서와 같았다. 계곡 밑에 위치한 로마의 주력군을 적이 공격하면, 로마의 측면 부대가 계곡 위에서 아래로 그 적을 향해 돌격하기 위한 것이었다. 총력전은 없었지만, 수많은 기습과 매복전이 있었고, 부족들이 계곡 꼭대기에 구축한 요새를 공략하기 위한 공성전도 많았다.8

다시 한번 임페라토르 카이사르가 이 전투에서 보인 무공이 강조되는데, 그에 대한 설명은 회고록에서 비롯된 것임이 틀림없다. 메툴루스Metulus 공성전에서(메툴루스는 로마 시대에도 거의 알려지지 않은 작은 지역으로 지금은 위치를 알 수도 없다) 카이사르는 높은 탑 위에서 로마군의 공격을 내려다보고 있었다. 그의 병사들은 적의 성벽을 향해 경사로를 만들었지만 아직 성벽까지는 미치지 못했다. 그 위에 로마군이 적의 성벽에 내려놓을 4개의 도개교跳開橋가 있었고, 이를 통해 성벽에 접근할 수 있었다. 그러나 적들은 맹렬히 방어했고, 첫 번째, 그다음 두 번째, 마지막으로 세 번째 도개교가 이동하려는 로마군의 무게로 인해 뒤집히거나 무너졌다. 이로 인해 로마 군단병들은 마지막 남은 도개교에 당연히 발을 들여놓으려 하지 않았다.

카이사르는 관측탑에서 서둘러 내려와 병사들에게 소리치며 전진하라고 독려했다. 이것도 여의치 않자, 그는 자신이 직접 모범을 보이기로 결심하고 한 병사로부터 방패를 빼앗았다. 율리우스 카이사르가 위기의 순간에 했던 행동으로 유명하다. 그리고 아그리파와 참모진 몇 명만을 데리고

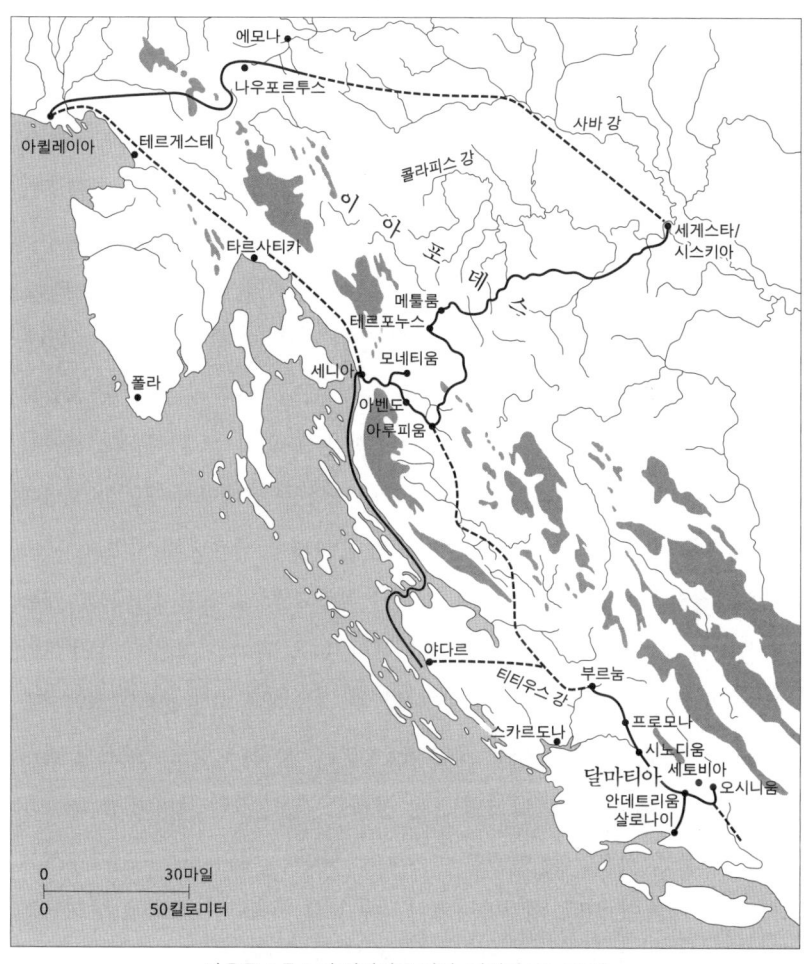

아우구스투스의 일리리쿰 원정, 기원전 35~33년

마지막 남은 다리 위로 돌진했다. 그의 행동에 고무되었거나 부끄러움을 느낀 군단병들이 물밀듯이 그들을 따랐다. 너무 많은 병사가 따라와 그들의 무게로 인해 마지막 남은 도개교가 경사로와 성벽 사이의 깊은 구덩이로 무너지고 말았다. 추락해 사망한 병사들도 있었지만, 카이사르는 운 좋게도 오른쪽 다리와 양팔에만 부상을 입고 그곳을 벗어났다. 그는 다시 신속히, 아마도 상당한 도움을 받으며 관측탑 꼭대기로 다시 올라갔는데, 이는 그가 살아 있고 여전히 지휘할 수 있다는 것을 그의 병사들에게 보여주기 위한 행동이었다. 앞으로 몇 년간 그들에게 보상할 수 있는 사람은 자신이란 걸 보여주려는 의도이기도 했다. 군단병들은 공격을 재개하기 위해 새로운 도개교들을 건설하기 시작했다. 이러한 불굴의, 그리고 매우 로마적인 전의에 당황한 메툴루스는 곧 항복했다.9

1년 후, 알려지지 않은 또 다른 요새 바깥에서의 전투에서도 임페라토르 카이사르는 돌에 무릎을 맞아 며칠 동안 걸을 수 없는 부상을 입었다. 적군이 던진 돌인지 투석기로 발사된 것인지는 분명하지 않았다. 소규모 작전들이었지만 전투 자체는 어렵고 치열했을 수 있다. 또 다른 공성전에서는 적의 야간 습격에 당황한 한 보병대가 도망쳤다. 카이사르는 그 보병대에 데키마티오decimatio*를 명령했다. 10명 중 1명이 구타당해 죽었고, 나머지는 상징적인 벌로서 남은 원정 기간에 식량으로 밀 대신 동물과 노예들의 음식인 보리를 배급받는 수치를 당했다. 더욱 특이한 것은 그 보병대의 백인대장 2명도 처형되었다는 기록이다. 한 보병대에 최대 6명의 백인대장이 있었으므로 그 2명이 주된 책임자로 여겨진 듯하다. 안토니우스도 기원전 36년 아르메니아에서 유사한 공황 상태를 겪고, 그의 보병대 중 하나를 데키마티오로 처벌했고, 비슷한 시기에 또 다른 장군이 히스파니아에서도 그랬다는 기록이 있다. 데키마티오가 전통적인 처벌이긴 했으나, 당대에도 매우 고루한 형태의 엄격한 처벌로 여겨져 거의 시행되지 않았던 벌칙이었다.10

임페라토르 카이사르는 암살당한 그의 아버지처럼 전통적인 유형의 위대한 로마 장군으로 보이기를 원했음이 분명하다. 무엇보다도 그러한 지도자들은 전쟁을 성공적으로 치러야 했다. 카이사르의 일리리아 원정은 안토니우스의 파르티아 원정에 비해 그 중요성은 덜했지만, 어쨌든 실패가 아

---

* 10명 중 1명을 처형하는 벌로 군율을 어긴 군대에 적용했다. (옮긴이)

닌 승리로 끝났다. 기원전 33년 여름, 카이사르는 자신이 굴종시킨 적들로부터 빼앗은 전리품을, 무엇보다도 과거 전투에서 빼앗겼던 로마 군기들을 되찾아 로마로 돌아왔다. 일리리아 원정의 전리품은 새로 재건축한 옥타비아 주랑Porticus Octaviae에 전시했다. 이미 두 번의 소개선식을 받은 카이사르에게 원로원은 일리리아 원정을 치하하기 위해 기꺼이 개선식을 수여했고, 카이사르는 나중에 개선식을 거행하기로 했다. 율리우스 카이사르가 개선식을 거행할 때까지 로마 밖에 머무르거나 또는 집정관직에 출마하기 위해 개선식을 포기하고 로마로 들어가는 두 가지 대안에서 하나를 선택해야 했던 때와 비교하면 세상은 많이 달라져 있었다. 그의 후계자는 자신의 권력에 어떠한 변화도 없이 마음대로 로마를 드나들었다.[11]

카이사르는 일리리아 원정 중 여러 차례 로마로 돌아왔고, 기원전 33년 1월 1일에 두 번째로 집정관이 되었다. 첫 번째 집정관직을 맡은 지 거의 10년이 지났지만, 카이사르는 아직 스물아홉 살에 불과했기에, 공직 임명에 관한 그러한 관례들은 더 이상 의미가 없었다. 카이사르는 하루가 지나기도 전에 집정관직을 사임하고 즉시 자신의 후임자를 임명했다. 안토니우스도 전년도에 집정관직을 두고 카이사르와 똑같이 행동했는데, 심지어 그는 집정관직을 맡기 위해 자신이 다스리는 속주를 떠나 로마로 오는 수고조차 하지 않았다. 이 2명의 삼두가 로마의 고위 공직을 가볍게 여기는 태도는 율리우스 카이사르를 훨씬 능가했다. 공동 집정관 중 아무도 더 이상 1년의 임기를 채우지 않고 사임한 뒤 후임, 즉 보궐 집정관이 그 직을 수행하도록 했다. 이 보궐 집정관들 역시 다른 이들에게 기회를 주기 위해 사임할 수 있었고, 기원전 33년에는 6명이나 되는 보궐 집정관이 있었다. 하지만 이것도 기원전 38년에 임명되어 동시에 재직한 67명의 법무관에 비하면 아무것도 아니었다. 짧게라도 고위 공직을 맡은 사람은 그 직위를 가졌다는 영구적인 명예와 함께 원로원 회의에서 그에 상응하는 우선권을 얻었다.[12]

개선식도 공직처럼 후하게 수여되었는데, 기원전 30년대에 카이사르와 안토니우스 양측의 여러 고위 지휘관이 개선식을 거행했다. 기원전 34~33년에만 여섯 번의 개선식이 있었다. 많은 이들이 자신들의 승리를 영구적으로 기념하기 위해 로마 시내에 주요 기념물들을 건설하거나 복원했다. 아시니우스 폴리오는 기원전 39년에 개선식을 거행한 후 감찰관들이 사용하던 자유의 전당을 복원하면서 한쪽 부속 건물엔 그리스 서적들을, 반대편 부속 건물엔 라틴어 작품들을 소장한 공공도서관을 증축했다. 이는 로마에서 문을 연 최초의 공공도서관이었다. 율리우스 카이사르가 공공도서관 건설을 계획했으나, 그의 사망으로 그 계획이 중단되었기 때문이다. 기원전 34년에 개선식을 거행한 티투스 스타틸리우스 타우루스Titus Statilius Taurus는 로마의 첫 번째 석조 원형극장 건설을 시작했다. 과거에는 주로 대형 공공건물의 측면에 임시 객석을 덧붙여 극장을 대신했다. 같은 해, 가이우스 소시우스Caius Sosius는 예루살렘 탈환과 유대 왕으로 헤롯(헤로데) 대왕Herodes Magnus을 복위시킨 공로로 개선식을 받았고, 이를 기념하여 아폴로 신전을 건설하기로 결정했다. 이후 신전은 그의 이름을 따서 아폴로 소시아누스Apollo Sosianus로 알려졌으며, 오늘날의 마르켈루스 극장 근처에서 볼 수 있다.[13]

외적에 대한 승리를 축하하는 것은 진정으로 로마다운 일이었다. 다수의 개선식과 그에 수반한 여러 건축 프로젝트를 안토니우스의 지지자들과 카이사르의 지지자들 간의 경쟁의 결과로 보는 것은 잘못이다. 이들은 모두 개개인으로서도 자랑스러운 로마인이었다. 두 삼두가 공화국과 그 속주들을 나누어 통치한 시대에도 고정된 당파가 두 사람을 추종하는 것은 아니었다. 오히려 안토니우스 부하들의 성공은 카이사르와 연관된 사람들의 성공만큼이나 안토니우스의 실패를 부각시켰다. 더 중요한 것은, 이제 로마 시민들이 동료 로마인들이 아닌 진정한 적들을 상대로 전쟁을 치르고 있다고 느낀다는 점이었다. 로마 중심부에서 진행된 건축 공사는 도시의 분위기를 더욱 분주하게 만들었고, 그 편의시설들이 완공되기 전부터 시민들은 낙관적으로 변했다. 여러 건축 공사로 장인이든 노동자든 많은 이들이 유급 일자리를 갖게 되었고, 자재 공급자들도 좋은 사업 기회를 맞았다.

임페라토르 카이사르는 독재관이 시작한 여러 대규모 건축 사업을 계속 추진했다. 가장 중요한 사업은, 원로원 의사당을 재건축하고 새 베누스 신전을 중심으로 조성하는 '포룸 율리움', 즉 율리우스 광장이었다. 여타의 개별 기념물들이 아무리 화려하다 해도, 카이사르가 추진한 건축 사업의 전체적인 웅장함과 규모에는 미치지 못했다. 기원전 33년, 아그리파는 조영관직을 맡았다. 삼두의 추종자들은 보통 더 높은 공직을 받았기 때문에 조영관직은 다소 경시되던 공직이었다. 전직 집정관으로서는 아주 특별한 선택으로, 아그리파는 기원전 37년의 집정관이었다. 사실 이전에는 전직 집정관의 나이가 겨우 서른이라는 사실 자체가 정말 특별한 일이었다. 갈리아 원정에 참여하고, 섹스투스 폼페이우스를 바다에서 몰아내고, 가장 최근에는 메텔루스에서 언제든 무너질 수 있는 도개교 위로 카이사르와 함께 돌격했던 젊은이가 예의 그 열정과 능력으로 로마의 공공 편의시설 건축을 감독하는 임무에 뛰어든 것이다.[14]

아쿠아 율리아라는 새로운 수로가 건설되었고, 늘 그렇듯 아그리파가 쏟은 노력은 주로 자기 상관의 공으로 세심하게 돌려졌다. 그리고 다른 수로들도 대대적으로 복원되거나 수리되었다. 이는 단지 거대한 건설 사업이 아니었다. 로마 전역이 흐르는 물에 쉽게 접근할 수 있도록 700개의 새로운 저수조, 500개의 급수구, 130개의 취수탑을 설치하는 대역사였다. 하수도도 조사, 수리, 개선했다. 필수적이지만 평범한 작업을 수행하면서도 대중의 관심을 끄는 것이 가능하다는 걸 아그리파는 보여주었다. 로마 시민들은 그 멋진 조영관이 로마의 주요 하수도인 클로아카 막시마Cloaca Maxima를 따라 처음부터 끝까지 배를 타고 노를 저어 가는 장면을 오래도록 기억했다. 이러한 실용적인 편의시설뿐만 아니라, 아그리파는 로마 시민을 위해 59일간 경기를 열어 군중에게 상품을 나누어 주었고, 공중목욕장도 170번 무료로 이용할 수 있도록 주선했다. 또한 이발사들이 무료로 시민들에게 면도를 해 주도록 알선했다. 도시 미관에도 신경 썼다. 여러 분수대를 조각상이나 기둥으로 장식하고, 대규모 예술품 전시회를 공원에 개최하기도 했다.

로마에서의 삶은 부유층뿐만 아니라 모든 사람에게 더 편안해졌다. 동시에 내전, 공권 박탈, 토지 몰수, 식민시 개척의 혼란했던 시절이 지나면서 이탈리아의 상황도 점차 안정을 찾았다. 임페라토르 카이사르는 그러한 모든 혼란에 책임이 있는 인물이어서 많은 사람이 그를 미워했다. 하지만 이제 그런 혼란들은 멈춘 듯 보였고, 누구도 그 시절로 돌아가고 싶어 하지 않았다. 카이사르를 사랑하려는 사람은 거의 없었지만, 내부의 평화가 돌아온 것에 감사했고 그것이 지속될 것이라는 확신도 커졌다. 어떤 사람들은 아직 1막이 더 남아 있다고 느꼈을 것이다. 아무도 안토니우스가 언제, 어떻게 돌아올지 알 수 없었기 때문이다.

악티움의 아폴로

이제 클레오파트라에 관해 이야기할 시간이다. 독자들은 이제까지 그녀가 거의 등장하지 않았다는 점에 놀랐을 것이다. 로맨틱한 인물, 동방의 상징 또는 남성 중심의 세계에서 독립적인 모습을 보여준 여성으로서 클레오파트라의 명성과 매력은 대단하지만, 단순한 진실은 로마가 압도적으로 지배하는 지중해 세계에서 그녀의 권력과 중요성은 미미했다는 점이다. 클레오파트라는 궁극적으로는 로마의 지원에 의존해 권력을 유지하고 경쟁자들로부터 보호받는, 로마 속주의 현지 피위임 통치자였다. 율리우스 카이사르는 그녀를 권력으로 복귀시키고, 그녀의 남동생이자 공동 통치자였던 프톨레마이오스 13세를 제거했다. 클레오파트라는 독재관의 생애 동안 두 차례 로마를 방문했다. 분명 독재관이 자신이 아닌 다른 여자들에게 한 눈을 팔아 그녀에 대한 지원이 약해지지 않을까 염려했기 때문이었을 것이다. 율리우스 카이사르가 클레오파트라를 영구적인 정부로 삼았고, 그녀가 그의 정책에 영향을 미쳤다는 생각은 현대에 만들어진 신화에 불과하다. 프톨레마이오스 카이사리온Ptolemaios Kaisarion이란 별명으로 불렸던 그녀가 낳은 아이는 사생아로 취급되어 로마 시민권도 없었고, 따라서 로마 정치에서 실제 중요하지도 않았다. 독재관이 암살당한 3월의 15일 이후에도 클레오파트라는 한 달 동안 로마에 머물렀다. 독재관 사망 이후 등장할 새로운 정권으로부터 이집트 통치자로서 자신의 지위를 인정받기 위해서였다. 다른 속주의 피위임 통치자들과 왕국들도 직접 또는 대리인을 통해 인정받기 위한 작업을 했다. 이집트의 한 파벌은 클레오파트라가 통치하는 영토의 일부 또는 전부를 그녀의 여동생 아르시노에Arsinoe에게 넘기려 영향력을 행사하기도 했다. 종종 인용되는 키케로의 글에서 클레오파트라가 언급되지만, 그의 방대한 서신에서 그녀의 이름이 손에 꼽힐 정도로만 등장한다는 사실은 그녀가 전반적으로 보아 그다지 중요한 인물이 아니었다는 점을 확실히 보여준다. 이집트로 돌아온 클레오파트라는 곧바로 율리우스 카이사르가 그녀와 함께 공동 통치자로 임명한 둘째 남동생 프톨레마이오스 14세Ptolemaios XIV를 살해하고, 자신의 아들인 카이사리온을 왕으로 내세웠다. 어린 아들이 사춘기 형제보다 훨씬 조종하기 쉬웠기 때문이다.[15]

　　기원전 41~40년 가을과 겨울에 클레오파트라와 안토니우스 두 사람은 연인이 되었다. 안토니우스는 임신한 클레오파트라 곁을 떠나며, 그녀가 낳은 자식이 충분히 자랄 때까지 그녀가 안전하게 실질적인 왕좌에 앉아 있을 수 있도록 성인 나이에 이른 마지막 왕권 경쟁자 아르시노에를 제거해 주었다. 이후 두 사람은 3년 반 동안 만나지 못했고, 안토니우스는 옥타비아와 결혼하여 두 딸을 두었다. 기원전 37~36년 겨울, 그는 클레오파트라를 안티오크Antioch로 데려와 쌍둥이 자녀인 아들 알렉산드로스 헬리오스Alexandros Helios와 딸 클레오파트라 셀레네Cleopatra Selene(즉 태양과 달)를 만났다. 둘이 관계를 다시 시작하면서, 자신의 군대 식량으로 이집트 곡물을 사용하고, 이집트 은으로 병사들 급여를 지급했다. 안토니우스가 파르티아 원정을 떠날 무렵 클레오파트라는 다시 임신했고, 안토니우스가 원정에서 실패하고 돌아오기 전에 아들 프톨레마이오스 필라델포스Ptolemaios Philadelphos를 출산했다. 그는 클레오파트라를 오늘날의 레바논 해안에 있는 한 작은 도시로 불러 위로받았고, 그 이후 두 연인은 거의 헤어지지 않고 함께 지냈다.[16]

기원전 35년, 옥타비아는 정예 친위대와 기병대 그리고 대단한 건 아니지만 반드시 필요한 짐 나르는 동물들을 이끌고 아테네로 갔다. 그녀의 남편 안토니우스가 보충해야 할 병력과 물자였다. 안토니우스는 그 병력과 물자는 받았지만, 옥타비아는 만나러 가지 않고 로마로 돌아가라고 지시했다. 옥타비아는 이전에 몇 년 동안 그와 함께 다녔을 때 그리스보다 더 멀리까지 간 적이 없었다. 속주 통치자가 자신의 속주로 아내를 데려가는 것은 흔치 않았고, 더군다나 함께 원정에 참여하는 것은 더욱 드문 일이었다. 그러나 속주 통치자가 안토니우스처럼 공개적으로 현지의 왕족을 정부로 삼는 것도 전혀 정상적이지 않았다. 이 일을 두고 카이사르는 명예로운 로마의 아내를 무례하게 거절한 안토니우스의 행동을, 부끄러운 줄도 모르고 클레오파트라를 대놓고 과시하는 안토니우스의 행동과 재빨리 대비시켰다. 이 사건은 그의 누나에게 굳이 아테네로 가라고 권유하여 안토니우스가 나쁜 남편으로 보이도록 카이사르가 사전에 의도한 것으로 의심하는 사람들도 있었다. 남은 삼두 2명의 관계는 이제 거의 감출 수 없는 지경까지 냉랭해졌다.[17]

카이사르는 이 시기에 로마를 방문할 수 있었지만, 안토니우스는 그러지 못했다. 옥타비아는 아내로서 의무를 다하며, 남편의 속주에서 온 사람들을 환영하고 그들이 공직과 명예를 얻을 수 있도록 최선을 다했다. 그러나 대체로 옥타비아가 그런 일을 해내려면 남동생 카이사르에게 의존해야 했다. 카이사르는 안토니우스와 이혼하라고 제안했으나, 옥타비아는 남동생의 제안을 거절하고 오히려 남편의 입장을 대변하는 데 계속 힘썼다. 카이사르는 안토니우스의 추종자들에게도 혜택을 베풀었고, 이탈리아나 이탈리아와 가까운 곳에 머물렀기 때문에 안토니우스보다 훨씬 유리한 입장에서 새로운 지지자들을 규합하고 그들에게 호의를 제공할 수 있었다. 이즈음 토지 몰수 피해자들을 위한 조치는 과거의 가혹하고 자의적인 권력 행사의 단순한 완화책이 아닌 진정한 배려책으로서 행해졌다. 카이사르는 일리리아 원정에서 성공을 거두었고, 섹스투스 폼페이우스의 봉쇄는 완전히 무너졌고, 그의 위협도 제거되었다. 로마와 이탈리아는 정상적이고 안정적인 사회에 가까워지고 있었다. 멀리 있는 안토니우스보다 현장에 가까이 있는 카이사르에게 더 많은 영예가 주어졌다. 기원전 36년 말, 카이사르는 호민관처럼 신변불가침권하다고 선언되었는데, 호민관들이 1년 임기 동안 특권을 누렸던 것에 비해 카이사르에게는 그 특권이 영구적으로 주어졌다. 1년 후에는 같은 영예가 옥타비아와 리비아에게도 주어졌고, 이 두 여성은 자신들의 조각상이 세워지는 영광과 후견인 없이도 독립적으로 재산을 관리할 수 있는 법적 권리도 얻었다. 카이사르라는 존재가 특별했으므로, 그와 가까운 가족들도 특별한 존재로 간주했던 것이다.[18]

    기원전 34년, 안토니우스는 다시 전쟁에 나섰고, 속임수로 과거 동맹자였던 아르메니아 왕을 사로잡았다. 어느 정도 전공을 거두었다고 여겨질 수도 있었지만, 파르티아 원정 실패에 비하면 미미한 성과였다. 알렉산드리아로 돌아온 안토니우스는 성대한 승전 행렬을 벌였는데, 아르메니아 왕은 금 사슬(혹은 다른 기록에 따르면 은 사슬)로 묶인 채 다른 왕족 포로들과 함께 걸어가고, 뒤따르는 전차에 탄 안토니우스는 디오니소스로 분장하고 있었다. 행사의 절정은 화려한 장식으로 꾸민 연단 위에 놓인 왕좌에 앉은 클레오파트라가 안토니우스를 환영하는 장면이었다. 전체적으로 그 승전 행렬은 로마의 개선식과 같은 분위기를 자아냈으나, 로마가 아닌 외국 도시에서, 로마 시민이 아닌 외국 여왕을 위해 펼쳐졌다. 진실이 무엇이든 카이사르와 그의 동맹자들은 그 행사를 묘사하며 조롱했다.[19]

그해 후반 안토니우스와 클레오파트라는 프톨레마이오스 왕조가 좋아하는 극도로 호화로운 양식으로 치러진 또 다른 의식을 주재했다. 이른바 '알렉산드리아의 기증Donations of Alexandria'이라 불린 이 의식은 클레오파트라와 그녀의 공동 통치자인 카이사리온의 권력을 확인하면서, 동시에 안토니우스와 클레오파트라의 세 자녀에게 동방 속주의 광활한 영토를 부여하는 행사였다. 알렉산드로스 헬리오스에게는 파르티아와 메디아가 주어졌는데, 두 지역 모두 안토니우스나 로마의 통제하에 있지 않은 땅이었다. 클레오파트라는 '왕들의 여왕이자 왕들의 어머니'라는 칭호를 부여받았고, 이것은 분명 그녀의 왕국 통치와 자녀들에 대한 그녀의 지배력을 재확인하려는 의도였을 것이다. 그중 맏아들은 이미 10대에 접어들었으며, 곧 그녀의 잠재적인 경쟁자가 될 수 있는 시점에 이르고 있었다. 그 의식에도 불구하고 동방 지역의 통치에 실질적인 변화는 없었다. 그리고 엄청난 적대적인 선전에 진실이 묻혔기 때문에 안토니우스가 무엇을 계획했는지도 알기 어렵다. 그러나 안토니우스와 가장 가까운 동맹자들도 그 의식에 관해 안토니우스가 전한 내용이 치명적인 영향을 미칠 수 있다고 우려하여 그 내용을 감추려 했다.[20]

안토니우스에 대한 비판은 꾸준히 증가했다. 카이사르 본인이 아니더라도 그의 측근들로부터도 비판이 쏟아졌다. 안토니우스가 사악한 동방의 여왕과 그녀의 퇴폐적인 신하들에게 사로잡혀 있다는 비판이었다. 몇 년 후 호라티우스Horatius는 이러한 비판의 분위기를 잘 담아낸 시를 썼다.

수치스럽도다! 로마인이 한 여인의 노예가 되어 (미래 세대는 믿으려 하지 않겠지만) 말뚝과 무기를 들고 다니며, 군인임에도 시들시들한 환관의 무리를 기꺼이 섬기다니. 군대의 깃발 사이에 드리운 타락한 모기장을 태양이 내려다보며 비춘다.[21]

안토니우스는 술주정뱅이로, 심지어 클레오파트라가 준 마법의 물약에 취해 조종당하는 인물로 묘사되었다. 그는 더 이상 로마인답게 행동하지 않고 자신이 공화국을 위해 봉사하는 사람이란 사실도 잊은 사람으로 취급당했다. 이러한 안토니우스의 모습은 전쟁에서 승리를 거두고 공화국의 이익을 위해 일하며, 원로원과 로마 인민으로부터 찬사를 받고, 로마 아내와 함께 사는 카이사르와 기회가 있을 때마다 극명하게 비교되었다. 안토니우스는 자신이 헤라클레스의 후손이라고 주장했기에, 반신반인의 영웅 헤라클레스가 옴팔레Omphale에게 속아 치마를 입고 양털을 잣는 동안, 그녀는 그의 곤봉을 들고 사자의 가죽을 입었다는 이야기가 문학과 예술에서 부활했다.[22]

그러나 일방적인 비방만 있었던 것은 아니다. 안토니우스는 자신과 클레오파트라와의 관계를 비판하는 카이사르의 이중 잣대를 공격하는 공개서한을 썼다. "그대가 변한 이유는 무엇인가? 내가 여왕과 잠자리를 즐겨서인가? 여왕이 내 아내라도 된단 말인가? (물론 아니다!) 지금 막 시작된 일인가? 이미 9년이나 계속된 일 아니던가? 그렇다면 과연 너는 어떤가? 오직 리비아 드루실라와만 잠자리를 하는가? 이 편지를 읽을 때까지 네가 테르툴라, 데렌틸라, 루필라, 살비아 티티세니아 중 누구와도 잠자리를 즐기지 않았다면 축하하겠다. 어디서 누구에게 네 심지를 담그는 게 언제부터 그리 중요했단 말인가?"[23]

카이사르의 여성 편력도 악명 높았지만, 수많은 로마 여성과 연애를 즐기는 것과 1명의 외국인 정부와 관계를 맺는 것은 전혀 다른 문제였다. 클레오파트라는 그리스인이었고, 로마인들이 그리스인들을 바라보는 감정은 그리스 문화에 대한 찬탄 속에 피정복 민족에 대한 자신들의 문화적 열등감과 경멸감이 뒤섞여 매우 복잡했다. 거기에다가 그녀가 이집트의 통치자였다는 사실이 더욱 문제가 되었는데, 동물 머리를 한 신들을 숭배하는 야만인인 이집트인들에 관한 고래의 고정관념이 많았기 때문이다. 따라서 카이사르와 그의 동료들에겐 안토니우스를 공격할 다양한 재료가 있었던 셈이다. 안토니우스의 행동도 그의 입지에 도움이 되지 않았다. 그가 출간한 유일한 저작인 《그의 술 취함에 대하여On His Drunkenness, de sua ebrietate》에서 안토니우스는 자신의 음주를 변호했는데, 공무 수행 중에는 술로 인사불성이 되거나 술에 취해 있지 않다는 걸 넌지시 알리려 했던 것으로 보인다. 하지만 책이 전해지지 않기 때문에 구체적인 내용은 알 수 없다. 자기 행동을 변호해야 한다는 사실 자체가 이미 평판 훼손이 있었음을 방증한다.[24]

안토니우스는 방어보다 공격에 치중했다. 양측의 진흙탕 공격은 로마의 정치적 비방이란 관행을 벗어난 정도는 아니었고, 양측 모두 진실 여부는 개의치 않았다. 필리피 전투에서 카이사르가 보인 행동에 대한 비난이 되살아났고, 섹스투스 폼페이우스에게 당한 패배와 그가 겁쟁이라는 이야기들도 입길에 올랐다. 카이사르는 사악하고 타락한 자로, 율리우스 카이사르의 호의를 얻기 위해 몸을 팔았고, 그 이후 어린 율리아를 일리리아의 작은 부족 왕에게 시집보내려 했으며, 심지어 자신은 그 왕의 딸과 결혼하려고도 했다는 이야기도 떠돌았다. 이것은 클레오파트라와의 애정 행각보다 더 비난받을 일이었으며, 사실 여부는 중요하지 않았다. 이러한 공격에 더해 귀족 출신인 안토니우스로서는 당연히, 그의 경쟁자가 실제로는 미천한 가문(입양된 가문이 아닌) 출신이라는 점을 경멸하기도 했다. 상호 비방전의 후반에 이르자 카이사리온이 중요성을 띠기 시작했다. 카이사리온 자체가 중요해서가 아니라 율리우스 카이사르의 친자가 존재한다는 것은 신의 아들이자 자칭 임페라토르 카이사르가 결국 율리우스 카이사르의 혈통이 아니라는 사실을 보여주었기 때문이다. 카이사르는 독재관의 오래된 부하 중 1명인 오피우스에게 카이사리온이 독재관의 자식이 아님을 '입증하는' 소책자를 작성하도록 했다. 안토니우스는 율리우스 카이사르가 그 소년이 자기 아들이라고 인정하는 걸 직접 들었다고 응수했다.[25]

갈등으로 빠져드는 상황을 전적으로 카이사르에게 책임이 있다고 생각하기 쉽다. 카이사르가 최종적으로 승리했기 때문에 그가 결국 모든 일의 배후라고 여겨졌지만, 사실 두 삼두 모두 권력을 갈구하였고 따라서 최종 담판을 주저하지 않았다. 기원전 33년 여름, 안토니우스의 군단은 유프라테스강 유역에 집중되어 있었다. 파르티아에 대한 또 다른 공격을 진지하게 생각했을 수도 있겠지만 이내 포기하고, 안토니우스는 그의 군단에 명령을 내려 소아시아 해안을 향해 1,000마일(약 1,600킬로미터) 이상 긴 행군을 시작하라고 했다. 서쪽에 있는 유일한 적은 카이사르였다.[26]

안토니우스의 두 고위 부하, 그나이우스 도미티우스 아헤노바르부스(브루투스와 카시우스의 전 해군 지휘관)와 가이우스 소시우스가 기원전 32년 1월 1일 집정관이 되었다. 갱신된 삼두정의 5년 임기는 전년도 말에 만료되어 공식적으로 권력을 부여받지 않았지만, 카이사르와 안토니우스는 군 지휘권과 속주 통치권을 그대로 유지했다. 아헤노바르부스는 안토니우스를 찬양하면서 카이사르는 간접적으로 비판했다. 뒤이어 소시우스도 카이사르를 신랄하게 공격하면서 그를 비난하는 의결안을 원로원에 제출했지만, 한 호민관의 거부권 행사로 표결은 저지되었다. 그때까지는 눈치 빠르게 원로원 회의에 나타나지 않았던 카이사르는 다음 회의에 군대의 호위를 받으며 출석했고, 그를 따라온 친구들은 몸에 '숨긴' 단검을 일부러 드러냈다. 자신이 가진 임페리움이 여전히 합법적인 것인지는 개의치 않고 카이사르는 말없이 두 집정관 사이의 의자에 앉아 사실상의 권력은 자신에게 있다는 걸 보여주었다. 아헤노바르부스와 소시우스는 카이사르의 뜻을 알아차리고 로마를 떠나, 도중에 아무 방해도 받지 않고 그리스로 가 안토니우스

에게 합류했다. 일부 사람들도 그들을 따라 그리스로 건너갔다.27

로마에서 그리스로의 일방통행만 있었던 건 아니었다. 얼마 후 전직 집정관 루키우스 무나티우스 플랑쿠스가 그의 조카 마르쿠스 티티우스 Marcus Titius와 함께 로마로 왔다. 티티우스는 다음 해의 집정관으로 내정된 인물로 섹스투스 폼페이우스의 처형을 실제로 명령한 사람이었다. 플랑쿠스는 변절자라는 그다지 부럽지 않은 평판이 있었으나 그의 결정은 풍향계로 받아들여질 정도로 정세 변화에 민감한 사람이었다. 최근까지도 그는 안토니우스와 클레오파트라가 개최하는 연회에 적극적으로 참여했다. 한 연회에서 클레오파트라가 안토니우스에게 가장 비싼 음식을 보여주겠다며 내기를 걸자고 했을 때 그 내기를 주관했고, 클레오파트라가 엄청나게 비싼 진주 귀걸이를 포도주에 녹여 마시자, 그녀의 승리를 선언했던 인물이 바로 플랑쿠스였다. 그에 관한 또 다른 이야기로는 올림포스 신들을 주제로 한 축제에서 바다의 신 글라우콘Glaukon 역할을 했는데, 인조 물고기 꼬리를 달고 피부에 색을 칠한 채 나체로 춤을 추었다고 전해진다. 그가 안토니우스를 버리자, 한 원로원 의원이 냉소적으로 말했다. "당신이 안토니우스를 떠나다니, 안토니우스가 많은 일을 하긴 했나 보군!"28

무나티우스 플랑쿠스는 카이사르에게 몸만 간 게 아니라 거래할 지식도 가져갔다. 안토니우스의 유언장에 대한 증인으로서 그는 유언장의 일부 조항이 안토니우스에게 커다란 타격을 입힐 수 있다는 걸 잘 알고 있었다. 그 유언장은 로마의 베스타 신전에 보관되어 있었다. 유언장을 넘겨주기를 거부한 베스타 신전의 여사제장Vestalium Maxima을 물리치고 카이사르는 신전에서 유언장을 꺼내와 일부 내용을 발췌해 포럼의 공개 집회에서 낭독하게 했다. 유서는, 적어도 카이사르가 공개하기로 선택한 부분은 대중의 분노를 자극하는 내용이었다. 안토니우스는 카이사리온을 율리우스 카이사르의 아들로 공식 인정했는데, 이는 그의 유언장에 포함되기에 적합한 내용은 아니었다. 그리고 클레오파트라와의 사이에서 낳은 자신의 아이들에게 유산을 남겼다. 로마인 자녀들에게도 적절한 유산을 남겼을 테지만, 그 내용은 알리지 않았다. 자신이 이탈리아에서 죽더라도 클레오파트라와 함께 알렉산드리아에 묻히고 싶다는 유언은 더 치명적이었다.[29]

고대 사료 어디에도 유언장이 위조되었다는 증거는 전혀 없으며, 그 사료들은 분명 정확할 것이다. 대신 카이사르는 이미 당황스러운 내용을 담고 있어서 대중에게 공개해서는 안 될 그 유서가 대중에게 줄 인상을 교묘히 왜곡하고 악화시켰다. 카이사르는 또 안토니우스의 유언장과 대조되게끔 의도적으로 행동했다. 겨우 서른 살이었지만, 자신과 그의 가족을 위한 거대한 무덤 건설을 시작했다. 귀족들의 기념물은 가문의 공적을 알리고 주목받기 위해 지어졌지만, 이 무덤은 이전의 그 어떤 것과도 비할 수 없는 거대한 공사였다. 이 무덤은 곧 카리아왕 마우솔로스Mausolos의 이름을 따 '마우솔레움Mausoleum'이라 알려졌다. 마우솔로스의 무덤은 고대 세계 7대 불가사의 중 하나이다.

지름 약 300로마피트(약 90m)의 원 둘레 위로 높이 40피트(약 12미터)의 벽을 쌓고 돔 모양의 봉분을 얹은 다음, 그 꼭대기에는 거대한 카이사르의 조각상을 세운 이 무덤은 규모부터가 노골적으로 군주적이었으며, 다시 한번 '임페라토르 카이사르'는 다른 사람들과는 다르다는 점을 강조했다. 더욱 중요한 것은, '마우솔레움'이 로마시의 공식 경계선 밖, 무덤을 세우기에 적절한 장소인 마르스 평원에 지어졌지만, 어쨌든 로마에 위치한다는 점이었다. 철저히 로마인인 카이사르는 안토니우스와 달리 로마 외의 다른 곳에 묻히겠다는 생각을 전혀 하지 않는다는 걸 보여주려는 의도였다. 안토니우스가 수도를 알렉산드리아로 옮기려 한다는 소문이 퍼졌는데, 이는 과거 율리우스 카이사르도 같은 계획을 세웠다는 소문이 있었다. 또 다른 소문으로는 클레오파트라가 즐겨하는 맹세가 "내 반드시 카피톨리움 언덕에서 법을 집행하리라"였다고 한다. 소문이 서로 모순되는 것은 중요하지 않았다. 중요한 것은 그러한 소문들이, 안토니우스는 클레오파트라의 명령

을 따를 뿐 더 이상 로마의 이익은 염두에 두고 있지 않다는 메시지를 전달한다는 점이었다.30

'클레오파트라는 적이다.' 이것이 카이사르가 펼친 여론 선전전의 일관된 주제였다. 로마의 경쟁 군벌 간 다시 내전이 발생할 것이란 현실보다 로마를 위협하는 외부의 적과 싸운다는 명분을 로마 시민들이 받아들이기 더 쉬웠기 때문이다. 표면적으로는 카이사르와 안토니우스 중 누구를 선택하느냐가 아니라, 로마를 지키기 위해 결집하자는 외침이었다. 이탈리아 전역tota Italia이 카이사르의 휘하에 들어가겠다고 맹세하며, 단결된 모습을 세심히 연출했다. 안토니우스의 퇴역 병사들이 모여 사는 지역은 원하면 카이사르에게 충성을 거부할 수 있는 자유가 주어졌지만, 충성을 거부한 지역은 거의 없었고, 안토니우스를 위해 전쟁에 나설 의향을 보인 지역은 더더욱 없었다. 수백 명에 이르는 원로원 의원들이 안토니우스에게 합류하기 위해 로마를 떠났는데, 현대 역사가들은 그 많은 수의 원로원 의원들이 안토니우스 편에 섰다는 사실에 특히 주목하는 듯하다. 일부는 안토니우스에게 개인적 의무감을 느꼈거나 그가 승리할 가능성이 더 높다고 판단했을 수도 있고, 혁명을 원할 만큼 절박한 상황에 놓인 원로원 의원들도 있었을 것이다. 마지막까지 살아남은 카이사르 암살 공모자들은 율리우스 카이사르의 후계자에게 환영받을 가능성이 거의 없었으므로 안토니우스 편에 섰다. 카이사르는 700명 이상의 원로원 의원들이 자신에게 충성을 맹세했다고 자랑했다. 이 숫자가 다소 과장되었을 수는 있어도 원로원 의원의 압도적 다수임은 틀림없었다. 몇몇 의원만 공개적으로 중립을 유지했는데, 그중 가장 유명한 인물이 아시니우스 폴리오였다. 그는 "당신들 싸움에 끼어드느니 차라리 승자의 전리품이 되겠다"라고 말했다.31

기원전 32년 여름, 카이사르는 로마 공화정의 지도자로서 클레오파트라를 향해 공식적으로 전쟁을 선포했다. 먼 과거에는 페티알레스fetiales라 불린 사제단이 전쟁과 평화의 선포를 관장했다. 그 옛날의 의식을 부활시켰거나 전통의 외양을 가장해 새롭게 고안한 의식이었을 수도 있다. 이를 통해 카이사르가 전쟁의 신 벨로나Bellona 신전에서 희생제를 올리는 사제 역할을 할 수 있도록 했다. 희생 제물의 피에 창을 담그고 저주의 주문을 외운 뒤, 그 창을 클레오파트라의 이집트 왕국을 상징하는 땅 조각을 향해 던졌다.32

안토니우스의 군단과 함대는 이미 그리스 서해안에 집결하고 있었다. 양쪽 모두 시기적으로 너무 늦어 공격에 나서기는 곤란했지만, 안토니우스는 적을 기다려 그리스 안에서 전쟁을 치르려 계획한 것으로 보인다. 이는 기원전 48년 폼페이우스, 기원전 42년 브루투스와 카시우스가 채택했으나 결국 실패한 작전이었다. 그리스에 기반을 두고 내전에서 승리한 유일한 인물은 술라였는데, 그도 결국은 이탈리아로 건너가 그곳에서 싸워 전쟁에서 승리했다. 안토니우스는 자신이 거느린 군단과 함대의 크기만 믿고, 적이 실수를 저지르기만 하면 무찌를 수 있다고 확신했다. 근래에 치러진 다른 전쟁들처럼, 이번 전쟁 역시 엄청난 규모일 것이었다. 클레오파트라는 안토니우스 곁을 지켰는데, 그녀의 존재는 오히려 그의 주요 부하들과 마찰을 일으킬 뿐이었다. 그런 점을 보아 안토니우스가 이탈리아로 건너가 전쟁을 치르려 했다면, 그의 곁에 있는 클레오파트라의 존재는 분명 치명적인 영향을 미쳤을 것이고, 따라서 안토니우스가 그리스에 머물렀던 또 하나의 이유도 바로 그 때문이었을 것이다. 그 결과 주도권은 적에게 넘어갔다.33

아그리파가 공격을 시작했다. 아마도 그가 이 원정 전쟁의 전체 전략을 세우고 모든 중요한 순간에 군대를 지휘해 안토니우스의 병력을 체계적으로 무너뜨린 인물이었을 것이다. 일련의 기습 공격을 펼쳐 안토니우스 군대의 여러 기지를 파괴하여 적의 보급선을 위협했다. 적이 충격으로 휘청거리는 틈을 타 그해 세 번째로 집정관이 된 카이사르는 주력 부대를 이끌고 에피루스Epirus 지방으로 항해하여 '국자ladle'라는 뜻을 가진 토로네

Torone란 마을을 점령했다. 클레오파트라는 "카이사르가 국자 위에 앉아 있다면 걱정할 것 없다"라고 농담했지만(국자라는 단어는 남성 성기를 뜻하는 속어였다) 실제 전황은 적이 이미 아드리아해를 건너왔으나 안토니우스는 아직 그들과 맞설 충분한 병력을 집결시키지 못한 상태였다. 카이사르는 암브라키아만Gulf of Ambracia의 악티움에 있는 안토니우스의 주 기지로 접근하며 봉쇄를 시작했으며, 곧 육상과 해상 양쪽에서 봉쇄를 더욱 강화했다. 봄의 끝자락부터 여름 내내 안토니우스의 군대는 이 조여오는 포위망을 뚫지 못했고, 자신들에게 유리한 전세가 펼쳐질 수 있도록 적을 유인하지도 못했다. 그 사이 비위생적인 장소에 진지를 구축한 탓에 말라리아와 이질이 창궐했고, 안토니우스 군대의 병력 손실은 컸다. 카이사르의 군대는 점점 약해져 가는 적의 모습을 지켜보며 기다렸고, 수개월 동안 작은 전투에서 여러 차례 승리를 거두었는데, 한 전투에서는 안토니우스를 거의 포로로 잡을 뻔했다. 투항자들(대개 일반 병사와 보조병들이었으나 도미티우스 아헤노바르부스와 같은 원로원 의원들도 있었다)은 조용히 안토니우스의 진영을 떠나 카이사르의 품에 안겼다. 반대 방향으로 움직이는 탈영병은 없었다.[34]

기원전 31년 9월 2일, 안토니우스의 함대가 적과 맞서기 위해 출항했다. 일부 함선의 갑판 위에는 돛대와 돛이 실려 있었는데, 해전을 위해서는 이러한 번거로운 물체는 육상에 놓고 출항하는 게 일반적이었던 당시로서는 이례적이었다. 해상 전투 시 전함은 노를 저어서만 기동했기 때문에, 돛대와 돛을 실었다는 것은 안토니우스가 함대 일부 또는 전부와 함께 포위망을 뚫고 탈출하려는 의도가 있었음을 명백히 보여준다. 물론 그는 해전에서 승리하여 전세를 역전시키려 희망했지만, 패배를 대비한 계획도 함께 세웠던 것이다. 이는 지휘관이 가져야 할 낙관적인 임전 자세라 결코 말할 수 없다. 양측 함대가 전투 대형을 갖추는 데 몇 시간이 걸렸고, 양측 모두 해안 가까이에서 교전하길 꺼렸기 때문에 서로 대치하며 시간을 더 보냈

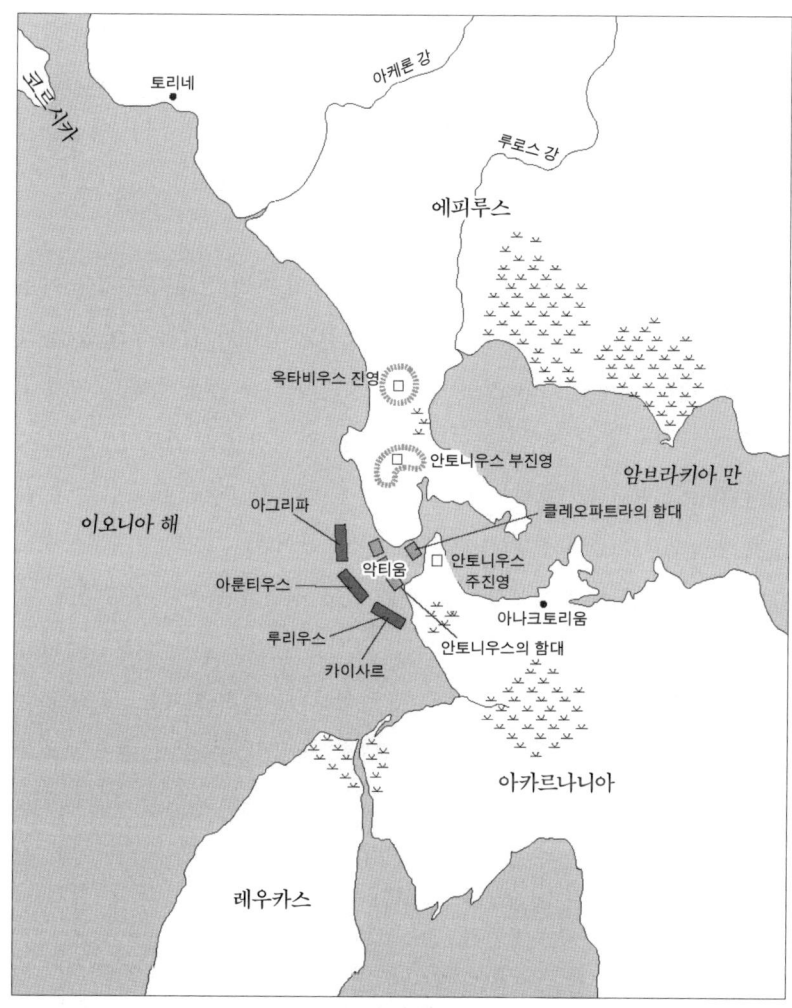

악티움 해전

다. 마침내 안토니우스의 함대가 진격을 재개하자, 아그리파는 더 넓은 해상 공간을 확보하기 위해 그의 함대를 후퇴시켰다. 곧이어 안토니우스 함대의 측면 포위를 시도했다. 카이사르의 함대가 수적으로 약간 우위에 있었을 것이며, 선장들과 수병들도 섹스투스 폼페이우스 함대와 치열한 해전을 경험했으므로 훨씬 더 노련했을 것이다. 전투가 시작되자 양측 모두 적

함대에 다수 포진한 대형 전함들은 충각衝角 공격으로 무력화하기가 어렵다는 걸 깨달았다. 따라서 대부분 전투는 투사체를 발사하거나 적선을 붙잡은 후 수병들이 적선에 올라타는 방식으로 이루어졌다. 개별 함선들이 유리한 위치를 차지하려 기동하면서 정돈된 대형이 흐트러졌고, 그로 인해 전함 간 간격이 벌어지기 시작했다.

북북서에서 불어오는 바람이 시간이 지남에 따라 강해지는 것을 이용하여, 클레오파트라와 그녀가 지휘하는 소규모 함대가 갑자기 돛을 올리고 주력 함대 뒤에서 나와 전선 중앙에 생긴 커다란 틈을 향해 돌진했다. 그 함대는 교전 중인 전함들을 무시한 채 계속 전진했고, 안토니우스는 자신의 기함을 떠나 좀 더 날렵한 전함으로 갈아타고 그들을 따라잡았다. 이렇게 대략 70~80척의 전함(전체 함대의 4분의 1, 어쩌면 그보다 더 적었을 수도 있다)이 클레오파트라의 보물 상당수를 싣고 전선을 벗어나 탈출했다. 남은 함대는 계속 싸웠고, 일부는 전의를 불사르며 전투를 이어갔다. 살아남은 전함들은 침울하게 항구로 후퇴했다. 안토니우스의 함대는 약 5,000명의 병력과 수많은 전함을 잃었다. 안토니우스는 연인과 함께 많은 보물을 챙겨 탈출했지만, 결과는 그의 패배였다. 안토니우스의 지휘관 푸블리우스 카니디우스Publius Canidius가 군단을 퇴각시키려 했으나 병사들은 이를 거부했다. 대신 카이사르에게 투항하기 전에 항복 조건을 협상했다. 잔여 함대도 투항했다.[35]

안토니우스는 살아남았지만, 세상의 모든 돈을 갖고도 살 수 없는 군단과 해군을 잃었고, 손상된 평판은 다시 회복할 수 없었다. 모름지기 로마 귀족이라면 절대 패배를 인정해서는 안 되며, 연인과 함께 도망치느라 병사를 버려서는 더더욱 안 되었다. 한편, 카이사르는 경쟁자를 추격하는 것보다 더 중요한 문제를 안고 있었다. 그는 마이케나스에게 이탈리아와 로마 통치를 맡겨 놓고 이번 원정을 이끌었다. 마이케나스는 공식적 직위가 없는 기사 신분의 인물로 원로원 의원도 아니었지만 섬세하고 능숙하게 맡겨진 일을 수행했다. 그런데 복무 기간이 끝난 군단병들이 즉각적인 전역을 원하며 약속한 보상금 및 농지를 즉시 지급하라고 압박했다. 카이사르에게 투항한 이전 안토니우스의 병사들도 가세해 함께 보상을 요구했다. 약 40개 군단의 이동 배치와 일부 군단의 해산을 관장하는 것은 간단한 일이 아니었다. 그래서 카이사르는 이 문제를 해결하기 위해 아그리파를 먼저 로마로 보냈고, 자신도 그해 말이 되기 전에 뒤따랐다. 반란이나 폭동의 위협에 직면한 카이사르는 병사들에게 관대한 약속을 했지만, 한편으로는 페루시아 전쟁 당시 반란의 원인이 되었던 혼란의 재발은 피하고 싶었다. 몰수할 수 있는 이탈리아의 토지가 이제 없으니, 토지를 매입할 자금이 필요했다. 카이사르는 충분한 경화를 찾아 다시 동방으로 향했다.36

이제 안토니우스에서 카이사르로 충성 대상을 바꾸려는 다수 속국의 피위임 통치자 및 공동체의 이해와 맞물려 카이사르는 필요한 것을 얻을 수 있었다. 모두 충성을 증명하기 위해 기꺼이 카이사르에게 돈을 지급했다. 클레오파트라도 같은 희망을 품고 카이사르에게 접근했다. 카이사르가 펼친 악선전에도 불구하고 그녀는 항상 로마의 충실한 동맹자였으며, 과거에 율리우스 카이사르와 안토니우스를 위해 그랬던 것처럼, 이제 카이사르를 위해 자기 백성을 열심히 착취할 것이다. 안토니우스에 대해 그녀의 감정이 무엇이었든 이제 안토니우스를 구할 수는 없었다. 클레오파트라는 가족과 궁정 내에서의 잔혹한 권력 경쟁과 로마에서 거듭되는 권력 다툼을 헤치고 서른아홉 살까지 살아남은 인물이었다. 카이사르는 냉소적이었지만 그녀에게 약간의 희망을 주었다. 그래서 카이사르의 군단이 이집트로 진격할 때 그녀가 일부 병력의 투항을 부추겼을 것이다.37

안토니우스는 브루투스와 카시우스 그리고 동시대 여러 귀족의 최후를 따라 자살을 결심했다. 클레오파트라가 그가 자살하도록 유도했을 수도 있지만, 안토니우스는 깔끔하게 자살하지 못하고 살아남아서 두 사람은 마지막 순간에 감동적인 재회를 했다. 여왕은 카이사르와의 거래를 희망하면서 1주일 이상 살았다. 카이사르의 사절들이 그녀가 무덤에서 나오도록 유도했다. 무덤은 그녀의 값비싼 동산動産으로 가득 차 있었고, 방화 위협을 할 수 있도록 가연성 물질로 높이 쌓여 있었다. 클레오파트라가 로마를 방문했을 때 당시의 젊은 카이사르와 만났었는지 우리는 모른다. 그때 만나지 않았다면 두 사람의 첫 대면은, 클레오파트라가 승자인 카이사르에게 간청하는 그 순간에 이루어진 것이다. 현존하는 기록들이 전하는 세부 사항은 다소 차이가 있지만, 클레오파트라가 카이사르의 연민과 동정을 얻기 위해 할 수 있는 모든 일을 했다고 믿지 않을 이유는 없다. 자신의 아름다움을 숨기지 않으면서 탄원자처럼 옷을 입고, 율리우스 카이사르에 대한 그녀의 깊은 사랑과 그가 그녀에 대해 품었던 애정을 상기시켰을 것이다.

그러나 그녀의 바람대로 될 수는 없었다. 로마인들은 클레오파트라라는 이름을 외치며 전쟁을 위해 결집하였으므로 그녀를 권좌에 그냥 놔둘 수는 없었다. 그녀의 자녀들도 마찬가지였다. 카이사르는 전역 병사들의 정착을 돕기 위해 그녀의 금고가 필요했다. 그녀를 개선식의 장식품으로 삼고 싶었지만, 로마 평민들이 개선식 행렬에 여자가 행진하는 것을 어떻게 받아들일지 알 수 없었다. 율리우스 카이사르가 이집트 승리를 기념하는 개선식에 10대의 아르시노에를 포함시켰을 때 군중은 동정심을 보였고, 그게 그리 중요한 문제도 아니었다. 클레오파트라가 스스로 목숨을 끊으려 했다는 걸 알게 된 카이사르가 뱀독을 처리하는 의사를 불러 그녀를 살려내라고 명령했을 수도 있다. 그러나 죽은 클레오파트라도 살아 있는 클레오파트라만큼 유용했고, 그녀의 모형은 동정심을 살 염려 없이 개선식에서 장식품으로 전시할 수도 있었다. 카이사르는 그녀의 돈을 가졌고, 이집트를 마치 자신의 사유지처럼 유지하며 거기서 나오는 수익은 그의 개인 주머니로 들어갔다.[38]

카이사리온은 그의 스승에게 배신당해 처형되었다. 그가 로마인들에게 수치스러운 존재로 여겨졌기 때문이었다. 안토니우스의 장남 안틸루스 또한 붙잡혀 처형되었다. 두 사람 모두 불과 몇 달 전에 성인식을 치러 공식적으로 성인이 되었는데, 그 사실만으로도 그들을 죽일 충분한 이유가 되었다. 로마에 살던 안토니우스의 핵심 지지자 몇몇은 자결하거나 살해당했지만, 대부분은 새 정권으로의 권력 이양기를 무사히 넘겼다. 클레오파트라의 백성들에게는 무거운 세금이 부과되었지만, 그녀 또는 그녀 가족의 통치 아래서도 어차피 겪던 운명이었다. 이집트 사제들은 여왕의 초상화를 그들의 신전에 모실 수 있게 허락해 달라며 자발적으로 기부했다. 이는 클레오파트라에 대한 애정의 표현이라기보다 신전 건물의 훼손을 꺼린 사제들이 새로운 지배자에게 충성심을 나타내려는 의도에서 비롯된 것이었다. 카이사르는 알렉산드리아 시민들에게 통역을 통해 연설했는데, 이는 자신의 그리스어가 충분히 세련되지 않았다는 점을 의식했기 때문이다. 지금까지 그의 삶은 거의 모든 면에서 평범하지 않았고, 키케로, 율리우스 카이사르, 안토니우스 그리고 대부분의 젊은 귀족들과 달리 수사학을 배울 시간이 없었다.[39]

    기원전 30년 말, 카이사르는 서른세 살이었고, 로마와 지중해 전체의 지배자로서 그의 지위를 위협할 만한 경쟁자는 당분간 없었다.

11장 개선凱旋

브루투스와 카시우스의 죽음으로 공화국이 무장 해제되었을 때, 섹스투스 폼페이우스의 함대가 시칠리아에서 격파되고, 레피두스는 삼두정에서 밀려나고, 안토니우스마저 사망했을 때도, 율리우스 카이사르 추종자 중에는 카이사르 외에 지도자가 없었다.

- 타키투스, 2세기 초[1]

내전이든 대외 전쟁이든 전 세계 곳곳의 해상과 육지에서 벌인 전쟁에서 승리했을 때, 나는 용서를 구하는 시민은 모두 살려주었다. 두 번의 소개선식을 치렀고, 세 번의 쿠룰레 개선식curule triumph*을 거행했으며, 스물한 번 임페라토르로 칭송받았다.[2]

- 《신 아우구스투스의 업적록》

---

* 쿠룰레 개선식에서는 승전 장군이 전차를 타고 행진한다. 말을 타고 행진하는 소개선식에 비해 더 영예로운 개선식이다. (옮긴이)

시인 호라티우스는 클레오파트라가 죽었다는 소식에 "눙크 에스트 비벤둠Nunc est bibendum(이제 술잔을 들자)"이라고 노래했다. "자, 이제 술잔을 들자! 이제 자유로운 발놀림으로 땅을 울리며 춤을 추자! 친구들이여, 이제 신들의 침상을 살리이Salii* 축제의 향연으로 가득 채우자!" 얼마 전까지만 해도 그 여왕은 이탈리아를 위협했다. 클레오파트라는 '성공이라는 달콤한 술에 취해 무엇이든 손에 넣으려 했던 통제할 수 없는 여인'이었다. 다행히 그녀의 성공은 오래가지 못했다. 그녀는 악티움에서 불타는 함대를 뒤로하고 도망쳤고, '카이사르는 이탈리아에서 달아나는 그녀를 온순한 비둘기를 쫓는 매처럼, 토끼를 쫓는 날렵한 사냥꾼처럼 추격했다'. 그러나 여왕은 '칼을 보고 두려움에 떠는 여인의 모습은 보이지 않았다. …폐허가 된 궁전을 차분한 표정으로 응시할 수 있는 강인한 정신뿐만 아니라 날카로운 이빨을 가진 뱀을 손에 쥐고 그 검은 독을 몸으로 빨아들일 용기를 지닌 여인이었다. …여왕의 존엄을 지키려 조롱받을 개선식에 끌려가지 않았다. 그녀는 비루한 여인이 아니었다'.3

한때는 두려운 적이었으나 이제는 전쟁에 패해 죽은 클레오파트라를 사람들은 찬양하기 시작했다. 죽음을 맞이하며 그녀가 보여준 용기와 품위가 카이사르의 승리를 더욱 빛나게 했기 때문이다. 그러나 시인 호라티우스를 그토록 기쁘게 했던 진정으로 중요한 사실은 클레오파트라의 자살이 아니라 전쟁이 승리로 끝났다는 것이었다. 호라티우스는 이집트 여왕의 '노예가 된' 안토니우스를 다룬 시도 썼지만, 그를 포함한 모든 사람은 그 전쟁이 또 다른 내전이었다는 것을 알았다. 악티움에서 불타는 배에 남아 스러져 간 사람 대부분은 로마인이었다. 전쟁 선포는 클레오파트라에게 했고, 모든 이들처럼 시인들도 안토니우스의 동방 동맹국들에 관해 거듭 강조했지만, 결국 안토니우스가 적군을 이끌었다는 사실은 숨기지 않았다.

---

* 전쟁의 신 마르스를 모시던 사제단. (옮긴이)

몇 년 후 베르길리우스가 명확히 하였듯이, 비록 정의로운 전쟁이었을망정 분명 또 다른 내전이었다.

> 한쪽에서는 아우구스투스 카이사르가 아주 높은 선미船尾에 올라 서서 이탈리아인들을 싸움으로 이끈다. 원로원과 (로마) 인민, 가정과 공화국의 신들이 그와 함께하며…. 카이사르의 머리 위를 그의 아버지 별이 비춘다…. 반대쪽에서는 안토니우스가 야만의 힘을 이끌고 나타난다…. 이집트와 동방의 힘이 그의 뒤를 따르고…. 그를 따르는 이집트 아내, 이 무슨 수치인가…! 그 전장의 한가운데에서 여왕은 이집트 전래의 시스트룸sistrum(이집트 여신 이시스Isis의 숭배 의식에서 사용되는 타악기)을 흔들며 병사들을 격려한다…. 온갖 기괴한 모습의 신들과 짖어대는 아누비스Anubis가 넵투누스, 비너스, 미네르바를 향해 무기를 휘두른다.4

이 악티움 해전은 건전한 신들의 가호 속에 신성한 율리우스의 아들이 이끈 통일된 이탈리아의 덕성과 전통이 거둔 승리였다. 적은 기이한 신들을 섬기는 동방의 혼돈 세력들이었다. 머리가 자칼 모양인 저승의 신 아누비스를 유독 언급하는데, 사실 클레오파트라와 그녀의 그리스 조상들은 고대의 광적 신앙에 그다지 큰 관심이 없었다. 정의의 편이 압도적이고 필연적인 승리를 거두었고, 그 승리는 평화를 약속했기에 영광스러웠다.5

베르길리우스, 호라티우스 그리고 여러 시인은 살육, 토지와 재산의 약탈로 점철된 내전을 충분히 목격했다. 기원전 29년에 출간된 호라티우스의 시집 《에포데스Epodes》는 카이사르와 안토니우스 사이의 긴장이 고조되던 몇 년간 쓰였다. 호라티우스는 시집에서 로마인이 로마인을 상대로 싸우는 투쟁이 다시 시작될 것이라는 끔찍한 공포로 전율했다.

이 사악한 광기에 사로잡힌 당신들, 어디로 달려가는가? 이제 막 칼집에 넣은 칼은 어이하여 다시 뽑는단 말인가? 물러서려 하지 않는 카르타고의 오만한 요새를 불태우기 위해 그리도 오래 우리 손아귀 밖에 있던 브리타니아인을 사슬에 묶어 비아 사크라로 데려오기 위해 땅과 바다에 뿌린 라틴인의 피가 아직도 부족하여 파르티아인의 기도에 응답해 이 도시를 당신들 손으로 없애려 한단 말인가?6

비슷한 시점에 호라티우스는 "또 한 세대가 내전에 의해 짓밟히고, 이 도시는 자체의 힘에 눌려 무너지고 있다!"라고 탄식했다. 이탈리아의 적들도, 스파르타쿠스의 노예 군대도, 한니발과 그의 카르타고 군대조차 로마를 무너뜨리지 못했지만, 이제 로마는 '저주받은 피를 가진 부정不淨한 우리 세대에 의해 파괴될 것이다'. 이렇게 암울한 경고를 보내면서도 호라티우스는 싸우는 것 외에는 선택지가 없다고 결론짓고, 모든 이탈리아인들에게 전쟁의 깃발 아래 모이라고 외친다.7

호라티우스 같은 이들이 평화를 갈망했으나, 그 대가가 무엇이든 평화를 지켜야 한다고 생각한 건 아니었다. 로마인들에게 진정한 평화란 승리의 산물이었고, 이상적인 승리는 같은 적과 두 번 다시 싸울 필요가 없을 정도로 완벽하게 이기는 것이었다. 율리우스 카이사르는 갈리아 지방의 부족들을 정복했을 때 그들을 '평정했다pacify(라틴어로 pacare)'며 기쁨에 들떠 기록했다. 절대적인 승리로 전쟁을 종결했고, 타협이나 양보가 아닌 로마가 내건 조건을 관철해 갈등을 해결했던 것이다. 전쟁에 대한 이러한 태도는 내전에도 영향을 미쳐, 적어도 장기적으로는 협상을 통해 문제를 해결할 가능성을 거의 남기지 않았다. 호라티우스는 필리피 전투에서 싸우다 도망쳤으므로 전쟁의 참상을 어느 정도 알고 있었다. 그가 내면의 외침을 따라 악티움 원정에 참여했는지는 명확하지 않다. 호라티우스는 자신의 후원자인 마이케나스를 따라서 한 전함에 탔다고 말했지만, 그 전함이 이탈리아 해안을 떠났는지조차 확실하지 않으므로, 그가 내전을 끝낼 수 있는 승리를 열망하며 실제로 함대에 합류했는지는 더욱 불분명하다.8

시인들은 오랜 세월 동안 이어진 혼란과 폭력이 가고 평화와 안정이 찾아오기를 바라는 보편적인 열망을 그들의 시에 담았다. 로마의 내전에서 이념이 중요한 역할을 한 건 아니었다. 브루투스와 카시우스가 '자유'를 위해 싸운다고 주장했지만, 그 시대의 다른 군벌들과 별반 다르지 않은 행동을 보였다. 무엇보다도, 그들은 패배하여 목숨을 잃었다. 마지막 남은 암살 공모자들은 안토니우스 편에서 싸우다 죽었다. 한 삼두와 싸우는 다른 삼두를 위해 싸우다 죽은 것에 불과했다. 이처럼 모든 계층에서 충성 맹세의 대상을 흔하게 바꿨다. 대다수 사람은 생명과 재산을 지키고 살아남기만을 바랐다. 사람들은 젊은 카이사르가 필리피와 페루시아에서의 전투 후 수많은 포로를 주저 없이 사형에 처했다고 기억했지만, 사실은 죽은 포로들보다 살아남은 포로들이 훨씬 더 많았다. 카이사르의 측근과 동맹자 중 많은 수가 그를 배신하고 안토니우스를 따라갔지만, 그중 악티움 해전 전후에 카이사르 편으로 다시 돌아선 자들도 많았다는 이야기가 후대에 전해졌다.9

율리우스 카이사르의 암살 공모자들이 내걸었던 가치인 '자유'는 그것을 누리길 바랐던 귀족들에게조차 더 이상 깊은 '매력'의 대상이 아니었다. 자유의 매력은 황제의 통치 아래 살았던 역사가 타키투스와 같은 원로원 의원들이 낭만적인 꿈으로 부활시켜 소중히 여겼지만, 이전 세기의 '자유로운' 정치에 대한 향수가 그들이 처한 현실을 못 견디게 할 만큼 강렬했던 건 아니었다. 적어도 타키투스는 '자유로운' 공화국에서 마지막 수십 년 동안 벌어진 잔혹함에 대해서는 어떠한 환상도 갖지 않았다. 하물며 편을 잘못 선택했거나 아니면 아무 편에도 서지 않았다는 이유로 너무나 많은 사람이 목숨을 잃어야 했던 기원전 30년에는, 그 누구도 '자유로운' 공화국에 대한 환상을 갖지 않았을 것이다.10

아직도 기억의 끝자락에 생생하게 남아 있는 동맹국 전쟁Social War과 뒤이은 술라의 로마 진군으로 공화국은 폭력과 혼란에 시달렸고, 율리우스 카이사르 생전에 있었던 유혈극은 훨씬 더 잔혹하고 오래 지속되었다. 정치가 폭력의 위협이나 행사에서 자유로웠던 시기를 기억하는 사람은 아무도 없었다. 최고의 귀족 가문들만 눈여겨보는 경향이 있어 이들 가문의 희생자가 끔찍이도 많아 보이고 또 많은 게 사실이지만, 오랫동안 원로원 의원들을 배출해 온 명망이 덜한 가문들 역시 같은 고통을 겪었다. 그토록 많은 갈등과 죽음은 정치적 이상을 훼손하고, 오랜 우정과 동맹의 관계를 파탄 냈으며, 심지어 귀족들의 본능적인 야망조차 억제했다. 원로원 의원들도 다른 사람들과 마찬가지로 무엇보다 평화를 갈망했다.

안토니우스의 사망 소식은 보궐 집정관 마르쿠스 툴리우스 키케로Marcus Tullius Cicero가 주재한 원로원 회의에서 낭독되었다. 저명한 웅변가의 외아들로 아버지와 이름이 같았던 젊은 키케로는 파르살루스 전투에서는 율리우스 카이사르에 맞선 폼페이우스를 위해 싸웠고, 필리피 전투에서는 삼두에 맞선 브루투스를 위해 싸웠으며, 그 후엔 섹스투스 폼페이우스 편에 섰다. 그는 기원전 39년, 공권 박탈자들이 사면되었을 때 로마로 돌아왔고, 이후 카이사르에게 총애받은 결과 기원전 30년 집정관들이 줄줄이 사임하자 보궐 집정관으로 임명되었다. 당시 그의 나이는 겨우 서른다섯 살이었으나, 집정관의 나이가 중요했던 때는 이미 아니었다. 그해의 집정관 중에는 키케로처럼 젊었던 마르쿠스 리키니우스 크라수스Marcus Licinius Crassus도 있었는데, 그는 율리우스 카이사르의 동맹자였고 기원전 53년 카르하이 전투에서 무참히 패했던 크라수스의 손자였다. 최근까지도 안토니우스의 지지자였던 크라수스의 손자 역시 성공적으로 충성 대상을 바꿨던 것이다. 키케로와 크라수스 모두 속주 총독이 되었고, 특히 크라수스는 마케도니아 총독 재임 시 대단히 성공적인 전쟁을 치르기도 했다. 과거의 이름들이 다시 등장했지만, 과거와 같진 않았다. 카이사르는 기원전 30년에

네 번째로, 기원전 29년에 다섯 번째로 집정관 자리에 올랐다.

젊은 키케로가 자기 아버지를 죽이라고 명령한 안토니우스의 자살 소식을 원로원 회의 중 들었다는 사실은 아이러니했다. 카이사르도 안토니우스의 명령에 동의했지만, 비난은 안토니우스가 더 많이 받았는데, 그 연설가의 잘린 머리와 손을 공개적으로 전시하라고 명령한 사람이 안토니우스였던 까닭이다. 악티움 해전의 승리 소식을 듣고 원로원은 카이사르에게 개선식을 수여하기로 했는데, 안토니우스와 클레오파트라의 죽음 그리고 이집트 점령 소식까지 도착하자 카이사르에게 또 다른 개선식을 수여하기로 했다. 그러나 그것은 부재중인 승리자에게 쏟아진 수많은 영예 중 일부에 불과했다. 안토니우스의 함선에서 빼앗은 충각들을 포룸의 여러 주요 장소에 전리품으로 전시하고, 개선문을 세우고 새로운 축제를 열어 그 승리를 기념할 계획이었다. 카이사르의 이름은 로마의 모든 사제와 베스타 신전 여사제들의 기도문에 올랐고, 심지어 일반 시민들도 식사 자리에서 카이사르에게 헌주獻酒를 바쳤다. 일반 시민에게 이 헌주 풍습을 강요할 수는 없었을 텐데도 금방 정착된 점으로 보아, 이는 평화에 대한 절박한 갈망과 카이사르가 평화를 실현할 것이라는 기대가 얼마나 컸는지를 보여주는 또 다른 증표이다.[11]

원로원은 여러 표결을 통해 승리자 카이사르에게 사법적 책무를 포함해 새로운 권한을 다양하게 부여했다. 카이사르는 그에게 주어진 몇몇 명예는 거절했지만, 기원전 29년 1월 11일에 수행된 의식은 무엇보다 소중히 여겼다고 전해진다. 이 의식은 포룸에 있는 작은 아치형의 야누스 게미누스Janus Geminus 신전과 관련이 있었다. 문과 출입구의 신이었던 야누스는 앞과 뒤를 각각 바라보는 2개의 얼굴을 가진 모습이어서 새로운 시작을 연상시켰고, 따라서 1월January로 시작되는 해에 자주 소환되는 신이었다. 야누스 신전의 좁은 양쪽 끝은 청동문의 형태를 띠고 있었는데, 공화국이 전쟁 중일 때는 항상 열려 있었다. 로마인들은 거의 항상 어딘가에서 누군가와 전쟁을 벌이고 있었으므로, 이 문들은 오랫동안 닫힌 적이 없었다.

카이사르의 승리로 마침내 평화가 회복되었다는 걸 상징하기 위해 원로원은 야누스 신전의 청동문들을 공식적으로 닫는 의식을 거행하라고 명령했다. 그들은 아우구리움 살루티스augurium salutis로 알려진 의식을 곧 거행할 것이라고 발표했지만, 이 의식은 기원전 28년에 가서야 열렸던 것으로 보인다. 이 의식은 오직 평화로운 시기에만 거행되었으며, 로마 시민의 안전을 위해 기도를 올려도 괜찮을지 신들로부터 상서로운 징조를 구하는 행사였다. 이 두 의식은 이집트에 전쟁을 선포하며 올린 페티알리스 의식과 마찬가지로 아주 옛날에 지냈던 행사였으므로 세부 사항은 부분적으로 창안하여 의식을 거행했을 것이다. 그렇지만 이들 의식은 로마의 먼 과거와의 유대감을 더해 주어, 로마 시민들은 내전으로 더럽혀지지 않은 번영과 성공의 시기를 떠올릴 수 있었다.[12]

대다수 시민과 마찬가지로 원로원 의원들도 평화를 열망했으므로, 갈리아와 히스파니아에서 진행 중인 전쟁은 그냥 무시하고 두 의식을 거행하라고 명했다. 원로원이 이러한 결정들을 내리고 수많은 영예를 카이사르에게 쏟아부은 데는 아첨하려는 의도가 상당 부분 작용하기도 했지만(원로원은 율리우스 카이사르에게도 온갖 영예를 부여했다), 정세 안정을 위한 원로원의 진정한 희망에서 비롯된 것이기도 했다. 한 사람이 최고 권력을 독차지한다는 생각이 기원전 29년에 이르러서는 약 20년 전 율리우스 카이사르가 폼페이우스를 패배시켰을 당시만큼 충격적으로 다가오지 않았다. 당시에는 많은 귀족이 독재관이 지배적인 권력을 행사하는 것을 참지 못했다. 기원전 45년, 율리우스 카이사르가 히스파니아에서 최종 승리를 거둔 뒤 찾아온 평화는 오래가지 못했고, 이후 기원전 40년과 36년에 찾아온 희망의 시기도 짧게 끝났다. 안정에 대한 갈망이 과거보다 훨씬 강해진만큼 그 안정이 덧없이 사라질지도 모른다는 우려도 그만큼 컸다. 많은 것이 젊은 카이사르와 그의 행동에 달려 있었다. 그는 지금 동방에 머물고 있었고, 기원전 29년 늦여름까지는 이탈리아로 돌아오지 않을 것이다. 원로원 의원들과 로마의 시민들이 할 수 있는 일이라곤 카이사르를 기다리며 그에게 희망을 거는 것뿐이었다.

승리자

당시의 젊은 카이사르가 어떤 사람이었는지 잠시 생각해 볼 필요가 있다. 지금까지 우리는 그의 경력을 따라가며 그가 최고 권력에 오르는 과정을 추적했다. 그의 야망은 처음부터 분명했으며, 그의 정치적 역량도 로마인들이 성공한 인물에게 필수적이라고 여겼던 상당한 행운과 함께 충분했다. 그러나 이를 그가 정치적 실용주의를 완벽히 이해했다고 과장하거나, 그는 항상 위대하고 성공적인 정치가였으며, 어린 시절부터 확고한 생각을 가지고 있었다고 가정하는 것은 잘못이다. 카이사르는 실수를 저질렀지만, 그 실수로부터 기꺼이 배우려 했다. 고대 세계를 논할 때 항상 그래왔듯이, 그의 행적을 이야기하는 것보다 그가 내면에 가졌던 생각과 그의 성품을 이해하기가 더 어렵다.

정치인 뒤에 숨겨진 카이사르의 인간적인 면모를 엿볼 수 있는 순간들이 있는데, 그중 가장 흥미로운 일은 터무니없이 서둘러 올린 리비아와의 결혼일 것이다. 이는 빠르게 정계에서 부상하여 권력을 휘두르게 된 젊은 이의 조급함을 일부 드러낸다. 그러나 그는 이 결혼을 그의 길었던 생애 내내 유지했다. 기원전 30년대 어떤 시점에 리비아는 임신했다. 아이는 사산되었다. 분만 과정이 어려웠고 특별히 위험했던 것으로 보인다. 어떤 이유에서인지 그 부부는 결국 아이를 갖지 못했는데, 리비아가 더 이상 임신하지 못했을 가능성이 매우 높다. 카이사르가 여러 여성들, 그중 일부는 리비아가 남편을 위해 직접 골라준 여자들이었다는 소문이 있는데, 이는 그가 대부분 또는 모든 육체적 쾌락을 리비아가 아닌 다른 여자들에게서 찾았다는 증거일 수도 있고, 또 아닐 수도 있다. 로마 원로원 의원은 아내가 더 이상 편리한 존재가 아니다 싶으면 쉽사리 이혼하면서 여러 번 결혼하기 일쑤였다. 그러나 카이사르는 리비아와 이혼하지 못할 정치적 이유가 없었음에도 그녀와 이혼하지 않았다. 리비아 집안의 인맥이 좋은 건 사실이었지만, 그녀와 이혼한다고 해서 카이사르가 해를 입을 정도로 대단한 가문은 아니었고, 또 그 정도 가문 출신의 여자들은 많았다. 따라서 이는 두 사람 사이에 상호 존중과 의존뿐만 아니라 깊은 사랑이 지속되었다는 사실을 말해 준다. 카이사르는 정치적 실용주의 이상의 것을 가진 인물이었다. 따라서 그의 가족과 친인척들의 삶을 추적할 때는 이 점을 명심해야 한다.[13]

카이사르는 과거 공권 박탈 시절과 필리피 및 페루시아 전투에서 승리한 후, 즐기듯 사형 선고를 내려 분명히 다른 종류의 열정도 있음을 보여주었다. 카이사르는 자신이 분노 조절이 안 되는 성격인 것을 잘 알고 있었다. 카이사르의 수사학 선생이던 그리스인 아테노도루스Athenodorus는 그에게 이렇게 조언했다. "화가 날 때는 말을 하기 전에 알파벳을 읊어라." 카이사르가 분노의 감정에 휩싸여 있을 때 그를 달랠 수 있는 거의 유일한 인물은 마이케나스였다고 전해진다. 디오는 이를 증명하는 이야기를 전한다. "마이케나스가 법정에서 여러 사람에게 사형 선고를 내리려는 카이사르를 발견했다. 마이케나스는 구경꾼들 사이를 비집고 그에게 다가가려 했지만, 여의치 않자 명판에 이렇게 적었다. '제발 이제 일어나라, 망나니 사형집행인이여!'"

마이케나스가 그 명판을 카이사르의 무릎 위로 던졌고, 카이사르는 어떤 선고도 내리지 않고 재판을 끝냈다. 분노로 실수를 저지르고 있다는 점을 자신에게 솔직히 지적해 준 마이케나스에게 카이사르가 매우 고마워했다고 디오는 전한다. 이는 카이사르의 경력 초기에 일어난 일로서, 섹스투스 폼페이우스와 안토니우스에게 승리한 후 카이사르는 율리우스 카이사르의 관용 정신을 본받아 적들을 훨씬 더 관대하게 처리했다. 그의 성격이 부드러워지고 있다는 신호일 수도 있었으나, 그 변화가 지속될지는 아무도 알 수 없었다.14

빠르게 또 폭력적으로 권력을 쥐었지만, 젊은 카이사르는 여러 면에서 그의 계층에 전형적인 인물이었다. 일부 학자는 카이사르가 지방 귀족 출신의 감수성과 원로원 신분의 취향을 겸비한 인물로 보고 싶어 하지만, 이는 대체로 추측일 뿐이며, 우리가 원로원 의원이 아닌 로마인들의 도덕적, 정신적, 정치적 태도를 제대로 알지 못한다는 점도 인정해야 한다. 분명한 것은 그가 로마 지배층 대부분과 마찬가지로 문학에 관심이 있어서 시도 끄적였고(외설스러운 내용의 시도 더러 있었다), 라틴어와 그리스어 문학 작품도 폭넓게 읽었다는 사실이다.15

기원전 30년대, 그 이전까지는 아니더라도 카이사르는 키케로의 학우이자 평생의 친구였던 아티쿠스와 정기적으로 서신을 교환했다. 사망 직후에 쓰인 아티쿠스의 전기에 따르면, 카이사르는 로마에 있을 때도 직접 방문할 수 없으면 거의 매일 아티쿠스에게 편지를 썼다고 한다. '고대 역사에 관한 질문을 하거나, 시인의 어려운 구절을 두고 아티쿠스의 의견을 묻거나, 때로는 농담 섞인 방식으로 아티쿠스가 더 긴 편지를 쓰도록 유도했다'는 것이다. 그런 주제들은 귀족들 사이에 흔하게 오갔다. 아티쿠스는 정치 경력을 추구하지 않고 기사 신분에 머물렀지만, 엄청난 부를 축적했을 뿐만 아니라 공직 사회의 주요 인물 거의 모두와 친분을 유지하며 탄탄한 입지를 다졌던 인물이었다. 정치에 관여하지 않았기에 아티쿠스는 세기 전환기에 태어난 세대 중 보기 드문 생존자였다. 폼페이우스와 율리우스 카이사르 역시 그에게 정기적으로 편지를 보냈으며, 브루투스도 마찬가지였다. 아티쿠스는 율리우스 카이사르의 암살 공모자들과 가까운 사이였지만, 기원전 44~43년에 안토니우스가 곤경에 처했을 때 그의 아내 풀비아를 돕고 보호했다. 이에 감사했던 안토니우스가 아티쿠스를 공권 박탈 대상자 명단에서 빼 주었고, 이후 두 사람은 서로 서신을 교환했다. 아티쿠스는 입지가 탄탄하고 널리 존경받는 인물이었으므로 그와 우정을 쌓는 것 자체가 특별한 신분임을 나타내는 상징일 수 있었다. 그렇다고 양측의 우정이 진심이 아니었다고 말하는 건 아니다. 아그리파는 아티쿠스의 딸과 결혼하였다. 이는 분명 서로에게 좋은 혼인이었고, 또한 아티쿠스가 카이사르와 친밀하다는 것을 보여주는 명백한 신호였다. 이 결혼에서 태어난 딸 비프사니아Vipsania는 어릴 때 리비아의 큰아들 티베리우스와 약혼했다.16

아티쿠스는 기원전 63년 키케로의 집정관 재임을 기념하는 책자를 포함해 여러 저작을 남겼는데, 특히 로마의 역사를 연대순으로 정리한 《리베르 아날리스Liber Annalis》가 가장 유명하다. 아티쿠스는 고대 역사, 제도의 기원, 의식과 관습 그리고 과거 세대의 업적에 깊은 관심을 가졌다. 아티쿠스와 키케로는 동시대인들이 자기 조상의 경력과 공직 활동에 관해서조차 잘 모른다는 사실에 충격을 받기도 했다. 이 시기 사람들은 과거 역사에 흔히 매료되었는데, 학문적 관심에 더해 기원전 1세기 당대의 격변에서 벗어날 수 있는 일종의 도피처로서 바라보았기 때문일 것이다. 과거 역사를 가장 열정적으로 탐구한 이 시기 학자로는 마르쿠스 테렌티우스 바로Marcus Terentius Varro라는 박학다식한 인물이 있었는데, 안타깝게도 그의 저작 대부분은 아티쿠스의 저삭들과 마찬가지로 소실되었다. 로마인들은 기원전 3세기에서 기원전 2세기로 넘어가는 시점부터 역사를 기록하기 시작했으므로, 일부 남아 있는 그 이전 시대의 기록들은 그 내용이 대부분 혼란스럽고 불완전했다. 따라서 율리우스 카이사르가 고대 알바 롱가 왕들의 복장이라 주장하며 긴 소매 튜닉을 입고 긴 장화를 신었을 때, 아무도 그러한 의상의 실질적 근거가 무엇이었는지 확실히 알 수 없었다.17

카이사르는 어린 시절부터 로마의 전통에 깊은 관심을 가졌던 것으로 보인다. 그러한 관심이 아티쿠스나 비슷한 성향을 보인 여러 귀족과 우정을 키우는 데 분명 유용했을 테지만, 그렇다고 그의 관심이 진심이 아니었음을 굳이 의심할 이유는 없다. 로마의 전통에 관한 관심이 정치적으로도 유리하게 작용했을 수도 있다. 하지만 페티알리스 의식의 부활과 같은 일들이 그의 로마 전통에 관한 관심과 진정한 열정에서 비롯된 것인지 아니면 그러한 관심 덕분에 페티알리스 의식을 정치적으로 유용한 상징으로 쉽게 채택할 수 있었는지는 명확히 말하기 어렵다. 아티쿠스는 로마 전통에 깊은 존중을 보여줄 수 있는 또 다른 방안을 카이사르에게 제안했는데, 유피테르 페레트리우스Jupiter Feretrius 신전을 복원하라고 권유한 것이다. 카이사르는 반쯤 폐허가 된 건물 안으로 직접 들어가 그곳에 남겨진, 수백 년 되었다는 유물들을 둘러보았다.[18]

아티쿠스는 기원전 32년 로마에서 사망해 내전이 끝나는 것을 보지는 못했다. 심각한 병을 앓던 그는 단식을 선택해 스스로 생을 마감했다. 그의 나이 일흔일곱 살이었다. 이는 그가 내전에서 카이사르와 안토니우스 두 사람 중 1명을 선택해야 하는 상황을 피할 수 있었음을 의미한다. 물론 그의 연륜과 유사한 상황에 대처했던 그의 역량을 고려한다면, 내전에서도 살아남아 승리자들과는 우정을 지속하고 생존한 패배자들과도 우정을 잃지 않고 살았을 것이다. 아그리파가 임종을 앞둔 아티쿠스를 방문했으며, 아티쿠스의 장례식은 소박하게 치러졌지만 모든 '선인들'이 참석했다. 카이사르가 참석했는지는 알 수 없으나, 로마에 있었다면 반드시 참석했을 것이다.[19]

카이사르의 역사와 전통에 대한 존중은 그의 성품에도 부드러운 면이 있다는 점을 보여줄 수 있어서, 정치적으로도 유리하게 활용할 수 있었다. 그렇다고 이러한 면모가 카이사르가 마침내 로마로 돌아왔을 때 보여줄 행보를 예측할 수 있는 큰 지침이 되지는 못했다. 이제 카이사르의 군사력은 의심할 여지 없이 압도적이었다. 기원전 30년경, 카이사르는 약 60개의 군단을 지휘했다. 이는 율리우스 카이사르가 권력의 최정점에 있었을 때보다 더 막강한 군사력이었다. 당분간은 그가 원하는 대로 하지 못하게 할 방도가 없었으므로, 원로원과 모든 시민은 단지 그를 칭송하며 평화를 바랄 뿐이었다. 그의 건강을 위한 기도와 제물은 아마도 진심이었을 것이다. 만약 주기적으로 고통받던 병이 도져 카이사르가 쓰러진다면, 권력 공백을 메우기 위해 등장할 새로운 지도자들이 다투면서 더 큰 혼란이 생길 것이 분명했다. 카이사르를 좋아하든 아니든 미래가 당분간 카이사르에게 달려 있다는 사실을 모두 알고 있었고, 그래서 그가 돌아와 자신의 계획을 밝히기만 기다렸다.

귀환

그 기다림은 길었다. 카이사르가 이탈리아로 돌아온 것은 안토니우스와 클레오파트라가 자살하고 꼬박 1년이 지난 후였다. 그는 처리해야 할 일이 많아 이집트에서 몇 달을 머물렀다. 가장 시급한 문제는 돈이었는데, 악티움 해전 이후 몇 달 사이 이탈리아에서 군단병들이 일으킨 소요 사태가 그 중요성을 실감하게 했다. 카이사르는 이탈리아의 지역 공동체에 큰 피해를 주지 않으면서 병사들, 그리고 그에게 전향한 안토니우스의 병사들에게 약속한 농지를 나누어 주려 했다. 가능한 한 토지를 매입하고, 몰수해야 할 때는 토지 소유자에게 현금으로 보상하거나 대체 자산(대개 속주 내의 토지)을 제공하려 했다. 이를 위해서는 많은 돈이 필요했다. 클레오파트라가 도주나 협상의 희망을 여전히 품고 있었을 때 필사적으로 비축해 놓은 이집트 왕국의 부가 우선 사용하기 좋은 재원이 되었지만, 추가로 여러 공동체에서 더 많은 자금을 징수해야 했다.

이집트의 뛰어난 농업 생산성과 급성장하는 무역로는 오랫동안 로마의 탐욕을 자극해 왔으나, 이집트를 로마의 속주로 편입하지 못한 이유는 그 과정에서 경쟁 관계에 있는 원로원 의원 누군가가 이득을 보는 걸 원치 않았던 정치인들의 질투심 때문이었다. 카이사르의 절대적 우위가 그런 장애를 없앴으므로 이제 이집트는 공식적으로 로마 제국의 일부가 되었다. 3개 군단과 보조군이 주둔군으로 남았는데, 기원전 58년 이후 로마군이 거의 항상 주둔해 있었으므로 병력 주둔 자체는 큰 변화가 아니었다. 그러나 이집트 총독 임명은 새로운 변화였고, 카이사르가 떠난 후에는 총독이 그를 대신해 군사적, 민사적 권한을 행사하며 프톨레마이오스 왕조의 행정 체계를 인수할 것이었다.

초대 이집트 총독은 안토니우스와 클레오파트라를 공격할 때 핵심적인 역할을 했던 가이우스 코르넬리우스 갈루스Caius Cornelius Gallus였다. 갈루스는 매우 학식 있는 인물로, 시인으로서도 널리 존경받았으며 키케로와 아티쿠스 모두와 친분이 있었다. 그는 30대 초반에 불과했지만, 야심에 찬 젊은이들이 중용되던 그 시절에는 아주 이례적인 일은 아니었다. 더 놀라운 것은 그가 기사 신분이었고, 어떤 이유에서인지 충성의 대가로 숫자가 늘어났음에도 원로원 의원으로 발탁되지 않았다는 점이었다. 그의 후임 총독들(직책명은 프라이펙투스praefectus였다) 또한 모두 기사 신분이었으므로, 시간이 지난 후 카이사르는 원로원 의원의 이집트 방문을 공식적으로 금지했다. 이것이 처음부터 의도된 것인지 아니면 갈루스의 충성심과 재능이 그의 신분보다 이집트 총독 선발에 더 중요하게 작용했는지는 알 수 없다. 카이사르는 이집트에 상당한 개인 영지를 보유했지만, 이집트가 어떤 면에서는 특이하게 카이사르의 사유 재산이었다는 주장은 과한 측면이 있다. 다른 속주들에도 황제의 영지가 있었기 때문이다.[20]

곧 갈루스의 병사들은 고대 이집트의 상 왕국Upper Kingdom이었던 테바이드Thebaid에서 발생한 반란을 진압하기 위해 배치되었다. 프톨레마이오스 왕조에 남아 있는 충성심의 발로, 새로 나타난 정복자들에 대한 반감 또는 단순히 로마인들이 부과하고 강제로 징수하는 새로운 세금에 대한 불만 등이 소요의 원인이었을 것이다. 어쩌면 이 모든 요인이 복합적으로 작용했을 수도 있다. 소요는 신속하게 진압되었다. 그런데 진압 작전에 착수하기 전, 카이사르는 군단병들에게 해마다 범람하는 강물을 통제하여 나일강이 주는 풍요를 최대한 활용할 수 있도록 관개 시스템을 보수하고 개선하라고 지시했다. 전성기의 프톨레마이오스 왕조는 나일강 일대의 운하와 배수로를 매우 세심하게 관리했지만, 왕조 후기에는 왕족들끼리 왕위 쟁탈전에 힘을 쏟느라 나일강 치수를 방치했다. 클레오파트라의 통치 시기에 이집트가 번영했다는 현대의 주장들은 그녀의 통치 기간 내내 지속되었던 혼란과 소요를 간과하고 있다. 카이사르의 병사들이 상당한 노역을 수행해야 했음이 이를 반증한다. 카이사르가 이타심 때문에 그런 조처를 한 건 아니었다. 카이사르는 이 새로운 속주가 로마의 영구적인 자산이 되어 안정적으로 곡물과 기타 수익을 제공할 수 있기를 바랐다.[21]

카이사르가 일만 하며 이집트에서 시간을 보낸 건 아니었다. 널리 알려진 대로 카이사르는 알렉산드로스 대왕의 무덤을 방문했다. 프톨레마이오스 1세가 고향 마케도니아로 돌아가는 알렉산드로스 대왕의 장례 행렬을 가로채 이집트로 가져갔던 것이다. 결국 그의 시신은 알렉산드리아에 세마sema 또는 소마soma로 알려진 웅장한 무덤에 안치되었다. 알렉산드로스 대왕의 관은 원래 금으로 만들어졌으나, 후에 궁핍해진 프톨레마이오스가 금은 녹여 쓰고 수정으로 교체했다.[22]

알렉산드로스는 역사가 기록된 이래 단연 가장 위대한 영웅이었다. 폼페이우스는 '로마의 알렉산드로스'로 자신의 이미지를 구축했고, 성장기의 율리우스 카이사르는 그 위대한 정복자의 흉상과 마주했을 때 자신의 성취는 그에 비해 너무 보잘것없다고 탄식하며 눈물을 흘렸다고 전해진다. 젊음, 지치지 않는 활력, 기적적으로 성공한 카이사르와의 유사점이 명백했으므로, 이 시기 카이사르의 모습에서 그의 머리 모양이 마케도니아 왕 알렉산드로스와 비슷한 것은 우연이 아니었다. 카이사르는 위대한 정복자의 유해를 보기로 결심하고 시신을 무덤에서 꺼내어 꽃으로 장식하고 황금 왕관을 올려놓았다. 아마도 그의 열정이 지나쳤던 것일까, 얼굴을 만지려 손을 뻗었을 때 실수로 시신의 코 일부를 부러뜨리고 말았다.[23]

카이사르는 과거를 건드렸다. 그가 너무 거칠었다면, 고르디우스의 매듭을 끊어버린 영웅의 성품이 그의 조급함에도 깃들어 있었기 때문이었을 것이다. 카이사르의 무덤은 로마의 공식 경계 밖 마르스 평원에 웅장하게 건설되고 있었다. 알렉산드로스 대왕과 의식적으로 연관 지으려 한 그 무덤의 규모는 카이사르가 인생의 그 시점에 자신의 권력을 숨기려는 의도가 전혀 없었음을 보여준다. 알렉산드리아에 머무는 동안, 카이사르는 클레오파트라가 준비했던 무덤에 안토니우스와 그녀를 함께 안치하라는 명령을 내렸다. 관대한 조치로 보일 수 있는 행동이었지만, 동시에 자신의 조국을 배반하고 이방인 연인과 함께 외국 땅에 묻히기를 원했던 한 로마인의 추락을 모두에게 상기시키는 편리한 수단이기도 했다. 로마의 원로원은 카이사르에게 온갖 영예를 수여하면서 동시에 안토니우스의 조각상들과 기념물들을 철거시켰고, 안토니우스 가문에는 다시는 '마르쿠스 안토니우스'라는 이름을 사용하지 말라고 명령했다. 이는 안토니우스를 역사에서 완전히 지우려는 시도라기보다는, 안토니우스가 당한 모욕을 오랫동안 기억하게 하려는 의도였다.[24]

카이사르는 이집트를 떠나 시리아로 갔다. 이전의 짧은 방문 때와 마찬가지로, 동지중해 지방의 행정 통치 체제를 확립해야 할 필요에 직면했다. 로마 그리고 이탈리아와 마찬가지로 이 지역의 통치자들과 공동체들도 20년 이상 파르티아의 침략을 받고 또 로마 내전으로 자원을 징발당하였으므로 무엇보다도 안정과 연속성을 원했다. 몇몇 피위임 통치자들이 교체되었고, 일부 공동체는 특권을 얻었으며 어떤 공동체들은 특권을 잃었다. 사실 이렇게 간단한 진술로는 카이사르가 결정을 내리고 이를 발표하기까지의 청원 청취, 사절단 면담, 회의들로 이어지는 길고 힘든 과정을 제대로 담아낼 수 없다. 카이사르가 관대함을 베풀면 상대는 충성으로 보답했다. 안토니우스나 그 이전의 브루투스와 카시우스 또는 다른 로마의 실력자에 대한 지지 여부를 스스로 선택할 수 있는 이 지역의 통치자는 없었다.[25]

필리피 전투 이후, 안토니우스는 유대인 대제사장이자 왕인 히르카누스Hyrcanus에게 편지를 써서, 브루투스와 카시우스는 합법적인 권위가 없었으며, 그들의 폭정은 신들에 대한 모독이었고, 자신이 그들을 물리쳐 '신이 우리에게 준 평화에 우리의 동맹국들을 동참시키고, 우리의 승리 덕분에 아시아의 몸이 이제 중병에서 회복될 기회를 얻게 되었노라' 말했다. 이번에도 같은 안도의 분위기를 조성했다. 전쟁은 끝났고, 최선의 편이 승리했으니, 카이사르를 위해 싸운 시민이 있는 공동체에는 그들이 원하는 보상을 해 주었다. 과거의 정복자들에게 했던 것처럼, 피정복 공동체들은 카이사르 개인을 숭배함으로써 자신들의 충성을 과시하려 애썼다. 에페수스Ephesus와 니케아Nicaea에게는 신격화된 율리우스와 여신 로마를 기리는 신전을 세울 수 있도록 허락했다. 로마 시민들은 율리우스와 로마만을 숭배할 수 있었지만, 속주민들은 카이사르에게도 신성한 예우를 바칠 수 있었고, 아시아 속주의 페르가뭄Pergamum과 비티니아 속주의 니코메디아Nicomedia에 카이사르를 위한 주요 신전도 세워졌다. 이와 같은 숭배 구분은 이후 수 세기 동안 이어졌다.[26]

대체로 대부분 속국의 피위임 통치자들에게 현재 권력을 인정해 주어 현상을 최대한 유지하고 변화를 최소화하는 것이 훨씬 더 간단하고 실용적인 정책이었다. 이는 그 자체로 새로운 로마 정권의 인정을 갈망하는 속국 통치자들로부터 감사를 받는 방안이었다. 장기적으로도 이 지역의 안정이 필요했다. 이 지역의 회복이 다시 한번 로마에 충분한 이익을 제공할 것이기 때문이었다. 이집트에서처럼 단기적으로는, 어떻게든 카이사르의 호의를 얻으려는 통치자들과 도시 지도자들의 열성적인 선물 공세로 이미 건실해진 그의 재정이 훨씬 더 불어났다. 단 1년 만에, 카이사르는 심각한 자금난에서 벗어나 엄청난 여유 자금을 보유하게 되었다. 그가 로마에 돌아왔을 때, 많은 현금이 경제에 유입되어 이자율이 극적으로 하락했다. 디오에 따르면, 12퍼센트에서 4퍼센트로 하락했다고 한다.27

우리는 유대의 헤롯이 카이사르의 지지를 계속 얻기 위해 기울인 노력을 대부분 알고 있다. 카이사르를 알현하여 청원한 결과, 헤롯은 카이사르의 이집트 원정 이전에 유대의 왕으로 인정받았고, 이집트 원정 중에는 카이사르 군대에 보급품과 자금을 제공했다. 헤롯은 이집트를 떠난 카이사르를 다시 찾아가 선물을 바쳤고, 그 대가로 안토니우스가 그에게 빼앗아 클레오파트라에게 넘겨주었던 영토를 되찾았다. 카이사르는 안토니우스가 클레오파트라에 준 또 하나의 선물인 수백 명의 갈리아인으로 구성된 경호대도 유대 왕인 헤롯에게 하사했다. 그러나 헤롯의 불안과 점점 심해지는 편집증은 그가 남긴 지시에서 분명히 드러났다. 그의 아내 마리암메Mariamme는 히르카누스의 손녀로, 이두매Idumae 출신인 헤롯과 달리 진정한 왕족 혈통을 지닌 인물이었다. 처음으로 카이사르를 만나러 가는 긴장된 여정을 앞둔 헤롯은 마리암메와 그녀의 어머니를 한 요새로 보내 자신이 돌아올 때까지 기다리게 했다. 겉으로는 이들을 보호하려는 조치였지만, 만약 자신이 카이사르의 호의를 얻지 못해 돌아오지 못할 경우 아내를 죽이라는 명령을 남겼다. 한편, 헤롯의 어머니와 누이 그리고 마리암메와 그녀의 어머니는 서로를 매우 증오했다. 따라서 이들이 도저히 가까이 있을 수 없었으므로 헤롯은 자신의 어머니와 누이는 마사다Masada 요새에 머물게 했다.

헤롯은 성공적으로 돌아왔으나 그의 아내 마리암메는 그의 비밀 명령을 듣고도 별로 감동하지 않았다. 헤롯은 자신의 비밀 명령이 다른 남자가 그녀를 품는다는 생각을 견딜 수 없어 내린, 그녀에 대한 열정적인 사랑의 표현으로 이해해 주길 바랐지만, 마리암메는 그렇게 받아들이지 않았다. 마리암메는 몇 년 전 그녀의 오빠가 익사한 '사고'도 헤롯이 조작한 것이라고 강하게 의심하고 있었던 만큼, 두 사람의 관계는 이미 오랫동안 불편했는데 이 사건으로 더욱 악화되었다. 마리암메는 헤롯을 독살하려는 음모에 가담했다는 혐의를 받는데, 딸의 운명이 이미 다했다고 판단한 그녀의 어머니가 결국 딸의 혐의를 인정했다. 이에 따라 마리암메는 기원전 29년에 처형되었다. 어느 시점엔가, 아마도 기원전 30년으로 추정되는데, 헤롯은 마리암메의 할아버지인 히르카누스도 처형했다. 이미 나이가 많고 오래된 신체적 손상도 있어 제사장이나 왕으로서 자격이 더 이상 없다고 여겨졌음에도 헤롯은 그를 여전히 위협적인 존재로 생각했던 것이다. 히르카누스는 과거에 몇 년간 파르티아에 포로로 잡혀 있었는데, 이를 빌미로 그가 그 동방국과 내통했다는 혐의로 기소하여 사형 선고를 내렸다.[28]

당시 파르티아가 왕족 간의 권력 다툼으로 인해 내전에 휘말려 있었다는 점이 카이사르에게는 커다란 행운이었다. 당분간 파르티아가 그 지역의 로마 속주를 공격할 가능성은 없기 때문이었다. 호라티우스와 같은 시인들은 카르하이 전투에서 귀중한 생명들과 군기를 잃었고, 안토니우스도 참패했으므로 파르티아에 복수해야 한다고 요구했지만, 카이사르는 아직 그러한 여론을 만족시킬 준비가 되어 있지 않았다. 파르티아 침공은 벅찬 과제였다. 최상의 경우라도 승리를 거두는 데는 몇 년이 걸릴 것이고, 만약 실패한다면 안토니우스와 마찬가지로 그의 명성도 산산조각 날 수 있었다. 게다가 동방의 속주들이 그러한 대규모 전쟁에 자금, 보급품, 지원 물자를 제공할 정도로 충분히 회복되었는지도 의문이었고, 카이사르 역시 로마에서 멀리 떨어진 곳에서 그렇게 어려운 과업에 그렇게 많은 시간을 서둘러 쏟을 생각이 전혀 없었을 것이다. 그 대신 카이사르는 권력 다툼에서 패배한 파르티아 왕의 형제 중 1명이 시리아에서 거주할 수 있도록 허용했다. 동시에, 승자인 파르티아 왕 프라아테스 4세Phraates IV와의 우호 관계를 공식적으로 확약했고, 이에 대한 보장으로 프라아테스 왕은 그의 많은 아들 중 1명을 로마에 인질로 보냈다. 이 외교적 성공도 큰 승리로 찬양받았

다.29

동방의 속주들이 안정되는 듯하고, 이집트 및 여러 속주와 왕국으로부터 새로 들어온 자금으로 금고가 채워지자, 기원전 29년 여름, 카이사르는 도중에 그리스를 거쳐 이탈리아로 귀환했다. 그가 보인 관대함이 더해져 카이사르가 이탈리아에서 받은 환영은 열광적이었다. 이탈리아의 공동체들은 승자에게 수여하는 황금관을 관례대로 카이사르에게 바치려 했다. 명목은 황금관 수여였지만 오래전부터 관습적으로 황금관에 상응하는 금을 제공해 왔다. 상당한 빚을 이미 상환하고 각종 지출을 충당하고도 여전히 엄청난 돈이 남았으므로 카이사르는 황금관을 받지 않겠다고 선언했다. 또한 원로원이 모든 계층의 시민과 베스타 신전 여사제들을 포함한 모든 사제단에게 로마로 도착하는 카이사르를 영접하러 나가라는 명령을 내렸을 때도, 그럴 필요 없다며 사양했다. 신성한 불꽃을 보관하는 베스타 신전은 누군가 돌봐야 했으므로 베스타 신전 여사제들은 남아 있어야 했다. 원로원의 공식적인 명령이 없었어도 모든 주요 종교 사제들과 수많은 개인이 카이사르의 귀환을 감사하며 각자의 신들에게 공개적으로 제물을 바쳤고, 카이사르를 환영하기 위해 자발적으로 쏟아져 나온 군중이 물결을 이루었다.30

환영 인파가 카이사르에게 접근하지 못하도록 제지하지 않았으므로, 저명인사들만 카이사르에게 가까이 다가갈 수 있었던 건 아니었다. 까마귀를 팔에 올린 한 남자가 카이사르에게 다가갔다. 그 남자는 "카이사르 만세, 승리자 임페라토르!"라고 외치도록 까마귀를 조련시켰다. 까마귀의 외침에 감동하고 우쭐해진 카이사르는 그 까마귀를 5,000데나리우스를 주고 샀다. 얼마 후 다른 남자가 카이사르에게 다가왔다. 그는 까마귀 조련사의 사업 동료였는데, 돈을 나누어 갖지 못해 화가 난 것이다. 그는 그렇게 말하는 새가 또 있다며 다른 까마귀를 데리고 왔다. 이 까마귀는 "안토니우스 만세, 승리한 황제여!"라고 부적절한 외침을 외쳤지만, 카이사르는 화를 내기보다 도리어 즐거워하며 첫 번째 남자에게 동료와 5,000데나리우스를 나누라고 명령했다. 카이사르가 아닌 안토니우스가 승리했더라도 틀림없이 비슷한 규모의 군중이 안토니우스를 열렬히 환영했을 것이다. 그들이 기쁨에 들뜰 수 있었던 가장 큰 이유는 내전이 끝났고, 이로써 평화가 지속될 수 있는 계기가 마련되었기 때문이었다. 승리자가 관대하다는 소식을 듣고 어떤 이가 이번에는 같은 말을 하는 까치를 데려오자, 카이사르가 또 사 주었다. 이를 본 가난한 구두 수선공이 까마귀를 구해 같은 말을 가르치려 했다. 그 문구를 가르치는 데는 결국 실패했지만, 그 까마귀는 좌절한 주인의 외침인 "내 모든 노력과 돈이 낭비됐네"를 따라 하기 시작했다. 카이사르는 그의 관심을 끌려고 몰려든 구경꾼들의 무리 속에서 그 까마귀가 "내 모든 노력과 돈이 낭비됐네"라고 꽥꽥거리는 것을 들었다고 한다. 카이사르는 크게 즐거워하며, 5,000데나리우스보다 더 큰 금액을 주고 그 까마귀를 사 주었다.31

젊은 카이사르는 기원전 34년에 일리리아 원정 승리로 받았던 개선식을 마침내 기원전 29년 8월 13일에 거행했다. 다음 날에는 악티움 해전의 승리를 기념하는 또 다른 개선식이 이어졌는데, 행렬에는 통상적인 무기들, 포로들 그리고 전쟁 장면을 그린 그림을 실은 수레들뿐만 아니라 적군 전함의 뱃머리에서 떼어낸 충각들도 포함되었다. 개선식의 행진은 화려했고, 특히 이집트에서 가져온 전리품들이 이틀 동안 아낌없이 전시되었다. 8월 15일에는 이집트 정복을 공식적으로 기념하는 세 번째 개선식이 이어졌고, 의심할 여지 없이 가장 화려한 행사였다. 프톨레마이오스 왕조는 매우 정교하고 엄청나게 비싼 의식과 행진으로 유명했는데, 금이나 귀금속으로 만든 여러 물품을 보석으로 장식하고 극동에서 온 비단으로 덮어 사용했다. 그들의 호화로운 물품들이 로마 시내를 관통하는 행렬과 함께 전시되었다. 이 개선식 마지막 날의 전리품 중에는 겨우 10대에 접어든 쌍둥이 알렉산드로스 헬리오스와 클레오파트라 셀레네가 있었다. 그들의 어머니는 모형으로 등장했으며, 적어도 한 장의 그림에는 자신의 목숨을 끊으려

뱀을 잡고 있는 모습으로 묘사되었다. 갈라티아 통치자와 안토니우스의 다른 동맹자들을 포함해 7명의 왕, 왕자들 또는 그들의 아들들이 3일간 치러진 개선식에서 도심을 행진했다. 그중 몇몇은 처형되었지만, 나머지 대부분은 목숨을 건졌다.32

카이사르는 세 번째 개선식에 참여한 것으로 보인다. 승리한 장군이 입는 자주색 예복을 입고 얼굴은 붉게 칠한 채 전차를 타고 비아 사크라를 따라 로마에 입성했다. 전차는 관례대로 네 마리의 말이 끌었다. 전차를 끄는 왼쪽 말은 리비아의 아들 티베리우스 클라우디우스 네로가, 더 높은 자리라 여겨진 오른쪽 말은 옥타비아의 아들 마르쿠스 클라우디우스 마르켈루스가 탔다. 두 소년 모두 열한 살쯤 되었고, 승리한 장군들의 아들들과 친척들이 개선식 행진에 참여하는 것은 흔한 일이었기에 이 광경 자체가 황조 체제를 시사하려 한 건 전혀 아니었다. 전차 뒤를 원정에 참여했던 원로원 의원들이 관례대로 따랐고, 그 뒤를 카이사르의 공동 집정관과 그해의 정무관들이 따랐다. 이들이 행진의 선두에 서는 것이 더 일반적이었는데 뒤를 따르도록 한 까닭은, 아마도 온 공화국이 참여하여 전쟁을 승리로 이끌었다는 점을 강조하기 위해서였을 것이다.33

서른네 번째 생일을 한 달여 앞두고, 카이사르는 로마로 돌아왔다. 다섯 번째 집정관직을 수행 중이었던 그는 기원전 28년 1월 1일부터 아그리파를 공동 집정관으로 하여 여섯 번째 집정관직을 시작할 예정이었다. 원로원은 그들에게 직위는 주지 않았지만 감찰관의 권한을 부여했다. 그들이 기원전 70년 이후 처음으로 로마 시민의 인구조사를 제대로 하기 위해 감찰관의 권한이 필요하다고 공식적으로 밝혔기 때문이다. 그들이 더 광범위한 계획을 구상하고 있는지는 판단하기 어려웠다. 카이사르는 이제 그의 모든 경쟁자를 물리쳤다. 하지만 그의 내전 승리가 정말로 지속적인 평화를 가져올 것인지는 두고 봐야 했다.34

4부

임페라토르 카이사르 아우구스투스, 디비 필리우스

기원전 27~2년

이런 나의 공헌에 감사하며 원로원은 표결을 거쳐
내게 아우구스투스란 이름을 수여했다.
-《신 아우구스투스의 업적록》34

12장 쇄신과 복원

내가 여섯 번째와 일곱 번째로 집정관이던 때, 원로원은 만장일치로 내전의 불길을 진압한 내게 공화국 전반에 대한 절대적 통제권을 주었으나, 나는 그것을 원로원과 로마 인민의 의지에 넘겨주었다.

-《신 아우구스투스의 업적록》[1]

고대의 전통적 형태로 공화정이 복원되었다.

벨레이우스 파테르쿨루스, 기원후 1세기 초[2]

기원전 29년 8월은 성대한 축하 행사와 후한 지출의 시간이었다. 카이사르는 모든 성인 남성 시민에게 100데나리우스를 금일봉으로 하사했으며, 이어서 그의 조카 마르켈루스의 이름으로 소년들에게도 지급했다. 그리고 그 금일봉은 그들 몫의 '전리품'이라고 발표했다. 동시에 이탈리아와 외국 식민시에 정착한 약 12만 명의 전역 병사들에게 1인당 1,000세스테르티우스를 지급했다. 과거 술라의 전역 병사들은 농장에 정착한 후에는 거의 관심을 받지 못했고, 그후 수년 내에 많은 병사들이 땅을 팔거나 빚을 지게 되면서, 결국 카틸리나와 같은 인물을 열광적으로 지지하는 원인이 되었다. 카이사르는 훨씬 더 많은 병사들을 정착시켰으므로 그들이 장차 사회 불안 요소가 되는 실수를 되풀이하지 않겠다고 다짐했다. 현역 병사들에게도 분명 은전을 베풀었을 텐데 그들에게 지급된 금액을 언급한 기록은 전해지지 않는다. 아그리파를 비롯한 여러 군 간부는 내전 승리에 기여한 공로로 훈장을 받았다.3

이집트 정복을 기념하는 개선식을 거행한 직후, 카이사르 가문의 승리와 영광에 2개의 새 기념물을 헌정하는 의식이 열렸다. 기원전 42년, 삼두는 포룸 남쪽 끝 독재관이 화장된 장소 근처에 신격화된 율리우스 카이사르에게 헌정할 신전을 건축하겠다고 발표하였는데, 이 신전이 마침내 기원전 29년 8월 18일에 완공되어 공식적으로 개장되었다. 르네상스 시대에 이 신전의 많은 부분이 탈취되어 건축 자재로 사용되었으므로, 현재 남아 있는 이 신전의 유적으로는 원래의 화려함을 가늠할 수 없다. 신전에는 새로운 연설대인 로스트라 율리아가 연결되어 포룸을 가로질러 주 연설대를 바라보고 있었다. 기원전 29년에는 안토니우스의 배에서 가져온 충각으로 두 연설대를 장식했고, 세 번의 개선식에서 전시한 전리품으로 신전을 채웠다.

주 연설대 근처에는 새 원로원 의사당인 쿠리아 율리아Curia Julia가 있었다. 율리우스 카이사르가 이 건물을 짓기 시작했는데, 포룸 로마눔Forum Romanum과 자신이 계획한 포룸 율리움을 연결하기 위해 이곳으로 위치를 변경했다. 오늘날의 건물은 3세기 후반에 지어졌지만, 쿠리아 율리아의 토대를 그대로 사용했고, 규모와 형태도 대체로 그대로 따랐을 것이다. 원래 건물 앞에는 주랑이 있었으며, 높은 지붕 위로는 날개 단 승리의 여신이 지구본 위에 서 있는 조각상이 있었다. 현재 건물의 지붕 높이가 약 30미터인데, 원래 지붕도 비슷했을 것이다. 쿠리아 율리아 내부에는 기원전 3세기 초 남부 이탈리아의 그리스 도시 타렌툼(오늘날의 타란토)을 점령하고 가져온 또 다른 승리의 여신상이 있었다. 여신상 주위에는 이집트에서 가져온 화려한 장식의 전리품을 골라 전시했다. 유명 조각가 아펠레스Apelles가 제작하고 율리우스 카이사르가 사들인 율리아 가문의 여자 조상인 베누스의 조각상도 있었다.⁴

공식적인 의식 및 개선식뿐만 아니라 로마 주민들을 기쁘게 하기 위한 대규모 공개 오락 행사도 열렸다. 전문 사냥꾼들은 일련의 맹수 싸움에서 온갖 사납고 이국적인 동물들을 도살했고, 최초로 로마 시민에게 선보인 코뿔소와 하마도 그들의 오락거리로 사용되어 죽임을 당했다. 신 율리우스 신전Aedes Divi Iulii 헌정을 기념하기 위해 각종 운동 경기와 경연이 개최되었다. 그중에는 귀족 소년들이 참여하는, 경쟁이 심해 때때로 위험하기도 했던 '트로이 경기'가 있었는데, 이 경기의 이름과 전해지는 기원이 고대 과거와 율리우스 씨족의 기원을 다시 한번 상기시켰다. 트로이 경기에는 전차 경주뿐만 아니라, 말 경주(한 기수가 두 마리의 말을 타기도 했다)도 있었다. 몇몇 검투사 경기도 열렸는데, 검투사 경기가 장례 의식과 연관되었던 과거의 기억은 이제 거의 잊혔다. 스타틸리우스 타우루스는 그가 새로 건설한 로마 최초의 석조 원형극장을 개장하며 일련의 검투사 경기를 개최했다. 카이사르가 신뢰하는 부하 중 1명이었던 스타틸리우스는 기원전 34년 아프리카 원정 승리를 기념한 개선식을 통해 거둔 수익금으로 석조 원형극장 건축 자금을 댔다. 검투사 경기가 너무도 성공적이어서, 민회는 표결을 거쳐 타우루스에게 매년 1명의 법무관을 지명할 수 있는 권리를 부여했다.

카이사르 자신도 이 시기에 검투사 경기를 개최했다. 그중에는 포로들을 동원한 단체 경기도 있었는데, 게르만 지역의 수에비Suebi족과 발칸 지역의 다키아Dacian족이 서로 싸우도록 했다고 전해진다. 개인들이 짝을 이뤄 싸우기도 했는데, 원로원 의원인 퀸투스 비텔리우스Quintus Vitellius는 검투사 경기의 매력에 이끌려 자발적으로 참여했다. 모든 검투사 경기가 누군가 죽을 때까지 진행된 것은 아니었다. 일부 경기에서는 끝이 무딘 무기를 사용했고, 현대의 펜싱 시합처럼 얻은 점수로 승패를 결정하는 경기도 있었다. 그래도 검투사 경기는 여전히 위험한 요소가 있었으나, 많은 귀족이 검투사 경기에 사용되는 무기와 그 무기를 다루는 기술에 매료되어 때때로 경기에 직접 참여하고 싶어 했다. 검투사 경기는 여러 날 동안 지속되었고, 카이사르가 아파서 참석할 수 없었던 기간에도 계속되었다.[5]

새 출발

기원전 28년 1월 1일, 카이사르는 여섯 번째로 집정관이 되었다. 이전 두 차례는 집정관직을 시작하는 새해 첫날에 로마에 없었지만, 그해에는 로마에 있었으므로 전통적인 의식을 치를 수 있었다. 이번에는 이전과 다를 것이라는 신호였다. 삼두정 시기에는 집정관이 임명되면 해마다 집정관이 사임하고 보궐 집정관으로 교체되었는데, 카이사르와 안토니우스의 경우 집정관직을 단 하루 맡았던 극단적인 사례도 있었다. 이는 많은 추종자에게 보상할 수 있는 좋은 방법이었지만, 집정관의 위신을 떨어뜨리는 결과를 낳았다. 이제 시절이 변해 그해에는 카이사르와 그가 선택한 공동 집정관 아그리파가 12월 31일까지 집정관직을 수행했고, 마지막 날에는 법에 어긋나는 행위를 하지 않았으며 국가를 위해 능력이 닿는 한 최선을 다해 봉사했다는 고대로부터 이어져 온 선서를 끝으로 집정관직을 내려놓았다.

전통적으로 2명의 집정관이 교대로 한 달씩 선임 집정관 역할을 맡았다. 삼두정 시기에는 이런 관행이 무시되었는데, 특히 삼두 중 1명이 집정관인 해에는 더욱 그러했다. 기원전 28년, 카이사르는 이 합당한 관행을 부활시켜, 1월에 선임 집정관으로서 우선순위를 차지한 후 2월에는 그 역할을 아그리파에게 넘겼다. 이러한 변화는 수행원들의 행동을 통해 상징적으로 드러났다. 1월에는 12명의 릭토르가 카이사르 앞에서 길을 열어 주었고, 모두 완전한 형태의 파스케스를 들고 있었다. 카이사르를 포함한 삼두에게는 항상 릭토르들이 앞서며 길을 터 주었다(삼두가 독재관처럼 24명의 릭토르를 두었는지, 아니면 통상적으로 12명을 두었는지에 관해서는 논란이 있다). 그런데 공동 집정관 아그리파가 선임 집정관이던 2월 및 다른 달에는, 카이사르의 릭토르들이 카이사르를 앞서지 않고 뒤를 따랐으며 외관상 분명히 달라 보이는 파스케스를 들었다. 하지만 그 파스케스가 어떻게 달랐는지 그 상세 내용은 알 수 없다. 이러한 변화는 카이사르가 그의 공동 집정관을 존중했을 뿐만 아니라 집정관이란 직위 자체도 존중한다는 것을 보여주었다. 또한 지난 10년 동안 법무관직을 남발했던 관행도 중단되어, 그해와 이후 몇 년 동안 법무관의 수는 8명에서 10명 사이로 제한되었다.[6]

원로원 자체도 더욱 존중받는 기관으로 거듭나기 위해 개혁될 예정이었다. 율리우스 카이사르는 많은 원로원 의원들을 임명했는데, 그중에는 갈리아 지방 출신의 로마 시민들도 포함되어 있었다. 이로 인해 바지를 벗고 토가를 입은 그들이 원로원 의사당으로 가는 길을 찾지 못해 헤맨다고 조롱하는 풍자가 돌았다. 율리우스 카이사르는 이탈리아 여러 도시의 지방 귀족들을 원로원 의원으로 대거 추가했기 때문에, 기원전 49~45년의 내전 기간 많은 원로원 의원이 죽었어도 원로원 규모는 줄지 않고 오히려 더 커졌다. 독재관 암살 후의 혼란과 삼두정 체제하에서 삼두 추종자들로 원로원이 채워지면서 원로원 의원 수는 1,000명 이상으로 급격히 증가했다. 그때는 도망친 노예도 법무관이 되었고, 뇌물을 주면 이전에는 불가능했던 직위로도 올라갈 수 있었던 시절이었다.[7]

카이사르와 아그리파는 감찰관의 권한도 가지고 있어서, 40년 만에 처음으로 로마 시민을 대상으로 정식 인구조사, 즉 루스트룸lustrum을 실시했다. 기원전 71년 이후 5년마다 선출된 감찰관 중 아무도 그들의 핵심 역무인 인구조사를 완수하지 못했다. 인구조사가 완료되자, 총 406만 3,000명이 로마 시민으로 등록되었고, 그들의 재산과 신분도 함께 기록되었다. 이 인구수는 그 이전 인구조사에서 집계된 수의 4배에 달했다. 원로원 개혁의 하나로 두 집정관은 원로원의 규모를 축소했다. 이것이 안토니우스의 잔당들이나 카이사르에게 적대적인 인물들을 제거하려는 조처였다는 증거는 없다. 두 집정관은 원로원의 이전 위상을 회복하겠다고 선포했고, 특히 카이사르는 직접 원로원에서 연설하며 원로원 의원들에게 자신의 평판, 재산 그리고 가계를 살펴보고, 로마의 가장 명망 있는 기관의 일원이 되기에 본인이 진정으로 적합한지 판단해 보라고 요청했다. 그 이후 며칠 동안 약 50명이 자발적으로 사임했고, 두 집정관의 결정으로 140명을 원로원 의원 명부에서 추가로 제외했다. 그들 모두 사인私人으로 돌아갔으나 원로원 의원의 복장을 착용하고 공공 경기와 오락 행사에서 원로원 의원을 위한 특별석에 앉을 수 있는 특권은 유지했다. 명부에서 제외된 원로원 의원 중 호민관이 있었는데, 그는 그 직위도 함께 박탈당했다.

    자진 사임하지 않은 원로원 의원들은 공식적으로 제명한 후, 자진 사임하지 않은 것에 대한 가벼운 질책으로 명단을 공개했다. 수에토니우스는 카이사르가 이들을 제명하는 회의에서 칼을 차고 토가 아래 흉갑을 입었으며(키케로도 기원전 63년 선거에서 그렇게 무장했다) 건장한 원로원 의원 10명이 자신을 둘러싸도록 했다고 전한다. 그래서인지 그때나 그 후에도 문제는 없었다. 후대에 지어낸 이야기일 수도 있지만, 지난 수십 년간 지속되어 온 불안감이 그 당시 이미 사라졌다고 섣불리 가정할 수는 없다. 카이사르의 그러한 사전 준비는 스스로 율리우스 카이사르의 운명을 상기하면서, 비록 관대함을 보이더라도 자신은 비슷한 음모의 희생자가 되지 않겠다는 분명한 의사 표시였을 것이다. 그렇지만 다른 측면에서는 원로원이라는 기관과 원로원의 개별 의원은 세심한 존중을 받았다. 기원전 29년, 카이사르는 세습 귀족을 추가로 만들 수 있는 권한을 받았고, 이를 행사했다. 이는 다시 축소된 원로원이 (술라가 독재관이 되기 이전의 정상적인 수준이었던 300명은 말할 것도 없고, 술라가 독재관이던 시설의 600명보다 여전히 훨씬 많았지만) 높은 명성을 지닌 가문의 유명한 이름을 가진 의원들로 채워져 과거의 위엄을 상당 부분 회복할 수 있도록 도우려는 시도였다. 원로원 명부에 첫 번째로 기재된 사람, 즉 공식적인 권력은 거의 없지만 상당한 명망을 누린 제1 원로원 의원은 카이사르 본인이었다.[8]

기원전 28년, 3명의 원로원 의원이 개선식의 영예를 누렸다. 5월은 히스파니아에서 승리한 장군을, 6월은 갈리아에서 승리한 장군을, 그리고 10월은 아프리카에서 승리한 장군을 기념하는 개선식이었다. 삼두는 그들의 추종자에게 아주 미약한 명분으로도 개선식을 후하게 수여했기 때문에, 아그리파가 자신이 거둔 실질적인 승리에 수여된 개선식을 거절했던 사례는 매우 예외적이었다. 그렇지만 외적에 대한 승리를 기념하는 것은 여전히 의미 있는 일이었고, 단발적인 개선식 행사가 카이사르의 개선식 행진과 비견될 수 있다고 우려하지도 않았다. 카이사르의 위엄을 넘보거나 이집트의 황금 이상을 개선식에 선보일 수 있는 사람은 없었고, 3일 연속 개선식을 거행할 꿈을 꿀 수 있는 사람은 더더욱 없었다. 로마의 전 역사를 통틀어 카이사르 외에 세 번의 개선식을 치른 인물은 로물루스와 폼페이우스 둘뿐이었다. 율리우스 카이사르는 총 네 번의 개선식을 거행했지만, 그의 양자인 카이사르는 두 번의 소개선식도 받았으므로 양부의 기록과 맞먹거나 심지어 능가했다고 주장할 수 있었다. 하지만 누구도 그런 비교에 개의치 않았을 것이다. 카이사르가 신격화된 율리우스 카이사르를 포함해 조상들의 위엄에 걸맞게 산 것은 분명했기 때문이다. 한때 '이름 덕분에 모든 것을 얻은' 소년은 가장 큰 규모의 승리를 거두었고, 적어도 당분간 그는 다른 원로원 의원들과는 확연히 구분되는 입지를 구축했다.[9]

이 시기 카이사르는 집정관의 직위와 그 위엄을 유지했다. 삼두정은 공식적으로 만료되었고, 삼두란 직함을 사용한 지도 여러 해가 지났다. 하지만 삼두정의 일원인 그에게 기원전 43년에 부여된 권한들은 공식적으로 내려놓기 전까지 지속되었을 가능성이 높으며, 따라서 그 권한들이 그의 지위에 대한 법적 근거를 추가로 제공했다. 삼두의 정식 직함은 '국가 재건을 위한 3인 위원회'였다. 안토니우스는 내전 이전에 그 직에서 물러나겠다고 공식적으로 언급하며 카이사르에게도 같이 물러나자고 요구했고, 내전에서 승리하면 삼두정의 일원으로 부여받은 권력을 포기하겠다고 선언했다. 공화정의 안정 회복은 영구적 평화를 실현하겠다는 약속과 밀접하게 연관되어 있었다. 한 세기가 지난 후 타키투스는 내전과 삼두정의 시기를 '법도 관습도 없었던' 시대로 특징지었다. 무너진 기본 제도들을 자의적인 권력이 대체하던 시절이었다.[10]

기원전 28년, 카이사르는 법무관 중 1명을 '시민 담당 법무관'에 임명했는데, 그는 주요 법원들을 감독하는 임무를 포함하여 로마시 자체에 대한 특정한 책무를 맡았다. 한동안은 그 명예로운 직책에 임명된 사람은 없었던 것으로 보이며, 실제로 삼두정 시기에 전통적인 상설 법원quaestiones이 운영되었다는 증거도 없다. 독재관의 암살 공모자들과 삼두의 적들은 모두 특설 재판소에서 신속히 재판을 받았고, 삼두가 원하는 대로 재판 결과가 나왔다. 전통적으로 시민 담당 법무관은 추첨으로 정해졌지만, 율리우스 카이사르는 기원전 44년에 카시우스 대신 브루투스를 선택하는 등 직접 지명했고, 시간이 흐르면서 적합한 후보자가 시민 담당 법무관으로 임명되는 것이 자연스럽게 받아들여졌을 것이다.

기원전 28년에 발행된 금화에는 '그가 법과 로마 시민의 권리를 회복시켰다'라는 문구, 즉 'Leges et Iura P(opulo) R(omano) Restituit'가 새겨져 있다. 승자의 월계관을 쓴 카이사르의 얼굴이 주화의 앞면에 있고, 뒷면에는 집정관의 공식 의자인 쿠룰레 의자에 앉아 있는 모습이 묘사되어 있다. '그'가 누구인지 의문을 품는 사람은 없었다.[11]

법원의 복원과 더불어, 독재관이 착공하고 아그리파가 완성한, 웅장하게 보수되고 재건된 투표장(사에프타)에서 다시 선거가 열릴 것이라고 발표되었다. 이제 로마 시민들은 대리석과 예술 작품으로 장식된 '양 우리'에 모여 차양막 아래 그늘에서 투표 순서를 기다릴 수 있었다. 정무관 임명의 종식, 즉 선거에 의한 정무관 선출은 기원전 27년 가을부터 시작되었을 테지만, 그 전해에 시작되었을 가능성도 있다. 디오에 따르면, 기원전 28년에 카이사르는 전직 법무관 중에서 선발된 2명에게 국고 관리권을 반환했다. 개인들이 국가에 진 많은 빚을 탕감해 주었지만, 악티움 해전 이후 이집트와 동방 속주들에서 가져온 상당량의 부를 국고에 이전한 덕분에 국고는 여전히 건전한 상태였다. 속주들과 동맹 왕국들도 안정을 되찾아 앞으로도 수년간 꾸준한 수입이 들어올 것이었다.[12]

전통 제도의 부활과 함께(때로는 수정된 형태로) 기원전 30년대 후반부터 시작된 건축 활동들이 조화를 이루며 지속되고, 또 속도를 내면서 로마시 자체도 물리적으로 다시 태어났다. 기원전 28년 카이사르는 원로원의 요청에 직접 화답해 로마 시내에 82개 신전 복원을 명령했다. 대부분 작은 규모의 신전들이었고, 현대적인 웅장한 양식보다 단순한 전통적 설계에 따라 복원되었다. 물리적 복원과 함께 각 신전에서 행해지던 옛 의식들도 세심하게 부활시켰다. '경건함'은 로마 정체성의 중심이 되는 덕성이었으므로, 로마 시민들이 응당 공경해야 할 옛 신들에 대한 경외심을 소홀히 한다는 사실은 최근 세대의 도덕적 쇠퇴의 징후였고, 이는 수십 년간의 불화와 폭력에서 여실히 드러났다. 시대의 격변을 도덕적 관점에서 설명하는 것이 로마인들의 사고방식에 가장 잘 맞았고, 따라서 도덕성 복원에는 행동과 품행의 변화 그리고 로마를 위대함으로 이끈 신들과의 관계 재정립이 포함되어야 했다. 동시에 이집트의 여신 이시스 숭배는 로마에서 금지되었다. 신앙심의 부활은 철저히 로마 전통에 따라 이루어졌으며, 카이사르가 직접 주도했다.

신전의 보수 및 복원 작업은 시의 중심부뿐만 아니라 시 외곽 마르스 평원에서 계속된 대규모 건축 사업과 동시에 진행되었다. 따라서 아그리파는 계속 바빴고, 개선식을 치른 원로원 의원들은 전리품 일부를 처분해 기념물 건축 자금으로 계속 제공했다. 이 모든 건축 공사가 로마에 거주하는 수천 명, 어쩌면 수만 명에 달하는 사람에게 좋은 보수를 받을 수 있는 일자리를 제공했다. 기원전 28년, 카이사르는 국가로부터 곡물을 받을 자격이 있는 시민들에게 정상 배급량의 4배를 지급했다. 그해는 곡물 배급량 조절과 건설 노동력 확보를 연계하려는 시도가 실패했지만, 대규모 건축 공사가 일자리 창출에 얼마나 중요했는지를 보여준다. 좋은 일자리 기회와 일정한 국가 지원이 결합하자, 로마인들은 가족을 부양할 수 있다는 자신감이 커지면서 폭동을 일으키려는 사람들도 거의 사라졌다.[13]

9월에는 악티움 경기가 처음으로 개최되어 며칠 동안 계속되면서, 악티움 해전의 승리와 그로 인해 다시 찾은 평화를 기념했다. 마르스 평원에 임시로 세워진 목조 경기장에서는 운동 경기가 열렸다. 명문가 출신의 다수 참가자가 카이사르의 위대한 승리를 기리기 위해 다양한 종목에서 경쟁했다. 적어도 하루는 외국인 전쟁 포로들 간의 검투사 시합에 할애되었다. 축제 기간 중 카이사르는 다시 병에 걸려서 남은 행사에 참석하지 못했다. 아그리파가 카이사르의 자리를 대신했고, 늘 그랬듯이 축제 비용을 지급한 자신의 지도자에게 확실히 공이 돌아가도록 처신했다.[14]

한 달 후인 10월 9일, 팔라티움 언덕에서 아폴로 신전이 개장되었다. 이 신전은 기원전 36년, 카이사르가 새로 인수한 웅장한 저택의 일부에 번개가 치자, 카이사르가 서원해 지어지기 시작했다. 그가 복원을 명령한 여러 신전과 달리, 이 새 신전은 금으로 장식한 번쩍이는 흰 대리석으로 지어진 호화로운 건축물로, 로마의 전통 건축 양식을 따르면서도 그리스 건축의 영향이 강하게 투영되었다. 아폴로 신전은 신성한 숲과 도서관을 포함하는 건축 단지의 일부였다. 아폴로는 악티움 해전의 승리에 가장 큰 공이 있는 신으로 인정받았고, 이 신전은 팔라티움 언덕 높은 곳에 위치해 포럼을 포함한 넓은 지역에서 바라볼 수 있었다. 또한 여러 기존 귀족의 집들을 통합한 것으로 보이는 카이사르의 저택 옆에 있었다. 이 시기에 카이사르의 저택 정문으로 향하는 도로 공사가 시작되었는데, 다른 귀족들의 집들을 지나쳐야 하는 주 포럼에서 올라오는 게 아닌, 언덕 반대편의 포룸 보아리움Forum Boarium에서 접근하는 도로였다. 카이사르는 신들의 총애를 받는 특별한, 다른 원로원 의원들과 비교될 수 없는 존재로 여겨졌다. 카이사르는 자신을 묘사한 금 조각상과 여타 기념물들을 모두 녹여서 의식용 삼각대를 만들어 아폴로 신전에 바치도록 명령했다. 이는 겸손함을 보여 신전 건축을 기념하겠다는 의도였으나, 애초에 그러한 영예를 받아들이는 것만큼이나 자신의 권력을 과시하는 행위였다.15

이 시기에 아폴로 신에게 봉헌한 또 하나의 웅장한 신전이 재건축을 완료했다. 기원전 34년에 예루살렘을 점령하고 기원전 32년에는 안토니우스 진영의 집정관으로서 카이사르에 대한 공격을 이끌었던 가이우스 소시우스가 비용을 대고 감독한 이 신전은, 그의 이름을 따서 아폴로 소시아누스Apollo Sosianus 신전으로 알려졌다는 점에서 특이한 경우였다. 신전의 프리즈frieze*에는 고전 그리스 조각이 새겨졌지만, 재건축 시 새로 새긴 조각 작품들은 바지를 입은, 유대인보다는 서방인처럼 보이는 패배한 적들을 묘사하고 있는데, 카이사르가 발칸반도에서 정복한 일리리아 야만인들을 일부러 표현한 것일 수 있다. 소시우스는 악티움 해전 이후 사면받는 데 성공했고, 신전 재건축 작업을 완성해 그에 대한 공도 인정받았다. 옛 신전을 복원하고 군단의 승리를 기념하는 것은 좋은 일이었다. 소시우스는 사면받기 위해 열심히 노력했고, 그의 값비싼 재건축 작업은 새로운 체제에 대한 충성의 맹세였을 것이다. 소시우스가 카이사르와 신전 건축 경쟁을 벌인 것으로 보아서는 안 된다. 안토니우스와 함께 내전의 다른 모든 군벌이 사라진 당시, 카이사르와 경쟁할 수 있는 사람은 아무도 없었다.16

우리는 이러한 관점에서 집정관 임기를 끝내고 마케도니아 총독이 된 마르쿠스 리키니우스 크라수스의 일화를 이해해야 한다. 기원전 29년, 적

---

* 건물의 윗부분에 그림이나 조각으로 장식한 띠 모양의 공간. (옮긴이)

대적인 부족들의 습격을 받은 후, 그는 훌륭한 전술을 펼쳐 공격적으로 반격했다. 첫 번째 주요 전투에서 바스타르나이Bastarnae족 군대를 격파했을 뿐만 아니라 그들의 지도자인 델도Deldo 왕을 일대일 전투 끝에 직접 죽였다. 이 성공에 힘입어, 원정 범위를 확대해 그해와 다음 해에 연속적으로 승리를 거두었다. 그가 펼친 이러한 작전은 율리우스 카이사르의 초창기 갈리아 개입과 비슷했는데, 분쟁을 확대할 기회를 대담하고 심지어 무자비하게 이용하여 개별 부족들을 신속하게 파괴하는 것이었다. 디오는 이 작전 과정을 상세히 묘사하고 있고, 리비우스도 그러했을 것이다. 그러나 크라수스의 원정은 2년을 넘기지 못했고, 율리우스 카이사르와 마찬가지로, 그의 원정도 로마 시민 전체에게 이익이 되는 범위 내에서만 행해졌다.[17]

크라수스는 기원전 28년 말 또는 이듬해 초에 로마로 돌아와 개선식을 받았을 텐데, 분명 삼두정 시기에 거행된 여러 개선식보다 훨씬 더 기념할 가치가 있었다. 디오에 따르면, 크라수스의 승리를 기념하는 희생제는 그의 이름과 카이사르의 이름으로 함께 이루어졌는데, 카이사르는 임페라토르라는 칭호를 받았지만, 크라수스는 받지 못했다고 한다. 그러나 이건 명백히 디오의 기록 오류이다. 그리스에서 발견된 2개의 비문에는 크라수스가 그 칭호를 받았다고 새겨져 있고, 그 비문들이 그 칭호가 부여되지 않았다는 소식이 전해지기 전에 새겨졌다고 믿을 이유도 없다. 카이사르가 그 당시 임페라토르란 칭호를 수락하지 않았다는 점도 분명하다.[18]

디오는 만약 크라수스가 자신의 독자적인 군 통수권을 보유하고 원정 승리를 했다면 델도 왕을 죽인 공로로 개선식의 절정에 영예로운 의식을 추가로 수행할 자격을 얻었을 것이라고 말한다. 당시 크라수스는 현직 집정관이 아니라 프로콘술이었다. 의식은 스폴리아 오피마spolia opima라 불리며, 전사한 적장敵將의 갑옷과 무기를 유피테르 페레트리우스 신전에 봉헌하는 권리였다. 로마 역사에서 이 의식을 거행한 지휘관은 단 3명뿐이었다. 최초의 인물은 기원전 8세기의 로물루스였고, 두 번째는 기원전 5세기의 코르넬리우스 코수스Cornelius Cossus 그리고 마지막은 기원전 222년의 마르쿠스 클라우디우스 마르켈루스였다. 이 영예를 얻을 당시 로물루스는 왕이었고, 마르켈루스는 집정관이었다. 코수스의 지위는 불분명했으나, 리비우스가 당시 기록한 바에 따르면, 그는 최고 사령관이 아니라 부관으로 복무했다. 그러나 후대에 추가된 것이 틀림없는 기록에서 리비우스는 "나와 나의 선배들이 말한 것과 달리, 베이이Veii의 왕을 죽였을 때 코수스는 집정관이었다"라고 주장한다. 리비우스는 이렇게 주장하는 근거로 다름 아닌 카이사르를 지목했다. 그의 출처는 다름 아닌 카이사르 본인이었는데, 카이사르가 "세월의 풍파로 허물어져 가는 유피테르 페레트리우스 신전을 복원하고, 코수스가 봉헌했다고 전해지는 아마포 흉갑의 명문을 직접 읽었다"라고 전한다. 리비우스는 또한 "코수스가 가져온 전리품을 직접 목격한, 바로 그 신전의 복원자인 카이사르의 말을 부정하는 것은 거의 신성모독에 가까운 일이라 생각했다". 그러나 이러한 문구를 추가했음에도 불구하고, 리비우스는 코수스가 독재관 아래서 근무한 천인대장이었다는 본문의 기술은 바꾸지 않았다.[19]

현대 학자들은 카이사르의 증언에 숨겨진 동기가 있었으리라 추측하며, 과거 유적에 관한 그의 호기심에 불과한 행동을 권력 경쟁에 불안함을 느낀 지도자의 초조함이 드러난 증거라고 해석한다. 이 해석에 따르면, 크라수스는 그의 조부로부터 물려받은 막대한 재산과 더불어 오랜 세습 귀족 가문 출신의 기품과 위엄까지 지닌 인물로, 진정한 로마 귀족처럼 명성을 얻으려 행동하고 카이사르를 포함한 동시대 인물들과 명예를 두고 기꺼이 경쟁하려 하였다. 거의 200년 만에 최초로 적장을 자기 손으로 직접 죽인 장군이었던 크라수스가 스폴리아 오피마를 봉헌할 고래의 영예를 주장하며 자신과 자기 가문에 영광을 더하려 한 것은 당연했다. 그러나 카이사르는 잠재적 경쟁자의 출현을 두려워했고, 특히 스폴리아 오피마나 야누스의 문 폐쇄와 같은 유서 깊은 의식을 통해 누군가가 명성을 얻는 것을 시기하여, 원로원이 크라수스에게 추가적인 영예를 부여하지 못하도록 방해했다. 카이사르는 허물어져 가는 신전에 남아 있던 아주 오래된 흉갑에 새겨진 글씨를 보았다는 근거를 내세웠는데, 이는 그럴싸한 기술적인 평계에 불과했다. 원로원의 다수 유력 인사들이 명망 있는 가문의 수장에게 모여들 가능성에 두려움을 느낀 카이사르가 잠재적 경쟁자가 두각을 나타낼 수 있는 고대 영예를 부활시키지 못하도록 무엇이든 하려 했다는 것이다. 크라수스는 개선식은 허락받았지만, 그 이상의 영예는 결국 받지 못했고, 그의 가문은 계속 이어졌지만, 그는 이후 역사의 기록에서 사라진다.[20]

항상 빠지기 쉬운 것이 음모론인데, 이 일화를 둘러싼 음모론은 원로원 의원들의 강력한 저항에 압력을 느낀 카이사르가 자기 지위를 보호하고 또 공고히 하려 초조히 애쓰는 모습을 그럴싸하게 그려낸다. 이 시기를 다룬 대부분 기술에서 이러한 해석은 당연한 사실로 기록되고 있다(나 역시 다른 저술에서 그렇게 쓴 바 있다). 그러나 안타깝게도 좀 더 자세히 살펴보면 이 음모론을 지탱하는 구조는 빠르게 무너진다. 디오는 크라수스가 스폴리아 오피마를 봉헌할 권리를 주장하다가 거절당했다고 기록하지 않았고, 다른 사료도 이 사건을 언급하지 않았다. 어쨌든 크라수스는 매우 두드러지는 영예인 개선식을 받았고, 공직을 역임하고 속주를 통치하고 전쟁에서 승리한 여러 원로원 의원도 그들의 업적을 이룬 후에는 사료에 더 이상 등장하지 않는 경우가 많으므로, 크라수스가 그 사건 이후 기록에서 사라진 사실을 의혹의 눈길로 바라볼 필요는 없다. 카이사르의 유피테르 페레트리우스 신전 복원은 아티쿠스가 영감을 주었으며, 그 시기는 수년 전으로 거슬러 올라간다. 그가 언제 흉갑을 살펴보았다는 사실을 공개했는지는 알 수 없으나, 고대 로마 의식에 대해 카이사르가 깊은 관심을 가졌다는 점을 고려하면, 그 흉갑이 크라수스와는 전혀 관련 없을 수도 있다. 리비우스는 카이사르가 흉갑을 살펴본 일을 명예로운 행동이라고 언급했다. 따라서 리비우스가 본문의 기술을 바꾸지 않았다는 사실만으로 그가 카이사르와 그의 정권에 비판적이었다는 주장을 뒷받침하려는 시도는 무리가 있어 보인다.

크라수스가 귀환했을 때 어떤 공개적인 논란이 있었을 가능성은 극히 낮다. 크라수스가 스폴리아 오피마를 주장할 생각이 있었다면, 수 세기 후에 디오에게 떠오른 생각이 아니라, 원로원 회의에서 있었을 공식적인 요청, 토의 그리고 거절에 관한 내용이 크라수스 본인의 기술이나 다른 사료에 더 명확히 나타났을 것이다. 섹스투스 폼페이우스와 안토니우스 밑에서 복무하다가 카이사르에게 충성을 맹세한 것으로 보아 크라수스는 상당한 정치적 수완을 가진 인물이었던 듯하다. 따라서 설령 그가 스폴리아 오피마를 요구할 생각이 있었다 하더라도, 스스로 포기했거나 카이사르와 가까운 누군가가 개인적으로 만류했을 가능성이 높다. 다른 관점에서 볼 필요도 있다. 크라수스가 원로원에서 광범위한 지지 세력을 보유했다는 증거는 전혀 없다. 또 크라수스 본인이 승리로 이끌었던 군단에서 그의 인기가 높을 수는 있겠지만, 그 군단은 지난 몇 년간 충분한 보상을 받은 현역 병사와 전역 병사들이 흔들림 없이 충성하는 카이사르의 군대에 비하면 아주 작은 규모에 불과했다. 따라서 크라수스가 카이사르와의 경쟁을 희망했다 하더라도 경쟁할 능력이 되지 않았고, 그 사이 그는 대부분 귀족의 기대를 충족시키는 공직과 영예를 충분히 누렸다.[21]

당분간 카이사르의 군사력에 필적하는 경쟁자가 없었으며, 대부분의 계층은 평화가 다시 왔다는 안도감을 느끼며 각자 생활에 대체로 만족했다. 이탈리아는 더 이상 토지를 뺏긴 농민이나 제멋대로인 참전 병사들, 그리고 빚에 시달리는 시민 등 더 나은 운명을 보장하겠다고 약속하는 지도자라면 무조건 추종하는 절박한 상황에 내몰린 사람들로 가득하지 않았다. 안토니우스나 폼페이우스의 끈질긴 추종자들이 잔존한다는 뚜렷한 증거도 없었고, 수십 년간 내전의 와중에 외쳤던 구호와 충성심도 점차 희미해졌다. 최고 권력자인 카이사르에게 맞설 즉각적인 위협은 없었다. 그러나 미래를 예측하기란 여전히 어려웠고, 안정적이며 동시에 그의 개인적인 안전도 보장할 수 있는 체제를 만드는 데 참고할 만한 확실한 역사적 선례도 없었다.

디오는 그의 저서 중 제52권 거의 전체를 아그리파와 마이케나스의 입을 빌어 상반되는 주장을 싣는 데 할애하는데, 아그리파는 공화정에 밀접히 기반을 둔 체제의 부활을 주장했고, 마이케나스는 공화정을 가장한 군주제를 옹호했다. 역사가 디오가 이들의 주장을 본인의 언어로 옮겼으므로, 거기에는 기원후 3세기 초 디오 본인이 경험한 제국의 정치 상황에 바탕을 둔 그의 정치사상이 반영되었을 가능성이 크다. 그렇지만 이 당시 카이사르가 체제 형태를 진지하게 고민했다는 디오의 주장은, 그가 공화정의 복원을 고려했다는 수에토니우스의 주장과도 부합한다. 카이사르가 술라처럼 권력을 내려놓고 은퇴하여 정치 일선에서 물러나는 것까지 고민했는지는 단정하기 어렵다. 만약 그런 생각을 잠시나마 했더라도 분명 금방 포기했을 것이다.[22]

현대 역사학자들은 율리우스 카이사르의 독재를 자주 거론하며, 거기서 교훈을 얻은 그의 후계자 카이사르는 독재를 피하려 했다고 주장한다. 그러나 고대 사료에서 이런 주장은 찾아볼 수 없다. 사실 독재관은 문다 원정에서 돌아온 지 채 1년도 되지 않아 암살당해 그가 무언가를 할 시간이 거의 없었기 때문에 카이사르가 그의 운명에서 많은 교훈을 얻었다고 말하기는 어렵다. 율리우스 카이사르의 암살에서 카이사르는 원로원과 여타 공화정의 제도를 존중해야 한다는 교훈을 얻었겠지만, 카이사르가 독재관이란 칭호를 사용하지 않았어도 그가 기원전 28년에 누린 권력이 기원전 44년의 독재관 권력에 비해 노골적이지 않았다고 보기도 어렵다. 기원전 44년 이래 상황은 변했고, 원로원의 분위기도 매우 달라졌다.[23]

기원전 28년 내내 정상에 가까운 상태로 복원하려는 작업이 진행되었다. 이는 점진적인 과정이었다. 정무관직과 각종 제도를 새로이 존중하는 분위기가 조성되었는데, 그렇다고 해서 카이사르의 권력이 약해진 것은 아니었다. 8월에는 내전의 종식을 공식적으로 선언한 것으로 보인다. 그리고 카이사르는 2명의 다른 삼두가 저지른 불법 행위들뿐만 아니라 삼두정 당시 자신에게 부여된 권한과 일부 추가적 명예들까지 그해 말부터 무효로 한다고 발표했다. '공공 복리의 복원'이란 과제는 순조롭게 진행되었고, 위기가 대체로 끝나 특설 정무관직도 더 이상 필요 없게 되었다. 이 모든 과정이 질서 있게 의도대로 이루어졌다. 내키지 않았으나 카이사르가 양보할 수밖에 없었다는 정황은 보이지 않는다. 그해 말 그와 아그리파가 선서와 함께 집정관직을 내려놓았을 때도, 카이사르의 권력은 조금도 줄어들지 않았다.[24]

아우구스투스

기원전 27년 1월 1일, 카이사르는 일곱 번째, 아그리파는 세 번째로 집정관이 되었다. 공식적인 선거가 열려 당선되었는지는 불분명하다. 선거가 있어서 다른 후보들이 출마했더라도 인기 있던 그들이 승리했을 것이다. 같은 달 이두스에 (1월에는 13일이었다) 원로원 회의가 소집되었고, 카이사르가 선임 집정관으로서 회의를 주재했다. 참석한 원로원 의원 중 극소수에게만 일반적인 토의가 아닌 중대 발표를 위한 회의라고 사전에 알려 주었다. 카이사르는 신중하게 준비한 연설문을 들고 있었다. 수에토니우스에 따르면, 카이사르는 중요한 발표를 할 때는, 때로는 아주 사소한 발표도, 완전한 원고를 작성하여 사전에 낭독하는 습관이 있었는데, 이는 원하지 않는 말은 하지 않고, 중요한 내용을 실수로 빠뜨리지 않으면서, 자신의 의사를 최대한 명확히 전달하려 했기 때문이라 한다.[25]

디오가 남긴 카이사르의 연설이 핵심 요점 외에 카이사르가 말한 내용을 어느 정도까지 실제로 담았는지는 알 수 없다. 그는 권력을 내려놓을 것이며, 속주와 군대 그리고 법에 대한 통제권을 원로원에 반환하겠다고 선언했다. 디오의 기록에 따르면, 카이사르는 자신이 지금부터 하는 말에 모두 놀랄 것이라고 운을 떼며 연설을 시작했는데, 이는 자신이 정당하게 얻은 성공의 정점에 있고 누구도 자기에게 권력을 포기하라고 강요할 수 없다는 걸 충분히 자각하고 있었다는 방증이다. 당시 원로원 의원들이 카이사르는 매우 도덕적인 삶을 살아온 사람이고 따라서 그의 모든 행동은 자기 아버지의 원수를 갚고 공화정을 보호하기 위한 의무감에서 비롯된 것으로 이해한 경우에만, 그의 연설에 놀라지 않고 영광스러운 결정이라고 생각했을 것이다.

> 누가 나보다 더 관대하며 (고인이 된 나의 아버지는 언급하지 않더라도) 누가 더 신과 가깝겠는가? 보라(신들이 나를 위해 증인이 되어주기를!), 로마인과 동맹국 주민 등 내게 헌신적인 수많은 용감한 군사들을 거느리고, 몇몇 부족을 제외하고는 헤라클레스의 기둥들 사이의 전 해역을 다스리며, 모든 대륙의 도시들과 속주들을 소유한 내가, 여러분 모두 평화롭게 살며…. 그리고 무엇보다도 내게 기꺼이 복종하고 있는 이때, 이 모든 것에도 불구하고, 자발적으로 또 내 의지에 따라 이토록 커다란 권세를 내려놓고 이처럼 광대한 영토를 포기한다.[26]

디오가 남긴 카이사르의 연설문을 보면, 율리우스 카이사르를 끊임없이 소환하며 그가 이룬 업적들, 왕관과 왕의 칭호를 거부했던 그의 태도, 그가 부당하게 당한 암살 등을 거론한다. 그의 후계자는 자기 권력을 스스로 내려놓음으로써 더 큰 영광을 얻어, 율리우스 카이사르가 걸었던 길을 따르려 한다. 카이사르는 공화정을 강하고 안정적으로 만들기 위해 필요한 일을 다 했으므로, 이제 공화정을 다스릴 임무를 다른 사람들에게 안전하게 맡길 수 있다고 선언하는 내용이다.

디오의 기록이 카이사르의 실제 연설을 얼마나 충실히 반영했는지는 불분명하나, 디오가 묘사한 원로원 의원들의 반응은 매우 그럴듯해 보인다. 카이사르의 측근들은 그가 무슨 말을 할지 이미 알고 있었으므로 적절한 순간마다 크게 손뼉을 쳤다. 나머지 의원 중 일부는 서른여섯 살의 집정관이 단순히 연극을 하는 것이며 권력을 포기할 의사는 전혀 없으리라 의심했지만, 이를 드러내 보이거나 그 젊은 군사 지도자가 거짓말을 하고 있다고 비난할 용기는 없었다. 카이사르의 말을 믿은 의원들은 둘로 나뉘었는데, 그의 권력 이양 결심을 내심 환영하는 부류도 있었고, 또 다른 부류(아마도 대다수)는 권력이 이양된다면 새로이 등장할 지도자들이 패권을 다퉈 또다시 내전이 발생할 것이라고 우려했다. 양쪽 모두 환호할 수 없었다. 한쪽은 당황했고 다른 쪽은 두려웠다. 원로원 의원들 사이에서 카이사르에게 마음을 바꿔 계속 통치해 달라는 외침이 쏟아져 나왔다. 카이사르가 회의를 주재했으므로 발언자는 그가 지정했다. 카이사르는 원로원 의원들에게 자신의 권력 이양 계획을 받아들여 힘겹게 획득한 평화 속에서 자신도 살게 해 달라고 한동안 고집스럽게 요청했다. 그러나 공화정의 최고 회의체는 전체로서 또 회의체 구성원 개개인으로서 집정관 카이사르에게 공화정의 수장으로 남아 달라고 간청했다.27

내키지 않는다는 기색을 크게 드러내며, 카이사르는 마침내 동의했다. 디오는 이 모든 사건을 일종의 위장극으로 보았다. 자신의 최고 권력을 포기할 의사가 없었던 카이사르는 원로원 의원들이 자기를 지지한다는 점을 공개적으로 알리고 싶었고, 자신은 의무감과 만장일치의 여론에 떠밀려 마지못해 권력 행사의 책임을 계속 떠맡는 공화정의 종복從僕으로 보이길 원했다. 민회는 며칠 후 회의를 열어 원로원의 결정을 공식적으로 승인할 예정이었다. 결론적으로 이 모든 과정을 통해 실제로는 다른 선택지가 없었던 원로원과 시민들이 카이사르를 공화정의 수장으로 열광적으로 인정하

는 모습을 매우 능숙하게 연출했던 것이었다.28

카이사르의 향후 역할이 1월 13일 원로원 회의에서, 아니면 그 이후 며칠 내 구체적으로 결정되었는지는 불분명하다. 하지만 원로원 회의 당일 그가 받은 확실한 영예가 하나 있었는데, 그것은 그의 저택 현관문 위에 참나무 관을 걸 수 있는 권리였다. 이는 다른 시민의 생명을 구한 사람에게 수여되는 로마 최고의 무공 훈장인 시민관市民冠, corona civica과 동일시되는 영예였다. 전통적으로 구조된 시민이 참나무 잎으로 관을 만들어 구조자에게 직접 전달했으며, 이는 빚을 졌다고 인정하고 영원히 의무를 다하겠다는 상징이었다. 율리우스 카이사르는 10대 후반, 군 복무 초기에 이 훈장을 받은 바 있었다. 기원전 27년, 그의 후계자 카이사르에게 주어진 이 영예는 카이사르가 모든 시민의 구원자라는 점을 상징하면서 그가 거둔 승리가 모든 시민의 이익을 위한 것이었음을 다시 한번 강조하는 것이었다. 이 무렵 '시민들을 구한 공로로Ob Civis Servatos'라는 문구와 함께 참나무 관이 새겨진 주화가 주조되었다. 어떤 의미에서 모든 시민이 그에게 빚을 지게 된 것이다. 승자에게 수여되는 월계관도 영구적인 장식으로 그의 집 현관에 함께 걸렸다.29

원로원은 1월 14일에 회의를 열지 않았다. 그날은 '디에스 네파스dies nefas', 즉 불운하거나 불길한 날로 여겨져 공적 업무 수행이 금지된 날이었기 때문이다. 이러한 날은 군사적 참패나 끔찍한 사건이 발생한 후에 달력에 추가되었다. 1월 14일이 검게 표시된 건 근래의 일로, 기원전 30년 원로원은 그날이 마르쿠스 안토니우스의 생일이라는 이유로 디에스 네파스로 지정했다. 1월 15일에는 원로원 회의가 열렸으나 종교 축제를 기념해야 했기 때문에 일찍 종료되었고, 1월 16일에 다시 소집된 원로원 회의가 전체 일정을 소화했다. 어떤 날, 어떤 결정이 내려졌는지는 정확히 알 수 없지만, 최종적인 결과만큼은 분명했다.

원로원 의원들의 지속적인 '압박'을 받은 카이사르는, 외적의 침략이나 내부 혼란에 가장 취약한 지역이라는 이유를 내세워 일부 속주의 통치 책임을 맡기로 동의했다. 그 결과, 아직 정복이 완전히 끝나지 않은 히스파니아반도, 최근에 점령되었으나 라인강 건너의 게르만 부족들로 인해 안정이 위협받고 있는 갈리아 전역 그리고 내전으로 자주 혼란에 빠지면서 동시에 파르티아와 인접한 시리아를 카이사르가 통치하기로 했다. 이집트 통치도 카이사르가 계속하기로 했는데, 이집트가 최근에 정복된 속주였기 때문이었을 것이다. 카이사르는 원로원 표결을 거쳐 이 모든 속주에 대해 10년간의 통치권을 받았지만, 예상보다 빨리 완전히 장악되는 속주가 있으면 그 이전에라도 원로원에 통치권을 이양하겠다고 강조했다. 나머지 속주는 원로원의 관할로 두었다.

카이사르 통치하에 있는 속주들에 로마 군의 병력 대부분이 주둔했다. 마케도니아에도 여러 군단이 주둔하고 있었지만, 최근 크라수스의 전공 덕분에 이 지역은 더 이상 취약한 곳으로 간주되지 않았으므로 카이사르의 직접 통치 대상에서 제외되었다. 아프리카에도 여러 군단이 배치되어 있었다. 그 외에 원로원의 관할 속주들에는 별다른 군사력이 배치되지 않았다. 마케도니아와 아프리카에 주둔한 병사들 역시 카이사르에게 계속 충성을 맹세했을 것이고, 실제로 몇 년 후까지 분명 그러했다.

그 며칠 사이에 체제의 세부 사항이 일부 확립되었으며, 이후에 추가로 더해졌다. 카이사르가 여러 속주에 동시에 있을 수 없었기 때문에, 광활한 속주 내의 개별 지역 통치를 책임지는 대관 총독을 임명해야 했다. 대관 총독들은 과거의 속주 총독들과 거의 동일한 규모의 지역을 통치하며 모든 면에서 유사한 방식으로 의사 결정을 내렸지만, 위임된 임페리움만 가졌다. 반면, 원로원 관할 속주들은 전직 집정관 중 추첨으로 선출된 프로콘술들이 다스렸는데, 그들은 자신들 명의의 독자적인 임페리움을 가졌다. 이 체제 초반 마케도니아와 아프리카를 제외한 속주의 프로콘술 총독들은 명백한 민간의 복장과 상징을 사용했으나, 임페라토르의 대관 총독들은 칼과 군용 망토를 착용했다. 임페라토르를 위해 일하는 공직 체계와 원로원을 위해 일하는 공직 체계 간 구분은 절대적이지 않아서 같은 사람이 두 공직 체계를 오가며 직위를 맡을 수 있었다. 카이사르는 이집트를 제외한 그의 모든 속주에 원로원 의원을 대관 총독으로 지명하여 통치하도록 했다. 이는 원로원 신분의 인사들에게 충분한 기회를 보장하는 조처였다. 비록 대관 총독에게 주어지는 지위와 명예가 독자적 임페리움을 가진 프로콘술 총독들과는 다소 차이가 있었지만, 대관 총독도 여전히 영광스러운 직책이었고, 따라서 대관 총독으로 임명된 원로원 의원은 자기 가문의 명성도 높일 수 있었다. 이렇게 명성을 쌓고 남들보다 앞서려는 귀족들의 경쟁심은 새로운 체제에서도 지속되었다.[30]

카이사르는 경쟁자가 없었기 때문에 그러한 경쟁을 할 필요가 없었고, 자신이 직접 대관 총독을 임명하였으므로 주요 군사 지휘권을 부여받은 인물들도 통제할 수 있었다. 마케도니아와 아프리카의 프로콘술 총독이 가진 독립성은 제한적이었다. 그들이 새로운 병력을 모집할 수 있었는지 의문이며, 설령 자신들이 거느리는 군단의 충성을 확보한다고 해도, 나머지 군대를 통제하는 인물인 카이사르에 맞설 수 있는 병력을 확보할 수 있었을지도 의문이다. 모든 원로원 의원의 경력은 상당 부분 카이사르의 호의를 얻는 데 달려 있었다.

아무도 카이사르의 패권에 의문을 품을 수 없었다. 그가 받은 10년간의 통치권은 이전에 폼페이우스나 율리우스 카이사르와 같은 인물들이 가졌던 특별 지휘권과 유사했다. 이는 공공의 이익을 위해 무거운 책임을 떠맡은 공복의 모습을 연출하는 데 기여했다. 일반 대중은 카이사르에게 10년간의 통치권이 주어진 사실을 꺼림칙하게 생각하지 않은 것으로 보인다. 특별 지휘권이 야심에 찬 정무관들이 빈번히 다른 정무관에게 책임을 전가하는 전통적인 방식보다 훨씬 더 효과적으로 일을 처리한 사례가 있었기 때문이다. 일부 원로원 의원들도 같은 식으로 생각했을 것이며, 그렇게 생각하지 않은 의원들은 그 체제에 참여할 기회를 얻었다는 데서 위안을 찾았다. 카이사르가 군 병력을 압도적으로 통제하는 한, 현실적으로 다른 대안은 있을 수 없었다. 디오는 공화정에서 중요한 역할을 맡도록 '설득'된 후 카이사르가 가장 먼저 한 일 중 하나는 원로원이 그의 근위대에 상당한 급여 인상을 승인하도록 한 것이라고 냉소적으로 말한다. 증거는 부족하지만, 근위대 병사들은 군단병들이 받은 연간 225데나리우스보다 많은 375데나리우스를 연봉으로 받았을 것이다. 9개 부대로 구성된 근위대는 10개 보병대로 이루어진 일개 군단의 명목 병력보다 약간 적었고, 몇몇 근위대 부대는 로마 시내 또는 그 주위에 상시 주둔했다. 이는 기원전 44년 초 자신의 근위대를 자진 해산했던 율리우스 카이사르의 행보와 대조적이다. 카이사르의 최고 지위를 궁극적으로 보장하는 수단은 여전히 군사력이었던 것이다.[31]

원로원 의원들은 1월 13일, 특히 15일과 16일의 회의에서 카이사르를 찬양하고 그에게 영구적인 영예를 부여하는 데 많은 시간을 할애했다. 카이사르가 의원들의 발언 순서를 정하고 미리 준비시킨 일부 의원들이 바람잡이 역할을 해서 토론의 분위기가 형성되었을 테지만, 적어도 그러한 토론에서는 원로원 의원들이 세부 사항에 대해 나름대로 독자적인 의견을 제시할 수 있었을 것이다. 카이사르가 과거에 했고, 앞으로도 할 공화정에 대한 막대한 공헌을 기리기 위해 추가로 세 번째 이름을 헌정하자는 의견이 빠르게 모아졌다. 일부 발언자들은 그를 '로물루스'라고 부르자고 제안했는데, 카이사르가 로마의 외관을 정비해 사실상 로마를 새로 건설했다는 이유로 그를 로마를 건국한 로물루스와 영원히 연관 지으려는 의도였다.

로물루스는 로마의 건국자였을 뿐만 아니라 초대 왕으로, 한 전승 구전에 의하면, 그는 죽지 않고 하늘로 올라가 신이 되었다고 한다. 그러나 로물루스와 관련된 몇몇 이야기는 그다지 매력적이지 않았다. 로마의 건국은 로물루스가 쌍둥이 형제를 삽으로 죽였다는 형제 살해의 이야기에서부터 출발하는데, 많은 내전을 겪은 대에게 그러한 이야기는 불편하게 들렸을 것이다. 또 다른 전승 구전은 로마 초대 왕의 운명이 거창하게 마무리되지 않고, 일군의 원로원 의원들에게 찢겨 죽었다고 전한다. 이에 따라 원로원 내 의견은 카이사르에게 '로물루스'라는 이름을 부여하는 안에서 멀어지게 되었다. 수에토니우스는 카이사르와 그의 측근들이 그 이름을 선호했다고 주장하는데, 만약 그렇다면 어느 시점에서 그들이 생각을 바꿨음에 틀림없다. 그런 논의가 공개적이고 진지하게 이루어졌다는 사실은 당시의 분위기를 잘 보여준다. 원로원 의원들은 카이사르처럼 강력한 인물에게 어떻게든 표결을 통해 영예를 부여하고 싶어 했다. 그를 좋아했든 아니든, 그가 최고 권력자라는 현실을 부정할 수 있는 사람은 없었다.[32]

마침내, 루키우스 무나티우스 플랑쿠스의 제안을 두고 표결이 진행되었다. 플랑쿠스는 한때 자기 몸을 파란색으로 칠하고 물고기 꼬리를 달아 안토니우스와 클레오파트라 앞에서 춤을 추었으나 이후 카이사르에게 투항하여 그의 경쟁자인 안토니우스의 유언장 내용을 전달했던 바로 그 인물이다. 플랑쿠스는 '아우구스투스'라는 칭호를 제안하였고, 원로원 의원들은 그의 옆에 섬으로써 그의 제안에 압도적으로 (아마도 만장일치로) 찬성하여 그 제안을 통과시켰다. 그리하여 그 원로원 회의를 주재하던 집정관은 공식적으로 '임페라토르 카이사르 아우구스투스 디비 필리우스 Imperator Caesar Augustus divi filius'라고 불리게 되었다. 어떤 로마인도 그러한 이름을 가진 적이 없었다. 그 명칭에 익숙해진 나머지 우리는 그 이름이 당시에 얼마나 파격적인 새 이름이었는지 쉽게 잊는다. '아우구스투스'라는 이름에는 길흉을 점치는 의식을 통해 신의 지침과 승인을 구하는 매우 로마다운 전통에 내포된 종교적 의미를 강하게 담고 있다. 로마 초기의 시인이자 가장 존경받는 시인인 엔니우스Ennius는 오늘날 우리에게 가장 잘 알려진 셰익스피어의 인용구만큼이나 로마인들에게 친숙한 시 구절에서 로마는 '신성한 점괘august augury'로 건국되었다고 언급한 바 있었다.

 카이사르 아우구스투스(때로는 더 강조하려 아우구스투스 카이사르로 순서를 바꿔 부르기도 했다)는 그 누구와도 다른 특별한 존재였으므로, 그에게 주어진 이 새 이름은 10년 임기의 속주 통치권과 달리 영구적인 영예였다. 이제 '신의 아들, 임페라토르 카이사르 아우구스투스'가 사인으로 은퇴한다거나, 다른 누군가가 그의 영광, 그의 아욱토리타스, 그의 특출함에 근접할 수 있다는 상상은 어렵거나 불가능해졌다. 과거의 선례, 예를 들어 폼페이우스가 가졌던 특별 지휘권이나 기원전 54년부터 그가 현지에 부임하지 않고도 보유했던 히스파니아 속주에 대한 통치권도 카이사르 아우구스투스의 지위에는 크게 못 미쳤다. 술라는 펠릭스Felix(행운아/축복받은 자), 폼페이우스는 마그누스Magnus(위대한 자)란 이름처럼, 과거에도 거창한 이름을 얻은 사람은 있었지만, 그 누구도 아우구스투스처럼 거대하고 신성한 이름을 갖지는 못했다. 그에 비견될 만한 권력을 행사하고 우월함을 보인 유일한 인물은 율리우스 카이사르뿐이었다. 율리우스 카이사르의 후계자를 카이사르 아우구스투스라고 부르지 않고, 아우구스투스라고 부르는 관례는 그 두 사람이 로마 역사에서 차지했던 위치가 매우 유사했다는 사실을 숨기는 효과가 있다.

 어느 시점에 민회가 나서 표결로 카이사르에게 추가적인 영예를 수여했는데, 이는 신축 원로원 의사당 쿠리아 율리아에 황금으로 만든 '덕성의 방패clupeus virtutis'를 세우는 것이었다. 이 방패는 그의 비르투스(용맹), 정의로움, 관용 그리고 신과 조국에 대한 경건함을 찬양했다. 《신 아우구스투스의 업적록》에서는 '덕성의 방패'라는 영예 수여와 '아우구스투스'라는 칭호 부여를 연계시키지만, 실제로 이 영예는 이후에, 아마도 칭호 부여 1주년을 기념해 주어졌을 가능성이 있다. 남프랑스의 아를Arles에서 발견된 '덕성의 방패' 복제본에는 카이사르가 여덟 번째로 집정관이던 해인 기원전 26년에 제작되었다고 명시적으로 표시되어 있다. 그 복제본 방패는 모든 속주에 세워졌던 것 중 하나였고, 당시 주조된 많은 주화에는 'CL(upeus) V(irtutis)'라는 구호가 새겨져 있다. 그러한 덕목들은 율리우스 카이사르에게 보냈던 찬양과 매우 비슷한데, 이 유사성이 전혀 의도적이지 않았다고 생각할 이유는 없다.33

카이사르 아우구스투스가 공화정의 한 개인으로서 영구적으로 차지한 출중한 지위에 견줄 만한 과거의 인물은 그의 양아버지 외에는 없었다. 율리우스 카이사르처럼 그도 매년 집정관이 되었다. 카이사르 아우구스투스가 권력을 원로원에 넘겼다가 즉각 다시 돌려받는 과정을 연출한 것은 매우 중요했다. 기원전 44년, 루페르칼리아 축제에서 보인 혼란스러운 메시지보다 훨씬 성공적이었다. 이에 현혹되어 카이사르 아우구스투스의 표현과 행동에서 나타나는 그의 양아버지와의 몇 가지 차이에 지나치게 집중한 나머지, 두 사람이 사실은 압도적으로(또 매우 공개적으로) 유사하다는 점을 간과해서는 안 된다. 어떤 의미에서 이제 그는 아버지와 같은 명예와 직위를 차지하겠다는 10대 소년 시절의 선언을 실현한 셈이었다. 율리우스 카이사르는 한때 공화정을 '형태도 실체도 없는 단지 이름뿐'인 체제라고 일축했지만, 그가 언제, 어떤 맥락에서 그런 견해를 밝혔는지는 확실하지 않다. 영민하게도 그의 후계자는 폐지된 독재관이란 칭호는 사용하지 않았으나, 그건 겉으로 보이는 차이였을 뿐 실질적인 차이는 없었다. 카이사르 아우구스투스는 또한 디비 필리우스, 즉 '신의 아들'이란 칭호와 '카이사르'라는 이름을 통해 암살당한 율리우스 카이사르와 자신과의 연관을 끊임없이 강조했다. 로마 시내를 장식하고 있는 카이사르 아우구스투스와 관련된 기념물도 생전의 독재관에게 헌정되었던 기념물을 이미 수적으로 훨씬 능가했다.34

두 사람의 행동에는 또 하나의 유사점이 있었다. 그의 양아버지가 기원전 44년에 대규모 원정을 떠날 계획을 세웠던 것처럼, 카이사르 아우구스투스도 온갖 영예를 받은 후, 로마를 떠나 서쪽의 속주로 갈 계획이었다.

기원전 27년 말에 그는 갈리아에 있었지만, 정확히 언제 로마를 떠났는지는 알려진 바가 없다. 그해 7월 크라수스의 개선식이 열렸을 때 그가 로마에 있고 싶지 않아 했을 특별한 이유는 없다. 사실 그해 9월에도 마르쿠스 발레리우스 메살라 코르비누스Marcus Valerius Messalla Corvinus를 위한 또 다른 개선식이 있었다. 기원전 28년의 개선식들이 거행되었을 때 카이사르는 로마에 있었다. 만약 그가 크라수스가 비아 사크라를 따라 개선식 행진을 하기 전에 로마를 떠났다면, 그해가 끝나기 전에 속주에서 업무를 시작하고자 했기 때문이었을 것이다. 젊은 마르켈루스와 티베리우스를 데리고 갔는데, 천인대장으로 복무시켜 처음으로 군 경험을 쌓게 하려는 의도였다. 젊은 귀족 남성들이 속주로 친척을 따라다니며 배우는 것은 흔한 일이었지만, 특이한 점은 리비아가 남편을 따라갔을 것이란 사실이다. 이후의 결혼 생활 내내 남편의 빈번한 여정에 리비아는 습관처럼 동행했다. 과거에는 총독의 아내는 남편을 따라가지 않고 본국에 머물렀기 때문에, 옥타비아가 안토니우스를 따라 아테네로 갔을 때 사람들이 놀랐던 것이다. 카이사르 아우구스투스도 안토니우스처럼 오래된 관습을 주저 없이 무시했다.[35]

13장 전쟁에서 교만한 자를 물리치다

로마인이여, 그대의 기예技藝를 기억하라. 그대의 힘으로 타민족들을 다스리고, 평화에 더해 좋은 관습을 심어주며, 항복한 자를 용서하고 전쟁에서 교만한 자를 물리쳐야 함을.

– 베르길리우스, 기원전 20년대[1]

카이사르 아우구스투스가 로마를 떠나기 전, 야누스 신전의 앞뒷문이 다시 열리며 공식적으로 선포했던 평화가 종식되었음을 상징적으로 알렸다. 히스파니아, 갈리아, 시리아 그리고 이집트를 자신의 속주로 받아들인 그가, 그들 지역에 (로마의) 질서와 안정을 복원하는 임무를 시작하기 위해 원정 전쟁에 나서는 것이었다. 먼 땅에서 이방인을 상대로 싸우는 전쟁이므로 최근 몇 년간의 격변과 혼란이 재발할 위협은 없었다. 오히려 공화국의 번영을 회복하는 과정의 일부였으므로, 출정 분위기는 열광적이었고, 브리타니아 정복에 대한 기대로 설레는 이야기까지 오갔다.

율리우스 카이사르는 브리타니아인들이 대륙의 족장들을 돕기 위해 때때로 전사들을 대륙으로 보냈기에 갈리아를 지키려는 조처라 주장하며,

브리타니아 섬에 두 차례 상륙한 바 있었다. 기원전 54년에 브리타니아섬의 남동부 주요 부족들은 항복 선언을 하고 로마에 공물을 바치기로 약속했으나, 이후 이어진 갈리아 부족들의 여러 반란과 로마의 내전으로 발생한 혼란스러운 시기에 얼마나 자주 그 약속을 지켰는지는 알 수 없다. 그러나 율리우스 카이사르의 상륙 덕분에, 과거에는 갈리아 중개인들이 통제하던 브리타니아 시장이 로마 상인들에게 개방되어 기원전 1세기 말에는 로마 상인들이 템스Thames 강변의 론디니움에 영구 정착촌까지 세웠다. 하지만 브리타니아로부터 더 많은 것을 얻을 수 있다고 기대한 로마인들은 여전히 이국적인 그 섬을 정복하여 로마의 정식 속주로 삼아야 한다고 열망했다. 시인들은 파르티아인과 더불어 브리타니아인을 현존하는 적으로 선뜻 꼽으며, 브리타니아의 완전한 정복은 반드시 필요하고 또 충분히 가치 있는 일이라고 노래했다. 몇 년 후, 호라티우스는 다음과 같이 선언했다.

브리타니아인과 무시무시한 파르티아인을 우리의 제국에 복속시킬 때,
아우구스투스는 이 땅에 내려온 신으로 섬겨지리라.

한때 알렉산드로스 대왕에게 굴복했던 인도인도 로마와 로마의 위대한 지도자에게 복종할 운명을 지닌 또 다른 종족으로 종종 꼽혔다. 위험하고 이국적인 이방 민족들에 대한 승리는 명백히 로마에 좋은 일이었으므로, 로마의 가장 위대한 종복은 공화국을 위한 합당한 봉사로 그러한 승리를 바쳐야 했다.[2]

이 무렵, 브리타니아 남동부 몇몇 부족들 간의 권력 투쟁이 로마가 개입하기 좋은 명분이 되었던 듯하다. 얼마 지나지 않아 템스강 북쪽의 두 부족인 카투벨라우니Catuvellauni족과 트리노반테스Trinovantes족의 연합이 남동부 전역을 장악하게 되었고, 두 부족의 왕이 로마 상인들이 가져오는

사치품을 독점했다. 아우구스투스의 통치 기간에 최소 두 차례, 패배한 브리타니아의 통치자들이 로마 제국으로 도망 와 로마의 영향력과 군대를 이용해 자기들의 왕권을 회복시켜 달라고 호소했다. 원로원이나 로마 황제들은 로마 역사 전반에 걸쳐 이러한 호소를 흔히 들었는데, 자기들에게 이익이 될 때에 한하여 그러한 요청을 들어주었다.

카이사르 아우구스투스가 브리타니아 원정을 고려했을 수도 있다. 갈리아의 아퀴타니아 해안에 수송 선단이 집결했는데, 이는 어느 정도 원정 준비를 했음을 보여준다. 아니면 단순한 긴급 대책이었거나 외교적 해결을 압박하기 위한 수단이었을 수도 있다. 결과적으로는 아우구스투스가 만족할 만한 방식으로 상황이 해결되었다. 세부 내용은 불분명하고, 어떤 상황이었고 그 상황을 해결하기 위해 아우구스투스가 어떤 방법을 사용했는지는 알지 못한다. 전반적으로 보아 아우구스투스가 진정으로 브리타니아를 공격하고자 했을 것 같지는 않다. 율리우스 카이사르가 브리타니아 원정은 최소한 수년간 전쟁을 치러야 하고, 얻을 수 있는 이익은 미미하며, 매우 위험한 시도라는 것을 이미 보여주었기 때문이다. 기원전 55년과 54년 두 번의 브리타니아 원정에서 율리우스 카이사르는 폭풍으로 함대의 상당 부분을 잃었고, 하마터면 보급품과 지원군도 없이 그 섬에 고립되어 적대적인 부족들 사이에서 한겨울을 보낼 뻔한 상황에 처하기도 했다. 아우구스투스가 어느 정도 규모로 브리타니아 원정을 준비했는지도 불분명하다. 왜냐하면 그로부터 1세기가 지난 후 로마 함대가 브리타니아 북쪽을 일주하고 나서야 브리타니아가 섬이란 사실을 확인하고 그 실제 크기를 명확히 파악했기 때문이다. 더 심각한 도발이 없으면 브리타니아 정복은 시도하지 않는 걸로 아우구스투스는 결정했는데, 이는 불가피한 경우가 아니면 파르티아와의 전쟁 위험을 감수하지 않으려 했던 사례와 함께 그의 신중함을 보여준다. 시인들은 계속해서 두 민족에 대한 궁극적인 승리를 노래했지만, 당시 카이사르 아우구스투스는 다른 일들을 염두에 두고 있었다.[3]

아우구스투스는 로마에서 갈리아로 갔다. 거기서 순회 재판을 열고, 청원을 받고, 인구조사 작업을 시작하면서 몇 달 동안 시간을 보냈다. 당시는 율리우스 카이사르가 라인강 서쪽으로 저 멀리 영국 해협과 대서양 연안까지 모든 영토를 정복한 지 불과 한 세대밖에 지나지 않았던 때로 정착된 속주들의 최종적인 형태가 확정되지 않은 상황이었다. 그렇지만 아우구스투스는 몇 달간의 짧은 기간만 갈리아에 머물렀고, 그해 말에는 이베리아반도에 있는 로마 속주인 히스파니아 키테리오르Hispania Citerior(가까운 히스파니아)의 수도인 타라코Tarraco(오늘날의 타라고나Tarragona)에 도착했다. 히스파니아 키테리오르는 곧 타라코넨시스Tarraconensis로 이름이 바뀌었다. 그곳에서 기원전 26년 1월 1일, 로마에 있던 스타틸리우스 타우루스와 함께 여덟 번째로 집정관이 되었다. 아우구스투스가 히스파니아를 방문한 직접적인 이유는 히스파니아 북서부 지역에 정복되지 않고 남아 있던 몇몇 독립 공동체들이 일으킨 최근의 소란 때문이었으나, 애초부터 아우구스투스는 히스파니아를 목적지로 계획하고 거기서 전쟁을 수행하겠다는 생각을 품었을 가능성이 높다.[4]

로마 군단이 이베리아반도에 처음으로 진출한 것은 카르타고의 한니발과 오랜 전쟁을 치르던 기원전 3세기 말이었다. 로마 공화정이 이탈리아 밖에 세운 최초의 영구 군사 주둔지가 히스파니아였고, 로마가 외적과 변경을 맞대고 가장 오래 대치한 곳도 히스파니아였다. 그것은 고통스러운 임무였고, 일부 히스파니아 총독은 개선식을 받을 만큼의 승리를 거두었지만, 실정으로 불명예만을 떠안은 총독들도 있었다. 어떤 경우든 히스파니아 총독들이 사용한 방법은 배울 만한 것이 못 되었고, 불필요한 습격, 배신, 학살은 변경 지역에서 너무나 자주 발생한 장면들이었다. 이베리아반도 주민들은 포기를 모르는 능숙한 전사들이었다. 따라서 로마인들은 그들을 동맹군으로서 열정적으로 규합했고, 초기에는 그들의 유명한 글라디우스 히스파니엔시스gladius hispaniensis, 즉 '히스파니아의 칼'을 허리에 차는 자기들의 무기로 채택하기까지 했다.

로마인들은 단결된 반면, 이베리아반도 주민들은 그렇지 않았다. 따라서 시간이 지나면서 로마의 속주 히스파니아 키테리오르와 히스파니아 울테리오르가 계속 영토를 넓혀 칸타브리아Cantabria산맥으로 보호받는 북서부를 제외한 이베리아반도 전체가 로마의 통치를 받게 되었다. 기원전 1세기 히스파니아는 평화롭지 않았다. 로마인과 현지 공동체 사이의 싸움도 지속되었지만, 기원전 70년대와 40년대에 벌어진 로마 내전의 경쟁 구도에 히스파니아 원주민들이 휘말린 것이 더욱 심각했다. 이러한 대결 구도가 때로는 매우 잔인하게 전개되었던 사실이 드러났다. 폼페이우스와 세르토리우스Sertorius 간의 전투에서 고문당하고 처형된 남성들의 유골이 발렌시아 지방에서 발견되었고, 율리우스 카이사르의 한 장교는 자기 부하들이 적의 머리를 잘라 방어벽을 장식했다는 기록도 남겼다.[5]

그처럼 암울한 사건들도 있었지만, 타라고나와 같은 도시들은 번창했다. 오래전부터 지중해 연안을 따라 도시가 형성되었으므로, 그리스와 카르타고의 식민시, 그들의 교역 거점 그리고 현지인 공동체가 지중해 연안에 뒤섞여 있었다. 이베리아반도의 도시는 통치 관료와 협의체가 행정을 담당하며 발전했는데, 행정 필요로 페니키아어나 라틴어의 알파벳을 차용하긴 했지만, 자신들의 언어로 일부 문서를 작성했다. 제2차 포에니 전쟁이 끝난 후 일부 로마 병사들이 히스파니아에 정착했으며, 시간이 흐르면서 특히 기원전 1세기에 더 많은 병사가 뒤따랐다. 무역 기회를 찾기 위해 히스파니아로 여행한 이탈리아인과 로마인들도 있었는데, 특히 그들은 금과 은을 비롯해 히스파니아에 풍부한 광물 자원 개발에 관심이 많았다. 많은 히스파니아인이 로마 군대의 동맹군으로 복무했고, 이들 중 일부는 로마 시민권도 얻었다. 기원전 89년의 한 비문에는 폼페이우스 마그누스의 아버지를 위해 싸운 한 기병대turma(보통 약 30명 정도의 기마병으로 구성된 부대) 소속 병사들 모두에게 로마 시민권을 주었다는 기록이 남아 있다. 폼페이우스 마그누스는 세르토리우스와의 전쟁에서 자신을 지지한 히스파니아 공동체의 주요 인사들에게 자기 아버지보다 더 후하게 로마 시민권을 부여했다. 이렇게 로마 시민권 획득의 혜택을 받은 인물 중 1명이 가데스(오늘날의 카디스) 출신의 루키우스 코르넬리우스 발부스였는데, 그는 율리우스 카이사르의 가장 신뢰받는 측근이었고, 3월 15일의 암살 사건 이후 그의 후계자 아우구스투스에게 자금과 영향력, 조언을 제공했다. 그는 기원전 40년, 보궐 집정관으로 임명되며 로마 최초의 외국 출신 집정관이 되었다.

가데스는 특별히 번창한 무역 중심지였으며, 해안에 접근하기 쉬운 땅을 가진 지주들은 이미 이탈리아와 기타 지역의 시장을 겨냥한 상품을 생산하기 시작했다. 올리브유가 이 지역의 주요 수출품이 되었고, 가룸garum과 같은 유명 발효 생선 소스들도 마찬가지였다. 한 세대 후 지리학자 스트라보Strabo는 가데스에만 단순히 로마 시민이 아니라 로마의 기사 신분으로 등록된 500명이 주거했다고 기록했다. 로마를 제외하면 이탈리아에서 그렇게 많은 기사 신분의 사람이 모여 사는 도시는 거의 없었다. 발부스와 그와 동명이인이었던 그의 조카처럼 극히 소수의 히스파니아인은 집정관과 그 이후 아프리카 속주의 프로콘술로 복무한 다음 다시 로마로 가서 공직 경력을 쌓기도 했다.

그렇다고 그들이 자신들의 출신 공동체와 관계를 단절했다는 건 아니다. 특히 소 발부스는 가데스에서 상당한 돈을 쓰며 오락 행사를 주최하고 기념물도 세웠다. 다른 도시들도 그 지방의 귀족이나 속주 총독 또는 카이사르 아우구스투스가 제공한 기부금으로 극장과 원형 경기장을 건립하여, 음악과 연극 같은 로마 국가의 문화뿐만 아니라 검투사 경기 같은 폭력적인 취향도 공유했다. 그러한 것들이 히스파니아인들 사이에 분명 인기가 있었다는 사실은 그들 사이에 로마인이 되고자 하는 열망, 또는 최소한 로마 제국의 생활방식에 동참하고자 하는 열망이 널리 퍼져 있었다는 증거이기도 했다. 많은 사람이 로마 시민권을 얻기 전부터 '로마식' 이름을 썼으며, 특히 히스파니아 남부 지역에서는 토가를 입는 것이 유행이었다. 이 시기 지중해 연안 히스파니아 지역에서 주조된 청동 주화에는 이베리아어로 새겨진 문구가 사라지고 모두 라틴어 문구로 바뀌었다.6

지중해 연안에서 떨어진 히스파니아 내륙 지방에서는 많은 공동체가 더 오랫동안 로마의 진출에 저항했고, 이러한 저항과 지리적 위치가 맞물려 그곳 주민들, 적어도 현지 귀족층은 로마 제국의 체제를 수용하는 데 시간이 더 걸렸다. 특히 이베리아반도의 중심부는 갈리아인 및 브리타니아인의 언어와 유사한 켈트어를 사용하면서 독자적인 공동체를 구성한 여러 부족을 지칭하는 켈티베리아인Celtiberian이 지배하고 있었다. 그들이 이베리아인과 갈리아 지방에서 넘어온 침략자들이 섞인 부족이라는 고대로부터 전해지는 설이 있었으나, 현재는 그 가능성이 낮다고 여긴다. 언어를 제외하면, 그들의 관습과 유물이 피레네산맥 너머에 살던 동시대 '켈트' 사회와 거의 공통점이 없는 것으로 보이기 때문이다. 켈티베리아인이 지배하는 지역 북쪽으로는 아스투리아인과 칸타브리아인이 살았는데, 그들은 종종 요새화된 특정 언덕을 중심으로 여러 개의 공동체로 나뉘어 있었다. 로마 군대가 그들의 영토 깊숙이 진입한 경우는 드물었으며, 일정 기간 주둔한 사례는 아예 없었다. 그런데 삼두정 시대에 수여된 히스파니아 원정 승리를 기념하는 수많은 개선식 중 몇몇이 이 지역에서 거둔 승리를 기리는 것이었다.7

여전히 독립적으로 살던 이들 부족 중 일부가 로마 속주 안에서 그들보다 더 안정된 생활을 하던 켈티베리아인을 약탈했을 가능성을 의심할 만한 특별한 이유는 없다. 약탈은 고대 세계 대부분 지역에서 여러 시기에 걸쳐 흔히 벌어진 일이었다. 카르타고인이나 로마인이 도착하기 훨씬 이전부터 이베리아반도 전역에 무기가 널리 퍼져 있었던 점을 고려하면, 어떤 침략자도 본래는 평화로웠던 히스파니아 주민들에게 전쟁을 가르쳤던 것은 아님을 알 수 있다. 그렇다고 해서 그들의 개입이 지역 주민과의 직접적

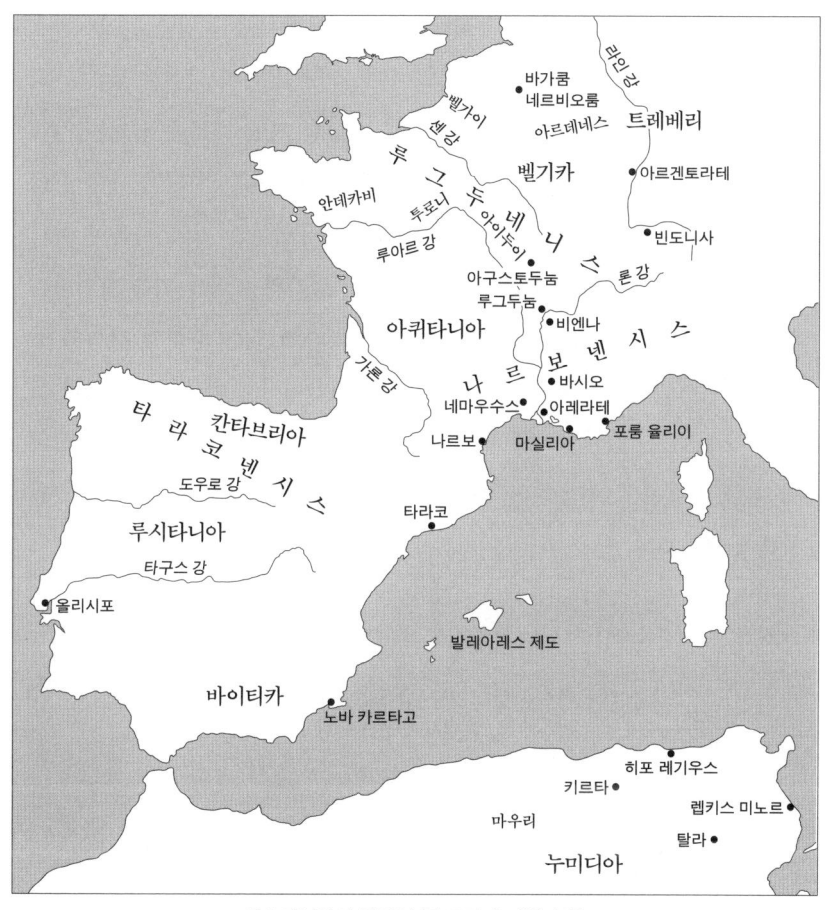

히스파니아와 갈리아 등 로마의 서방 속주

인 충돌이든, 용병과 동맹군으로 끌어들이려는 끝없는 요구이든 간에, 지역 전쟁의 양상과 강도를 심각하게 변화시키지 않았다는 것은 아니다. 150년이 넘는 로마의 정복과 최근 있었던 로마의 내전은 필연적으로 히스파니아반도 전역을 혼란에 빠뜨렸고, 특히 험준한 칸타브리아산맥에서 겨우 생계를 유지하는 궁핍한 생활마저 더욱 힘들게 만들었다. 이러한 모든 요인이 상대적으로 취약해 보이는 이웃 지역에 대한 약탈 유혹을 더욱 부추겼을 것이다.[8]

아우구스투스는 처음부터 이베리아반도 북서부를 점령함으로써 히스파니아 정복을 완수하려 했을 것이다. 목표가 명확한 이 과업은 몇 년간의 원정으로 달성할 수 있을 것처럼 보였다. 험난한 지형 때문에 쉽지는 않겠지만, 브리타니아나 특히 파르티아를 공격하는 것처럼 엄청난 참사를 당할 위험은 적었다. 또한 그 전쟁이 이국적이거나 유명한 적과의 싸움이 아니라는 점이 오히려 매력적이었을 것이다. 이는 국가의 이익을 위해 화려하지 않은 과업도 기꺼이 수행하고 또 자신의 통치하에 있는 속주에 질서와 안정을 복원하겠다는 약속을 충실히 이행하는 카이사르 아우구스투스의 모습을 보여줄 수 있었기 때문이었다. 봄이 되자 아우구스투스는 타라고나를 떠나, 북쪽으로 이동하여 칸타브리아인들을 '평정'하기 위해 집결 중인 군대에 합류했다.

'담대한 지휘관보다 안전을 택하는 지휘관이 낫다'

임페라토르 카이사르 아우구스투스는 궁극적으로 누구보다 막강한 군사력을 장악함으로써 국가 통치권을 쥔 군사 지도자였다. 오늘날의 기준으로 보면, 그는 군사 독재자였으며 계속 그럴 것이었다. 다만 그 스스로 로마에서 같은 의미로 사용된 '독재관'이란 칭호를 의도적으로 피했을 뿐이다. 기원전 27년 초, 그는 자신의 권한을 내려놓는 모습을 연출한 후 원로원의 압박에 못 이겨 마지못해 그에게 주어진 책무를 수락하는 듯한 태도를 보였지만, 그가 군사력을 독점하는 한 그에게 무언가를 강요할 수 있는 사람은 없었다. 군단은 그의 것이었으며, 원로원은 군단 운영에 대해 실질적인 발언권이 없었고, 군단과 기타 부대의 신설 및 해산을 더 이상 통제하지도 못했다. 아우구스투스는 병사들의 복무 조건을 규정하는 안건을 승인받기 위해 원로원에 제출했지만, 원로원이 그 안건을 진지하게 토의한

다거나 거부할 가능성은 없었다. 과거에는 천인대장으로의 승진 인사 대부분과 모든 백인대장의 임용 및 승진을 포함한 군단 운영의 상당 부분이 개별 속주 총독에게 위임되었다. 물론 그러한 구조는 여전히 유지되었으나, 과거와의 차이점은 대부분의 군단을 지휘하는 총독이 바로 아우구스투스 자신이라는 점이었다. 출세를 원하는 야심 있는 장교들은 그의 총애를 받아야 했다.[9]

아우구스투스를 지배적 위치로 끌어올린 것은 다름 아닌 군사력이었고, 그의 권력을 무너뜨릴 수 있는 것도 결국은 군사력이므로, 군단은 그에게 필수적인 존재인 동시에 잠재적인 위협이었다. 따라서 누군가가 자신이 걸어온 길, 즉 마리우스, 술라, 폼페이우스와 그의 아들들, 율리우스 카이사르, 마르쿠스 안토니우스 등 기원전 1세기를 그토록 혼란스럽게 만들었던 크고 작은 모든 군사 지도자가 걸었던 길을 걷지 않도록 반드시 막아야 했다. 병사들의 충성은 저절로 얻어지는 것이 아니란 걸, 병사들의 반란을 충분히 경험한 카이사르 아우구스투스는 잘 알고 있었다. 원로원 의원들에게 소규모 병력에 한정하여 단기로 몇 년간만 군사 지휘권을 허용한다고 될 일이 아니었다. 군단과 그 장교들이 만족하고 충성심을 유지할 수 있도록 해야 했다.

악티움 해전으로 안토니우스를 최종적으로 패배시킨 후, 기존의 약 60개 군단 모두 아우구스투스의 지휘 아래 들어갔다. 장교와 병사 가릴 것 없이 상당수 병력이 1명 이상의 지휘관을 섬긴 경험이 있었다. 나이 많은 병사 대부분은 한때 율리우스 카이사르에게 충성 서약을 했으므로 그들은 그의 후계자인 아우구스투스에게도 강한 감정적 유대를 가졌다. 그러나 그것만으로 충분하지 않다는 걸, 전역을 조급히 요구하는 병사들의 반란이 명확히 보여주었다. 일부 군단은 실제 병력이 없는 명목상의 부대였고, 대부분의 군단도 이론상의 최고 전력에 현저히 못 미치는 수준이었지만, 전체 병력 숫자는 카르타고와 치열한 전쟁을 벌이던 기간을 포함해 과거 그 어느 때보다도 많았다. 이처럼 대규모 병력을 장기간 유지하려면 감당하기 힘든 비용이 소요될 뿐만 아니라, 현실적으로 그 많은 병사들을 만족시키기란 어려우므로 위험한 측면도 있었다.[10]

따라서 아우구스투스와 그의 고문단은 어느 정도 규모의 군대를 어떤 형태로 유지할지 결정해야 했다. 제국 유지와 속주 방어, 필요한 경우 속주 확장에 필요한 병력뿐만 아니라 아우구스투스의 지위를 잠재적 경쟁자들로부터 보호하는 데 필요한 병력 규모도 파악해야 했다. 이 두 가지 목적은 밀접하게 연관되어 있었다. '임페라토르'는 '승리한 장군'을 의미했으므로, 로마 제국이 이웃 외국에 약하게 보이고, 또 변경에서 후퇴하거나 속주에 대한 장악력이 떨어지면 아우구스투스의 명성과 아욱토리타스에 치명상을 입힐 것이다. 물론 그것만으로 그의 권력이 무너지지는 않겠지만, 불만이 생길 것이고 이를 틈 타 경쟁자가 등장할 가능성이 있었다.

이러한 요소들을 종합적으로 고려하여 아우구스투스는 약 26개 또는 27개의 군단을 유지하기로 했다. 정확한 군단 숫자는 불확실한데, 높은 군단 번호를 받은 두 부대가 언제 창설되었는지 불분명하고 또 어느 시점에서 군단 숫자가 28개로 증가한 기록도 있다. 이처럼 군단 수를 절반 이상 순조롭게 줄일 수 있었던 것은 악티움 해전 이후 전역 병사들을 위한 정착지 조성 사업을 재개했기 때문이다. 기원전 29년까지 12만 명의 퇴역 군인들이 식민시에 정착했는데, 이는 최고 전력을 갖춘 약 24개 군단의 병력 규모였다. 거기에 전역 예정자와 전역 희망자를 모두 제대시키고 난 후 남은 병사들로 최고 전력에 달하는 26개(또는 27개) 군단을 구성했을 것이다.[11]

공화정 말기 수십 년간의 군 복무에 관한 세부 사항을 알 수는 없지만, 최소한 일부 병사는 복무 기한이 6년 또는 전쟁이 끝날 때까지였으므로, 전역 병사들 대개가 나이가 많았던 것은 아니다. 일부는 군대를 직업으로 선택해 복무 기간을 연장했고, 특히 장교들이 그런 선택을 많이 했다. 기원전 1세기의 혼란스러운 시기에 실질적으로 직업 군인인 장교 집단이 급속히 늘었다. 그들은 주로 천인대장, 부대장prefect, 백인대장으로 복무하면서 상당한 경험과 전문성을 쌓았다. 최소한 일부는 기사 신분 출신이었고, 자기 몫의 전리품을 처분해 기사가 되는 병사들도 있었다. 일부에게 군대는 사회적 신분 상승의 발판이었으며, 일부에게는 좋은 생계 수단이자 명예로운 직업이었다.

따라서 이러한 장교 집단을 무시하는 것은 현명하지 못한 처사였다. 게다가 다른 계층의 사회 구성원들도 그들 나름대로 출세에 대한 열망이 컸기 때문에 군사적 명성을 얻을 기회를 원로원 의원들에 국한해 제공하면 충분했다고 생각해선 안 된다. 군 장교 중 많은 수가 여러 이탈리아 도시의 지방 귀족 출신이었다. 이와 반대로 일부 군 장교는 퇴역 군인 정착 정책의 결과 지방 귀족 신분을 획득하기도 했는데, 제대 당시의 군 계급에 걸맞은 상당한 규모의 영지를 받아 이를 발판으로 지역 공동체의 공직과 협의체에 진출했기 때문이다. 따라서 군 복무를 계속 원했든 그렇지 않든, 그들과 또 그들과 비슷한 신분의 사람들은 자기들 또는 자기 아들들에게 군사적 명성을 얻을 기회가 계속 주어지기를 바랐다. 군 장교 계급의 공석을 채우는 데 아무 어려움이 없었다는 이야기는 우연이 아니다.

26개 군단은 약 13만 명의 병사를 고용한다는 의미에 더해, 156개의 천인대장직을 제공하고 1,560명의 백인대장을 임용한다는 걸 의미했다. 거기에 더해 거의 한 군단 규모에 달하는 근위대도 있었다. 근위대라는 조직의 위상에 걸맞게 각 계급의 급여가 군단 병력에 비해 더 높았다. 또 시민권이 없는 병사들로 구성한 보조군을 점차 공식 군 조직으로 편입함으로써 더 많은 기회를 제공할 수 있었다. 보병대와 보병대 규모에 상응하는 기병대로 구성되기 시작한 보조군은 일반적으로 로마 시민권자가 지휘했는데, 때로는 해당 보조군이 모집된 지역의 귀족 출신에게 지휘권을 주는 경우도 있었다. 처음에는 보조군 예하의 각 부대 지휘권을 전직 선임 백인대장에게 주는 것이 일반적이었다. 한동안 아우구스투스는 시범 삼아 원로원 신분 출신의 젊은이 2명을 보조군 기병대의 공동 지휘관으로 임명하여, 이들이 기병들을 살피고 통솔하는 경험을 쌓은 후, 공식 로마 군단의 더 높은 직급으로 옮기도록 하기도 했다. 그러나 시간이 흐르면서 점차 아우구스투스는 기사 신분 출신의 부대장이나 천인대장을 보조군의 각 예하 부대 지휘관으로 선택했다. 이는 기사 신분 출신에게 주어지는 상설 공직의 숫자를 크게 늘리는 효과가 있었고, 결국 그들에게 계급과 급여, 미래의 승진과 혜택을 제공하는 프린켑스, 즉 프린켑스 아우구스투스에게 그들이 충성하도록 만들었다.[12]

상당한 규모의 상비군을 유지해야 이 중요 집단의 열망을 충족시킬 수 있었고, 그들과 입대를 희망하는 일반 병사들이 다른 생각을 품지 못하게 할 수 있었다. 기원전 63년, 카틸리나 모반의 추종 병력을 규합한 인물은 다름 아닌 술라 군의 전직 백인대장이었으며, 내전에 참여한 군단을 효과적인 전투 조직으로 만드는 데 중요한 역할을 한 것도 백인대장들이었다. 기원후 3세기 초 원로원 의원의 신랄한 관점에서 기록을 남긴 디오는, 마이케나스가 아우구스투스에게 실업 상태의 젊은이들이 도적질에 빠지지 않도록 그들을 입대시키라고 조언했다고 전한다. 그러나 더 큰 위험은 그들이 경쟁자가 모집하는 군대에 입대할 수 있다는 것이었다.[13]

각 군단의 자부심과 기존의 이해관계는 군 조직의 재편성에 많은 영향을 미쳤다. 공화정 초기에는 통상 군단의 번호를 해마다 다시 매겼고, 제1군단부터 제4군단까지를 집정관 휘하에 두었다. 이러한 방식은 기원전 1세기에 무너졌다. 특히 율리우스 카이사르의 군단들은 그의 암살 이후 레피두스와 안토니우스 또는 젊은 카이사르에게 번갈아 충성하며 싸웠지만, 자기들의 정체성만은 완강히 지키려 했다. 안토니우스의 군단들도 비록 악티움 해전 이후 쉽사리 돌아서 카이사르에게 충성했지만, 많은 경우 각 군단이 번호와 이름, 전통은 포기하지 않으려 했다. 그 결과 재편성된 군대는 시작부터 각 군단에 논리적 순서로 군단 번호를 배정할 수 없었다. 제4군단, 제5군단, 제6군단, 제10군단이 각각 2개씩 있었고, 제3군단이라는 번호를 가진 군단은 무려 3개가 있었다. 제5알라우다이 군단을 포함한 여러 군단은 안토니우스와 긴밀한 관계를 맺었음에도 자신들의 정체성을 유지했는데, 아마도 그들이 한때 율리우스 카이사르를 위해 충성스럽게 싸웠기 때문일 것이다. 제5알라우다이 군단은 기원전 46년 탑수스 전투에서 폼페이우스의 전투 코끼리 부대를 물리친 것을 기념하여 계속 코끼리를 군단 상징으로 사용했다.[14]

제5알라우다이 군단은 북서 히스파니아 원정을 준비하던 6개 군단 중 하나였다. 제1군단과 제2군단, 제6빅트릭스Victrix 군단이 있었고, 당시 히스파나Hispana라는 이름을 얻은 제9군단(대개 군단 병사들은 고대 형식인 VIIII로 표기했다)도 있었을 것이며, 제10게미나Gemina 군단은 확실히 있었다. 게미나는 '쌍둥이'를 의미했으며, 제13게미나 군단과 제14게미나 군단도 있었지만, 두 군단은 히스파니아 원정에 참여하지 않았다. 게미나란 명칭은 기존의 2개 군단을 통합하여 만든 군단에 붙였다. 제10게미나 군단을 구성하는 한 군단은 안토니우스 휘하의 군단이었는데, 자신들의 전신前身은 율리우스 카이사르의 옛 제10군단이었다고 주장했다. 한동안 이 군단은 에퀘스트리스Equestris라는 별칭을 유지했는데, 이는 기원전 58년 잠시 기병으로 복무하게 된 병사들이 지휘관이 자신들을 기사로 만들 모양이라고 농담했던 데서 유래했다. 두 군단을 통합하면 양 군단의 자부심도 지켜 줄 수 있었을 테고, 기존의 1개 군단을 해산하는 방안보다 분명 더 낫다고 생각했을 것이다.[15]

장교와 병사 모두 자신들의 전통을 유지하는 것은 허용되었지만, 재편성된 군에는 내전 시기의 군단에 했던 것처럼 애지중지하며 후한 부상을 베풀지는 않았다. 병사들의 복무 기간은 연장되었고, 얼마 지나지 않아 통상적인 최대 복무 기간인 16년을 채워야만 전역 후 토지를 분배받을 자격이 주어졌다. 어느 시점부터는 4년의 의무 복무 기간이 추가로 부과되었는데, 이 기간을 채우는 병사들은 선임으로 분류되어 일부 임무에서는 열외 되었지만, 여전히 군부대 내에서 생활하며 군율을 따라야 했다. 과거에는 병사들의 충성심을 확보하기 위해 정기 지급을 약속했던 포상금과 상여금이 이제는 간헐적인 성격의 보상으로 바뀌었고, 그나마도 아우구스투스 자신이나 그의 직계 가족들만이 지급할 수 있었다. 군대에 대한 이러한 태도 변화는 언어에서도 나타났다. 내전 시기 젊은 카이사르는 자신의 아버지 율리우스 카이사르를 모방하여 장교와 병사들을 일상적으로 코밀리토네스commilitones, 즉 '전우들'이라고 불렀다. 그러나 기원전 30년 이후로 아우구스투스는 이러한 친근한 호칭을 더 이상 사용하지 않고 언제나 간단히 밀리테스milites, 즉 '병사들'이라고 불렀고, 자기 가족을 포함한 모든 총독과 지휘관에게도 그렇게 부르라고 종용했다. 아우구스투스는 일리리아 원정 시 시행했던 엄격한 군율을 히스파니아 원정에서도 적용했다. 우리는 백인대장들이 상징적으로 굴욕을 당했던 기록을 읽을 수 있는데, 천막 밖에서 차렷 자세로 서 있는 벌을 받으며, 때로는 방벽 쌓는 데 쓰는 뗏장을 들고 있거나 허리띠를 착용하지 못하게 해 긴 튜닉 군복이 발목까지 내려와 여자의 치마를 입은 것처럼 보이기도 했다.[16]

최고위급 장교들도 엄격한 통제를 받았다. 젊은 시절, 카이사르는 종종 큰 위험을 감수하는 결정을 했다. 결국 최후의 승리자가 되었지만, 그 과정에서 몇 차례 심각한 위험에 처한 순간도 있었는데, 특히 섹스투스 폼페이우스와의 전쟁이 그랬다. 그러나 이제 성숙해진 임페라토르 카이사르 아우구스투스(칸타브리아 원정을 시작할 때 서른여덟 살이었다)는 모험보다 신중함을 더 중시했다.

수에토니우스에 따르면 다음과 같다.

그는 유능한 지휘관에게 가장 어울리지 않는 태도는 성급함과 무모함이라고 생각해 다음과 같은 구호를 애용했다.

'천천히 서둘러라.' '담대한 지휘관보다 안전을 택하는 지휘관이 낫다.' '잘된 만큼 충분히 빠르게 된 것이다.'

그는 전쟁이나 전투를 경솔하게 시작하면 절대 안 된다고 늘 강조했다. 사소한 이득을 위해 큰 손실을 감수하는 자를 황금 낚싯바늘로 낚시하는 사람에 비유하며, 성공의 이득이 실패의 대가를 확실히 능가할 때만 전쟁에 나서야 한다고 말했다. 황금 바늘을 잃는다면 어떤 물고기를 잡더라도 그 손실을 만회할 수 없기 때문이다.[17]

군대의 수장이 된 로마 귀족들은 본능적으로 대담하고 때로는 섣부른 행동을 하기 십상이었다. 개인과 가문의 명성을 드높이기를 열망했던 그들은 자신들의 임기가 길지 않으리란 걸 알고 있었고, 또 수 세기 동안 이어진 로마의 승리에 취해 자신들도 전쟁을 시작하기만 하면 당연히 승리가 뒤따르리라 확신했기 때문이다. 그러나 아우구스투스는 자신의 속주 대관 총독이나 군 통수권을 가진 몇몇 원로원 신분의 프로콘술들이, 폼페이우스나 율리우스 카이사르를 포함해 이전 세대의 수많은 지휘관처럼 단순히 영광과 전리품을 얻기 위해 치명적인 패배의 위험도 불사하며 불필요한 전쟁을 벌이는 것을 원하지 않았다. 비록 전장에서 멀리 떨어져 있었어도, 속주 총독들의 전쟁 패배는 그에게도 불명예로 다가왔기 때문이다. 이는 방대한 속주를 책임지는 그가, 그리고 내전을 종식시키고 로마에 평화를 가져와 엄청난 아욱토리타스를 지닌 그가 치러야 할 대가이기도 했다. 임페라토르 카이사르 아우구스투스는 직접적으로든 간접적으로든 잦은 전쟁 패배는 용납할 수 없었다.[18]

그러나 한편으로는 극적이고 돋보이는 전쟁 승리가 너무 잦으면, 그것도 아우구스투스에게 일정 정도의 위협이 될 수밖에 없었다. 특히 그 승리를 아우구스투스 자신이나, 아그리파 또는 스타틸리우스 타우루스처럼 그와 이해관계로 긴밀히 엮여 있어 승리의 영광을 공유할 수 있는 핵심 측근들이 거둔 경우가 아니면 더욱 그러했다. 앞서 살펴보았듯이, 아우구스투스가 스폴리아 오피마를 받으려는 크라수스의 시도를 공개적으로 막았다고 단정하기는 어렵다. 다른 많은 귀족과 마찬가지로 크라수스에게도 개선식의 영예가 주어졌기 때문이다. 그러나 이제부터는 카이사르 아우구스투스의 측근이 아니면, 그처럼 대규모 원정을 수행할 기회 자체가 거의 주어지지 않았다. 그의 측근이 승리를 거두는 경우라도 여전히 위험했기 때문이다. 아마도 기원전 26년이었을 것이다. 아우구스투스가 이집트 통치를 맡긴 인물이 그의 신임을 잃는 사건이 발생했다. 기사 신분 출신인 코르넬리우스 갈루스Cornelius Gallus는 상이집트Upper Egypt 왕국에서 일어난 반란을 진압하는 큰 성과를 올렸고, 그 이후에도 이집트 속주를 약탈한 남쪽의 왕국을 급습하여 승리를 거두기도 했다. 그러나 그는 자신의 승리를 지나치게 떠벌렸다. 그의 승리를 기념하는 비문이 오늘날까지 전해지며, 디오에 따르면, 그는 피라미드에도 그의 승리를 알리는 비문들을 새기도록 했다고 한다. 역사가 디오는 또한 그가 아우구스투스에 대해 거리낌 없이 또 호의적이지 않은 말투로 뒷담화했다고 주장한다. 이는 특히 위험한 행동이었는데, 디오의 기록에 의하면, 갈루스의 문제 있는 처신은 그게 처음이 아니었다. 갈루스의 판단은 이전에도 문제가 있었는데, 예를 들어 아티쿠스의 딸을 가르치던 중 그녀를 유혹한 전력이 있는 수사학 교사를 자신의 측근으로 받아들이기도 했다. 특히 그 수사학 교사는 해방 노예 출신이었으므로 그의 행동은 더욱 부적절했다. 이후 아티쿠스의 딸이 아그리파와 결혼하게 되자, 갈루스가 그 수사학 교사를 환대했다는 소식을 들은 아우구스투스는 크게 분노했다.[19]

흔히 그렇듯이 세부적인 내용들을 정확히 파악하기는 불가능하다. 갈루스에 대해 고자질한 사람은 갈루스의 이전 동료였고, 당시 아우구스투스로부터 어느 정도의 총애를 받은 듯 보이는 발레리우스 라르구스Valerius Largus란 인물이었기 때문이다. 상황이 명확하진 않지만, 여하튼 라르구스는 가혹하고 때로는 부당한 비난을 일삼는다는 평판이 있는 사람이었다. 디오는 라르구스를 처음 만난 한 남자의 이야기를 전한다. 그 남자는 라르구스에게 자신을 아느냐고 물었고, 라르구스가 모른다고 하자 이를 일부러 기록으로 남겼다. 나중에 혹시 라르구스가 말도 안 되는 이야기를 지어내 자신을 비난할까 염려해 대비하려 한 것이었다. 디오는 또한 아우구스투스의 측근 중 1명(갈루스처럼 기사 신분이었다)이 라르구스를 보자마자 자기 입과 코를 손으로 막았다고 전하는데, 라르구스 주위에서는 숨 쉬는 것조차 위험하다는 것을 암시하는 행동이었다 한다.[20]

카이사르 아우구스투스는 갈루스에 대한 신임을 거두고 그의 직위도 박탈했다. 구체적인 혐의는 알려지지 않지만, 아마도 속주 총독의 부패를 다루는 법률에 의거해 제기한 혐의로 보인다. 이전까지는 기사 출신에게는 적용되지 않은 법률이었다. 그러나 갈루스는 모든 의무와 권한 면에서 엄연히 총독이었으므로, 기사 출신인 그에게도 총독직을 수행하는 원로원 의원들과 마찬가지로 그러한 법률이 적용된다는 사실이 원로원에 일종의 위안이 되었을 수도 있다. 이집트는 중요 수익원 및 곡물 공급지로, 아우구스투스가 매우 엄격하게 감독하던 속주였으므로, 갈루스나 그의 부하들이 지나친 횡령을 일삼았다면 아우구스투스가 결코 곱게 보지 않았을 것이다. 원로원 의원 총독들이 과거에 했던 것처럼 갈루스가 실제 노골적으로 행동했을 수도 있으나, 이 모두는 추측이다.

원로원은 아우구스투스의 아미키티아amicitia, 즉 우정을 잃은 (이는 카이사르가 직접적인 적대감을 드러낸 신호로 여겨졌다) 갈루스를 비난하고 흔쾌히 추방하는 표결을 했다. 절망한 갈루스는 스스로 목숨을 끊었고, 수에토니우스에 따르면, 그 소식을 들은 아우구스투스는 눈물을 흘리며 "친구들에게 가해지는 분노를 제한할 수 없는 사람은 나밖에 없다"라고 불평했다고 한다. 이 사건을 아우구스투스에 대한 원로원의 조직적인 반대로 해석하는 것은 설득력이 부족하다. 오히려 일부 원로원 의원들이 프린캡스의 환심을 사기 위해 그가 원하리라 생각한 행동을 필사적으로 수행했다는 방증일 수 있다. 또한 아우구스투스가 임명한 기사 신분 출신의 총독이라도 법 위에 있을 수 없음을 보여주려는 의도에서 갈루스를 공격했을 가능성도 있다. 만약 그렇다면, 이는 아우구스투스 본인 또는 아그리파, 스타틸리우스 타우루스, 마이케나스처럼 그를 대표하는 인물들의 승인 아래 이루어졌을 것이다.[21]

아우구스투스 자서전의 마지막 장

아우구스투스는 군대를 3개 부대로 나누어 서로 다른 경로를 따라 칸타브리아산맥으로 진격하게 했다. 중요 산악 길목을 장악하고 원주민들이 모여 사는 요새화된 주요 거주지를 진압하려는 목적이었던 듯하다. 이런 거주지 여러 곳에서 격렬한 전투와 파괴 행위가 있었고, 로마군이 이 기간 몇몇 임시 병영을 지었다는 사실도 고고학적 증거로 확인되었다. 그러나 안타깝게도 지금까지 발견한 유적 발굴지와 고대 문헌에 간략히 (또는 매우 혼란스럽게) 언급된 지명을 연결 짓는 것은 사실상 불가능하다. 아우구스투스는 이 원정 전쟁의 승리를 자신의 자서전 마지막 부분에 서술했으나, 자서전은 유실되었고, 남아 있는 어떤 기록에서도 그 흔적을 거의 찾아볼 수 없다. 그의 개인적 무용담이나 위험에 처한 일화 등은 남아 있지 않으나, 그에게 가장 큰 위협을 가했던 것은 마주한 적군이 아니었다. 원정이 끝나기도 전에 그는 다시 심각한 병에 걸려 타라고나로 돌아갔고, 기원전 25년에 전쟁이 마무리될 때까지 그곳에서 작전을 감독했다.[22]

칸타브리아인과 아스투리아인들은 강한 결의로 싸웠으며, 포위된 전사들은 항복하느니 차라리 스스로 목숨을 끊었다는 이야기도 전해진다. 히스파니아에서 있었던 전쟁을 이야기하면 자동으로 게릴라전을 연상하는 경향이 있지만, 이는 실제 상황을 심각하게 오도할 수 있다. 물론 그러한 산악 지형에서는 매복 전술이 중요한 역할을 했고, 현지의 동맹 공동체가 계획한 기습 공격을 알려 준 밀고자들 덕분에 로마군이 기습 공격을 당할 뻔한 부대를 적절한 시점에 지원하고 결과적으로 적을 격퇴했다는 기록도 있다. 그러나 여러 차례의 대규모 전투도 있었고 공성전도 많았다. 모든 교전에서 승리할 수 있었던 것은 아니었고, 성벽으로 둘러싸인 작은 마을 하나를 공격하는 것도 매우 위험했으므로 로마군도 상당한 피해를 입었다. 어느 시점에 대규모 증원군을 싣고 갈리아 지방의 아퀴타니아에서 출항한 함대가 한 차례 이상 히스파니아 북부 해안에 상륙하여, 로마의 주력 부대들과 교전하느라 여념이 없던 적들을 공격했다.[23]

이 히스파니아 원정은 일리리아 산악 지역에서 벌였던 전투와 유사한 점이 많았으나 두 전투를 모두 치른 병사들이 얼마나 있었는지는 알 수 없다. 또한 한 전장에서 얻은 경험이 다른 전장에서 싸우는 부대에 얼마나 전수되었는지도 불명확하다. 히스파니아 원정 중 로마군은 공화정 시대 로마군의 전통을 따라 지형의 윤곽을 활용한 임시 병영을 구축했다. 병영의 내부 구조는 기원전 3세기 이후 이를 본 그리스인들이 감탄했을 만큼 체계적으로 배치되었을 테지만, 이 시기의 병영은 아직 수십 년 후 일반화된 카드 모양의 표준화된 직사각형 형태와 놀랍도록 통일된 내부 배치 양식을 따르지는 않았다. 군 복무 조건과 마찬가지로, 로마군의 제식制式과 훈련 방법도 단번에 정립된 것이 아니라, 아우구스투스 시대에 여러 규정이 더해지며 점진적으로 체계화되었다.[24]

일리리아 원정과 마찬가지로, 로마군은 계곡과 산악 길목을 따라 행군하면서 고지를 확보하려 했다. 한 요새는 15마일(약 24킬로미터) 길이의 방벽으로 둘러싸여 있어서 수비군은 달아날 엄두조차 내지 못하고 전투에 임했다. 음울하고 조심스러운 그리고 특별히 화려하지 않은 싸움이었지만, 장교와 병사들에게는 공을 세워 승진이나 다른 보상을 얻을 수 있는 전투

이기도 했다. 제1군단과 제2군단 모두에게 아우구스타Augusta라는 명예로운 부대명이 수여되었고, 특히 제2군단은 점성술에서 아우구스투스의 상징인 염소자리를 군단 표상의 하나로 채택했다.25

힘겨운 원정 전투로 2년을 보낸 후에야 승리를 선언할 수 있었고, 야누스 신전의 문을 다시 닫아도 된다는 소식을 로마에 전했다. 아우구스투스는 임페라토르로 또 추대되었고, 원로원은 그에게 개선식을 수여하기로 표결했다. 그는 임페라토르 추대는 받아들였지만, 개선식은 거절했으며 이후로도 개선식은 치르지 않았다. 이는 개인적인 영예는 이미 충분하여 더 이상 필요 없다는 실질적인 선언으로, 로마의 중심부를 가로지르는 또 하나의 개선 행진보다 더 강한 인상을 남겼다. 아그리파처럼 아우구스투스 자신도 로마의 이익을 위해서라면 보상 없이도 열심히 노력하겠다고 선언한 셈이었다. 적어도 그의 경우에는 관례적인 영예는 받지 않겠다는 선언이었다. 그러나 히스파니아 원정의 최종 승리 선언은 시기상조였음이 곧 드러났다. 아우구스투스가 히스파니아를 떠난 직후 칸타브리아인들과 아스투리아인들은 전투를 재개했다. 히스파니아 원정이 다시 이어졌고, 기원전 19년 아그리파의 무자비했으나 그답게 효과적인 원정으로 정점에 이르렀다. 그러나 아그리파의 원정 때도 처음부터 로마군에 유리하게 전투가 전개된 것은 아니었다. 제1아우구스타 군단이 작전 실패로 그 부대명을 박탈당하기도 했다(이후 이 군단은 게르마니아 변경에서 오래 주둔한 끝에 게르마니카 Germanica라는 부대명을 얻는다).26

아우구스투스는 기원전 25년 1월 1일 타라고나에서 아홉 번째로 집정관이 되었다. 그는 몇몇 칸타브리아 지도자에게 직접 항복을 받기 위해 타라고나를 떠났을 수도 있지만, 병이 여전히 심각해 멀리 가지는 못했을 것 같다. 그렇다고 그가 집정관으로서 업무에 소홀했던 건 아니었다. 우리는 여러 속주에서 온 사절단들이 로마로 가서 원로원을 방문한 후 아우구스투스를 만나기 위해 다시 타라고나로 이동했다는 사실을 알고 있으며, 이들 말고도 더 많은 사절단이 있었을 것이다. 청원자들은 자신들의 요구 사항이 받아들여지기를 바라며 제국 전역에서 아우구스투스를 찾아왔을 것이다.27

속주 주민 중 아우구스투스를 직접 본 사람은 극소수에 불과했다. 하지만 그의 모습을 접하는 건 다른 문제였는데, 어떤 신이나 인간보다 아우구스투스의 모습을 더 흔히 볼 수 있었다. 로마에서 주조된 모든 금화와 은화에는 그의 얼굴이나 그와 밀접하게 연관된 상징이 새겨져 있었다. 여러 기념물에도 그의 이름이 새겨졌고, 이탈리아와 속주 전역에 걸쳐 그의 조각상이 세워졌다. 잘 생기고 권위 있어 보이며 키도 큰, 이상화된 아우구스투스의 모습을 곳곳에서 볼 수 있었다. 또 항상 젊은 모습이었다. 더 정확히 말하자면, 영원할 것 같은 전성기의 모습이었다. 중년이나 노년의 아우구스투스를 묘사한 이미지는 단 하나도 존재하지 않는다.

그렇다고 해서 그가 자신의 불멸을 믿었던 것 아니다. 특히 병치레를 반복해 겪으며 죽음을 의식했고, 가족의 미래에 대해서도 염려했다. 마르켈루스와 티베리우스는 둘 다 성인 남성의 상징인 토가를 입고 공식적으로 성인식을 치른 후 그를 따라 히스파니아로 갔다. 히스파니아 원정에서 그들은 군 생활을 맛보았는데, 특히 리비아의 아들 티베리우스는 군대 경험을 즐기게 되었다. 젊은 귀족들에게 혼인 동맹은 야망을 이루기 위한 중요한 발판이었다. 율리우스 카이사르에게 입양된 것이 자신의 정치·군사적 부상에 결정적 역할을 했던 만큼, 아우구스투스는 그들이 자신의 친족과 인연을 맺어야 한다는 걸 알고 있었다. 그가 리비아와 함께 있었다면 틀림없이 그 문제를 구체적으로 상의했을 것이다. 이는 대부분 가정에서 부부가 논의하는 문제이다. 티베리우스는 아그리파의 딸 비프사니아와 약혼했고, 마르켈루스는 더 은혜를 입어 아우구스투스의 유일한 자식인 율리아와 약혼했다. 친사촌 간의 결혼은 서로 긴밀히 혼인 관계를 맺던 로마 귀족 가문들 사이에서도 아주 드문 일이었다. 전통을 늘 입에 올렸던 아우구스투스였지만 오랜 관습에 그다지 얽매이지 않았다는 사실을 보여주는 또 다른 사례였다.28

14장 '최고 권력을 일컫는 칭호'

로마인들이여! 목숨을 걸고 싸워 승리의 월계관을 차지한 카이사르가 로마로 돌아온다. 헤라클레스처럼, 승리를 거두고 히스파니아 해안을 떠나, 우리에게 돌아온다. 우리의 사랑하는 지도자를 비할 데 없이 훌륭한 남편으로 둔 여인은, 그의 누이와 함께, 앞으로 나와 의로운 신들에게 합당한 의식을 올릴지어다.
- 히스파니아 원정에서 귀환하는 카이사르 아우구스투스에 바치는 헌사
- 호라티우스, 기원전 24년[1]

히스파니아에서 로마로 돌아오기까지 오랜 시간이 걸렸다. 아우구스투스는 다시 병에 걸렸는데, 최근 몇 년간 그를 괴롭혔던 증세가 재발한 것으로 보인다. 너무 많은 사람으로 붐비는 대도시 로마는 건강에 좋지 않은 곳으로 여겨졌으므로, 아우구스투스도 귀족들의 일반적인 관행에 따라 건강 회복을 위해 로마로 오지 않았다. 열 번째 집정관직을 시작하는 기원전 24년 1월 1일, 아우구스투스는 이탈리아 내에 있었을 수는 있으나, 로마에는 분명 없었다. 비록 그가 로마에 없었어도 원로원은 집정관으로서 그가

수행할 모든 공식적인 행위와 결정을 지지한다고 선언했고, 그의 개선식 때처럼 로마의 모든 시민에게 400세스테르티우스를 하사해 달라는 그의 '요청'도 받아들였다. 원로원은 또 프린켑스에게 추가적인 영예들을 수여하기로 의결했으나, 그중 일부를 아우구스투스는 거절했다.²

그해의 공동 집정관은 가이우스 노르바누스 플라쿠스Caius Norbanus Flaccus였다. 그는 필리피 전투에 참전했던 고위 지휘관의 아들로서, 소 발부스의 딸과 결혼했다. 아그리파와 스타틸리우스 타우루스는 여전히 로마에 있었고, 마이케나스도 마찬가지였다. 따라서 공식적인 직위가 없더라도 아우구스투스의 뜻에 따라 일을 처리할 수 있는 막대한 부와 권력을 지닌 충성스러운 부하들이 적지 않았다. 타우루스는 자기 집안에 한 무리의 건장한 게르만 노예들을 두고 있었지만, 실제로 이들이 다른 사람들을 강압하는 데 사용되었다는 증거는 없다. 근위대 일부가 프린켑스 아우구스투스를 따라 히스파니아로 갔지만, 일부 근위대원들은 로마에 남아 있었으므로 카이사르 지지자들이 즉시 동원할 수 있는 병력이 없지는 않았다.³

특히 아그리파는 일련의 대규모 건축 사업을 진행하느라 바빴다. 이 사업들은 보수가 많은 일자리를 충분히 제공할 뿐만 아니라 아우구스투스의 영광과 그의 승리로 얻은 평화를 끊임없이 선전하는 효과를 가졌다. 기원전 26년, 율리우스 카이사르, 특히 그의 아들을 기리기 위해 '사에프타 율리아'로 이름이 바뀐 '사에프타(투표장)'가 마르스 평원에 완공되어 공식적으로 개장되었다. 대리석으로 바닥을 깐 투표 구역은 고급 조각상과 그림들로 장식되었고 차양막으로 충분히 덮여 있어서, 유권자들이 그늘에서 예술 작품을 감상하며 투표 순서를 기다릴 수 있었다. 인근에는 투표장과 나란히 공중목욕장과 운동장이 있었고, 넵투누스에게 바쳐진 공회당(나울로쿠스와 악티움에서의 승리를 상기시켰다)과 모든 주요 신과 여신의 조각상을 안치하여 곧 판테온Pantheon이라 불린 웅장한 신전도 있었다. 원래 아그리파는 아우구스투스의 조각상도 함께 안치해 그 신전을 아우구스테움

Augusteum이라 명명하려 했지만, 프린켑스는 자신의 신격화를 강하게 연상시킨다는 이유로 그 영예를 거절했다. 이는 그의 겸양을 돋보이게 하려고 지어낸 이야기일 수 있다. 신격화된 율리우스 카이사르의 조각상은 내부에 안치되었고, 아우구스투스와 아그리파의 조각상은, 신들의 조각상에 경의를 표한다는 취지로 충분한 거리를 두고 신전 입구 현관에 배치했다. 신전 입구 위의 페디먼트는, 동료 시민들을 위한 아우구스투스의 봉사를 상기시키려는 의도로 시민관을 새겨 장식했을 가능성이 매우 높다.

1세기 반 후에 하드리아누스 황제가 같은 자리에 방향을 달리해 재건축한 건물이, 오늘날 방문객들이 볼 수 있는, 경이로운 돔형 지붕을 가진 웅장한 신전 판테온이다. 아그리파가 건축한 판테온도 대단한 규모였으나, 디자인은 더 전통적이었다. 하드리아누스는 원래 있던 비문을 그대로 두거나 새로 단장했으므로 아그리파의 이름이 신전 정면에 남아 있는데, 이는 로마에서 건축물의 복원은 복원자뿐만 아니라 최초 건축자에게도 영광스러운 일이었음을 보여주는 사례이다. 물론 가장 큰 영광은 재건축 공사가 완료되었을 때 건강히 살아 있는 복원자에게 돌아갔다. 마르스 평원 개발은 로마 시민들에게 많은 일자리와 동시에 실용적이고 호화로운 편의시설을 제공했는데, 이는 10년 전 그가 특별히 조영관으로 재직했던 시절부터 이어진 양상이었다. 아그리파는 이후 몇 년 동안 공중목욕장을 확장했고, 기원전 19년 아쿠아 비르고Aqua Virgo라는 새 수로를 완공하여 목욕장으로 보내는 물 공급을 개선했다. 넵투누스에게 바쳐진 공회당은 공공 업무를 위한 공간을 제공하는 등 실용성도 컸지만, 다른 건축물들과 마찬가지로 심미적 효과를 더하기 위해 신화 속 아르고호 원정대를 그린 유명한 그림을 포함한 여러 예술품으로 장식했다. 유명한 예술 작품의 공개 전시는 팔라티누스 아폴로Palatine Apollo 신전의 공공도서관처럼, 보통은 부자들만 누릴 수 있었던 것들을 대중도 맛볼 수 있게 해 준, 분명히 인기에 영합하려는 조치였다. 하지만 이전의 정치인들과는 달리, 아그리파는 아우구스투스에게 가장 큰 영광이 돌아가지 않는다면 자신의 업적을 내세우지 않았다. 아그리파의 업적물 모두는 아우구스투스가 승리를 통해 얻은 평화를 기념하기 위한 것들이었다.4

히스파니아 원정의 승리로 몇 년 만에 다시 야누스 신전 문이 닫혔다. 이는 프린켑스가 거둔 새로운 성공을 공개 선언하는 것이었다. 이 의식은 수 세기에 걸친 공화정의 오랜 역사에서 단 두 번 시행되었으나, 얼마나 많은 사람들이 당시 그 사실을 알고 있었는지 알 수 없고, 히스파니아 평정 선언이 다소 성급했다는 사실도 깨닫지 못했다. 다른 속주들로부터도 좋은 소식들이 전해졌다. 아우구스투스 휘하의 장군들이 나름 각지에서 전쟁을 치르며 승리를 거두었기 때문이다. 알프스산맥 지역과 라인강 유역에서 승리가 있었고, 불명예스럽게 경력을 끝냈지만, 코르넬리우스 갈루스가 거둔 이집트에서의 승리도 진정한 업적이었다는 데는 의심의 여지가 없었다. 코르넬리우스 갈루스의 후임인 아일리우스 갈루스Aelius Gallus도 기사 신분 출신이었는데, 적어도 이 무렵 (더 일찍은 아니지만) 아우구스투스가 이집트를 다른 속주와는 달리 취급해 원로원 의원 출신의 대관 총독이 아닌 기사 신분 출신의 프라이펙투스를 통해 통치하기로 결심한 것으로 보인다.5

아우구스투스는 노골적으로 공격 지시를 내렸다. 아일리우스 갈루스는 아라비아반도의 북서쪽 귀퉁이 지역인 아라비아 펠릭스Arabian Felix로 원정을 떠났다. 이 지역 주민들은 향신료, 보석, 비단 등의 사치품 무역에서 중개인 역할을 하며 번영을 누리고 있었다. 원정 초기 홍해에서 폭풍으로 많은 배가 침몰하면서 공격이 순조롭지 않았다. 또한 사막 환경에 대처하는 데 어려움을 겪어, 로마군은 적군과의 전투에서보다 갈증과 열사병, 질병으로 더 많은 병사를 잃었다. 애초에 아일리우스 갈루스는 공격 경로를 잘못 택했다. 잘못된 조언을 했다고 비난받은 한 협력자를 나중에 처형한 그가 진정 악랄한 지휘관이었는지 아니면 단순히 무능한 지휘관이었는지 판단하기 어렵다. 로마군은 여러 요새를 점령하며 나아갔지만, 마지막으로 도달한 요새에서 물이 부족해 공성전을 포기해야 했다. 전투 실력은 모자랐으나 아일리우스 갈루스와 그의 부하들은 단호한 결단으로 진군보다 퇴각을 더 잘 해냈다.

아라비아 펠릭스 침략은 의심할 여지 없이 큰 희생을 치른 실패였지만, 멀리 떨어진 곳에서, 기껏해야 2개 군단의 일부와 보조군 및 동맹군만 투입된 비교적 소규모의 전쟁이었다. 율리우스 카이사르가 브리타니아 원정에서 거의 아무것도 이루지 못했음에도 열광적인 환영을 받았던 것처럼, 아라비아도 이국적이고 신비로운 곳이었으며 무엇보다도 로마군이 처음으로 발을 들여놓은 지역이었다. 아우구스투스는 아라비아 펠릭스 원정을 승리로 선포했는데, 진실이 무엇인지는 아무도 개의치 않았다. 이 원정에 참여한 원로원 의원은 아무도 없었고, 이후 아일리우스 갈루스의 후임자인 푸블리우스 페트로니우스Publius Petronius가 이집트 속주군 상당수를 이끌고 나일강을 따라 남쪽으로 진군해 제1폭포와 제2폭포 사이에서 승리를 거두었을 때도 원로원 의원 누구도 참전하지 않았다. 푸블리우스 페트로니우스가 에티오피아인들의 주요 도시 중 하나를 함락하자, 멀리 떨어진 이국적 민족을 상대로 거둔 쾌거라며 승리를 선포했는데, 이는 그나마 명분 있는 승리였다.6

해외 원정 성공은, 비록 일부는 실재가 아닌 상상에 가까웠지만, 내부 안정을 강화하는 역할을 했다. 프린켑스는 직접이든 대리인을 통해서든 자신이 맡은 속주를 안정시키겠다는 약속을 지키는 듯 보였다. 1명의 집정관이 오래 자리를 비우면 로마의 일상적 운영에 어려움이 생길 수도 있었지만, 이에 대처할 방안은 마련되었다. 물론 그 과정이 항상 순탄했던 것은 아니다. 기원전 26년, 마르쿠스 발레리우스 메살라 코르비누스가 시 행정관praefectus urbis으로 임명되었다. 그는 전 집정관의 아들이자, 본인도 기원전 32년의 보궐 집정관이었으며, 과거에는 브루투스와 카시우스 등 '해방자들' 편에 섰다가 이후 안토니우스 진영에 가담한 인물이기도 했다. 율리우스 카이사르는 자신이 로마를 떠나 있는 동안 로마의 행정을 맡기기 위해 이 오래된 직책을 부활시켜 여러 인물을 임명해 왔지만, 원래 이 직책은 초기 공화정 시절의 희미한 기억 속에서나 존재했던 자리였다. 메살라는 며칠 만에 "이 직무를 어떻게 수행할지 모르겠다"라는 이유로 사임했다. 메살라가 아우구스투스 측근들의 배후 조종으로 자신의 권한이 제한당해 허수아비로 보인다는 사실을 깨닫고 사임했다는 주장에 솔깃할 수 있으나, 이는 정권을 탐탁지 않게 여긴 다른 귀족들의 압박을 받고 그만두었다는 현대의 시각과 마찬가지로 단순한 추측에 불과할 수 있다. 이후 시 행정관 직은 다시 복원되어 믿을 만한 인물이었던 스타틸리우스 타우루스에게 주어졌다.7

나이, 질병 그리고 죽음

기원전 24년 말, 마침내 아우구스투스는 새로 복구된 도로를 따라 로마로 돌아왔다. 그는 플라미니우스 가도Via Flaminia의 복구 비용을 직접 댔고, 다른 원로원 의원들에게, 특히 개선식을 받은 원로원 의원들에게 다른 주요 도로의 정비를 맡아 달라고 독려했다. 몇몇은 그의 선례를 따랐지만, 결국 대부분의 도로는 카이사르 아우구스투스와 아그리파가 정비했다. 이러한 도로 정비는 실용성에 더해 강력한 시각적 메시지를 전해 주는 사업이었다. 이정표에는 복구자의 이름이 기록되었고, 주요 다리처럼 눈에 띄는 지점에는 아우구스투스의 조각상이 세워졌다.8

아우구스투스의 조각상들은 우아했고, 얼굴에는 나이나 피로의 흔적이 전혀 없는 강인한 남자의 모습을 보여주었다. 최근 몇 세대 동안 로마에서 흔히 볼 수 있었던 주름지고 턱이 처진 초상과는 대조적이었다. 하지만 실제로 카이사르 아우구스투스는 서른아홉 살이었고 심각한 병을 앓고 있어서 마르켈루스와 율리아의 결혼식에도 참석할 수 없었다. 아그리파가 그를 대신해 결혼식에 참석했는데, 아그리파는 수많은 상황에서 아우구스투스를 대신했다. 아우구스투스 본인을 포함해 그 누구도 그가 얼마나 더 오래 살 수 있을지 알 수 없었다. 그의 병인病因이 무엇이었는지 우리는 정확히 알 수 없지만, 수에토니우스가 전하는 바로는 간에 문제가 있었다고 하므로 적어도 그 부위와 관련된 병이라고 추정할 수 있겠다. 일부 학자들은 아우구스투스의 질병은 꾸며 낸 것이라고도 주장한다. 이는 아우구스투스가 죽으면 내전이 재발할 수 있다는 우려를 대중에게 심어주어 대중이 그의 생존에 감사하면서 그의 통치가 다른 어떤 대안보다 낫다고 생각하게 만들려는 의도였다고 설명한다. 아우구스투스의 병이 심인성心因性이었을 것이라고 말하는 학자들도 있지만, 한 저명한 학자가 언급했듯이 이는 의사들이 알 수 없는 병에 대해 흔히 내놓는 진단이다.9

로마 귀족들이 자기들 다음 세대가 공직에 진출할 수 있도록 준비시키는 것은 자연스러운 일이었다. 마르켈루스와 티베리우스 모두 아우구스투스와 함께 히스파니아 원정을 떠나기 전에 공식적으로 성인식을 치렀다. 비록 그들이 천인대장 직책을 맡기에는 다소 어렸지만, 친척의 참모로 기용되어 군사적 경험이나 속주 경험을 쌓는 것은 지극히 정상적인 과정이었다. 하지만 그들이 지속적으로 받은 관심은 일반적인 수준을 훨씬 뛰어넘었다. 두 젊은이는 카이사르보다 먼저 로마로 돌아왔지만, 히스파니아 원정 부대와 함께 있었던 마지막 몇 주 동안 군단병들을 위해 마련된 일련의 경기와 오락 행사를 주관했다. 그리고 기원전 24년, 아우구스투스의 권고로 원로원은 그들이 조기에 경력을 쌓을 수 있도록 허가했다. 원로원 의원으로 등록되었고, 마르켈루스는 전직 법무관 등급으로 분류되어 정상적인 나이보다 10년 먼저 집정관을 포함한 각종 공직을 맡을 수 있는 권리를 부여받았다. 티베리우스도 5년 일찍 공직에 나설 수 있도록 허가했다.

기원전 24년 가을, 열여덟 살이 된 두 젊은이는 처음으로 공직에 출마했다. 아우구스투스가 분명 공개적으로 그들을 지지했을 것이며, 유세 과정과 투표에도 직접 참석했을 가능성이 높다. 추천인이 아우구스투스였던 모든 경우와 마찬가지로 투표 결과는 의심의 여지가 없었다. 마르켈루스는 조영관으로, 티베리우스는 재무관으로 당선되었다. 비록 그들이 예외적으로 젊었지만, 두 사람 모두 유서 깊고 매우 명망 있는 귀족 가문의 일원이었다는 사실은 잊지 말아야 한다. 이런 의미에서 그들은 아그리파와 같은 인물보다 원로원 의원들에게 훨씬 더 쉽게 받아들여졌을 것이다.

마르켈루스가 특히 총애를 받아, 더 높은 공직인 조영관이 되었고 아우구스투스의 외동딸 율리아와 결혼하는 최고의 영예를 누렸다. 티베리우스에게 부여된 영예도 여전히 관대하고 매우 예외적으로 특별했는데, 그의 약혼녀 비프사니아는 집정관을 세 번이나 지낸 아그리파의 딸이자 아티쿠스의 손녀였다. 기원전 23년, 아우구스투스는 리비아의 아들 티베리우스를 자신의 재무관으로 임명해, 그에게 로마로 향하는 마지막 여정에서 곡물 수송을 관리하는 특별한 임무를 맡겼다. 티베리우스는 또한 다수의 대규모 시골 영지에서 운영하는 노예 숙소들을 소신껏 조사하라는 임무도 부여받았는데, 일부 영지에서 무고한 행인들을 부당하게 구금하고 강제 노동을 시킨다는 의혹이 있었기 때문이다. 두 임무 모두 중요한 과제였고, 특히 티베리우스에게는 대중의 눈에 띄고 인기를 얻을 수 있는 공적 봉사를 할 수 있는 좋은 기회였다. 조영관으로서 대중에게 공적 봉사를 할 수 있는 기회가 필요했던 마르켈루스 역시 외삼촌이자 장인인 아우구스투스의 도움을 받아 특별히 기억에 남을 만한 방식으로 각종 경기와 공연을 주관했다. 관객이 그늘에서 즐길 수 있도록 포룸의 임시 관람석 위에 차양막을 설치했고, 공연자 중에는 기사 신분의 무용수와 귀족 가문 출신의 젊은 여성도 있었다.[10]

기원전 23년, 마르켈루스와 티베리우스는 모두 열아홉 살이었다. 카이사르 아우구스투스는 마흔 살이었고, 열한 번째로 집정관직을 맡았다. 공동 집정관으로 당선된 바로 무레나Varro Murena란 인물이 기원전 24년 말 또는 그다음 해 초에 사망해, 그나이우스 칼푸르니우스 피소Cnaeus Calpurnius Piso가 후임이 되었다. 그는 필리피 전투에서 아우구스투스에게 맞서 싸웠던 인물이었다. 피소는 명망 있는 가문 출신이었지만, 내전 이후 공적 생활에 적극적으로 참여하지 않았으며, 공직에 나서라는 권유도 거절했다고 전해진다. 그러나 주위의 설득에 못 이겨 마침내 집정관이 된 것이다. 무엇이 그의 마음을 바꾸게 했는지는 알 수 없지만, 그가 집정관이 되면서, 아우구스투스의 측근들이 계속해서 공동 집정관이 되었던 관례가 무너졌다. 이는 화해의 동작으로 의도되었을 수도 있고 또는 최소한 유력 가문 출신의 귀족들에게, 그들이 자기들의 몫으로 당연히 차지해야 한다고 생각하는 높은 공직을 이제 안심하고 추구해도 된다는 신호를 주기 위한 것이었을 수도 있다.[11]

기원전 23년은 평탄하지 않은 한 해였다. 2명의 공동 집정관 또는 그들과의 협업에 문제가 있어서가 아니라 자연재해 때문이었다. 심각한 전염병이 발생하여 이탈리아 전역에서 많은 사망자가 발생했고, 다음 해까지도 로마에서 여러 차례 재발했다. 티베리스강이 범람하여 로마의 저지대에 피해를 입히고 더 많은 질병을 퍼뜨렸으며, 흉작으로 인해 곡물 부족 사태도 생겼다. 티베리우스의 노력이 일부 도움이 되기도 했지만, 시장의 혼란은 막을 수 없어 곡물 가격이 급등했다. 아우구스투스는 자신의 돈으로 로마의 25만 명 시민에게 12회(아마도 매월)에 걸쳐 곡물이나 밀가루를 선물로 주어 빈곤층의 고통을 덜어주었다.[12]

모두가 카이사르 아우구스투스가 죽을 것이라고 예상했다. 그해 상반기 어느 시점에 이전부터 그를 괴롭혀 왔던 간 질환이 도져 그는 다시 심각하게 아팠다. 일반적인 치료법인 온찜질을 했으나 별다른 효과가 없었다. 아우구스투스는 병상으로 고위 정무관들, 저명한 원로원 의원들 그리고 기사 신분의 대표들을 불러 국가의 주요 사안에 대해 논의했다. 회의가 끝날 무렵, 그는 자신의 인장 반지를 아그리파에게 건네주었지만, 군대 현황과 국고 상태에 관한 보고서는 공동 집정관 피소에게 넘겨주었다. 마르켈루스에 대해서는 언급을 피하며, 의도적으로 후계자를 지명하지 않았다. 후계자 지명은 어려운 일이었다. 그가 가진 권력과 아욱토리타스는 아우구스투스 개인의 것이었고, 프린켑스란 그의 신분은 누군가에게 넘겨줄 수 있는 공식적인 직책이 아니었기 때문이다. 게다가 마르켈루스는 겨우 열아홉 살에 불과했고, 이제 막 경력을 쌓기 시작했으며, 아우구스투스 자신도 율리우스 카이사르와 버금가는 위치에 도달하는 데 시간이 걸렸기 때문이다. 만약 아우구스투스가 사망했다면, 아그리파가 그의 군단 대부분을 장악할 수 있는 가장 좋은 위치에 있었지만, 그의 부족한 정치적 인맥과 지금껏 그의 친구인 아우구스투스에게 주요 공로를 양보했던 것이 도리어 약점으로 작용했다. 그는 카이사르 씨족의 일원도 아니었고 고귀한 혈통의 귀족도 아니었다. 따라서 그가 장악할 수 있는 권력을 잡으려면 싸워야 했을 가능성이 높았다.

카이사르 아우구스투스는 목숨은 부지했지만, 한동안 회의를 하거나 중요한 의사 결정은 할 수 없었다. 해방 노예인 안토니우스 무사Antonius Musa를 새 의사로 데려왔는데, 그는 당시의 많은 의사처럼 헬레니즘 세계 출신이었을 것이다. 그는 일반적인 치료와 반대로 온찜질 대신 냉찜질과 냉목욕을 이용했다. 그 결과 아우구스투스는 차도를 보이며 점차 회복했다. 무사의 치료 덕분인지, 스스로 회복했는지는 알 수 없으나, 이후로 그는 심각한 병을 앓거나 간 문제로 시달리지 않았다. 거의 매해 감기에 걸리고 봄 초입이나 9월 생일 즈음에 다른 질환들도 겪었지만, 연약해 보였던 아우구스투스는 그 뒤로 35년 가까이 더 살았다.

아우구스투스는 기적적인 치료를 해 준 무사에게 후하게 보상했다. 원로원도 공개적인 감사의 표시로 이 의사에게 추가로 거액의 사례비와 금반지를 착용할 권리를 즉시 부여했다. 또한 그의 조각상을 제작하여 치유의 신 아이스쿨라피우스Aesculapius 옆에 세웠고, 그와 그의 동료 의사들은 영구적으로 면세 혜택을 받았다. 이 소식이 퍼지자, 시민들과 각 지역 공동체도 카이사르 아우구스투스의 건강 회복에 공개 감사를 표했다.[13]

마침내, 적어도 당분간은 아우구스투스의 건강이 안정을 찾자, 그에게 특별히 호의적이지 않았던 이들도 기뻐했다. 하지만 그의 미래에 대한 우려는 여전했고, 그가 위중했을 때 마르켈루스를 왜 무시했는지에 관한 소문도 무성했는데, 이는 역설적으로 일부 사람들은 아우구스투스가 마르켈루스에게 베풀었던 호의가 후계자를 준비하는 신호로 해석했다는 사실을 분명히 보여주었다. 아우구스투스는 그러한 소문을 불쾌하게 여겼는데, 공동 집정관과 오랜 친구에게 국정의 책임을 이양했던 그의 매우 당연하고 공개적인 결정을 도리어 흠집 내는 것 같았기 때문이었다. 원로원 회의에 참석할 만큼 건강이 회복된 아우구스투스는, 마르켈루스가 자신의 후계자로 양성되고 있다고 일부 사람들이 믿고 있으나 그건 사실이 아니라고 공개적으로 부인했다. 자기 조카에게 일반적인 유산 이상은 남기지 않을 것이라며, 그 증거로 자신의 유언장이라고 주장하는 문서를 가져와 원로원 의원들 앞에서 읽겠다고 제안했다. 이는 거의 10년 전 안토니우스의 유언장을 공개했던 일을 연상시키는 흥미로운 장면이었다. 그 제안을 수락하면 아우구스투스가 읽을 내용이 행위로 뒷받침되어야 한다는 것을 의미했기 때문에, 원로원 의원들은 제발 그러지 말라고 소리치며 막았다.[14]

기원전 23년 7월 1일, 아우구스투스는 로마 근교의 알바산Alban Mount으로 갔고, 거기서 집정관직을 사임했다. 원로원 의원들이나 대중이 재고해 달라는 '충성' 시위를 벌이지 못하도록, 사전에 알리지도 않고 로마의 공식 경계 밖에서 집정관 사임을 발표한 것이다. 그와 동시에 가까운 미래에 집정관직을 맡지 않겠다는 발표도 했을 것이다. 남은 집정관 피소가 보궐 집정관 선출을 신속히 주재했다. 그렇게 짧은 시간 안에 얼마나 많은 후보가 출마했는지는 알 수 없으나, 아우구스투스가 이미 루키우스 세스티우스Lucius Sestius에게 출마 권유를 했던 듯하다. 세스티우스는 브루투스의 재무관으로 젊은 카이사르에게 맞서 싸웠던 인물이었다. 필리피 전투 이후 카이사르에게 투항하여 사면을 받았지만, 그는 여전히 그 죽은 '해방자'를 열정적으로 공공연히 찬양했으며, 자기 집에 브루투스의 조각상을 안치하고 정기적으로 추모도 했다. 아우구스투스가 자신의 측근이 아닌 것이 분명한 세스티우스 같은 인물을 선택했다는 사실은 널리 칭송받았고, 특히 귀족들이 반겼다. 기존의 명망 있는 가문들은 피소와 마찬가지로 세스티우스도 최고 공직인 집정관에 매우 적합한 인물이라 생각했고, 실제로 이후 10년 동안 귀족 출신의 집정관들이 많이 배출되었다. 이는 최소한 정상성의 외양을 복원하려는 또 하나의 시도였다.[15]

로마 제국의 군사적 중요성을 지닌 주요 속주 통치자로서 10년 임기의 절반도 채우지 않은 상태에서 아우구스투스는 집정관에서 물러났다. 그러나 여전히 막대한 아욱토리타스를 누렸고, 더욱 중요하게는 군사력을 사실상 독점했기 때문에, 집정관직 사임이 그의 최고 권력을 약화시키지는 않았다. 따라서 그의 최고 지위가 어떻게 법적으로 구현되었는지 눈여겨 볼 필요가 있다. 집정관 사임으로 아우구스투스가 집정관으로서의 군 통수권을 잃게 되자, 원로원은 신속한 표결을 통해 프로콘술의 군 통수권을 그에게 영구적으로 부여함으로써, 그가 속주들과 그 안에 주둔한 군단들을 지휘할 수 있는 공식적인 권리를 갖도록 했다. 이러한 속주에 대한 군 통수권과 사법권은 일반적으로 속주 총독이 로마의 포메리움pomerium을 넘어오면 소멸되었다. 단 속주 총독을 위한 개선식이 열리는 날은 특별히 예외가 적용되었다. 아우구스투스는 속주 통치를 위해 로마를 자주 떠났다가 돌아올 예정이었으므로 그럴 때마다 매번 예외를 적용해야 하는 번거로움을 피하고자, 원로원과 민회는 그를 위한 특별 예외 조항을 신설했다.

임페라토르 카이사르 아우구스투스는 로마에 있을 때도 프로콘술 임페리움을 영구적으로 가졌고, 또 그의 임페리움은 다른 어떤 프로콘술이 가지는 임페리움에 우선한다고 규정되었다(나중에는 'maius', 즉 '더 큰'이라는 단어로 표현되었다). 이는 아우구스투스가 원로원 관할의 속주를 방문하는 경우, 해당 속주 총독이 아우구스투스의 행동을 막거나 그가 내린 결정을 번복할 수 없다는 걸 의미했다. 그렇다고 해서 아우구스투스가 그 속주들을 자신의 속주처럼 직접 통치하거나 그 속주 총독들에게 정기적으로 지시를 내릴 수 있는 건 아니었다. 다만 아우구스투스가 이전처럼 그 속주들의 공동체로부터 청원을 받고 그에 응답해 결정을 내리면, 그가 가진 압도적인 아욱토리타스가 해당 속주 총독이 가진 공식적인 통치권만큼 컸으므로 그의 결정을 존중했다는 의미이다.

과거에도 카이사르는 여러 차례 호민관의 권리와 권한 중 일부를 받은 적이 있었다. 기원전 23년에 그러한 권한들이 부활되거나 더 완전한 형태로 그에게 부여되었다. 아우구스투스는 세습 귀족 출신이었으므로, 기원전 44년의 혼란 속에서 호민관이 되고자 시도했지만, 법적으로 호민관이 될 수 없었다. 단지 기원전 36년 이후로 호민관에게 주어지는 신변불가침권sacrosanctitas이 그에게(이후 옥타비아와 리비아에게도) 수여된 것으로 간주되었을 뿐이다. 즉 그에게 해를 입히는 모든 행위는 신들에 대한 죄악으로 여겨졌다. 아우구스투스는 더 이상 집정관이 아니었으므로 로마에서 공적 업무를 수행할 공식적인 권리가 없어졌다. 따라서 그에게 그러한 권리를 주기 위해 호민관의 권한을 준 것이다. 호민관은 공직자로서 원로원 회의나 평민회Concilium plebis를 소집할 수 있었다. 이에 더해 아우구스투스에게는 호민관은 결코 가지지 못했던 권한이 추가로 주어졌는데, 그것이 그가 모든 원로원 회의에서 하나의 안건을 제안할 수 있는 권리였다.[16]

그에게 주어진 새로운 권한들의 정확한 세부 사항과 그 도입 이유는 여전히 학문적 토론이 이어지는 논쟁의 대상이다. 여기에는 간단한 답이 있을 수 없으며, 거의 항상 그렇듯이, 아우구스투스나 그 조언자들의 진정한 동기가 무엇이었는지 우리는 알 수 없다. 분명 신중하게 고려한 결과 나온 계획들이겠지만, 그러한 고려를 그가 아프기 전부터 했는지 아니면 그 이후 시작했는지 알기는 더 어렵다. 집정관은 영예롭고 전통적인 권력을 확실히 보여주기에 아주 편리한 직위였다. 기원전 23년은 아우구스투스가 연속하여 아홉 번째로 집정관이었던 해였고, 처음 2년을 제외하고 그는 항상 임기를 채웠다. 그 전해까지 공동 집정관들은 주로 그의 측근들이었다. 측근을 공동 집정관으로 두는 것은 합법적이고 공개적인 방식으로 행동하며 권력을 유지하는 데는 유용한 수단이었지만, 다른 측면에서는 지난 10년간 원로원 경력의 정점인 집정관직이 프린켑스의 핵심 측근들에게만 허용되었다는 걸 의미했다. 집정관들의 일상적 사임과 그에 따른 보궐 집정관의 임명은 집정관이란 직위의 위엄을 떨어뜨렸고, 그 과정을 통제한 아우구스투스의 권력을 노골적으로 드러냈으며, 또 잦은 선거가 필요했다.[17]

카이사르 아우구스투스가 더 많은 원로원 의원에게 집정관이 될 기회를 주려고 했다는 디오의 말은 아마도 맞는 말이었을 것이다. 기원전 23년 이후, 10년 동안은 보궐 집정관이 없었던 아주 예외적인 시기였다. 당시 집정관이 된 사람들 대부분은 귀족이었고, 종종 명문가 출신이었지만, 그들 대부분은 이미 먼 과거가 되어 가는 필리피 전투와 같은 내전에서 너무 젊어 하위 직급밖에 맡을 수 없었던 인물들이었다. 이제 피소와 세스티우스 같은 인물들이 옛 원로원의 기득권층을 대표하며, 공개적으로 '해방자들'의 대의와 자신들을 연관시키고, 어떤 한 개인이나 파벌에 좌우되지 않는 원로원이 공화정을 이상적으로 이끌기를 원했다.[18]

그러나 그들은 20년 이상 삼두정이나 카이사르 아우구스투스의 지배하에서 살아온 사람들이기도 했다. 자발적이든 아니든, 그들은 적어도 당분간은 새로운 체제의 현실을 받아들일 수밖에 없었다. 공식 집정관 명부인 파스티fasti에 그들의 이름을 올리고, 집정관의 임무를 공식적으로 수행하는 것 자체가 공화정이 제대로 기능한다는 사실을 보여주는 장식이 되었다. 매년 2명의 집정관이 봉직하는 체제로 다시 돌아간 것은 전통으로의 회귀였을 뿐만 아니라, 본래의 의도대로 한 개인이 너무 많은 영향력과 권력을 영구적으로 행사하지 못하도록 했다는 점에서 역설적이기도 했다. 그러나 제아무리 특출난 집정관이 등장했다 하더라도, 그가 누구였든지 간에, 열한 번 집정관직을 지내고 세 번의 개선식을 치렀으며, 누구보다 많은 승리를 공식적으로 인정받았고 중요한 모든 속주들의 통치권을 여전히 위임받은 채, 로마의 공적 생활에서 적극적인 역할을 펼치고 있는 카이사르 아우구스투스와는 어떤 식으로도 경쟁할 수 없었다.

원로원 의원들이 합심하여 아우구스투스의 권력에 저항했다는 관점에서 이 시기를 이해하려 해도, 아우구스투스가 그러한 저항에 굴복해 자신의 공식적 입장을 변화시켰다는 징후는 전혀 찾을 수 없다. 많은 원로원 의원은 집정관직을 두고 적합한 후보자들이 다시 널리 경쟁할 수 있다는 사실을 분명히 기뻐했다. 하지만 모두가 그런 생각을 공유한 건 아니었다. 이후 몇 년 동안 열린 켄투리아 민회에서 대다수 유권자는 아우구스투스가 후보로 나서지 않았음에도 불구하고 매번 그들의 투표지에 카이사르 아우구스투스의 이름을 적었다. 집정관 선거를 그해의 귀족 출신 집정관이 주재했고, 후보자 사이에 치열한 경쟁이 있었던 해에도 그런 투표 행위가 계속되었다. 과거 수십 년 전의 전통이 되살아나 광범위한 뇌물 살포와 폭력적인 소동도 일부 있었다. 아우구스투스는 집정관 선거 출마를 계속 거부했지만, 다수의 시민은 로마의 안정을 유지하고 내전의 재발을 막으려면 그가 공개적으로 권력을 가져야 한다고 생각했음이 틀림없다. 민회의 투표는 부유층으로 구성된 투표단이 주도하고 종종 그들의 표심이 투표 결과를 결정했기 때문에, 제대로 교육받지 못하고 제멋대로 구는 빈곤층이 자기들에게 오락과 무료 곡물을 제공하는 사람을 권좌에 앉히고자 그런 식으로 투표했다고 말할 수는 없었다.[19]

원로원 의원들을 적절히 만족시키는 것은 현명한 처사였다. 아우구스투스는 그들을 통해 이탈리아와 자신의 속주를 통치했기 때문이다. 이집트를 제외하고, 그의 관할 아래 있는 모든 속주의 주둔군을 지휘하는 대관 총독과 부 대관 총독은 원로원 의원들이었다. 따라서 그러한 체제에서는 명예와 직위 그리고 자신과 가문의 명성을 높일 수 있는 보상을 노리고 아우구스투스를 위해 자발적으로 복무할 원로원 의원들이 지속적으로 필요했다. 그리고 할 일도 많았다. 기원전 23년, 아우구스투스는 법무관의 수를 통상의 8명에서 10명으로 늘렸고, 추가된 2명은 국고 관리를 돕도록 했다. 매년 새로 임명되는 2명의 집정관과 새로운 권한이 주어진 자신을 보좌하도록 추가로 고위 정무관을 확보하여, 그들이 더 많은 일을 할 수 있도록 했다. 계속 집정관직을 유지하는 걸 아우구스투스가 불편해했을 수도 있다. 그가 로마를 떠나 있을 때는 공동 집정관에게 틀림없이 무거운 업무 부담을 주었을 것이다. 따라서 이러한 변화에는 충분히 실용적인 이유도 있었다.[20]

이제 카이사르 아우구스투스에게는 그가 가질 향후의 권력을 어떻게 공개적으로 표현할 것인가가 더욱 중요한 사안이었다. 병에서 회복한 그에게 한동안 미래가 있을 것으로 보였기 때문이다. 요령이 필요했다. 앞으로는 그가 가진 호민관 권한이 크게 강조될 것이었으므로, 그의 집권 기간도 그가 호민관 권한을 보유한 연차에 따라 기록하기로 했고, 그의 후계자들도 그 방식을 따르게 되었다. 2세기 초의 저술가 타키투스는 호민관 권한을 트리부니키아 포테스타스tribunicia potestas, 즉 '최고 권력을 일컫는 칭호'라고 설명했다. 하지만 그가 가진 호민관 권한이 즉각 강조된 것은 아니었다. 호민관 권한을 보유한 연차에 따라 연도를 표기하는 방식으로 바꾼 이유도 단지 편의를 위해서였다. 기원전 30년 이후 사용해 왔던 그의 집정관 재임 연차에 따른 연도 표기 방식을 더 이상 사용할 수 없게 되었기 때문이다. 많은 로마인이 평민의 수호자로 여겨지는 호민관에게 강한 감정적 애착을 가지고 있었으므로 이런 호민관과 연관 짓는 것은 분명 매력적이었다. 그러나 로마 시민들이 프린켑스 아우구스투스에게 그리고 후에는 독재관직까지 맡기려 거듭 시도했다는 점은 그들이 아우구스투스와 호민관의 연계를 그다지 반기지 않았다는 사실을 보여준다.[21]

이 시기에 그의 최고 권력을 조금 덜 노골적으로 표현하려 했던 의식적인 노력의 징후들이 있었다. 그래서 팔라티움 언덕에 있는 그의 저택으로 직접 닿는 웅장한 진입로를 건설하려는 애초 계획을 포기했다. 대신, 포룸에서 시작하여 여러 귀족의 저택 앞을 지나 자기 집까지 연결되는 길을 닦았다. 귀족 저택들의 현관은 집주인과 그들 조상의 업적을 기리는 전리품과 상징물로 장식되어 있어서, 프린켑스는 홀로 높은 곳에 있지 않고 로마의 여러 위대한 인물들의 정점에 자리하게 되었다. 그렇지만 자신의 커다란 영예와 신분을 감추려는 시도는 없었다. 그의 저택보다 더 큰 집에서 살았던 사람은 일찍이 없었다. 그의 저택 안에는 웅장한 아폴로 신전이 있었고, 저택 주변에도 로마의 가장 오래되고 신성한 장소들이 즐비해, 로물루스의 오두막이나 로물루스와 그의 형제가 암늑대의 젖을 먹은 후 발견되었다고 전해지는 장소인 루페르칼Lupercal 등이 있었다. 그의 저택은 일반 원로원 의원이나 심지어 어떤 프린켑스 또는 출중한 지도자도 감히 살 수 없는 거처였다. 그의 저택으로 올라가는 길이 시작되는 포룸은 신의 아들 임페라토르 카이사르 아우구스투스의 영광을 기리는 기념물들로 점점 가득 채워지고 있었다.[22]

집정관으로서, 그리고 사실상 삼두정의 일원으로서, 아우구스투스는 공식적인 공직과 그에 수반하는 권력을 가졌는데, 그의 권한은 삼두정을 탄생시킨 비상 법률에 따라 동료 삼두의 권한으로만 제한될 수 있었다. 하지만 그가 가진 권력의 성격은 기원전 23년 그가 집정관을 사임하면서 변화했다. 그때 이후 그는 공식적인 공직을 거의 맡지 않았기 때문에 그의 권력은 아우구스투스 개인에게 부여된 것으로 어떤 공직과도 관계가 없었다. 그러나 아우구스투스 개인에게 주어진 그 권력은 그가 죽을 때까지 누릴 수 있는 영구적인 권력이었다. 호민관 권한과 프로콘술로서 가지는 속주군 통수권을 포함해 여러 다른 권리들 모두 원로원과 시민들이 개인 아우구스투스에게 부여했기 때문이다. 따라서 그는 사임할 공직도 없었고, 그가 가진 권한은 유효 기간도 없었다. 그의 속주 통치권은 기간이 정해져 있었지만, 만료되기 훨씬 이전에 5년이나 10년 단위로 쉽사리 갱신되었다. 따라서 카이사르 아우구스투스는 그런 권한을 가진 일개 개인으로서 국가의 가장 위대한 공복이었으며, 이 사실은 향후에도 변함없을 것이었다. 여러 면에서 그의 최고 권력은 기원전 23년 이후, 즉 일반적으로 제2차 아우구스투스 체제로 알려진 시기에 더욱 두드러졌다. 왕이나 독재관 같은 칭호들은 철저히 피했지만, 그의 통치권은 기원전 44년의 율리우스 카이사르만큼이나 분명했고, 모든 면에서 영구적으로 지속되도록 고안되었다.

경쟁 그리고 음모

아그리파는 기원전 23년 후반 어느 시점에 로마를 떠나 동부 지중해로 향했다. 그는 프로콘술 임페리움을 특별히 부여받았는데, 정해진 기간은 5년인 듯하다. 그가 특별한 명령을 받았는지, 그랬다면 어떤 명령이었는지는 확실하지 않다. 다만 그것이 시리아 속주에 관한 임무였음은 틀림없어 보인다. 그러나 아그리파는 시리아로 가지 않고, 대신 보통 아시아 속주의 프로콘술이 관할하는 레스보스Lesbos 섬에 자리를 잡고 그곳에서 동부 지중해 지역을 전반적으로 감독했다. 그는 아마도 아우구스투스의 대리자로 활동하면서 원로원 관할 속주뿐만 아니라 아우구스투스 관할 속주의 여러 공동체로부터 사절단을 맞이하여 아우구스투스의 업무 부담을 덜어주는 역할을 했을 것이다. 그 당시 파르티아 왕은 경쟁자가 로마 제국의 속주 안에 사는 것에 대해 초조해했고, 따라서 변경 지역의 긴장도 높아졌다. 기원전 41~40년에 그랬던 것처럼 파르티아가 먼저 로마 영토를 침범할 수도 있으니, 아그리파처럼 반격할 능력이 있는 인물을 미리 배치해 두는 것도 나쁘지 않았다. 아그리파의 파견 자체가 대비 태세를 알리는 신호였으며, 그것만으로도 파르티아 왕의 공개적인 적대 행위를 제어하는 데 충분했을 것이다.[23]

그러나 당시에 아그리파의 파견에는 그보다 더 깊은 이유가 있을 것이라는 소문이 무성했다. 사람들은 열아홉 살의 마르켈루스와 마흔 살의 아그리파 사이의 경쟁 관계를 거론했다. 아그리파가 아우구스투스의 젊고, 검증되지 않은 조카가 받는 총애를 질투해서, 혹은 반대로 마르켈루스의 앞길을 막지 않으려는 너그러움으로 파견을 떠났다는 소문이었다. 물론 두 사람의 관계가 다소 불편했을 가능성도 있다. 아그리파의 성격은 다혈질이라고 알려져 있었고, 때때로 그는 다루기 어려운 인물이기도 했다. 오랜 기간 거듭한 전쟁 승리와 대규모 공공사업으로 이미 명성을 떨친 아그리파는 로마의 전통상 경력의 정점에 오를 나이에 이르렀다. 반면, 마르켈루스는 젊었으며, 근래에 얻은 유명세에 도취했을 수도 있다. 그의 판단력과 언변이 때때로 신통치 않다는 수군거림도 있었다. 권력자들 주변에는 그들과의 관계를 통해서 덕을 보고자 하는 피호민과 어중이떠중이 추종자들이 꼬이기 마련이어서, 그들 중 일부가 자기들의 후원자와 맞먹거나 능가하는 인물의 명성을 깎아내리는 것이 유리하다고 생각했을 수도 있다.[24]

이 이상의 다른 의미가 있었을 것 같지는 않다. 두 사람 사이에 경쟁이 심했다는 이야기는 크게 과장되었거나 완전히 조작된 것이었다. 오히려 아우구스투스가 로마로 돌아오면 아그리파가 속주로 나가도록 사전에 계획되었을 가능성이 더 높다. 그렇게 함으로써 둘 중 한 사람은 언제나 제국의 안정과 안전을 보장하려 힘쓰면서 지속적인 세수를 확보할 수 있었기 때문이다. 당시는 안토니우스가 벌인 전쟁을 지원하고, 곧이어 카이사르의 군대에 자금을 지원하느라 동부 지중해 지역이 착취당한 지 10년도 채 지나지 않은 시점이었다. 파르티아의 침공이 기우에 불과했더라도, 그 지역이 계속 경제적으로 회복할 수 있도록 하고, 또 효과적으로 통제하기 위해서는 해야 할 일이 많았다. 아우구스투스의 병이 아그리파의 출발을 지연시켰을 수 있다. 그가 병에서 회복한 후에야 그의 가장 뛰어난 부하인 아그리파는 평범하고 화려함과는 거리가 먼 또 하나의 임무를 수행하기 위해 떠났다. 소문은 계속되었지만, 그 소문이 어떤 중요한 결정에 영향을 미쳤을 것 같지는 않다.

식량 부족과 전염병 창궐, 기타 자연재해가 이탈리아와 로마를 휩쓸었지만, 아우구스투스는 건강을 잘 유지했다. 연말이 가까워진 시점에 마르켈루스가 병에 걸렸다. 어떤 사료는 그의 증상이 아우구스투스가 앓았던 병과 유사했다고 주장하지만, 역병이 기승을 부리고 있었던 때이므로 그 또한 전염병(무슨 전염병이었든지)의 희생자였을 것이다. 마르켈루스의 치료를 위해 안토니우스 무사가 소환되었다. 그가 이전에 마르켈루스의 외삼촌인 아우구스투스에게 행한 기적적인 치료를 다시 보여주기를 바랐으나, 실패하고 말았다. 열여섯 살의 율리아를 미망인으로 남기고, 마르켈루스는 세상을 떠났다. 외사촌 간으로 짧은 결혼 생활을 했던 이 10대 부부가 남긴 자식은 없었다.[25]

후에 마르켈루스의 죽음을 둘러싸고 음모설이 떠돌았다. 그의 죽음이 자연사가 아니라 독살을 당한 거였으며, 직접 실행하지는 않았어도 최소한 이를 꾸민 사람은 다름 아닌 리비아란 것이었다. 그러나 마르켈루스가 살해당하지 않았다는 것을 절대적으로 입증할 수는 없어도, 그럴 가능성은 지극히 낮다. 전염병이 창궐하던 시기에는 많은 사람이 요절했으며, 유력 인사라 해서 예외가 될 수는 없었다. 게다가 전염병이 없는 해에도 로마에서는 젊은이들이 병을 앓다가 목숨을 잃었다. 거의 100만 명이 밀집해 살고 전 세계에서 물자와 사람들이 끊임없이 모여드는 도시는 병균이 퍼질 수 있는 좋은 환경을 제공했고, 그 결과 많은 희생자를 낳았다. 따라서 마

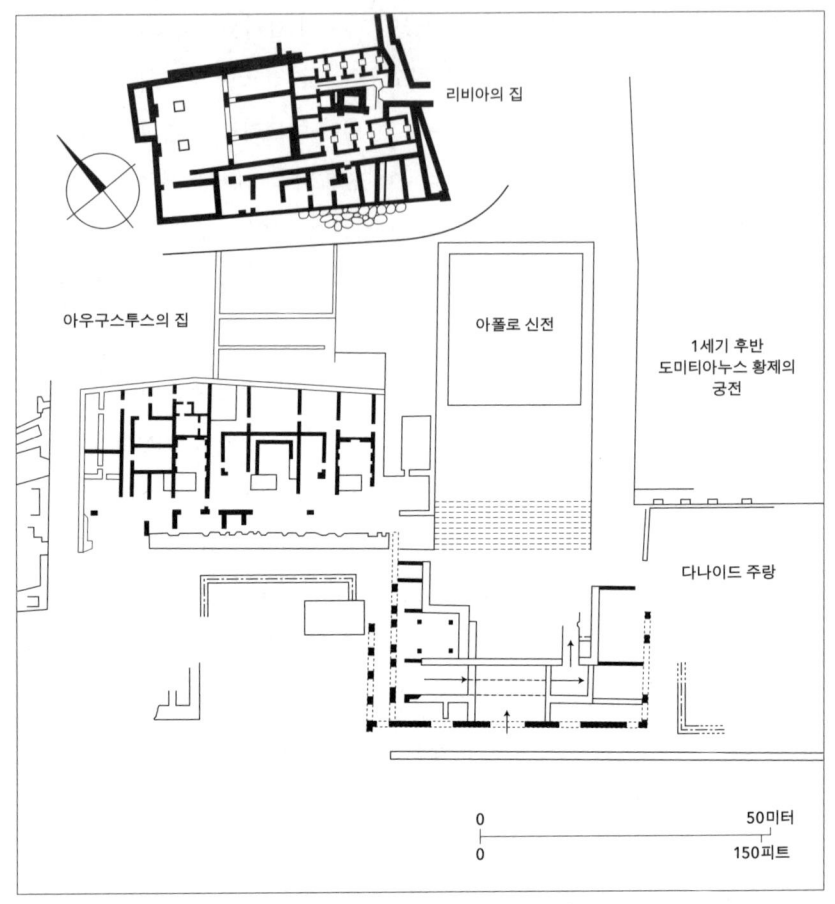

팔라티움 언덕 위 아우구스투스 저택

르켈루스는 자연사했을 가능성이 가장 높다. 게다가 당시 그의 죽음이 어떤 잠재적 경쟁자에게 특별히 유리한 상황도 아니었다. 아우구스투스는 여전히 건강한 모습을 보였으며, 그해 초 마르켈루스를 후계자로 지명하지 않았다는 사실을 고려할 때, 그의 조카가 무대에서 사라졌다고 해서 티베리우스나 다른 누구에게 드러내 놓고 총애를 보일 것 같지도 않았다.[26]

공식적으로 깊은 애도 행사가 있었다. 장례를 치른 후, 마르켈루스의 유해는 마르스 평원 위 거대한 아우구스투스 영묘에 안치되었다. 마르켈루스는 아직 완공되지 않은 그 무덤에 묻힌 첫 번째 인물이 되었다. 마르켈루스의 어머니 옥타비아는 아들을 기리는 뜻에서 공공도서관을 건립했다. 아우구스투스도 그의 조카에게 헌사하고, 율리우스 카이사르가 착공하여 (적어도 계획하여) 완공을 앞두고 있던 석조 극장에 '마르켈루스 극장'이라는 이름을 붙여 주었다. 프로페르티우스Propertius는 마르켈루스를 위한 추모시를 지어, 마르켈루스가 개최한 축제와 관객에게 그늘을 선사하기 위해 그가 설치한 차양막을 추억했다. 몇 년 후, 베르길리우스는 영웅 아이네아스Aeneas가 저승을 방문하여, 아직 육신을 얻지 못해 세상에 태어나지 않은 미래의 위대한 로마인들을 목격하는 장면을 묘사했다. 아이네아스는 그들 중 '빼어난 미모'를 지닌 한 젊은이를 발견하지만, 그의 머리 위로 드리운 '죽음의 어두운 그림자'를 보고 슬퍼했다. 이에 베르길리우스의 안내자는 저 청년이 마르켈루스라며 다음과 같이 설명했다.

> 운명은 그를 볼 수 있는 찰나만 이 세상에 허락했을 뿐, 이 땅에 그를 오래 붙들지 않을 것이니. 오 신들이시여, 당신들이 빚은 이들에게 영생을 허락하면 로마를 지나치게 강성하게 하리라 생각했던 것이오? 그리하여 마르스 평원을 덮은 용감한 자들의 흐느낌이 마르스의 위대한 도성까지 울려 퍼지게 한 것이오? 아, 티베리스강이여, 그대가 새로 지어진 무덤 옆을 지나 흐를 때, 얼마나 장엄한 장례 행렬을 보게 될 것인가! 트로이 혈통을 지닌 그 어떤 젊은이도 자신의 라틴 조상을 이처럼 높은 희망 속에서 빛내지 못할 것이며, 이와 같은 아들을 로물루스의 땅은 다시 자랑할 수 없으리니. 그의 선함이여! 그의 기사다운 명예여! 패배를 모르는 그의 검술이여! 적을 향해 달려 나갔든, 거품 이는 군마의 옆구리를 박차고 나갔든, 그와 맞서 싸워 무사할 자 없었을지니.27

자연재해는 기원전 22년까지 계속되었지만, 아우구스투스의 건강은 여전히 좋았다. 그해에는 개인적으로 두드러진 업적은 없었지만, 고귀한 귀족 혈통을 지닌 2명의 새로운 집정관이 선출되었다. 한편, 식량 부족이 지속되자, 기원전 56년에 비슷한 위기에 처했을 때 폼페이우스 마그누스가 했던 것처럼, 프린켑스가 직접 나서 사태를 수습해 달라는 로마 시민들의 요청이 빗발쳤다. 카이사르 아우구스투스는 추가적인 권한이나 칭호는 사양한 채 식량 문제 해결에 힘을 쏟았다. 가격이 최고점에 도달할 때까지 곡물을 비축하던 이들에게 비공식적으로 압력을 가해, 곡물이 시장에 즉각 풀리게 함으로써 단기적으로 곡물 위기에 숨통을 텄다. 장기적으로는 매년 2명의 전직 법무관을 곡물담당관으로 지정하는 제도를 도입해 로마의 곡물 공급을 감독하도록 했다.[28]

아우구스투스는 일을 성사시키는 인물이었다. 그가 관여하지 않으면, 여러 해 동안 원로원 통치를 특징지었던 복지부동이 되풀이되는 듯했다. 많은 사람이 그가 집정관직을 사임하고 다른 어떤 공직도 거부하는 사실에 불편해했다. 일부는 그가 감찰관이 되거나 감찰관의 권한을 영구히 가지라고 요구하기도 했다. 한번은 단단히 결심한 군중이 회의 중인 원로원 의원들을 둘러싸고 의사당 문을 닫은 뒤, 원로원이 즉시 투표를 진행하여 아우구스투스를 독재관으로 임명하지 않으면 원로원 의원들과 함께 의사당을 불태우겠다고 협박했다. 대규모 군중이 파스케스를 실제로 탈취했거나 그와 비슷한 것을 만들어, 독재관의 상징인 24개의 파스케스를 들고 카이사르에게 다가간 것도 아마 같은 때였을 것이다.

신성한 율리우스의 아들인 임페라토르 카이사르 아우구스투스는 독재관의 영예를 거절하는 연설을 했고, 계속되는 간청에도 같은 방식으로 대응했다. 하지만 군중은 단호했고, 이에 그는 좌절감에 자신의 의복을 찢는, 역사에 남을 만한 극적인 모습을 연출했다. 후년에 그는 독재관직을 두 번이나 사양했다고 자랑했는데, 이는 여러 면에서 루페르칼리아 축제에서의 율리우스 카이사르를 연상시킨다. 그러나 흥미롭게도 학자들은 율리우스 카이사르의 진정성은 의심하면서도 아우구스투스에 대해서는 의심을 품지 않는다. 마찬가지로 군중의 그러한 시위가 사전에 조직된 것인지에 관한 논쟁은 거의 없고, 대체로 자발적인 행동이었다고 간주한다. 적어도 그런 사건들은 카이사르 아우구스투스가 원로원과 기사 신분 외의 일반 여론에도 관심을 가져야 했다는 중요한 사실을 다시 한번 상기시킨다. 체제의 장기적인 안정을 유지하려면 지배 계층의 불만을 없애는 것만으로 충분하지 않고, 다른 계층들도 함께 만족시켜야 했다. 지속적으로 국가를 위해 봉사하고 위기에 대처하겠다는 그의 헌신적인 모습을 보여주면 다른 계층들은 충분히 만족시킬 수 있었다. 그의 집정관직 사임이 실질적인 은퇴도 아니고, 또 속주 통치에만 전념하겠다는 뜻도 아니라는 걸 알고 로마인들은 안심했다. 그리고 아우구스투스는 자신의 기존 권한을 이용하여, 할 수 있는 일들을 했다.29

그리고 2명의 감찰관도 선출했는데, 이는 전통적 관행을 복구하려는 모습을 보이려는 또 다른 시도였다. 1명은 무나티우스 플랑쿠스로, 그의 평판에 비추어 미풍양속을 감독하는 자리에 임명된 것은 다소 역설적으로 보였다. 다른 1명은 기원전 43년의 공권 박탈에서 살아남은 인물이었다. 이들의 재임 기간은 순조롭지 않았는데, 한번은 의식을 주관하던 중 그들이 서 있던 연단이 무너지는 일도 있었다. 디오는 사실상 아우구스투스가 감찰관들이 통상적으로 감독하던 대부분의 업무를 처리했다고 기록한다. 식량 부족 시기에는 일부 공공 연회가 취소되었고, 꼭 필요한 경우에는 검소하게 치러졌다. 축제에 쓰이는 비용에도 한도가 정해졌고, 축제 담당 정무관은 다른 동료 정무관보다 더 많은 자금을 집행할 수 없었다. 검투사 시합은 원로원의 공식 승인이 있을 때만 개최될 수 있었고, 연간 최대 두 번으로 제한되었으며, 각 시합에는 120명 이하의 검투사만 참여할 수 있었다. 감찰관의 전통을 따라 사치와 방종도 금했다. 원로원 의원들의 아들들과 손자들은(그들이 기사 신분으로 등록될 만큼 부유하면) 무대 출연을 할 수 없게 했는데, 마르켈루스가 행사를 주관했을 때는 카이사르 아우구스투스가 허용했던 조치였다. 다른 사람들이 발의한 조치들도 법제화되었을 텐데, 그러한 조치의 배후에 아우구스투스가 있었음은 분명했다.30

아우구스투스가 보인 이러한 국정 장악력이 분명 많은 사람을 안심시켰지만, 기원전 22년 초반, 그의 권력과 위신에 의문을 품게 하는 그리 달갑지 않은 상황이 발생했다. 우선 원로원 관할 속주인 마케도니아에서 프로콘술로 임기를 마치고 최근에 돌아온 마르쿠스 프리무스Marcus Primus의 재판이 있었다. 마케도니아는 로마 군단이 주둔하는 몇 개 남지 않은 속주 중 하나였는데, 프리무스는 주둔 부대로 전쟁을 일으켜 명성도 얻었고 전리품 획득으로 자신의 부도 챙겼다. 그런 그가 로마 시민의 위엄 또는 평판majestas을 훼손했다고 간주되는 행위를 규율하는 마이에스타스maiestas 법에 따라 기소되었다. 술라와 율리우스 카이사르 모두 속주 총독이 원로원의 명확한 승인 없이 자신의 속주를 벗어나 군대를 이끌고 나가는 것을 금지하는 기존 법률을 추인한 바 있었다. 프리무스가 속주를 벗어나 공격한 대상은 오드뤼사이Odrysae족이었다. 오드뤼사이족은 몇 해 전 크라수스에게 패배하여 투항한 후 동맹 지위를 부여받았다. 만약 크라수스가 살아 있었다면, 재판에서 오드뤼사이족을 도와 그들이 보상받을 수 있도록 도와주었을 가능성이 매우 높다. 적을 정복한 자가 그들의 후견인이 되는 것이 통상적인 관례였기 때문이다. 기소 제기를 도와주며 그 재판에 관심을 가졌을 법한 사람들도 있었다. 로마 법정에서는 비시민인 개인이나 공동체가 직접 소송을 제기할 수 없었으므로, 그들은 자신들을 대리할 로마 시민이 반드시 필요했기 때문이다.

프리무스의 변호를 맡은 인물은 대체로 선량하다고 평가받고 아우구스투스도 총애하던 원로원 의원이었다. 그의 이름은 무레나로, 사료에 따라 리키니우스 무레나Licinius Murena 또는 바로 무레나로 다르게 나타난다.

그가 기원전 23년 집정관으로 당선되기 전 또는 당선 직후에 사망한 바로 무레나와 관련 있을 수도 있지만, 정확한 관계는 알 수 없다. 그의 누이 또는 이복누이는 마이케나스의 아내인 테렌티아Terentia였으며, 또 다른 형제로는 아우구스투스의 측근으로 알려진 가이우스 프로쿨레이우스Caius Proculeius가 있었다. 무레나가 아우구스투스에게 적대적이라는 의심은 전혀 없었으며, 대표 변호인으로서, 아마 다른 변호인도 있었을 텐데, 그의 유일한 관심은 자신의 의뢰인이 무죄를 받도록 하는 것이었다. 키케로의 연설문을 보면, 로마의 변호인이 자신의 목적을 위해 기꺼이 진실을 왜곡했다는 사실을 잘 알 수 있다.

프리무스가 오드뤼사이족을 공격했고, 그 부족이 공식적으로 로마의 동맹이었다는 사실은 의심할 바 없었다. 피고 측은 기소 내용 자체가 터무니없는 거짓이고, 오드뤼사이족이 음모를 꾸미거나 적대적인 행위를 했기 때문에 징벌받아 마땅했다고 주장했을 것이다. 율리우스 카이사르도 휴전 중이던 게르만 부족을 공격하고 비슷한 논거를 내세운 적이 있었다. 그런데 프리무스는 한 걸음 더 나아가 공격하라는 승인, 심지어 직접적인 지시를 받았다고 주장했다. 디오는 프리무스의 증언이 일관되지 않았다고 전한다. 처음에는 아우구스투스가 자신에게 지시했다고 주장했다가 나중에는 지시를 내린 사람은 마르켈루스였다고 말을 바꿨다. 어쩌면 프리무스의 주장은 마르켈루스가 아우구스투스로부터 받은 암시나 직접적인 명령을 자신에게 전달했다는 것이었을 수도 있다.[31]

프리무스의 이런 주장은 여러 면에서 충격적이었다. 무엇보다 프로콘술이 이제 막 원로원 의원이 된 10대 청년에게 명령을 받거나 부추김을 당했다는 의미에서 논란이 되었다. 그러한 정황이, 정무관이나 총독이 독자적인 권한을 가지지 못한 채, 한 사람 또는 그의 측근의 명령에 따라 움직여야 했던 과거 군주정이나 삼두정을 떠올리게 했기 때문이다. 더구나 그런 모습은 카이사르 아우구스투스가 기원전 27년에, 그리고 더 근래에 집정관직을 사임하고 독재관직 수용을 극적으로 거부하면서 공들여 구축한 정권의 이미지와도 배치되었다.

이미 사망한 마르켈루스는 증언할 수 없었다. 카이사르 아우구스투스도 소환되지 않았다. 아무도 그의 아욱토리타스에 도전하고 싶지 않았기 때문이다. 어쩌면 무레나와 프리무스는 아우구스투스의 이름을 거론해 쟁점을 흐림으로써 무죄를 받아내려는 속셈을 가졌을 수도 있다. 과거에도 로마 법정에서는 명백히 유죄인 피고인을 처벌하지 못한 사례가 많았으며, 배심원 중 상당수가 프리무스에게 우호적이었거나, 향후의 우정과 후원을 기대하고 관대하게 판결하려 했을 것이다.

아무도 그의 출석을 감히 요청할 수 없었고 또 원하지도 않았으나, 아우구스투스가 법정에 나타났다. 그는 기꺼이 증언하겠다는 의사를 분명히 밝혔고, 주심主審 법무관이 프리무스의 주장대로 그에게 명령을 내렸는지 묻자, 그런 적 없다고 부인했다. 아우구스투스는 계속해서 무레나의 신문을 받았다. 카이사르 아우구스투스의 존재와 부인할 수 없는 명성이 그의 의뢰인에게 커다란 압박이 되었으므로 무레나는 점점 더 절박해졌다. 분명 피고인 측이 피하고 싶은 상황이었지만, 분노와 두려움이 뒤섞인 무레나는 결국 로마 재판에서 흔히 볼 수 있는 공격적이고 모욕적인 태도를 보였다. 그러나 아우구스투스는 냉정한 태도를 유지했고, 이는 피고인 측을 도리어 좌절시켰다. 그가 법정에 출석한 이유는 무엇이고, 누가 그를 소환했냐고 묻자, 프린켑스는 간결하게 '공공선公共善을 위해서'라고 답했다.

프리무스는 유죄 판결을 받았으나, 무죄에 표를 던진 배심원도 여럿이었다. 대부분은 피고인과의 기존 유대 관계 때문이었을 것이나, 일부는 아우구스투스의 재판 개입에 불만을 품었을 수도 있다. 아우구스투스가 진실을 말했는지는 알 수 없다. 온전히 진실을 말했을 수도 있고, 혹은 현대의 많은 정치인이 하는 방식처럼 신중히 단어를 선택하여 직접적인 거짓말을 피하면서 의도적으로 오해를 유도했을 수도 있다. 그러나 그가 오드뤼

사이족 공격을 원했다면 그렇게 어설프게 일을 추진했을 것 같지는 않다. 다만, 그가 때때로 마르켈루스의 판단과 행동에 실망했다는 이야기가 전해지므로, 그의 조카가 경솔하게 프리무스에게 어떤 말을 했을 수 있다는 흥미로운 가능성도 제기할 수 있겠다.[32]

많은 사람들이 아우구스투스의 차분하고 품위 있는 재판 참여에 경의를 표했지만, 적어도 몇몇은 속임수라고 의심했다. 프리무스가 명령을 받았다고 주장하고 자신의 주장이 신빙성을 가질 것이라고 기대했다는 사실 자체가 정상적인 공화정의 외양에 가려진 프린켑스의 절대적 지배라는 실상을 극명하게 드러냈고, 이는 사건의 진실 여부와 무관하게 정권의 권위에 손상을 입혔다. 무레나는 분명히 분노했고, 몇 달 후 아우구스투스를 암살하려는 음모에 가담한 인물 중 1명으로 지목되었다. 이는 악티움 해전 이후 레피두스의 아들이 시도한 쿠데타 이후 처음으로 거론된 음모였다. 주모자는 수상쩍다는 평판이 있던 판니우스 카이피오Fannius Caepio란 인물이었다. 다만, 수상쩍다는 평판이 공화주의적 성향을 의미하는지는 불분명하다. 그가 브루투스처럼 공화정을 수호하려 음모를 꾸몄을 수도 있고, 어쩌면 카틸리나처럼 단순한 모반자였을 수도 있다.

음모자들의 목적은 그들의 신원만큼이나 불명확했지만, 대다수가 원로원 의원이거나 원로원 의원 가문 출신이었다는 것은 확실하다. 그들도 기원전 44년의 해방자들처럼 카이사르 아우구스투스를 암살하고, 전통적인 통치 체제를 복원하려 했을 수 있다. 그것이 목적이었어도, 그들 또한 브루투스와 카시우스 및 다른 공모자들처럼 자신들의 행위로 명성을 얻고 미래의 정치적 이익을 노렸을 것이다. '폭군'을 제거한 후 자기들 중 1명을 새로운 지도자로 세우려 했을 가능성도 배제할 수 없다. 어떤 경우였든 이 음모는 별다른 성과를 거두지 못하고 좌절되었다. 율리우스 카이사르는 자신을 보호하기 위한 대비책을 거의 세우지 않았다. 카이사르 아우구스투스는 근위대와 경호 인력을 유지했으며, 표면적으로 드러나지는 않았으나 첩자들과 밀고자들을 활용한 효과적인 정보망도 운영했다. 그는 외종조부와 같은 운명을 맞이할 생각이 전혀 없었다.

기소가 이루어지자, 음모자들은 재판이 시작되기 전에 또는 직후에 도망쳤다. 그들이 도피했어도 재판은 진행되었고, 소추단의 변호인 중 1명으로 티베리우스가 나섰다. 일반적으로 젊은 변호인이 기소를 맡았는데, 이는 오래 이어진 관례로 젊은 귀족이 정치 경력의 초창기에 대중의 이목을 끌 수 있는 기회였다. 도피는 대개 유죄의 인정으로 간주되었으며, 또한 유죄 판결 직전이나 직후 귀족들에게 주어진 특권이기도 했다. 과거에도 많은 이들이 판결을 앞두고 쉽사리 챙길 수 있는 동산動産을 가지고 동맹시로 도망쳐 비교적 안락한 은퇴 생활을 했다. 로마 시민권을 잃고 정치 경력도 끝났지만, 사형은 피할 수 있었기 때문이다.

그러나 이러한 전통적인 관용은 카이피오, 무레나 및 다른 공모자들에겐 베풀어지지 않았다. 아마도 근위대로 추정되는 병사들이 그들을 추격했고, 결국 붙잡아 처형했다. 처형된 인물 중 1명의 아버지는 후에, 자기 아들을 보호하려 했던 수행 노예는 칭찬했지만, 자기 아들을 배신한 다른 노예는 공개 처형했다. 무레나는 마이케나스의 아내로부터 그들의 최후에 대해 사전 경고를 받았다고 전해진다. 그녀가 오랫동안 아우구스투스와 불륜 관계였다는 소문이 있었기 때문에, 그녀에게 그 정보를 알려 준 사람이 그녀의 남편 마이케나스였는지 아니면 아우구스투스였는지는 불분명하다. 한동안 아우구스투스와 그의 오랜 친구인 마이케나스와의 관계가 소원해졌다는 소문도 있었으나, 마이케나스는 주로 배후에서 영향력을 행사했던 인물이므로 그 소문의 진위는 판단하기 어렵다. 그러나 전체적으로 보아 소문에 불과했을 가능성이 크며, 우리가 아는 한 마이케나스는 아우구스투스와 가까운 관계를 계속 유지했던 것으로 보인다.

역사가 디오는 아우구스투스의 내전 승리 이후 많은 중요한 결정이 비공개로 이루어지고 기록되지 않았으며, 공개된 기록마저도 알맹이 없는 기술에 지나지 않아 당시 사건을 서술하는 것이 이전보다 더 어려워졌다고 한탄했다. 한 세기 후, 도미티아누스Domitianus 황제는 음모의 진위를 증명하는 유일한 방법은 살해당하는 것뿐이라고 불평했다. 기원전 22년 음모의 구체적인 내용과 관계없이, 그 음모가 조작되었을 가능성은 매우 낮다. 일부 학자들은 이 음모와 프리무스의 재판이 그 전해인 기원전 23년에 있었고, 그 때문에 매년 집정관을 했던 아우구스투스가 집정관직에서 물러날 결심을 한 계기가 되었다고 보려 하지만, 이는 설득력이 부족한 주장이다. 오히려 카이피오와 무레나의 사건이 아우구스투스가 집정관에서 물러난 이후 있었다고 보는 편이 훨씬 더 타당하다. 왜냐하면 그 시점에 여러 면에서 프린켑스의 권력은 일정 임기를 가진 공직에 묶이지 않은 개인적인 성격을 띠면서, 더 노골적이고 영구화될 조짐을 확실히 보였기 때문이다.[33]

기원전 44년, '해방자들'은 자신들의 행동에 대중이 열광하지 않는 것을 보고 놀랐다. 기원전 22년, 아우구스투스에 대한 광범위한 적대감의 징후는 기원전 44년보다도 훨씬 적었다. 다만 그의 반대자들은 그에게 독재관직을 맡으라고 압박하는 대중의 정서를 보고, 그가 곧 더 명백하고 영구적인 통치를 하리라는 두려움을 느꼈을 것이다. 카이피오의 음모는 잘 조직된 것으로 보이지 않아서 현실적으로 성공할 가능성도 없었을 것이다. 기원전 63년, 키케로는 카틸리나의 공모자들에게 망명을 허용할 생각이 없었다. 아우구스투스도 같은 선택을 했다. 속주들은 점차 안정되어 가고 있었으며, 이전 세대보다 속주들과의 거리감은 더 좁혀진 것처럼 보였다. 과거의 내전들은 유죄 판결을 받고 로마에서 도망친 자들이 결국 여러 다른 지도자들의 추종자가 되어 다시 돌아오는 사례가 많았다. 아우구스투스는 그러한 위험을 다시 감수하고 싶지 않았고, 자신을 공격하려고 계획하는 다른 자들에게도 분명한 메시지를 보내고자 했을 것이다. 그것은 그가 과거에 여러 번 공권 박탈과 처형 명령을 수없이 내렸던 바로 그 사람이며, 그러한 행위를 중단한 것은 순전히 그의 선택에 의한 것이었음을 상기시키려는 의도이기도 했다. 카이사르 아우구스투스는 로마에서 누구보다도 압도적인 권력을 가지고 있었고, 그 권력을 포기할 의사도 전혀 없었다. 그가 합법성과 전통을 공개적으로 강조하는 이유는 그의 권력 의지를 부드럽게 보이려는 의도에서 비롯된 것일 뿐, 그는 자신의 권력 의지를 숨기려 하지 않았다.

아우구스투스는 계속해서 로마인과 속주 주민 모두에게 평화를 주었다. 일부 귀족들은 평화가 필요하다는 사실을 개인적으로는 싫어했지만, 현실로 받아들였다. 일부 귀족은 전쟁 승리의 공개적 선포와 뒤이은 음모 진압과 관련자 처형에 분개했지만 대부분의 사람은 그렇지 않았다. 카이사르 아우구스투스는 여전히 대중 사이에서 엄청난 인기를 누리고 있었고, 대중은 질병이나 암살로 그가 죽을까 봐 도리어 두려워했다. 마르켈루스가 사라졌으므로, 장기적인 미래를 위해 다른 대안을 찾아야 했지만, 당분간 정권은 안정되었다.

15장 독수리 군기

나는 파르티아인들이 3개 로마 군단으로부터 뺏은 전리품들과 군기들을 되찾았고, 그들이 로마 인민의 우정을 간청하도록 만들었다.

— 《신 아우구스투스의 업적록》[1]

프라아테스Phraates는 겸손하게 무릎을 꿇고, 황제 카이사르의 지배를 받아들였다.

— 호라티우스, 기원전 19년경[2]

카이사르 아우구스투스는 로마나 그 인근에서 2년도 채 머물지 않고 다시 속주 순방을 떠났다. 로마 체류와 그보다 긴 기간의 속주 방문을 번갈아 하는 것은 그의 평생 습관이었다. 로마에 있는 시간보다 로마 밖에 있는 시간이 훨씬 더 많았으므로 그가 만든 체제는 대개 그가 로마에 없는 상태에서 발전했다. 속주 순방에 그만큼 많은 시간을 쏟은 그의 후계자는 한참 세월이 흐른 후에 나왔다. 하드리아누스가 그와 비견될 정도로 속주 순방을 다녔다. 아우구스투스는 생전에 제국의 거의 모든 속주를 방문했다. 기원전 22년, 그는 로마의 가장 오래된 해외 속주이자 자신의 관할이 아닌 시칠리아로 먼저 갔다. 프로콘술 총독과의 충돌 가능성은 거의 또는 전혀 없었지만, 어쨌든 아우구스투스의 임페리움이 더 컸으므로 총독이 그를 제어할 방법도 없었다.

시칠리아는 로마의 중요한 곡물 공급지였고, 아우구스투스는 로마의 기근 해결이라는 새로운 책임을 맡았으므로, 그의 시칠리아 방문은 당연하고도 시급했겠지만, 반드시 그 이유만 있었던 건 아니었다. 후에 아우구스투스와 그의 후계자들은 황제 관할 속주의 대관 총독에게 했던 것과 마찬가지로 원로원 관할 속주로 파견되는 프로콘술에게도 서면 훈령 mandata(지시 또는 지침)을 내렸다. 아우구스투스도 당시 그런 훈령을 시칠리아 총독에게 내렸을 것이다. 무레나가 프리무스를 변호한 것은 훈령이 전혀 없었다기보다 추가적인 비공식 훈령이 있었다는 주장에 의존했던 것으로 보인다. 원로원 관할 속주의 공동체들이 아우구스투스에게 청원하고 그가 그러한 청원을 듣고 결정을 내릴 권리에 대해서는 누구도 의문을 제기하지 않았다. 이는 이미 관행으로 자리 잡았기 때문이었다. 총독의 임기는 1년으로 빠르게 정착되었으므로, 프린켑스가 주요 전례를 세우고 더 큰 문제들, 즉 여러 속주에 공통적으로 영향을 미치는 문제들을 다룸으로써 의사 결정이 더 쉽고 일관성을 띨 수 있었다. 카이사르 아우구스투스는 어디에 있든 임페리움과 아욱토리타스 둘 다 가지고 있었으므로 해당 속주 총독의 권한을 넘어서는 문제들을 처리할 수 있었다. 해당 속주 총독은 속주 단위의 사법 행위와 의사 결정을 하느라 여전히 바빴다.[3]

그러나 이번 순방에서는 일을 제대로 시작하기도 전에 다시 로마로 돌아가야 할 사건이 발생했다. 그가 로마를 떠나 있는 중에 켄투리아 민회가 후보자도 아니었던 그를 다음 해의 공동 집정관으로 선출하고, 그 외에 다른 누구도 선출하려 하지 않았다. 그러나 프린켑스는 흔들리지 않았고, 질서 회복을 위해 로마로 돌아가지도 않았다. 《신 아우구스투스의 업적록》

에서 아우구스투스는 자신이 두 차례 독재관직을 거부했다고 주장하는데, 두 번째로 거부한 때가 이 시점이었을 것이다. 결국 기원전 21년 1월 1일, 집정관 1명만이 임기를 시작했고, 그가 공동 집정관을 선출하기 위해 민회를 소집했지만, 그 자리를 두고 경쟁하던 두 후보가 일부러 일으킨 소란으로 민회가 무산되고 말았다. 카이사르 아우구스투스는 여전히 로마로 돌아가길 거부하면서 그 대신 시칠리아로 문제의 두 후보를 소환했다. 그는 두 후보를 꾸짖고 다음 선거에도 출마하지 말라는 명령을 내렸다. 혼란이 반복되었지만, 결국 그들 중 1명이 집정관으로 선출되고 사태가 마무리되었다.[4]

아우구스투스는 기원전 22~21년 겨울 내내 시칠리아에 머물렀다. 섹스투스 폼페이우스와의 전쟁 이후 첫 방문이었다. 율리우스 카이사르로부터 라틴 시민권을 부여받았던 시칠리아인들은, 내전에서 편을 잘못 들어 근래 몇 년간 혹독한 대가를 치렀다. 기원전 36년 시칠리아를 침공했을 때, 젊은 카이사르는 도시들을 약탈하고 토지를 몰수했으며 많은 지도층 인사를 처형했고, 아마도 시칠리아인으로부터 라틴 시민권도 박탈했을 것이다. 젊은 카이사르의 추종자 중 1명이었던 아그리파는 시칠리아 전쟁의 전리품으로 그 섬의 광대한 영지를 받았다. 과거의 적이었던 시칠리아 공동체를 처벌하는 것보다 그들을 다시 안정, 번영시키는 것이 장기적으로 더 중요했다. 이제 이집트와 북아프리카에서 이탈리아와 로마로 공급되는 곡물과 기타 작물의 비중이 더 컸으나, 시칠리아가 공급하는 물량도 여전히 중요했다. 아우구스투스는 시칠리아에 시라쿠스Syracuse, 카티나Catina(오늘날의 카타니아Catania), 파노르무스Panormus(오늘날의 팔레르모Palermo)를 포함한 6개 식민시를 새로 건설했다. 전역 병사들과 일부 민간인이 기존 도시였던 이곳의 현지 주민들 사이에 섞여 정착했다. 여러 공동체에 라틴 시민권을 부여했으나, 공동체 구성원 모두에게 보편적으로 준 건 아니었다. 아우구스투스는 시라쿠스와 카티나 그리고 아마도 다른 도시들에도 대규모 건축 공사를 지시했는데, 이 도시들이 로마처럼 웅장한 모습을 갖추도록 하기 위해서였다. 아우구스투스를 본받아 시칠리아의 현지 귀족들도 건축 공사를 추진한 결과, 시칠리아의 도시들에는 원형극장, 개선문, 공회당, 신전들이 들어서게 되었다.5

해안에 위치한 공동체들, 특히 이탈리아에 접근하기 가장 좋은 시칠리아 북부와 동부 해안도시들이 이러한 상황 전개와 무역 증가로 가장 큰 혜택을 받았다. 이들 도시 대부분은 원래 그리스 식민시였다. 특히 시라쿠스는 헬레니즘 세계에서 가장 위대한 도시의 하나로서, 아테네의 침공을 물리치고 카르타고와 대등하게 싸운 후 로마 공화국의 동맹국이 되었다가 다시 로마의 적으로 싸우다 패해 결국 속국이 되었다. 시간이 흐르면서 시칠리아는 사실상 이탈리아의 일부로 여겨졌고, 어느 시점에 이르러서는 원로원 의원이 황제의 허가 없이 방문할 수 있는 단 2개의 속주 중 하나가 되었다. 로마화나 이탈리아화가 된다고 그리스의 언어나 문화를 포기한 건 아니었다. 기존의 신앙과 관습은 유지되었고, 일부 오래된 건물들은 로마풍으로 신축되었지만, 일부 건물들은 보수나 복원만을 거쳐 로마식 디자인의 신축 건물들과 나란히 서 있었다. 여전히 시칠리아는 대大그리스의 일부였으므로, 기원전 21년, 아우구스투스가 그곳에서 그리스어를 사용하는 다른 속주들로 순방을 이어간 것은 그나 다른 누구에게도 자연스러운 일로 보였다.6

카이사르의 것은 카이사르에게 돌려주거라

아우구스투스는 율리우스 카이사르가 암살되기 몇 달 전 그리스를 방문했으며, 이후 필리피 전투를 위해, 그리고 악티움 해전 전후에 그리스를 찾았다. 이때는 아시아와 시리아, 이집트도 방문했다. 이 광범위한 지역은 로마에 지속적인 충성을 보였지만, 로마의 내전에서 세 번이나 패배하는 쪽에 서게 되는 결과를 맞았다. 악티움 해전 10년 후, 이 지역 누구도 카이사르 아우구스투스가 최고 권력자임을 의심하지 않았고, 로마의 지도층에게는 매우 중요했던 법적 외양도 처음부터 그를 군주로 여겼던 속주민에게는 큰 의미가 없었다. 카이사르라는 이름은 이미 제국 전역에 잘 알려져 있었다. 아우구스투스는 그리스어로 세바스토스Sebastos(존경받는 자 또는 존엄한 자)로 번역되었고, 그의 모습은 그 어떤 다른 인물보다 흔하게 접할 수 있었다. 여러 지역에서 그의 얼굴이나 그의 통치를 상징하는 문양을 담은 주화를 발행했는데, 대개 그의 이름과 직위를 함께 새겼다. 로마는 새로운 금화와 은화의 발행을 매우 빠른 속도로 통제하기 시작했지만, 지역에서의 청동화 발행은 자유로웠다. 로마의 도량형과 화폐 단위는 강제하지 않았어도, 과세와 무역에 특히 편리했으므로 각 지역에서 자발적으로 채택했다. 동방에서는 은화인 데나리우스를 드라크마drachma라고 불렀는데, 약간 다른 화폐 체계를 유지했던 이집트를 제외하고는 이름만 다를 뿐 동일한 가치를 지닌 동일한 주화였다.[7]

한 세대가 지난 후, 유대인들이 로마에 세금을 내는 것이 옳은지 예수에게 묻자, 예수는 그들에게 세금을 내는 데 쓰는 은전을 가져오라 했다.

> 예수님께서 "이 초상과 글자가 누구의 것이냐?" 하고 물으셨다. 그들이 "황제의 것입니다" 하고 대답하였다. 그때에 예수님께서 그들에게 이르셨다. "황제의 것은 황제에게 돌려주고 하느님의 것은 하느님께 돌려드려라."*

---

* 마태오복음 22:20-22, 2005년 한국천주교주교회의에서 승인한 성경에서 그대로 옮김. (옮긴이)

아우구스투스의 긴 생애 동안 주조된 화폐량을 고려할 때, 문제의 은전에 새겨진 초상은 티베리우스 황제가 아닌 아우구스투스의 초상이었을 가능성이 더 높다. 그러나 더 중요한 점은, 복음서 저자가 이 유명한 이야기를 전할 때 독자들이 그러한 은전을 즉시 알아보고 그것이 황제의 모습일 것이라 예상하면서, 이를 그의 권력과 최고 지위의 상징으로 자연스럽게 받아들였다는 사실이다.[8]

그의 이름과 이미지를 통해, 카이사르 아우구스투스는 실제로 그를 보았던 사람들보다 훨씬 더 많은 속주 주민에게 영향을 미쳤다. 기원전 26년 말, 이집트 모에리스 호수Lake Moeris 근처의 한 마을에서 작성된 파피루스에는 '타이리스Thayris라는 이름의 붉은 암소 한 마리'를 10개월 동안 임대했다는 계약이 기록되어 있는데, 계약 연도가 '신격화된 자의 아들인 카이사르 치세 5년째'로 되어 있다. 이집트의 전통은 군주의 통치, 또는 경우에 따라서는 군주와 그 배우자의 통치 연차에 따라 연도를 매겼으므로, 아우구스투스의 통치 연차는 클레오파트라 정권의 종식과 함께 시작되었는데, 행정적 편의를 위해 그녀의 사후 며칠 이후부터 공식적으로 채택했다. 따라서 기원전 30년, 옥시린쿠스Oxyrhyncus의 거리등을 밝히는 사람들은 그들의 의무를 다하겠다는 맹세를 하며, 그해를 카이사르 통치 원년으로 불렀다. 그들은 그 전해인 22년이자 7년에도 같은 맹세를 했다. 즉 클레오파트라 통치 22년째 해이자 그녀의 아들 카이사리온과 공동 통치한 일곱 번째 해를 의미한다.

암소의 주인은 로마 시민으로 보이는 폼페이우스란 사람이었지만, 임대차 계약서는 그리스어로 작성되었다. 그의 노예 중 1명이 거래를 주선했다. 소를 임차한 사람의 이름은 파푸스였는데, 그가 쓴 몇몇 그리스어 단어 철자법으로 보아 이집트 토박이였음이 강하게 드러난다. 로마인(가진 땅이 크든 작든 지주였을 것이다)과 노예, 현지 이집트인이 등장하는 것으로 보아 이집트 속주의 인구 구성을 짐작할 수 있다. 이집트에서 로마인들은 과거 그 지역을 통치했던 그리스인들이나 다른 외국인들을 대체한 새로운 점령 세력이었다. 진정 고대의 땅인 이집트에서, 거리등 밝히기와 가축 사육 등 주민들의 일상적 생활은 수 세기 동안 그래왔듯이 그대로 이어졌다. 거래 대상은 단 한 마리의 암소였지만, 임대차 기간을 고려하면 파푸스는 그 암소에게 새끼를 쳐 송아지를 얻으려 한 듯하다. 임차료는 곡물로 지급했고, '다친 데 없이 건강한 상태로 소를 반환할 것이며, 만약 소를 반환하지 않을 경우, 내 돈 은화 187드라크마를 지급한다'라고 자기 재산을 담보로 제시했다.[9]

시간이 흐르면서 카이사르의 이름이 날짜의 일부로 사용되고, 공공 기념물과 주화에 거의 빠짐없이 그의 존재가 등장하는 것이 아주 일상적이고 평범한 일이 되어버렸다. 이는 오늘날 대부분의 사람이 자신들이 사용하는 화폐에 새겨진 상징이나 문구에 거의 신경쓰지 않는 것과 마찬가지다. 그러한 익숙함은 카이사르의 존재가 자연스레 각인되고 있다는 성공의 징후이기도 했지만, 변화가 일어나는 속도도 그만큼 중요했다. 동방 속주의 대다수 주민은 이미 오래 전부터 로마의 통치를 피할 수 없는 현실로 받아들였다. 끊임없이 바뀌는 여러 정무관이 아닌 단일 지도자에 절대 권력이 결집되면서, 속주 주민들이 권력을 이해하고 달래기가 더 쉬워졌고, 어쩌면 지역적 또는 개인적 이익을 위해 이용하기도 했을 것이다. 마태오 복음에서 예수에게 질문한 사람들도 세금과 은화를 로마 황제와 쉽게 연관 지었으나, 기술적인 의미에서 이는 사실이 아니었다. 세금은 아우구스투스나 그의 후계자들에게 직접 내는 게 아니라 로마라는 국가의 국고에 납부하는 것이었다. 하지만 속주민들에게는 은화 속 인물이 로마라는 국가의 수장임이 명백했으므로, 그렇게 연관 짓는 것이 아주 자연스러웠다. 또 아우구스투스가 국가 세수를 직간접적으로 활용했으므로, 그를 세금과 직접 연관 짓는 게 본질적인 의미에서는 사실이었다. 세금이란 어쩌면 그러한 근본적인 현실을 감추기 위해 고안된 법적 장치에 불과했다. 다시 한번,

로마 제국의 주민은 아우구스투스를 자연스럽게 군주로 인식했으며, 로마에서는 왕이나 독재관 같은 칭호를 조심스럽게 피한다는 사실을 알지도 못했고 관심도 없었다.

1명의 최고 지도자가 그들의 세계를 지배하는 권력을 가졌으므로, 제국의 주민들은 그 지도자가 자신들을 호의적으로 봐주기를 자연스레 희망했다. 흔히 사용했던 방법은 그들이 사는 공동체에서 아우구스투스를 공개적으로 기리는 것이었다. 기원전 27년이 얼마 지나지 않은 시점에 아테네에서는 한 시 행정관이 아크로폴리스에 새 건물을 봉헌했다. 이 건물은 '여신 로마와 카이사르 아우구스투스에게 주민들이' 바친 제단을 둥글게 둘러싼 기둥이 9개였던 모노프테로스monopteros, 즉 원형 열주列柱였던 듯하다. 이는 기원전 29년, 아우구스투스가 자신에게 제물을 바치려면 여신 로마에게도 함께 바쳐야 한다는 조건으로 속주 주민들에게 허락한 숭배 방식이었다. 비슷한 시기에 밀레투스 시협의회도 회의장 안뜰에 여신 로마와 아우구스투스를 위한 제단을 세웠다. 에페수스에서는 여러 일상적인 시민의 의무를 새긴 비문에, 한 시민이 '세바스토스'를 세우고 '신전'도 봉헌했다고 언급되는데, 이 또한 유사한 숭배 방식이었음을 보여준다. 이러한 종류의 건축물을 지어 아우구스투스를 섬겼다. 동시에 이러한 기념물 건축은 아우구스투스에게 편지를 쓰거나 사절단을 보낼 수 있는 훌륭한 구실이 되었으므로, 그 구실을 이용해 아우구스투스에게 청원을 하기도 했다.[10]

프린켑스 아우구스투스를 직접 알현하는 것이 그의 관심을 얻고, 어쩌면 우호적인 답변을 얻을 수 있는 가장 효과적인 방법이었다. 기원전 29년, 지리학자 스트라보는 이름도 없는 그리스의 작은 섬에 있는 어촌 마을 귀아로스Gyaros 앞바다에 정박한 상선에 타고 있었다. 어부 1명이 배에 올라타서는 자신이 그 마을 전체를 대표하는 사절이라고 밝히며, "100드라크마도 내기 힘든데 150드라크마를 내고 있기" 때문에 카이사르를 알현해 로마에 바치는 공물 액수를 줄여 달라고 요청할 것이라고 말했다. 어부는 그 상선을 타고, 아우구스투스가 삼중 개선식을 치르기 위해 이탈리아로 귀환하다 잠시 머물고 있던 코린토스로 갔다. 그가 아우구스투스를 알현하여 공물 액수를 줄이는 데 성공했는지는 알 수 없다. 스트라보는 그 섬과 이웃 섬들이 겪고 있던 가난을 설명하기 위해 이 이야기를 했을 뿐으로, 그렇지 않았다면 우리는 당시 많은 속주민이 아우구스투스를 직접 알현해 청원하려 했다는 사실을 알 수 없었을 것이다. 이집트 드라크마가 타 지역의 화폐보다 가치가 약간 낮았다는 점을 고려하면, 그 그리스 섬마을 전체 주민이 공물로 낸 150드라크마는 '타이리스라는 이름의 붉은 암소' 한 마리 값에도 미치지 못했다. 세금이나 공물 문제는 가난한 지역에서 생존에 급급한 주민들에게는 매우 중요했다. 따라서 그들은 그 문제에 아우구스투스가 관심을 갖도록 노력하는 것이 가능한 일이고 또 그럴 만한 가치가 있다고 생각했다. 그러므로 매년 수백 명, 어쩌면 수천 명의 청원자가 아우구스투스나 그를 대신하는 아그리파와 같은 인물들에게 알현을 청했을 것이라고 짐작할 수 있다.[11]

당연히 더 크고 중요한 공동체들과 부유한 개인들이 어촌 주민들보다 아우구스투스의 관심과 호의를 얻기에 더 유리한 위치에 있었지만, 어촌 주민들과 같이 알려지지 않은 공동체의 가난한 사람들도 아우구스투스에게 다가가려는 시도를 포기하지는 않았다. 때로는 더 널리 알려진 공동체들이 내키지 않는 관심을 받기도 했다. 아테네는 브루투스와 카시우스가 내건 대의에 특별히 열성적이었고, 기원전 32~31년에는 안토니우스와 클레오파트라를 환영했으므로, 그 결과 승리한 그들의 적에게 선의를 기대할 수 없다는 것을 잘 알고 있었다. 그래서 다른 많은 공동체와 마찬가지로, 악티움 해전 이후 카이사르의 전쟁 준비에 자금과 물자를 대라는 요구에도 직면했고, 충성심을 보여야 할 필요 때문에 틀림없이 아우구스투스에게 바치는 기념물을 재빠르게 건축했을 것이다.

모든 로마 귀족이 그리스의 과거 역사와 문화적 업적에 깊은 경의를 표했기 때문에 그리스의 유명 도시들은 유리한 점이 있었다. 로마와 전쟁을 벌인 폰투스 왕국의 미트리다테스를 지원했던 아테네를 술라의 군단이 함락했을 때, 끔찍한 약탈이 자행되었다. 다행히 아테네의 과거 역사 덕분에 그 결과는 덜 가혹했다. 술라는 "죽은 자들 때문에 산 자들을 살려주었다"라고 말했는데, 아테네인들의 유명한 조상들을 의미한 것이었다. 아테네는 로마 귀족들이 조각상이나 기념물 건축에 돈을 대면서, 과거를 기념하는 박물관과 같은 도시가 되는 대가로 계속 번영했다. 늘 그렇듯이, 아우구스투스와 그의 측근들도 그런 후원을 했고, 그 규모는 다른 귀족들보다 훨씬 더 컸다. 아그리파는 곧 옛 아고라Agora, 즉 시장 한가운데에 지붕이 있는 거대한 극장인 오데이온Odeion 건축을 시작했다. 오데이온은 호화로운 장식에, 그 규모는 의도적으로 위압적이었다. 기둥으로 바치지 않고도 그토록 거대한 지붕을 올릴 수 있었던 것은 로마의 기술과 그들이 개발한 콘크리트 덕분이었다. 그리스의 전통 음악과 연극 그리고 라틴어 연설의 공식적 낭독까지도, 로마의 업적을 기념하는 이 건축물에서 공연되었고, 무엇보다도 아우구스투스와 그의 측근 이름을 새기고 그들의 조각상을 전시하여 그들의 영광을 보여주었다. 어느 시점에서 시장도 다시 짓기 시작했는데, 이는 일상적인 상업 활동도 카이사르의 상징물에 둘러싸여 하라는 의미였다.[12]

로마인들은 헬레니즘의 과거를 찬양했을 뿐만 아니라, 혹은 적어도 그들이 그리스 문명의 계승자라는 필요와 주장에 맞는 형태로 그리스의 도시 국가 제도를 이해하고 신뢰하기도 했다. 따라서 대부분의 일상적인 시정을 현지인들이 도시 단위에서 행할 수 있도록 허용하는 것이 자연스럽고도 편리한 선택이었다. 오히려 이러한 정책은 공화정 시대보다 아우구스투스 치하에서 더욱 강화되었다. 공화정 시절 각 속주에서 세금과 공납을 징수하는 중심적 역할을 했던 푸블리카니들이 비교적 빠르게 그 지위를 잃었고, 로마가 지정한 이들 용역 수행 업체를 대신해 속주의 각 도시와 공동체가 자체적으로 그 역할을 수행했다. 그 결과 가장 큰 혜택을 본 사람들은 현지 귀족들이었다. 그들은 현지 지역 사회에서 상당히 자율적으로 행사할 수 있는 영향력과 부를 이용해 공직도 차지했다. 시칠리아에서와 마찬가지로, 모든 로마의 속주에서 아우구스투스와 그의 측근들이 선물로 내린 건축물과 더불어 현지 귀족들이 자금을 지원한 건축 사업이 활발히 이루어졌다.

공동체에서 존경을 받으며 권력을 유지하고자 하는 부유한 귀족들은, 그 대가로 축제와 오락을 지원하거나 영구적인 기념물을 건설하는 데 자신의 부를 사용하는 것으로, 공동체에 기여하는 오랜 전통이 있었다. 로마에서도 귀족들 간 정치적 경쟁의 한 요소로 그러한 전통이 있어 작은 규모로 이루어졌으나, 아우구스투스의 압도적인 기부와 위상에 눌려 점점 위축되었다. 그러나 속주에서 귀족들의 그러한 기부 전통은 아우구스투스에게 위협이 되지 않았으므로, 오히려 적극적으로 장려되었다. 카이사르 아우구스투스 치하에서 헬레니즘 세계 전역의 현지 지배층은 열정적으로 건축물 공사에 자금 지원을 했다. 축제와 운동 경기를 부활시키거나 확대했고 또는 새로이 도입하여, 종종 복원하거나 새로 건설한 극장과 기타 시설에서 개최했다. 배우, 음악가, 운동선수들은 공연하고 보상을 받을 새로운 기회를 얻었으며, 이처럼 전형적인 그리스 전통의 활동들이 새롭게 활력을 띠며 번창했다.

이와 함께, 건축 양식과 기법에서부터 잔혹한 검투사 경기와 같은 볼거리까지 새로운 외래 요소들이 다양하게 유입되었다. 기원전 2세기, 셀레우코스Seleucid 왕조의 한 왕이 젊은 시절을 인질로 로마에서 보낸 후 고국으로 돌아와 이 유혈 경기를 도입하려 했다. 그의 백성들은 그 경기에 혐오감을 느꼈지만, 150년 후에는 검투사에 대한 열광이 그리스 전역으로 빠르게 퍼졌다. 일부 지역에서는 원형 경기장을 건설했고, 더 많은 곳에서는 기존 극장을 이용하거나 임시 경기장까지 만들어 이 처참한 싸움을 개최했다. 모든 형태의 공직에서는 같은 공동체 내의 개인 간이든 이웃 공동체 간이든 평판 경쟁이 있었다. 도시 행정관은 영예로운 직책이었지만, 동시에 돈을 많이 써야 하고 때로는 부담스러운 자리이기도 했다. 아우구스투스는 속주 현지의 공직자들이 이렇게 사비私費를 쓰는 것을 장려했는데, 그렇게 하여 그들은 지역적 명성을 쌓고, 더 나아가 아우구스투스의 호의를 얻어 로마 시민권을 획득하고 제국의 공직에서 경력을 쌓을 기회를 가질 수도 있었다.13

속주 현지의 지배층 가운데 가장 영향력이 컸던 이들은 피위임 통치자들이었다. 이들이 다스린 소아시아 및 시리아 일대가 로마에서 파견한 총독들이 통치한 지역보다 더 넓었다. 그들은 (때때로 여성 통치자도 있었다) 권력을 유지하기 위해 로마의 호의에 의존했지만, 자신들의 영토 내에서는 상당한 자율성을 누리며 현지 행정을 관장했다. 때때로 그들 사이에서 소규모 전쟁이 벌어지기도 했다. 이는 위험한 일이었으며, 특히 사전에 로마의 승인을 받지 않은 경우 더욱 그러했다. 따라서 그들은 자신들의 야망을 제한적인 수준에서 실현하려 했으며, 무엇보다 아우구스투스를 언짢게 만들 행동을 피했다. 그들이 다스린 왕국은 독립적인 정치체제가 아닌 로마 시민의 임페리움 아래 있는 것으로 간주되었다. 언제든지 로마가, 그리고 실질적인 의미에서는 아우구스투스가 그들을 왕위에서 축출할 수 있었다. 피위임 통치자 대부분이 소규모 군대를 보유하고 있었으나, 그 누구도 로마 군단의 압도적인 군사력에 맞설 수 있다고 착각하진 않았다.

피위임 통치자들이 로마에 정기적으로 공물을 바쳤는지는 명확하지 않다. 로마 제국의 전쟁 승리를 기념하기 위해 황금 왕관과 같은 호화로운 선물을 보냈고, 로마 원정군에 식량, 자원, 병력을 제공했다는 기록은 적지 않다(헤롯왕은 아일리우스 갈루스의 아라비아 원정에 500명의 병력을 보냈다). 일부 학자들은 이들 왕국이 정기적으로 공물을 바친 것이 아니라, 로마의 요청에 응할 의무만을 지닌 것으로 해석하려 하지만, 해마다 일정한 금전, 용역 혹은 물자를 제공하면서도, 이를 눈치껏 '선물'이라고 포장했을 수도 있다. 느슨하게 보면 피위임 통치자는 속주 총독과 별반 다르지 않았으나, 피위임 통치자의 경우는 임기가 없었다는 점이 차이다. 물론 아우구스투스가 언제든 왕위를 박탈할 수 있었고, 왕위가 자동적으로 후계자에게 승계되는 것도 아니었다. 헤롯왕은 자신의 후계자를 직접 지명할 수 있는 특별 권한도 가졌는데, 이는 우리가 아는 한 유일한 사례다.[14]

헤롯왕의 행적에 관해서는 동시대의 어떤 피위임 통치자보다 자세한 기록이 남아 있는데, 이들 기록에 의하면 그는 행동의 자유를 상당히 누렸지만 동시에 로마에 절대적으로 의존하고 있었다. 그는 생전에 여러 차례 직접 로마를 방문했으며, 아우구스투스, 아그리파 혹은 그들 가족을 대표하는 고위 인사나 구성원이 동방을 방문할 때마다 그들을 알현하고 경의를 표하기 위해 그들이 머무는 곳으로 찾아갔다. 기원전 20년, 이러한 행동 덕분에 유대 왕인 그는 새 영토를 하사받았고, 같은 시기에 자기 아들들을 로마로 보내 교육받게 했다. 당시의 피위임 통치자들이 자식들을 로마로 보내 교육시키는 것은 일반적인 관행이었다. 인질로 로마에 보낸 경우도 있었으나, 더욱 중요한 것은 그들이 로마식 교육을 받으며 성장할 수 있었고, 또 그들이 아우구스투스의 가족들과 대부분의 시간을 보냈기 때문에 성품과 신뢰도를 평가받는 기회로 삼을 수도 있었다. 헤롯왕은 믿을 만한 인물로 평가받았으나, 다른 이들은 그렇지 못했다. 따라서 그가 하사받은 새 영토 대부분은 다른 피위임 통치자에게서 빼앗아 준 땅이었다.[15]

헤롯 왕국의 중심지는 유대, 사마리아, 갈릴리 그리고 그의 고향인 이두매아Idumaea였다. 이 지역들에는 사마리아인을 포함한 여러 비유대인 공동체가 있었고, 아우구스투스가 하사한 땅에도 여러 종족이 섞여 살았다. 헤롯왕은 유대인 백성들을 위해, 특히 예루살렘에 있을 때는 자신을 신실한 유대인으로 보이기 위해 세심히 노력했다. 곧 그는 대성전의 대대적인 재건축에 착수했는데, 최고급 자재를 사용하고 신성한 구역에는 사제들로 구성된 일군을 투입하는 등 매우 주의를 기울였다. 아우구스투스와 아그리파를 제외하면, 헤롯왕은 당대에 가장 많은 건축물을 남긴 인물이었을 것이다. 그는 자신의 영토뿐만 아니라 인접한 속주들에도 기념비적인 건축 사업을 후원했다. 실용적인 건설 사업도 일부 있었다. 천혜의 항구가 없던 그 지역 해안의 카이사리아 마리티마Caesarea Maritima에 건설한 인공 항구가 대표적이다. 이 항구 건설에는 베수비우스Vesuvius 화산 인근에서 채굴한 포졸라나pozzolana라는 화산 모래로 만든 로마의 방수 콘크리트가 대량으로 필요했다. 이 콘트리트로 길이 약 45피트(약 13.7미터), 폭 25피트(약 7.6미터), 높이 13피트(약 4미터)에 달하는 거대한 블록을 만들어, 해저에 가라앉혀 방파제로 삼았다. 넓은 항만과 창고 시설을 구비한 새 인공 항구는 빠르게 무역의 중심지로 성장했고, 이를 통해 헤롯왕은 사치품을 손쉽게 들여올 수 있었으며, 상품과 상업 활동에 세금을 매겨 안정적인 수입도 확보했다.[16]

'카이사리아'라는 이름은 아우구스투스 카이사르에게 좀 더 확실히 아첨하는 방법이었다. 헤롯왕은 이 이름으로 여러 도시를 건설했다. 새롭게 재건한 수도 사마리아는 세바스토스로 개명했고, 이 도시에는 헤롯왕의 군대에서 제대한 병사들을 포함한 대체로 비유대인들을 정착시켰다. 세바스토스는 병사를 모집하기에 좋은 장소였고, 헤롯 왕국이 결국 로마 속주로 흡수되자, 세바스토스 주민들은 로마군에 편입되어 총독 휘하의 정규 보조군이 되었다. 예수를 처형한 병사들이 이들 세바스토스 주민이었음은 거의 확실하다.[17]

카이사르의 이름을 딴 모든 도시에는 로마 여신과 아우구스투스를 기리는 신전이 있었던 것으로 보인다. 이들 공동체에는 유대인 소수 민족도 상당수 있었지만, 분명 비유대인 사회여서 여러 이교異敎 신전이 세워졌고, 신들과 여신들의 조각상뿐만 아니라 프린켑스와 종종 그의 가족 및 아그리파와 같은 측근들의 조각상도 있었다. 헤롯 본인의 조각상은 없었으며, 유대인 도시들, 특히 예루살렘에서는 로마 주화에 새겨진 형상 외에는 어떤 형상도 허용되지 않았다. 따라서 예루살렘 대성전에서는 유대인의 종교적 감정을 해칠 수 있는 어떤 상징도 없는 주화를 자체적으로 주조해 제사 헌금용으로 이용했으며, 그래서 성전 뜰에 환전상들이 있었다. 대부분 지배층과 마찬가지로 헤롯왕은 그리스어를 구사했고, 그리스 문학과 철학에도 어느 정도 조예가 있었으며, 올림픽 경기에 후하게 기부하는 등 그리스 문화의 여러 면을 찬양하였다. 그가 예루살렘에 극장을 짓고 말과 전차 경주용 히포드롬hippodrome을 건설하였으며, 원형극장도 지었다는 말이 있지만, 일부 역사가는 원형극장과 히포드롬은 동일한 건축물로 그곳에서 검투사 경기가 열렸다고 믿는다. 오락 경기는 그의 영토 내 여러 비유대인 도시에서 열렸으며, 예루살렘에서는 4년마다 주요 운동 및 연극 축제가 개최되었다. 유대인들이 이들 행사에 직접 참여하라는 강요는 받지 않았으나, 관람하라는 압박은 조금 받았다.[18]

헤롯왕은 자신의 왕국뿐만 아니라 지역을 더 넓혀 헬레니즘 세계 및 로마 세계에서도 중요 인물로 인정받기를 열망했다. 그의 고위 고문과 관리들은 거의 모두 그리스인이었으며, 그의 군대는 주로 비유대인들로 구성되었다. 과거 안토니우스가 클레오파트라에게 주었던 갈리아인 친위대를 아우구스투스가 헤롯왕에게 하사했고, 그중에는 게르만인과 트라키아인도 있었다고 전해진다. 소수의 유대인 병사들은 진정한 유대인으로 간주되지 않는 헤롯왕 자신과 같은 이두매아 출신이거나, 파르티아에서 도망쳐 나와 그에게 토지와 생계를 의존했던 바빌로니아인들이었다. 헤롯왕이 외국인들에게 의존하고 로마의 지원에 절대적으로 기대는 점을 그의 많은 유대인 백성은 못마땅해했다. 그의 고위 부관과 장군들은 대개 유대인이었고 또 친척이었지만, 그에게 충성하지 않거나 충성을 의심받으면 그들도 대부분 처형당했다. 같은 이유로 하스모니아Hasmonea 왕족 남자들이 모두 처형당했고, 다수의 왕족 여자도 같은 운명을 맞이했다.
　헤롯왕이 로마의 지지를 계속 받는 한, 그를 무력으로 축출하기는 힘들었다. 젊은 유대인 귀족들의 암살 시도가 한 차례 있었지만, 그들의 실제 실행 능력보다는 용기와 신념이 주목받는데 그쳤다. 헤롯의 첩자들이 음모를 밝혀냈고, 관련자들은 왕 앞으로 소환되자 모두 자백했다. 처형 전에 고문을 받았고, 그들의 많은 친척도 함께 살해되었다. 헤롯왕은 유대인들 사이에서 극도로 인기가 없었다. 비유대인들의 태도가 어땠는지는 알기 어려우나, 그들과 사마리아인들이 헤롯의 통치에 대해 공동의 적개심을 가질 이유는 없었다. 여기에 반란의 기미가 보일 때마다 가차 없이 무력을 행사하여 헤롯왕은 권력을 유지할 수 있었다. 로마 입장에서는 헤롯왕이 로마에 충성하고 그의 백성들을 잘 통제하는 한, 그의 인기 여부는 중요하지 않았다.[19]
　헤롯왕은 도시의 명명과 새 건축물 일부의 장식을 통해 아우구스투스를 기렸다. 히포드롬(원형극장과 동일한 건축물로 가정한다)에는 아우구스투스의 승리를 기념하고, 그 승리의 이름들을 나열한 전리품들을 전시했다. 기둥에 가로대를 세운 구조물에 방패를 거치하고, 기둥 위에 투구를 씌운 전통적인 로마 양식으로 전리품을 전시했는데, 투구와 방패는 승리를 거둔 전쟁에서 적들에게 빼앗은 것들이었다. 예루살렘 군중은 이 구조물을 조잡한 인간의 형상으로 오해하여 즉각 소란을 일으켰다. 그들은 유력 인사들을 만나, 맹수나 다른 사람들과 죽을 때까지 싸우는 검투사 경기는 불쾌해도 참을 수 있지만, 그 구조물은 도저히 용납할 수 없는 우상에 해당하는 조각상이라며, 헤롯왕에게 자기들의 말을 전해 달라고 부탁했다. 조각상이 아니라는 거듭된 설명에도 설득에 실패하자, 단순한 나무 기둥에 불과한 구조물이라는 것을 증명하기 위해 투구와 방패를 치워야 했다. 이 사건은 결국 웃음으로 마무리되었고, 예루살렘 군중은 유대교 율법과 충돌하지 않는 한, 아우구스투스의 업적을 기리는 행위나 로마 문화가 미

치는 영향에 크게 분노하지 않았던 듯하다.20

훗날 유대인들의 로마 지배에 대한 반감은 점점 고조되어 네로, 트라야누스Traianus, 하드리아누스 통치기에 대규모 반란으로 폭발하게 되었지만, 당시 그들의 불만은 헤롯왕에게 더 직접적으로 향했다. 헤롯은 위협이 감지되기만 해도 가차 없이 처벌할 수 있었고, 그의 측근들도 그의 성정을 예측할 수 없었고, 종종 살의를 드러낸다는 것을 잘 알고 있었다. 그러나 그의 통치 아래 왕국은, 무역과 대규모 건축 사업이 제공하는 실질적인 이점과 고용 기회 덕분에 번영했다. 헤롯왕은 몇 차례에 걸쳐 백성들의 세금 부담을 경감해 주었는데, 이후에도 세금이 여전히 가혹했는지 또는 새로운 번영의 과실이 얼마나 공평하게 분배되었는지는 알 수 없다. 아마도 시골의 가난한 이들은 여전히 고된 삶을 살았을 것이다.

그렇지만 흉작과 식량 부족이 이어지던 기원전 20년대 후반, 헤롯왕은 아일리우스 갈루스의 후임자인 기사 신분 출신의 이집트 총독에게, 자기의 금은 장신구를 녹여 만든 주화로 대가를 지급하겠다고 약속하며 도움을 요청했다. 역사가 요세푸스는 이집트 총독 페트로니우스가 헤롯왕과 친구여서 상당량의 이집트산 곡물 판매를 허락했고, 유대 지방으로 수송하도록 도왔다고 전한다. 아우구스투스가 이 일을 모를 수 없었으므로, 최소한 사후 승인은 했을 것이다. 이 사례는 당시 그 지역 왕국들이 일정 정도 로마의 정식 속주들과 통합되어 단일 제국을 형성하고 있었다는 사실을 보여준다. 곡물이 유대 지방에 도착하자 헤롯왕은 가장 필요한 이들에게 우선 밀가루와 빵이 배급되도록 노력했다. 헤롯왕의 이러한 관대한 행동이 유대인의 전통적인 빈민 구제 정신에 부합하는 것이었으므로 적어도 한동안은 백성들에게 많은 호감을 샀다.21

로마 속주 및 피위임 통치 왕국의 도시들과 지역공동체들은 대부분 자치 행정체였다. 그 위에 로마와 아우구스투스가 상위 권위로서 존재하며, 혜택을 부여하거나 필요시 도움을 주어 문제를 해결해 나갔다. 물론 로마는 필요시 어떤 하위 공동체에도 압도적 군사력을 행사할 수 있었다. 과거에도 로마 지휘관들은 충성스러운 속주민들에게 로마 시민권을 주었지만, 폼페이우스와 율리우스 카이사르 같은 인물들이 권력을 잡으면서 시민권 부여는 더욱 잦아졌다. 아우구스투스도 로마 시민권 부여를 더욱 확대했으나, 독재관이나 그에게 시민권을 받은 사람들은 모두 율리우스라는 이름을 사용하였으므로, 누가 언제 시민권을 받았는지 정확히 알기는 어렵다. 제대하는 속주 보조군 병사들에게 부여하는 로마 시민권도 점차 늘어났으며, 아우구스투스의 후계자들이 자동으로 부여했다. 현지 유력자들에게는 일반적인 보상으로 시민권을 주었다. 이와 더불어, 식민시 정착 정책의 일환으로 로마와 이탈리아 주민들이 속주로 이주하면서, 속주에 상주하는 로마 시민의 수는 더욱 증가했다. 동방 속주에서는 베뤼투스Berytus (오늘날의 베이루트)와 같은 극소수 식민시만이 오랫동안 로마의 정체성을 뚜렷이 유지하면서 상당 기간 라틴어를 대부분 공적 업무에서 사용했다. 그 외 지역에서는 그리스어가 이미 깊이 뿌리 내려 널리 사용되고 있었으므로 로마는 굳이 라틴어 사용을 압박하지 않았지만, 동지중해 지역의 여러 야심가는 스스로 라틴어를 배웠다.[22]

속주의 많은 주민들이 로마 시민권을 취득하게 되자, 아우구스투스가 결정해야 했던 중요한 문제 중 하나는 그들이 출신 공동체에서도 계속 정무직을 맡을 의무가 있는지 여부였다. 그가 내린 결정은, 개인적으로 예외를 인정받지 않는 한 그러한 의무는 계속된다는 것이었다. 따라서 로마 시민이 된 속주민은, 충분히 부유한 경우라면 로마군에서 장교로 복무하거나 로마 제국의 관료로 일할 수 있었고, 그후 고향으로 돌아가 현지 공동체에서 공적 임무를 적극 수행할 수 있었다. 로마는 정복 지역에서 항상 귀족층을 양성했으며, 아우구스투스와 그의 후계자들은 이런 관행을 더욱 강화했다. 모든 속주민이 볼 때 아우구스투스는 문자 그대로 로마 권력의 화신이었고, 속주의 청원에 대해 그가 내린 답변의 어조에는 그의 개인적

품성이 드러났으므로, 종종 그의 답변이 공공장소에 비문으로 새겨지기도 했다. 그래서 아우구스투스가 에페수스의 사절단에 대해 "그들을 만나 보니 훌륭하고 애국적인 사람들이었다"라고 언급한 후 "나는 귀 도시의 특권이 유지되는 데 도움이 될 수 있도록 최선을 다하겠다"라고 약속하며 에페수스에 보낸 서한이 비문으로 남아 있다. 그가 보낸 부정적인 답변은 거의 기록되지 않았는데, 기록된 경우는 더 나은 답변을 받은 다른 공동체가 그 기록을 남겼을 때였다. 예를 들어 아프로디시아스Aphrodisias 주민들은 아우구스투스가 사모스Samos의 공물 면제 요청을 거부한 사실을 의기양양하게 비문에 새겼는데, 자신들은 그러한 혜택을 받아냈기 때문이다. 그렇지만 거절의 표현도 애정 어린 투였다. 아우구스투는 다음과 같이 적었다.

> 나는 그대들에게 선의를 품고 있고, 더구나 그대들을 도우려 애쓰고 있는 내 아내에게도 호의를 베풀고 싶지만, 내 원칙까지 깰 수는 없다. 여러분이 공물로 바치는 돈이 내게 중요해서가 아니라, 합당한 이유 없이 그렇게 귀중한 특권을 모두에게 줄 수는 없다는 점을 헤아리길 바란다.23

일부 문서에는 프린켑스가 부여한 특권이나 혜택을 승인하는 원로원의 공식 법령이 기록되어 있는데, 이는 중요한 특혜가 주어질 때마다 합법성의 외양을 갖추려는 의도에서 비롯되었다고 가정해도 무방할 것이다. 아우구스투스가 백성들의 이익을 우선하며 통치했다고 인정하더라도, 전반적으로 그의 통치가 매우 전제 군주적이었다는 인상은 떨칠 수 없다. 아우구스투스를 알현하면 그에게 선물을 증정할 뿐만 아니라 청원 연설을 할 기회이기도 했다. 주로 그리스어로 연설했는데, 아우구스투스가 속주 문화에 우호적인 자애로운 통치자라는 인상을 제고하는 효과가 있었다. 아우구스투스가 사모스 주민의 대변자로 리비아를 거리낌 없이 언급했단 사실은 공화정 시대와 두드러지게 달라진 변화로, 아우구스투스에게 영향력을 행사할 수 있는 인물이면 누구든 이용해도 무방하다는 것을 공공연히 인정하는 신호였다. 사실 드문 일도 아니었다. 실제로 리비아는 그녀의 당시 남편이었던 클라디우스 네로와 함께 이탈리아에서 도망쳐 그리스에서 도피 생활을 할 때 그들을 환영하고 도와주었던 공동체에는 관대한 특혜를 베풀었다.[24]

리비아가 아우구스투스의 순방 여정 일부 또는 전부에 동행했을 가능성도 있다. 아우구스투스는 기원전 21년 시칠리아에서 그리스로 향했으며, 겨울을 사모스 섬에서 보낸 뒤 기원전 20년 아시아 속주로 건너가 이 지역과 비티니아를 순방한 후 시리아로 이동했다. 마침내 자신의 직할 속주로서 대관 총독을 통해 통치해 왔던 속주 중 하나에 도착한 것이다. 그게 문제가 되진 않았다. 그가 머무는 동안에 각 지역의 프로콘술들은 사법 행정과 청원 처리 등 평소의 일상적인 업무를 계속 수행했고, 그는 단지 더욱 중요하고 민감한 문제들만 직접 다루었기 때문이다. 현재까지 남아 있는 사절단과 청원의 기록을 보면 그에게 끊임없이 전달되어 그의 결정과 답변을 기다렸던 청원 규모를 짐작할 수 있다. 아마도 몇몇 사절들은 아우구스투스를 처음 알현하고 놀랐을 것이다. 조각상을 보고 상상했던 완벽하게 생긴 젊은이가 아니라, 피부가 너무 예민해서 햇빛을 가리기 위해 챙이 넓은 헐렁한 모자를 쓰고 있는 중년에 접어든 사내를 마주했을 것이기 때문이다.[25]

현실이 불완전하다고 하여 외교를 게을리할 수는 없었으므로, 각 도시는 항상 외교 활동에 힘을 쏟았다. 사절단들은 알현할 기회를 기다려 청원 연설을 했다. 아마 상당히 긴 연설이었을 것이고, 그리고 답변을 듣고 기뻐하거나 실망했다. 일부 도시는 고통을 겪기도 했다. 아테네는 관할하던 영토의 일부를 잃은 반면, 스파르타는 더 넓은 지역을 통치할 권한을 얻었다. 아시아의 시지쿠스Cyzicus는 폭력적인 소요 사태 와중에 여러 로마인이 채찍질을 당하고 또 처형까지 당하는 일이 발생해, 도시 공동체로서 누렸던 특권과 자치권을 박탈당하고, 일부 시민들은 노예가 되는 호된 처벌을 받았다. 이는 매우 극단적인 처벌로, 유사한 처벌을 받은 공동체는 극소수에 불과했다.26

기원전 21년, 아우구스투스는 로마에 더 큰 소요 사태가 발생해서 속주 순방 중에도 로마의 상황을 계속 파악해야 했다. 청원자들은 그가 어디에 있든, 타라고나로 그를 찾아갔던 것처럼, 그를 찾아갔다. 이집트에서는 총독 페트로니우스가 남부 지방에서 에티오피아인들의 심각한 공격에 직면해 있었다. 첫 번째 공격은 막아냈지만, 사막에 군대를 계속 유지하기 어려워 대부분의 병력을 철수시켰다. 에티오피아의 칸다케Candace 여왕이 또다시 전사들을 보내 로마군을 공격했고, 이는 또 다른 원정과 로마의 반격을 촉발했다. 이번에는 전투 준비를 잘한 페트로니우스가 남쪽으로 진격했다. 대영박물관에는 에티오피아인들이 전리품으로 잘라서 가져간 아우구스투스 조각상 머리 부분이 보관되어 있다. 에티오피아인들은 그 머리 부분을 그들의 신전 입구 땅 아래 묻었고, 페트로니우스의 복수심에 불타는 병사들이 그 신전을 파괴했을 때도 온전히 남아 있다가 후에 발굴되었다. 결국 칸다케는 협상을 요청했고, 페트로니우스는 그들의 사절단을 아우구스투스에게 보냈다. 재미있는 것은, 스트라보에 따르면, 에티오피아인들이 "카이사르가 누구인지, 또 그를 만나려면 어디로 가야 하는지 알지 못한다"라고 불평하자, 페트로니우스가 '그들에게 수행원을 붙여주었고, 그들은 수행원을 따라 카이사르가 머물고 있던 사모스 섬으로 갔다…'라고 전한다.27

기원전 20년, 아우구스투스는 로마의 소요 사태를 진정시키라고 아그리파를 로마로 보냈지만, 아그리파는 곧 히스파니아에서 재발한 반란을 진압하기 위해 이동해야 했다. 이듬해 그는 치열한 전투를 치른 끝에 마침내 칸타브리아인들과 아스투리아인들의 대규모 저항을 종식시켰다. 한편 켄투리아 민회의 집정관 선거에서 유권자들이 또다시 아우구스투스의 이름을 적어 내, 1명의 집정관만 선출했다. 그리하여 기원전 19년 초, 가이우스 센티우스 사투르니누스Caius Sentius Saturninus는 공동 집정관 없이 집정관직을 시작했다. 다시 열린 집정관 선거가 치러졌지만, 이번에는 출마한 한 후보자가 폭력을 사용해 큰 혼란에 빠졌다. 마르쿠스 에그나티우스 루푸스Marcus Egnatius Rufus란 이 후보는 몇 년 전 조영관으로 재직하며 인기를 얻은 인물이었다. 홍수와 화재가 발생했을 때, 루푸스는 오락 행사를 개최해 로마 시민들을 위로했을 뿐만 아니라, 자기 노예들로 소방대를 조직하여 시민들의 집을 보호하는 데 도움을 주었다. 집정관직을 맡을 수 있는 법적 연령에 미치지 못했음에도 집정관 선거에 출마해, 과거 클로디우스와 밀로처럼 자기 가족과 지지자들을 동원해 선거 과정을 위협했다. 후대의 사료들이 그가 아우구스투스를 겨냥한 음모를 꾸몄다고 기록한 것으로 보아, 당선되면 급진적인 개혁을 하겠다고 공약했거나 단순히 로마의 안정을 위협하는 존재로 보였을 수 있다. (루푸스가 보인 이러한 태도는 로마가 군사적 패배를 당하면 프린켑스가 전투 현장 근처에 있지 않았음에도 그 패배를 그의 탓으로 돌렸던 당시의 세태를 반영한다.) 집정관 사투르니누스는 원로원 비상 의결을 통과시켰는데, 이것이 마지막 원로원 비상 의결이었다. 루푸스와 그의 지지자 일부가 체포되어 처형되었다. 마이케나스와 스타틸리우스 타우루스 같은 이들의 적극적인 지원과 로마 시내 또는 근교에 주둔했던 근위대 병력의 도움을 받아 더 쉽게 진압할 수 있었을 것이다. 어쨌든 이 사건은 폭력적인 과거를 상기시켰고, 특히 아우구스투스가 로마에서 멀리 떨어져 있으면 언제라도 이런 일이 또 일어날 수 있다는 경고였다. 반면 여러 면에서 아우구스투스 체제가 점차 안정되어 가고 있다는 신호이기도 했다. 전통적인 방식으로 사태가 매듭지어졌고, 에그나티우스 루푸스는 자기 뜻을 관철하기 위해 폭력을 사용할 의지와 능력이 있었던 야심에 찬 원로원 의원들(때때

로 호민관들)의 긴 계보에서 마지막 줄을 차지한 인물이 되었다.28

군기 회수

멀리 떨어져 있던 아우구스투스는 루푸스의 사건이 종료될 때까지 그 내용을 전해 듣지 못했을 수도 있다. 한편, 아우구스투스가 로마를 떠나기 전에 파르티아 왕 프라아테스가 보낸 사절단이 로마에 도착해 그의 경쟁자 티리다테스Tiridates의 송환을 요구했다. 티리다테스는 파르티아에서 도망쳐 와 아우구스투스의 보호와 지원을 요청하며 프라아테스의 아들을 인질로 데리고 왔던 인물이다. 두 사람 모두 미래에 쓸모가 있으리라 생각해 로마에서 편히 지낼 수 있도록 해 주었는데, 기원전 23년에 프라아테스의 사절단이 이들의 송환을 요청하러 온 것이었다. 파르티아 사절단은 먼저 아우구스투스를 찾아갔고, 아우구스투스는 사절단과 티리다테스를 원로원 회의에 데리고 갔다. 원로원은 이 문제에 관해 자체적으로 의사 결정을 하지 않고 아우구스투스에게 그 결정을 위임하는 표결을 했다. 파르티아와 가장 가까운 지역인 시리아가 아우구스투스가 관할하는 속주의 일부였기 때문에, 원로원의 그러한 행태에도 일단의 정당성이 있었다고 말할 수 있지만, 이를 통해 로마의 실질적인 권력이 어떻게 작동하는지 드러났다는 점이 더욱 중요하다.29

아우구스투스는 프라아테스 왕에게 아들은 돌려주었지만, 티리다테스의 인도는 거부하면서 파르티아 왕이 가지고 있던 로마 군단의 군기와 포로들을 돌려달라고 요구했다. 기원전 20년, 아우구스투스가 시리아에 도착하자, 이제 더 가까운 거리를 사이에 두고 협상이 계속되었다. 무력시위로 이 협상을 뒷받침했다. 아르메니아에서 반란이 일어나 아르탁시아스 2세Artaxias II가 왕위에서 쫓겨나 살해되었다. 파르티아와 로마라는 두 강대국 사이에 끼인 아르메니아 왕국은 문화적으로는 파르티아와 더 가까웠지만, 대체로 로마의 군사적 위협에 더 많이 노출되어 있었다. 파르티아의 지원을 받았던 아르탁시아스가 죽자, 아르메니아의 주요 귀족들은 이제 그의 형제인 티그라네스Tigranes에게 왕위를 제안했다. 티그라네스도 로마로 피난 차 망명 와 있던 외국의 왕자 중 1명이었다.

아우구스투스는 아르메니아 귀족들의 요청을 받아들였고, 티그라네스를 아르메니아로 송환하는 임무를 담당할 군대의 수장으로 스물한 살의 티베리우스를 임명했다. 내전 중의 폼페이우스 마그누스나 카이사르를 제외하고, 티베리우스처럼 젊은 인물에게 그러한 군 지휘권이 주어진 경우는 근래에 없었다. 아르메니아로 가는 중 아무런 전투도 없었으므로 티베리우스의 임무는 결국 티그라네스가 새 왕에 오르는 것으로 끝난 행군에 지나지 않았다. 로마의 힘을 평화롭게 과시하는 이러한 오랜 전통은 널리 찬양받았다. 물론 나이 많고 경험 풍부한 장교들이 동행하며 티베리우스를 보좌했을 테지만, 티베리우스에게 이 임무는 현장에서 대규모 병력을 통제하며 명령을 내리는 경험을 할 수 있었던 좋은 기회였다.[30]

사실 티베리우스를 아르메니아로 파견한 조치의 배경은 파르티아와 진행 중이던 협상이었다. 아우구스투스는 기원전 29년에 그랬던 것처럼 파르티아와 싸우기를 원하지 않았다. 위험도 컸고, 임무의 규모 또한 벅찼다. 최소한 2~3년은 더 로마를 떠나 있을 수밖에 없었을 테고, 그러면 그 기간에 그에게 계속 제기되는 청원들과 다른 문제를 다루기가 더욱 힘들어질 것이 분명했다. 프라아테스 4세도 아우구스투스처럼 전쟁에 나설 의사가 없었다. 로마 외 인접 왕국들과도 국경 분쟁이 있었고, 특히 경쟁 관계에 있는 왕족들과 통제하기 힘든 귀족들이 그에게는 더 당면한 위협이었다. 최근 몇 년간 아우구스투스가 시리아 내외의 도시들과 피위임 통치 왕국의 충성을 확보했으므로, 파르티아가 시리아 침공을 감행하더라도 그들로부터 어떤 지원을 받기도 어려울 것이었다.

양측 모두 전쟁을 원하지 않았으므로, 각자가 성공이라고 주장할 수 있는 평화적인 해결책을 찾아야 했다. 로마 측은 티리다테스를 더 이상 지원하지 않겠다고 약속했을 가능성이 높지만, 아마 그는 편안한 망명 생활을 계속했을 것이다. 프라아테스 4세는 그 대가로 평화를 유지하기로 맹세하면서 화해의 표시로 크라수스와 안토니우스에게서 빼앗고, 또 기원전 41~40년 로마의 속주를 침공하여 빼앗은 로마 군단의 군기들을 돌려주었다. 군기들과 함께 포로로 잡혀 있던 로마인들도 풀어주었는데, 그들 중 일부는 30년 전 카르하이 전투 때 잡힌 포로들이었다.

로마 군단이 독수리 군기를 포함해 빼앗겼던 여러 군기를 되찾은 일은 가장 널리 홍보된 아우구투스의 업적으로, 예를 들어 프리마 포르타prima porta에서 발견된 그 유명한 아우구스투스의 전신 조각상의 흉갑에도 군기를 반환받는 모습이 새겨져 있다. 전쟁에서 이겨 되찾은 것이 아니라 외교를 통해 반환받았지만, 그 점은 중요하지 않았다. 파르티아 왕이 로마의 힘을 인정해서 아우구스투스의 요구를 받아들였기 때문에, 로마인들은 이 사건에서 로마의 우월함을 확인했다. 군기와 같은 상징물들이 파르티아인들에게는 로마인들만큼 중요하지 않았겠지만, 그들도 협상 과정에서 로마 군기의 상징적 가치를 깨달았을 것이다. 우리가 아는 한, 프라아테스는 이 협상에서 받은 것보다 더 많은 걸 내주었다. 물론 자국민 파르티아인들에게는 동등한 상대 간의 협상 결과라고 설명했을 것이다. 로마인들의 해석은 달랐다. 단 1명의 희생도 없이 오만하고 위험한 적을 로마의 가공할 힘으로 굴복시켰다고 생각했다. 호라티우스는 "조국을 위해 죽는 것은 달콤하고 영예로운 일이다dulce et decorum est pro patria mori(윌프레드 오웬Wilfred Owen이 '오래된 거짓말'이라 하여 더 유명해진 구절이다)"라고 말했다. 하지만 로마인들은 희생 없이 얻은 승리도 영광스럽게 여겼다. 그들이 전쟁 승리 기념비에 전사한 로마 병사를 묘사하지 않았던 이유이다.[31]

곧 군기들을 묘사하고 '군기 회수signis receptis'라는 문구를 담은 주화들을 주조했다. 원로원은 이 소식에 새로운 영예들을 수없이 만들어 아우구스투스에게 수여하려 했으나, 그 제안을 들은 아우구스투스는 대부분을 거절했다. 히스파니아와 다른 속주들에서는 그가 거절했다는 소식이 전해지기 전에 이미 그러한 영예를 담은 주화를 주조했다. 따라서 일부 주화에는 되찾은 군기들을 보관하기 위해 카피톨리움 언덕에 세운 새 신전이 등장하는데, 우리가 아는 한 그런 목적을 위해 건설한 신전은 없다. 아우구스투스는 이 승리에 대한 공식 감사제는 받아들이고, 로마 귀환 시의 소개선식(또는 개선식도)은 거절했으나, 개선식 행사를 묘사하는 주화들은 등장했다. 일련의 주화에는 프린켑스가 한 쌍의 코끼리가 끄는 전차를 타고 있는 모습이 새겨져 있는데, 아마도 이런 기이한 영예도 그에게 제안되었던 듯하다. 폼페이우스도 이러한 방식으로 개선식을 거행하려 했으나, 행진 경로에 있는 개선문이 그렇게 큰 동물이 끄는 전차와 행렬이 통과하기에는 너무 좁다는 것을 알고, 말이 끄는 전통적인 전차로 계획을 바꿔야 했다. 율리우스 카이사르는 갈리아 승전 기념 개선식 이후 카피톨리움 언덕을 야간에 오를 때 40마리의 코끼리를 횃불 운반자로 동원했다. 여전히 일부 귀족은 크고 이국적인 동물들로 행사를 화려하게 기획하는 상상을 즐겼던 듯하다.[32]

아우구스투스는 그에게 수여하려는 새로운 영예 거의 모두를 거절했다. 이를 통해 아우구스투스는 그에게 그런 영예가 주어졌다는 영광과 그것들을 겸손하게 거절했다는 찬사를 동시에 누렸다. 이는 그의 명성과 평판이 이미 너무나 크고 훌륭해서 더 이상의 영예가 필요 없다는 자신감의 표현이기도 했다. 반환받은 군기들은 후에, 아우구스투스를 기념하는 새 건축 단지인 포룸 아우구스툼Forum Augustum의 한가운데 위치한, 마르스 울토르Mars Ultor 신전(복수의 신 마르스 신전)에 안치되었다. 필리피 전투에서 자신의 아버지를 암살한 자들에게 복수한 뒤 아우구스투스가 건립하겠다고 서약한 이 신전은, 당시 공사도 거의 시작하지 않은 상태였으나, 완성되면 파르티아인들에게 당한 패배에 대한 복수도 기념하게 될 것이었다.

그보다 즉각적으로, 원로원은 표결을 거쳐 아우구스투스에게 개선문을 건립할 권리를 부여했다. 그에게 세 번째 주어진 영예로 나울로쿠스 전투와 악티움 해전 후에도 비슷한 영예를 받은 바 있었다. 우리가 아는 한 실제로는 악티움 해전을 기념하는 개선문 하나만 건립되었는데, 포룸 로마눔의 가장자리에 위치한 신 율리우스 신전 옆에 세워졌다. 새로운 개선문을 건설하는 대신, 아우구스투스는 악티움 개선문을 개조하기로 결정한 듯하다. 승리의 여신을 등 뒤에 두고 전차를 몰고 가는, 실물보다 큰 자신의 조각상을 개선문 위에 세우고, 파르티아인들이 로마 군단기를 돌려주며 애원하는 장면을 함께 새겼다. 이러한 이미지는 수많은 영예를 거절했지만, 그가 여전히 로마 역사상 가장 위대한 공복임을 두드러지게 부각시켰다. 로마 도심뿐만 아니라 이탈리아와 제국 속주 전역에 세워진 기념물에 새긴 그의 이름, 초상 또는 상징들을 통해 그는 모든 곳에 존재했다.[33]

기원전 19년 3월 27일, 소 발부스는 아프리카 프로콘술 당시 거둔 승리를 기념하는 개선식을 거행하고, 전리품의 일부를 새 석조 극장 건설에 쓰려 했다. 아우구스투스의 대관 총독들은 그들의 승리가 곧 아우구스투스의 승리였기 때문에 개선식을 치를 수 없었고, 그 대신 개선 휘장 ornamenta triumphalia을 받았다. 원로원 관할 속주 총독들에게는 대규모 원정 기회가 주어지지 않았고, 여전히 군단 지휘권을 가지고 있었던 아프리카와 마케도니아 총독들에게도 그러한 기회는 극히 드물었다. 당시 사람들이 이를 인식하고 있었는지는 불분명하지만, 발부스의 개선식은 옛 방식으로 치른 마지막 개선식이 되었다. 아우구스투스 자신은 이후 다시는 개선식을 거행하지 않았고, 이후에는 오직 그의 가족에게만 개선식의 영예가 주어졌지만, 그나마도 드물었다. 전쟁은 계속되었고 승리도 꾸준히 이어졌지만, 이제 모든 공적은 아우구스투스에게 돌아갔고, 그는 더 이상 전통적인 방식으로 승리를 기념하려 하지 않았다. 어쩌면 악티움 개선문에 과거 치러진 모든 개선식을 새겨 넣은 것이 이를 암시하는 조짐이었을 듯하다. 발부스의 개선

식을 끝으로, 그 이후의 개선식을 새길 공간을 남기지 않았기 때문이다.[34]

아우구스투스는 기원전 20~19년 겨울을 보내기 위해 사모스로 돌아갔으며, 이 기간에도 사절단과 청원자들의 방문이 끊임없이 이어졌다. 그중에는 인도 통치자 중 1명이 보낸 사절단도 있었는데, 이들은 선물로 몇 마리의 호랑이와 함께 팔 없이 태어났으나 발로 물건을 줄 수 있는 불운한 소년을 데려왔다. 디오는 2세기가 지난 후에도 이들 선물을 언급할 가치가 있다고 느꼈던 듯하다. 호랑이들은 아마도 로마로 보내져 시민들에게 전시된 후, 로마의 냉혹한 관습대로 오락거리로 도살되었을 것이다. 그 장애인 소년은 연민의 대상이라기보다는 호기심의 대상이었다. 인도 사절단은 궁정에서 한동안 지내다가, 그들이 아테네로 가자 그들을 따라갔다. 디오는 인도 사절단 중 1명이 특별히 준비된 장작더미 위로 몸을 던져 자살했다고 주장하며, 그의 행동이 극도로 노쇠한 탓이었는지 아니면 '아우구스투스와 아테네인들에게 보여주기 위한 것인지'는 알 수 없다고 전했다.

당시 인도는 알렉산드로스 대왕이 도달한 적은 있지만 로마 군대는 아직 발을 들여놓지 못한, 여전히 미지의 먼 땅이었다. 그렇지만 이 사절단 말고도 여러 인도 사절단이 아우구스투스를 알현하러 왔다는 점을 고려하면, 일부 인도 통치자들도 로마의 부, 권력 그리고 명성을 인식하고 있었다는 사실을 알 수 있다. 로마인들과 속주 주민들이 극동 아시아 지역의 비단, 향신료, 기타 사치품에 대한 선호가 강했고, 지속적으로 욕구가 증가했으므로, 인도 사절단의 주요 목적도 아마 이러한 시장에 접근할 기회를 탐색하기 위해서였을 것이다. 그러한 상업적 교류가 성사된다면, 아우구스투스는 로마가 사실상 전 세계를 지배하고 있다고 자랑할 수 있었다. 동방과의 교역은 그 생각만으로도 로마인과 그리스인 모두를 열광시켰고, 전쟁 승리가 계속되면서 점점 그 생각을 실현할 가능성이 높아 보였다. 실제 전투 없이 군단기를 되찾아 로마의 명예를 회복했지만, 그것이 무력을 이용한 영토 확장을 서두르지 않겠다는 신호는 아니었다.[35]

16장 끝과 시작

이 고귀한 혈통에서 트로이의 카이사르가 태어나리니, 그는 자신의 제국을 대양까지 넓히고, 그의 영광을 별들에까지 드높이리라…. 앞날에 그가 동방의 전리품을 가득 안고 천상으로 오를 때, 너희는 더 이상 근심 없이 그를 맞이하리니. 그 또한 만인의 맹세 속에서 기려지리라. 그때가 되면 전쟁은 사라지고, 야만의 시대도 온화해지리라.

― 베르길리우스, 기원전 20년대 후반[1]

카이사르 아우구스투스는 아테네에서 몇 주를 보낸 후 이탈리아로 돌아간 듯하다. 귀환 경로에 있는 주요 공동체마다 청원자들을 접견하느라 머물렀으므로, 이탈리아로 돌아가는 여정은 더디었다. 청원자들을 맞이하고 서신을 작성하는 업무는 계속되었고, 인도 사절의 자살과 같은 섬뜩한 사건들도 중간중간 발생했다. 그보다 반가운 일은 시인 베르길리우스가 아테네에 나타난 것이었다. 그는 10년이 넘는 긴 세월 동안 《아이네이스》 12권을 집필한 후 휴식 차 그리스를 여행 중이었다. 베르길리우스와 오랜 친분이 있던 마이케나스가 그 시인을 아우구스투스에게 소개했고, 널리(아마도 정확히) 알려진 바에 따르면, 프린켑스가 그 시인에게 그 위대한 작품을 집필하도록 권유했다고 한다. 실제로 아우구스투스는 이 작품의 진행 과정에 깊은 관심을 보였는데, 일례로 히스파니아에서 베르길리우스에게 편지를 보내 집필 상황을 묻기도 했다. 동방으로 떠나기 전, 아우구스투스와 그의 가족 몇몇은 베르길리우스가 《아이네이스》의 일부분을 낭독하는 자리에 참석했다. 얼마 전 세상을 떠난 마르켈루스를 애도하는 대목을 낭독하자, 자리에 있던 모두가 깊은 감동을 받았고, 옥타비아는 기절하고 말았다.2

완벽주의자였던 베르길리우스는 《아이네이스》를 쓰면서 매 단어를 신중히 고르느라 하루에 두 줄 이상을 거의 쓰지 못했다. 베르길리우스의 친구이자 마이케나스가 주도한 모임의 일원이었던 호라티우스는 때때로 그보다 더 느린 속도로 글을 썼다. 글쓰기에 그렇게 많은 시간을 쏟은 것은 그들이 치열함을 가장했거나 호사가여서가 아니었다. 이 두 시인은 진정으로 비범한 재능을 가진 진지한 예술가들이었다. 호라티우스는 이미 널리 찬양받는 시인이었고, 베르길리우스는 라틴어를 가장 아름답게 표현하여 시를 쓴다고 회자되던 시인이었다. 마이케나스는 자신의 모임에 참가할 시인들을 신중하게 골랐다. 성공한 해방 노예의 아들인 호라티우스를 포함하여, 그들은 모두 기사 신분 출신으로, 교육을 받고 시 쓰기에 전념할 여유가 있을 만큼 부유했을 것이다. 그들 중 일부는 내전 중에 토지를 잃었지만, 마이케나스와 아우구스투스의 후원에 생계를 의존하지 않았다. 마이케나스나 아우구스투스가 그들에게 내린 선물은 그들의 생활을 더욱 안락하게 했을 뿐이다. 병에서 회복한 아우구스투스는 호라티우스를 고용하고 싶어 마이케나스에게 편지를 썼다.

이전에는 내 손으로 직접 친구들에게 편지를 쓸 수 있었으나, 이제는 업무에 치이고 건강이 좋지 않아 당신에게서 우리의 친구 호라티우스를 데려오고 싶소. 나는 당신이 후원하는 식탁에서 기생하는 그를 내 식탁으로 데려와 내가 편지 쓰는 것을 돕도록 할 것이오.³

호라티우스는 이 제안을 결국 거절했지만, 아우구스투스와의 좋았던 관계가 나빠지지는 않았다. 오랜 친구 마이케나스에게 보낸 이 짧은 편지 구절에 나타난 격식 없고 농담 섞인 프린켑스의 문체가 시인들과의 서신 교환에서도 이어졌다. 문학은 로마 지배층 사이에서는 매우 세련된 여가 활동으로 간주되어, 문학에 관심이 있어야 문명인으로 평가받았다. 율리우스 카이사르의 갈리아 참모들도 문학적 기질이 다분한 집단이었고, 아우구스투스 역시 마이케나스와 마찬가지로 시인들과 작가들을 존경했다. 문학은 원로원 의원들이나 유력 인사들과의 사교 모임에서 유용한, 그리고 중립적이어서 토의하기에도 편리한 대화 주제였다. 아우구스투스가 아티쿠스와 우정을 쌓았던 것도 전통과 더불어 문학이라는 주제를 통해서였다. 아우구스투스와 마이케나스 둘 다 직접 글을 썼는데, 아우구스투스는 호라티우스 및 다른 작가들과 함께 마이케나스의 습작 시를 조롱하기도 했다. 아우구스투스는 자기 작품도 스스럼없이 폄훼했는데, 비극을 쓰다가 포기하며 그의 비극 속 주인공이 "스스로 스펀지* 위로 떨어져 죽었다"라는 농담을 하기도 했다.⁴

다른 사람들과 마찬가지로 마이케나스 모임에 참여하는 시인들도 아우구스투스가 누리는 절대 권력의 실상과 그 권력이 궁극적으로는 군사력에 기반하고 있다는 사실을 잘 알고 있었다. 원로원 의원이 공직이나 공적 경력 추구를 강요당하지 않는 것처럼, 시인들도 글을 쓰라는 압박을 받지는 않았다. 그들의 작품을 체제 선전으로 치부하거나, 심지어 그 내용과 주제를 마이케나스가 또는 그를 통해 아우구스투스가 세심하게 통제했다고

---

* 로마 시대에는 쓴 글을 지우는 데 스펀지를 사용했다. (옮긴이)

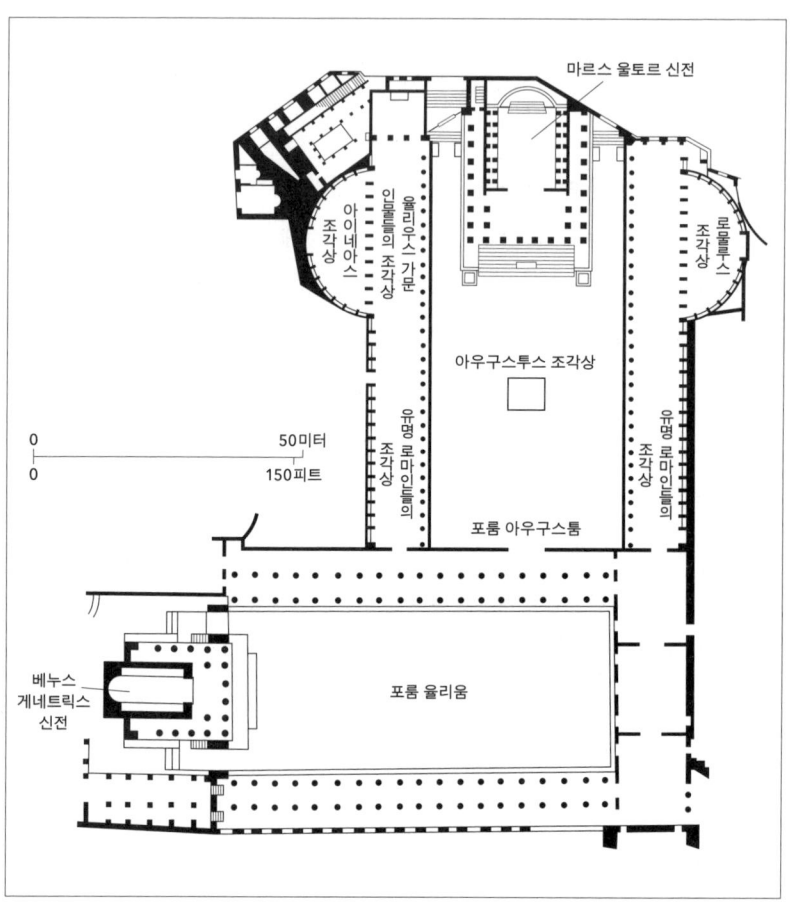

포룸 아우구스툼

생각하면 큰 잘못이다. 마찬가지로 프린켑스와 그가 이룬 체제에 대한 비판이나 전복 음모가 그들의 작품 속에 암시되거나 교묘히 숨겨졌다고 주장하며 그 실체를 밝히겠다는 시도 역시 잘못된 일이다. 아우구스투스는 최고의 작가들과 교류한다는 것을 자랑스럽게 여겼다. 이는 자존심의 문제이기도 했고, 현명한 정치 행위이기도 했다. 알렉산드로스 대왕은 평범한 시인들의 과장된 찬사를 쉽게 받아들인 결과 그의 명성을 오히려 퇴색시켰다.

베르길리우스, 호라티우스, 프로페르티우스와 같은 인물들은 특정 주제에 관해 글을 쓰도록 권유받거나 회유당했을 수 있고, 어떤 글이 프린켑스를 흡족하게 할지도 잘 알고 있었을 것이다. 때때로 그들은 글을 쓰도록 '압박'받았다고 농담하곤 했지만, 이는 종종 겸손을 가장한, 흔한 문학적 기교였다. 키케로와 아티쿠스 및 그들의 동시대인들도 같은 방식을 사용해 서로에게 특정한 주제에 관한 글을 쓰라고 독려하곤 했기 때문이다. 한번은 아우구스투스가 호라티우스에게 편지를 보내, 그가 쓰는 작품에서 왜 자신을 언급하지 않느냐고 부드럽게 질책하며 이렇게 말했다. "내가 그대의 친구였다는 사실이 후세에 전해지면 그대의 명성이 훼손될까 두려운가?" 특유의 익살스러운 어조가 담긴 그의 말 속에 날카로운 위협의 가시가 들어 있었다고 볼 수는 없다. 두 사람의 이 대화는 '정치'가 아닌 '우정(호라티우스는 아우구스투스의 파밀리아리스familiaris, 즉 가까운 친구였다)'에서 비롯된 것이다. 물론 로마에서 이 두 개념은 종종 구분하기 어려웠지만, 이 대화가 내포하는 의미는 시인이 아우구스투스를 그의 작품에서 다루면 두 사람 모두에게 영광이 되리라 아우구스투스가 생각했다는 사실이다. 이에 대한 응답으로 호라티우스는 《서간집Epistles》 2권의 첫 번째 시에서 자신과 같은 시인들이 국가에 기여하는 바에 관해 썼다. 그 시는 다음과 같은 유명한 구절을 포함한다. '항복한 그리스가 사나운 승자를 정복하니, 그리스의 예술이 조야粗野한 라티움에 당도함이라.'5

강요는 거의 없었으며, 대부분의 주제도 시인들에게도 만족스러운 것이었다. 카이사르의 승리와 그로 인한 평화는 내전을 직접 겪은 사람이라면 누구나 쉽게 기념할 만한 주제였다. 전통 종교의식의 복원, 안정 회복, 위험한 외적의 격퇴는 모든 로마인, 특히 지도층 인사라면 두말할 나위 없이 반길 일이었으므로, 시인들이 그러한 정서를 공유하지 않았다면 오히려 그것이 이상했을 것이다. 그들이 쓰는 글에 외부의 개입은 없었으며, 직접적인 검열도 없었다. 베르길리우스나 호라티우스 같은 시인들의 작품이 가치를 지니려면, 그들만의 방식으로, 그들만의 스타일을 좇아 창작하도록 방임해야 했다.

그 결과 수 세기 동안 지속적으로 찬사를 받은 최고 수준의 작품들이 쏟아져 나왔다. 새로운 정치 체제에 부합하는 작품도 많았지만, 인간의 경험을 보편적으로 다룬 작품들 또한 많았다. 이들 작품은 체제가 관리한 여론 선전보다 훨씬 더 효과가 있었으며, 사회 쇄신 분위기를 돋우는 데도 많은 도움을 주었다. 아우구스투스가 시인들과 교류한다는 사실은 그의 통치 권력에 광채를 더했는데, 원로원 의원 누구나 마땅히 가지는 관심사가 시였고, 더구나 이 당시 발표된 시들은 너무나 뛰어나 아우구스투스는 폭군으로 보이지 않았고, 동시에 시인들이 그에게 아첨하는 것으로도 보이지 않았다. 프로페르티우스가 파르티아를 비롯한 적들에 맞선 전쟁이라는 주제를 거부하고 사랑을 노래했을 때, 이는 국가 정책을 공격하면서 독자들에게 공적 생활을 포기하라고 종용한 것이 아니라, 오히려 재치 있고 매력적인 수단인 시를 이용하여 독자에게 기쁨을 주려고 시도한 것이었다. 아우구스투스의 치세는 문학과 예술이 번성할 수 있는 환경을 만들었고, 시인들과 작가들 그리고 예술가들은 때때로 기존의 스타일을 재창조하면서 자신들의 이름을 알리기 위해 노력했다. 위대한 예술가들은, 특히 무력으로 권력을 장악한 지도자 아래서 활동한 예술가들은, 당연히 반체제적이라고 가정하는 현대의 편견이 있지만, 베르길리우스를 포함한 당시의 시인들이 그들의 작품 속에서 표현한 견해가 진실하지 않았다고 의심할 이유는 없다. 비교를 위해, 18세기와 19세기 초 절대 군주의 통치하에서, 종종 그들의 직접적인 후원을 받아 만들어진 수많은 위대한 음악과 예술 작품들을 생각해 보면 좋을 듯하다.[6]

베르길리우스는 한때 아우구스투스에 관한 서사시를 쓰겠다고 언급한 적 있으나 결국 그 생각을 포기했다. 대신《아이네이스》는 먼 과거를 배경으로 삼아 트로이 몰락 후 살아남은 망명 무리를 이끌고 이탈리아로 향한 영웅 아이네아스의 이야기를 들려준다. 그리고 몇 세대가 흐른 후, 그의 후손 로물루스가 로마를 건국한다. 《아이네이스》는 그리스 서사시 중 가장 오래되고 위대한 작품인 호메로스Homeros의 《일리아스》와 《오디세이아》가 다룬 장대한 세계를, 라틴어로 재현하려는 시도였다. 율리우스 씨족의 조상이 아이네아스이며, 율리우스란 이름도 아이네아스의 아들 율루스 Iulus에서 유래했다는 주장이 있었다. 또한 트로이 영웅 아이네아스가 비너스(베누스)의 아들이었기 때문에, 율리우스 씨족은 자연스럽게 신의 혈통을 이어받은 것으로 생각되었다. 베르길리우스는 《아이네이스》 저술에 혼신의 힘을 쏟았고, 그의 그리스 여행도 그 시를 계속 다듬고 개선하기 위한 영감을 얻겠다는 휴식이 목적이었다. 모든 노력을 쏟았고, 초기 발췌 시 낭독에서는 호의적인 반응도 있었지만, 시인 본인은 만족하지 못했다. 심지어 낭독 중에 시구를 수정했다고도 전해진다. 낙천적인 호라티우스에 비해 사교성이 떨어졌던 베르길리우스는 자신의 영지에 틀어박혀 시구를 한 줄 한 줄 수정하거나 버리며, 자신의 시를 조탁彫琢하는 데 대부분의 시간을 보냈다.[7]

《아이네이스》를 완성하지 못했음에도, 그리스 여행에서 희망했던 것보다 영감을 얻지 못해서인지 아니면 아우구스투스를 수행해야 한다고 느껴서인지, 베르길리우스는 아우구스투스와 그 일행의 이탈리아 귀환에 합류했다. 베르길리우스는 귀환 중 처음에는 일사병을, 그다음에는 열병을 앓았다. 이탈리아에는 도착했지만, 기원전 19년 9월 21일, 그의 나이 쉰두 살, 카이사르 아우구스투스의 마흔네 번째 생일을 단 이틀 앞두고 브룬디시움에서 사망했다. 베르길리우스는 그의 유언장에서 아우구스투스와 마이케나스 그리고 마이케나스 모임의 또 다른 일원이었던 루키우스 바리우스 Lucius Varius를 상속인으로 지명했다. 《아이네이스》의 작품 완성도가 여전히 불만이었던 베르길리우스는 자기가 죽으면 원고를 불태워 달라고 바리우스에게 애원했다. 바리우스가 그의 요청을 거부하자, 죽음을 앞둔 베르길리우스는 자기가 직접 불태우려고 두루마리 원고를 가져와 달라고 시종들에게 간청했다. 아우구스투스는 시종들에게 그 명령을 따르지 말라고 단속했고, 바리우스와 그의 동료에게 서둘러 《아이네이스》를 마무리하여 세상에 공개하라고 재촉했다.[8]

로마 문학의 가장 위대한 성취물은 이렇게 저자의 바람에도 불구하고 저자의 요청을 거부함으로써 세상 빛을 볼 수 있었고, 결과적으로 세상에 큰 공헌을 했다. 율리우스 씨족의 조상 중 1명의 행적을 기록하고 로마인들의 기원에 관해 영감을 주는 이야기로서, 로마의 과거와 미래를 동시에 찬양하는, 유명 시인이 쓴 웅장하고 아름다운 서사시는 분명 아우구스투스에게는 매력적인 작품이었다. 따라서 베르길리우스의 요청을 거부한 것은 어느 정도 아우구스투스의 이기심에서 비롯된 것이긴 하지만, 《아이네이스》가 거의 완성 단계에 있지 않았고 명백히 훌륭한 작품이 아니었다면 아우구스투스 역시 세상에 공개하지 않았을 것이다. 사람들은 곧 베르길리우스가 어떻게 《아이네이스》를 수정하려 했을지 궁금해하기 시작했고, 이러한 추측은 오늘날까지도 학자들 사이에서 계속되고 있다. 하지만 《아이네이스》는 일반적으로 호메로스의 작품에 버금가는 저작으로 칭송받았다. 《아이네이스》는 재빠르게 로마 교육의 표준 교과서가 되었다. (1세기 후, 로마 제국의 양 끝, 북부 브리타니아와 유대 지방에 있던 2명의 군 서기가 지루함을 이기지 못해, 굴러다니던 문서 뒷면에 이 시의 한 구절을 낙서했고, 다행히 없어지지 않았던 이 문서를 고고학자들이 발견했다.) 《아이네이스》는 라틴 문학에서 가장 많이 인용되는 작품이지만, 주로 작품 초반부에서 인용된다는 점을 주목해야 한다. 셰익스피어와 마찬가지로, 교사들이 몇몇 익숙한 부분만 집중해 가르치면서, 나머지 서사시의 상당 부분은 소홀히 다루어졌다.[9]

《아이네이스》의 첫 번째 권, 첫 번째 줄은 '나는 무기와 그 사람을 노래한다arma virumque cano'로 시작한다. 베르길리우스가 1인칭 시점을 사용했다는 사실 자체가 호메로스 전통과의 단절을 의미한다. 《아이네이스》의 세계는 호메로스의 세계와 얽혀 있으며, 주인공 아이네아스를 비롯한 많은 등장인물이 호메로스에서 비롯되었다. 《아이네이스》의 전반부는 호메로스의 《오디세이아》와 흡사한 서술 구조를 띠어, 트로이 난민들이 지중해를 떠돌고 때로는 그리스 영웅 오디세우스Odysseus가 남긴 흔적을 따라가는 과정을 그린다. 트로이 난민들은 오디세우스 일행이 키클롭스* 폴리페무스Cyclops Polyphemus의 동굴에서 탈출할 때 홀로 남겨진 오디세우스의 부하도 발견하고, 분노에 찬 폴리페무스가 눈이 멀어 주의를 더듬거리는 모습도 목격한다. 이 모든 과정에 신들이 개입하는데, 유노Juno는 복수심에 불타 트로이인들을 쫓고, 베누스는 그녀의 아들 아이네아스를 보호한다.

《아이네이스》가 호메로스의 작품 내용을 일부 반영하고 여러 고대 문학도 참조한 건 사실이지만, 아이네아스의 신화 속에는 좀 더 현대적이고 복잡한 세상에 대한 암시가 있다. 아이네아스는 때로는 두려워하고 화를 내고 혼란스러워하지만, 내심으로는 절망하는 상황에서도 부하들에게 영감을 북돋아 주기 위해 자신감과 열정을 가장할 수 있는 인물이다. 반면 호메로스 작품 속 영웅들은 자신감에 가득 차 있고 매우 자기중심적이었다. 《일리아스》에 등장하는 아킬레우스는 개인적으로 모욕을 당한 분노를 이기지 못해 자신의 천막에서 웅크리고 있다가, 파트로클루스가 전사한 후에야 잔인한 복수를 하기 위해 천막에서 나와, 전투에 참가했다. 아킬레우스에게는 그의 개인적 동기가 그리스 군대라는 더 큰 집단의 운명보다 우선이었다. 그는 이름 없이 늙어 죽을 때까지 사느니, 짧지만 영광스러운 삶을 선택했다. 《오디세이아》의 영웅 오디세우스는 여정 중 일행 모두를 잃지만, 후회나 낙담의 기색도 거의 없이 요정들과 여신들을 희롱하며 시간을 보내고, 집에 도착해서는 아내의 구혼자들과 그들을 받아들인 가족 모두를 학살했다. 그리스의 영웅들에게 진정 중요한 문제는 오직 개인적인 명

---

* 고대 그리스 신화에 나오는 외눈박이 거인. (옮긴이)

예와 성공이었다. 이런 점이 여러 세대에 걸쳐 그리스인들과 로마인들, 특히 귀족들이 그리스 서사시를 자신들의 행동 지침으로 삼았던 이유이기도 하다.

그리스 영웅들과는 달리 아이네아스는 항상 자신의 더 큰 의무를 인식한다. 아이네아스는 신들과 그의 가족을 존중하는 '경건한' 인물로, 특히 트로이의 폐허에서 데리고 나온 그의 아버지를 존경하고, 민족의 운명이 자신에게 달려 있다는 점을 깨닫고는 이탈리아로 자기 민족을 이끈다. 결국 그들이 로마를 건국하고, 베르길리우스 시대의 위대함과 그보다 더 웅장한 미래를 펼치게 된다. 아이네아스는 여러 번 미래의 영광을 미리 보게 되고, 거기서 영감을 얻는다. 그는 공공연한 적들뿐만 아니라 유혹에도 맞서야 했는데, 특히 그와 그의 일행이 카르타고의 디도Dido 여왕의 환대를 받는 대목이 가장 유명하다. 유노와 베누스가 디도 여왕이 트로이 영웅 아이네아스에게 사랑에 빠지도록 공모하고, 두 사람의 사랑은 폭풍으로 사냥이 중단되어 피신한 동굴에서 완성된다. 그러나 곧 아이네아스는 카르타고에 정착하는 대신 그의 일행을 모두 데리고 떠남으로써, 로마의 미래에 대한 위협은 짧게 끝난다. 자칫하면 로마인들이 아닌 카르타고인들이 그 지역의 위대한 민족으로 성장했을 것이다. 상심한 디도 여왕은 자살하고, 그녀의 백성들은 아이네아스의 후손들을 향한 영원한 증오에서 벗어나지 못하게 된다. 이 고대의 원한이 결국 기원전 3세기와 2세기, 로마와 카르타고 사이의 실제 전쟁으로 이어진다.10

베르길리우스의 서사시 《아이네이스》는 로마의 기존 전통(때로는 여러 전통 중에서 하나만 선택했다)을 호메로스와 여타 서사시에서 받은 영향과 혼합한 작품으로, 상당 부분은 그의 창작이다. 그가 살던 시대에 관한 암시는 많지만 과하지는 않다. 시칠리아는 이 작품에서 중요한 무대로, 아이네아스가 이 섬을 두 차례 방문한다. 이는 분명 아우구스투스의 부상浮上에서 시칠리아가 중요한 역할을 했던 사실을 반영한 것이다. 절망에 빠진 디도 여왕은 자신을 떠난 연인 아이네아스가 '작은 아이네아스'마저도 남겨 주지 않았다고 한탄하는데, 이 설정은 동시대인들에게 율리우스 카이사르, 클레오파트라 그리고 카이사리온을 떠올리게 했을 것이다. 서사시 속 카르타고 여왕과 근래 역사 속 이집트 여왕을 연관 짓는 것은 자연스럽고, 지금 보아도 억지스럽지 않다. 디도 여왕은 신들에 의해 사랑에 빠지도록 조종당하다 결국 버려지는 인물로서, 동정 어린 시선으로 그려진다. 시 후반에 딱 한 번 등장하는 클레오파트라에 대한 묘사는 매우 적대적이나, 디도는 악역이라기보다는 희생자로 그려지며, 그녀가 끔찍하게 자결하는 장면에서만 불안정하고 위험한 존재로 묘사된다. 디도 여왕의 갑작스런 성정 변화는 당시의 감성보다 현대의 감성으로 수용하기가 더 어렵다.[11]

'경건한' 아이네아스는 자기감정보다 자기 민족의 더 위대한 운명을 우선시하며 디도 여왕을 떠난다. 이후 그가 저승을 방문했을 때 그녀의 영혼과 마주치지만, 디도 여왕은 그를 외면한다. 이 장면은 디도 여왕의 감정보다 아이네아스의 슬픔과 죄책감에 더 초점을 맞추고 있다. 아이네아스는 미래를 위해 매번 올바른 선택을 하지만, 그때마다 그와 주변 사람들의 큰 희생이 따른다. 마침내 아이네아스 일행이 이탈리아에 도착했을 때, 일부 지역 왕들이 그들을 환대하지만, 그것 때문에 인근 왕국들과 전쟁이 벌어지는데, 이는 여러 면에서 베르길리우스 시대의 내전을 암시한다. 상처와 죽음에 대한 구체적인 묘사로 가득한 호메로스의 전투 장면은 잔인하고 처참한데, 베르길리우스도 같은 전통을 따랐다. 오히려 베르길리우스의 묘사에서 더 냉혹한 면을 볼 수 있다. 한 동맹국 왕이 발을 헛디뎌 제단 위로 쓰러져 그자리에서 죽자, 그의 적이 조롱하듯 외친다. "이 친구 끝장났군 Hoc habet!(검투사 시합에서 관중이 외치던 말) 위대한 신들에게 제물로 바쳐지는 게 낫지." 그러고는 그 근처에서 한 남자의 수염을 불태우고 쓰러뜨린 후 무참히 살해한다. 전쟁에 따르는 희생과 전사자 가족들이 느끼는 슬픔을 《일리아스》보다 생생히 전한다.[12]

그러나 우리는 이러한 참혹한 묘사를 전쟁 자체에 대한 비난으로 보아서는 안 된다. 베르길리우스는 전투를 끔찍하고 슬픔이 가득한 것으로 묘사하지만, 전쟁을 불필요한 것으로 생각하지는 않는다. 아이네아스는 누구보다도 냉혹한 전사로서, 사제 표식을 단 자까지 포함하며 연이어 적들을 쓰러뜨리며 자신의 길을 헤쳐 나간다.《아이네이스》마지막 부분에서 그는 루툴리Rutulians족의 왕 투르누스Turnus와 대결한다. 투르누스는 이미 수많은 트로이인과 협력자들을 쓰러뜨렸고, 특히 에반데르Evander 왕의 아들 팔라스Pallas까지 죽인 인물이다. 아이네아스에게 부상을 당한 투르누스가 자기의 늙고 불쌍한 아버지를 봐서라도 목숨을 살려달라고 간청하자, 아이네아스는 가장 사랑했지만 이제는 세상을 떠난 자신의 아버지 앙키세스Anchises를 떠올린다. 승자는 잠시 마음이 흔들려 주저한다. 그러나 투르누스가 팔라스의 시신에서 벗긴 허리띠를 차고 있는 것을 발견하는 순간, 연민이 '격노와 끔찍한 분노'로 바뀐다. 아이네아스는 팔라스의 죽음에 대한 정당한 처벌이라 외치며 투르누스의 가슴팍에 칼을 깊숙이 찔러 넣는다. 투르누스의 '사지가 맥없이 풀리며 차가워지더니, 분노에 찬 한숨을 내뱉고 그의 혼이 저승의 그림자 속으로 빠져나갔다.'[13]

이 구절을 마지막으로《아이네이스》는 끝이 난다. 베르길리우스가 이 위대한 작품을 끝까지 다듬지는 못했지만, 이야기의 마지막 장면을 바꿔서 복수 대신 자비로 결말지으려 했을 것 같지는 않다. 투르누스는 아이네아스를 겨냥해 무기를 들었고, 자기의 적들을 즐기듯 파괴하며 일말의 자비도 베풀지 않았고, 마지막 대결에서도 휴전 협정을 먼저 깨뜨렸다. 그렇다고 투르누스를 덕성이 없는 괴물로 그리지는 않았고, 디도 여왕과 다른 등장인물들에게 보였던 것처럼 그에게도 동정의 눈길을 보낸다. 이처럼 인간 조건에 대한 동정 어린 이해가 위대한 예술가의 특징이긴 하나, 베르길리우스는 독자들, 특히 기원전 1세기의 로마 독자들에게는 더욱 더 이 투르누스를 비롯한 등장인물들을 아이네아스와 동등한 존재로 생각하도록 유도하지도 않고, 그들이 정당했을 가능성도 내비치지 않는다. 많은 로마인은 적이라도 존경할 수 있었고, 정복 전쟁이 피정복민들에게 끔찍한 고통을 초래한다는 사실도 인정했다. 그러나 그러한 인식이 로마의 팽창이 정당하다는 깊이 뿌리박힌 믿음을 흔들지는 못했다. 적은 어디까지나 적이었고, 패배한 후에야 비로소 자비를 받을 수 있는 존재였다. 현실에서와 마찬가지로 시에서도 평화의 기쁨은 로마의 승리라는 결과를 통해서만 맛볼 수 있었다.[14]

아이네아스는 여러 면에서 아우구스투스를 반영하고 있다. 다만 영웅적이고 잘생기고 체격이 건장한 전사의 모습으로 지나치게 미화된 것은 사실이다. 따라서 아이네아스를 통해 아우구스투스를 의도적으로 찬양한 것은 아니라는 주장은 설득력이 부족하다. 두 사람 모두 자신의 안위와 이익보다 의무와 경건함을 우선시했고, 최종 승리를 얻어 그들이 속한 공동체가 평화와 번영을 누리기까지 여러 해 동안 큰 고난을 견디며 투쟁했다. 때로는 로마인, 아이네아스의 경우 로마 시대 이전 주민들의 운명과 공동선을 위해 끔찍한 일을 해야 할 필요도 있었다. 그러한 높은 목표가 있었기에, 그들에 대항하는 모든 이들을 파괴해야 했고, 정당하고 열정적인 분노가 차분한 경건함을 앞섰다. 아이네아스는, 젊은 카이사르가 필리피 전투 후에 그리고 페루시아에서 했다고 전해지는 것처럼, 때때로 적들을 죽이면서 조롱하기도 했다.[15]

카이사르 아우구스투스는 《아이네이스》에서 찬양된다. 불카누스 Vulcanus 신이 아이네아스를 위해 화려한 방패를 빚어 주는데, 그 방패의 중앙에 아우구스투스가 악티움 해전에서 위대한 승리를 거두는 장면이 담겨 있다. 때때로 베르길리우스는 카이사르를 모호하게 언급했다. '트로이의 카이사르가… 동방의 전리품을 가득 안고'처럼 카이사르를 언급하는데, 여기서 그가 아우구스투스인지 율리우스 카이사르인지 불분명하다. 그 모호함은 의도적인 것으로, 최고의 아버지 덕분에 그 아들이 업적과 덕성을 쌓는다는 관점에서 보면 두 사람 모두를 의미할 수도 있다. 이와 비슷하게, 베르길리우스는 저승에서 죽은 자들을 심판하는 카토를 묘사하는데, 이때의 카토는 율리우스 카이사르에 격렬히 반대했던 카토일 수도 있고, 그에 못지않게 유명했던 그의 조상 카토일 수도 있다. 베르길리우스는 세심한 주의를 기울여 과거 로마의 위인들을 찬양했다. 카틸리나는 죽어서 끔찍한 처벌을 받는 것으로 묘사되지만, 그 외에는 정치적 지향 차이에 대한 암시는 거의 없다. 아직 태어나지 않은 로마의 미래 영웅들에 대해 묘사하는 대목에는 '아주 비슷한 무장武裝으로 빛나는' 두 사람이 등장하는데, 이는 분명 폼페이우스와 율리우스 카이사르를 가리키며, 그들은 '아아… 전쟁과 피를 불러올 자들'이며, '신부의 아버지'는 '신부의 남편'과 맞붙게 된다. 두 사람은 내전을 자제하라는 권고를 받는다. 이는 온건하지만 분명 두 사람을 겨냥한 비판으로, 독재관뿐만 아니라 폼페이우스 왕에게도 향한다. 독재관에게 먼저 '용서하라'고 촉구하는데, 틀림없이 독재관이 베푼 그 유명한 관용을 칭송하는 언급이다.[16]

《아이네이스》는 애국심을 고취하는 작품으로, 로마의 과거 영광과 더불어 율리우스 카이사르의 아들이 이끄는 더욱 위대한 로마의 미래 운명을 묘사하는 고무적인 이야기로 가득 차 있다. 베르길리우스 세대에게는 너무도 익숙한 전쟁과 갈등을 서슴없이 묘사하면서도 동시에 로마가 무한한 권력을 약속받는다는 미래에 대한 낙관도 담고 있다. 모든 위대한 작품이 그렇듯 《아이네이스》도 여러 각도에서 읽힐 수 있고, 다른 시대의 다른 사람들에 의해 종종 창작자를 놀라게 하거나 당혹하게 하는 방식으로 해석될 수도 있다. 아우구스투스는 이 작품을 복잡하게 해석하는 대신 시구의 아름다움에 감동받았을 것이며, 그렇게 등장한 널리 찬사를 받는 시가 자신과 밀접하게 연관되었다는 사실에 기뻐했을 것이다.

가족과 권력

프린켑스와 그의 일행이 로마에 도착했을 때는 그해 말이었다. 에그나티우스 루푸스가 관련된 소요 이후로도 여전히 1명의 집정관만 재직 중이어서, 아우구스투스는 자신을 찾아온 원로원 대표단 중 1명을 공동 집정관으로 선택했다. 그 과정은 불분명하다. 디오는 아우구스투스가 자신의 권한을 행사해 공식적인 선거 없이 공동 집정관을 뽑았다고 암시하지만, 이는 단순히 디오가 기술적인 세부 사항보다는 자신이 발생했다고 생각한 사건의 핵심만 묘사했기 때문일 수 있다. 아우구스투스가 집정관으로 선택한 사람은 내전 중 아우구스투스에게 충성을 다한 인물이었다. 이 조치 이후, 아우구스투스는 원로원과 시민들이 모여 공식적인 환영 행사를 개최하겠다는 건의를 다시 한번 거부했다. 그러나 원로원 대표단이 여전히 자신을 환영하려 한다는 사실을 알게 되자, 어둠을 틈타 조용히 로마 시내로 들어갔다. 아우구스투스는 자신이 아피우스 가도Via Appia를 따라 로마로 돌아온 문인 포르타 카페나Porta Capena 근처에, 행운의 귀환을 관장하는 여신 포르투나 레둑스Fortuna Redux 신전을 건립하겠다는 원로원 결정은 받아들였다. 이 신전에서 매년 10월 12일, 그의 귀환을 기념하여 새로 제정한 아우구스탈리아Augustalia 축제의 희생제를 봉헌했다.[17]

카이사르 아우구스투스가 없는 로마는 불안했다. 아그리파가 직접 개입하여 켄투리아 민회가 아우구스투스를 매해 집정관으로 선출하려는 시도를 일시적으로 막고 있었다. 아우구스투스가 로마로 돌아왔을 때, 3명의 집정관을 두는 방안을 제안했을 것이다. 그렇게 하면 자신이 매해 집정관직을 유지하면서도 다른 2명의 원로원 의원이 집정관이 될 수 있기 때문이다. 그러나 이 제안은 너무 이례적이어서 곧 철회했다. 로마 역사상 동시에 2명 이상의 집정관이 있었던 적이 없었기 때문이었다. 디오는 아우구스투스가 영구적으로 집정관 권한을 부여받았다고 주장하는데, 학계에서는 그의 주장이 정확한지, 그리고 정확하다면 그 의미가 무엇인지에 관해서는 여전히 의견이 분분하다. 다만 아우구스투스가 집정관직의 주요 상징을 부여받았다는 점에 대해서는 대체로 의견이 일치한다. 따라서 아우구스투스가 로마 시내에 있을 때는 12명의 릭토르가 수행했고, 원로원 회의에서는 두 집정관의 공식 의자 사이에 놓인 자신의 전용 집정관 공식 의자에 앉았다. 그 상세한 내용이 무엇이든지 간에 그에게 부여된 집정관 권한은, 기원전 23년에 그가 받은 권한과 마찬가지로 특정 공직에 기반하지 않은, 아우구스투스 개인에게 부여된 것이었다. 로마에서 상징, 특히 공직과 관련된 상징은 매우 중요한 의미를 지니고 있었으므로, 이를 통해 아우구스투스는 로마 통치를 강화할 수 있었다.[18]

디오는 아우구스투스가 여러 새로운 권한을 수용했다고 기록했는데, 그중 일부는 아우구스투스가 거부한 것인데도 받아들인 걸로 디오가 혼동했을 가능성이 있다. 예를 들어 아우구스투스가 종신 '공중도덕 감독관'으로 임명되었다는 주장은, 일시적으로 감찰관의 권한을 부여받은 사실과 혼동했을 것이다. 왜냐하면 이듬해 아우구스투스가 원로원의 규모를 축소하고, 근래 선거에서 발생한 혼란으로 실추된 원로원의 권위를 회복시키고자 원로원 정화를 다시 시도했기 때문이다. 원로원 의원 아무도 자진해서 사퇴하려 하지 않자, 아우구스투스는 30명의 원로원 의원을 직접 선정하고, 이들이 자신이 뽑은 최고의 원로원 의원이라고 공개적으로 선서했다. 그다음 이 30명의 원로원 의원들에게 같은 선서를 하게 한 후, 각자 본인과 친척은 제외하고 5명의 원로원 의원을 추천해 그 이름을 적어 내라고 요구했다. 이렇게 제출된 5명 중 1명을 추첨으로 뽑아 30명을 새 원로원 명부에 올렸다. 그렇게 뽑힌 30명이 각자 5명의 의원을 또 적어 내면서 동일한 과정이 반복되었다. 이 과정은 매우 번거롭고, 막후에서 정치적 흥정이 개입될 여지가 많았다. 실제로 아우구스투스는 안티스티우스 라베오Antistius Labeo가 추천한 5명 중에 레피두스가 포함되자, 불쾌감을 드러내며 명단을 바꾸라고 압박했다. 그러나 라베오는 이에 굴하지 않았고, 자신은 의견을 가질 권리가 있으며, 프린켑스가 레피두스가 대제사장직을 유지하도록 허용했다면, 레피두스를 원로원 의원으로 추천하는 자신도 비난받아서는 안 된다고 주장했다. 결국 아우구스투스는 라베오의 추천을 수용할 수밖에 없었고, 옛 삼두 중 1명인 레피두스가 원로원 의원으로 남은 것으로 보아, 레피두스도 추첨으로 뽑혔음에 틀림없다.[19]

자신이 원하는 대로 흘러가지 않자, 아우구스투스는 이 방식을 포기하고 남은 원로원 의원들을 직접 선정했다. 불만이 터져 나왔다. 한 원로원 의원은, 자기 아들은 원로원에 남게 되었으나 자신은 제외된 상황에 분개하여, 토가를 찢고 튜닉을 벗어젖히며 로마를 위해 싸우다 입은 명예로운 상처들을 드러내는, 매우 로마적인 방식으로 항의했다. 또 다른 의원은 원로원 의원직을 잃은 자기 아버지를 대신해 사퇴하겠다고 요청하기도 했다. 이전의 원로원 숙청 때와 마찬가지로, 이번에 축출된 인사들도 원로원 의원으로서의 휘장과 명예는 유지할 수 있었다. 이들 중 일부는 나중에 다시 원로원 명부에 등록되거나 정무관에 당선되어 원로원에 재입성하기도 했다. 아우구스투스가 원로원 규모를 300명으로 축소하려 했다고 전해지지만, 결국 그 계획은 포기할 수밖에 없었고, 대신 600명에 만족해야 했다. 600명보다 적으면 필수 정무관직을 모두 채우거나, 안건 표결을 위한 의사정족수 400명을 채우기가 힘들었기 때문이다.

이 무렵에 프린켑스는, 후에 콘실리움 프린시피스consilium principis(프린켑스 자문단)라고 알려진, 소규모의 간편한 회의체를 설립했는데, 각 정무관 직급의 대표와 추첨으로 뽑힌 15명의 원로원 의원으로 구성되었고, 이들의 임기는 6개월이었다. 전체 원로원 의견을 사전에 탐지하는 데 유용한 논의의 장으로 이 회의체를 활용하여, 안건을 원로원에 상정하기 전에 더욱 다듬을 수 있었다. 원로원을 계속 존중했던 아우구스투스는, 로마에 있을 때는 매번 원로원 회의에 참석했고, 원로원 의원들이 자유롭고 솔직하게 발언하도록 장려했다. 아우구스투스는 라베오에게 분노했지만, 그에게 어떠한 조치도 취하지 않았다. 이후 원로원이 의원들에게 프린켑스의 안전을 보장하기 위해 그의 침실 밖에서 교대로 숙직하자고 제안했을 때, 라베오는 자기는 코를 심하게 골기 때문에 제외되어야 한다고 원로원에 답했다. 수에토니우스에 따르면, 원로원 회의에서 아우구스투스의 연설이 가끔 "이해할 수 없습니다" 또는 "내게 발언 기회가 주어진다면 반대할 것입니다"라는 외침으로 방해받기도 했다고 한다. 후자의 외침은 발언 기회를 얻지 못한 의원들에게서 나왔을 것이다. 때때로 분노한 원로원 의원들 간의 격렬한 논쟁으로, 짜증나고 화난 아우구스투스는 회의가 끝나기도 전에 퇴장하기도 했고, 이에 일부 의원들은 중요 국정에 대해서는 자신들에게도 의견을 개진할 권리가 보장되어야 한다고 주장했다.[20]

이전까지 원로원 의원은 기사 신분에 포함되어 재산 보유 요건도 40만 세스테르티우스였다. 이제 아우구스투스는 원로원의 권위를 더욱 높이기 위해, 원로원 의원을 공식적으로 분리하여 최소 100만 세스테르티우스의 재산을 보유해야 하는 별도의 계층으로 만들었다. 이 재산 보유 요건을 충족하지 못한 일부 인사들은 원로원 의원직을 상실했으나, 원로원 의원 자격이 충분하다고 판단한 인사들에게는 아우구스투스가 직접 모자라는 돈을 지원해 주었다. 동시에 그는 새로운 법을 제정하여 선거에서의 뇌물 수수 및 협박 행위를 금지했다.

이러한 법은 이전에도 있었으나 거의 효과가 없었다. 그러나 아우구스투스는 그런 법을 엄격히 집행할 힘과 권위를 갖추고 있었으므로, 뇌물 수수나 협박 행위가 완전히 근절되지는 않았어도 상당히 줄어들었다. 이후 10년간 오랜 전통의 가문에서 다시 집정관들이 배출되었다. 이들은 내전에서 큰 피해를 당한 가문 출신으로, 나이가 어려 내전에 참여하지는 못했으나, 아우구스투스가 통치하는 국가에서는 기꺼이 공직에 진출할 의사가 있던 인물들이었다. 집정관과 같은 명예로운 직책은 여전히 추구할 가치가 있었다. 이들이 원로원의 다른 구성원들에 비해 아우구스투스에게 다소 우호적이었다는 증거는 없다. 디오는 이 시기 몇몇 인물이 반역 혐의로 처형되었다고 전하지만, 이름을 밝히지는 않았다.[21]

기원전 18년, 리비아의 둘째 아들 드루수스Drusus가 재무관이 되었다. 겨우 열아홉 살이었지만, 형 티베리우스처럼 일반적인 경우보다 5년 빨리 법무관과 집정관이 될 수 있는 권리도 함께 부여받았다. 아그리파의 딸 비프사니아가 아기였을 때 그녀와 약혼한 티베리우스는, 동방 원정에서 돌아와 결혼 적령기에 이른 그녀와 마침내 결혼했다. 몇 년 후, 그의 동생 드루수스는 마르쿠스 안토니우스와 옥타비아 사이에서 태어난 딸, 안토니아와 결혼했다. 아우구스투스가 동방에 머무는 동안 더욱 중요한 의미를 지닌 혼인이 있었다. 기원전 21년, 아그리파는 소요 진압 임무를 맡아 로마로 돌아왔는데, 함께 처리할 개인적인 문제도 있었다. 아그리파는 옥타비아와 마르켈루스의 딸이자 아우구스투스의 조카딸인 두 번째 아내와 이혼하고, 아우구스투스의 딸이자 미망인이 된 율리아와 결혼했던 것이다. 신부 율리아는 열여덟 살이었고, 남편 아그리파는 그녀의 마흔두 살 된 아버지와 비슷한 연배였으나, 귀족 가문 사이의 결혼에서 이 정도 나이 차이는 흔했다. 이 결혼을 통해, 아그리파에 대한 아우구스투스의 총애는 재확인되었고, 아우구스투스와 그가 가장 신뢰하고 꾸준히 의지해 온 부하인 아그리파의 유대는 더욱 강화되었다. 이 결혼에 강요의 요소도 있었다는 소문이 있었는데, 마이케나스가 아우구스투스에게 "아그리파를 지나치게 강력한 인물로 만든 사람이 당신이니, 그를 죽이거나 사위로 삼아야 한다"라고 말했다고 한다. 사실상 다른 선택지는 거의 없었다. 아우구스투스가 티베리우스를 어떻게 여겼는지는 분명하지 않지만, 티베리우스와 비프사니아의 예정된 결혼을 깨뜨렸다면, 그녀의 아버지 아그리파에 대한 모욕으로 비쳤을 것이다.[22]

많은 귀족은 아그리파가 원로원의 핵심 세력이 아니면서도 아우구스투스와의 인연 덕분에 높은 지위에 올랐다는 사실을, 결코 용서하려 하지 않았다. 다른 '신인'들과 마찬가지로, 아그리파는 오히려 이러한 차이를 강조한 듯하다. 의식적으로 일반 시민들과 더 가까이 어울리고 그들을 위해 공공시설을 건설하는 한편, 다른 원로원 의원들이 열망하는 개선식과 같은 개인적 영예는 경멸하듯 거부했다. 아그리파는 개인적으로 소장할 목적이 아니라 대중을 위해 전시하기 위해 예술품도 열정적으로 수집했다. 또 아우구스투스의 측근들이나 대개의 귀족과는 달리, 아그리파는 문학에 거의 관심이 없었으며 시인이나 작가들과 친분을 쌓지도 않았다. 활동적이고 유능한 아그리파는 장군, 행정가, 건축가로서뿐만 아니라 남편으로서도 (적어도 로마 기준으로) 성공적이었다. 기원전 20년, 그가 로마를 떠나기 전 율리아는 임신 중이었고, 그해 말 가이우스란 이름의 아들을 낳았다. 기원전 19년, 히스파니아에서 있었던 심각한 반란을 마지막으로 진압하고 로마로 돌아왔을 때도 아그리파는 개선식을 거절했다. 얼마 지나지 않아 율리아는 또다시 임신했고, 기원전 17년에 둘째 아들을 출산했는데, 그 아이 이름은 루키우스였다.[23]

프린켑스의 사위이자 수많은 위대한 업적을 자랑할 수 있었던 인물로서, 아그리파의 아욱토리타스는 어떤 원로원 의원보다 훨씬 컸다. 곧이어 공식적인 권한까지 부여받아 그의 아욱토리타스는 더욱 굳건해졌다. 기원전 18년, 아우구스투스는 기존 임기가 만료되기 1년 전에 그의 광대한 속주 통치권을 추가로 5년 연장받았다. 같은 시기에 아그리파도 특정 속주에 제한되지 않는 5년 임기의 프로콘술 권한을 부여받았고, 나중에는 일반 총독들의 권한보다 '더 큰' 권한까지 주어졌다. 아그리파는 이전에도 때때로 이와 유사한 임페리움을 보유한 적이 있으나, 기원전 20년대에 그가 누린 지위를 자세히 재구성하기는 어렵다. 더욱 눈에 띄는 점은 기원전 18년에 아그리파가 5년간의 호민관 권한을 부여받았다는 사실이다. 아우구스투스를 제외하고 누구도 이 권한을 보유한 적이 없었다. 아우구스투스에게 주어진 영구적인 권한은 아니었지만, 호민관 권한은 본질적으로 개인에게 주어지는 것이었으므로, 이를 통해 아그리파는 다른 정무관들이나 원로원 내 유력 인사들과 확연히 구별되었다. 간단히 말해 아그리파는 명실상부하게 아우구스투스 다음가는 제2인자가 되었던 것이다. 만약 아우구스투스가 몇 년 내에 사망한다면, 아그리파는 자신이 당연히 그 자리를 계승하리라 기대했을 것이다.[24]

왕조가 형성되어 가고 있었다. 루키우스가 태어난 직후 아우구스투스가 율리아와 아그리파의 두 아들을 모두 입양하면서 그 조짐이 더욱 분명해졌다. 입양식에서는 법무관이 보는 앞에서 아우구스투스가 저가의 청동 주화 아스$_{as}$를 천칭 저울 위에 세 번 두드리는, 상징적인 구매 의식이 이루어졌다. 이 입양을 통해 아우구스투스의 손자들이자 그의 가장 가까운 동료의 아들들인 두 아이가 '가이우스 카이사르'와 '루키우스 카이사르'라는 이름을 갖게 되었다. 아우구스투스가 그 시점에 정계에서 은퇴할 것이라 기대하는 이는 거의 없었을 것이다. 그가 가진 권한 대부분은 아우구스투스 개인에게 부여된 것이었으므로, 사실 그가 사임할 공직 자체가 없었다. 하지만 그의 속주 통치권이 5년 연장되었을 때, 아우구스투스는 5년이면 속주 안정에 충분한 시간이라고 주장했다. 일부는 이 말을 믿었지만, 속주 통치권이 다시 10년으로 연장되었을 때도 별다른 소란은 없었다. 여전히 일부 로마인은 한 사람이 그 많은 권력을 영구적으로 보유한다는 사실에 불만을 품었지만, 그들 중에서도 적어도 당분간은 내전으로 되돌아갈 위험을 감수할 사람은 거의 없었다. 시간이 흐르면서, 사실상 군주제에 가까운 새로운 체제는 점점 자연스럽게 받아들여졌다. 가까운 미래에 아우구스투스에게 대항할 경쟁자가 등장해 불만 세력을 규합할 가능성도 희박했고, 따라서 암살을 제외하면 프린켑스를 제거할 방법은 없었다. 아우구스투스는 율리우스 카이사르보다 자신의 신변 보호에 훨씬 신중했으므로 그를 겨냥한 음모는 대단히 위험한 일이었고, 기원전 44년에 벌어진 사건

이 보여주듯, 암살이 성공한다 해도 혼란과 내전이 다시 시작될 가능성이 높았다.[25]

누군가 카이사르 아우구스투스를 암살하려 시도했다면 가능했을 것이다. 따라서 그가 지나친 신변 보호 조치를 취했다고 과장해서는 안 된다. 아우구스투스는 원로원 회의에 참석할 목적으로 또는 다른 이유로도 로마의 거리를 걸어 다니거나 가마를 타고 이동하곤 했다. 원로원 회의에서 아우구스투스는 개개 원로원 의원을 만날 때마다 자신의 방식대로 인사를 나누었고, 헤어질 때도 같은 방식으로 인사를 나누었다. 자신의 탁월한 기억력에 의존해 원로원 의원들의 이름을 기억하려 노력하여, 원로원 회의 주재 시 노멘클라토르의 도움을 받지 않고도 각 의원의 이름을 불러 의견을 말하라고 지명했다. 아우구스투스는 로마에서도 속주에서와 마찬가지로 청원자들을 접견했으며, 그들의 목소리를 직접 듣겠다는 의지를 보여주려 노력했다. 한번은 잔뜩 긴장하여 자신에게 다가오는 청원인에게 "마치 코끼리에게 동전을 건네주는 사람처럼 보인다"라고 말하며 꾸짖기도 했다. 또 다른 이야기로는 팔라티움 언덕에 있는 아우구스투스의 저택 현관 밖에서 기다리던 한 그리스 시인에 관한 것이다. 아마도 아우구스투스의 관심을 끌려고 기다리는 군중 사이에 그도 있었을 것이다. 그 시인은 아우구스투스를 찬양하는 시를 써 들고 다니며, 그에 대한 보상을 받기를 원했다. 그런 그를 아우구스투스는 오랫동안 무시했다. 베르길리우스나 호라티우스 같은 재능 있는 시인들과의 교류는 즐겼지만, 성공하지 못한 작가의 평범한 노력을 받아들일 의향은 없었기에, 자신에게 가까이 다가오지 못하게 하면서 그 시인을 지나쳤다.[26]

하지만 그리스 시인이 포기하지 않고 끈질기게 나타났고, 마침내 아우구스투스는 그에게 장난을 쳐 보기로 했다. 다음 날에도 시인은 평소처럼 아우구스투스의 저택 현관 밖에 있었는데, 이번에는 아우구스투스가 그에게 다가가 자신이 직접 지은 몇 줄의 시가 적힌 파피루스를 건넸다. 시인은 전혀 당황하지 않고 그 시를 소리 내어 읊은 뒤, 훌륭한 시라고 칭찬하고, 노고를 치하한다며 '임페라토르 카이사르 아우구스투스'에게 동전 몇 닢을 건네고, 너무 적은 금액이라 미안하다고 사과하며 그리스어로 말했다. "아우구스투스의 행운을 두고 맹세하건대, 제게 돈이 더 있으면 더 드렸을 겁니다." 그 말을 들은 아우구스투스는 기뻐하며 시인에게 10만 세스테르시우스를 하사하라고 시종에게 명했다.27

이 이야기를 포함해 많은 일화가, 카이사르 아우구스투스는 저 멀리 떨어져 사는 인물이 아니었을 뿐만 아니라, 부유하고 지체 높은 사람들만이 아닌 거의 모든 사람이 접근할 수 있는 인물이었음을 분명히 보여준다. 이는 압도적 다수의 로마인이 그의 통치를 다른 어떤 대안보다 더 낫다고 생각하여 기꺼이 받아들였다는 점도 확인시켜 준다. 이러한 맥락에서, 아우구스투스가 아그리파를 더욱 공개적으로 신임하면서 그의 두 아들을 입양하자, 로마인들은 그 입양을 미래의 안정과 안전을 재차 확실히 하려는 조치로 해석했다. 미래의 안정과 안전은 아우구스투스 본인에게도 분명 중요한 문제였으므로 두 아이를 입양했던 것이다. 당시 아우구스투스는 로마인, 특히 로마 지배 계층의 향후 미래에 관해 큰 관심을 가졌다. 내전과 공권 박탈을 거치면서 여러 원로원 신분 가문과 기사 신분 가문은 큰 피해를 당했다. 일부 가문은 아예 대代가 끊기기도 했고, 한 세대 이상이 정치 경력의 전성기에 이르기도 전에 또는 전성기 중에 죽임을 당한 가문도 있었다. 자녀 양육에는 비용이 많이 들었고, 특히 자식을 공직에 진출시키려면 더 큰돈이 필요했으므로, 점점 더 많은 남성이 독신으로 살거나 결혼은 하되 자녀를 갖지 않는다는 생각이 로마인들 사이에 팽배했다. 아우구스투스는 이러한 상황에 대처해야겠다고 결심했다. 물론 이 문제를 원로원 토의에 부치기 전에 프린켑스 자문단(콘실리움 프린시피스)이나 소규모 협의체에서 사전에 논의했을 것이다. 로마의 지배 계층이 그들의 의무를 다하고 공적 업무를 맡을 후세를 양성하길 원했다는 의미에서, 아우구스투스가 이 문제에 관심을 두는 것은 도덕적인 접근이었다. 그뿐만 아니라 당연한 일이기도 했는데, 감찰관의 역할 중 하나가 공중도덕과 시민의 행동을 감독하는 것이었기 때문이다. 아우구스투스가 동방에서 돌아오자마자, 원로원은 그에게 원로원 토의와 민회 투표라는 절차를 거치지 않고도 법적 효력을 갖는 아우구스투스의 칙령, 즉 렉스 아우구스타lex Augusta를 반포할 수 있는 권리를 주었다. 그가 이 권리를 수락했는지는 분명하지 않지만, 수락했다 하더라도 그러한 권리는 행사하지 않기로 결정했다. 대신 자신이 법안을 발의하여 원로원에 제출했고, 표결을 거쳐 '율리우스 결혼법lex Julia de maritandis ordinibus'이 제정되었다. 3명 이상의 자녀를 둔 아버지들에게는 혜택이 주어졌고, 미혼자와 자녀가 없는 사람들은 벌금을 내야 했다. 원로원 신분의 품위에 늘 관심을 가졌던 아우구스투스는 원로원 의원과 해방 노예 여성의 결혼은 금지했지만, 기사 신분을 포함한 다른 시민에게는 허용했다. 이는 많은 사람이 로마 시민 중 여자 인구가 남자보다 더 적다고 생각했기 때문이다.28

대략 같은 시기에 아우구스투스는 '율리우스 간통 처벌법Lex Julia de adulteriis'을 제정해 간통뿐만 아니라 자유민 여성과의 혼외 성관계를 처벌하도록 규정했다. 이 법은 젊은 세대의 지나치게 문란한 생활이 결혼과 자녀 양육을 방해하고 있다고 우려한 원로원이 먼저 발의하였다. 법안이 통과되었지만 더 강력한 조치를 요구하는 사람들이 나타나자, 디오에 따르면, 새 법안만으로도 충분하다고 생각한 아우구스투스는 개입을 주저했다고 한다. 사실 그런 문제는 법으로 규율하기는 어려웠으며, 관련 당사자들은 조롱거리가 되기 십상이었다. 아우구스투스도 그가 저지른 불륜 행각으로 정평이 나 있는 인물이어서 법안 강화에 소극적일 수밖에 없었지만, 법안 토의 중 그가 이 법안을 논의하는 데 적임자라는 역설적인 대화도 오갔다고 한다. 자칫 조롱거리로 전락할 위험에 몰린 데다 더 강한 조치를 하라는 압력이 계속되자, 아우구스투스는 원로원 의원들에게 각자 자기 아내를 잘 통제해야 한다는 충고로 겨우 갈음했다. "아내를 꾸짖고, 필요하면 적절히 가르쳐야 합니다. 나 역시 그렇게 합니다." 600명에 달하는 의원으로 구성된 원로원이었지만, 원로원도 결국 프린켑스와 그의 가족을 포함한 귀족 세계의 일부였다. 따라서 많은 이들이 리비아를 알고 있었고, 그녀의 대찬 성품을 익히 알고 있던 만큼, 아우구스투스의 이 같은 발언은 많은 이들을 놀라게 했다. 몇몇 발언자가 어떤 훈계를 아내에게 했는지 그에게 구체적으로 묻자, 아우구스트가 기껏 내놓은 답변은 리비아와 율리아에게 몸가짐, 복장, 예절에 대해 조언했다는 것이 전부였다.29

원로원 의원들은 보복을 두려워하지 않으면서 프린켑스를 난처하게 하는 발언도 자유롭게 했다. 물론 몇몇 인사는 그런 말로 미움을 사 정치 경력에 타격을 입기도 했지만, 원로원 의원 대다수는 이미 직위와 명예, 속주 통치권 등 모든 것을 가진 사람들이었으므로 개의치 않았다. 이러한 조롱은 로마 정치의 전통이었던 극도로 저속한 욕설에 비하면 온건한 편이었고, 아우구스투스를 직접적으로 비판하는 수준까지는 미치지 않았다. 아우구스투스를 조롱하고 그를 난처하게 만드는 발언이 가능하다는 사실은 그가 원로원에서 가장 두드러진 의원에 불과하다는 외양을 갖추는 데, 오히려 도움이 되었다. 그가 제안한 법안들은 어려움 없이 통과되었다. 하지만 그 법의 시행은 별개의 문제였고, 그가 만든 새로운 법에 반대한다고 해서 그를 공식적으로 반대한다고 해석하는 것과는 무관했다. 실제 결혼해야 하는 불편함을 수년간 피하면서도 결혼의 혜택은 누리기 위해, 어린아이들과 약혼하는 남자들이 있었다. 이에 아우구스투스는 법을 개정하여, 2년 안에 결혼으로 이어지는 약혼만 인정한다는 조항을 추가했다.30

이러한 법들을 시행하려는 노력은 여러 불편한 상황을 초래했다. 공중도덕을 책임지는 임시 업무를 맡은 아우구스투스가 개별 사건들을 직접 심리해야 했기 때문이다. 한 남성이 자신이 간통했던 여성과 결혼했다는 이유로 고소당했는데, 이 사건 내용은 과거 아우구스투스가 리비아와 다소 이례적으로 혼인에 이른 과정과 매우 유사했다. 고발인이 피고소인의 인격에 관해서도 여러 혐의를 제기한 것으로 보아, 개인적으로 깊은 원한을 품고 있었음이 분명하다. 아우구스투스는 다소 모호하게 당사자들 모두 "과거에 발생한 다툼은 잊어야 한다"라고 선고하며 해당 고소를 기각했다. 기원전 17년, 마흔다섯 살의 성숙한 나이에 접어든 아우구스투스는, 젊은 시절에 비해 격한 분노에도 덜 휩싸였고, 서툰 발언을 하는 횟수도 줄었다. 원로원 의원들의 비꼬는 질문이나 발언 방해에도 잘 대처했으며, 난처한 상황에 처했을 때조차 사소한 체면 손상쯤은 유머로 넘길 줄 알았다.[31]

아우구스투스가 보인 온화한 태도는 그의 통치가 부른 경직된 현실을 어느 정도 완화시켰고, 과거 삼두정 시절 그가 보였던 강경함은 가끔 드러났다. 어느 날 아우구스투스는 베디우스 폴리오Vedius Pollio라는 기사 신분의 인물과 저녁 식사를 함께 했는데, 그는 엄청난 부와 사치를 누렸고 잔혹한 성정으로도 악명이 높았다. 그는 아우구스투스의 오랜 친구로, 기원전 44년, 젊은 카이사르가 정치에 뛰어들었을 때 그를 재정적으로 지원했던 부유한 후원자 중 1명이었을 가능성이 높다. 키케로 세대의 많은 사람처럼, 그도 여러 관상용 연못을 소유하고 있었는데, 그중 하나에 육식성 뱀장어를 기르면서 맘에 들지 않는 노예가 있으면 물고기 먹이로 그 연못에 던졌다. 그날 식사 도중, 한 노예가 실수로 값비싼 잔 하나를 깨뜨리자, 폴리오는 즉시 그를 뱀장어 연못에 던져 넣으라고 명령했다. 그러자 임페라토르 카이사르 아우구스투스는 수행원 중 1명에게 집 안에 있는 잔을 전부 가져와, 주인이 보는 앞에서 하나씩 깨뜨리라고 명령했고, 결국 폴리오는 그 노예를 살려주어야 했다. 이 일화는 아우구스투스가 폴리오의 잔혹함을 못마땅하게 여겼음을 보여주기 위해 전해지는 이야기이며, 분명 그런 의도로 그러한 명령을 내렸을 것이다. 그러나 동시에 이 일화는 자신이 그렇게 행동할 수 있고 그렇게 행동해도 집주인이 그에게 어찌지 못한다는 걸 알았다는 점에서 아우구스투스가 가진 절대적인 확신의 섬뜩한 면을 보여준다. 후에 베디우스 폴리오가 사망하면서 자신의 호화로운 별장 중 하나를 프린켑스에게 유산으로 남겼다. 그러나 아우구스투스는 폴리오의 이름을 기릴 건축물이 남겨지지 않도록 그 저택을 철거하라고 명령했다. 법적으로 엄연히 그의 소유였으므로 그가 원하는 대로 처리할 권리가 있었지만, 누군가의 흔적을 경멸하듯 지워버리는 행동은, 설령 그럴 만한 정당한 사유가 있다고 하더라도 카이사르 아우구스투스가 가진 절대 권력이 어떠했는지를 단적으로 보여준다.32

그를 대적할 세력은 존재하지 않았고, 겉으로는 어떻게 가장하든 그 사실을 모르는 사람은 없었다. 아우구스투스를 향한 비판의 목소리는 있었지만, 그 목소리가 절제되었다는 사실 자체가 로마 시민들이 그에 대해 가진 두려움과 존경을 동시에 보여준다. 과거 로마인들은 위대한 국가적 인물들에 대해서도 그들의 의견을 거침없이 쏟아냈다. 그러나 이제는 원로원 의사당을 비롯한 공공장소에 익명의 글을 남겨 자신들의 비판 정서를 표출하는 데 만족해야 했다. 카이사르 아우구스투스는 익명의 비판 의견에 대해 원로원 연설을 통해 자신이 입장을 변호하면서, 앞으로는 익명의 작성자를 색출하여 책임을 묻겠다고 선언했다. 때때로 그나 그의 정권과 무관한 원로원 의원들을 겨냥한 신랄한 모욕도 있었으나, 이는 그들에게 품은 오랜 개인적 원한이 나타난 경우였다. 여느 시대와 마찬가지로, 고위층의 정치 문제는 대부분 사람의 시간과 노력, 관심사에서 차지하는 비중이 매우 작았다. 이 시기에 아우구스투스는 처벌을 받아 망명을 갔던 배우 필라데스Pylades를 로마로 귀환시켰는데, 이는 그와 또 다른 배우 바틸루스Bathyllus의 팬들 사이의 경쟁이 지나치게 격화되었기 때문이다. 필라데스는 공연 중 그에게 야유를 퍼부은 한 관객을 공개적으로 지목해 나머지 관객이 그에게 욕설을 퍼붓게 하여 모욕을 주었다. 바틸루스는 마이케나스의 총애를 받았고, 때로는 그의 연인이기도 하여 그의 보호를 받고 있었다. 이제 그의 라이벌인 필라데스가 무대에 복귀하면서, 두 배우는 다시 대중의 큰 인기를 끌었다. 과거에 일으킨 소란을 꾸짖는 카이사르에게 필라데스는, 대중이 여가 시간과 그들의 열정을 연극과 유명하거나 때로는 악명을 떨치는 배우들에게 쏟는 것이 프린켑스의 이익에 최대로 부합하는 일이라고 자신감 넘치는 태도로 답변했다.33

세기제世紀祭

기원전 17년, 아우구스투스는 갓 태어난 루키우스와 그의 형 가이우스를 입양하면서, 장기적인 미래 구상에 들어갔다. 수십 년간의 혼란 끝에 일궈낸 평화를 기념하고, 신체적·정신적 쇄신에 관한 논의를 활발히 펼치고, 전통과 과거의 영광에 대한 깊은 관심이 되살아났지만, 아우구스투스 체제의 핵심 정신은 언제나 과거보다 미래를 향했다. 카이사르 아우구스투스의 지도 아래 로마인들이 이룬 위대한 업적은 그가 이끌 로마의 미래에 더 찬란하게 재현될 것이었다. 로마인들을 이러한 운명에 걸맞게 준비시키려면 쇄신이 중요했다. 쇄신은 로마의 발전을 여러 세기 동안 이끈 신들과 올바른 관계를 재정립하고, 로마 시민은 다시 로마인답게 살고 행동해야 한다는 개념이었지만, 이는 단순히 과거의 재현이 아닌 올바른 방식으로 미래를 향해 나아가자는 지침이었다.

로마인들은 여러 가지 방법으로 시간을 측정했다. 한 해는 계절의 자연적인 흐름에 기반을 두었고, 정치와 밀접하게 연관되어 각 연도는 그해의 집정관들 이름으로 불렸다. 감찰관은 5년, 즉 루스트룸lustrum마다 모든 시민의 수, 재산, 신분을 조사해야 했다. 이보다 더 긴 주기로 사이쿨룸 saeculum, 즉 사이클cycle이 있었는데, 인간의 최대 수명보다 긴 기간으로 생각되었다. 사이쿨룸은 과거에도 몇 차례 기념된 적이 있었고, 그 주기에 대한 명확한 합의는 없었으나, 대체로 100년마다 온다고 여겨졌다. 기원전

146년에 마지막으로 사이쿨룸을 기념했으나, 100년 후인 기원전 46년경은 내전으로 혼란한 시기였으므로 누구도 새로운 세기를 기념할 생각을 하지 못했다. 아우구스투스는 과거 율리우스 카이사르가 하늘로 올라가 신이 되었음을 알리는 혜성이 출현하였는데, 그것이 새 세기의 시작이라는 소문이 당시에 돌았다는 말을 전했다. 그러나 그의 말대로 사이쿨룸을 산출하면 기념할 시기가 적절하지 않았으므로, 아우구스투스의 지지자이자 유명한 법학자였던 가이우스 아테이우스 카피토Caius Ateius Capito가 아우구스투스와 의견 조율을 거쳐 사이쿨룸의 주기는 110년이란 걸 '발견'했다. 그래서 로마의 기원으로부터 시작하여 110년 주기를 계산하면, 기원전 17년에 새 사이쿨룸 기념 축제를 개최해야 한다고 주장했다. 모두가 이 방식을 받아들인 것은 아니었다. 클라우디우스 황제는 자신의 재임 기간에 이 축제를 개최하기 위해 전통적인 방식으로 계산했다. 그러나 화려하고 의미 있는 축제 개최를 열망했던 아우구스투스에게 그건 중요한 문제가 아니었다.[34]

루디 사이쿨라레스Ludi Saeculares, 즉 세쿨라 게임Secular Games을 준비하는 데 상당한 노력을 기울였다. 현대식으로 번역해 '세쿨라 게임'으로 쓰는 것은 다소 오해의 소지가 있는데, 이 행사는 모든 면에서 종교 의식이었기 때문이다.* 아우구스투스는 축제의 전 단계에 깊이 관여했으며, 호민관 권한을 부여받은 이후로 더욱 두드러진 역할을 하고 있던 아그리파도 마찬가지였다. 두 사람 모두 이 의식을 감독하는 임무를 맡은 고래의 중요 사제단 퀸데킴비리 사크리스 파키운디스quindecimviri sacris faciundis의 일원이었다. 다른 구성원들은 모두 원로원 의원들이었고, 축제 준비와 관련된 사항들을 사제단에게 보고하고, 승인받았다. 이 사제단은 그 이름이 유래한 15명

---

* Saeculares를 Secular로 번역했는데, secular는 '세속적'이란 뜻이 있기 때문에 오해의 소지가 있는 번역이라는 뜻이다. (옮긴이)

의 전통적 숫자보다 구성원이 몇 명 더 많았는데, 아우구스투스가 모든 사제단을 확대해 자신도 모든 사제단의 구성원이 되었기 때문이다. 원로원은 세부 사항을 대리석과 청동에 비문으로 새겨 축제 현장에 기록으로 남기고, 그 비용은 국고에서 충당해야 한다는 칙령을 발표했다. 모든 축제 준비는 전통적이고 합당한 방식으로 이루어졌고, 전 과정에서 아우구스투스와 아그리파의 역할은 그들의 사제단 동료인 다른 원로원 의원들보다 훨씬 두드러졌다. '집정관 가이우스 실라누스Caius Silanus는 오랜 세월이 흐른 후, 호민관 권한을 가진 임페라토르 카이사르 아우구스투스와 마르쿠스 아그리파의 지도하에 올해 세쿨라 게임이 개최될 거라고 보고했다…'

결혼을 규제하는 최근 법은 미혼 남녀가 공공 축제를 관람하는 것을 금지했지만, 이 경우에는 행사가 너무 중요했고, 인간의 수명보다 더 긴 주기로 열리는 축제이므로 그들이 볼 수 있는 유일한 기회라는 생각에 따라 그 금지령은 해제되었다.

기원전 17년 5월 31일, 루디 사이쿨라레스가 티베리스강 근처 마르스 평원에서 아우구스투스가 올리는 야간 희생제로 시작되었다. 《시빌의 서 Libri Sibyllini》가 규정한 의식에 따라, 그는 암양 9마리와 암염소 9마리를 운명의 여신들에게 바쳤다. 운명의 여신들을 그 희생제에서는 그리스 이름인 모이라이Moirae라 불렀다. 아우구스투스는 운명의 여신들에게 로마 시민들의 행운을 기원했다. 신들에게 로마 시민들의 정체성을 절대적으로 명확히 드러내기 위해 퀴리테스Quirites라는 이름을 덧붙여 지속적인 전쟁 승리 그리고 로마와 로마 군단 병사들의 안전을 빌었다. 특히 아우구스투스는 "라틴인들을 복종하게 하소서"라고 기도하면서 고대의 고풍스러운 분위기를 더했다. 라틴어를 사용하는 로마의 인근 지역은 기원전 4세기부터 확실히 로마의 통치 아래 있었지만, 로마의 의식은 집착에 가까울 정도로 보수적이어서 먼 과거의 잔재들도 흔했으며, 심지어 아무도 이해하지 못하는 단어들을 반복하기도 했다. 이 희생제가 과거의 의식을 많이 차용하지 않았을 것이나, 단지 고대의 의식처럼 보이게 하려는 의도로 그러한 기도를 올렸을 것이다. 이처럼 전통의 외관 속에 현대적인 요소가 섞여 있었다. 아우구스투스는 기도 중 두 번이나 "로마 시민들, 퀴리테스, 15인 위원회, 나 자신, 내 집과 내 가정"에 축복을 기원했다.

그날 밤에는 신중하게 선별한, 모두 애를 낳은 어머니인 110명의 기혼 여성을 위한 의식 연회가 열렸고, 유노와 다이애나 여신의 조각상을 연회 식탁에 배치했다. 연극 공연도 있었는데, 관객들이 배정받은 좌석에 앉아 보는 그리스 방식이 아니라 전통적인 로마 방식대로 모든 관객이 서서 관람했다. 다음 날인 6월 1일, 아우구스투스와 아그리파는 카피톨리움 언덕으로 가서 각자, 완벽한 희생 제물인 황소를 죽여 '가장 선하고 위대한 신 유피테르'에게 바쳤고, 다음 날인 6월 2일에도 카피톨리움 언덕에서 각자 암소를 유노에게 제물로 바쳤다. 사제단의 다른 구성원들이 아우구스투스와 아그리파를 수행했지만, 제물은 오직 이 두 사람만 바쳤다. 특정 신이나 여신에게 희생제를 올린 다음, 매번 이 두 사람은 "라틴인들을 복종하게 하소서"라는 요청과 함께 로마 시민, 퀴리테스의 안전과 성공, 아우구스투스 자신과 그의 집 그리고 그의 가정에 축복을 기원하는 첫 기도를 반복해서 올렸다. 6월 1일 밤에는 그리스의 출산 여신인 일리튀아Ilithyia에게 의식용 케이크를 바쳤고, 6월 2일 밤에는 아우구스투스가 티베리스강 옆에서 대지의 어머니Terra Mater를 기리기 위해 임신한 암퇘지를 도살했다. 그다음 날, 아우구스투스와 아그리파가 팔라티움 언덕에서 아폴로와 다이애나에게 제물용 케이크를 바쳤다.

동물을 제물로 바치는 일이 오늘날 우리에게는 매우 낯선 의식이며, 당시의 학자들조차 동물 희생제를 너무도 당연한 의식으로 여겨 희생제 준비에 얼마나 많은 정성과 주의를 쏟는지를 쉽게 잊었다. 적절한 동물들을 찾아 건강한 상태로 유지해야 했고, 공포에 질리지 않은 차분한 상태로 제단까지 끌고 와야 했다. 실제로 동물을 죽이는 일은 고도로 숙련된 전문가가 했는데, 깔끔하고 효과적인 도살이 필요했기 때문이다. 희생 동물의 도살이 진행되는 동안 아우구스투스와 아그리파는 토가의 일부를 머리 위로 두르고 기도를 낭송하며 옆에 서 있었다. 이렇게 머리를 토가로 가리고 있는 모습으로 묘사된 아우구스투스의 조각상, 그리고 아그리파 조각상도 많이 남아 있는데, 이는 분명 프린켑스가 자신의 경건함과 사제 역할을 과시하고 싶어했기 때문일 것이다. 준비 의식, 희생 제물의 도살, 기도문 발성 중 어느 하나에서라도 실수가 있으면 전체 의식이 무효가 되어 다시 반복해야 했다.

희생제와 별도로 110명의 부인이 성스러운 연회들을 개최했는데, 이들은 때때로 공공 기도에도 참여했다. 종교의식을 치른 이후 7일 동안 폼페이우스 극장과 아직 완공되지 않은 마르켈루스 극장에서 그리스어와 라틴어로 여러 연극 공연이 있었는데, 일부 공연은 임시 목조 극장에서도 열렸다. 화려한 축제와 볼거리 행사가 거의 2주에 걸쳐 진행된 다음, 며칠간 이어지는 야수 싸움과 전차 경주로 대미를 장식했다. 그 기간 내내 로마의 현재와 미래의 위대함은 카이사르 아우구스투스와 그의 동맹자 아그리파가 불가분의 관계에 있다는 점이 강조되었다.

6월 3일, 팔라티움 언덕과 그 이후 카피톨리움 언덕에서 27명의 소년과 27명의 소녀로 구성된 합창단이 특별 헌정시를 노래했다. 3과 9라는 신성한 두 숫자의 조합으로 27을 만들었다. 헌정시를 지은 시인은 호라티우스였으나, 베르길리우스가 살아 있었다면 그의 작품이 더 선호되었을 가능성이 높다. 그 헌정시 〈카르멘 사이쿨라레Carmen Saeculare〉는 오늘날까지 전해진다. 제물로 달랜 신들뿐만 아니라 다른 신들에게도 로마인들을 축복하고 보호해 달라고 요청하며, 《아이네이스》에서 찬양한 트로이의 과거를 노래한다. 아우구스투스의 많은 관심사가 그 시에 담겨 있는데, 대표적인 구절이 '남녀가 함께 멍에를 쓰고 미래의 곡물인 우리 아이들을 길러 내라고 가장들Pater(전통적으로 가족의 아버지였던 원로원 의원들을 지칭하는 또 다른 용어)이 결혼법을 칙령으로 발표하고'이다. 아우구스트 자신도 '앙키세스와 베누스의 영광스러운 후손은…, 전투에서 적을 물리치되 쓰러진 적은 자비롭게 대해'라는 구절에 등장한다. 그해에 율리우스 카이사르를 새긴 일련의 주화를 발행하여 율리우스 씨족의 영광을 거듭 강조했다.[35]

루디 사이쿨라레스는 현재 진행 중인 '쇄신'이 이미 자리를 잘 잡아가고 있다는 징표로서, 또 더욱 위대한 로마의 미래를 약속할 목적으로 기획된 행사였다. 로마인은 번성하고, 그들의 후세대는 역사의 다음 주기에서 더욱 강해질 것이며, 그 모든 중심에는 카이사르 아우구스투스가 있었다. 이제 아우구스투스도 아들들을 자랑할 수 있었다. 친자와 마찬가지로 입양한 아들 역시 키우려면 비용이 많이 들지만, 자신의 이력이 보여주었듯이 입양으로 이루어진 부자간의 유대도 강력했다. 그가 로마 지배층에 권유하고 강제했던 것처럼, 아우구스투스 자신도 로마의 자라나는 새 세대를 양성한다는 이상에 맞게 살려고 노력했다. 그가 의붓자식들과 가문 사람들의 조혼早婚을 장려한 것도 같은 취지에서 비롯되었다.

그러나 프린켑스의 측근 중 일부는 그처럼 좋은 본보기를 보이지 않았다. 마이케나스는 결혼했으나 자식이 없었으며, 남자들에게 더 관심이 있었던 것으로 보인다. 베르길리우스도 결혼하지 않은 것으로 보이며, 소년들에게만 열정을 느꼈다는 소문이 있었다. 호라티우스는 여성들과의 관계에 탐닉했지만, 그 상대가 주로 직업적인 고급 매춘부나 매음굴의 창녀들이었다. 그는 침실의 벽과 천장을 거울로 장식해, 사랑을 나누는 모습을 바라보았다고 전해진다. 만약 사실이라면 이는 매우 값비싼 사치였을 것이다. 당시 거울은 매우 비싼 물건이었기 때문이다. 그렇지만 아우구스투스는 호라티우스의 여성 편력에 개의치 않았던 듯, 호라티우스에게 쓴 편지에서 그를 '가장 음탕한 작은 사내'나 '완벽한 남근'이라 장난스럽게 불렀다. 이들 중 누구도 공직 진출에는 큰 관심을 보이지 않았다. 마이케나스는 영향력과 배후 권력이 있었으나 공직을 맡은 적은 없다.[36]

로마인답게, 카이사르 아우구스투스는 단순한 행동의 변화보다 대중에게 보이는 이미지와 실용성을 훨씬 더 중요하게 여겼다. 귀족들이 자손을 남겨 다음 세대를 이어가길 원했으며, 대중 앞에서 품위를 지키고 신들과 전통을 존중하길 바랐다. 많은 사람이 그의 결혼법에 반감을 품고 또 무시하기도 했지만, 대개는 어느 정도 자발적으로 따랐을 것이다. 그들이 결혼법을 지키고 대중 앞에서 적절히 행동하기만 하면, 아우구스투스는 물론 그 어느 누구도 사적인 영역에서의 은밀한 행위는 크게 문제 삼지 않았다.

17장 가족과 동료들

> 아우구스투스 카이사르… 그가 로마에 오래 머물자, 많은 이들이 그를 싫어하게 되었다.
>
> — 디오, 기원후 3세기 초[1]

> 나는 아드리아해 인접 지역에서부터 투스카나해에 이르는 모든 알프스 지역을, 어떤 부족과도 정당하게 싸워 평정했다.
>
> — 《신 아우구스투스의 업적록》[2]

기원전 17년 말 또는 기원전 16년 초, 게르만족의 세 부족인 우시페테스Usipetes, 텐크테리Tencteri, 수감브리Sugambri가 자기들 땅에 들어간 로마인들(무역 목적으로 그 지역에 있었던 것으로 보인다)을 갑작스레 붙잡아 십자가형에 처했다. 무엇 때문에 그처럼 적대적 행동을 저질렀는지 알 수 없으나, 곧이어 대규모 전사를 모아 라인강을 넘어 로마령 갈리아로 침입해 약탈을 감행했다. 갈리아 대관 총독 마르쿠스 롤리우스Marcus Lollius는 이에 대응하여 군대를 집결시켰다. 과거 율리우스 카이사르와 아그리파 등도 그 지역에서 아주 비슷한 방식으로 대처했다. 그러나 롤리우스는 그들만큼 영민하지 못했던 것 같고, 결국 상황이 좋지 않게 흘러갔다. 로마군 본진에 앞서 순찰 경계에 나섰던 보조군 기병대가 게르만족의 매복 공격에 호되게 당했다. 승리에 들뜬 게르만 전사들이 패주하는 기병들을 추격하다 로마군 본진까지 덮쳤고, 기습 공격을 받은 로마군 전체 병력은 아수라장이 되었다. 제5알라우다이 군단이 무너지면서, 군단의 소중한 상징인 독수리 군기를 잃고 말았다. 한동안 로마군은 패주했으나, 전열을 정비한 후 가까스로 게르만 전사들을 격퇴했다.

롤리우스와 그의 군대는 패배를 면했고, 피해도 그다지 크지 않았던 듯하다. 수에토니우스는 이 패배를 '심각하다기보다는 수치스러운 사건'이라고 표현했지만, 어쨌든 내전 이후 아우구스투스가 겪은 단 두 차례의 패배 중 하나로 기록했다. 롤리우스는 아우구스투스의 대관 총독이었으므로, 그가 거느린 병사들은 곧 아우구스투스의 병사들이었다. 따라서 과거 그들의 승리가 아우구스투스의 승리였던 것과 마찬가지로 그들의 패배는 곧 아우구스투스의 패배로 인식되었다. 아우구스투스가 로마의 지도자가 된 이유는 전쟁 승리로 로마에 평화와 번영을 가져왔기 때문이었다. 따라서 어떤 형태의 패배든 그의 위신에 타격을 줄 수밖에 없었고, 특히 파르티아와 일리리아에서 빼앗긴 군기를 회수했다고 대대적으로 선전한 이후에 다시 독수리 군기를 빼앗겼다는 사실은 매우 당혹스러울 수밖에 없었다. 이에 아우구스투스는 자신이 직접 갈리아로 가겠다고 선언하고, 봄이 끝날 무렵 로마를 떠났다. 하지만 그가 도착하기도 전에 전쟁은 이미 끝나 있었다. 게르만족의 약탈 공격에 대한 응징으로 게르만족의 중심부를 타격하기 위해 롤리우스가 잘 준비된 대규모 병력을 다시 규합하자, 이 소식을 접한 게르만족이 즉시 사절단을 보내 화평을 요청했고, 이에 롤리우스가 내건 조건에 따라 전쟁 상황이 종료되었던 것이다. 빼앗긴 독수리 군기가 어떻게 되었는지는 정확히 알 수 없다. 하지만 군기 회수를 기념하는 대대적인 행사가 없었던 것으로 보아, 군기 상실이 일시적이었을 수도 있고 군기를 빼앗긴 후의 첫 교전에서 되찾았을 수도 있다.³

갈리아에서의 이러한 상황 전개에도 불구하고 아우구스투스는 계속해서 갈리아로 향했다. 아마도 롤리우스의 패배 소식이 전해지기 전부터 서방 속주 순방을 계획했던 것으로 보인다. 같은 시기에 아그리파도 동방 속주를 떠났으므로 그와 그의 장인 아우구스투스 모두 향후 3년 이상 이탈리아 밖에 있을 것이다. 로마에서 일정 기간 머문 후 그보다 더 긴 기간을 속주 순방에 할애하는 방식이 지속되다가, 이제 관례로 자리 잡았기 때문이다. 디오에 따르면, 로마 밖에 있는 것을 오히려 좋아했던 아우구스투스는 갈리아에서의 전쟁 소식을 서둘러 로마를 떠날 수 있는 구실로 삼았다고 한다. 근래 시행된 결혼법은 여전히 일부 원로원 의원과 기사 신분을 화나게 했다. 아우구스투스는 결혼법을 위반해 발각된 자신의 친구들이나 지지자들에게는 기꺼이 법 적용을 유예하거나 해당 처벌을 완화해 주었다. 이는 당시 로마 사회에서는 이해할 만한 다분히 로마다운 일이었지만, 엄격한 처벌을 받은 이들의 반감을 더 키우는 결과를 초래했다. 아우구스투스를 조직적으로 반대하는 낌새는 없었지만, 그의 격식에 얽매이지 않는 태도, 그에게 쉽게 다가갈 수 있는 여건 그리고 자유롭고 공개적인 원로원 토의를 환영한다는 그의 입장 등이 그를 자주 곤란하게 만들었다. 아우구스투스가 로마에 머무는 기간이 길어질수록, 그의 관용의 한계를 시험하는 일부 인사들의 도발이 잦아졌으나, 전통적이고 합법적인 정권의 외양을 유지하려 했던 그가 그에 대응해 취할 조치는 딱히 없었다.⁴

리비아도 아우구스투스를 따라 갈리아로 동행했을 것이다. 그러나 디오는 아우구스투스가 이탈리아를 떠난 이유가 사람들의 눈을 피해 마이케나스의 아내 테렌티아와 불륜을 이어가기 위해서였다는 터무니없는 소문도 전한다. 리비아의 아들 티베리우스도 곧 이 부부에게 합류했는데, 이후 몇 년간 아우구스투스의 두 의붓아들은 눈에 띄는 공적 활동들을 수행했다. 티베리우스가 로마에 잠시 머물렀던 이유도 드루수스와 공동으로, 재건축된 퀴리누스Quirinus 신전의 개장을 기념하는 검투사 경기를 주관하기 위해서였다. 퀴리누스는 로마의 고대 종교에서 섬기던 신의 하나로 그 즈음엔 신격화된 로물루스와 동일시되었다. 그 두 형제가 검투사 경기를 조직한 것은 우연이 아니었는지도 모른다. 새 신전의 프리즈에는 로물루스와 레무스가 서로 싸우는 모습이 아니라 로마 건국을 앞두고 나란히 앉아 신들의 뜻을 묻는 조점관 모습으로 새겨져 있기 때문이다. 이런 형제애의 조화는, 그것이 단지 피를 나눈 형제간의 화합이든 아니면 모든 로마인의 단결이든, 아우구스투스 체제가 내세운 현재이자 미래였다.5

기원전 16년, 티베리우스는 재무관으로 선출되었다. 그는 이미 몇 년 전부터 원로원 명부에 '전직 재무관'으로 기록되어 있었지만, 실제로는 그보다 늦게 직책을 맡게 된 것이다. 당시 티베리우스의 나이는 불과 스물다섯 살이었지만, 원로원의 특별 의결로 모든 공직의 법정 최저 나이보다 5년 먼저 출마할 수 있었다. 언제부턴가 아우구스투스는 주요 정무관이 될 수 있는 최저 나이를 낮추었는데, 그 정확한 시기와 방식이 한 차례의 대대적인 개혁을 통해서였는지 아니면 여러 작은 변화를 거친 점진적인 과정이었는지는 불분명하다. 아무튼 기원전 20년대 후반에는 주요 공직에 진출할 수 있는 최저 나이의 인하가 완료된 듯하며, 따라서 과거보다 이른 나이에 정무관이 될 수 있어서, 재무관은 보통 30세, 집정관은 33세면 가능했다. 내전과 공권 박탈 과정에서 심대한 타격을 입은 가문의 새 세대가 성인 나이에 이른 때에 맞춰 이루어진 이러한 조치 덕분에, 명문가의 후손인 그들이 집정관직과 주요 정무관직에 대거 진출할 수 있었다.6

기원전 16년 1월 1일, 2명의 새 집정관, 루키우스 도미티우스 아헤노바르부스Lucius Domitius Ahenobarbus와 푸블리우스 코르넬리우스 스키피오 Publius Cornelius Scipio가 임기를 시작했다. 두 인물 모두 티베리우스와 드루수스처럼 흠잡을 데 없는 귀족 혈통이었다. 아헤노바르부스는 옥타비아와 마르쿠스 안토니우스의 큰 딸 안토니아와 결혼했기 때문에 아우구스투스의 조카손자였다. 이보다는 덜 가까운 관계이긴 했지만, 스키피오는 아우구스투스의 딸 율리아의 이복형제로, 아우구스투스와 이혼한 율리아의 생모 스크리보니아가 재혼해 낳은 아들이었다. 로마의 공직 사회는 오랫동안 이처럼 가까운 인척 관계로 맺어졌지만, 그렇다고 정치적 협력이 당연시되진 않았다. 스키피오는 1년의 임기를 채우지 못했고, 아우구스투스의 옛 고위 부관 중 1명이 보궐 집정관이 되어 그를 대체했다. 집정관이 바뀐 사유는 알 수 없으나, 이 사건에 관한 자료가 전해지지 않는 것으로 보아 특별히 불길한 이유가 있었을 것 같지는 않다.[7]

아우구스투스는 로마를 떠나기 전에 시 행정관 직책을 부활시켜, 이번에는 경험 많은 그의 부하인 스타틸리우스 타우루스에게 맡겼다. 기원전 26년에도 아우구스투스는 이 오래된 직책을 되살리려 했지만, 메살라가 며칠 만에 사임하면서 실패했다. 그로부터 10년이 지났으므로 그 직책의 권한과 역할이 더욱 명확해졌을 것이다. 어느 시점엔가 3개의 시 보병대가 만들어졌고, 시 행정관의 지휘 아래 경찰력으로 기능했다. 티베리우스가 명망 높은 직책인 시민 담당 법무관이 되었을 테지만, 몇 달 동안만 그 직책을 수행하고 아우구스투스와 함께 갈리아로 떠나야 했기 때문에, 아직 정식 직책이 없던 드루수스가 티베리우스를 대신했다. 스타틸리우스 타우루스와 같은 인물도 오랜 동맹자로서 중요했지만, 시간이 갈수록 프린켑스의 친인척이 점차 중요해졌다. 프린켑스의 사위이자 호민관 권한의 공동 소유자인 아그리파는 동방에 있었다. 그와 함께 갈리아에 있는 티베리우스는 곧 롤리우스를 대신하여 갈리아 대관 총독이 될 예정이었고, 드루수스는 기원전 15년부터 로마를 떠나 속주들로 가서 더 적극적인 역할을 할 것이었다. 티베리우스와 드루수스 형제가, 더 장기적으로는 아그리파의 실제 아들들이자 아우구스투스의 양자들이 로마의 미래 안정을 보장할 것이었다. 이제 프린켑스가 죽는다 해서 그가 이룬 정권이 급작스럽게 붕괴하거

나 내전으로 빠져들 위험은 없었다.[8]

식민시, 공동체 그리고 도로

이번이 아우구스투스의 네 번째 갈리아 원정으로, 그 자체로 이 지역의 중요성이 증명된다. 율리우스 카이사르는 갈리아 코마타, 즉 '장발의 갈리아'를 정복하여 폼페이우스와 맞설 수 있는 부와 명성 그리고 충성스러운 군대를 확보했다. 그 이후 몇 년간 그 지역이 실제 전투는 거의 없었지만, 내전에서 중요한 전략적 요충지가 되었다. 근래에 정복한 데다 라인강 너머에 사는 부족들의 습격이 잦았으므로 갈리아 속주에는 상당한 규모의 주둔군이 있어야 했으며, 지리상 필연적으로 그 주둔군은 어떤 로마 속주의 군대보다 이탈리아에 더 가까이 위치했다. 또한 갈리아는 보조 병사를 모집하기에 아주 좋은 지역이었고, 특히 갈리아 지방의 기병은 유명했다. 기원전 43년에 레피두스가 갈리아 군단을 휘하에 둠으로써 실질적인 권력자로 부상했고, 기원전 40년에는 아우구스투스가 갈리아 군단들을 확보하여 안토니우스의 입지를 뿌리째 흔들어 놓았다.

갈리아 키살피나는 이제 이탈리아의 일부가 되어 더 이상 군대가 주둔하지 않았다. 율리우스 카이사르의 주요 거점 지역이었던 갈리아 트란스알피나(오늘날의 프로방스)는 기원전 29년 아우구스투스에게 주어졌던 광대한 속주 통치권에 포함되었다. 그해에 아우구스투스는 그 지역을 외부의 위협으로부터 안전하게 만든 후 원로원 관할 속주로 이양하겠다고 약속했으며, 이후 실제로 이양하여 그의 진정성을 입증하는 첫 번째 사례가 되었다. 따라서 어느 시점(기원전 22년이 가장 가능성이 높지만 확실하지는 않다)부터 갈리아 트란스알피나는 원로원 관할 속주로 바뀌어, 프로콘술이 통치했다. 수도 나르보Narbo(오늘날의 나르본Narbonne)의 이름을 따서 갈리아 나르보넨시스Gallia Narbonensis로 이름을 바꿨고, 더 이상 로마군은 주둔하지 않았다. 하지만 많은 전역 병사가 지난 몇십 년 동안 설립한 여러 식민시에 정착해 살았다. 이들 전역 병사는 아우구스투스에게 감사해 충성했으므로, 그들이 아우구스투스의 경쟁자를 위해 봉기할 가능성은 낮았다. 식민시 정착민의 후손들은 군 복무에 관해서 선대의 전통을 따르는 경향이 있었으므로, 장기적으로도 갈리아 나르보넨시스는 아우구스투스가 군 병력을 모집하기에 아주 좋은 지역이었다.9

갈리아 나르보넨시스는 이미 매우 로마화되어 있었다. 한 세대 전에 이미 율리우스 카이사르는 이곳의 귀족들이 유용한 동맹이 되리라는 걸 알았다. 현지 귀족들은 라틴어에 능통했고, 로마 문화와 때로는 그리스 문화에 익숙했으며, 로마의 장교들, 참모들과도 잘 어울렸다. 일부 귀족은 이미 로마 시민권이 있었고, 이후 몇 년 동안 더 많은 이들이 보상책으로 로마 시민권을 받았다. '율리우스'는 갈리아 전역, 특히 나르보넨시스에서 시민들 사이에 가장 흔한 이름이었는데, 율리우스 카이사르와 그를 이은 아우구스투스가 이 지역에 얼마나 후의厚意를 베풀었는지 보여주는 증표이다. 현지 귀족 중 가장 총애를 받는 이들은 기사 신분이나 심지어 원로원 의원까지 되었다. 많은 경우, 그들의 출신 공동체들은 로마식 도시와 아주 가까운 형태로 변모하고 있었으며, 전역 병사들의 식민시가 설립되면서 그 과정은 더욱 가속화되었다. 많은 도시가 격자무늬 형태의 도로망을 기반으로 계획되었다. 도시 중심에 포룸이 위치하고 그 주위로 공공 업무를 위한 공회당과 상업 활동을 위한 공간 그리고 대개 로마의 신들 중 하나를 적절히 모시는 신전이 배치되었다. 곧 이들 도시에는 아우구스투스가 기증했거나 현지 귀족들이 후원한 극장과 원형 경기장이 들어섰다. 한 세기도 채 지나지 않아 대大 플리니우스Plinius가 갈리아 나르보넨시스를 사실상 이탈리아의 일부라고 묘사했던 것도 이런 이유 때문이었다.10

그러나 갈리아의 나머지 지역은 이와는 달리, 로마의 영향력이 훨씬 미치지 못했다. 시간이 지나면서 갈리아 코마타는 남동부의 아퀴타니아, 북부와 중부의 루그두넨시스Lugdunensis 그리고 북동부의 벨기카Belgica 이렇게 3개의 속주로 편성되었다. 이 세 속주는 율리우스 카이사르가 그의《갈리아 전쟁기》서두에서 갈리아 지방이 나뉘었다고 말한 '세 지역'과, 아주 정확하지는 않지만 대략 일치했다. 1명의 대관 총독이 전 지역을 통치했던 것으로 보이지만, 아우구스투스 치세 때도 '세 갈리아'란 언급이 있는 것으로 보아, 3개의 속주는 이미 구분되는 지역이었던 듯하다. 롤리우스가 게르만족 습격자들과 불행하게 마주친 근래 사건이 증명하듯이, 이들 갈리아 지방은 확실히 군사적으로 중요한 속주였다. 또한 알프스 근처에 살며 로마의 통제를 받지 않는 부족들과 아퀴타니아에서도 가끔씩 문제가 발생했다. 종합적으로 보아, 아우구스투스가 세 갈리아를 통치하기 어려운 지역으로 생각하고 그 지역에 관심을 둔 것은 합리적인 판단이었다.[11]

갈리아 지방의 부족들은 로마에 정복당한 기억이 생생함에도 심각한 저항의 흔적은 찾을 수 없었다. 아퀴타니아는 유일한 예외였으며, 북부 히스파니아가 완전히 평정되었으므로 피레네산맥 너머에는 더 이상 그 지역의 갈리아 부족을 습격하거나 지원할 수 있는 독립적인 부족이 없었다. 따라서 이후 몇 년간 아퀴타니아에서 심각한 전투가 있었다는 기록은 없다. 그러나 당분간은 알프스산맥 인근 지역 및 게르만 부족이 사는 지역과 기다랗게 맞닿은 변경 지대는 로마 제국 외부로부터의 공격에 여전히 노출되어 있었다. 따라서 로마인들이 그 지역들을 외부의 침입으로부터 보호하지 못한다면, 일부 갈리아 귀족들과 그들의 경쟁자들은 로마와의 동맹이 가치가 있는지 의문을 품게 되어, 로마가 아닌 게르만 부족의 군사 지도자들에게 의존할 수도 있었다. 율리우스 카이사르 시대에도 이와 유사한 정황이었으나, 그는 이를 문제라기보다 오히려 자신이 적극 개입할 수 있는 좋은 기회로 삼았다.[12]

아우구스투스는 더 영구적인 해결책을 찾아야 했다. 알프스산맥 인근 지역은 사실상 로마 속주들로 둘러싸여 있었기 때문에, 여러 면에서 다루기가 더 수월했지만 결코 간단한 문제는 아니었다. 높은 계곡에 사는 부족들은 별개의 공동체를 이루었기 때문에 서로 느슨한 연합을 유지했고, 공동체 지도자들도 자기 지역에서만 제한된 영향력을 행사했다. 혹독한 생활 조건으로 강인하고 거칠어진 전사들이 계곡의 정착지로 내려가 약탈을 일삼았고, 방해받지 않고 산길을 통과하려는 상인들과 때로는 로마 군대로부터도 통행료를 갈취했다. 근래에는 로마인을 상대로 한 끔찍한 잔혹 행위를 저질렀다는 보고도 있었는데, 이는 적어도 일부 공동체가 로마인을 혐오하고 있다는 사실을 시사했다. 그 보고에 따르면, 일련의 습격에서 포로로 잡은 로마인 중 남자들은 모조리 학살했으며, 그들의 점쟁이가 남자아이를 임신했다고 지목한 여자들도 모두 살해했다고 한다.[13]

근래 몇 년간 아우구스투스는 여러 차례 알프스 원정을 명령했고, 이번에는 그 지역 정복을 매듭짓기로 결심하고 그의 의붓아들들에게 그 임무를 맡겼다. 드루수스는 기원전 15년 봄에 이탈리아에서 여러 부대를 이끌고, '인 계곡Valley of the Inn'으로 진군하며 작전을 시작했다. 이후 티베리우스도 갈리아 주둔 기지에서 출발하여, 치열한 소규모 전투와 성벽으로 둘러싸인 마을들을 공격하며 진군했다. 8월 1일, 두 형제는 병력을 합류하여 대규모 전투에서 승리를 거두는데, 그날은 마침 아우구스투스가 이집트에서 승리한 지 15주년이 되는 날이어서 승리의 기쁨이 더 컸다. 그해 말, 거의 모든 알프스 지역이 로마의 확실한 통제 아래 들어왔고, 이후 남아 있던 몇몇 지역도 곧 평정했다. 이로써 그곳의 산악 지역과 산길에 대한 로마의 통제는 다시는 도전받는 일 없이 확고해졌다. 이 원정의 성공을 기념하기 위하여, 피레네산맥에 폼페이우스가 세운 유사한 전승 기념물과 비견될 만한 화려한 승리의 기념물을 해양 알프스Alpes Maritimae의 라 튀르비La Turbie에 세우고, 이 원정에서 정복한 45개의 부족 이름을 기록했다. 이들 부족 중 상당수는 다른 기록에서는 거의 확인할 수 없는데, 그 지역의 느슨했던 사회상이 반영된 것으로 보이며, 저항하지 않고 로마의 통치를 받아들인 부족들도 더러 있었던 것으로 보인다. 노리쿰Noricum에서는 거의 전투가 없었지만, 적어도 일부 라에티인Rhaeti과 빈델리키인Vindelici은 로마가 동원한 대규모 자원에 맞서 승리할 희망이 없었음에도 격렬하게 저항했다. 호라티우스는 티베리우스와 드루수스의 승리를 찬양하는 두 편의 시를 헌정했다. 아우구스투스는 이들 모든 부족과 싸워야 할 정당한 대의가 있었다고 자랑했고, 늘 그러했듯 로마인들은 그렇게 믿고 싶어 했다.14

알프스산맥을 지나는 길목을 확보함으로써 이탈리아에서 남쪽으로는 일리리쿰과 북쪽으로는 갈리아까지의 연락망이 크게 개선되어 로마 제국은 더 일관성 있는 통치 체제가 되었다. 여러 면에서 이를 달성하는 데 그렇게 오랜 시간이 걸렸다는 사실이 놀랍기도 하지만, 아우구스투스의 확신과 통제가 없었다면, 전리품이나 노예 확보 측면에서 실익은 거의 없으면서 그토록 힘들고 지루한 전투를 치러야 하는 우울한 일련의 원정 전쟁에 그렇게 많은 자원을 동원할 수 없었을 것이다. 과거에는 알프스산맥의 부족들에게 통행료를 지급하고 통과하는 것이 더 쉽고 경제적이었다. 히스파니아 북부의 산악 지역을 정복한 것처럼, 카이사르 아우구스투스는 어렵지만 유용한 임무를 기꺼이 수행하려 했고, 그리하여 자신의 업적도 기꺼이 기념하려 했다.15

10년 이상 전부터, 아그리파는 갈리아 지방에 대대적으로 도로를 건설하는 작업에 착수했다. 갈리아 전역에 걸쳐 원활한 연락망을 구축하고, 특히 북쪽과 동쪽으로는 라인강 그리고 서쪽으로는 아퀴타니아와 더 나아가 히스파니아까지 접근성을 향상하려는 목적이었다. 2개의 주요 도로가 루그두눔Lugdunum(오늘날의 리옹)에서 만났으므로, 루그두눔 시가지의 격자무늬 도로망도 이들 주요 도로와 연결되도록 건설했다. 로마의 모든 도로와 마찬가지로, 도로 건설의 일차적 목적은 군 병력이 이동할 수 있는, 특히 일 년 내내 군수 물자를 수송할 수 있는 배수가 잘되고 탄탄한 대로를 만들어, 군사용으로 쓰기 위해서였다. 군단에 필요한 곡물, 육류 및 기타 물동량은 상당했다. 병사들에게 제때 지불해야 하는 주화도 무겁고 부피가 커 운반하기 힘들었다. 가능한 한 수송이 훨씬 쉽고 저렴한 수로를 이용했기 때문에, 론강Rhône river과 가론강Garonne river처럼 수로로 많이 이용되는 강 유역을 보완하면서 새 도로 체계를 구축했다. 군수 물자의 대부분은 현지 속주에서 징발한 곡물과 가축으로 충당했지만, 이 물자들을 필요한 장소로 운송하려면 상당한 주의와 노력이 필요했다. 이후 몇 년 동안 점점 더 많은 로마 군단이 라인강 변경으로 이동하면서 그 지역의 물자 수요가 크게 늘었다. 필수 군수품과 함께 크고 작은 사치품 운송도 끊임없이 증가하여, 수송로를 따라 시장이 생기고 물품이 유입되면서, 군인들뿐만 아니라 민간인들도 와인과 고급 식기류 등에 대한 취향을 발견했다.16

이 모든 것이 완전히 새로운 현상은 아니었다. 율리우스 카이사르도 갈리아 전역의 현지 도시, 즉 오피다oppida에 거주하면서 교역에 종사하는 로마 상인들을 보았고, 갈리아인들이 지중해 지방에서 온 여러 물품에 열광했음을 보여주는 고고학적 증거도 많다. 기원전 1세기에 북쪽 갈리아 지방으로 운송된 이탈리아 와인의 양은 놀라울 정도다. 한 학자는 약 4,000만 개의 암포라amphora*가 론강을 따라 북상했다고 추정한다. 갈리아인에게 도로는 완전히 혁신적인 문물도 아니었는데, 갈리아인도 강에 다리를 놓고 습지를 통과하는 둑길을 쌓는 등 여러 경로를 따라 주요 도로를 연결했다. 여러 갈리아 마을에는 장인들도 존재했는데, 상당수의 장인들이 모여 사는 마을에서는 다양한 기술로 제품을 만들어 광범위한 지역에 팔기도 했다. 많은 갈리아 부족, 특히 중부 갈리아의 부족들은 상당한 정치적, 경제적 세련됨을 보였다.17

그러나 정복자로서 로마인들의 도착은, 피정복 자체의 트라우마(종종

---

* 고대 그리스나 로마 시대에 쓰던, 양 손잡이가 달리고 목이 좁은 큰 항아리. (옮긴이)

끔찍한)를 넘어서는 심대한 변화를 초래했다. 기존의 산길과 도로가 연중 대부분 제구실을 했다지만, 설계 측면에서 전천후 포장도로인 로마의 도로에 크게 미치지 못했고, 도로망의 규모는 훨씬 더 뒤처졌다. 율리우스 카이사르가 도착하기 이전에도 교역량이 많았지만, 대개 지배층을 위한 사치품에 국한되었다. 그로 인한 혜택도 귀족들이 독점했고, 교역 통제는 그들의 권력만 확인시켰다. 론강을 따라 영토를 보유했던 아이두이Aedui족의 몇몇 족장들은 와인 교역에 세금을 매겨 엄청난 부와 지배력을 얻기도 했다. 그러나 로마인의 유입으로 그러한 독점권은 깨졌고, 현지 귀족들은 로마 통치 체계의 일부로 편입되어야 해당 지역에서 권력을 누릴 수 있었다. 더 다양한 물품들이 현지 귀족만이 아닌 광범위한 사회 계층을 겨냥하여 이탈리아에서 북쪽으로 이동했다. 시간이 흐르면서는 로마 속주들의 물품 역시 유입되었다. 현지 갈리아인도 새로운 취향에 적응했다. 아우구스투스 시대에 포도 재배와 와인 제조가 갈리아 지방에 널리 퍼졌고, 도자기 제조업자들은 갈리아 지방의 증가하는 수요에 부응하기 위해 작업장을 아예 갈리아 지방에 만들기도 했다. 갈리아 남부에서는 이미 널리 통용되던 로마 표준에 기반을 둔 주화가 더 넓은 지역으로 확대되었고, 특히 로마군이 주둔하여 군단병들이 급여를 사용하는 곳에서는 주화 사용이 더욱 촉진되었다. 루그두눔에 설립한 공식 주화 제조창에서 금화와 은화를 생산해, 병사들의 급여와 공공 건설 공사 자금으로 지급함에 따라, 갈리아 지방에서 주화는 빠르게 더 넓은 지역에서 유통되었다. 화폐 경제가 점차 자리 잡기 시작하면서, 그와 함께 카이사르 아우구스투스의 이미지와 상징도 널리 퍼져 나갔다.

 로마 문화가 광범위하고 신속하게 갈리아 지방에 영향을 미쳤지만, 그 과정이 일시에, 전면적으로 진행되지는 않았으므로 현지의 고유한 특성과 일부 지역의 다양성은 그대로 유지되었다. '세 갈리아'는 갈리아 나르보넨시스보다 로마화의 정도가 훨씬 약했다. 식민시 정착이 왕성하던 시기에도 갈리아 나르보넨시스 이외의 지역에는 전역 병사들을 위한 식민시는 세 곳, 즉 루그두눔, 노비오두눔Noviodunum(오늘날의 니욘스Nyons), 라우리카Raurica(오늘날의 스위스 아우그스트Augst)에만 설립되었다. 도시 공동체가 여러 지역의 갈리아 사회에서 중요한 특징으로 자리 잡았지만, 로마인들이 기대했던 방식으로는 기능하지 않았다. 로마인들에게 도시는 주변 땅을 관리하는 정치적 실체로서, 각 도시는 본질적으로 이웃 도시와는 독립적인 단위였다. 그러나 갈리아에서는 국가Nation(즉 키비타스civitas)가 더 중요한 개념으로, 여러 도시가 그 안에 포함되었고, 각 도시는 키비타스의 일부로 인식되었다. 반면 귀족들도 오피다가 아닌 자신의 농장에 거주했다.[18]

아우구스투스는 갈리아 사회 구조의 이러한 세부 사항을 무시하고, 로마의 기존 방식대로 각 키비타스를 하나의 도시 국가로 취급하여 그중 한 도시를 수도로 지정했다. 비슷한 규모의 다른 도시 공동체가 있어도, 지정한 수도를 각 키비타스의 진정한 중심지로 삼았다. 이러한 중심 도시 중 일부는 해당 키비타스가 나서 개발을 유도했지만, 그 방식은 종종 다양한 건축 양식을 혼합한 형태로 나타났다. 대부분 중심 도시에 로마처럼 사전 계획된 격자무늬 구조는 없었지만, 빠르게 포룸이 조성되었다. 시간이 지나면서 대부분의 도심은 로마 이전 시대에 선호되던 언덕 위 지역에서 벗어나, 가능하면 도로망에 쉽게 접근할 수 있는 낮은 지대로 옮겨갔다. 현지 통치를 위해 로마의 제도가 채택되었으나, 이 또한 현지의 전통과 융합되었다. 베르고브레트vergobret와 같은 오래된 갈리아 이름이 키비타스의 최고 정무관 명칭으로 계속 사용되었으며, 프라이토르와 같은 로마 직함이 채택되었을 때도, 2명의 정무관duoviri, 즉 공동 정무관을 두지 않고, 갈리아 전통대로 1명이 그 직을 맡았다.[19]

로마 시민의 숫자는 갈리아 나르보넨시스보다 세 갈리아 지역에 더 적었지만, 시간이 지나면서 꾸준히 증가했다. 현지 귀족들에게 로마식 교육으로 아들들을 가르치라고 권유해, 어느 시점에 가서는 갈라아 지방에도 수사학이 번성했다. 로마 행정을 돕거나, 로마의 현지 정무관으로서 로마를 위해 봉사하고, 무엇보다도 로마군의 장교로 복무할 수 있는 기회도 주어졌다. 아우구스투스 치하에서 모집한 보조군의 약 3분의 1이 갈리아 출신이었다. 귀족의 권력이 율리우스 카이사르 시대처럼 더 이상 그를 따르는 병력 수로 판단되지는 않았다. 대신 현지 귀족의 후손들은 로마를 위해 싸우며 영광을 얻을 기회가 있었다. 갈리아 지방에서는 그 이전 여러 세대에 걸쳐 그래왔던 것처럼 기원전 1세기 마지막 몇 년까지도 사람이 사망하면 칼이나 다른 무기를 시신 옆에 두고 함께 매장했다. 일부 변화는 매우 점진적으로 이루어졌다. 사료에서 엿볼 수 있지만 여전히 제대로 이해할 수 없는 드루이드 숭배는, 로마에 정복당하기 이전 갈리아 지방에서 일종의 초국가적 위계로서 초국가적 중재를 담당한 것으로 보이는데, 쉽게 사라지지 않았다. 인간을 제물로 바치는 것과 같은 관습은 억압되었고, 그러한 인신 희생을 부추기는 부족 간의 끊임없는 약탈, 수급首級 사냥, 전투도 마찬가지로 금지되었다. 아우구스투스는 로마 시민이 드루이드 의식에 참여하는 것을 금지했지만, 그 신앙 자체를 불법화하지는 않았다. 여타의 갈리아 신앙은 로마식 이름과 로마와의 연관성을 띠게 되어, 점차 석조 신전 안에서 행해졌는데, 이러한 신전들은 종종 도시 밖에 있는 기존의 성스러운 장소에 세워지기도 했다.[20]

갈리아 전통을 고집스럽게 유지한다고 해서 로마화를 적극적이고 의도적으로 거부하려 했던 것은 아니었고, 전반적으로 볼 때 최소한 부유층 사이에서는 로마인이 되고자 하는 열망이 널리 퍼져 있었다는 인상을 준다. 사실 로마인들은 행정 편의에 도움이 되는 경우를 제외하고는 자신들의 문화를 강요하려 하지 않았다. 축제와 세금 납부 시기를 표시하기 위한 행정적인 목적 때문에 드루이드들이 감독하던 전통적인 음력 달력 대신, 한 해를 구분하는 로마 달력이 도입되었다. 새로 도입되는 모든 제도가 그러하듯이, 처음에는 로마 달력을 완전히 이해하지 못했고, 아우구스투스의 재정 관리인 중 1명이 이 낯선 달력에 익숙하지 않은 갈리아인의 무지를 악용하려 했다. 그의 이름은 율리우스 리키누스Julius Licinus로 본인 또한 갈리아인이었다. 그는 아마도 율리우스 카이사르의 원정 기간 중 포로로 잡혀 노예가 되었던 인물로, 율리우스 카이사르의 식솔이 되었고, 그를 아주 잘 섬겨 결국 자유를 얻었다. 아우구스투스에게도 충성했던 그는 프로쿠라토르procurator로 임명되었다. 프로쿠라토르는 당시에는 아직 완전히 정의되지 않은 직급으로, 프로콘술이 재무관의 도움을 받는 것처럼 아우구스투스 관할 속주의 대관 총독을 돕기 위해 고용되었고, 점차 기사 신분에 가까운 신분으로 자리 잡았다. 그리고 로마에 납부할 세금 징수 업무를 맡았다.

리키누스는 동족인 갈리아인들을 거의 동정하지 않았다. 갈리아에 도착했을 때부터 이미 부유했을 그는 떠나기 전에 더 많은 돈을 모으고자 마음먹고, 갖은 기회를 이용해 마땅히 징수해야 할 금액보다 더 많은 세금을 거두어 그 차액을 자신의 몫으로 챙겼다. 로마의 옛 달력에서는 한 해가 10개의 이름 있는 달로 구성되었고, 디셈버December는 한 해의 마지막 열 번째 달이었다. 율리우스 카이사르가 달력을 개정하면서 1월을 첫 번째 달로, 디셈버를 마지막 12번 째 달로 정했는데, 두 달 모두에 정치적·종교적으로 중요한 날들이 있었기 때문이다. 리키누스는 갈리아 속주민들에게 '디셈버'라는 이름이 라틴어로 '열 번째 달'을 의미한다고 지적하면서, 논리적으로 생각해 보면 그 뒤에 열한 번째와 열두 번째 달도 있어야 비로소 한 해가 완전히 끝나는 게 아니냐고 주장했다. 그리고 이 논리를 바탕으로 속주민에게 두 달 치의 세금을 추가로 갈취했다.

갈리아인이 그의 논리에 설득되었는지는 불분명하지만, 로마 제국의 분노(결국에는 강제 징수)를 피하려면 추가 세금을 낼 수밖에 없었다. 그러나 많은 이들이 리키누스에게 의심을 품었고, 기원전 16년 아우구스투스가 갈리아에 도착하자 그에게 불만을 토로했다. 처음에 프린켑스는 그렇게 부패한 로마의 대리인을 임명했다는 사실을 인정하고 싶지 않아서 갈리아인의 일부 주장은 기각하고, 리키누스에 대한 온건한 비판은 수용했다. 그러나 그의 사악한 행동에 관한 증거가 쌓이고 그를 향한 유력한 현지 귀족들의 적대감이 커지자, 리키누스는 처벌을 피하고자 더욱 창의적인 생각을 떠올렸다. 그는 아우구스투스를 자신의 집으로 초대해 그가 추가로 걷은 세금을 아우구스투스에게 바치며, 갈리아 귀족들이 로마에 대항할 만큼 부유해지는 것을 막기 위해 그렇게 했다고 둘러댔다. 리키누스의 변명은 로마인들이 갈리아에서 반란이 일어날 가능성을 우려했다는 사실을 암시하는 드문 경우지만, 이를 너무 과장해 해석하면 안 된다. 그러나 리키누스가 처벌받지 않은 것으로 보아, 그의 변명이 통했던 듯하다.

자신이 직접 속주를 방문하기 전까지는 자신의 대리인들이 속주를 어떻게 통치하고 있는지 알기 어려웠고, 이것이 아우구스투스가 널리 순방을 다닌 이유 중 하나였다. 속주 총독들의 재산 축적은 어느 정도 예상되었고 또 용인되기도 했지만, 공화정 시대처럼 속주에 대한 가혹한 수탈은 막겠다는 것이 아우구스투스의 순방 목적이었다. 속주 총독들의 지나친 혹정이 리키누스가 예방하려 했다고 주장하는 속주민의 반란을 오히려 초래했기 때문이다. 속주민이 프린켑스를 알현하려면 시간과 비용이 많이 소요될 수밖에 없었다. 로마 또는 어디든 그가 머물고 있는 곳으로 가야 했기 때문이다. 그 대신 아우구스투스가 속주 순방을 다니면 훨씬 더 많은 개인과 공동체가 그에게 진언할 수 있었다. 아우구스투스가 갈리아 지방에 있는 동안, 아그리파는 시리아와 여타 동방 속주에 머물면서 아우구스투스처럼 행동했다. 이러한 활동을 통해 각 속주의 특정 청원을 해결할 수 있었을 뿐만 아니라, 로마 제국의 통치 방식과 이데올로기가 무엇인지 각 속주에 명확히 전파할 수 있었다. 이로써 미래의 속주 총독들(프로콘술이든 황제의 대관 총독이든)이 제국의 통치 이데올로기와 현저히 다른 방식으로 속주 공동체들을 통치하기는 더욱 어려워졌다.

아우구스투스는 피레네산맥을 세 번째로 넘어 히스파니아로 이동했다. 기원전 19년, 아그리파가 심각한 반란을 마지막으로 진압한 후, 간헐적으로 소규모 소요 사태만 있었을 뿐 이베리아반도는 대체로 평화로웠다. 새로이 편성된 이베리아반도의 3개 속주 중 하나로, 많은 인구가 정착해 번영하는 공동체들이 가장 많았고, 현지의 오랜 도시 전통과 로마의 문화가 자연스럽게 융합되었던, 반도 남부의 바이티카Baetica는 원로원 관할로 이양되었다. 바이티카의 이양은 갈리아 나르보넨시스가 프로콘술의 통치로 넘어간 시기와 거의 같은 시점에 이루어진 것으로 보이며, 이 조치로 속주를 안정화하는 자신의 의무를 다한 후 기꺼이 속주 통치 권한을 포기하겠다는 아우구스투스의 의사가 재확인되었다. 이베리아반도 내의 다른 두 속주는 여전히 아우구스투스의 관할 아래 있어, 그의 대관 총독들이 통치했다. 서쪽의 루시타니아Lusitania(오늘날의 포르투갈보다 조금 더 넓은 지역)는 대부분 안정화되었으므로 더 이상 대규모 주둔군을 배치하지 않았다. 오늘날의 갈리시아에서 히스파니아 내륙 중심부를 거쳐 지중해 연안까지 이어지는 히스파니아 키테리오르Hispania Citerior에는 3개의 군단이 주둔하고 있었으며, 그곳의 주민은 근래 몇 년간 정복한 종족들이었다. 그 정복 전쟁에서 싸웠던 다른 군단들은 이미 히스파니아를 떠나 대부분 갈리아나 일리리쿰으로 이동, 배치되었다.[21]

일부 군단 병사들은 진역히어 히스파니아 키테리오르에 남았다. 아우구스투스는 칸타브리아 전쟁 중에 또는 이후에 전역 병사를 위한 주요 식민 도시 두 곳을 만들었는데, 두 곳 모두 그의 이름을 따랐다. 히스파니아 키테리오르의 에브로강Ebro River 강가에 있는 카이사르아우구스타Caesaraugusta(오늘날의 사라고사Zaragoza)와 루시타니아의 구아디아나강 Guadiana River 강가에 있는 아우구스타 에메리타Augusta Emerita(오늘날의 메리다Mérida)이다. 갈리아에서와 마찬가지로, 새로운 도로망을 확대하여 강들과 연결하면서, 주요 도시들과의 연락망을 더욱 원활히 만들었다. 식민 도시는 전역 병사들에게 그들의 충성에 대한 보상을 제공했고, 동시에 로마 통치의 요새로서 혹시 모를 심각한 사태에 대비해 군사적 용도로도 활용할 수 있었다. 아우구스타 에메리타는 방어보다는 과시를 위한 성벽으로 둘러싸였고, 구아디아나강을 가로지르는 아치가 여러 개 설치된 긴 다리를 통해 접근할 수 있어, 확실히 위용을 뽐내기 위해 지어진 도시였다.

식민 도시들을 로마식 생활의 본보기로 만들기 위해, 중앙에 웅장한 포룸을 갖춘 형태로 치밀하게 계획하고 조직하여 건설했다. 아우구스타 에메리타의 경우 이러한 포룸이 두 곳이었을 것이다. 아그리파는 아우구스타 에메리타에 인상적인 석조 극장을 건설해, 자신과 아우구스투스의 조각상 및 그들이 호민관 권한을 가진 연도를 기록한 비문으로 장식했다. 이에 질세라 프린켑스도 식민시 주민들이 가장 로마적인 오락을 즐길 수 있도록 웅장한 원형극장을 지어 주었다. 후대 세대들이 도시에 장식을 더하고 기념물들을 추가했는데, 많은 경우 아우구스투스가 로마에 건설한 위대한 건축물 중 일부를 모방했다. 히스파니아와 갈리아 지방 모두에서 여러 식민시가 건설되어 전역 병사들이 새로이 유입되었으며, 특히 히스파니아의 속주 대부분에서는 주로 현지인들의 열망으로 도시가 번창했다. 주요 공동체 대부분에 로마식 포룸이 들어섰는데, 디자인은 똑같지 않았으나 매우 유사했다. 포룸의 크기는 다양했지만 거의 예외 없이 로마 건축의 최고 원칙에 따라 세워졌으며, 기둥의 너비와 간격에서부터 건물과 법정의 크기에 이르기까지 모든 치수를 결정하는 기본 측정 단위를 사용했다. 기본 측정 단위는 다양했지만, 측정 개념은 일관성을 띠었으므로 로마 디자인의 이상인 기하학적 정밀함을 실현할 수 있었다. 갈리아에서와 마찬가지로, 새로운 시장이 나타나면서 심대한 경제적 변화가 일어났고, 현지인들이나 로마인 지주들이 다른 속주와 이탈리아 내의 소비자들을 겨냥하여 올리브 오일, 생선 소스 및 와인을 생산하기 시작했다.[22]

옛 동료들과 오랜 경쟁자들

로마 군단의 병사들은 여전히 아우구스투스 정권 유지에 필수적인 존재였다. 악티움 해전 이후 겨우 20년이 지났지만, 그 20년이 기원전 88년 이후, 동맹국 전쟁을 포함한다면 기원전 91년 이후로 내전이 없었던 가장 긴 기간이었다는 점을 상기할 필요가 있다. 군단병들은 복무 기간 중에는 잘 통제하여 충성하도록 해야 했고, 전역 시에는 주민들에게 행패를 부리지 않도록 토지를 제공하여 생활을 보장해 주어야 했다. 디오는 기원전 13년으로 추정하는데, 이 무렵 아우구스투스는 군 관련 개혁 법안을 도입하여 군 복무 기간을 16년으로, 더 살뜰히 챙겼던 9개 근위대의 복무 기간은 12년으로 확정했다. 군단의 수는 내전 기간처럼 갑작스럽게 증가하는 일이 없었으므로 안정적으로 유지되었고, 따라서 해마다 전역하는 병사들의 수를 예측하기도 더 쉬워졌다.[23]

동시에 보조군이 점차 상비군으로 변모하고 있었던 것으로 보인다. 일부 보조군은 여전히 지휘관의 이름으로 명명되었다. 예를 들어 알라 스카에바 ala Scaevae는 율리우스 카이사르 휘하에 있던 유명한 백인대장 이름으로, 그가 이끌었던 기병대의 이름이기도 했다. 점차 보조군에도 군대 번호가 매겨지고, 그들이 모집된 지역의 이름을 따서 명명되었다. 따라서 갈리아 부대, 트라키아 부대, 히스파니아 부대 등은 아주 흔한 부대 이름이었다. 기사 신분이나 백인대장 대부분을 배출한 계층 출신의 직업 장교들이 부대장을 맡아 그러한 보조군을 지휘했는데, 그들에게는 명예롭고 보수도 좋은 직책이었다. 속주의 귀족들도 군 장교로 복무하면, 로마 시민권을 얻고 로마 제국의 통치 체계에도 합류할 수 있었다. 어떤 경우에도 그러한 기회를 제공하는 사람은 프린켑스였으므로, 그들은 아우구스투스에게 충성할 수밖에 없었다. 길고 짧은 군 복무 기간을 마친 장교들은, 식민시든 이탈리아나 속주의 도시든 자신들의 출신 공동체로 돌아가 다시 두드러진 역할을 했다. 자신들의 처지에 만족한 이들은 아우구스투스의 추종자로 남았고, 따라서 아우구스투스에게 대항해 군대를 일으키려는 어떠한 경쟁자를 위해서도 결집하지 않을 것이었으므로, 이는 아우구스투스에게 매우 이상적인 상황이었다. 결국 카이사르라는 이름이 중요했다. 독재관과 그의 후계자에게 충성하는 것이 이미 확고한 전통이 된 귀족 가문들이 속주에도 많이 등장했기 때문이다.

개인적인 관계에서 비롯된 일화가 하나 있다. 한번은 한 전역 군인이 법정 소송에 연루되어 아우구스투스를 직접 찾아가 도움을 요청했다. 군인의 이야기가 로마에서 벌어진 일이 분명하므로 그 군인은 아마 퇴역 장교였거나 근위대원이었을 것이다. 프린켑스는 소송이 잘 되기를 바란다며 그에게 변호인을 제공했지만, 그것만으로 충분하지 않다고 여긴 전역 군인은 튜닉을 벗어젖혀 군중에게 자신의 상처 자국을 보여주었다. "카이사르 님!" 그 노병은 소리쳤다. "저는 당신이 악티움에서 위험에 처했을 때 저 대신 누군가를 보내 당신을 돕지 않았습니다. 제가 직접 당신을 위해 싸웠습니다." 이 말을 들은 아우구스투스는 얼굴을 붉혔다. '거만해 보이고 또 고마워할 줄 모르는 사람으로 보일까 두려워' 적절한 시점에 법정에 직접 출석해 그 전역 병사를 변호했다. 비록 아우구스투스가 그의 병사들을 더 이상 '전우들'이라고 부르지는 않았지만, 임페라토르 카이사르 아우구스투스는 자신의 지휘 아래에서 위험을 겪었던 병사들에게 자신이 그들을 아직도 존중하고 있다는 사실을 알리고 싶어 했다.[24]

아우구스투스는 또 다른 옛 동료의 감정에 대해서는 크게 신경 쓰지 않았다. 레피두스는 여전히 원로원 의원이었지만, 오직 아우구스투스가 부를 때에만 원로원 회의에 참석할 수 있었고, 그때도 아우구스투스는 자신의 옛 삼두 동료에 대한 경멸을 숨기려 하지 않았다. 그럼에도 레피두스는 기원전 13년에 사망할 때까지 대제사장직을 유지했다. 그렇지만 로마의 최고위 사제는 20년 이상 이름만 내걸었을 뿐 어떠한 활동도 하지 않았으므로, 그를 대신해 아우구스투스가 로마의 국가 의식에 조용히 지도력을 발휘했지만, 아우구스투스가 할 수 없는 일들도 있었다. 아우구스투스가 실각한 삼두에게 대제사장직을 빼앗아 자신이 직접 맡지 않은 것을 보고 많은 이들이 놀랐지만, 그는 나중에 그렇게 하지 않은 사실을 자랑스럽게 여기며, "내란의 위기를 틈타 자기를 위해 자리를 차지했던 자가 죽고 나서야 내가 그 자리를 수락했다"라고 말했다.[25]

기원전 12년 3월 6일, 아우구스투스가 정식으로 대제사장에 취임했다. 대제사장직은 그가 언급한 대로 과거에 '나의 아버지' 율리우스 카이사르가 맡았던 직책으로, 로마가 몰락하고 교황이 그 칭호를 물려받기 전까지, 로마 황제가 아니면 그 누구도 오를 수 없는 자리였다. 취임식은 화려함과 엄숙함을 갖춘 축하 의식으로 치러진 성대한 행사였고, 본인의 언급에서 알 수 있듯이, 아우구스투스는 대제사장직을 자신의 권리이자 유산으로 여겼음이 틀림없다. 전통에 따라 최고위 사제는 포룸 로마눔 가장자리에 위치한, 근래 화재로 손상된 베스타 신전 옆에 있는 공식 관저에 거주해야 했다. 그러나 아우구스투스는 공식 관저를 베스타 여사제들에게 내주고 팔라티움 언덕의 자기 저택에 기거했으며, 저택 일부를 신전으로 봉헌해 명목상 공공 재산으로 만들어 자신이 사제 역할을 적절히 수행할 수 있도록 조치했다. 이 새 신전의 위치도 팔라티움 아폴로 신전과 그보다 덜 화려한 몇몇 신전들이 있었던 구역 인근이어서, 그의 저택은 전체적으로 종교적 색채를 강하게 띠게 되었다.[26]

아우구스투스는 기원전 13년 여름에 로마로 돌아갔다. 티베리우스가 그보다 먼저 돌아가 그해의 집정관으로 취임했다. 아그리파의 사위였던 푸블리우스 퀸크틸리우스 바루스Publius Quinctilius Varus가 공동 집정관이었다. 로마는 다시 한번 홍수로 고통을 겪었는데, 티베리스강이 범람하여 발부스는 그가 후원하여 완공된 극장의 공식 개장 축하 행사에 참여하기 위해 배를 타고 가까스로 도착할 수 있었다. 티베리우스는 히스파니아 출신의 전직 집정관 발부스에게 아우구스투스의 귀환을 어떻게 기념하면 좋을지 의견을 구했다. 발부스의 제안에 따라 새로운 영예들을 수여하려 했으나, 아우구스투스는 이제는 일상적인 관례가 된 듯 정중히 거절했다. 그를 환영하려는 공식 행사도 좌절되었다. 임페라토르 카이사르 아우구스투스가 떠들썩한 행사를 피해 또다시 야음을 틈타 로마로 들어왔기 때문이다. 다음날 아침 그는 자신의 집 밖에 모인 군중을 맞이한 후, 카피톨리움 언덕에 올라가 그의 수행원들이 들고 온 파스케스에 장식된 승리의 월계관을 받아 유피테르 옵티무스 막시무스의 조각상에 걸었다. 티베리우스와 드루수스가 획득했고 아우구스투스에게 주어진 이 승리의 상징을, 로마를 보호하는 신에게 바친 것이다.

그날 카이사르 아우구스투스는 주로 아그리파가 지은 목욕장을 무료로 개방했고, 목욕장 안에서 시민들의 수염을 깎거나 머리를 다듬어 주기 위해 기다리던 이발사들도 무료 서비스를 제공했다. 이후 원로원 회의에서는 그의 목소리가 너무 쉬어 연설할 수 없었기 때문에 대신 재무관이 그의 연설문을 대독했다. 축제와 축하의 시간이었고, 마르켈루스 극장도 완공되어 성대한 의식과 함께 개장되었다. 그의 일곱 살 손자 가이우스 카이사르는 승마 연습과 모의 전투가 포함된 소위 '트로이 경기'에 참가해, 적어도 명목상으로는 귀족 소년들로 구성된 팀 중 하나를 이끌었다. 맹수들의 싸움도 볼거리의 일부로 열려, 약 600마리의 동물들이 죽었다. 9월에는 아우구스투스의 생일을 기념하기 위해 더 많은 경기와 더 많은 맹수 싸움을 개최했는데, 아이러니하게도 마르쿠스 안토니우스와 풀비아의 아들인 율루스Iulus가 그 행사들을 준비하여 주재했다.[27]

어색한 순간들도 있었다. 아우구스투스의 귀환을 기념하기 위해 집정관으로서 티베리우스가 개최한 또 다른 경기에서, 티베리우스는 가이우스가 프린켑스와 명예석에 함께 앉도록 했다. 아마도 그 순간에 관중이 일제히 일어나 그 소년을 환호했던 듯하다. 그러나 아우구스투스는 기뻐하지 않고, 그의 의붓아들과 일반 시민 모두를 꾸짖었다. 그런 행사에서 자신의 업적을 찬사하는 것은 이해하지만, 아직 이룬 것이 없고 심지어 공식적으로 성인도 되지 않은 일곱 살 아이에게 그런 찬사를 퍼붓는 것은 부적절하다고 느꼈기 때문이다. 더 나아가 아우구스투스는 가족이든, 원로원 의원이든 또는 일반 시민이든, 그 누구도 가이우스를 도미누스dominus(주인님 또는 각하)라 부르지 말라고 지시했다.28

가이우스를 향한 관중의 반응은 많은 로마 시민이 아우구스투스와 관련된 모든 사람을 환영한다는 사실을 보여주었고, 또 출생 배경과 아우구스투스의 입양아란 점에서 그 소년이 향후에 권력을 가질 자격이 있다고 여겼다는 사실을 암시한다. 그러나 프린켑스는 자신이 이끄는 체제가 결국은 군주제를 의미하는 왕조로 보이지 않도록 여러 노력을 기울여 왔다. 그 노력의 일부는 귀족 계층을 겨냥한 것으로, 아무리 한 사람이 프린켑스로서 훌륭히 인도하고 있더라도, 그들이 공화국에서, 즉 한 사람에 의해 통치되지 않는 체제에서 살고 있다는 환상을 심어주기 위해서였다. 원로원 의원들이 표결을 통해 그에게 위대하고 전례 없는 영예를 기꺼이 수여하는 것을 보면, 많은 이들이 브루투스와 카시우스가 그토록 소중히 생각했던 자유에 더 이상 큰 가치를 두지 않다는 사실을 알 수 있었으나, 아우구스투스의 분명한 관심사는 공화국의 외양을 줄곧 유지하는 것이었다. 전체적으로 보아, 그의 이런 관심사는 아우구스투스 자신이 생각하는 본인의 자아상과 더 깊은 관계가 있었다. 그의 끊임없는 최고 권력 추구는 그의 삶 전체를 관통하는 궤적이었다. 그의 권력 행사가 단지 권력을 유지하려는 수단은 아니었다. 그는 자기의 권력을 올바르게 행사하기 위해 매우 열심히 노력했다. 내전에서 승리하여 쟁취한 최고 권력을 잘 유지하는 것이 더 큰 공공의 이익에 부합하기 때문에(물론 그의 인식이지만) 자신은 최고 권력을 행사할 자격이 충분하다고 생각했으리라고 믿을 만한 충분한 근거도 있다. 따라서 그는 자신을 통치자라기보다는 로마의 최고 정무관으로, 즉 일개 공복으로 생각했을 수 있다. 그의 행동을 제어한 것은 유력 원로원 의원들의 의견보다 그의 자제력과 자신의 이상에 걸맞게 살려는 태도였다고 생각하는 것이 더 타당하다.

로마로 돌아온 아우구스투스에게는 눈살을 찌푸리게 만드는 부적절한 아첨과 공개 토론 중 불편한 순간을 맞이하는 일도 있었다. 한 원로원 회의에서, 코르넬리우스 시센나Cornelius Sisenna라는 귀족이 아내의 행실 때문에 비판을 받았다. (그녀가 스타틸리우스 타우루스의 딸이었을 가능성도 있지만, 그 시기에 활동했던 코르넬리우스 시센나가 여러 명이었기 때문에 동일인인지는 확실하지 않다.) 이러한 비판에 그는, 자신은 아우구스투스의 조언과 적극적인 지지에 따라 아내와 결혼했기 때문에 그녀의 행실에 대해 아무 책임이 없다고 응수했다. 그처럼 품위 없는 논쟁에 끌려 들어가는 것에 화가 났고, 또 나중에 후회하게 될 말이나 행동을 할지 모른다는 두려움에, 아우구스투스는 자리에서 벌떡 일어나 원로원 의사당에서 뛰쳐나갔다. 그는 진정될 때까지 기다렸다가 다시 의사당으로 들어갔다.[29]

공개적으로 자유로운 토론을 장려했던 아우구스투스였지만, 토론의 내용과 분위기가 항상 마음에 드는 것은 아니었다. 또한 그가 아무리 수용적인 태도를 보인다 해도, 누구도 그의 압도적인 지위와 후원을 진정으로 무시할 수도 없었다. 기원전 13년, 아우구스투스는 자신이 이상적으로 생각하는 원로원의 역할에 걸맞은 의원들을 확보하기 위해 새로운 시도를 했지만, 기존 원로원 신분 가문의 후손 중 상당수가 공직에 진출하지 않고 기사 신분에 안주하고 말려는 세태에 직면했다. 특히 호민관이 되고자 하는 인물이 부족했다. 호민관의 주요 권한이 아우구스투스에게 넘어갔지만, 시민들이 겪는 사소한 고충의 처리 통로로서 호민관은 여전히 할 일이 많았다. 그 공석을 채우기 위해, 40세 미만의 전직 재무관들로 구성된 후보군을 놓고 추첨을 해야 했다. 35세 미만의 기사 신분 출신들로서 원로원 의원이 될 수 있는 부와 가문 배경을 갖춘 이들은, 직무를 수행하기에 신체적으로 부적합하다고 아우구스투스에게 직접 증명하지 못하면 원로원 의원으로 등록되었다. 다른 이들에게 때때로 의무를 강요하는 사람이 '자유 국가'의 뛰어난 공복이라는 가면을 불편하게 쓰고 있었던 것이다. 아우구스투스조차도 자신이 원하는 세계의 이상에 맞도록 현실을 만드는 데는 한계가 있었다.30

임페라토르 카이사르 아우구스투스는 단지 그렇게 불리지 않았을 뿐 모든 면에서 군주와 다름없었다. 원로원과 시민들은, 설사 그들이 거부하고 싶어도, 그가 달라는 권력을 주지 않을 수 없었다. 기원전 13년, 아우구스투스의 광범위한 속주 통치권이 5년 더 연장되었고, 아그리파에게는 호민관 권한이 5년 더 연장되었을 뿐만 아니라, 아우구스투스를 제외하고는 어떤 속주 총독의 임페리움보다 우월한 마이우스 임페리움 프로콘술랄레 maius imperium proconsulare가 처음으로 부여되었다. 두 사람 모두 쉰 살 정도였고, 아그리파의 지위는 아우구스투스의 삼두정 동료들에 버금갔다. 그러나 둘의 관계는, 그들이 가진 임페리움의 구체적 정의를 따지지 않더라도, 동등하지 않았다. 아그리파는 아우구스투스의 사위였다. 정치적 밀접함을 암시하는 관계이지만, 동시에 율리아의 아버지인 아우구스투스에게 우월한 위치를 부여하는 관계이기도 했다. 더 중요한 것은, 아그리파는 카이사르 씨족 출신이 아니었으므로, 카이사르 씨족에 의무를 진 피호민 세력은 말할 것도 없고, 그 가문 이름이 수반하는 아욱토리타스도 없었다. 아우구스투스 다음가는 위치에서 아그리파는 늘 2인자로 남아 있었고, 아우구스투스는 그를 자신과 동등하게 만들려는 어떠한 노력도 하지 않았다.31

비록 중년이었지만, 마르쿠스 비프사니우스 아그리파는 여전히 유능하고 활력이 넘쳤으며, 그의 오랜 친구에게 전적으로 충성했다. 그가 가장 좋아하는 격언은 "평화는 작은 것도 성장시키지만, 불화는 큰 것까지 무너뜨린다"는 것이었다. 기원전 13년에 로마로 돌아간 아그리파는 몇 달만 머문 후 다시 발칸반도에 생긴 문제를 처리하러 떠났다. 그가 떠날 무렵, 율리아는 다섯 번째로 임신 중이었다. 그 부부는 가이우스와 루키우스뿐만 아니라 두 딸도 있었다. 군사력 시위만으로도 소요를 진압하기에 충분했기에 기원전 12년에 아그리파는 이탈리아로 귀환했으나, 도중에 병에 걸려 로마에 도착하기 전에 사망했다. 병명은 알려지지 않았지만, 그해에 특이하게 3명의 보궐 집정관이 임명된 것으로 보아 전염병이 있었다고 짐작할 수 있다. 아그리파가 죽고 얼마 지나지 않아 율리아는 셋째 아들, 아그리파 포스투무스Agrippa Postumus*를 낳았다.32

오랜 친구가 세상을 떠났을 때 아우구스투스는 그의 곁에 있지 않았다. 디오에 따르면, 그는 당시 아테네에서 판아테나이아Panathenaia 대회를 주재하고 있었는데, 아그리파가 병에 걸렸다는 소식을 듣고 급히 돌아왔다고 한다. 시신은 예를 갖춰 로마로 운구되었고, 국장이 거행되었으며, 아우구스투스가 직접 추도사를 낭독했다. 아우구스투스가 자신을 위해 만든 거대한 영묘에, 두 번째로 그의 인척 유해가 안치되었다.33

---

* '포스투무스'에는 부친 사후 출생, 즉 유복자의 의미가 있다. (옮긴이)

18장 아우구스투스의 평화

원로원은 나의 귀환을 기념하여 아우구스투스의 평화Pax Augusta에 제단을 봉헌하기로 의결했다.

- 《신 아우구스투스의 업적록》[1]

내 노래가 나를 평화의 제단으로 이끌었네. …오라, 평화여, 그대의 고운 머리 위에 악티움의 월계관을 이고, 그리하여 그대의 온화한 존재가 온 세상에 머물게 하라. 싸워야 할 적도 없고, 개선식도 필요 없는 세상을 가져올 그대는 우리의 수장들에게 전쟁보다 더 큰 영광을 가져오리니. 오직 무장한 침략자를 저지하기 위해서만 병사들이 무기를 들게 하라…! 가깝고 먼 세상 모두가 아이네아스의 자손들을 두려워하게 하고, 로마를 두려워하지 않는 땅은 대신 로마를 사랑하게 하라.

- 오비디우스, 기원후 1세기의 첫 10년 중 언젠가[2]

아그리파는 마르스 평원에 있는 대규모 정원과 목욕장 단지를 로마 시민에게 물려주었고, 시설의 유지비용을 충당할 수입원으로 사용하라고 그의 영지 일부를 남겼다. 아우구스투스가 직접 이 발표를 하여 그의 유언이 확실히 이행되도록 했고, 자기 친구 아그리파의 또 다른 바람이었다고 전하며 로마에 거주하는 모든 남성 시민에게 400세스테르티우스를 지급했다. 아그리파의 이러한 후의는 생전에 그가 보여준 활동과 맥을 같이 하는 것이었다. 지난 20년간 그는 자신이 새로이 취득한 부의 상당 부분을 시민의 편의와 안락을 위해 사용해, 제국 전역의 도시, 특히 로마에 그의 흔적을 깊이 남겼다. 그러한 그의 활동은 규모 면에서 카이사르 아우구스투스를 제외하고는, 살아 있거나 이미 죽은 모든 로마 귀족의 활동을 훨씬 능가하는 수준으로, 기념비적인 요소와 실용성을 결합한 활동들이었다. 한번은 포도주 가격이 너무 비싸다고 불평하는 시민들에게 아우구스투스는 자기 사위가 수로를 건설해 준 덕분에 물은 충분히 마실 수 있지 않느냐는 말로 응수했다고 한다.[3]

아그리파의 노력과 재능 덕분에 가장 큰 혜택을 본 사람은 항상 아우구스투스였는데, 그의 유언도 마찬가지였다. 아그리파는 이탈리아와 속주 전역에 걸친 광대한 영지를 포함해 그의 재산 중 가장 큰 부분을 오랜 친구이자 장인인 아우구스투스에게 남겼다. 디오는 그리스에 있는 반도 대부분을 포함하는 영지를 특별히 꼽았다. 내전과 그 이후의 충성에 대한 대가로 그가 얻은 거대한 재산이 결국은, 그가 추종했고 그와 함께 부상한 통치자에게 돌아갔고, 궁극적으로는 가이우스와 루키우스가 물려받을 것이었다. 현대에는 정치적 충성과 가족에 대한 봉사를 구별하기 어렵지만, 로마에서는 전혀 그렇지 않았다. 로마인들은 물려받은 인맥과 본인이 쌓은 우정, 피호민들의 후원 그리고 혼인 동맹을 이용하여 고위직에 올랐다. 아그리파는 특히 결혼을 통해 본인의 입지를 다졌는데, 그는 막대한 부와 뛰어난 인맥을 자랑하는 아티쿠스의 딸 폼포니아, 카이사르의 조카 마르켈라 그리고 마침내 아우구스투스의 딸 율리아와 차례로 결혼했다. 율리아와의 결혼으로 아그리파가 아우구스투스와 형성한 밀접한 유대는 아우구스투

스가 그 부부의 두 아들을 입양하면서 더욱 공고해졌다.[4]

아우구스투스에게 가문은 중요했다. 전통적으로 로마에서는 혈연, 입양, 혼인으로 맺어진 친인척이 서로의 경력을 돕는 것이 일반적이었으므로 아우구스투스가 여러 면에서 그다지 특별한 경우는 아니었다. 그러나 신격화된 율리우스의 아들인 아우구스투스는 가문의 역할을 전례 없는 수준으로 끌어올렸다. 과거에는 유력자들의 경쟁과 유권자의 변덕스러운 표심에 좌우된 권력과 공직은 개인에게 일시적으로 주어진 것이었으므로, 가족이 공유할 수 없었다. 그러나 임페라토르 카이사르 아우구스투스에게는 그러한 제한이 적용되지 않았다. 그는 아그리파에게 실질적으로 영구적인 공직을 부여했고, 더 나아가 호민관 권한과 마이우스 임페리움 프로콘술의 권한까지 줄 수 있었다. 일찍이 기원전 36년, 아우구스투스는 그의 아내와 누이에게 전례 없는 호민관의 신변불가침권까지 부여하여 공인公人으로 인정받게 하였고, 마르켈루스, 티베리우스, 드루수스 그리고 뒤이어 가이우스와 루키우스는 특별한 존재로 인정받아 성인이 되자마자 법정 최소 나이보다 어린 나이에 주요 공직을 연이어 맡을 수 있었다. 어린 가이우스를 향한 대중의 환호를 못마땅하게 생각했던 아우구스투스였지만, 자기의 가족은 로마에서 누구보다 더 큰 존경을 받을 가치가 있으며, 더욱 중요한 공적 역할을 해야 한다는 인식을 분명히 드러냈다.

이러한 인식이 가장 잘 드러나는 예가 아우구스투스의 평화 제단Ara Pacis Augustae이다. 기원전 13년 7월 4일, 아우구스투스가 속주에서 승리를 거두고 돌아온 것을 기념하여 원로원이 봉헌하기로 의결한 이 제단은, 당초 원로원이 원로원 의사당 내부에 만들려 했으나, 아우구스투스의 바람대로 마르스 평원에 건립하기로 결정했다. 아우구스투스와 아그리파가 마르스 평원을 아우구스투스의 영광을 기리는 거대한 기념 단지로 만들려 구상했기 때문에, 그 연장선상에서 아우구스투스가 마르스 평원을 선호했던 것이다. 마르스 평원의 신성 구역 안에 자리 잡은 이 제단은 양 끝에 2

개의 출입구가 있어 야누스 신전의 구조를 연상시키며, 내부의 대리석을 정교하게 다듬어 전통 신전의 나무판자 질감이 나도록 했다. 정교한 장인의 솜씨로 외벽도 장식했는데, 특히 북쪽과 남쪽 출입문의 프리즈에 부조로 새긴 종교 행렬 묘사가 돋보인다. 이 행렬의 정확한 성격을 두고, 즉 특정한 행사를 재현한 것인지 아니면 현실과 상상의 요소가 결합된 종교 의례를 묘사한 것인지, 지금도 학자들 사이에서 열띤 논쟁이 벌어지고 있다. 가장 설득력 있는 설명은 아우구스투스의 승리를 기념하기 위해 기원전 13년에 개최된 수플리카티오supplicatio, 즉 공공감사제를 재현했다는 주장이다. 아우구스투스에게는 55회에 걸쳐 총 890일에 해당하는 공공감사제가 수여되었는데, 이는 율리우스 카이사르가 받은 공공감사제 기간을 훨씬 능가한다.[5]

프리즈에 새겨진 그 행렬에서 아우구스투스의 친인척이 중심적인 역할을 했다는 점에 대해서는 논란이 없다. 다른 원로원 의원들도 나타나는데, 예를 들어 머리 위에 뾰족한 장식이 달린 특이한 모자를 쓰는 제사장들인 플라미네스flamines가 그렇다. 그중 1명은 기원전 44년 율리우스 카이사르가 신격화 되면서 만들어진 사제, 즉 플라멘 디비 율리flamen Divi Julii가 분명하다. 다른 사제들은 더 과거로 거슬러 올라가 고대 신들을 섬기는 사제들일 것이다. 카이사르 아우구스투스가 사제들에 앞서 걸어가고, 그는 자신의 릭토르들을 뒤따른다. 프린켑스 아우구스투스는 주변 인물들보다 약간 키가 크게 묘사되었는데, 실제로 그의 키가 크지 않았다는 점을 고려하면 마땅한 묘사는 아니나, 적어도 위대한 왕이나 파라오처럼 압도적인 큰 키로 주변 인물들을 내려다보는 모습으로 표현되지는 않았다. 사제들 뒤를 따르는 아그리파도 주변 인물보다 약간 크게 새겨져 눈에 띈다. 그는 토가의 일부를 머리 위로 올렸는데, 그가 기도하거나 의식을 주관하는 모습을 표현했다고 해석할 수 있다. 하지만 일부 학자들은 그가 부조가 완성되기 전에 사망했음을 나타내기 위해 그렇게 새겼다고 주장한다. 아그리파의 토가를 잡아당기는 어린 소년이 뒤돌아 리비아를 쳐다보고, 리비아는 달래려는 듯 그 소년의 머리를 쓰다듬고 있다.

이처럼 격의 없는 가족의 모습이 나머지 장면에서도 나타난다. 리비아 옆에 티베리우스가 서 있고, 그 뒤로 안토니아가 한 아이의 손을 잡고 고개를 돌려 남편 드루수스와 이야기를 나눈다. 갈리아에서의 지휘관 임무를 마치고 돌아온 드루수스가 걸친 군용 망토인 사굼Sagum이 도드라지게 눈에 띄는데, 또 다른 어린 소년이 그 외투를 붙잡고 있고, 그 소년은 또 누나뻘 되어 보이는 소녀를 올려 보고 있다. 평화의 제단에서 개별 인물들을 식별하기란 어렵다. 아우구스투스와 아그리파는 금방 알아볼 수 있게 묘사된 반면, 나머지 인물들은 다소 정형화된 형태로 표현되어, 두 주요 인물이 더욱 두드러져 보이는 효과를 거둔다. 몇몇 젊게 표현된 경우를 제외하면 나머지 인물들은 모두 위엄 있게 그려지고, 각자의 얼굴 특징은 똑같지 않고 비슷한 것으로 보아 세부 묘사를 통해 그 차이를 드러내려 했던 듯하다. 동시대의 로마인들은 이처럼 거의 동일한 얼굴 모습에서 그 미묘한 차이를 알아채고 누구인지 금방 식별할 수 있었겠지만, 우리에게는 매우 어려운 일이고, 특히 잘 알려지지 않은 인물들의 경우는 더욱 그렇다. 게다가 고대 말기Late Antiquity*부터 20세기 무솔리니 시대까지 그 부조를 지속적으로 또 과도하게 복원하여 당시 인물들의 식별을 더 어렵게 만든 측면도 있다. 부조에 새겨진 인물 중에는, 옥타비아의 두 딸과 각각 결혼한, 마르쿠스 안토니우스의 아들인 율루스 안토니우스Iullus Antonius와 도미티우스 아헤노바르부스 그리고 아우구스투스의 다른 친인척도 있었을 테지만, 그들을 확실하게 구별할 수 없어 매우 아쉽다.6

아이들을 식별하기가 가장 어렵다. 어린아이들이라는 걸 강조하기 위해 모두 통통한 얼굴을 한 전형적인 모습으로 표현해 정확한 나이를 알 수

---

*   로마 제국의 쇠퇴와 중세 유럽의 형성이 겹치는 시기를 일컬음. (옮긴이)

없다. 아이들 대부분은 주변의 남녀 성인이 입은 토가나 공식 예복을 입은, 어른들의 축소판이다. 그러나 아그리파의 외투를 붙잡고 있는 소년은 다른데, 그는 튜닉만 입고 있으며, 토르크torque(갈리아 지방에서 유래한 무거운 금, 은, 청동으로 만든 목걸이)를 목에 두르고 있다. 이 때문에 일부 학자들은 그가 갈리아 부족의 왕자일 가능성이 있다고 주장한다. 실제로 많은 이민족 왕자가 로마에 인질로 보내졌고, 로마는 그들이 훗날 로마의 동맹자가 될 수 있도록 아우구스투스의 궁정에서 키웠기 때문이다. 하지만 트로이 경기에 참여해 말을 타는 소년들이 토르크를 착용했다는 기록도 남아 있어 그 소년이 가이우스 카이사르일 가능성이 훨씬 높다. 부조의 다른 부분에서 같은 복장을 한 더 어린 소년이 등장하는데, 아마도 그의 동생 루키우스 카이사르일 것이다.[7]

최상의 자재와 최고의 건축 기술로 평화의 제단 아라 파키스는 건립되었다. 아라 파키스에는 그리스 예술의 영향이 분명히 드러나며, 특히 파르테논Parthenon 신전의 프리즈를 의식적으로 모방한 점이 두드러진다. 여러 학자는 수석 조각가가 그리스인이었을 것이라고 추정하나, 이를 뒷받침할 증거는 없다. 그러나 아라 파키스는 매우 로마적이며, 특히 아우구스투스 시대의 사상을 구체적으로 담고 있어, 단순히 그리스 건축의 복제물이라고 평가해서는 안 된다. 종교 행렬 부조에 나타나는, 남편과 아내가 서로 이야기하고 자녀들과 대화하는 격의 없는 모습은 전례 없는 묘사이며, 그런 행렬에 많은 여성과 어린아이가 등장하는 것도 이례적이다. 아라 파키스 측면에는 행렬 부조와는 별도로, 로마의 신성한 수호신인 로마와 텔루스Tellus 그리고 그들의 신화적 조상인 아이네아스와 로물루스, 레무스를 묘사하는 장면들이 새겨져 있다. 희생제를 위해 황소를 준비하는 세부 묘사도 있다. 로마인의 먼 과거와 율리우스 씨족 그리고 아우구스투스를 차례로 소환한 후, 아우구스투스와 그의 가족이 압도하는 현재와 연결한다. 이는 베르길리우스를 필두로 당시의 예술과 문학에서 등장하는 아주 익숙한 주제이다. 아라 파키스가 기리는 평화는 로마의 군사적 승리 이후 이어지는 평화이며, 보다 구체적으로는 아우구스투스가 거둔 승리로 획득한 평화이다. 몇 년 후, 아우구스투스 체제의 확실한 대변자 역할을 거의 하지 않았던 시인 오비디우스조차도 아라 파키스를 찬양하는 시를 써, 이민족들이 로마를 사랑하거나 두려워함으로써 평화가 지속되기를 희망했다. 그가 찬양한 평화도 도전받지 않는 로마의 패권이 가져올 평화였다.[8]

그처럼 찬란한 미래로 아우구스투스가 이끌어 갈 것이며, 수많은 그의 가족들이 뒷받침할 것이었다. 아라 파키스에는 3세대에 걸친 아우구스투스의 가족이 등장한다. 가장 나이가 많고 저명한 인물로는 아우구스투스와 리비아 그리고 기원전 9년 초에 완공되어 헌정한 아라 파키스를 보지 못하고 세상을 떠난 아그리파가 있다. 아우구스투스는 성숙하고 위엄 있는 인물로 묘사되었지만, 늘 그렇듯 나이를 초월한 모습으로 그려져 50대 초반으로는 보이지 않는다. 그다음 세대는 아직 20대인 리비아의 아들들이고, 그리고 마지막 세대로 미래의 희망을 약속하는 가이우스와 루키우스를 비롯한 어린아이들이 있다. 아이네아스로 거슬러 올라가는 이 가문에게는 풍요로운 미래가 기다리고 있었다. 아우구스투스는 이전에 비해 심각한 병으로 고통받지는 않았지만, 젊은 나이가 아니었으므로 언젠가는 죽음을 맞이해야 했다. 현대 학자들이 지금도 그의 삶의 각 단계에서 누가 후계자가 되었을지 연구하고 있는 것처럼, 그의 생전에 당대의 사람들이 마르켈루스를 시작으로 여러 인물에 차례로 관심을 둔 것을 보면, 그들 역시 아우구스투스 사후의 후계 구도에 민감했음을 알 수 있다. 돌이켜 보면, 수에토니우스, 타키투스, 디오가 그랬던 것처럼, 아우구스투스 사후 로마는 수 세기 동안 1명의 황제 또는 프린켑스가 계속 이어서 통치할 운명이었다. 이러한 후계 구도가 아우구스투스의 계획과 달랐을 수도 있다. 왜냐하면 마르켈루스가 죽은 후, 아우구스투스는 1명의 후계자만 염두에 두지 않고, 당장의 협력자와 미래의 계승자를 포함해 복수의 인물에 관심을 두었던 것으로 보인다. 아그리파는 아우구스투스의 동시대인으로 그와 권한을 공유하고 상당한 업무를 분담했지만, 아우구스투스와 같은 아욱토리타스는 없었고, 미천한 가문 출신이었다. 귀족 가문 출신인 티베리우스와 드루수스는 빠르게 경력을 쌓으며 각각 아그리파의 딸과 아우구스투스의 조카와 결혼했지만, 아우구스투스가 입양하지는 않았다. 카이사르 가문의 일원이 된 가이우스와 루키우스도 때가 되면 공직을 차례로 밟아 올라갈 것이었다. 가이우스와 루키우스가 성인이 되면, 이 5명이 각자 속주를 통치하고 전쟁을 수행하며 로마에서 일어나는 많은 일을 감독하여, 아우구스투스와 제국의 통치를 분담할 것이었다. 이들 모두 프린켑스에 비해 권력 서열은 낮았으나, 어쨌든 그의 통치 동료들이었다.9

그들 중 1명이 후계자로 지목되어, 나머지 인물들은 한발 물러나 그 지목된 후계자의 독주를 받아들이도록 기대되었다는 암시나 증거는 전혀 없다. 모두가 동등한 위치에 있는 것은 아니었지만, 이론적으로는 하나로 단결하여 공공의 선을 위해 봉사할 것이었다. 위험 요소가 많았던 로마 세계의 기준에서도 아우구스투스와 가장 가까웠던 친인척의 사망률은 예외적으로 높았는데, 후대의 시각에서는 그 높은 사망률도 정상적인 수준이었다고 보려 한다. 그래야 아우구스투스가 가까운 친인척의 조기 사망을 우려해 혈연, 입양, 혼인으로 연결된 여러 친인척 각자에게 두드러진 역할을 주었다고 해석할 수 있기 때문이다. 그러나 아우구스투스가 그런 우려를 했다고 시사하는 자료는 없다. 아우구스투스는 자신에 대한 충성심이 확실하다고 판단한 친인척을 가까운 협력자로 삼아 국가를 이끌었고, 자신의 사후에도 그러한 통치 체계가 지속될 수 있으리라 기대했던 듯하다. 아우구스투스는 1인의 프린켑스가 아닌 다수의 프린켑스들이 국정의 무거운 책임을 분담함으로써, 그들 중 최선임 프린켑스가 사망해도 권력의 공백이 생기지 않아, 내전이 재발하지 않는 통치 체계를 구상했던 것이다.

어떤 의미에서 그의 구상, 즉 군주제가 아닌 각자 군주적 권한을 가진 인물들로 구성된 소규모의 비공식적 협의체가 통치하는 체제는 매우 로마적인 개념이었고, 그 구상이 아우구스투스 치하에서는 작동했다. 그러나 그의 사망 후 이러한 체제를 부활시키려는 모든 시도는 번번이 실패했는데, 그 이유는 누구에게도 카이사르 아우구스투스와 같은 위세가 없었기 때문이다. 아우구스투스는 신격화된 율리우스 카이사르의 아들이었으며, 누구보다도 여러 번 집정관직을 역임했으며, 그 어떤 인물보다도 더 많은 수의 공공감사제와 개선식을 받은 인물이었다. 아그리파도 아우구스투스의 기록에는 못 미쳤다. 대부분의 업적을 실질적으로 이루어 낸 아그리파는 아우구스투스의 명성을 더욱 공고하기 위해 그 공을 언제나 아우구스투스에게 돌렸기 때문이다. 아우구스투스 사후에 어느 황제도 그만큼 많은 업적을 남기지 못했고, 최소한 몇 세기 동안은 그만큼 오랜 기간 로마의 절대적인 통치자로 군림한 황제도 없었다. 아우구스투스가 그의 존재와 능력으로 이 모든 것을 이룬 까닭은 그의 가문 내에서는 그에게 도전할 인물이 없었고, 그의 가문 밖에는 그에게 도전할 능력이 있는 인물이 없었기 때문이다.

아그리파의 죽음은 아우구스투스에게는 큰 타격이었다. 30년이 넘는 세월 동안 아우구스투스를 지지하며 부여된 모든 임무를 성공적으로 수행한 아그리파였기에 그 충격은 더욱 컸다. 그러나 아우구스투스 체제의 강점은 다른 이들이 그의 역할을 대신할 준비가 되어 있었다는 것이었다. 당연히 가장 큰 역할은 티베리우스와 드루수스에게 돌아갔고, 두 사람은 이후 몇 년 동안 거의 쉬지 않고 원정을 다녀야 했다. 티베리우스의 경우는 이미 아들을 낳았고, 곧 딸을 출산할 예정이었던 아내 비프사니아와도 이혼해야 했다. 로마 귀족층의 기준으로 보았을 때, 두 사람은 행복한 결혼 생활을 하고 있었지만, 정치적 필요에 따른 이혼과 재혼은 로마 귀족 사회에서는 다반사였기에, 그들의 이혼이 특별히 놀랄 만한 일은 아니었을 것이다. 아그리파의 죽음으로 두 번째로 미망인이 되었고, 다섯 자녀를 둔 아우구스투스의 딸 율리아가 아직 스물일곱 살에 불과했기에, 재혼하지 않으면 그게 오히려 극히 이례적인 일이 되었을 것이다. 한동안 아우구스투스는 율리아의 새 남편감을, 부유하고 뛰어난 인품을 가졌으나 원로원 의원들과 달리 공직 진출에 큰 관심이 없는 기사 신분 출신의 인물 중에서 물색했다. 그러나 그러한 인물이라도 프린켑스의 사위가 되고 나면 일개 시민으로 있을 때보다 훨씬 더 많은 관심을 받을 수밖에 없을 것이기에, 정치 활동에서 완전히 자유로울 수 있었을지는 의심스럽다.

하지만 율리아가 티베리우스와 결혼하기를 간절히 원했고, 아우구스투스의 의도대로 율리우스 씨족의 친인척이 아닌 사람을 사위로 삼는다 해도, 불가피하게 그의 정치적 위상도 높아질 수밖에 없을 것이므로, 결국 여러 면에서 티베리우스를 사윗감으로 낙점했다. 드루수스도 율리아의 새 남편감으로 고려할 수 있었지만, 아우구스투스의 조카와 결혼한 상태였으므로 조카를 봐서라도 이혼시키기란 쉽지 않았다. 그리고 아그리파의 사망으로 그의 충성심을 더 이상 기대할 수 없게 된 상황이었으므로, 결국 아그리파의 딸 비프사니아가 티베리우스와 이혼해야 했던 것이다. 비프사니아도 원로원 의원과 재혼하여 여러 해 살면서 적어도 5명의 자녀를 낳았다. 하지만 율리우스 씨족의 피가 섞인 자식들이 아니었으므로 아우구스투스에게 중요한 관심사는 아니었다. 티베리우스와 율리아는 약혼했지만, 관련 법 규정을 따라 10개월을 기다린 후 결혼했다. 이 혼인 동맹은 아우구스투스가 티베리우스를 자신 및 두 양자와 더 가까운 관계로 만들기 위한 포석이었다. 언젠가는 두 양자도 티베리우스와 함께 아우구스투스의 제국 통치를 보좌하게 될 것이었기 때문이었다.[10]

정복

한편, 티베리우스는 아그리파의 사망 소식에 고무되어 다시 봉기가 일어난 발칸반도로 파견되었다. 그의 동생 드루수스도 갈리아로 돌아가, 이후 3년 동안 두 사람 모두 양쪽 국경에서 적극적으로 전투에 임했다. 이는 분명히 사전에 조율된 계획의 일부였으므로, 아우구스투스가 다뉴브강과 궁극적으로는 엘베강Elbe River을 경계로 방어 가능한 국경선을 구축하고자 했다는 현대의 주장은 설득력이 없다. 이베리아반도 정복을 완료하고, 가장 근래에는 알프스 지역을 평정하면서 기존 속주들을 안정화한 지 수년이 흘렀으므로, 임페라토르 카이사르 아우구스투스는 다시 대규모 유럽 정복에 나서기로 한 것이다. 이는 아라 파키스(평화의 제단)에서 기린 '힘을 통한 평화'라는 약속을 이행하고, 군사적 문제에 직면한 속주들에 대한 그의 감독 권한을 정당화하는 승리를 통해 순수한 영광을 얻겠다는 시도였다. 또한 티베리우스와 드루수스에게는 그들의 명성과 고위 지휘관으로서 경험을 추가로 쌓을 기회이기도 했다.[11]

따라서 공격적인 원정을 사전에 계획했고, 이를 수행하기 위해 수년간 라인강과 발칸반도에 군대와 보급품을 집결시켰다. 그렇다고 해서 그들이 도발 당하지 않았다는 것은 아니며, 거의 모든 로마의 전쟁은 이전의 습격에 대한 내용으로 치러졌다는 주장에 대한 현대의 냉소적 태도도 지나치다. 상대의 습격은 흔했고 종종 심각했지만, 이에 대한 로마의 대응 방식은 일관되지 않아, 작은 보복에서부터 대규모 공격이나 완전한 정복에 이르기까지 다양했다. 영광을 얻고자 하는 욕망뿐만 아니라 전쟁 수행의 자율권을 가진 지휘관과 가용 자원의 존재 여부에 따라 로마군의 대응 수위와 유형이 달라졌기 때문이다. 기원전 58년, 율리우스 카이사르가 원정 전쟁을 벌이고 싶었던 발칸반도 대신 갈리아 정복에 나섰던 이유도, 이러한 요소들과 헬베티이Helvetii족의 이주가 맞물렸기 때문이다.[12]

과거 어떤 로마 지도자도 가져보지 못한 전쟁 수행의 자율권을 가졌던 아우구스투스는, 때마침 다른 지역에서 심각한 전쟁이 없었으므로, 그 두 지역에서 로마 영토를 확장하기로 결심했다. 모든 로마인과 마찬가지로, 아우구스투스도 세계를 자연 지리학적 측면에서 보지 않고, 여러 민족과 국가의 연결망이라는 정치 지리학적 관점에서 접근했다. 따라서 그의 공격 대상은 그러한 민족과 국가로, '항복한 자들은 용서하고 교만한 자들은 물리칠' 것이었다. 일부는 속주에 포함시키고, 일부에게는 로마의 통치를 받아들이도록 강제할 것이었다. 지중해에서 멀리 떨어진 땅에 대한 뚜렷한 인식이 없었던 그리스인들과 로마인들이 중부 유럽과 그 너머 초원의 방대한 크기를 이해했을 것 같지는 않다. 당시까지 알려진 3개의 대륙을 감싸고 있는 대양까지 진출하면 유럽 전체를 정복할 수 있다고 아우구스투스가 믿었을 가능성은 매우 높지만, 그러한 가능성은 미래를 위한 것이었다. 당시 그의 야망은 그보다는 제한적이었다. 로마의 임페리움을 확대하고, 로마 속주를 공격한 종족들을 처벌하여 다시는 공격하지 않도록 단속하는 것이었다.

티베리우스와 드루수스가 직접 군단을 이끌었고, 임페라토르 카이사르 아우구스투스는 멀리서 감독했다. 장기간 여러 속주를 순행했던 관례에서 벗어나, 이번부터 이후 몇 년 동안은 군사 작전 지역 근처를 단기간 방문하는 방식을 택했다. 그리하여 아우구스투스는 일리리쿰과 접경한 북부 이탈리아의 아퀼레이아Aquileia와 갈리아의 루그두눔에 체류하면서 작전을 지휘했다. 두 곳 모두 로마에서 그리 멀지 않았으므로, 아우구스투스는 전투 기간이 아니면 여러 차례 로마로 돌아갔다. 수에토니우스는 아우구스투스가 직접 손으로 쓴 편지의 일부를 발췌하여 이러한 여행의 일단을 보여주는데, 이 편지는 그의 큰 의붓아들에게 3월 20일부터 25일까지 열렸던 미네르바 여신을 기리는 5일간의 축제에 관해 이야기하고 있다.

나의 티베리우스야, 우리는 퀸콰트리아Quinquatria를 매우 즐겁게 보냈지. 우리는 하루 종일 놀이를 했고, 게임판은 아주 뜨거웠다. 네 동생은 운이 없다고 크게 불평했지만, 최종적으로 많이 잃지는 않았다. 처음엔 심하게 잃었지만 예상치 않게 조금씩 되찾아 많이 만회했거든. 나로 말하자면, 2만 세스테르티우스를 잃었어. 평소처럼 내가 놀이에서 지나치게 관대했기 때문이지. 만약 내가 판돈을 포기하지 않고 제대로 받았거나 딴 돈을 나누어 주지 않았다면 5만 세스테르티우스는 충분히 땄을 것이다. 하지만 난 잃는 게 더 좋아, 나의 관대함이 나를 불멸의 영광으로 이끌 테니까.13

이처럼 격의 없는 문체는 아우구스투스가 가족과 친구들에게 보낸 현존하는 편지에 나타나는 전형적인 특징으로, 이 편지는 적어도 아우구스투스가 의붓아들들과 잘 지냈다는 것을 보여준다. 드루수스는 매력과 친화력으로 유명했고, 빠르게 대중의 총애를 얻었다. 티베리우스는 내성적이고 복잡한 성격으로 호불호의 대상이라기보다 존경의 대상이 되기에 더 적합한 인물이었지만, 아우구스투스가 그에게 쓴 편지 곳곳에는 반복적인 애정 표현과 부드러운 농담 섞인 어조, '불멸의 영광'과 같은 표현에서 볼 수 있는 과장된 아이러니가 담겨 있다. 또 다른 편지에서 그는 자신과 손님들이 '노인들처럼 도박을 한' 저녁 식사를 묘사하기도 한다. 아우구스투스의 서신은 키케로의 편지와 유사점이 많은데, 반복되는 애정 표현, 명언과 농담의 잦은 인용 그리고 깊은 애정의 가식적 주장 등이다. 어쨌든 이 시점에서 아우구스투스와 곧 그의 사위가 될 사람 사이의 관계가 우호적이지 않았다고 암시하는 정황은 전혀 없다.14

기원전 12년 초, 드루수스는 갈리아의 세 속주에서 공식 인구조사를 완료했다. 이는 의심할 여지 없이 속주들을 조직하고, 속주민의 재산과 로마에 납부할 세금을 기록하여, 다가오는 원정 전투에 대비해 풍부한 보급

물자를 확보하기 위한 것이었다. 기원전 27년에 이 지역에서 처음으로 실시된 인구조사를 직접 감독한 인물이 아우구스투스였고, 이번 인구조사도 아우구스투스가 그 전해에 갈리아를 떠나기 전에 시작되었다. 아마도 리키누스가 근래에 악용한 세금 징수 체계를 더 공정하게 만들기 위한 시도였을 수도 있다. 루카복음을 제외하면, 아우구스투스가 제국 전체의 인구조사를 실시해 세제를 정비할 목적으로 단일 칙령을 특정 시점에 내렸다는 근거는 없다. 그러나 그러한 단일 칙령이 실제로 있었고, 그에 따라 임시방편의 징수 체계를 명확히 했을 가능성도 있으며, 다른 여러 세부 내용처럼 이 내용이 다른 사료에는 언급되지 않아 우리가 모르는 것일 수도 있다. 반면에, 루카복음 저자의 기술은 단순히 속주민의 관점을 반영한 것일 수도 있는데, 로마 당국의 인구조사와 과세가 매우 규칙적이어서 속주민들은 이를 단일 칙령에 근거해 실시되는 활동으로 생각했을 수도 있다.[15]

간혹 인구조사는, 특히 근래에 평정한 속주에서 실시되면, 반감과 심지어 반란을 불러일으키기도 했다. 세금을 내야 한다는 것은, 그것도 점령 세력에게 내야 한다는 것은, 속주민에게 결코 유쾌한 일은 아니다. 리비우스는 인구조사에 반감을 품은 갈리아 지방에서 약간의 소요가 있었다고 주장했고, 디오도 그러한 상황이 있었다고 암시했지만, 자세한 내용은 전하지 않는다. 소요가 있었다 하더라도 소규모에 그쳤을 것이다. 인구조사를 통해 개인의 재산과 권리가 반박할 수 없는 형태로 기록되어 법적 보호를 받을 수 있었기 때문에, 인구조사가 개인과 공동체에 이로울 수도 있었다. 따라서 대부분 속주는 인구조사에 빠르게 익숙해졌고, 일부에서 저항이 있었어도 드루수스가 효과적으로 진압했다.[16]

갈리아 속주들의 재정 정비와 질서 유지뿐만 아니라, 라인강 도강 준비도 대대적으로 이루어졌다. 임박한 전쟁을 위해 집결하는 군대를 수용하기 위해 일련의 대규모 군사 기지를 구축했다. 정확한 숫자를 파악할 수는 없으나 최소 8개 군단을 차출했고, 지원 병력으로 상당수의 보조군과 소형 갤리 전투선 및 수송선으로 구성된 함대도 대기시켰다. 발강Waal River 유역에 있는 오늘날의 나이메헨Nijmegen에서 발견된 군사 기지 중 하나를 발굴 조사한 결과, 기원전 19년에서 기원전 16년 사이에 건설된 것으로 밝혀졌다. 약 42헥타르의 크기에 흙, 뗏장, 목재로 지어진 이 기지는 2개 군단 병력 전체와 보조군 일부를 수용할 수 있었을 것으로 보인다. 로마 군대가 이 시기에 라인 강변이나 동쪽 그리고 히스파니아에 건설한 요새들과 마찬가지로, 이 기지도 기원후 1세기와 2세기 로마군 기지의 전형적인 형태인 반듯한 직사각형 모양은 아니었다. 아우구스투스의 군단들은 자연 지형을 잘 활용하여 종종 고지대에 요새를 구축했는데, 대략 등고선을 따라 성벽을 쌓아 6각형, 7각형 또는 8각형 모양의 요새를 만들었다. 개별 기지의 형태도 다양했고 내부 배치도 달랐으나, 그 차이보다는 아주 밀접한 유사성이 더 두드러졌다. 다음 세기에 나타나는 통일성이 부족하다는 사실은, 역으로 전통적인 형태에 규격화된 설계가 지속적으로 가미되며 군사 기지의 형태가 진화했다는 방증이기도 하다. 아우구스투스가 제정한 로마 군에 관한 많은 규정은 큰 변화 없이 한 세기 이상 유지되었다.[17]

후대에 등장한 거대한 석조 요새에 익숙해진 우리는 당시 군사 기지의 규모와 구성이 지닌 의미를 특별히 주목하지 않고 당연하게 받아들이기 쉽다. 나이메헨 군사 기지는 10년도 채 안 되는 기간, 아마도 몇 년 동안만 유지되었겠지만, 그 짧은 기간에도 병사들은 표준 설계에 따라 잘 지어지고 질서 정연하게 배치된 막사에서 살았다. 각 막사에 8명이 한 단위로(즉 콘투베르니움contubernium) 수용되었고, 방은 2개씩 있었다. 발굴된 막사 중 일부는 그 크기가 작은 것으로 보아 군단병이 아닌 보조군을 위한 숙소로 보이지만, 병사들이 북유럽의 겨울을 나기에는 충분히 안락한 시설이었다. 지휘 본부는 물론이고, 군단 지휘관인 대관 총독 원로원 의원(아마도 원로원 의원 1명이 두 군단을 지휘했을 것으로 보인다)과 기사 신분 및 원로원 신분의 천인대장들을 위한 주거 시설은 넉넉한 크기로 지었다. 나이메헨 군사 기지의 모든 건물은 이 원정 기간 다른 요새에 지어진 건물들과 그 구조가 유사하다. 규모와 구성 면에서 이들 군사 기지들은 제국의 변경 지역에 생겨나기 시작한 잘 정돈된 지중해 스타일의 도시들과 비슷했다.

기원전 13~12년의 겨울 게르만 전사들이 로마 속주를 또다시 습격했으나, 드루수스가 물리쳤다. 봄이 되자 드루수스는 라인강 동쪽에 사는 게르만 부족들을 연달아 공격했다. 일부 군대는 라인강으로 흘러드는 계곡을 따라 육로를 이용했고, 일부는 배를 타고 북해를 돌아 해안에 상륙했다. 한때 드루수스가 현지 해안의 조수 간만을 심각하게 오판한 결과, 썰물이 예상보다 멀리 빠져나가 여러 배가 좌초되기도 했다. 율리우스 카이사르가 브리타니아 원정 중 바다의 위력과 조수 간만의 차를 과소평가해 당했던 낭패와 유사한 일이 벌어졌던 것이다. 다행히 근래에 동맹을 맺은 현지 부족인 프리시이Frisii족이 도착하여 좌초된 선박들을 보호하고 로마 병사들을 구해 주었다. 그러나 전체적으로 드루수스의 공격은 성공적이었다. 게르만 부족들의 거주지를 습격해 마을과 농장을 불태우고 가축과 농작물을 파기했으며, 인근에서 모여든 게르만 전사들을 패퇴시켰다. 약 1세기 후 타키투스는 한 게르만 부족 지도자가 냉소적으로 "로마인들은 폐허를 만들어 놓고 그것을 평화라 부른다"라고 말했다고 기록했다. 로마에 저항하면 어떠한 대가를 치러야 하는지 목격한 여러 게르만 부족이 프리시이족의 전례를 좇아 로마와 동맹을 맺었다. 티베리우스도 판노니아Pannonia에서 유사한 방식으로 유사한 전과戰果를 올렸다.[18]

드루수스는 그해 말에 로마로 돌아와 잠시 머물렀는데, 이는 속주 총독에게 적용되던 기존의 여러 제약이 아우구스투스의 측근들에게는 적용되지 않았다는 사실을 보여준다. 드루수스는 선출된 법무관으로 게다가 시민 담당 법무관이란 명망 있는 직위까지 겸했지만, 로마에 잠시 체류한 후, 전쟁을 계속 지휘하기 위해 서둘러 다시 라인강 국경으로 향했다. 기원전 11년 봄이 시작될 무렵, 당시 스물일곱 살이었던 아우구스투스의 의붓아들은 다시 게르만 부족을 공격했고, 이번에는 육로로 진군하는 부대 중 하나를 이끌었다. 잠시 로마에 투항했던 일부 부족들이 다시 한번 로마와 싸우기로 했던 듯하다. 플로루스가 수감브리족, 케루스키Cherusci족, 수에비족이 그들의 영토 안에 있던 20명의 백인대장을 붙잡아 십자가에 못박았다는 이야기를 전하는데, 그 사건이 그해에 일어났을 수 있다. 그들이 게르만 부족의 영토 안에 있었던 이유는 아마도 로마를 대표하여 외교 활동을 했거나, 그보다 더 큰 가능성은 이전에 체결된 강화조약에 근거하여 보조군에서 복무할 신병을 모집하기 위해서였을 것이다. 자주 그러했듯 이번에도 게르만 부족들 간의 경쟁과 불화가 로마를 이롭게 했다. 수감브리족이 로마에 대항할 동맹 대열에 합류를 거부한 이웃 부족인 카티Chatti족을 공격했던 것이다. 게르만 부족의 전사들이 자중지란에 빠진 틈을 타, 드루수스가 재빨리 공격해 그들의 근거지를 초토화했다.[19]

이러한 사건들은 당시의 라인강 동쪽 지역에는 뚜렷이 구분되고 종종 서로에게 적대적이었던 여러 공동체가 공존했다는 중요한 역사적 사실을 우리에게 상기시킨다. 로마인들은 그들을 게르만족으로 통칭했지만, 그 지역에 살았던 부족들은 누구도 자신들을 그렇게 한 묶음으로 생각하지 않았을 것이다. 율리우스 카이사르는 게르만족과 갈리아족을 명확히 구별해 묘사했지만, 심지어 그도 이미 갈리아 지방에 정착한 게르만계 부족을 갈리아족과 구분히는 것이 다소 어렵다는 점을 인정했다. 율리우스 카이사르에게 이 두 부족의 명확한 구분은 중요하게 작용했는데, 게르만족을 갈리아 속주를 위협할 수 있는 적으로 규정해 그에 따라 라인강 지역에서의 원정 중단 여부를 결정했기 때문이다. 율리우스 카이사르를 포함한 고대 저자들의 게르마니아 지방과 그곳에 사는 부족들의 묘사는 매우 음울하다. 게르만족을 갈리아 지방 주민들보다 더 원시적이고 동시에 더 흉포한 존재로 그리고 있다. 그들에게 게르마니아는 습지와 우거진 숲으로 이루어진, 제대로 난 길도, 일정 규모의 정착촌도, 사원도 없는 미개의 땅이었고,

그곳에 사는 사람들도 농사를 짓는 대신 가축을 기르고 숲에서 사냥을 하며 반유목 생활을 하는 미개인이었다. 게다가 호메로스의 《오디세이아》에 등장하는 무시무시한 키클롭스의 묘사까지 거슬러 올라가는 야만성에 대한 오래된 많은 고정관념까지 더해져, 게르만족은 문명과는 동떨어진, 따라서 예측할 수 없고 매우 위험한 종족이라는 인상을 더욱 강화시켰다.

그러나 고고학적 증거들은 이들 대부분에 이의를 제기하는 동시에, 그 자체로 여러 복잡한 문제들을 안고 있다. 율리우스 카이사르가 갈리아에 처음 도착하기 이전, 중부 게르마니아의 광범위한 지역은 갈리아의 오피다와 비슷한 산업, 무역, 사회 구성의 징후를 보이는 대규모 도시들이 언덕 위에 자리 잡고, 라인강 서쪽 지역과 매우 유사한 모습을 띠고 있었다. 중부 게르마니아와 라인강 서쪽 지역 사이에는 많은 접촉이 있었으므로, 정치적 관계가 어떠했든 문화적 유사성은 매우 두드러져, 두 지역 모두 고고학자들이 라 테네La Tène라고 부르는 동일한 문화권에 속했다. 그러나 기원전 1세기 전반에, 중부 게르마니아의 이러한 도시들은 모두 없어지거나 그 규모와 정교함에 있어 극적으로 쇠퇴했다. 적어도 한 가지 고고학적 발견에서 폭력적이고 피비린내 나는 도시 파괴의 사례를 찾았고, 무기류의 일상적인 사용에 관한 고고학적 기록은 아주 흔하다. 그러한 도시 파괴는 로마인이 그 지역에 진출하기 이전에 발생했으므로 로마인이 직접 자행한 것으로 보이지는 않으나, 교역 방식의 변화나 직접적인 군사 행동 등 로마 제국의 영향이 그 지역에 초래한 파급 효과가 일정 정도 작용했을 가능성은 있다. 로마인들이 제국에서 멀리 떨어진 곳에서 일어나고 있는 모든 일을 인지했을 가능성은 낮다. 따라서 로마인들은 그 지역에 진출했을 당시 그들이 마주한 상황을 평소의 상태라고 자연스럽게 간주하고, 현지인들이 항상 그렇게 살아왔다고 생각했을 것이다.

이들 중부 게르마니아 도시들과 그 도시들 주변으로 조성된 사회들은 율리우스 카이사르가 갈리아에 도착하기 이전에 이미 붕괴되었을 것이다.

붕괴 이유를 정확히 알 수는 없으나, 고고학적 증거로 보아 파괴적인 권력 투쟁을 일으킨 내부 격변 또는 공격적인 낯선 부족의 유입 모두 가능한 원인으로 해석할 수 있다. 부족들의 이동을 고고학적으로 추적하기는 어렵지만, 새로운 땅을 찾아 이동하는 대규모 집단에 관한 이야기가 여러 사료에서 반복적으로 언급되므로, 부족들의 이동이 적어도 부분적으로는 당시의 현실을 반영했다고 이해해도 무방하다. 부족 또는 기타의 군집 단위는 그때그때 형성되어 단기간 유지된 집단들과 이전부터 내려온 오랜 친족 관계가 섞여 매우 복잡했으므로, 최선의 고고학적 증거를 통해 그들을 구분, 식별해 보려는 시도는 종종 효과 없이 불발로 끝났다. 후기 켈트어와 게르만계 언어들을 바탕으로 아직 남아 있는 당시의 이름을 언어학적으로 분석하면, 당시의 부족들과 기타 군집 단위가 실제로 구분되었던 집단이었다는 사실은 알 수 있지만, 특정 집단의 인종적, 문화적 정체성까지 구분하기란 쉽지 않다. 로마인들도 수감브리족, 케루스키족, 카티족, 카우키Chauci족, 수에비족처럼 명명된 집단들 사이의 관계를 제대로 이해하지 못했을 가능성이 상당히 높으며, 그 집단들의 관계도 각 집단 지도자의 부상이나 몰락과 함께 빠르게 변했을 것이다.

그들 부족 사회의 상위 계층은 급격한 변화가 지속되어 안정되지 못했기 때문에, 그 지역에 끊임없는 인구 이동이 있었다고 생각한 로마인의 견해는 일견 타당하다. 그러나 하위 계층의 이동은 그다지 심하지 않았다. 도시들은 사라졌지만, 라인강 동쪽 대부분 지역에서는 여러 세대에 걸쳐 오랜 기간 농장, 외딴 마을, 소규모 촌락들이 자리를 지켰다. 비록 대규모 정착지는 없었어도 전체 인구는 상당히 많았을 것이다. 널리 농사를 지었지만, 주로 지역민의 생계를 유지하고 작황이 나쁠 때를 대비해 잉여 생산물을 저장하는 수준에 머물렀다. 장기적으로 부족들의 사회적, 정치적 구조는 유동적이어서 상당한 인구가 주기적으로 이동했으나, 수십 년 동안 같은 땅에 정착해 자신들이 뽑은 지도자들을 중심으로 공동체를 구성한 일부 부족 집단도 있었다. 따라서 로마인들은 가까운 미래에 각 부족을 식별하고, 그들의 영토가 어디고 그들의 족장이 누군지 알 수 있었다.[20]

드루수스와 그의 참모들은 분명 많은 오해를 하여 실수도 했지만, 점차 그들이 싸우고 있는 부족들에 관한 지식을 꾸준히 쌓아갔다. 마땅한 도로가 없어 병력과 보급품의 이동은 매우 어려웠다. 대규모 공동체가 없다는 것은 식량과 사료가 대규모로 저장된 곳을 찾기 어렵다는 걸 의미했다. 갈리아 지방에서 율리우스 카이사르는 오피다 중 하나를 찾아가 군대가 필요로 하는 보급품을 요구하거나 빼앗았다. 하지만 게르마니아에서는 군수품 조달을 위해 수백 개의 작은 정착지를 찾아다녀야 했고, 또 직접 운반해야 했다. 필요하면 강 위에 다리를 놓고 늪지를 통과하는 둑길을 만들어야 했으므로 어쩔 수 없이 이동 시간이 많이 소요되었다. 대개의 경우, 드루수스와 그의 부대는 강을 따라 이동했는데, 이는 바지선으로 보급품을 운반하기가 더 쉬웠기 때문이며, 육로 이동의 어려움은 북해를 따라 항해에 의존하게 된 이유를 설명해 준다.[21]

이러한 어려움에도 불구하고 2년차 원정은 성공적이었다. 로마군은 보급품이 부족해지기 전까지 과거 어느 때보다도 깊숙이 게르마니아 영토 안으로 침투했다. 여름이 끝나가자, 드루수스와 그의 군대는 라인강 쪽으로 다시 후퇴했다. 적대적인 땅 깊숙이 주둔군을 남기면 다가오는 겨울철에 그들에게 식량 공급이나 보급품 지원이 어렵거나 불가능하다고 판단했기 때문이다. 게르만 족장들은 전투에만 종사하는 전사 집단을 유지했으나, 그들의 수는 매우 적었다. 부족 또는 동맹 부족의 군대는 스스로 무기를 갖출 능력이 있고 싸울 의지도 있는 자유 부족민으로 구성했으므로, 그렇게 군대를 모으려면 어쩔 수 없이 오랜 시간이 걸렸다. 이는 로마 군대가 전쟁 초기 공격에 나설 때보다 퇴각할 때 더 강한 저항에 부딪힐 수 있다는 걸 의미했다. 한번은 카티족을 습격하고 돌아오던 게르만 부족이, 자기들의 땅을 황폐화시킨 적과 싸우기 위해 모인 여러 부족 집단에 합류했다.

로마군은 보급품과 함께 이동했으므로 규모는 크고 기동력은 떨어져, 게르만 부족들이 그들의 이동 경로를 쉽게 예측할 수 있었다. 분노에 찬 게르만 전사들은 자신감도 가득했다. 침략자들의 퇴각이 불안한 도주처럼 보였기 때문이다.

드루수스의 군단은 연이어 매복 공격을 당했다. 로마군은 매복 공격을 이겨 내며 꾸준히 퇴각했지만, 적을 물리쳤을 때도 그들을 추격해 심각한 손실을 입힐 여건이 되지 않았고, 치고 빠지는 적에 대항해 진군을 잠시 멈추고 전술을 짤 여유도 없었다. 작지만 승리를 맛본 게르만 전사들은 더욱 고무되었고, 더 많은 전사가 전투에 합류했다. 이는 훨씬 더 대규모 매복 공격으로 이어져, 결국 로마 군단을 좁은 지형에 가두는 데 성공했다. 갇힌 로마군은 전멸될 위험에 처했지만, 부족군의 어쩔 수 없는 한계 덕분에 위기에서 탈출할 수 있었다. 게르만 전사들은 긴 전투에 대비해 충분한 식량을 지니고 다니지 않았기 때문에, 전투를 빨리 끝내고 집으로 돌아가길 원했다. 부족군 전체를 통제할 수 있는 단일 지휘관 대신 여러 족장이 각자의 영향력 아래 있는 전사들을 통솔했고, 언제 어떻게 싸울지는 전사들 개개인이 결정했다. 로마군의 운명은 그들의 자비에 맡겨진 상황이었으나, 게르만 전사들은 로마군이 굶주릴 때까지 또는 불리한 조건에서 전투에 나설 때까지 기다리는 작전을 택하지 않고, 로마군을 소탕해 그들의 보급품 수레에서 전리품을 약탈할 욕심으로, 총집결하여 로마군을 향해 돌진했다. 이러한 백병전에는 로마 군단병들이 강했기 때문에, 드루수스와 그의 병사들은 마침내 적들을 제대로 공격할 수 있었다. 수세에서 돌아서 공세에 나선 로마군은 의기양양하던 게르만 전사들을 격파했고, 과도한 자신감으로 방심했던 게르만 전사들은 공황 상태에 빠져 도주하기에 급급했다. 이후 드루수스와 그의 병사들은 아무런 방해도 받지 않고 라인강으로 돌아갔다.[22]

이 전투도, 티베리우스가 다뉴브강 근처에서 수행한 전투와 마찬가지로 승리로 선언되었다. 아우구스투스에게는 개선식이 수여되었으나 그는 평소처럼 받아들이지 않았고, 그의 의붓아들들에게는 개선식보다 작은 영예인 소개선식과 함께 개선 휘장이 수여되었다. 가을에 아우구스투스와 그의 두 의붓아들은 로마로 돌아갔고, 리비아의 두 아들이 거둔 원정 성공을 기념하기 위해 로마의 남성 시민 모두에게 400세스테르티우스를 하사했다. 아우구스투스의 쉰두 번째 생일을 일련의 맹수 싸움을 개최해 축하했고, 이즈음 율리아와 티베리우스가 결혼식을 올렸다. 그러나 좋은 소식만 있었던 것은 아니다. 옥타비아가 갑자기 사망해, 또 다른 가족 구성원의 유해가 아우구스투스의 영묘에 안치되었다. 옥타비아의 장례는 국장으로 치러졌고, 그녀의 사위 드루수스가 주 추도사를 낭독했다.23

이처럼 아우구스투스 개인의 아픔은 있었지만, 로마의 분위기는 자신감에 차 있었으므로 원로원은 로마 세계 전체에 평화가 수립되었음을 선포하는 의미로 야누스 신전의 문들을 닫기로 결정했다. 그러나 다키아인들이 다뉴브강을 넘어 습격했다는 소식에 야누스 신전 의식은 거행되지 못했고, 기원전 10년에 전쟁이 재개되었다. 아우구스투스와 리비아는 드루수스 및 그의 가족과 함께 갈리아의 루그두눔까지 동행했고, 그해 후반에 드루수스의 아내 안토니아가 둘째 아들, 즉 후일의 클라우디우스 황제를 출산했다. 이 해에 아마도 루그두눔에, 로마와 아우구스투스에게 바치는 제단을 둘러싸고 화려하게 장식된 숭배 구역이 건축, 헌정되었을 것이다. 부족 지도자들이 갈리아 전역에서 소환되어 헌정 축하 행사에 참석했고, 그 후로 매년 치러진 의식에 참여했다. 율리우스 카이사르가 모든 갈리아 부족의 정기적인 모임에 관해 언급한 바 있는데, 잠재적으로 체제 전복의 위험성이 있는 그러한 모임을 폐지한 후 생긴 공백을 메우기 위해 이처럼 새로운 숭배 의식을 마련했을 가능성이 높다.24

티베리우스는 발칸반도에서 원정 전쟁을 치르며 그해를 보냈다. 개선 휘장을 받은 지휘관이 이끄는 적어도 하나의 부대가 그를 지원했다. 드루수스는 게르마니아에서 싸웠고, 두 형제는 아우구스투스와 그들의 어머니에게 했던 것처럼 서로에게 정기적으로 편지를 썼다. 한번은 티베리우스가 그의 동생이 자기에게 쓴 편지를 아우구스투스에게 보여주었다. 그 편지에서 드루수스는 둘이 힘을 합쳐 아우구스투스가 '자유를 복원하도록' 만들자고 제안했다. 수에토니우스는 티베리우스의 이런 행동을 그가 자기 동생을 증오하기 시작했다는 첫 번째 징후라고 설명하지만, 형제 사이에 적대감이 있었다는 다른 증거는 없으며, 오히려 깊은 애정을 과시하는 무수한 사례만 존재한다. 아마도 이 사건은 우연이었거나 후대에 지어낸 이야기일 수 있다. 현대 학자들은 드루수스가 프린켑스 아우구스투스가 물러나고 공화정 체제가 부활하기를 바랐다고 가정하는 경향이 있으며, 두 형제 모두를 정치에 관한 한 매우 전통적인 견해를 가진 귀족으로 묘사하려 한다. 하지만 '자유를 복원하도록'이란 문구는 다소 모호한데, 어쩌면 아우구스투스 치하에서 공직과 영향력을 거머쥔 일부 사람을 겨냥한 드루수스의 혐오와 자신들을 포함하여 더 훌륭한 인물들로 대체되기를 바라는 희망을 단순히 전하는 의미일 수도 있다. 드루수스는 확실히 야심가였다. 다른 기록에서 수에토니우스는 드루수스가 스폴리아 오피마의 영예를 간절히 원한 나머지, 게르마니아 왕들을 구석으로 몰아붙여 일대일 결투에서 죽이기 위해 전장에서 그들을 쫓아다니기까지 했다는 이야기를 전한다. 그러나 그 이야기를 가장 희귀하고 가장 명예로운 영예 중 하나를 얻으려는 젊은 귀족의 열망으로 이해하려 하지 않고, 기원전 29년 크라수스가 연루된 사건과 연결하려는 시도는 지나친 상상력의 비약이라 할 수 있다.[25]

기원전 9년 1월, 드루수스는 스물아홉 번째 생일을 일주일 남짓 앞두고 집정관이 되었다. 어쩌면 그해가 그가 갈망하던 스폴리아 오피마를 차지할 수 있었던 해였을지 모르겠다. 그가 집정관으로서 자신의 임페리움과 신의 가호 아래 싸울 수 있었던 첫해였기 때문이다. 그해 드루수스는 군대를 이끌고 엘베강까지 진군했다. 곧 소문이 퍼졌다. 그곳에서 그가 실제보다 더 큰 여인의 환영과 마주쳤는데, 그 여인이 더 이상 진군하지 말라고 경고하며 그의 생명이 거의 끝나가고 있다고 예언했다는 것이다. 계절이 이미 늦어, 드루수스는 라인강의 기지로 돌아왔다. 네 차례의 원정 끝에 라인강과 엘베강 사이의 땅은 정복되었고, 그곳의 종족 대부분이 로마의 통치를 인정했으므로, 게르마니아는 이제 몇몇 주둔군을 남겨 둘 수 있는 지역이 되었다. 얼마나 영구적일지 확신할 수는 없었지만, 그 정도의 성취도 대단한 것이었다. 이후 갈리아에서 겨울을 보내기 위해 돌아오는 길에, 드루수스는 말을 타다 사고를 당했고 다리에 심한 부상을 입었다. 상처가 치유되지 않아 결국 그해 9월, 그 젊은 장군은 사망하고 말았다.26

 티베리우스는 빨랐던 속도로 유명해진 여정을 재촉하여, 곧 동생의 시신 곁에 당도했다. 그는 시신을 방부 처리하고 장엄한 의식을 치른 후 로마로 시신을 운구했다. 처음 시신을 운구한 이들은 드루수스가 지휘한 군단의 천인대장들과 백인대장들이었다. 그다음은 로마의 식민시와 현지 공동체의 주요 시민들이 그 임무를 맡았다. 여러 구간에서 티베리우스는 행렬과 함께 걸었다. 드루수스를 향한 애도의 물결이 진정으로 그의 인기를 반영했다. 후에 세네카는 늠름한 젊은 영웅의 죽음을 기리는 분위기가 거의 개선식과 같았다고 주장했다. 로마에서의 국장으로 애도 의식은 절정에 달했다. 티베리우스는 포럼에 있는 신 율리우스 신전 밖 공공 연설대에서 동생을 위한 추도사를 낭독했다. 아우구스투스는 로마시의 공식 경계인 포메리움 밖에 위치한 원형 경기장 키르쿠스 플라미니우스Circus Flaminius에서 아마도 더 많은 군중 앞에서 또 다른 추도사를 낭독했다. (아우구스투스는 애도 중이었으므로 로마 시내로 들어가 개선식을 거행할 수 없었다.) 배우들은 전통적인 방식으로 드루수스 조상들의 장례 가면과 휘장을 착용했다. 비록 아우구스투스가 그의 의붓아들을 입양하지는 않았지만, 배우들은 율리우스 씨족 조상들의 장례 가면과 휘장도 착용했다. 시신은 화장되었고, 유해는 아우구스투스 영묘의 다른 유해들 옆에 안치되었다. 아우구스투스

와의 관계가 사자死者의 친족이 추도할 권리보다 우선했다.27

아우구스투스 영묘 근처에는 기원전 9년 1월 30일에 공식적으로 헌정된 아라 파키스(평화의 제단)가 있었다. 그 옆에는 거대한 해시계가 있었는데, 그 해시계의 바늘은 이집트에서 가져온 오벨리스크로, 안토니우스와 클레오파트라의 패배를 상기시키면서 동시에 율리우스 카이사르의 달력이 이제 1년을 365.25일로 제대로 표시하고 있음을 보여주는 것이었다. 받침대 위에 세워진 오벨리스크는 약 100피트(약 30미터) 높이로 솟아 있었고, 매일 정오마다 오벨리스크의 그림자 위치가 약간씩 달라졌다. 이 그림자의 위치는 포장용 돌 위에 청동선으로 표시된 격자를 통해 측정되었으며, 그 격자에는 황도대의 표식과 태양년을 상징하는 그리스 문자가 새겨져 있었다. 그 웅장한 규모에도 불구하고, 계산이 잘못되었거나 오벨리스크의 기초가 이동하여 그 해시계는 기원후 1세기 중반까지 약 30년 동안 정확하지 않았다고 플리니우스는 기록했다. (대대적인 복원을 거친 오벨리스크는 지금은 이전과 다른 위치인 로마의 몬테치토리오 광장Piazza di Montecitorio에 있다.)28

아우구스투스조차 자연은 통제하기 어려웠다. 불과 5년 전만 해도 그는 가족 내에서 3명의 유능하고 활동적인 인물들에게 도움을 받았고, 가이우스와 루키우스가 성인이 되면 2명이 더 합류한다는 장기적인 약속도 있었다. 그러나 아그리파와 드루수스가 세상을 떠났고, 오직 티베리우스만 남았다. 향후 몇 년간 무거운 짐이 그에게 지워질 것이었다.

5부

임페라토르 카이사르 아우구스투스, 디비 필리우스, 파테르 파트리아이

기원전 2년~기원후 14년

내가 열세 번째 집정관직을 수행하는 동안, 원로원과 기사 신분 그리고 로마 인민 전체가 나를 조국의 아버지라고 불렀다.
-《신 아우구스투스의 업적록》 35

19장 조국의 아버지

아우구스투스는 그의 친구들에게 자신에게는 버릇없는 딸이 두 명 있는데, 그들을 참아내야만 했다고 말했다. 그들은 공화국과 율리아였다.

- 마크로비우스Macrobius, 기원후 5세기 초[1]

운명이 당신을 명예의 높은 자리로 끌어올렸네. 리비아여, 이 짐을 짊어지라…. 가능하다면, 꼿꼿이 서서 슬픔을 딛고 일어나, 불굴의 정신을 유지하라. 우리가 덕성의 이상을 찾으려 할 때, 당신이 로마의 제1여인principis Romanae이라면 더욱 다행일 것이니.

- 익명인, 기원후 1세기 초 추정[2]

리비아는 둘째 아들의 죽음을 매우 비통해했다. 아우구스투스가 드루수스의 죽음에 관여했다는 소문 때문에 그녀의 고통이 더 심했을 수 있다. 수에토니우스는 그 소문이 터무니없다고 생각했고, 그의 생각이 분명 옳지만, 소문은 이미 퍼지고 있었던 듯하다. 카이사르의 아내 리비아는 오랫동안 그녀의 남편이 존경했던 알렉산드리아 철학자 아레우스Areus에게 개인적으로 조언을 구했다. 흥미롭게도 그의 조언은 매우 현대적이었는데, 슬픔에 빠진 리비아에게 기회 있을 때마다 아들에 관해 이야기하고 집안 곳곳에 아들의 조각상을 전시하라고 권유했다. 드루수스의 미망인 안토니아는 겨우 20대였지만, 재혼을 거부하고 시어머니인 리비아와 살겠다며, 두 아들과 함께 이사했다. 두 아들에게는 아버지의 승리를 기념하여 게르마니쿠스Germanicus라는 이름이 주어졌다. 원로원은 로마 시내에 여러 개의 조각상을 세울 수 있는 영예와 '세 자녀 어머니의 지위ius trium liberorum'를 리비아에게 부여했다. 아우구스투스와의 사이에서 낳은 사산아는 공식적으로 자녀수에 포함되지 않았으므로, 리비아는 그전까지 그 지위를 얻지 못하고 있었다.[3]

세 자녀 어머니의 지위는 이상적인 로마의 여인으로서 리비아의 공적 이미지를 강화했다. 그녀의 슬픔은 정말 컸으나, 공적 및 사적 역할을 계속 수행하는 데 방해가 되지 않는 한도 내에서 슬픔을 제어했다. 마르켈루스의 죽음 이후 대중의 시야에서 거의 사라진 옥타비아와 대비되는 행보였다. 후대에 이르러 리비아의 평판은 그녀가 음모와 살인에 가담했다는 암시와 직접적인 비난으로 많이 훼손되었다. 그녀에 대한 비난은 모두 그녀가 비밀스러운 범죄를 모의했다고 주장하는 것들이지만, 그녀를 가장 신랄하게 비판하는 사람들조차도 그녀의 공적 활동은 흠잡을 데 없었다고 인정한다. 뛰어난 아름다움으로 칭송받은 리비아지만, 아우구스투스에 대한 그녀의 충실함은 결코 의심받지 않아, 모두 그녀를 순결한 여인으로 묘사했다. 로마에서 아내가 순결하다는 의미는 오직 남편하고만 잠자리를 한다는 뜻이다. 재미있는 이야기 하나가 전해진다. 알몸으로 처형을 기다리는 남자들 앞을 지나칠 때, 리비아는 그들이 벌거벗은 조각상인 줄 알았다고 주장했다 한다. 리비아는 충실하고 순종적인 아내로 보였다. 특별히 놀라울 정도로 순종적이라고 여겨진 이유는 그녀가 남편과 잠자리를 함께 할 소녀들을 직접 고르기까지 했기 때문이다.[4]

리비아에 대한 묘사는 그녀의 남편과 비슷하게 나이를 초월한 멋진 외모를 보여주며, 그녀의 머리, 옷 그리고 자세는 품위 있는 우아함을 발산한다. 그녀는 유행에 민감했고, 실제로 그녀의 스타일이 널리 모방되었지만, 로마의 귀족 부인에게 적합한 한도 내에서였다. 리비아는 노예들과 해방된 남녀로 구성된 매우 많은 식솔을 거느렸으며, 그들 중에는 화장품 전문가들뿐만 아니라 주위를 즐겁게 하도록 훈련되고 종종 영웅적인 이름이 주어진 장난기 많은 델리키아이와 난쟁이들도 있었다. 리비아는 그들의 재담과 장난을 즐겼고, 로마에서 가장 작은 여성도 자기 식솔로 받아들였다. 이러한 취향은 리비아뿐만 아니라 그녀의 친구 모임에 있는 다른 귀족 부인들도 공유했던 취향이었지만, 아우구스투스는 난쟁이와 심각한 기형을 가진 사람은 불운을 가져온다고 생각해 좋아하지 않았다. 기원전 9년 또는 8년 1월 30일, 리비아는 쉰 번째 생일을 맞았다. 그녀는 항상 건강했던 것으로 보이며, 아들을 잃은 슬픔에도 불구하고 자신감과 예리한 지성은 변함없었다.[5]

기원전 9년, 티베리우스가 자신의 소개선식을 기념하면서 원로원 의원들에게 베푼 연회를 보고, 리비아와 율리아도 저명한 여성들을 만찬에 초대했다. 아우구스투스의 가족이 주관하는 승리 축하 행사에 여성들도 적극적인 역할을 하도록 장려한 것은 아우구스투스 치세의 또 다른 혁신이었다. 리비아는 공식적인 권력을 행사한 건 아니었다. 하지만 그녀를 포함한 아우구스투스 가문의 여성들은 과거 정무관들의 아내들과는 완전히 다른 방식으로 때때로 공적 역할을 수행했다. 한 자료는 심지어 리비아를 로마 여성들 중의 프린켑스로 언급하며, 이는 매우 남성적인 개념을 확장하여 리비아가 로마인들의 아내와 딸들에게 프린켑스와 유사한 지도력을 발휘해야 한다고 주장했다.[6]

처음에는 모두가 아우구스투스의 딸과 리비아의 아들이 결혼하면 매우 성공적인 결합이 되리라고 전망했다. 율리아는 남편이 로마를 떠나 발칸반도로 갔을 때 그를 따라갔고, 북부 이탈리아와 일리리쿰 사이의 경계에 있는 아퀼레이아에 머물면서 그를 지원했다. 그녀는 다시 임신하여 아들을 낳았지만, 이번 출산은 순조롭지 않아 태어난 직후 사망했다. 아들을 잃은 실망 때문인지 부부 관계가 나빠지기 시작했고, 시간이 흐르며 더욱 소원해졌다. 율리아가 아그리파와 결혼 생활 중일 때도 티베리우스에게 관심이 있었다는 소문이 있었는데, 그 소문을 믿었던 티베리우스는 율리아에게 분개했다. 율리아와의 관계가 점점 불편해지면서 비프사니아에게 남아 있던 티베리우스의 애정이 다시 커졌다. 로마에서 비프사니아를 우연히 만났을 때 티베리우스는 눈물에 젖은 눈과 간절한 그리움을 담은 표정으로 전 아내를 따라갔다. 가족들은 그들이 다시는 만나지 못하게 하려고 주의를 기울였다.[7]

    율리아와 티베리우스는 매우 다른 성정을 지녔기에, 서로를 보완하기보다는 충돌하는 일이 잦아졌다. 분명 소년 시절의 도피 생활과 그에 따른 두려움을 기억했을 다소 복잡한 성격의 티베리우스는, 품행에 관해서는 엄격하고 다소 진부한 견해를 가지고 있었고 사교 생활도 어색해했다. 티베리우스의 혈통은 대체로 좋다고 말할 수 있었으나, 그의 아버지 가문은 평범했고, 따라서 그가 누리고 있는 명성은 전적으로 그의 어머니가 아우구스투스와 결혼한 덕분에 얻어진 것이었다. 반면, 카이사르 가문에서 태어난 율리아는 삼두의 딸이었으며, 10대가 되기 전에 로마 세계의 유일한 통치자를 아버지로 두었던 여성이었다. 부부 사이의 틈이 계속 벌어지면서 율리아는 남편의 배경을 점점 대놓고 경멸했다. 그렇지만 티베리우스는 마이케나스와 아그리파처럼 눈에 띄는 총애와 권력을 아우구스투스로부터 받았고, 이 점에서는 율리아의 두 아들도 마찬가지였다.[8]

    아버지의 정치적 포석에 따라 자신의 역할을 충실히 수행하며, 차례로 마르켈루스, 아그리파, 티베리우스와 결혼하여 그들의 충성을 확보하고, 그 과정에서 5명의 손자를 아버지에게 안겨 준 율리아는, 아우구스투스의 딸이라는 자부심과 사치와 쾌락을 즐긴다는 사실을 숨길 이유가 없다고 생각했다. 누군가 그녀에게 아버지처럼 절제되고 검소한 생활 방식을 따르는 것이 어떻겠냐고 제안했을 때, 그녀는 이렇게 대답했다. "아버지는 자신이 카이사르라는 것을 잊고 살지만, 나는 내가 카이사르의 딸이라는 것을 기억하고 있어요." 리비아처럼 유행에 민감했던 율리아는 리비아보다 스무 살가량 어렸고, 차림새는 훨씬 더 화려하고 과감했다. 한번은 아우구스투스가 말은 하지 않아도 그녀의 옷차림새를 못마땅해한다는 것을 눈치챘다. 다음 날 그녀가 상당히 단정한 옷차림으로 나타나자, 아우구스투스는 매우 기뻐 보였다. "오늘이 훨씬 아우구스투스의 딸다운 모습 아니냐?" 아우구스투스가 말하자, 율리아가 대답했다. "오늘은 아버지 보시라고 이렇게 입었어요. 어제는 남편을 위해 입었고요." 율리아는 재치 있는 사람이었고, 다른 사람들의 지시를 따르기보다는 스스로 행동거지를 결정하려 했다. 아그리파가 먼저, 그다음에는 티베리우스가 원정을 떠나 있는 동안 대부분의 시간을 그녀는 혼자 보냈다. 율리아가 가졌던 자부심은 오만으로 흐르지 않았고, 자신의 개인적인 매력은 물론 아버지와 남편들 그리고 아들들에 대한 열정 덕분에 로마 민중 사이에서 인기가 높았다.9

스스로 은퇴를 결심한 남자

아우구스투스는 드루수스의 사망 소식을 듣고 게르만 부족들이 로마에 대항해 싸움을 재개할지 모른다고 우려해, 기원전 8년에 동생이 했던 역할을 대신하라고 티베리우스를 갈리아 지방으로 보냈다. 아우구스투스는 공식 애도 기간이 끝날 때까지 기다렸다가 로마로 들어가 몇 달을 지낸 후, 라인강 너머에서 펼치는 로마군의 군사 작전을 지켜보기 위해 서둘러 갈리아로 향했다. 드루수스의 죽음에도 불구하고, 로마가 군사력과 전의戰意를 과시하자 게르만 부족들이 강화講和를 요청했다. 이에 아우구스투스는 모든 게르만 부족 사절을 루그두눔으로 소환했다. 그러나 수감브리족이 사절을 보내지 않자, 아우구스투스는 다른 어떤 부족과도 협상하지 않겠다고 선언했다. 이웃 부족들의 압력을 받아서였는지 결국 수감브리족 사절이 왔지만 곧바로 체포되었다. 이는 관례 위반이었다. 로마인들이 관례를 어긴 일이 처음은 아니었으나 이번 경우는 심각한 판단 착오로 판명되었다. 포로들을 나누어 여러 공동체에 인질로 보냈는데, 모든 포로가 기회를 엿보다 자살하고 말았다. 당장 그들의 동족들이 전면전에 나서지는 않았으나, 이러한 배반 행위는 그들이 로마에 대한 증오와 불신을 쌓는 결과를 낳았다.[10]

그해에 어떤 작전을 수행했는지 세부 내용은 모호한데, 아마도 실제 전투보다는 무력시위에 더 가까웠을 수 있다. 가이우스 카이사르가 처음으로 군단 생활의 일단을 경험했다. 겨우 열두 살이었고 아직 공식적으로 성인도 아니었지만, 일부 훈련에 참여했다. 그의 모습이 병사들 급여를 지급하기 위해 주조된 동전에 묘사되었다. 아그리파와 드루수스가 사망했기 때문에, 아우구스투스는 아직 어린 나이인 그의 큰아들에게 군 경험을 일찍 쌓도록 배려했을 것이다. 더욱 놀라운 사실은 그해 군사 작전의 전과가 대수롭지 않았음에도 티베리우스에게 최고의 개선식을 수여했다는 점이다. 지난 10년 넘게 아우구스투스 외에 누구에게도 수여되지 않았던 개선식이었으며, 평소대로 아우구스투스는 자신에게 주어진 개선식은 거행하지 않았다. 그해 가을 티베리우스는 두 번째로 집정관으로 선출되었다.[11]

전과는 의심스러웠지만, 여러 면에서 마치 지난 몇 년간 게르마니아와 발칸반도에서 치열하게 벌였던 원정 전투의 대미를 장식하는 승리였다는 듯, 승전 축하 행사는 성대하게 치러졌다. 어쨌든 지난 몇 년간의 원정으로 상당한 지역을 정복해 다뉴브강 유역의 판노니아와 라인강 동쪽 게르마니아 지역에 새로운 속주들을 추가한 건 사실이었다. 아우구스투스는 고대로

부터 이어 내려온 정복자에게 주어지는 특권을 부활시켜 포메리움을 공식적으로 확장했으나, 여전히 상당한 로마 교외 지역이 기술적으로는 여전히 포메리움 외곽에 남아 있었고, 오히려 그 점이 편리하게 작용한 때도 종종 있었다. 기원전 8년, 프린켑스에게 부여된 특별 집정관 권한을 근거로 인구조사를 완료해, 423만 3,000명의 시민과 그들의 재산을 등록했다. 아우구스투스가 이미 20년간 보유하고 있던 광범위한 속주 통치권이 또다시 10년 더 연장되었다. 일부 속주의 통치권을 원로원에 이양하기도 했지만, 일리리쿰을 포함해 지난 몇 년간 새로 정복한 영토들에 대한 통치권은 아우구스투스가 차지했다. 자신의 직무가 버겁다고 원로원에 자주 불평했던 아우구스투스였지만, 원로원뿐만 아니라 그 자신도 속주 통치권 연장에 아무런 주저함을 보이지 않았다. 율리우스 카이사르와 마찬가지로, 아우구스투스도 마침내 한 달의 명칭이 자신의 이름으로 바뀌는 영예를 얻었다. 일부는 그의 탄생 월인 9월을 개명하려 했지만, 그가 자신이 처음 집정관이 되고 여러 승리를 거둔 그 전달인 8월을 선택했다. 로마의 옛 달력 기준으로는 여섯 번째 달이자, 율리우스 카이사르가 도입한 달력으로는 여덟 번째 달인 섹스틸리스Sextilis는 그렇게 '아우구스투스'가 되었다.[12]

축하할 일뿐만 아니라 슬픈 일도 있었다. 그해 어느 시점에 마이케나스가 세상을 떠났다. 아우구스투스의 가장 오랜 친구 2명이 이제 그 곁을 떠났고, 내전에 참여했던 세대도 사실상 대부분 세상을 떠났으며, 악티움 해전 당시 젊은이들도 이젠 적어도 40대에 접어들었다. 프린켑스는 쉰다섯 살이었지만 여전히 엄청난 업무량을 소화하며 국정을 돌봤다. 마이케나스는 공식적인 직책이나 직함 없이 거의 대부분 막후에서 활동한 인물이었다. 그의 영향력이 지난 몇 년 동안 감소했을 수는 있지만, 아우구스투스에게 조언과 솔직한 의견을 제시했던 그는 중요한 존재였다. 그의 삶처럼, 그의 죽음도 조용히 지나갔고, 아우구스투스는 그의 주 상속인으로 지명되어, 무엇보다 로마 외곽의 상당히 크고 호화로운 별장을 물려받았다. 얼마 지나지 않아 시인 호라티우스도 세상을 떠나, 아우구스투스는 유쾌한 서신 교환자이자 가장 아름다운 언어로 그와 그의 정권을 기꺼이 찬양했던 그의 '완벽한 남근'마저 잃었다. 젊은 정치인들처럼 젊은 시인들이 득세하고 있었고, 아우구스투스는 그들을 통제하거나 그들의 세계관과 자신의 세계관을 조화시키는 일이 쉽지 않다는 점도 깨닫고 있었다.13

지난 몇 년간 아우구스투스는 더 많은 사람이 공직에 나서도록 장려하기 위해, 또 원로원 회의 참석률을 높이기 위해 여러 시도를 했다. 로마의 최고 협의체인 원로원 회의는 전통적으로 고위 정무관이 소집하면 열렸기 때문에, 사전 통지 기간이 짧았다. 기원전 9년, 일부 긴급 회의는 예외로 하더라도, 원로원 회의는 매월 두 번, 충분한 여유를 두고 사전에 정한 날짜에 열기로 결정하여, 일부 원로원 의원들이 참석해야 하는 재판이나 기타 용무가 필요한 날짜들과 겹치지 않도록 했다. 타당한 이유 없이 원로원 회의에 불참하면 내야 할 벌금 액수를 늘렸지만 그래도 불참자가 너무 많아, 제비뽑기로 걸린 일부 의원에게만 벌금을 징수한 적도 있었다. 아우구스투스는 원로원의 공식 의견인 '원로원 의결'을 도출하는 모든 안건에 대한 표결을 위한 의사 정족수를 규정했다. 의사 정족수보다 더 적은 의원이 참석하여 이루어진 의결도 여전히 유효했지만, 그 지위는 의사 정족수를 채워 이루어진 의결보다 낮았다. 원로원 의원 목록은 매년 게시되었고, 회의에 참석한 의원들의 이름과 숫자도 기록으로 남겼다.

아우구스투스는 이처럼 원로원 개혁을 주도하면서, 모든 제안을 원로원 의사당 내부에 게시해 원로원 의원들이 이를 충분히 읽고 나서 토론에 임할 수 있도록 했다. 그렇게 하여 그의 제안이 일부 수정되었을 테지만, 그는 합리적이고 타당한 반대 의견이면 얼마든지 수용한다는 열린 자세를 보이려 애썼다. 때때로 로마 공직 사회의 방종은 그를 언짢게 만들었다. 기원전 8년의 집정관을 뽑는 선거에서 뇌물수수 행위가 대규모로 이루어져 당선자를 포함한 모든 후보자가 유죄 판결을 받았다. 모두가 연루된 것으로 보여 아무도 처벌받지 않았지만, 이후 아우구스투스는 부패 혐의가 입증되면 추후에라도 몰수할 수 있도록 선거에 나서는 후보자들은 예탁금을 내야 한다고 주장하기도 했다.14

기원전 8년 말, 티베리우스가 이탈리아로 돌아왔을 때, 그는 개선식을 치르기 전까지 포메리움 밖에 머물러야 했다. 따라서 기원전 7년 1월 1일, 그가 집정관으로 취임했을 때, 원로원은 로마의 공식 경계 밖에서 회의를 소집해야 했고, 원로원 의원들은 마르켈루스 극장 옆에 있는 옥타비아 주랑에 모였다. 아우구스투스는 속주 순방 중이었으므로, 그의 위엄 때문에 사위의 명성이 가려질 일은 없었다. 티베리우스는 원로원 첫 연설에서 자신과 드루수스의 이름으로 포룸에 위치한 콩코르디아 신전을 복원하겠다고 발표했다. 기원전 121년, 급진적인 호민관 가이우스 셈프로니우스 그라쿠스Caius Sempronius Gracchus의 사형을 주도했던 인물이 처음 지은 이 신전은, 기원전 63년 키케로가 카틸리나 모반 사건 공모자들의 운명을 결정하기 위해 원로원 회의를 소집했던 곳이었다. 이 해인지 또는 그전 해인지 시점은 명확하지 않으나, 티베리우스는 '카스토르와 폴룩스의 신전' 역시 자신과 동생의 이름으로 수리하겠다고 약속했다.15

디오스쿠리Dioscuri, 즉 '하늘의 쌍둥이'로 일컬어진 카스토르와 폴룩스는 트로이의 헬렌의 남자 형제들로, 남성적 덕목과 서로에 대한 깊은 형제애로 유명했다. 한 사람이 죽으면 다른 한 사람이 그 죽음까지 나누기로 해, 두 형제가 교대로 하루는 살아 있고 하루는 죽는 운명을 택했다. 디오스쿠리는 로마 역사의 주목할 만한 순간에 등장하는데, 기원전 494년 레길루스 전투Battle of Regillus의 승리를 알리기 위해 나타났다고 전해진다. 리비아의 두 아들은 드루수스가 살아 있는 동안에도 자신들을 디오스쿠리와 연관시켰을 것이며, 이후에도 티베리우스는 확실히 이를 선전했을 것이다. 과거 카스토르와 폴룩스의 신전은 로마 시민들의 비공식 회합에서 즉석연설 장소로 종종 사용되었으며, 공화정 말기 수십 년 동안 수많은 소요가 일어나고 또 논란을 일으킨 집회들이 열렸던 공간이기도 했다. 티베리우스가 이처럼 역사적으로 중요한 기념물들을 의도적으로 언급했는지는 알기 어렵고, 설령 그랬다 하더라도 그것이 무엇이었는지는 더욱 알기 어렵다. 그러나 그 여부와 관계없이, 티베리우스가 로마 도심을 복원해 더욱 웅장한 모습으로 만들고, 동시에 로마 도심의 모든 것을 아우구스투스 및 그의 친인척과 연관 짓는 데 기여했음은 분명하다.[16]

1월 초에 티베리우스는 개선식을 거행했다. 기원전 19년 발부스의 개선식 행진 이후 로마에서 처음 열린 개선식이었다. 개선식 후 티베리우스는 카피톨리움 언덕에서 원로원 의원들을 위한 연회를 주재했고, 리비아는 로마의 주요 여성들을 위해 또 다른 연회를 베풀었다. 두 모자는 아우구스투스가 자신의 아내 이름으로 에스퀼리누스Esquiline 언덕에 새로 지은 리비아 주랑Porticus Liviae에 헌정했다. 리비아 주랑은 육식성 물고기에게 노예들을 먹이는 것으로 악명 높았던 베디우스 폴리오의 집을 허문 그 부지 위에 세워졌다. 그처럼 인기 없는 사람의 집을 없애고, 그와 함께 그에 대한 기억도 지워버리는 것은 의심할 여지 없이 대중을 염두에 둔 행위였다. 마찬가지로 중요한 점은 리비아 주랑이 거대한 홀과 같은 구조물이어서, 소규모 재판을 포함한 모든 종류의 공공 업무를 수행할 수 있는, 지붕으로 덮인 공간을 제공했다는 것이다. 개인의 부를 과시하는 기념물이 아니라 공동체에게 유용한 웅장한 시설이었다. 건물 내부에는 화합의 여신 콩코르디아드를 위한 제단 또는 신전이 있어, 국가와 가족의 화합이라는 주제도 환기시켰다.[17]

이들 기념행사 어디에도 율리아에 관한 언급은 없는데, 단지 우연만은 아니었을 것이다. 티베리우스의 어머니 이름을 딴 주랑 개장식에 율리아가 두드러진 역할을 할 특별한 이유는 없었지만, 티베리우스의 개선식을 기념하는 연회에도 그녀가 모습을 나타내지 않은 것은 몇 년 전 티베리우스의 소개선식을 축하하던 때와 비교해 사뭇 달라진 변화를 의미했다. 남편과 아내 사이의 사적인 불화가 그들의 공적 역할에까지 번지기 시작했을 수도 있다. 기원전 7년, 게르마니아 원정을 위해 티베리우스가 다시 로마를 떠났을 때 두 사람 모두 이별을 서운해했을 것 같지는 않다. 율리아는 아버지 아우구스투스가 로마로 돌아왔을 때 더 눈에 띄었는데, 이때 가이우스 카이사르는 이를 기념하는 행사와 디리비토리움Diribitorium(개표 집계를 하던 지붕을 덮은 구조물)의 개장 축하 행사를 주재했다. 이 건물은 아그리파가 투표장과 그 주변을 화려하게 재건축하면서 지은 시설의 일부였다. 디리비토리움은 놀라운 공학적 업적으로, 기둥에 의지하지 않는 그 지붕은 로마인이 지은 것 중 가장 큰 규모였다. 약 1세기 후 디리비토리움은 화재로 소실되었고, 복원 과정에서 지붕 복원은 너무 어렵다고 판단해 하늘을 향해 열린 채로 놔두었다.[18]

기원전 7년에는 화재가 발생하여, 포럼 일부와 인근에 심각한 화재 피해가 있었다. 이 화재는 사고가 아닌 방화로 여겨졌는데, 혐의자들은 많은 빚을 지고 있어 화재로 피해를 입은 재산에 대한 배상 청구를 계획했던 일군의 사람들이었다. 도심에서의 이러한 혼란에도 불구하고, 아그리파를 기리기 위한 장례 경기가 아우구스투스와 함께 가이우스와 루키우스 카이사르의 합동 주관으로 열렸다. 검투사 경기에는 짝을 이룬 전사들 간의 싸움과 대규모 집단 전투가 포함되었는데, 투표장에 임시 경기장을 마련하여 개최했다. 투표장이 로마 외곽에 있어 편리했을 뿐만 아니라 투표장을 재건축한 아그리파의 동료 시민들에 대한 봉사와 후의를 기리기 위해서였을 것이다. 아우구스투스를 제외한 그의 일행 모두가 검은 상복을 입었는데, 이 또한 그의 아들들을 대중에게 선보이는 또 하나의 단계였다.[19]

그해 로마는 근래 있었던 화재를 계기로 대대적인 행정구역 개편을 단행했다. 로마는 전통적으로 비쿠스vicus(문자 그대로 마을이지만 구역이나 지구로 생각하면 이해가 더 쉽다)라고 불리는 작은 구역으로 나뉘어 있었다. 아우구스투스가 경계를 다시 획정해, 총 265개의 비쿠스를 만들고, 이들을 다시 14개의 더 큰 지역으로 묶었다. 각 비쿠스의 구역 행정관에게, 교차로에 세워 그 구역의 신에게 바쳐진 신전을 중심으로 숭배 의식을 감독하는 더 큰 책임을 맡겼고, 그에 따라 그들의 지위도 향상되었다. 특별한 행사가 있을 때면, 비쿠스 행정관은 2명의 릭토르에게 보좌를 받고, 비쿠스 안에서는 공식 예복도 입을 수 있었다. 전부는 아니었어도 대부분의 비쿠스 행정관은, 로마 인구의 대부분과 마찬가지로 해방 노예였는데, 이러한 조치를 통해 해방 노예 계층에게도 공식 직책을 갖고 자기 구역 내에서 권력과 명성을 누릴 기회를 제공했다. 아우구스투스는 도시 전역의 교차로에 세워진 신전들을 더 멋진 양식으로 교체하는 데 드는 비용을 아낌없이 지원하면서, 자신의 이름을 각 비투스를 수호하는 신들 및 정령들 이름과 연관시켰다. 이제 프린켑스는 로마의 기념비적인 건축물들에 부분적으로 존재하는 것이 아니라 미로 같은 후미진 뒷골목 곳곳에도 있었다. 자유인이든 해방 노예든, 로마인들은 아우구스투스가 신들과 나란히 안치된 제단에 개인적으로 또는 공동체의 일원으로서 정기적으로 제물을 바쳤다. 기원후 1년에 세워진 한 제단에는 긴 비문이 새겨져 있다.

> 메르쿠리우스Mercurius에게, 영원한 신 유피테르에게, 왕비 유노에게, 미네르바에게, 태양, 달, 아폴로와 다이애나에게, 안노나 옵스Annona Ops와 이시스Isis, 피에타스에게, 신성한 운명들에게 비나니, 임페라토르 카이사르 아우구스투스와 그의 권력, 원로원과 로마 인민 그리고 모든 국가가 순조롭고 번영하며 안녕하기를…. 루키우스의 해방 노예인 루키우스 루크레티우스 제투스Lucius Lucretius Zethus가 유피테르의 명을 받들어 이 아우구스투스 제단을 헌정함. 인민에게는 승리를! 뿌린 씨에는 생기를!

아우구스투스는 직접적으로 숭배되지는 않았지만, '아우구스투스' 제단에 의식을 올리는 사람들은 간접적으로 그를 숭배했다. 전통적인 신들 및 여신들과 함께, 이시스를 숭배 대상에 포함했다는 사실은 로마 인구 다수의 신앙 변화, 아마도 로마 인구의 인종적 구성 변화를 반영한다. 헬레니즘 영향을 받은 이집트 신앙을 억압하려는 로마의 주기적인 시도는 그 꾸준한 확산을 막지 못했고, 그 결과 마침내 이시스도 로마를 수호하는 전통적인 신들을 모신 만신전萬神殿에 합류한 것이다.[20]

기원전 6년, 티베리우스는 로마로 귀환했고, 그해 6월에 새로운 영예를 부여받았다. 아우구스투스가 그해를 시작하면서 받은 호민관 권한을 사위인 티베리우스에게도 5년 동안 부여했고, 동부 지중해 지역에 한해서는 마이우스 임페리움 프로콘술라레도 함께 주었다. 이러한 방식으로 프린켑스와 특별 지위를 공유한 인물은 아그리파밖에 없었으므로, 아우구스투스가 티베리우스에게 그러한 영예를 부여했다는 사실은, 아그리파와 그랬던 것처럼 티베리우스와 국정을 분담하면서 제국에 닥친 위기와 문제를 그때그때 해결하는 '제국의 해결사' 역할을 티베리우스에게 기대했다는 확실한 방증이다. 이번에는 파르티아에서 발생한 궁정 쿠데타가 아르메니아의 안정과 동방에서의 로마의 이익을 위협했다. 11월이면 서른여섯 번째 생일을 맞이할 티베리우스는, 성인기의 절반 가까운 시간을 속주에서 보낸, 이미 검증된 지휘관이자 행정가였다. 아그리파와 드루수스가 세상을 떠났고 아우구스투스의 아들들은 아직 어린 상황에서, 지금부터는 확실히 티베리우스가 제국 전역에서 끊임없이 바삐 활동해야 할 운명에 놓인 것이었다. 높은 지위에는 그만한 대가가 따르기 마련이었다.[21]

그해 말, 로마 시민들은 아그리파가 호화롭게 지은 투표장에 모여 민회를 열고 가이우스 카이사르를 다음 해 집정관 중 1명으로 선출했다. 가이우스는 후보로 출마하지도 않았고, 열네 살에 불과해 아직 성인용 토가도 두르지 않은, 공식적으로 성인도 아니었다. 그러나 유권자들은 과거에 아우구스투스가 후보가 아니었음에도 집정관으로 선출하려 했던 것처럼,

투표용지에 가이우스의 이름을 적었다. 프린켑스의 두 아들은 매우 인기가 높았다. 열한 살의 루키우스가 얼마 전 연극을 보러 갔을 때 저명한 인물들과 동행하지 않았음에도 군중의 환호를 받았다. 그렇다고 선거가 전적으로 로마 시민의 자발적인 의사 표시였다고는 믿기 어렵다. 아마도 율리아의 친구들이나 적어도 그녀와 그녀의 아들들에게 감사받기를 바라는 이들이 사전에 꾸며 추진한 일이었을 것이다.

민회의 투표 결과가 달갑지 않았던 아우구스투스는 가이우스에 대한 대중의 열정을 억제하기 위해 즉각적인 조치를 했다. 그 조치는 그가 다수의 로마인보다 전통을 더 고수하는 듯한 태도를 보인 또 하나의 사례였다. 집정관의 법정 최소 나이를 10년 낮추고, 자신의 가족에게는 법정 최소 나이보다 더 어린 나이에 입후보할 수 있는 권한을 부여한 사람이 바로 그였지만, 자기 아들이라는 이유만으로 한낱 소년을 집정관으로 선출하는 것은 그 최고 정무직의 위신을 격하시키는 일이 아닐 수 없었다. 부유한 시민들이 주도하는 민회의 열정을 억제할 필요가 있었으므로, 그 이후 열린 첫 공개회의에서 아우구스투스는 민회의 선거 결과를 수용할 수 없다고 선언했다. 기원전 43년, 자신은 어쩔 수 없는 상황에서 그리되었지만, 다시는 국가의 필요에 따라 스무 살 이하의 인물이 집정관이 되는 일이 없기를 바란다고 공개적으로 탄원했다. 그러면서 아들을 대신하여 자신의 이름을 집정관 후보로 올리고, 가이우스가 성인이 되면 상응하는 영예를 부여하겠다고 약속했던 듯하다. 그 이후 가이우스는 사제단 사제가 되었고 원로원 회의 참석 권한을 부여받았으며, 마침내 스무 살이 되던 기원후 1년에 집정관이 되었다. 아마도 아우구스투스는 가이우스가 스무 살이 되면 그에게 어떤 식으로든 공적 역할을 부여하려고 계획했을 것이다. 그러나 민회의 가이우스 집정관 선출은 아우구스투스를 일정 정도 압박했을 것이며, 이는 또한 그의 가족 내에서 그리고 일부 로마 주민들 사이에서 율리아의 아들들을 정치적으로 부각하려는 움직임이 있었다는 증거이기도 하다.[22]

그 후 얼마 지나지 않아 갑자기 티베리우스가 수년간 임무를 수행하느라 지쳤다고 주장하며 공적 생활에서 물러나겠다고 선언했다. 그는 동방의 속주들과 변경을 감독하는 대신 로도스 섬으로 들어가 사인으로 살며, 학문을 추구하는 삶을 추구하고 싶다고 말했다. 처음에는 아무도 그의 말을 진지하게 듣지 않았고, 아우구스투스 역시 그 요청을 거부했지만, 티베리우스는 고집을 꺾지 않았다. 단식 투쟁을 시작한 티베리우스가 나흘 동안 아무것도 먹지 않자 결국 아우구스투스가 물러섰다. 아우구스투스는 국가에 대한 의무에서 도망친 그의 사위를 공개적으로 비난하면서, 내키지 않았으나 뜻대로 하라고 허락했다. 티베리우스는 로마 지휘관의 위엄과 의식을 갖추고 속주로 출발하는 대신, 몇 명의 친구들과 함께 조용히 이탈리아를 떠났다. 아우구스투스가 아프다는 소식에 티베리우스는 여정을 잠시 멈추고 추가 소식을 기다렸다. 아우구스투스가 진짜 아팠을 수도 있고, 리비아의 아들을 정신 차리게 하려고 아프다고 가장했을 수도 있다. 병이 더 나빠진다는 소식이 없자, 마치 장인이 죽기를 바라고 기다린다는 의심을 받을까 우려해 티베리우스는 다시 여정을 재촉했다. 도중에 파로스Paros에 잠시 들러 콩코르디아 신전에 놓을 것이라며, 베스타 여신상을 자신에게 팔라고 종용하기도 했다.[23]

아우구스투스는 자신이 사위로 삼고, 자신 다음으로 로마에서 가장 높은 지위로 올려놓은 인물이 자신을 배신했다고 여긴 이 사건에 대해 분노를 숨기려 하지 않았다. 아그리파는 이런 식으로 아우구스투스를 버린 적이 없었다. 아그리파가 동방 속주 통치를 고집한 이유는 마르켈루스와의 경쟁에서 촉발되었다는 후대의 해석이 있긴 하지만, 아그리파는 세상을 떴고, 드루수스도 죽었다. 가이우스와 루키우스는 아직 그에게 도움을 줄 수 있을 만큼 충분히 성장하지 못한 그때, 티베리우스마저 그를 떠났다. 쉰일곱 살의 임페라토르 카이사르 아우구스투스는 그가 공들여 키운 동료와 후계자 모두를 잃었다. 배신에 대한 분노와 함께 당혹감이 밀려왔는데, 아

마르스 평원

우구스투스뿐만 아니라 모든 사람이 티베리우스가 왜 그렇게 갑자기 공적 생활에 등을 돌렸는지 이해할 수 없었기 때문이다. 당시의 당혹감은 우리의 사료에도 반영되어 있고, 현재까지도 학자들은 티베리우스의 행동을 의아해한다. 다양한 설명이 있었다. 티베리우스가 가이우스와 루키우스를 질투했다거나, 혹은 두 소년이 자신의 성공에 가리지 않고 그들의 길을 개척할 기회를 주기 위해서였다는 것이다. 티베리우스가 더 이상 율리아와 함께 살 수 없어서 로마를 떠났다는 후대의 주장도 있었다.[24]

이러한 이유 중 어떤 것도 설득력이 없었다. 티베리우스는 속주를 순방하며 수년간 아내와 떨어져 지낼 수 있었을 것이므로, 그렇게 극단적인 선택을 할 필요가 없었다. 가이우스와 루키우스는 티베리우스의 진정한 경쟁자가 되기에는 너무 어렸고, 티베리우스가 로마를 떠나기 전 아우구스투스와 리비아에게 보여주었던 그의 유언장에는 오히려 두 소년이 주요 상속인으로 포함되어 있었다. 현대 학자들은 종종 티베리우스의 위치가 본질적으로, 두 소년이 권력을 이어받을 만큼 성장할 때까지 국가를 이끌어야 했을, 섭정자였다고 해석한다. 그러나 아우구스투스는 분명 그런 식으로 생각하지 않았다. 그는 늘 자신을 돕다가 자신이 죽은 후에도 서로 협력하며 국가를 이끌 일군의 인물을 계속 양성하려 했기 때문이다. 당시 이러한 그의 생각을 모두가 공유하지는 않았을 것이다. 만약 율리아와 그녀의 주변 인물들이 두 소년의 빠른 정치적 부상을 추진했다면, 티베리우스가 장기적으로는 자기 위치가 불안정할 것이라고 느꼈을 수도 있다. 그러나 아우구스투스는 자신이 부여할 수 있는 모든 권한을 이미 티베리우스에게 주었다. 만약 공직에서 물러나겠다는 위협이 협상을 위한 포석이었다면, 그것은 좋게 봐줘도 잘못된 판단이었고, 결국 크게 역효과를 낳았다. 티베리우스는 기원전 1년까지 호민관 권한과 임페리움은 계속 보유했지만, 정치적으로 고립되고 나머지 모든 권한도 빼앗겼을 것이다.

때로는 명백한 사실에 많은 진실이 담겨 있을 수 있다. 티베리우스는 지쳤다고 주장했으며, 실제로 지난 10년 중 8년을 원정으로 보냈고, 그러한 전쟁 수행이 미래의 일상이 되리라는 전망에 직면했다. 사실 이는 정무관직 수행이나 속주 근무를 가정에서의 휴식과 번갈아 하던 전통적인 공적 경력 수행 방식과는 매우 달랐다. 아우구스투스와 아그리파 그리고 그들을 돕는 사람들은 끊임없이 일했으며, 충분한 휴식 기간도 갖지 않았다. 삶에 대한 그러한 전망은 버거운 것이었다. 아그리파를 지치게 하고 일찍 무덤으로 이끈 것과 같은 끊임없이 고생으로 점철되는 삶이었다. 귀족으로서 갖는 의무감에도 불구하고, 티베리우스는 남은 삶만큼은 로마에서 멀리 떨어진 곳에서 자주적인 프린켑스로 은거하겠다고 결심했을 것이다. 아우구스투스도 자신의 업무가 버겁다고 불평했지만, 계속 활동하고 수많은 개인 및 군중과 끊임없이 접촉하며 그 속에서 활력을 찾았던 것으로 보인다. 그러나 티베리우스는 자신이 맡은 임무에 대해 진정한 열정을 보이는 대신 무거운 의무감에 짓눌려 일했다. 동생의 죽음으로 슬펐고, 결혼 생활은 불행했으며 몸과 마음은 지친 데다, 끝없는 일과 그가 혐오하는 아내의 아직 검증되지 않은 자식들과 언젠가는 권력을 공유해야 하는 미래의 전망에 맞닥뜨린 티베리우스의 은퇴는 정치적 고려와는 거의 관련이 없었을지도 모른다. 지친 데다 삶에 싫증이 난 티베리우스는 압박감과 책임감 그리고 적어도 당분간은 경력을 재개할 어떤 가능성도 뒤로한 채 떠났던 것이다.[25]

아버지와 자식들 그리고 믿음

아우구스투스는 홀로 제국을 통치해야 했다. 기원전 5년, 그는 열두 번째로 집정관이 되어 18년 만에 다시 집정관직을 맡았다. 가이우스가 처음으로 토가 비릴리스를 입고 공식적으로 성인이 된 날, 아우구스투스는 집정관 자격으로 자신의 맏아들을 데리고 나갔다. 곧이어 가이우스에게 전례 없는 프린켑스 유벤투티스princeps iuventutis(청년들의 지도자)라는 칭호를 수여했고, 역시 전례 없는 개념인 기사 신분의 명예 수장으로 임명했다. 공식적인 권력이나 실질적인 책임을 준 것은 아니었으나, 가이우스의 공적 위상을 확실히 높이는 조치였다. 아들들이 성숙하기 전까지 카이사르 아우구스투스는 전장에서의 군대 지휘는 다른 이들에게 의존할 수밖에 없었다. 기원전 16년의 집정관이었으며 큰 조카딸 안토니아와 결혼하여 프린켑스의 인척이 된 루키우스 도미티우스 아헤노바르부스에게 게르마니아 지역의 지휘권을 주어 주요 전투를 치르게 했다. 그의 후임은 기원전 19년의 집정관이었던 '신인' 마르쿠스 비니키우스Marcus Vinicius였다. 아우구스투스가 군대 지휘권을 준 인물들 모두가 아우구스투스와 친인척 관계는 아니었으나, 모두 그가 신뢰하는 인물들이었으며, 대부분 계속 직책을 부여받았고 때로는 개선식의 영예를 받기도 했다.26

티베리우스가 은퇴 중이었던 기간에 대한 사료는 빈약하여, 당시 사건들을 상세히 재구성하기는 어렵다. 디오의 서술은 기원전 5년에서 기원전 2년으로 바로 건너뛰며, 매우 간략하다. 그 기간에도 여러 전선에서 많은 군사 활동이 있었을 것이므로 《신 아우구스투스의 업적록》에 열거되지 않았다면 모른 채 지나갔을 일부 승리는 그 기간에 일어났던 것으로 보인다. 우리가 아는 한, 그 기간에 아우구스투스는 거의 움직이지 않았고, 한동안 속주 순방도 하지 않았던 것으로 보인다. 고위급 공동 통치자가 없는 상황에서 로마에 머물며 속주의 대표단을 맞이하는 것이 더 나았다. 계속해서 끊임없이 밀려드는 청원 대부분을 해결할 사람이 이제 그밖에 없었다. 때로는 매우 중요한 청원도 있었다. 기원전 12년, 아시아 지역의 여러 공동체는 연이은 지진과 그로 인한 화재로 심각한 피해를 봤다며, 세금 감면을 호소했다. 아우구스투스는 아시아인들이 그 재난에서 회복할 시간을 벌 수 있도록 세금을 2년 동안 면제해 주고, 해당 세금 액수만큼 자신의 돈을 국고에 헌납했다.27

청원 사안 중에는 사소하고 개인적인 것들도 있었다. 기원전 6년, 크니도스Knidos라는 그리스 섬 공동체가 프린켑스를 알현하기 위해 사절단을 보냈다. 2명의 사절단 이름이 전해지는데, 디오니시우스Dionysius의 아들인

'디오니시우스'와 그의 동료로서 디오니시우스의 손자이며 디오니시우스의 아들인 '디오니시우스'였다. 그들은 아낙산드리다스Anaxandridas의 아들 에우보울로스Euboulos와 그의 아내 티페라Typhera가 크리시포스Chrysippos의 아들 에우보울루스를 살해했다고 고발하기 위해 아우구스투스를 찾아온 것이었다. 크니도스 주민들이 사람 이름을 짓는 데는 그다지 창의적이지 않았던 것과 달리, 고발한 범죄 자체는 매우 특이했다. 피살자의 형과 그의 추종자들이 3일 밤을 연속으로 그 부부의 집을 공격했는데, 아우구스투스가 크니도스 공동체에 보낸 편지에 다음과 같이 기록되어 있다.

'집주인 에우보울로스와 티페라는 협상을 하거나 장애물 설치를 통해서도 자신들의 안전을 확보할 수 없었음에도, 집안 노예 중 1명에게 공격자들을 절대 죽이면 안 된다고 명령했다. 그러면서 집안 노예들 중 누군가는 공격에 자극받아 살인 충동을 느낄 수도 있으나 그런 짓은 하지 말고 대신 분변을 퍼부어 쫓아내라고 한 것이다. 그러나 그 명령을 들은 노예가 요강에 담긴 내용물만 퍼부은 게 아니라 요강까지 내던졌고, 요강에 깔린 에우보울루스가 그만 목숨을 잃고 말았다.'

아마도 피살자의 형에게 영향을 받은 것으로 보이는 현지 공동체는 집주인 부부에게 책임을 돌렸고, 이에 집주인 부부는 아시니우스 갈루스Asinius Gallus라는 속주 총독을 통해 아우구스투스에게 항소했다. 갈루스는 로마의 관례에 따라 집주인의 노예들을 고문하여 심문할 것을 명령했고, 요강을 떨어뜨린 노예는 일부러 그런 것은 아니라고 단호하게 말했지만, 여전히 의심을 받았다. 아우구스투스의 편지는 계속된다. '나는 여러분께 실제 심문 기록도 함께 보낸다. 누군가의 집을 한밤중에 연달아 3일 동안 무력과 폭력을 동원해 공격한, 어떤 벌을 받아도 마땅한 자들에게는 분노하지 않는 당신들이, 그 집안의 노예들을 그토록 가혹하게 대하면서 온갖 잘못된 방식으로 범죄를 엄단하려 했다는 걸 알고 나니, 그 집주인 부부가 자기 노예들이 당신들 손에 심문받는 것을 왜 그리도 두려워했는지 비로

소 이해가 간다.'

이 사건에서, 야습뿐만 아니라 뒤이은 현지 속주에서의 사법적 오판으로 실제 피해를 당한 당사자는 결국 아우구스투스로부터 공정한 판결을 받아냈으나, 거기에 이르기까지 오랜 시간이 걸렸고 많은 고초와 상당한 비용이 들었을 것이다. 아우구스투스가 판결을 내리면서 크니도스에 '공문서 기록'을 자신의 결정에 맞춰 수정하라고 지시했을 때, 집주인 에우보울로스는 이미 세상을 떠난 뒤였다.[28]

개인, 공동체, 심지어 전체 속주들까지도 카이사르 아우구스투스의 판단에 호소했으며, 군주들 또한 마찬가지였다. 헤롯왕은 무려 10명의 아내와 많은 자녀를 두었다. 그중 특히 총애하던 두 아들을 로마로 보내 아우구스투스의 궁정에서 크면서 교육받도록 하였으나, 그들이 처형된 마리암메의 아들들이었으므로 그들을 전적으로 신뢰하지는 않았다. 수년 후 헤롯왕은 두 아들을 다시 불러들였으나, 기원전 13년에는 직접 그들을 데리고 이탈리아로 가서 아우구스투스 앞에서 서로를 반역자로 비난했다. 당시는 일시적으로 문제가 해결되었지만, 기원전 7년 헤롯왕은 그들이 역모를 꾸몄다고 또다시 고발했다. 이번에는 직접 로마로 가지 않고 사절단을 보냈으며, 이에 아우구스투스는 시리아 대관 총독을 비롯한 로마인들로 구성된 특별 법정을 베뤼투스에서 열어 그 사건을 재판하라고 명령했다. 두 아들에게 유죄 선고가 내려졌고, 로마인들은 징역형 이상은 안 된다고 주장했지만, 즉각 처형당했다.[29]

말년에 이르러 노쇠해지고 건강이 나빠진 헤롯왕은 사방에서 위협과 역모가 빈발하자, 가족들까지도 연달아 처형했다. 아우구스투스는 "헤롯왕의 아들이 되느니 그의 돼지가 되는 게 낫겠군"이라며 냉소 섞인 말을 내뱉었다. 그러나 유대 왕 헤롯의 로마에 대한 충성은 한순간도 흔들린 적이 없었다. 기원전 4년, 헤롯왕에게 살날이 얼마 남지 않았음이 분명해지자, 일단의 무리가 모여 대성전 정문 위에 세워진 황금 독수리상을 무너뜨렸다. 아마 유대인들은 독수리상을 로마의 상징이라기보다는 우상으로 간주했으므로, 증오의 대상이 되었던 것으로 보인다. 그러나 너무 일찍 행동에 옮긴 탓에, 그들 모두는 곧바로 체포되어 헤롯왕 앞에 끌려갔다. 헤롯왕은 그들을 산 채로 불태우라고 명령했고, 그들의 행동을 사주한 자들까지 모두 처형했다. 인기 없는 왕이었으나, 헤롯은 여전히 왕국을 강력히 장악하고 있었다. 얼마 지나지 않아 헤롯왕은 사망했다. 유대 지방의 향후 통치 방안을 결정하기 위해 아우구스투스는 가이우스 카이사르를 포함한 위원회를 구성했고, 그 결과 유대 왕국을 세 지역으로 나누어 헤롯왕의 세 아들이 각각 통치하도록 했다. 헤롯왕이 통치한 마지막 1년쯤에 예수가 태어났다. 예수의 탄생은 이후 역사에서 엄청난 의미를 갖는 사건이 분명하지만, 아우구스투스와는 직접적인 관련이 없어 포함되지 않았다. (예수 탄생의 증거에 관한 논의는 부록 2 참조.) 헤롯왕이 사망한 지 1년도 되지 않아, 시리아 대관 총독은 두 차례에 걸쳐 군단을 이끌고 유대 지방으로 진군해 헤롯왕의 후계자들과 그들의 배후인 로마에 반발하는 유대인의 폭동을 진압했다.[30]

    악티움 해전은 오래전 일이었다. 기원전 30년 이후 동방 속주들은 변방에서 벌어진 몇 차례의 소규모 전투를 제외하면 거의 전쟁을 겪지 않았다. 로마의 통치는 받아들여졌고, 로마가 가져온 평화와 안정은 환영받았고 높이 평가되었다. 오래 전인 기원전 26~25년경, 로마 여신과 아우구스투스를 숭배하는 아시아 지역 공동체들이 구성한 회의체가, 이 평온한 시대를 이끈 아우구스투스를 기릴 적절한 방법을 제안하는 자에게 포상하겠다고 공포했다. 이 상은 기원전 9년이 돼서야 수여되었는데, 수상자가 공교롭게도 아시아 속주의 프로콘술이었던 것으로 보아, 사전 교감을 거쳐 아우구스투스의 승인이 있었을 것으로 강하게 추정된다. 그 제안에 따라 이제부터 모든 공동체는 달력을 변경하여, 아우구스투스의 생일인 9월 23일을 새해의 시작일로 삼았으며, 그날이 카이사르 달의 첫날이 되었다. 기원전 4년, 아우구스투스는 속주 총독들이 불법적인 살인은 제외한, 부당 징수 등 권력 남용을 저지르면 속주민들이 더 신속히 고발할 수 있도록 새로운 절차를 도입했다. 아우구스투스는 속주 전역에서 자신의 조각상과 이름을 통해 속주민 사이에 존재했으므로, 올바른 속주 행정이 이루어지도록 일정 정도 노력했다. 그러나 새로운 절차도 부패한 총독에게 유리하게 작용했을 가능성이 높은데, 전적으로 원로원 의원으로 구성된 배심원단이 같은 계층의 피고소인들에게 본능적으로 동정적인 판결을 내렸을 것이기 때문이다.[31]

기원전 2년, 예순 살이 된 카이사르 아우구스투스는 열세 번째로 집정관이 되었고, 루키우스 카이사르의 성인식을 더욱 빛냈다. 열다섯 살이 된 루키우스는 조점관으로 임명되었으며, 그의 형에 이어 프린켑스 유벤투티스 칭호를 받았다. 원로원 회의도 참석할 수 있게 되었으며, 기원후 4년의 집정관 후보로도 내정되었다. 기원전 2년 2월 5일, 원로원과 민회는 아우구스투스를 '파테르 파트리아이Pater Patriae', 즉 '조국의 아버지'라는 칭호로 부르기로 의결했다. 이 영예로운 칭호를 부여하자는 제안은 과거에도 여러 차례 거론되었으나, 아우구스투스가 지금까지 거절해 왔다. 기원전 63년, 키케로와 독재관 시절 율리우스 카이사르는 '파렌스 파트리아이Parens Patriae', 즉 '조국의 부모'라는 칭호를 각각 받았다. 하지만 이 칭호가 확실하지는 않아, 일부 학자는 두 사람 중 1명 또는 둘 모두 '부모'가 아닌 '아버지'로 불렸다고 믿기도 한다. 키케로는 비공식적으로 그 칭호를 받았던 반면, 율리우스 카이사르는 원로원의 공식 의결을 통해 받았다. 로마 문화에서 아버지, 특히 가정을 이끄는 가장家長은 매우 존경받는 존재였으므로, 그 칭호가 아주 특별한 것은 아니었지만, 아우구스투스가 로마 전체의 아버지라는 점을 강조하기 위해 약간의 표현상 차이를 두었을 것이다. 아우구스투스는 일반 시민을 대리하는 대표단이 그 칭호를 바치자, 처음에는 거절했다. 그러나 극장 공연 중, 전체 관객의 환호를 받으며 원로원 대변인 자격으로 발레리우스 메살라가 아우구스투스에게 다가가 다음과 같이 선언하며 그 칭호를 바쳤다. "카이사르 아우구스투스여, 당신과 당신의 가정에 모든 축복과 신들의 은총이 함께하기를! 국가에는 영원한 번영과 로마에는 영속적인 환희를 우리가 또 이렇게 기원하나니, 전 로마 시민들의 지지를 받아 원로원은 당신을 '조국의 아버지'로서 칭송합니다."

아우구스투스는 깊이 감동하여 눈물을 흘리며 다음과 같이 답했다. "원로원 의원들이여, 내가 가장 간절히 바라던 소원을 이룬 지금, 나의 생이 끝나는 날까지 여러분 모두의 이 한결같은 충심을 지킬 수 있도록 노력할 뿐, 불멸의 신들께 무엇을 더 기원하겠소."[32]

프린켑스의 겸손한 거절을 대중의 압력으로 극복하는 방식은 이미 확립된 관행이었으므로, 양측 모두 맡은 배역을 충분히 이해하고 있었음이 분명하다. 그렇지만 아우구스투스가 이 시점에서야 비로소 그 칭호를 받아들였다는 사실이 중요하다. 그가 원했다면 훨씬 더 일찍 받을 수도 있었을 것이다. 결국 이러한 방식에 양측 모두 흡족해했는데, 실제로 아우구스투스에게 영예 수여가 제한되었던 주된 이유는 원로원의 반대가 있어서라기보다 아우구스투스 본인이 추가적인 영예 수여를 자제했기 때문이었다. 메살라는 기원전 31년의 집정관이었으며, 브루투스와 카시우스의 동맹자였다가 안토니우스 편에 섰으나, 악티움 해전 이전에 아우구스투스에게 돌아서서 그후 속주 총독을 지내고 개선식까지 받은 인물이었다. 그는 그 숫자가 계속 줄고 있는, 내전의 참상을 직접 경험한 세대 중 1명이었다. 공과 功過가 있겠지만 어쨌든 아우구스투스는 이미 거의 30년 동안 로마의 안정과 내부 평화를 가져왔고, 이 점만으로도 아우구스투스에게 전한 메살라의 찬사는 분명 진정에서 우러나왔을 것이다. 이 영예에 대한 아우구스투스의 자부심 역시 진정이어서, 그는 이를 언급하며《신 아우구스투스의 업적록》의 본문을 마무리한다. '내가 열세 번째 집정관직을 수행하는 동안, 원로원과 기사 신분 그리고 로마 시민 전체가 나를 조국의 아버지라고 선

언하고, 이 칭호를 나의 집 현관과 원로원 의사당에 새길 것을 의결하였다.'33

40년 이상의 경력을 거치며, 아우구스투스는 살해당한 아버지의 복수를 다짐한 분노에 찬 젊은이에서 로마 세계를 하나로 통합한 원로 정치가이자 '조국의 아버지'로 변모했다. 그의 양자들도 그처럼 대중의 인기를 누리며 고위 공직을 맡을 준비를 하고 있었다. 그러나 유일한 친자식인 그의 딸은 아버지가 부여한 역할을 기꺼이 수행할 의사가 없었던 것으로 드러났다.

티베리우스가 로도스로 은퇴하면서 율리아는 다시 홀로 남게 되었다. 아마도 그 부부는 그 이전부터 별거했을 가능성이 높았으므로, 티베리우스가 떠났다고 하여 율리아의 생활에 큰 변화가 있지는 않았을 것이다. 또 새삼스러운 경험도 아니었다. 아그리파도 대부분의 시간을, 율리아를 떠나 속주에서 보냈기 때문이다. 그러나 율리아는 외로운 건 싫어했다. 활발한 성격에 예술, 특히 시를 사랑했던 율리아는, 총명하고 학식이 뛰어나며 매력적인 젊은 귀족들과 어울리기를 좋아했다. 자신의 고귀한 신분을 충분히 의식하고 있었으므로, 율리아의 사교 대상은 로마의 유서 깊은 가문 출신의 젊은 귀족들에 한정되었다. 그들 모두 내전 당시에는 너무 어렸으므로 그들의 부모 세대를 규정한 가장 심대한 사건인 내전은 경험하지 못했고, 대신 평화와 번영의 시대에 성장한 세대였다.34

시인 오비디우스로 불린 푸블리우스 오비디우스 나소Publius Ovidius Naso도 그들과 비슷한 연배로 유사한 경험을 한 인물이었다. 그의 시는 아름다움과 열정 그리고 때로는 거의 경박스러울 정도로 장난기가 가득했다. 공권 박탈과 토지 몰수 및 상실이 횡행했던 시대를 관통한 이전 시인들의 음울한 정서나 심각함은 찾아볼 수 없고, 대신 억누를 수 없는 기쁨이 넘쳐났다. 기원전 2년경, 그는 어떻게 연인을 구하고 그들의 마음을 얻을지를 풍자적으로 가르치는 일종의 연애 지침서인 《사랑의 기술Ars Amatoria》

이라는 세 권짜리 작품을 집필하고 있었다. 이 작품은 아우구스투스 시대 로마의 기념물들을 둘러보며 이카루스Icarus의 이야기 등 유명한 신화들을 들려주는 형식을 취하면서 남성과 여성 모두에게 연애 조언을 하는데, 성애性愛보다는 이성의 유혹에 더 초점을 맞춘다. 이 시집에서 오비디우스는 여러 차례 독자에게 자신이 불륜을 조장하는 것은 아니라고 강조한다. 그가 언급하는 연애 상대는 결혼한 유부녀가 아니라 대부분 이전에 노예였던 여성들이므로, 아우구스투스 정권이 적극적으로 장려하는 올바른 결혼 생활과 자녀 출산에는 위협이 되지 않는다고 주장했다. 작품의 분위기도 전혀 심각하지 않아, 자신이 가르침을 준 남성과 여성 독자가 각각 제2권과 제3권의 마지막 줄에서 '나소가 우리의 스승님이었다'라고 선언하게 한다.35

살루스티우스와 키케로는 때때로 사실과 과장을 뒤섞어 로마 상류층 젊은이들의 문란한 도덕성과 가벼운 연애 행각에 대해 불평하곤 했다. 기원전 1세기에 이르러서는, 부유하고 명망 높은 로마의 많은 여성은 조용히 앉아 제국 곳곳에서 근무를 마치고 돌아오는 남편들을 기다리는 데 더 이상 만족하지 않았다. 율리우스 카이사르와 아우구스투스 모두 기혼 여성들과 수없이 연애를 즐겼는데, 그들만 그런 건 아니었다. 언제나 그렇듯 사실보다 소문이 한참 더 부풀려졌지만, 일부 귀족 부인들도 기꺼이 연인을 두었고, 그보다 더 많은 여성이 젊은 귀족 남성들과 어울리며 포도주과 연회, 춤과 음악을 즐겼다.

율리아도 그 많은 여성 중 1명으로, 사치와 남성들과의 사교를 즐겼다. 율리아가 아그리파와 결혼 생활 중이었을 때도, 아우구스투스는 율리아가 정절을 지키는지 의심했지만, 그녀가 낳은 아이들 모두가 아버지 아그리파를 닮은 걸 보고 안심했다고 한다. 하지만 율리아가 "나는 내 배가 부를 때만 승객을 태우는데"라고 농담했다는 이야기가 전해진다. 아우구스투스는 적어도 한번은 한 원로원 의원에게 편지를 보내 율리아의 집에 드나들지 말라고 명령하기도 했으나, 그녀의 행동을 위험하다고 생각하기보다 단지 어리석은 짓에 불과하다고 판단해 체념한 듯하다. 아우구스투스는 율리아에게 자기 아내를 본받으면 좋지 않겠느냐고 제안했다. 성숙하고 조신한 리비아의 친구들과는 대조적으로 율리아와 어울리는 무리들은 품행이 단정치 못했기 때문이다. 하지만 율리아는 당연히 차갑게 반응했다. 리비아가 율리아보다 스무 살가량 많았으므로, 율리아는 "저나 제 친구들도 모두 나이 먹으면 철이 들겠죠"라며 대답했다. 기원전 2년, 율리아는 6명의 아이를 낳은 서른일곱 살의 여인이 되었다. 많은 사람이, 특히 자기 외모에 자신감을 가졌던 여성일수록 자신이 늙는다는 사실을 받아들이기 힘들어하는 법이다. 율리아의 노예들이 그녀의 머리에 나기 시작하는 새치 몇 올을 뽑아주는 모습을 우연히 아우구스투스가 목격하자, 율리아는 당혹스러워했다. 나중에 아우구스투스는 율리아에게 '대머리와 백발 중' 무엇이 낫겠느냐고 짐짓 물었다.[36]

기원전 2년 후반, 결국 사달이 났다. 프린켑스는 율리아가 하나 또는 그 이상의 부적절한 관계를 맺고 있다는 명백한 증거를 마주했다. 아우구스투스가 이 사실을 어떻게 알았는지, 그리고 실제로 무슨 일이 일어났는지는 알 수 없다. 다만 율리아가 여러 연인을 두었다는 사실을 부정하는 사료는 없다. 몇몇은 이름이 알려지기도 했다. 시인으로 알려진 셈프로니우스 그라쿠스Sempronius Gracchus, 아피우스 클라우디우스Appius Claudius, 스키피오Scipio, 기원전 9년에 집정관이었던 티투스 퀸크티우스 크리스피누스Titus Quinctius Crispinus 그리고 가장 흥미로운 인물로 마르쿠스 안토니우스와 풀비아 사이의 아들인 율루스 안토니우스까지, 이들이 율리아의 연인들이었다. 이들보다 유명하지 않은 연인들이 더 있었다는 주장도 있지만, 그들의 이름은 알 수 없다. 이름이 알려진 율리아의 연인들 모두 귀족 혈통이었다는 사실은 놀랍지 않으며, 그들 모두 대체로 율리아와 비슷한 연령대였다.

불륜에 더해 터무니없는 짓을 저질렀다는 주장도 있다. 공공장소에서, 심지어 공공 연설대 위에서 술에 취한 채 파티를 즐겼다는 이야기도 있다. 또 포럼에 있는 마르시아스Marsyas 조각상 앞에서 밤마다 모여 조각상에 화환을 씌우며 술과 여흥을 즐겼다는 소문도 있었다. 마르시아스는 음악적 재능으로 유명하고, 포도주의 신 바쿠스Bacchus 및 연회와 관련이 있는 사티로스satyros였다. 율리아가 새로운 자극을 갈망하며, 길을 지나가는 행인에게 공공연히 몸을 팔았다는 가당치 않은 소문까지 돌았다. 우리는 본능적으로 그러한 터무니없는 소문들을 악의적인 뒷담화로 치부하려 하고, 또 그렇게 하는 것이 옳을지도 모른다. 그러나 인류의 역사에서 인간은 놀라울 정도로 어리석은 짓을 줄곧 해 왔다는 사실을 기억하면, 율리아와 관련된 그런 이야기들이 터무니없는 소문이라고 확실히 치부하려면 좀 더 신중해야 할 것이다. 율리아와 그녀의 무리가 갈수록 무분별해져 어쩌다 한두 번 거리나 공공장소에서 파티를 즐겼기 때문에 퍼진 소문일 수도 있다. 그렇다면 아이러니하게도 이는 안토니우스와 클레오파트라가 알렉산드리아에서 즐겼던 밤의 나들이를 연상시킨다. 모든 로마인은 아우구스투스가 그 모든 일을 알고 있으면서도 딸의 방종에 어쩌지 못하고 그냥 눈감아 주고 있다고 생각했다.37

율리아가 사귄 연인들의 유명세와 그들의 가문 인맥을 고려할 때 율리아의 애정 행각에는 정치적 동기가 있었고, 사실상 권력을 장악하려는 음모였다고 많은 학자가 가정해 왔다. 플리니우스는 아우구스투스를 암살하려는 실제 음모가 있었다고 주장하고, 디오는 그 배후로 율루스를 지목하지만, 그들 외에는 아무도 그런 암시조차 하지 않았다. 사실 율리아가 아버지를 죽이려 율루스와 공모했을 가능성은 아주 낮아 보인다. 더 그럴듯한 설명은 율리아가 티베리우스와의 이혼을 허락받은 후 율루스와 결혼하기를 바랐다는 것이다. 그리고 그렇게 아우구스투스의 새 사위가 된 율루스는 점점 더 많은 권력을 얻고 더 큰 책임을 맡으면서, 아우구스투스와 함께, 이후에는 젊은 가이우스와 루키우스와 함께 로마의 지도자 역할을 하리라 틀림없이 기대했을 것이라고 설명한다. 만약 아우구스투스가 수년 내에 사망한다면, 율루스와 율리아는 율리아의 아들들을 섭정하며 그들과 함께 권력을 나눌 수도 있었을 것이다. 따라서 기원전 6년, 원로원과 민회가 출마하지도 않은 가이우스를 집정관으로 선출한 사건은 율리아의 아들들을 정치적으로 빠르게 부상하게 하려는 조직적인 움직임이 있었고, 이를 통해 율리아 등이 정치적 이득을 취하려 했다는 자연스러운 추론으로 이어진다. 이것이 율리아의 원래 계획이었을 수도 있고, 또 자유와 함께 옛 귀족 가문들의 지배력을 복원시켜야 한다는 설익은 이야기들이 오갔을 수도 있다. 마르시아스의 조각상과 그 위에 그늘을 드리우던 무화과나무는 오랫동안 보편적 자유의 상징으로 여겨졌다.[38]

그러한 설익은 논의들이 있었을 가능성도 있고, 율리아가 율루스와의 결혼을 희망했을 수도 있다. 그러나 역사학자들의 온갖 독창적인 이론에도 불구하고, 조직적인 음모가 있었을 가능성은 매우 낮다. 조직적인 음모였다면 아우구스투스가 결코 그런 식으로 대처하지 않았을 것이다. 자기 딸이 저지른 일련의 불륜 행위를 공개적으로 비난함으로써 실패한 쿠데타를 가리기 위한 연막으로 사용한다는 것은, 결혼과 불륜에 관한 강력한, 그래서 널리 원망을 샀던 법을 도입한 아우구스투스에게는 특히 어울리지 않은 발상이다. 프린켑스는 그의 가족에게 매우 공적인 역할을 부여했고, 그들의 품위 있는 행동을 로마인의 귀감으로 내세워 왔다. 율리아의 불륜 행위는 티베리우스의 은퇴보다 더 큰 배신이었고, 아우구스투스도 분명 이 점을 뼈아프게 느꼈다. 딸의 개인적 방종을 굳이 공적인 문제로 비화시킬 필요는 없었으나, 아우구스투스는 원로원 회의에서 다루어야 한다고 고집했으며, 자신이 직접 읽을 엄두는 내지 못하고, 재무관을 시켜 한 통의 편지를 읽도록 했다.

율루스 안토니우스는 자살했다. 아마도 사형 선고를 예상했기 때문일 것이다. 후대의 사료들은 그가 살해되었다고 다소 모호하게 기록되어 있다. 율리아의 다른 연인들은 모두 추방되었다. 그중 1명은 현직 호민관이어서, 임기를 마칠 때까지 기다린 후 해외로 내보냈다. 율루스 안토니우스의 어린 아들 또한 마실리아Massilia로 추방되어 그곳에서 평생 살았다. 전체적으로 보아 율리아의 연인들을 상대적으로 선처했다는 사실은 정치적 음모설을 반박할 수 있는 가장 강력한 방증이다. 과거 아우구스투스는 자신에게 역모를 꾸민 자들을 가차 없이 처형했다. 그러나 로마인들 대부분은 불륜에 대한 처벌치고는 너무 지나치다고 생각했다. 후에 타키투스는 아우구스투스가 대역大逆 죄인들을 다루듯 그들을 처벌했다고 주장했는데, 그 주장이 가장 진실에 부합할 수 있다. 분명한 사실은 아우구스투스는 격분했고, 율리아의 부적절한 행실을 자신의 수치로 받아들였으며, 그녀의 연인들이 자신과 자신의 가문을 의도적으로 모욕했다고 생각했다는 것이다. 딸의 불륜 행위로 그의 아욱토리타스는 손상될 수밖에 없었는데, 그에 대한 대중의 평판보다 그의 자존심과 자아상이 더 훼손되었다는 점이 여러모로 더 견디기 힘들었을 것이다. 임페라토르 카이사르 아우구스투스에게는 역모의 두려움보다 개인적인 수치와 분노가 더 컸다.[39]

아우구스투스는 율리아의 면회 요청을 거부하고, 율리아를 판다테리아Pandateria라는 작은 섬으로 유배 보냈다. 포도주를 포함해 어떤 종류의 사치품도 허락하지 않았고, 사실상 어떤 남성과의 교제도 금지했다. 노예든 자유인이든 어떤 임무로 그 섬을 방문해야 하는 모든 남성은 아우구스투스가 그의 외모와 성품을 자세히 조사한 후 방문 여부를 결정했다. 율리아의 해방 여성 노예 포에베Phoebe는 율리아의 불륜에 연루되었다는 수치심 또는 처벌에 대한 두려움 때문에 자살했다. 아우구스투스는 자신이 "포에베의 아버지였으면 더 좋았을 것"이라고 말했다. 하지만 율리아의 친모 스크리보니아는 딸을 따라 유배지로 갔다. 일부 사람은 스크리보니아의 행동을 자기 딸의 불륜 행위를 비난한 아우구스투스에 대한 공개적 반박이었다고 해석하지만, 어머니로서 딸에 대해 가지는 무한한 애정과 그녀의 전남편은 현저히 부족했던, 딸에 대한 용서의 마음을 보여주는 단순한 행동이었을 수도 있다.[40]

율리아의 불륜 행위에 대해 카이사르 아우구스투스가 보인 전체적인 반응은 분노 그 자체로, 모든 관련자를 처벌하고 공개적으로 망신 주려 했다. 시간이 지나면서 그의 분노가 조금 누그러들었다. 판다테리아 섬에서 5년을 보낸 율리아가 이탈리아 본토의 레기움Rhegium 인근에 있는 좀 더 안락한 저택으로 옮기는 건 허락했지만, 여전히 사치품과 남성과의 교제는 금지했다. 율리아를 로마로 데려오라는 대규모 군중 시위가 여러 차례 있었지만, 아우구스투스는 그 요구도 완강히 거절했다. 아우구스투스가 그 사건을 조용히 처리했으면 더 좋았을 것이라고 나중에 후회했다는 이야기도 있다. 세네카는 아그리파와 마이케나스가 살아 있어 조언해 주었다면 그런 일은 일어나지 않았을 것이라고 아우구스투스가 푸념했다고 전한다. 최소한 그 두 사람은 그에게 사전에 진실을 말해 주어 그 모든 일이 일어나는 것을 막았을 것이고, 적어도 율리아의 부적절한 행동이 그렇게 심각해지도록 방관하지는 않았을 것이라고 불평했다는 것이다. 그러나 아우구스투스의 오랜 친구들은 이미 세상을 떠났고, 그들보다 젊은 친구들도 하나둘 세상을 뜨면서, 아우구스투스는 늙고 소외된 자신만 남았음을 느꼈다. 그럴수록 그는 가이우스와 루키우스에게 더 큰 기대를 걸었다.[41]

20장 공화국의 보초

마르스가 온다. 전쟁의 신호를 보내며 그가 강림한다. 복수의 신은 하늘에서 내려와 아우구스투스의 포룸에 세워진 자신의 영예를 기린 화려한 신전을 목도한다. 거대한 신을 위한 신전 역시 거대하다. 자기 아들이 세운 이 도시가 아니면 어디에 기거할 수 있단 말인가? 그는 신전 전면에 새겨진 아우구스투스의 이름을 바라본다. 카이사르라는 이름에 그의 눈길이 이르자 그 신전의 위용이 더 거대하게 다가온다.

- 오비디우스, 기원전에서 기원후로 넘어가는 어느 시점에[1]

가이우스와 루키우스의 명성은 그들의 어머니가 겪은 불명예로 손상되지 않았다. 율리아는 아마도 한동안 두 아들의 양육에 관여할 수 없었을 것이다. 공식적으로 성인이 된 두 10대 소년은 점점 더 많은 공적 역할을 맡기 시작했다. 기원전 2년이 아우구스투스에게는 분노와 배신의 씁쓸한 기억으로 끝났지만, 그의 두 아들이 두드러진 역할을 한 축하 행사와 축제가 있었던, 로마의 미래에 대한 확신이 충만했던 해이기도 했다. 5월 12일, 가이우스와 루키우스는 새로 건축된 아우구스투스의 포룸 중심에 위치한 마르스 울토르 신전 개장을 기념하는 경기를 주재했다. 아우구스투스의 포럼은 아우구스투스가 대부분 건설한 율리우스 카이사르의 포럼과 직각을 이루었고, 율리우스 카이사르의 포럼은 그가 새로 단장한 주 광장인 포럼 로마눔과 연결되었다. 이렇게 도시 중심부에 자리 잡은 공용 공간의 크기가 두 배 이상 증가하여, 행정과 재판 기능을 수행하고 각종 행사와 의식을 거행할 수 있는 더 많은 실내외 공간을 확보했다. 공용 공간은 절대적으로 필요했다. 아우구스투스의 포럼 단지의 전체 공사가 완료되기 훨씬 이전부터 광장에 설치된 주랑들이 먼저 사용될 정도였다. 아우구스투스가 실행에 옮긴 많은 개혁 정책은 새로운 공직자와 새로운 임무를 만들었고, 또 오랫동안 소홀히 한 과거의 관행들도 부활시켰다. 로마 도심의 구조적 쇄신은 여러 면에서 국가가 다시 제대로 기능하고 있음을 알리는 물리적 신호이기도 했다.[2]

로마의 거의 모든 땅은 사유지였기 때문에, 율리우스 카이사르와 아우구스투스 모두 포럼 건설을 위해 필요한 토지를 구입했다. 그들은 사비를 들여 땅을 산 후, 기존의 개인 주택과 공동 주택, 상점, 창고 등을 모두 철거하여 부지를 조성했다. 모든 토지 소유자가 기꺼이 땅을 팔려고 했던 것은 아니며, 매각을 강요받지도 않았다. 적어도 계획된 단지의 가장자리에 위치한 토지의 경우에는 그랬다. 젊은 시절의 아우구스투스는 필리피 전투를 앞두고 복수와 전쟁의 신 마르스에게 신전을 바치겠다고 맹세했는데, 이 약속을 지키는 데 40년이 걸렸다. 일부 지연은 토지가 매물로 나올 때까지 기다려야 했기 때문에 발생했을 것이다. 결국 아우구스투스는 포럼 건립을 위해 필요한 모든 부지를 확보할 수는 없었다. 몇몇 토지 소유자들이 끝내 매각을 거부했기 때문에 아우구스투스의 포럼은 대칭을 이루지 못했으며, 북동쪽 모퉁이는 불규칙한 형태를 띠게 되었다. 매우 아쉬운 일이었지만, 아우구스투스는 토지 소유자들의 의사를 기꺼이 받아들였다. 이는 사유재산권을 존중하고, 더 큰 공공의 이익을 위해서조차 사유재산권을 침해하지 않으려는 그의 태도를 보여준다. 어떤 면에서는 새로운 포룸의 불완전한 형태가 완벽한 대칭을 이룬 모습보다 오히려 더 가치 있는 상징이 되었다.3

모든 부분에서 비용은 아끼지 않았다. 그가 후원한 모든 건축 사업은 설계와 시공 모두 웅장했다. 심지어 겉보기에는 아주 단순한 고대 신전의 복원조차도 마찬가지였다. 새롭게 단장한 포룸 로마눔과 정교하게 계획된 포룸 율리움은 로마의 장엄한 권력을 투영하고 또 아우구스투스가 오늘날의 위대함과 복원을 이끌었다는 사실을 상기시키려는 의도에서 웅장한 규모로 조성했다. 그러나 포룸 아우구스툼은 그 두 포룸보다 더욱 웅장했는데, 단 2개의 입구를 통해서만 입장할 수 있었기 때문에 광장으로서 그 효과를 더했다.

포룸을 둘러싼 높은 벽이 벽 너머 도시의 거리 모습을 시야에서 차단하는 동시에 화재로부터 포룸을 보호하는 역할을 했다. 포룸 안뜰은 다채로운 문양의 대리석으로 포장했다. 디자인 면에서는 고전 건축 양식에 현대적인 요소를 가미했고, 주랑은 카리아티드Caryatid라 불리는 여성 조각상 형태의 기둥으로 지지했는데, 이는 아그리파가 판테온에서도 사용했던 양식이었다. 건축에 조예가 깊은 이들이라면 이 양식을 보고, 즉시 기원전 5세기 페리클레스Pericles가 아테네 아크로폴리스에 세운 에렉테이온Erechtheion 신전을 떠올리며, 아테네의 문화와 제국의 정점에 있던 시기의 아테네인들을 연상했을 것이다. 이러한 연관성을 알아차리지 못한 사람들도 포룸의 양측 면을 장식한 우아하고 정교한 조각상들의 행렬에는 감탄했을 것이다. 플리니우스는 아우구스투스의 포룸을 세계에서 가장 아름다운 건축물이라고 평가했다. 과거 유명 건축물의 양식을 소환했지만, 곧이곧대로 모방한 건 아니었다. 포룸의 카리아티드는 높은 부조여서 평평한 조각상 뒷면이 벽에 밀착되어 있는 반면, 아테네의 카리아티드는 지붕의 하중을 견딜 수 있도록 독립적인 입체 조각상이었다.4

마르스 울토르 신전은 이탈리아산 흰 대리석으로 전면을 장식했으며, 넓은 계단을 통해 접근할 수 있었고, 이 계단 위에 주 제단을 배치했다. 로마의 신전은 로마를 방문한 신들이 머물 수 있는 거처로 만든 것이었지, 예배를 드리는 장소가 아니었다. 주요 신앙의 제단은 거의 예외 없이 신전 외부에 있었다. 특히 동물 희생제는 반드시 옥외에서 진행되었다. 신전 정면에는 높이 솟은 코린토스식 기둥이 8개 늘어서 있었으며, 좌우 측면에도 동일한 숫자의 기둥을 배열하여 신전의 높은 페디먼트를 떠받치고 있었다. 이 디자인은 율리우스 카이사르의 포룸 안에 있는 베누스 신전의 형태를 반영했고, 마르스 울토르 신전의 크기는 베누스 신전보다 절반 정도 더 컸다. 베누스와 마르스는 전통적인 로마 신들로서 국가의 강력한 수호신이었으며, 특히 베누스 여신은 율리우스 씨족의 조상으로 여겨졌다. 율리우스 씨족은 또한 알바 롱가 왕들의 후손임을 자랑스럽게 생각했는데, 이 왕조에서 태어난 레아 실비아Rhea Silvia가 전쟁의 신 마르스와의 사이에서 쌍둥이 로물루스와 레무스를 낳았다. 율리우스 씨족은 자신들이 그 혈통에 속한다고 주장하지는 않았지만, 근래 들어 율리우스 카이사르와 아우구스투스는 자신들이 로마의 건국자인 로물루스와 그의 아버지인 전쟁의 신 마르스와의 연관성을 주장했다.

포룸 안뜰 양쪽의 주랑에는 로마의 과거를 소환하는 조각상들을 배치했다. 왼쪽에는 아이네아스가 서 있었고, 그를 알바 롱가의 왕들과 율리우스 씨족에서 가장 저명한 인물들이 둘러싸고 있었다. 율리우스 씨족의 인물은 그리 많지 않았으며, 아마 평범한 업적을 남긴 인물도 포함되어 있었을 것이다. 율리우스 씨족이 두드러지게 활약한 시기가 그리 길지 않기 때문이다. 맞은편에는 로물루스가 서 있었고, 그의 주변으로 로마 역사에서 '가장 뛰어난 인물들summi viri'을 배치했는데, 그들 중 일부는 왼쪽에 배치되기도 했다. 각 인물의 업적을 비문에 기록했는데, 비문 내용을 아우구스투스가 직접 작성하지는 않았지만 승인했음은 분명하다. 로마 건국 이전의 역사에서 등장하는 인물들을 제외하면 이들 조각상 가운데 외국인은 없었으며, 현재까지 발견된 유적을 통해 확인된 바로는 여성 조각상이 포함되었다는 직접적인 증거도 없다. 율리우스 카이사르도 그 조각상 중에 없었는데, 신격화된 존재인 그가 인간들 틈에 같이 서 있을 수 없었기 때문이다. 대신 그의 조각상은 신들의 조각상과 함께 신전 내부에 자리 잡았다.[5]

아이네아스는 아버지 앙키세스를 등에 업고, 아들 율루스의 손을 잡은 채 트로이의 폐허에서 탈출하는 모습으로 묘사되었다. 이는 당시 일반 개인들의 작품뿐만 아니라 공식적인 상징물에서도 흔히 볼 수 있는 이미지였다. 학자들 사이에서는 이 율루스가 실제로 율리우스 씨족의 조상으로서 궁극적으로 로마를 건국한 로물루스의 조상인지에 대해서는 의견이 분분했다. 확실한 결론은 내리지 못했으나, 다만 율리우스 씨족의 조상이라는 주장은 가능성이 있다고 여겼다. 로물루스는 스폴리아 오피마를 들고 있는 모습으로 묘사되었다. 당연하게도 무공의 영광을 차지한, 특히 개선식을 치른 인물들의 조각상이 주를 이룬다.

로마를 위대하게 만드는 데 기여한 인물들을 기리기 위한 목적으로 그들의 조각상을 양쪽 주랑에 행렬로 배치하였는데, 정치적 당파성을 노골적으로 드러내지는 않아 술라와 마리우스 그리고 폼페이우스까지 포함했다. 비문은 외국과의 전쟁에서 그들이 거둔 승리를 강조했으며, 그들의 내전 참여에 관한 언급은 간략하고 중립적이었다. 마리우스의 비문은 누미디아Numidia왕 유구르타Jugurtha의 격파, 킴브리Cimbri족 및 테우토네스Teutones족과의 전쟁, 연이은 집정관직 수행을 기록했고, 긍정적인 어조로 기원전 100년에 호민관 사투르니누스Saturninus를 진압한 사건을 기술한 후, '그는 일흔 살의 나이에 내전으로 조국에서 추방당했으나 무력을 통해 복귀하여 일곱 번째로 집정관이 되었다'라는 좀 더 중립적인 표현으로 마무리했다.[6]

아우구스투스는 '가장 뛰어난 인물들'의 조각상을 세운 이유가, 사람들이 아우구스투스 자신과 미래의 프린켑스들이 이룰 업적을 과거 영웅들이 이룬 위업과 비교할 수 있도록 하기 위해서라고 선언했다. 그러나 아우구스투스의 포룸 설계만 보아도, 그가 자신에 대해서는 사람들이 어떤 결론을 내리기를 기대했는지 충분히 알 수 있다. 사원으로 향하는 안뜰 한가운데, 개선장군의 행진처럼 네 마리의 말이 이끄는 전차를 타고 있는 임페라토르 카이사르 아우구스투스의 청동상이 홀로 서 있다. 결국 이곳은 그의 포룸이었으며, 새로 수여받은 칭호 '파테르 파트리아이'가 동상의 받침대에 새겨져 있었다. 이는 로마 역사에서 아우구스투스를 중심에 두고, 로마의 기원부터 자신의 세대에 이르기까지 모든 신과 영웅들을 자신과 연관 지어 생각하는 관점이기도 했다. 아우구스투스는 자신이 곧 로마 성공의 화신化身이라고 생각했고, 로마를 최고의 권력과 번영으로 이끈 자신이야말로 위대한 역사적 인물들의 정당한 계승자라고 자임했다. 실제로 아우구스투스는 마르스 울토르 신전에 조각상으로 서 있는 여러 신 중 1명*의 아들로서, 인간과 신이라는 이질적인 존재들을 서로 연결하는 인물이었다.[7]

아우구스투스의 포룸은 그의 지도력과 로마의 영광을 기리는 공간이었다. 주랑이 법정으로 사용되기도 했고, 마르스 울토르 신전은 국가 의식의 중심지가 되었다. 마침내 파르티아로부터 되찾은 로마군의 독수리 군기가 이 신전에 영구히 안치되었고, 앞으로도 전쟁에서 빼앗겼으나 다시 찾는 군기들은 모두 여기에 보관될 것이었다. 원로원이 전쟁 선포나 개선식 수여 여부를 결정하기 위한 회의도 이 신전에서 열기로 했다. 속주로 떠나는 지휘관들은 이곳에서 출정하여 이곳으로 귀환할 것이었으며, 개선식을 거행한 장군들은 포룸 내에 조각상을 세우는 영예를 누릴 것이었다. 그리고 원로원은 귀족 계층의 소년이 성인복 토가 비릴리스를 처음 입는 의식

---

* 신격화된 율리우스 카이사르를 의미한다. (옮긴이)

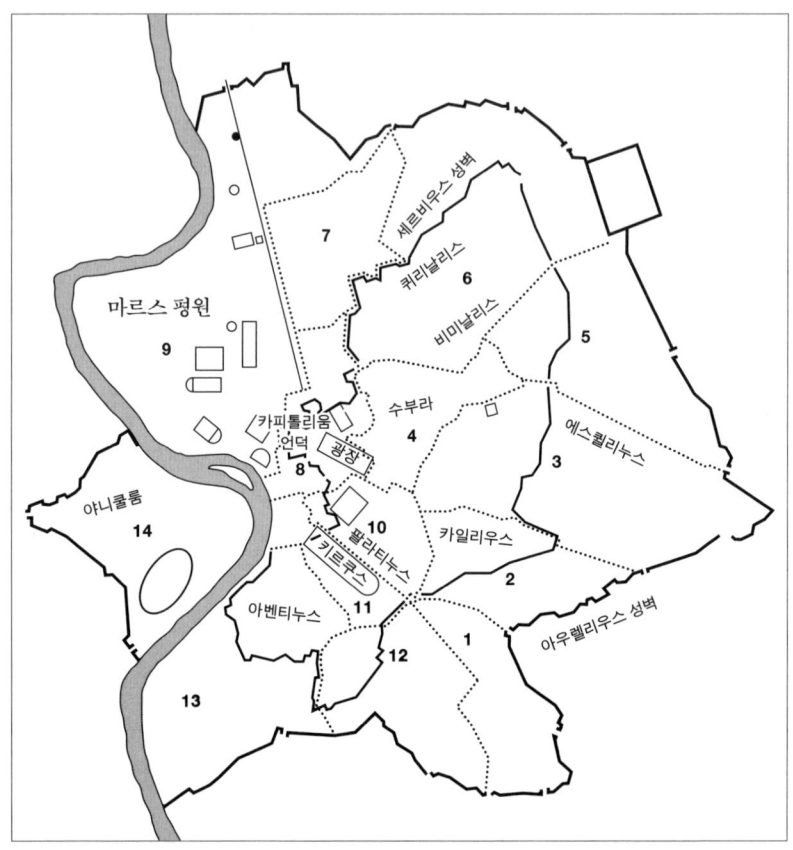

로마의 14개 행정 구역

도 이 신전에서 치르도록 의결하여, 필요할 경우 국가를 위해 전쟁에 나설 의무가 있다는 사실을 이제 막 성인이 되는 소년들에게 상기시키기 위함이었다.

가이우스와 루키우스는 경기를 주관할 수 있는 일종의 임시 권한을 부여받아, 전차 경기장 키르쿠스 막시무스Circus Maximus에서 260마리의 사자가 죽는 맹수 싸움을 포함한 여러 경기를 개최했다. 그 이후 키르쿠스 플라미니우스가 홍수로 물에 잠기거나 전차 경기장 일부가 일시적으로 작은 호수처럼 변하자, 36마리의 악어를 풀어 전문 사냥꾼들이 도살하는 광경을 군중에게 선사했다. 아마도 이집트 정복을 기념하기 위한 행사였지만, 희귀한 이국적인 동물들을 죽이는 행위는 흔한 오락거리였다. 인도 사절단이 아우구스투스에게 바친 호랑이도 결국 키르쿠스 플라미니우스에서 희생되었을 것이다. 군중을 즐겁게 하려면 사람들도 죽어야 했다. 검투사 경기가 또다시 투표장에서 대규모로 개최되었다. 물론 모든 경기가 누군가 목숨을 잃어야 하는 것은 아니었다. 아우구스투스의 손자로 당시 열 살이던 아그리파 포스투무스는 말을 타고 트로이 경기에 출전했다. 수에토니우스에 따르면, 아우구스투스는 트로이 경기가 귀족층 자제들을 대중에게 선보이는 좋은 방법이라고 생각했다고 한다. 트로이 경기는 실제로 싸우는 전투 시합은 아니었지만, 여전히 위험했다. 한번은 경기 중 한 원로원 의원의 아들이 말에서 떨어져 영구히 불구가 되는 큰 부상을 당하자, 아우구스투스가 황금 목걸이를 수여하여 위로하기도 했다. 아시니우스 폴리오의 손자도 말에서 떨어져 다리가 부러졌는데, 아마도 기원전 2년경의 일이었을 것이다. 원로원 회의에서 트로이 경기에 대한 그의 비판이 너무나 단호하고 논리적이어서, 아우구스투스는 결국 트로이 경기를 기념행사에서 빼라고 명령했다.[8]

과거와 현재

과거 로마에서 개최된 어떤 오락 행사보다 규모가 컸고, 또 비용이 많이 들어 가장 오래 기억된 축제가 있다. 그 축제의 이름은 나우마키아 아우구스티naumachia Augusti, 즉 아우구스투스의 해전이었다. 티베리스강의 서쪽 둑에 가로세로 길이 각각 1,800 및 1,200 로마 피트(약 549미터×366미터)의 인공 호수를 파고, 특별히 건설된 수로 아쿠아 알시에티나Aqua Alsietina를 통해 20마일(약 32킬로미터) 이상 떨어진 곳에서 물을 끌어와 인공 호수를 채웠다. 축제의 주제는 아테네인을 주축으로 한 그리스인들이 침략자 페르시아 해군을 격파한 기원전 480년의 살라미스 해전Battle of Salamis이었다. 실제 전투로 재현할 수는 없었지만, 그래도 충분히 웅장한 규모였다. 아우구스투스는 나중에 이렇게 자랑했다. "부리가 달린 삼단노선三段櫓船 또는 이단노선의 군함 30척과 더 많은 소형 군함들이 참전했다. 노를 젓는 사람들을 제외하고 약 3,000명의 병사가 전투에 임했다." 어떻게 해전을 재현했는지, 실제 전투였는지 아니면 모의 전투였는지 모두 불분명하다. 로마인들의 취향을 고려할 때 피를 보지 않은 전투는 분명 아니었겠으나, 상당한 무대 연출이 포함되었을 것이다. 이 축제가 벌어진 이후 2세기 이상이 지나서 디오는, 이 행사를 위해 세운 일부 구조물을 여전히 볼 수 있다고 말했고, 벨레이우스는 이 축제의 웅장함이 로마 군중의 오락에 대한 욕구를 '충족시켰다'라고 말했다.[9]

디오는 또한 나우마키아 아우구스티에서 그리스인들이 승리했다고 전한다. 이는 그 해전이 실제로 치러져 결과를 예단할 수 없는 싸움이었다는 것을 암시하지만, 희망한 전투 결과는 그리스인들의 승리였을 것이다. 아크로폴리스를 연상시키는 아우구스투스의 포룸을 짓고 아테네의 가장 위대한 승리를 재현한 나우마키아 아우구스티를 개최한 사실에서, 당시의 교육받은 로마인들에게는 자신들이 그토록 숭배한 그리스 문화의 정수와 고대 그리스의 영광을 어떤 식으로든 로마와 연관시키려는 욕구가 분명했음을 알 수 있다. 아크로폴리스와 살라미스 해전 당시의 아테네는 폭군이나 왕이 아닌 페리클레스와 같은 선출된 지도자들이 이끄는 민주주의 사회였다. 아마도 아우구스투스는 이 점을 강조하고 스스로를 그러한 지도자로 내세우는 데 특별한 관심이 있었을지 모르지만, 이 생각을 너무 과장해서는 안 된다. 아우구스투스가 초기에는 자신을 알렉산드로스 대왕과 그의 후계자들과 같은 헬레니즘 시대의 군주로 생각해 아폴로 신전처럼 화려한 장식의 기념물을 건설했다가, 이후에는 그리스 자유 국가의 지도자에 걸맞

은 절제된 건축 양식을 선호하게 되었다는 주장은 설득력이 없다.[10]

고대 그리스의 자유 도시 국가 체제와 헬레니즘 시대 군주제를 명확히 구분하려는 노력은 대체로 현대 학문의 산물이다. 그리스 문화를 좋아했던 로마인들이 기원전 5세기와 4세기 초 그리스의 '우월한' 건축 양식과 문학만을 고집하고 이후의 작품들은 무시했을 이유가 없다. 또한 아우구스투스의 포룸은 아우구스투스가 초기에 건설한 어떤 기념물 못지않게 화려했고, 프린켑스인 자신을 기념하는 건축물이었다는 점을 기억해야 한다. 더구나 아우구스투스의 포룸 안에 알렉산드로스 대왕을 그린 유명한 그림 두 점과 그의 조각상 여럿을 전시한 것으로 보아, 아우구스투스의 분명한 의도는 과거의 위대한 승리와 승리자들을 단순히 연상시키려는 것이었지 그들이 의미하는 정치적 맥락까지 깊이 고려했다고는 볼 수 없다.[11]

동일한 건축과 동일한 상징으로도 한 가지 이상의 주제와 연관시킬 수 있으므로, 나우마키아 아우구스티가 재현한 웅장한 해상 전투 장면이 살라미스 해전만 상기시켰을 뿐 악티움 해전은 연상시키지 않았을 것이라고 믿기는 어렵다. 두 해전 모두 문명이 야만에 승리하고 서방이 동방을 제압한 사건으로 정의될 수 있었으므로, '가장 뛰어난 인물들'이 아우구스투스의 포룸의 웅장함을 더해 주듯, 아우구스투스의 최근 승리인 악티움 해전도 '가장 위대한 역사적 사건들'과 나란히 놓일 가치가 있었다. 이러한 연상 작용을 통해 카이사르 아우구스투스는 과거의 가장 눈부신 영광을 가져와 자기 것으로 만들었다. 마리우스, 술라, 폼페이우스와 같은 인물들을 소환해 그들과 내전의 부정적인 연관성을 제거한 후, 자신의 선구자인 그들이 키운 로마의 권력이 자신이 이룬 위업으로 정점을 맞는다는 서사를 만들었다. 이는 베르길리우스가 카토를 이상화한 후 다시 소환해 저승의 심판자로 설정한 것과 유사한 방식이었다. 아우구스투스는 기존의 체제를 유지하고자 했던 사람들은 누구나 찬양하며, 소 카토에 대한 존경을 공개적으로 표명했다. 죽은 자들은 새로운 정권이 그들을 어떻게 활용하더라도 목소리를 낼 수 없었으므로, 이처럼 포용적인 역사관은 내전 당시의 당파적 대립은 이제 완전히 과거의 일이 되었다는 인식을 강화시켰다. 따라서 과거의 적들 그리고 카이사르 아우구스투스와 그의 영구적인 권력을 달가워하지 않았을 인물들까지도 프린켑스 자신이 갖추었고 또 찬양하는 덕성의 귀감으로 제시되었다.[12]

이런 목적으로 율리우스 카이사르의 숙적들을 활용했지만, 그들의 명예를 완전히 회복시켜 준 건 아니었다. 폼페이우스와 카토는 그들의 본래 실체보다 다소 더 나은 인물로 설정했을 뿐이어서, 만약 사람들이 그들의 결점과 잘못된 판단을 기억하면, 이는 오히려 프린켑스가 이룬 '더 훌륭한' 업적을 돋보이게 하는 결과를 낳았다. 폼페이우스와 카토의 일부 행적과 인품에 대한 칭송을 율리우스 카이사르에 대한 암묵적인 비판으로 여겨서도 안 된다. 아우구스투스가 의식적으로 독재관 율리우스 카이사르와 거리를 두려 했다는 점은 학자들 사이에서 너무도 반복적으로 강조된 결과 하나의 신념처럼 굳어졌기 때문에, 그에 모순되는 증거가 나와도 의문을 제기하지 않으려 한다. 그를 옥타비우스로 부르다가 곧바로 아우구스투스로 부르는 관행은 그러한 인식을 더욱 부추겨, 기원전 44년 이후 여러 차례 이름이 바뀌었으나 그의 이름에는 언제나 '카이사르'가 들어 있었다는 사실을 쉽게 잊는다. 권력을 잡은 이후보다 권력을 잡기까지의 과정에서 그가 자신의 아버지 이름을 더 많이 소환한 것은 사실이지만, 이 사실조차도 실제보다 과장된 측면이 있다. 그는 여전히 '카이사르 아우구스투스'였고, 독재관이 시작한 여러 건축 사업을 마무리했으며, 새 아우구스투스의 포룸에서도 자신의 조상인 율리우스 씨족을 기렸다. 더 폭넓은 로마의 역사를 율리우스 씨족과 연관 짓고, 그 역사에 등장하는 영웅들, 즉 아이네아스와 베누스, 로물루스와 마르스를 가문의 조상으로 추가한다. 이는 가문의 사적인 역사가 공적인 국가의 역사와 접목된 사례로, 아우구스투스의 포룸이 개인의 영광과 함께 공공의 영광을 동시에 구현한 것과 맥을 같이 한다. 시인 오비디우스는 아우구스투스가 마르스 울토르 신전을 완성함으로써 율리우스 카이사르의 암살에 대한 복수를 완료했고, 파르티아에게 빼앗겼던 군기의 회수도 완료했다고 강조했다. 이 신전을 비롯한 여러 장소에서 아우구스투스는 그와 그의 가문을 공적인 삶의 중심에 올려놓으며, 그의 개인적 업적과 공공의 이익이 자연스럽게 결합된 모습을 연출했다.[13]

신이 된 율리우스 카이사르는 단순히 또 하나의 로마 영웅으로 취급될 수 없었으므로, 그의 조각상은 다른 율리우스 씨족의 조상들과 달리 신전 안에 세워졌다. 어떤 로마인도 이를 율리우스 카이사르의 신성神性을 인간으로서 그간 남긴 의문스런 행적에서 분리하려는 의식적인 시도로 보았다는 암시는 없다. 로마의 귀족은 정치 경력을 시작할 때 자기 아버지와 자기 가문의 이전 세대에 관해 자주 이야기함으로써, 그들이 이룬 업적을 자기 가치를 입증하는 증거로 삼았다. 그러나 자기 입지를 구축하고 나면, 특히 고위 정무관직에 도달하면 그러한 언급은 자연스레 줄어든다. 그 시점부터는 자기가 이룬 업적이 자기 가치를 말해 주었기 때문이다. 조상이 경쟁 상대는 아니었지만, 자기 업적이 조상들과 필적하거나 능가하는 것이 바람직한 일이었음은 분명했다. 그러다가 가문을 다시 강조하게 되는 때가 돌아오는데, 본인의 공식 장례식에서다. 누대累代의 조상들이 가면을 쓰고 장례 행렬을 이어가며 망자의 아들들과 손자들의 장래성을 입증하려 했던 것이다.

내전이 끝난 뒤로 아우구스투스는 율리우스 카이사르에 관한 언급을 덜 했는데, 이는 지극히 자연스러운 일이었다. 모든 로마 귀족 가문에서 일어나는 과정이 좀 더 지체 높은 가문에서 일어나는 것뿐이었다. 자신의 행동과 승리가 아버지의 것보다 훨씬 더 중요했고, 또 그렇게 선전했다. 율리우스 카이사르라는 이름은 잊히지 않았고 억압되지도 않았으며, 그의 명성과 영광이 계속해서 아들의 아욱토리타스를 더해 주었지만, 굳이 이를 내세울 필요는 없었다. 카이사르 아우구스투스는 아버지의 영광을 이어받았고 그 이상을 성취했지만, 아버지를 위한 기념물들도 곳곳에 있었고, 아버지의 조각상들도 수없이 눈에 띄었다. 아버지의 이미지는 여전히 아들에게 유용했다. 결국 상대적으로 미천했던 율리우스 씨족의 명성을 드높인 사람은 율리우스 카이사르였고, 카이사르라는 씨족 이름을 로마 귀족 가문의 어떤 씨족 이름보다 두드러지게 만든 사람도 율리우스 카이사르였다.

한 세기 후, 타키투스는 아우구스투스 치세에서의 역사 기술은 적극적인 억압 때문이 아닌 아첨 때문에 쇠퇴했다고 지적했다. 로마 전통에 따르면 역사를 만드는 과정에 관여한 사람들, 즉 토론에 참여하고 법을 입안하고 로마 군단을 전장에서 이끈 원로원 의원들만이 역사를 쓸 수 있었다. 그들만이 위대한 사건들이 어떻게 일어났는지 이해할 수 있다고 생각했기 때문인데, 아우구스투스 시대에는 훌륭한 경력을 쌓고자 하는 원로원 의원은 프린켑스의 호의에 의존해야 했다. 그러자 시간이 갈수록 원로원 의원들은 가까운 과거에 대해 기술하지 않거나 기술하더라도 확연한 아첨조로 썼다. 아우구스투스를 기쁘게 하려는 역사 기술만이 문제가 된 건 아니었다. 내전 중에는 그들의 기억에서 기꺼이 지우고 싶은 방식으로 행동했던 사람들도 많았기 때문이다. 드루수스의 작은 아들 클라우디우스가 내전에 관한 글을 쓰고 싶다는 의향을 밝혔을 때, 리비아와 그의 어머니 안토니아는 조용하지만 단호하게 단념시켰다.[14]

따라서 아우구스투스 치하에서 가장 영향력 있는 로마 역사서를 쓴 인물이 북부 이탈리아의 귀족으로 공직에 나설 생각이 전혀 없었던 리비우스라는 사실은 결코 우연이 아니었다. 그는 공직에 관심이 없었고, 정치나 전쟁을 직접 경험해 보지도 않았다. 아시니우스 폴리오는 리비우스의 역사 기술에 속주민의 관점이 강하게 투영되었다고 느꼈지만, 로마의 건국에서부터 드루수스의 죽음에까지 이르는 로마의 역사를 142권에 담아낸 그의 근면과 노고를 의심하는 사람은 없었다. 책의 발간 시점은 알 수 없으나, 일부는 아우구스투스 사망 이후에 출간되었을 수도 있다. 내전이 여전히 맹위를 떨치던 시기에 쓰인 서문의 어조는 매우 음울했으나, 시대가 좋아지면서 전체적인 어조도 변했을 것이다. 리비우스는 마이케나스가 주도한 모임의 일원이 아니었고, 아우구스투스와의 관계는 우호적이었지만 정권의 나팔수 노릇을 한 건 절대 아니었다. 그렇지만 그가 쓴 역사서의 기조는 프린켑스의 역사관과 많은 부분 일치했고, 아우구스투스 정권이 표방하는 로마의 정체성과 문화 의식과도 맥을 같이 했다. 리비우스는 열렬한 애국자였지만, 도덕적 관점에서 역사를 보고 판단하는 경향이 있었다. 그가 보기에, 로마는 도덕 수준이 높고 로마인들이 전통과 신들을 존중하며 덕성을 갖추고 행동했을 때 번영한다고 생각했다. 실패와 무질서, 궁극적으로 내전이 발생한 이유는 모든 계층, 특히 원로원 지도자들의 도덕성이 마땅한 수준에 미치지 못했기 때문이라는 게 리비우스의 판단이었다.[15]

리비우스의 역사서 대부분은, 마지막 150년을 다룬 부분을 포함해 짧은 요약본만 전해져, 그가 특정 인물들을 어떻게 다뤘는지 파악하는 것은 대개 추측의 영역에 속한다. 현존하는 책들에 의하면 특정 사건들에 관한 그의 기술과 아우구스투스의 포룸에 있는 '가장 뛰어난 인물들'에게 바쳐진 비문 사이에는 상당한 차이가 있다. 때때로 사소한 세부 사항에 관한 것이었다. 예를 들어 기원전 168년, 아이밀리우스 파울루스가 페르세우스Perseus 왕과의 전쟁에서 승리하는 데 걸린 정확한 일수 같은 것이다. 그러나 서로 완전히 다른 관점을 나타내는 사례도 있다. 실제로 일부 인물에 관한 포룸의 비문 내용은 다른 모든 출처와 현저히 다른 주장도 있다. 전해지는 한 요약본을 보면, 리비우스는 마리우스의 말년 생활과 기원전 88년 말 그의 피비린내 나는 로마 귀환을 신랄하게 비판했는데, 이는 아우구스투스의 포룸에 있는 그의 조각상에 새겨진 비문과는 극명한 대조를 이룬다.[16]

리비우스는 코르넬리우스 코수스가 스폴리아 오피마의 영예를 획득한 이야기를 전할 때, 아우구스투스의 해석을 담으면서 동시에 그에 상충

되는 의견도 제시했다. 마찬가지로 율루스의 출생에 관해서도 그가 아이네아스와 트로이 아내 사이의 아들인지, 아니면 이탈리아에 정착한 후 결혼하여 낳은 아들인지 여러 견해를 함께 전했다. 타키투스에 따르면, 아우구스투스가 리비우스를 회개하지 않는 폼페이우스 추종자라고 가볍게 꾸짖었다고 기록한 것을 보면, 리비우스가 폼페이우스 마그누스에 대해서는 관대하게 기술했던 것으로 보인다. 폼페이우스가 '가장 뛰어난 인물들'에 포함되었으므로 폼페이우스에 대한 리비우스의 관대한 기술이 체제 전복적이었다고 말할 수는 없으나, 리비우스가 율리우스 카이사르의 생전 행적으로 미루어 볼 때 그가 세상에 태어난 것이 과연 바람직했는지 의문을 제기했다는 사실은 모두가 깜짝 놀랄 만하다. 해당 구절은 소실되어 리비우스의 어조나 결론을 판단하기는 어렵지만, 전해지는 요약본을 보면 독재관에 관한 기술이 매우 적대적이었을 것 같지는 않다.[17]

카이사르 아우구스투스가 자기 아버지를 폄훼했다고 믿는 학자들은 리비우스의 율리우스 카이사르에 관한 이러한 기술이 확실한 증거라고 말하면서, 아우구스투스가 분노하지 않으리라 확신하지 않았다면 리비우스가 감히 그런 식의 기술은 하지 못했을 것이라는 점을 근거로 내세운다. 하지만 젊은 클라우디우스가 내전에 관한 글을 쓰고 싶다고 했을 때 다른 주제를 찾아보라는 은근한 압력을 받은 경우와 아우구스투스의 말년에 있었던 몇몇 사례를 제외하면, 프린켑스가 저술 활동을 억압했다는 증거는 없다. 한번은 티베리우스에게 편지를 보내 다음과 같이 말했다. '누군가가 나에 대해 악담하는 것을 마음 깊이 담아 두지 말아라. 그들이 우리에게 악행을 저지르지 못하게 막을 수 있다면 그것으로 만족해야 한다.' 아우구스투스의 공식 노선이나 입장은 수많은 문학 작품, 그와 그의 가족들이 행한 연설, 원로원 의결, 그의 자서전 그리고 로마와 속주 전역에 세워진 기념물 등을 통해 끊임없이 전파되었다. 이 노선은 반복적인 전파로 더욱 강화되었고, 로마의 지속적인 성공과 번영을 통해 지원받았다. 성공은 올바

른 로마의 덕성을 고수하면 찾아온다는 리비우스의 주제는 프린켑스에 대한 강력한 지지였다.[18]

아우구스투스는 다른 견해를 억압하거나 과거를 숨기려 적극적으로 노력하지 않았다. 다른 견해를 표명하는 사람도 거의 없었고, 설사 있었어도 아우구스투스를 지지하고 칭송하는 여론의 홍수에 쓸려 나가고 말았다. 그러나 율리우스 카이사르가 루비콘강을 건넘으로써 내전이 시작되었다는 사실은 아우구스투스가 기원전 44년부터 30년 사이의 공권 박탈과 빈번한 처형, 약탈에 연루되었다는 사실만큼이나 부정할 수 없는 일이었다. 그 사실들을 살아 있는 사람들이 여전히 기억하고 있었고, 그들의 기억이 희미해졌어도 당시의 기록과 선전이 여전히 남아 있었다. 그것들을 고쳐 쓰려는 시도는 말할 것도 없고, 숨기려 한다 해도 현실적으로 가능한 일이 아니었기 때문에 아우구스투스가 그런 고려 자체를 하지 않았을 수도 있다. 아우구스투스의 대처는 확실했다. 비난을 분산시켜 훨씬 더 큰 비난을 다른 사람들에게 전가하는 것이었다. 리비우스가 율리우스 카이사르의 행적이 비난받을 수 있는 일이라고 주저 없이 의문을 표시했다고 해서, 독재관에게만 전적인 책임이 있고 다른 이들에게는 책임이 없다고 생각했다는 의미는 아니다. 리비우스는 키케로의 죽음을 안타까워하면서도 그 연설가가 삼두를 죽음에 몰아넣기 위해 최선을 다했다는 점도 함께 언급하며, 키케로가 삼두와 근본적으로 달랐던 것이 아니라 그들에 비해 성공적이지 않았을 뿐이라고 지적했다.[19]

문학적 아첨과 찬사는 너무도 명백했고, 여러 면에서 자멸적이었다. 때때로 아우구스투스의 이전(예외 없이 지금은 죽은) 적들을 칭찬하거나 프린켑스와 그의 주변 인물들을 겨냥해 온건한 비판의 목소리도 내면서 마치 정직한 의견을 제시하는 것처럼 보이는 작가들도 있었으나, 그들도 결국은 로마와 아우구스투스에 대한 찬양이라는 전반적인 주제에 힘을 실었을 뿐이었다. 물론 그런 작품들이 그나마 더 양질이긴 했지만, 당시의 시들과 마찬가지로, 자유롭고 성공적인 공화국이 복원되었다는 인식을 조성하는 데 중요한 역할을 했다. 어느 수준까지 그 역할을 할지의 경계는 아우구스투스보다 작가들이 결정했다. 리비우스는 아마도 진정으로 아우구스투스와 많은 견해를 공유했을 것이며, 대부분의 사회 구성원, 특히 이탈리아 내의 재산가들과 부유층도 마찬가지였을 것이다. 리비우스는 외적들에 대한 승리와 로마 권력의 확장을 열정적으로 기록한 역사가로, 악티움 해전부터 기원전 9년까지 20년간의 다양한 사건을 기술하고 칭송했다.

아우구스투스 가계

기원전 1년, 열아홉 살의 가이우스 카이사르는 처음으로 군 지휘권을 받아, 로마를 떠나 다뉴브강으로 향했다. 그러나 그곳에 주둔한 군단에 도착한 직후 그의 임무는 변경되어, 로마 제국 동쪽 국경의 안정을 위협하는 문제를 처리하라는 명령과 함께 임페리움을 부여받아 동방 속주로 다시 파견되었다. 아르메니아 왕국 내의 권력 투쟁에 개입한 파르티아가 자기들이 지명한 인물을 아르메니아 왕으로 앉혔다. 늘 그랬듯이, 파르티아와의 전쟁과 승리에 대한 전망은 로마의 여론을 들뜨게 했고, 시인들에게도 영감을 주었다. 오비디우스는 《사랑의 기술》의 첫 권에 그러한 열정을 담았다. '보라! 카이사르가, 로마가 정복한 세계에서 빠졌던 영토를 채우려 준비하고 있다.' 기원전 53년, 드디어 파르티아인들은 크라수스 군대를 학살한 대가를 치를 것이었다. 파르티아인들과 싸우기 위해 원정을 떠난 지도자가 어리고 경험이 부족하다 하여 로마의 필연적인 승리에 걸림돌이 되지는 않을 것이었다. '너희에게 복수할 자, 너희에게 가까이 다가가니, 비록 그의 나이는 어리지만 스스로 사령관임을 선언하고, 비록 소년이지만 다른 소년들은 감당 못 할 전쟁에 나서네…. 카이사르 씨족들에게 용맹함은 일찍 찾아오나니…. 아버지 마르스여, 아버지 카이사르여, 한 분은 이미 신이시고, 한 분은 곧 신이 되실 그대들께서 그가 가는 곳마다 함께 하시길 기원하나이다.' 시인은 책의 주제로 돌아와 원정에서 돌아온 가이우스 카이사르의 개선식에서 마주친 한 여인에게, 개선식 행렬에 관한 실제 이야기와 자신이 꾸며 낸 가공의 이야기를 자신 있게 들려주며 그녀의 환심을 사는 장면을 상상한다.[20]

티베리우스가 이번 원정의 지휘권을 받아야 했지만, 그는 여전히 로도스 섬에 있었고, 5년이 지난 지금 그의 임페리움과 호민관 권한은 모두 만료되었다. 아우구스투스는 티베리우스와 상의 없이 그를 대신해, 불명예를 당한 율리아에게 이혼을 통지했다. 티베리우스는 단지 결과만 통보받았다. 티베리우스는 전 아내에게 관용을 베풀어 달라고 편지를 썼지만, 아우구스투스는 그의 요청을 무시했다. 일개 시민 자격으로 귀국할 수 있도록 해 달라는 빈번한 간청도 거듭 거절당하자, 티베리우스는 로도스 섬에 남아 강의와 토론에 참석하며 소일했다. 리비아가 티베리우스의 신변 보호를 위해 대관 총독에 해당하는 다소 모호한 지위를 그에게 확보해 주기도 했지만 로도스 섬 주민들은 대체로 그를 존중했다. 다만 한 철학자가 티베리우스와 토론 후 서로 의견이 다르다고 신랄한 욕설까지 해 대며 집까지 쫓아오자 그를 체포하라고 지시한 적은 있었다. 티베리우스를 일생 내내 괴롭혔던 어색함과 오해의 순간들도 더러 있었다. 그가 병자들을 방문하고 싶다는 의사를 표현했을 때, 그의 수행원들이 현지 관리를 시켜 모든 병자를 찾아 데리고 오라고 한 다음 병증에 따라 구분해 티베리우스가 살펴볼 수 있도록 했다. 너무 당황한 티베리우스는 그들 모두에게 사과하고 각자 집으로 돌려보냈다.[21]

프린켑스의 의붓아들이자 최근까지 사위였던 티베리우스를 어떻게 대해야 할지는 그와 연관된 모든 이들에게 어려운 문제였다. 여러 고위 관리가 속주로 부임하는 길에 그를 방문했던 것처럼 많은 유력 인사가 일부러 그를 방문했다는 기록도 있다. 가이우스와 그의 일행이 로도스 인근을 지난다는 소식을 듣고 티베리우스는 카이사르의 아들이자 동방 속주의 지휘관에게 경의를 표하기 위해 로도스에서 출발했다. 티베리우스에게 적대적인 소식통들은 그가 가이우스 앞에 엎드렸다고 나중에 주장했지만, 터무니없는 과장이었을 것이다. 하지만 분명한 사실은 그의 지위가 위태로웠다는 것이다. 동방 속주 전역의 공동체는 그를 어떻게 대해야 할지, 그리고 그와의 인연으로 공동체 내에서 위세를 지닌 사람들은 또 어떻게 대해야 할지 결정해야 했다. 프린켑스가 사망할 경우를 대비해 지지 기반을 구축하거나 권력 쟁탈을 위한 음모를 꾸미지 않고 있다는 것을 보여주기 위해, 티베리우스는 로마 장군의 복장 착용을 중단했고 승마나 무기를 다루는 등의 전투 훈련도 더 이상 하지 않았다. 그가 그리스인처럼 옷을 입었다고도 전해지는데, 이것이 사실이라면 안토니우스가 옥타비아와 막 결혼한 후 아테네에서 함께 보낸 휴가를 떠올리게 한다. 갈리아의 한 도시는 그가 실각했다고 판단해 그의 조각상을 부수기도 했다.22

가이우스는 로도스 섬에 오래 머물지 않았지만, 동부 속주 전역에서와 마찬가지로 그곳에서도 열렬히 환영받았다. 무엇보다 그는 청원에 응답할 수 있는 권한을 지닌 아우구스투스의 아들이었다. 그리스 시인들도, 오비디우스를 따라 노래했다. "제우스의 아들이여, 유프라테스강으로 가시오. 동방의 파르티아인들이 이미 당신에게 빠르게 항복하고 있소. 나의 왕자여, 그대의 길을 재촉하시오. 카이사르여, 공포에 질린 그들의 활시위가 느슨해진 것을 보게 될 것이요. 당신 아버지의 가르침에 따라 통치하시오. 로마 제국 전체가 대양으로 둘러싸여 있다는 것을 떠오르는 태양에게 가장 먼저 증명하는 사람이 되시오."23

아테네는 이 젊은 왕자를 기리는 수많은 도시 중 하나였으며, 이 시기 어느 시점에 아레스(그리스의 전쟁 신으로 로마의 마르스에 해당함) 신전 전체를 옮겨 와 아고라, 즉 시장에 돌 하나하나를 다시 쌓아 재건축했다. 모든 세간의 관심이 가이우스 카이사르에게 쏠렸지만, 아우구스투스는 그의 아들에게 조언도 하고 주요 결정도 함께 내리도록 노련하고 경험 많은 인물들을 보내는 주의 깊은 조치를 했다. 가이우스의 일행은 대규모였다. 최근 게르마니아에서 공을 쌓은 루키우스 도미티우스 아헤노바르부스도 있었고, 기원전 16년에 제5알라우다이 군단의 독수리 군기를 잃어버리며 그다지 큰 공적을 쌓지 못한 마르쿠스 롤리우스도 있었다. 또 다른 전직 집정관 푸블리우스 술피키우스 퀴리니우스Publius Sulpicius Quirinius도 처음부터 가이우스와 동행했을 가능성이 높은데, 그가 이후에도 계속 가이우스의 참모로 일한 정황이 분명하기 때문이다.24

아우구스투스는 장기간의 속주 순방은 더 이상 하지 않으려 했기 때문에, 로마에 남아 있었다. 그는 60대였고, 동시대 인물들이 거의 세상을 떠나고 없었으므로, 자기 나이를 실감하고 있었을 것이다. 기원후 2년, 그의 생일에 그는 큰아들에게 편지를 썼다.

> 10월의 칼렌다이 9일 전(즉 9월 23일)
> 나의 사랑하는 가이우스, 잘 지내느냐? 가장 사랑하는 나의 작은 당나귀야, 네가 내 곁을 떠날 때마다 나는 어쩔 수 없이 너를 계속 그리워하는구나. 특히 오늘 같은 날에는 내 눈이 나의 가이우스를 간절히 찾고 있단다. 네가 오늘 어디에 있든, 건강하고 행복한 나의 예순네 번째 생일을 축하했기를 바란다…. 그리고 나는 신들에게 기도한단다. 내가 살날이 얼마나 남아 있든, 번영하는 이 나라에서 너와 함께 안전하고 건강하게 보낼 수 있기를, 그리고 너와 네 동생 모두 남자의 몫을 해내며 내가 맡아온 보초 자리를 이어받을 준비를 할 수 있기를.25

예순세 살은 점성술로 보면 매우 위험한 나이로 여겨졌기 때문에, 이 나이를 넘겼다는 것에 대한 농 섞인 안도감도 배어난다. '나의 보초 자리'

또는 '나의 보초석', 라틴어로는 'stationem meam'이라는 그의 언급은 자신을 국가의 수호자로 보았다는 그의 통찰과, 때가 되면 그의 아들들이 그 의무를 이어받으리라는 그의 기대를 함께 보여준다. 고령임에도 불구하고, 아우구스투스는 국정을 놓을 수 없었다. 가이우스와 루키우스가 아직 어려 이제 겨우 그와 함께 업무를 분담하기 시작했기 때문이다.

프린켑스는 그의 양자들과 아주 가깝게 지냈다. 가이우스에게 보낸 편지를 모아 서간집도 발간했으나, 안타깝게도 이 편지만이 유일하게 현재까지 전해진다. 루키우스에게도 편지를 썼을 것이다. 편지의 문체는 다른 가족들에게 보낸 편지와 비슷하게 가벼운 어조에, 그리스어 표현도 자주 등장한다. 아우구스투스는 인용구를 좋아했는데, 속주 총독, 부관 그리고 친척들에게 보내는 서신에서 종종 인용구를 사용하여 훌륭한 행동의 사례를 설명했다. 아우구스투스는 평생, 아들들과 떨어져 있을 때는 그들에게 편지를 썼고, 함께 있을 때는 수영과 승마를 직접 가르치며 그들의 양육에 많은 관심을 보였다. 기원전 10년경, 그는 그라마티쿠스로 마르쿠스 발레리우스 플라쿠스Marcus Valerius Flaccus를 선택해 아들들을 가르치게 했다. 플라쿠스는 이미 로마에서 학교를 운영하고 있었지만, 연간 10만 세스테르티우스의 급여를 받고 기꺼이 그가 가르치던 모든 학생까지 팔라티움 언덕으로 데려왔다. 그는 그곳에 위치한 한때 저명한 '제1원로원 의원' 카툴루스Catulus가 소유했고, 여전히 그의 이름을 딴 저택에 자리 잡았다.26

아우구스투스는 팔라티움 언덕에 있는 여러 집을 구입한 후 이들을 합쳐 자신의 저택으로 만들었다. 분명히 주 출입문이 있고, 그 위에 시민관이 새겨진 현관이 있었을 테지만, 다양한 집들과 신성한 공간들, 특히 도서관이 있는 아폴로 신전과 아이네아스가 트로이에서 가져온 것으로 알려진 팔라디움palladium*을 보관하고 있던 베스타 신전은 아마도 좁은 도로와 골

---

* 트로이의 여수호신 팔라스Pallas의 상. (옮긴이)

목길 등으로 분리되어 있었을 것이다. 고고학자들이 아직 아우구스투스의 저택을 제대로 고증하지 못하고 있어서, 발굴된 유적과 문헌 기록을 깔끔하게 연결하는 것이 여전히 쉽지 않다. 오늘날 '리비아의 집'으로 알려진 건물은 그곳에서 발견된 납 수도관에 그녀의 이름이 표시되어 있었는데, 아우구스투스 사망 후 그녀의 거주지였지만, 그 이전에는 두 사람이 정확히 어디서 함께 살았는지 알 수 없다. 오늘날 '아우구스투스의 집'이라고 불리는 장소는 관례적으로 그렇게 불리지만, 전체 단지에서 어떤 용도로 사용되었는지 명확한 증거 자료는 없다. 아우구스투스는 구입한 기존 건물들을 수리하고 개조하였으나, 적어도 개인 공간에서는 귀족들의 집을 크게 손본 것 같지는 않다.[27]

프린켑스는 자신이 검소한 삶을 살았다고 주장했다. 수에토니우스는 그가 40년 넘게 "겨울과 여름을 같은 방에서 지냈다"라고 말하는데, 이는 그렇게 오랜 기간 같은 침실을 사용했다는 의미가 아니라 날씨에 따라 별도의 방을 사용하지 않았다는 의미일 것이다. 아우구스투스는 본래 일찍 일어나는 사람이 아니었기 때문에, 아침 일찍 로마의 다른 지역에 방문할 일이 있으면 그 전날 방문 지역에 가까이 사는 친구의 집에 머물렀다. 여러 사료에 따르면, 한여름 더위 속에서는 침실 문을 열어놓고 자거나, 침상을 안뜰로 옮기게 해 장식용 분수 근처에서 잤다고 한다. 수면 시간은 7시간을 넘기지 않았고, '낮고 단순하게 꾸며진 침대'를 사용했으며, 잠에서 깨면 혼자 누워 있으려 하지 않고 누군가를 불러 함께 이야기를 나눴다. 하지만 점심 식사 후나 가마를 타고 이동할 때는 종종 졸기도 했다. 아우구스투스는 지나친 욕구 추구는 하지 않았다. 율리우스 카이사르는 훨씬 적게 자고도 쉴 새 없이 부지런했다. 아우구스투스는 취향도 검소하여, 황금 요강을 사용했던 마르쿠스 안토니우스의 과도한 사치는 말할 것도 없이 일부 부유한 원로원 의원이나 기사 신분의 인사들처럼 눈에 띄게 호사스럽지 않았다. 그의 집에서 쓰던 침상과 식탁은 1세기 후까지 남아 있었는데,

수에토니우스는 대체로 매우 소박한 가구들이었다고 전한다.[28]

아우구스투스는 편안함을 추구하면서도 절제하는 인물로 정평이 났다. 하지만 그러한 평가를 곧이곧대로 받아들여서는 곤란하고, 기원전 1세기에 이미 흔히 볼 수 있었던 호사스런 취향과 비교했을 때 그러했다는 의미로 해석해야 한다. 당시의 호사가 꾸준히 증가하여, 결국 칼리굴라와 네로의 과도한 사치로 이어졌다. 아우구스투스는 그 자신과 또 여러 친구가 적절하다고 느꼈을 방식으로 생활했다. 팔라티움 언덕을 포함하여 프린켑스 및 그의 가족과 연관될 수 있는 장소들에서 발견된 장식용 벽화들은 화려한 색채와 정교함을 자랑하는, 당시의 최신 유행을 따른 작품들이다. 로마의 분주함을 피해 자주 이용했던 그의 전원 별장들도 당시 귀족들의 기준으로 볼 때 사치스럽지 않았다. 큰 부자가 아니었던 키케로도 9개의 별장을 소유했지만, 그가 소유했던 별장은 3개에 불과했다. 아우구스투스가 수집한 방대한 예술품과 조각상은, 일부 부유한 원로원 의원들처럼 개인 소장용이 아니라 아그리파처럼 일반 대중을 위한 전시용이었다. 하지만 그는 정원 장식은 즐겼고, 온갖 종류의 진귀한 식물들을 수집했다. 카프리아이Capreae(카프리 섬)에 있는 그의 별장에는 그가 수집한 '거대한 뼈들', 아마도 공룡 화석으로 추정되는 거대한 동물과 물고기의 뼈 그리고 고대의 이름난 영웅들이 휘둘렀다는 무기들이 전시되어 있었다.[29]

아우구스투스는 주요 원로원 지도자에 어울리게 생활했다. 실제로 이는 원로원 의원들이 어떻게 행동해야 하는지에 대한 본보기가 되었으며, 그의 검소함은 상황에 따라 달리 나타났다. 손님을 맞거나 공적 역할을 하지 않아 집에 있을 때는 보통 리비아나 옥타비아 또는 가족 중 다른 여성들이 만들어 준 옷을 입었다. 물론 그들도 여러 노예와 해방 여성 등 수많은 식솔의 도움을 받았을 것이다. 직조는 로마 지배 계층의 아내들과 딸들이 전통적으로 수행하는 가사 활동이었으나, 당시에 이르러서는 여성의 이상적인 덕성으로서 찬탄의 대상이 되었을 뿐 실제로는 귀족 가문 여성들이 직접 하지 않았으므로, 아우구스투스의 집안 여성들이 보인 이 본보기를 다른 귀족 집안에서 얼마나 따랐는지는 알 수 없다. 겨울에는 조끼와 가슴 덧옷 위에 최대 4개의 튜닉을 입었고, 허벅지와 종아리 주위에는 다리 감개를 착용했다. 바지는 야만족의 의상으로 간주되어 로마 황제들은 거의 300년이 지나서야 입기 시작했다. 여름에는 가벼운 옷차림이었고, 팔라티움 단지 내에 있을 때도 햇빛으로부터 얼굴을 보호하기 위해 항상 넓은 챙이 달린 모자를 썼다. 그러나 이것은 비공식적인 복장이었고, 공식적인 역할을 할 때는 임페라토르 카이사르 아우구스투스로서 자신의 지위에 맞는 의복을 갖추고 나타났다. 적절한 공식 의복을 집에 항상 준비해 두었다가, 갑자기 공적 업무를 처리해야 할 경우 갈아입었다.[30]

아우구스투스는 식습관에서도 절제를 보여주었다. 이 또한 개인적 성향과 로마 원로원의 지도자에 요구되는 이상적 행동을 실천하려는 의지가 혼합되어 나타난 결과였다. 수에토니우스는 그가 고급 빵보다는 수수한 빵을 좋아했으며, 종종 촉촉한 치즈, 무화과, 작은 생선을 먹었다고 전한다. 그는 보통 식사 시간을 기다리지 않고 기분 내킬 때마다 그런 음식을 조금씩 먹었고, 가마나 마차를 타고 이동할 때도 먹는 것을 즐겼다고 한다. 그의 편지 내용을 보면, 이런 식으로 빵, 대추, 포도를 먹었다고 하며, 다른 좋아하는 음식으로는 오이, 상추, 향이 첨가된 사과가 있었다. 특히 사과는 아마도 무언가에 담갔거나 무언가를 입힌 것으로 보인다. 와인을 조금 마셨고, 한 번에 1파인트(약 450밀리리터) 이상 마시지 않았는데, 그 이상 마시면 토하곤 했다. 연회는 성대히 베풀었고, 공식 만찬은 자주 있었지만, 미리 먹거나 나중에 먹기로 하고 만찬 중에는 소량의 식사만 할 때도 있었다. 우리가 아는 한, 그는 음식보다는 사람들과의 교제와 대화, 또는 주사위 게임이나 다른 내기를 하는 데 더 즐거움을 느꼈다. 내기의 상품이 무엇인지 또는 어느 정도의 가치가 있는지 알려 주지 않고 또는 아주 귀한 물건과 평범한 물건을 내기 상품으로 섞어 놓고 내기에 참가하라고도 했다.

예를 들어 여러 그림을 상품으로 내놓고 뒷면만 보여주는 것이었다. 주요 축제에서는 비밀 상품을 나누어 주는 것을 좋아했는데, 때로는 가치 있는 물건을, 때로는 옛날 주화와 같은 진귀한 물건을 주었고, 말장난할 수 있는 이름을 가진 물건인 스펀지나 철제 포커 등을 장난삼아 나누어 주기도 했다.[31]

아우구스투스는 자신의 집으로 자주 손님을 초대해 접대했고, 다른 사람들의 식사 초대에도 자주 응했지만, 귀족의 기준으로 보아 적절한 사람들과만 그런 자리를 가졌다. 해방 노예들과 함께 식사한 적은 없었지만, 원로원 의원이나 기사 신분이 아닌 자유인은 가끔 식사에 초대했다. 자유인을 초대한 사례로 수에토니우스는 전직 스페쿨라토르speculator를 꼽는다. 스페쿨라토르는 원래 전문 정찰병이었으나 나중에는 비밀 정보원을 의미했는데, 당시에도 이미 그런 의미로 사용되었을 수 있다. 아우구스투스가 그 사람의 별장에 머물렀던 적이 있어서, 신세 졌던 빚을 갚으려는 용인 식사 초대였는데, 이는 그가 꽤 부유했던 사람이었을 것이라는 점도 시사한다. 아우구스투스가 인내심을 가지고 청원자들을 접견했듯이 모든 사람에게 그들의 계층과 과거의 이력에 걸맞은 존중을 표하기 위해 주의를 기울였다. 우리가 보았듯이, 아우구스투스는 특히 말장난과 비꼬는 말을 즐겨하는, 매우 로마적인 유쾌한 유머 감각이 있었다. 한 꼽추 원로원 의원이 아우구스투스가 재판관으로 있는 법정에서 피고를 변호하며, "제가 틀렸으면 바로잡아 주십시오"라는 말을 계속 반복했다. 마침내 아우구스투스는 "당신 말을 바로잡아 줄 수는 있지만, 당신을 바로잡을 수는 없소!"라고 재치 있게 받아쳤다.[32]

아우구스투스는 종종 누군가의 요청을 거절할 때처럼 어색한 상황을 부드럽게 벗어나기 위해 농담을 사용했다. 그런 농담들은 빠르게 퍼져 나가 아우구스투스가 범접 못 할 먼 곳에 있는 독재자가 아니라 평범한 보통 사람이라는 인상을 더하는 아주 좋은 얘깃거리가 되었다. 한 상인이 티리안 자주색으로 염색된 옷을 가져왔으나, 아우구스투스는 색감의 깊이가 썩 마음에 들지 않았다. 그 상인은 햇빛에 비추어 보면 색감이 더 좋아 보일 것이라며 아우구스투스를 설득하려 했다. "뭐라고? 내가 얼마나 옷을 잘 입었는지 로마 시민들에게 보여주기 위해 발코니를 오르내리란 말인가!" 황제의 대꾸였다. 언젠가 아우구스투스는 노멘클라토르를 소유했는데, 그는 사람들 이름과 얼굴을 제대로 기억하거나 알아보지 못해 제때 아우구스투스에게 알려 주지 못했다. 어느 날 두 사람이 포룸으로 내려가려고 할 때, 그 노예가 아우구스투스에게 두고 가는 게 없느냐고 물었다. "네 소개장을 몇 장 가져가는 게 좋겠다. 포룸에는 네가 아는 사람이 없을 테니까"라고 아우구스투스가 답했다.[33]

농담들은 때때로 신랄했지만, 당시 기준으로 보아 결코 악의적이지 않았다. 로마인들은 신체적 기형도 거리낌 없이 조롱했다. 더 중요한 것은 그러한 농담 뒤에 잔인하거나 독단적인 행동으로 해코지하지 않았다는 것인데, 이는 그가 사람들을 처형하고 난 뒤 "까마귀밥이 되겠군"이라고 말했던 삼두정 시절에 비하면 확연히 다른 모습이었다. 아우구스투스는 국정을 돌볼 때와 마찬가지로, 유머를 사용할 때도 자신의 권력을 과시하거나 남용하지 않았다. 그는 또한 자신이 사람들의 놀림감이 되거나 비웃음의 대상이 되는 것도 마다하지 않았다. 한번은 아우구스투스가 자신과 놀랍도록 닮은 사람을 만났다고 한다. 이에 그 사람에게 어머니가 로마에 산 적이 있냐고 물었다. 그 사람은 그렇지 않다고 대답했고, 잠시 후 아버지는 가끔씩 로마에 방문했다고 덧붙였다. 타인을 대할 때 보였던 온건하고 예의 바른 태도는 현명한 처신이기도 했지만 어쩌면 아우구스투스의 진정한 성격을 반영했을 수도 있다. 적어도 인생의 그 단계에서는 그러했을 수 있다. 관대하고 친절한 그의 행동은 여러 사료에 기록되어 있다. 일례로 그다지 유력 인사가 아니었던 한 원로원 의원이 실명하여 자살하려 한다는 소식을 들었을 때였다. 카이사르 아우구스투스는 그를 거의 알지 못했음에도, 그의 병상을 찾아가 긴 대화 끝에 그를 설득해 마음을 바꾸도록 했다고 한다. 곤경에 처한 사람을 동정하고 다른 사람이 겪는 문제를 도와주기 위해 수고를 마다하지 않는 태도는 그의 공적 의무에서 비롯된 것일 수도 있었지만, 그런 태도가 로마 시민들이 그의 지배적 통치를 받아들이고, 때로는 좋아하도록 설득하는 중요한 방법이기도 했다.34

프린켑스가 행한 많은 일들은 대부분 공개적으로 이루어졌기 때문에 그의 결점과 기이한 행동에 관한 여러 이야기가 전해진다. 그는 일반적으로 율리우스 카이사르의 권고를 따라 공식 연설과 성명은 쉬운 언어를 사용하여 의미를 명확히 해야 한다고 생각했으며, 모호하고 지나치게 복잡한 문장을 선호했던 마이케나스와 티베리우스를 조롱하기도 했다. 하지만 이와 대조적으로 몇 가지 저속한 형태의 용어를 사용했으며, "아스파라거스를 요리하는 시간만큼 빠르게"나 "그들은 그리스 칼렌다이에 지급할 것이다"와 같은 소박한 속담도 즐겨 사용했다. 그리스 달력에는 칼렌다이라는 날이 없으므로 지급하지 않을 것이라는 의미이다. 그는 특히 "천천히 서둘러라"라는 구호를 좋아했는데, 이를 라틴어뿐만 아니라 그리스어로도 사용한 듯하다. 그의 특이한 언어 습관은 여러 깊은 미신과도 관련 있었다. 그는 천둥과 번개를 무서워했다. 히스파니아 원정 중 그의 옆에서 횃불을 들고 있던 사람이 번개에 맞아 죽은 일이 있었기 때문이다. 그래서 이동 중에는 번개로부터 보호해 준다는 행운의 물개 가죽 조각을 항상 지니고 다녔다. 집에 있을 때 천둥번개가 치면, 안전을 위해 지하실로 피신하곤 했다. 그는 특정 날에는 외출하지 않았지만, 가랑비가 내리는 날에 외출하는 것을 항상 즐겼는데, 이는 좋은 징조라고 믿었기 때문이다. 반대로 노예가 신발을 거꾸로 놓으면 나쁜 징조로 생각했다.35

그러한 기이한 행동들이 주위에 해를 끼칠 정도는 아니었고 귀족으로서의 품위를 벗어나는 수준도 아니었다. 또한 건강이 좋지 않았음에도 자신의 건강에 지나치게 신경 쓰는 모습도 보이지 않았다. 아주 뜨겁거나 차

가운 온도의 물을 사용하는 전통적인 로마식 목욕법 대신 나름의 목욕 방법도 개발했으나, 피부의 기름기를 제거할 때 비누 대용으로 사용하는 금속제 스트리질strigilis*을 지나치게 강하게 문질러 피부에 흉터를 남겼다. 여전히 심각한 질병에 시달렸고, 때때로 류머티즘으로 고생하기도 했으며, 팔과 다리, 특히 오른손에 힘이 빠져 펜을 잡을 수 없게 되었다.

악티움 해전 전까지 아우구스투스는 귀족들이 통상적으로 하는 방식으로, 땅 위에서 그리고 말을 탄 채로 무기를 다루는 연습을 공개적으로 했다. 그러나 기원전 29년부터는 공을 던지고 받는 운동으로 전환했고, 더 나이가 들면서는 말을 타거나 달리기하는 것으로 만족했는데, 달리기를 마칠 때는 제자리에서 높이뛰기로 마무리했다. 이 역시 나이가 든 원로원 의원들이 일반적으로 하는 운동이었다. 아우구스투스는 그의 태도와 신중한 행동만큼이나 매사에 지나침이 없는 생활을 함으로써 평범하고 존경받는 로마 귀족의 이미지를 가꾸어 나갔다. 그의 삶의 많은 부분과 마찬가지로 운동도 공개적으로 했는데, 가정생활을 통해서도 그가 국가를 이끄는 데 필요한 품성을 갖추고 있다는 확신을 주려 노력했다. 팔라티움 언덕의 저택단지 어딘가에, 임페라토르 카이사르 아우구스투스는 자신만의 은신처를 마련하여, '작업실' 또는 시칠리아의 위대한 도시 이름을 따서 '시라쿠스'라고 불렀고, 이따금 높은 곳에 위치한 그 방으로 가곤 했다. 그것은 방해받지 않겠다는 신호였고, 그는 그곳에 머물며 평화와 고요함을 찾거나, 법안이나 여러 계획을 구상했다. 또 하나의 편리한 은신처로는 포메리움 바로 밖에 위치한, 그의 해방 노예 중 1명이 소유한 별장이었다.[36]

기원후 1년 1월 1일, 가이우스 카이사르가 집정관이 되었다. 가이우스가 멀리 떨어진 파르티아와의 국경 지대에 있었기 때문에, 취임식을 치

---

* 고대 그리스와 로마 시대에 사용된 신체 청결 도구로, 몸에 묻은 오일과 먼지를 긁어내는 데 사용했다. (옮긴이)

르는 부담은 공동 집정관 루키우스 아이밀리우스 파울루스Lucius Aemilius Paullus가 혼자 져야 했다. 그는 아우구스투스의 손녀 율리아의 남편이었다. 프린켑스는 친척을 공직에 출마시킬 때 '그들이 자격이 있으면' 유권자들에게 추천하는 것을 원칙으로 삼았다. 자문관들의 도움을 받아 가이우스는 잘해 나가고 있었다. 파르티아도 로마와 전면전을 치를 의사가 없었기 때문에 그것 역시 도움이 되었다. 가이우스와 파르티아 왕이 협상을 위해 만났고, 양쪽 모두 상대방에게 열병식을 선보인 후 유프라테스강의 양안에서 호화로운 연회를 열었다. 평화를 확인했고, 로마가 지명한 사람이 아르메니아의 왕위에 올랐다.37

기원후 2년, 열아홉 살의 루키우스 카이사르는 처음으로 속주 통치를 위해 로마를 떠나 히스파니아로 향했다. 전쟁의 위협이 더 이상 없는 히스파니아 속주의 안전한 환경에서 경험을 쌓을 예정이었다. 루키우스는 가는 길에 갈리아 나르보넨시스를 지나 마실리아에서 잠시 머물렀다. 가는 곳마다 틀림없이 공식 환영식이 열렸을 것이며, 그 젊은 왕자가 공적 역할을 할 준비가 되어 있었으므로 그를 만나기 위한 긴 청원 행렬이 이어졌을 것이다. 그러나 운명의 장난이었는지 10대였던 루키우스가 병에 걸려 마실리아에서 숨지고 말았다. 아우구스투스는 큰 충격을 받았지만, 하나 남은 아들의 지속적인 성공에서 위안을 찾았다. 그러나 동방에서도 문제가 발생했다. 롤리우스가 외국 왕들에게 뇌물을 받았다는 혐의를 받고 스스로 목숨을 끊는 추문이 발생해 가이우스 일행은 큰 충격을 받았다. 잘 해결되는 듯했던 아르메니아 문제도 악화되었다. 수많은 아르메니아인이 반란을 일으켰는데, 새 왕이 아르메니아인이 아닌 메디아인이기에 현지 귀족들의 반감을 사는 것은 어쩌면 당연한 일이었다.

기원후 3년, 가이우스가 아르메니아 반란을 진압하기 위해 출정했으나, 어느 이름 없는 성벽 도시를 포위하고 있던 중 경솔하게 직접 적장과 협상하러 갔다가 배신당해 부상까지 입었다. 그 부상은 심각했고 좀처럼 나아지지 않았다. 가을과 겨울 내내 상태가 나빠지더니, 그의 행동은 점점 변덕스러워지기 시작했다. 한번은 아우구스투스에게 편지를 보내 공적 생활에서 은퇴하게 해 달라고 요청하기까지 했다. 거의 10년 전 티베리우스의 은퇴를 연상시키는 일이었으나, 이제 막 20대 초반에 접어든 젊은이가 꺼낸 말이라 더욱 기이한 일이었다. 기원후 4년 2월 21일, 가이우스 카이사르는 세상을 떠났다. 이탈리아와 속주 전역의 많은 공동체가 국장을 치러 아우구스투스와 함께 애도에 동참했다. 두 젊은이에게 드루수스에 주어진 영예를 능가하는 여러 영예를 원로원 의결로 수여했다. 그리고 두 아들의 유해를 아우구스투스 영묘에 추가로 안치했다. 예순일곱 살의 임페라토르 카이사르 아우구스투스는 이제 공화국의 보초 자리에서 홀로 남겨졌다.[38]

21장 국가를 위하여

그러나 위대한 이름 카이사르에게서 희망을 앗아갔던 운명의 여신은 공화국의 가장 큰 보루를 다시 돌려주었다…. 카이사르 아우구스투스는 조금도 지체하지 않았다. 새로 누군가를 찾을 필요 없이, 이미 명성 있는 자를 선택하면 충분했다.

- 벨레이우스 파테르쿨루스, 기원후 1세기 초[1]

아우구스투스는 가족들이 죽었을 때보다는 그들이 수치스러운 일을 했을 때 더 고통스러워했다.

- 수에토니우스, 기원후 1세기 후반[2]

3월 후반이 돼서야 가이우스 카이사르가 죽었다는 소식이 로마에 전해졌다. 아우구스투스는 말할 나위 없이 슬펐지만, 애도 기간에도 로마의 미래에 관해 고심을 거듭한 끝에 3개월 후 자신의 결정을 공표했다. 항상 그랬듯이 그는 가장 가까운 가족에게 눈을 돌렸다. 아우구스투스가 자신의 혈통을 이어받은 인물들에게만 집착했다는 여러 학자의 일반적인 믿음은 설득력이 없다. 아우구스투스는 전체 경력을 통하여 카이사르라는 이름의 아욱토리타스를 어떤 씨족의 이름도 도달하지 못한 수준으로 끌어올렸고, 모든 방법을 동원하여 이를 지속적으로 선전했다. 아우구스투스는 스스로를 아주 특별한 인물로 부각하여 다른 누구와 비교할 수 없을 정도로 높은 지위를 차지했고, 일찍이 그를 둘러싼 신비감은 가족들에게도 확산되었다. 그가 잃은 아들들을 대체할 사람은 누구든 카이사르란 이름을 가지겠지만, 반드시 그러한 영예를 받을 만한 자격이 있는 인물이어야 했다. 현실적으로 선택지는 많지 않았다.[3]

하나의 선택지는 율리아의 유일하게 남은 아들 아그리파 포스투무스였지만, 겨우 열다섯 살로 아직 성인식도 치르지 않았다. 더 실현성 있는 선택지는 드루수스의 큰아들인 게르마니쿠스였다. 비록 그가 아우구스투스의 손자뻘이어서 혈연적으로는 아그리파 포스투무스보다 더 멀었지만, 이제 열여덟 살이 되었고 그의 아버지를 닮아 매력 넘치고 군중을 사로잡는 재능도 있었다. 수에토니우스는 아우구스투스가 게르마니쿠스를 주요 후계자로 삼으려 진지하게 고려했다가 결정을 번복했다고 전한다. 아마도 아우구스투스가 그 젊은이가 능력을 발휘하여 후계자로서의 위치가 공고해질 때까지 자신이 살 수 있으리라 확신하지 못했기 때문일 것이다. 평소처럼 아우구스투스는 조카딸의 남편들, 또는 조카딸의 사위들에게 더 높은 지위를 줄 생각은 없었던 것 같으며, 이 점은 손녀의 남편인 루키우스 아이밀리우스 파울루스에 대해서도 마찬가지였다.[4]

그렇지만 또 하나의 선택지로 집정관을 두 번 했고, 전 사위에, 호민관 권한을 공유했던, 게다가 살아 있는 로마의 지휘관 중 가장 뛰어난 능력을 이미 보여준, 마흔다섯 살의 티베리우스가 있었다. 로도스에서 8년을 보낸 티베리우스가 귀국 허가 요청을 하자, 마침내 아우구스투스는 전 사위에게 이전과 달리 다소 누그러진 반응을 보였다. 그러나 본인이 직접 결정을 내리지 않고, 가이우스 카이사르에게 그 문제를 해결하라고 위임했다. 가이우스 카이사르는 처음에는 티베리우스의 귀국 요청을 거부했지만 결국은 허가했다. 가이우스가 입장을 바꾼 이유는 티베리우스와 오랫동안 서로 증오하는 관계였던 롤리우스의 몰락 때문이라는 말이 돌았다. 이는 기원후 2년에 있었던 일로, 루키우스 카이사르의 죽음 소식이 전해졌을 때, '망명자'란 별명을 얻은 티베리우스는 이미 로마에 돌아와 있었고, 따라서 아우구스투스에게 애도의 글을 공개적으로 썼다. 아우구스투스와 슬픔을 함께 나누면서도 아우구스투스에 대한 찬양으로 가득한 글이었다. 이후 티베리우스는 그의 아들 드루수스가 성인용 토가를 입고 성인 시민으로 등록되도록 마르스 울토르 신전으로 데려간 일을 제외하고는, 공적 영역에서 어떠한 작은 역할도 하지 않으려 세심한 주의를 기울였다. 또한 폼페이우스와 그 후 안토니우스가 소유했던 자신의 저택에 살지 않고, 도시 외곽에 있는 마이케나스의 별장에서 거주했다.[5]

이번에도 아우구스투스는 1명이 아닌 여러 명의 후계자를 찾으려 했다. 현대 학자들은 아우구스투스가 자신이 진정 원했던 1명의 후계자를 위해 여러 명의 섭정자 또는 후견인을 찾았다고 말하지만, 이는 잘못된 주장이다. 아우구스투스는 그렇게 생각하지 않았고, 그와 가장 가까운 가족 몇 명이 함께 일하며 권력을 공유할 수 있기를 분명히 기대했다. 물론 그러한 구상이 현실적이었다고 말하는 건 아니다. 결국 아우구스투스는 왕조 체제의 승계를 위해 가장 복잡하고 비정통적인 조치를 취했다. 첫 단계로 티베리우스가 그의 조카 게르마니쿠스를 입양했다. 그런 다음, 5월 26일에 아우구스투스는 티베리우스와 아그리파 포스투무스 두 사람을 모두 입양했다. 10대 소년 아그리파 포스투무스의 입양은 특이한 일이 아니었지만, 전 집정관으로 2명의 아들, 즉 입양한 게르마니쿠스와 친아들인 드루수스가 있는 마흔다섯 살의 티베리우스를 입양한 것은 전례가 없는 일이었다. 결과적으로 아우구스투스는 2명의 아들과 2명의 손자를 얻었다. 곧이어 이 손자 세대 간의 유대를 확실히 하기 위한 결혼을 주선했다. 게르마니쿠스는 아그리파와 율리아의 딸인 아그리피나Agrippina와 결혼하기로 했고, 게르마니쿠스의 여동생 리빌라Livilla는 예전에 가이우스 카이사르의 결혼 상대로 여겨졌지만 드루수스와 결혼하기로 했다. 티베리우스는 계속 혼자 살았다. 본인이 원하기도 했지만, 카이사르의 유일한 딸과 결혼했던 그에게 적합한 배우자를 찾기 어려웠기 때문이다.

포스투무스가 특이했는데, 그가 유일하게 리비아의 아들도 손자도 아니었다. 더구나 그는 티베리우스보다 30년이나 어렸고, 티베리우스의 아들들보다도 어렸다. 따라서 새 형인 티베리우스보다 나이 차가 덜 나는 티베리우스의 아들들과 공통점이 더 많았을 것으로 보인다. 포스투무스의 경력을 앞당기고 대중의 인지도를 높이려는 시도는 없었다. 포스투무스는 성인이 되었음을 알리는 성년식을 치르기까지는 1년을 더 기다려야 했다. 과거에 아우구스투스는 가이우스와 루키우스를 대중에게 알리기 위해 자신이 직접 집정관이 되는 방식을 택했다. 포스투무스를 위해서는 그렇게 하지 않았는데, 다른 이유보다 고령의 아우구스투스가 집정관으로서 주재해야 하는 온갖 의식을 치러야 하는 부담이 영향을 미쳤을 것이다. 더 중요한 것은 포스투무스에게는 그의 죽은 형제들에게 주었던 프린켑스 유벤투티스(청년들의 지도자)라는 칭호를 부여하지 않았고, 원로원 회의에 참관할 수 있는 자격이나 조기에 공직에 진출할 수 있는 특혜를 준다는 발표도 없었다. 아우구스투스의 친인척 중 유망 신붓감을 찾아 포스투무스를 결혼시키려는 혼담도 오가지 않았다. 프린켑스의 외손자에서 아들로 바뀌어 카이사르라는 이름을 가지게 된 점을 제외하면, 포스투무스가 당장 혜택을 본 것은 거의 없었다.6

티베리우스는 이제 티베리우스 율리우스 카이사르가 되었고, 아우구스투스는 원로원에서 그의 입양을 발표하면서 "나는 국가를 위해 이런 결정을 내린다"라고 선언했다. 역사가 벨레이우스 파테르쿨루스는 이 말은 분명히 티베리우스의 명성에 긍정적으로 작용했다고 생각했다. 많은 이들이 아우구스투스의 그 말에 지쳤다는 체념이나 심한 냉소가 담겼다고 생각했지만, 그가 그러한 감정들을 그렇게 대놓고 드러냈을 것 같지는 않다. 티베리우스가 기원전 6년 공직에서 물러났을 때, 아우구스투스가 그의 사위에게 큰 배신감을 느낀 건 사실이며, 그 쓰라린 기억이 완전히 사라지지도 않았을 것이다. 그러나 티베리우스는 로도스 섬에서 지내는 동안 아무런 말썽도 일으키지 않았고, 로마도 돌아온 이후에도 공적 활동을 신중히 자제하며 가급적 사람들 눈에 띄지 않도록 행동했다. 그 이후 몇 년간 아우구스투스가 티베리우스에게 보냈던 현재까지 전해지는 서신들을 보면, 다른 가족들에게 보낸 편지에서와 마찬가지로 애정, 조언, 인용구, 농담조의 어조 등이 거의 그대로 나타난다. 티베리우스에 대한 개인적인 감정이 어떠했든 간에, 아우구스투스는 적어도 공개적인 자리에서는 새롭게 입양한 아들에게 존중, 신뢰, 애정을 변함없이 보여주었다.[7]

아우구스투스의 결정으로 티베리우스가 분명 이득을 얻을 것이라는 당시의 가정은, 티베리우스가 결국 아우구스투스를 승계하여 23년간 통치하며 게르마니쿠스와 드루수스보다 훨씬 더 오래 산 역사적 사실에 비추어 보면, 정확한 예측이었다. 그러한 역사적 사실은 차치하더라도, 티베리우스는 경력이 끝나고 재기의 가능성도 보이지 않던 사람에서 아우구스투스 다음가는 제2의 국가 지도자로 10년 만에 입지가 바뀌었다. 리비아의 아들 티베리우스는 프린켑스의 최고위 보좌관이 되었고, 의심할 여지 없이 리비아의 두 손자를 포함한 아우구스투스의 후계자 중 가장 서열이 높은 인물이 되었다. 그러자 곧바로, 리비아가 이를 위해 음모를 꾸몄으며, 심지어 가이우스와 루시우스의 죽음을 사주하여 티베리우스만이 아우구스투스에게 남은 유일한 선택지가 되도록 했다는 소문이 퍼졌다. 이러한 소문들은 리비아가 두 사람을 독살했다는 오래된 풍문에 근거한 것으로, 시간이 갈수록 커졌다. 그러나 어떤 소문도 개연성이 없다. 특히 아르메니아 적장과 협상 중이던 가이우스에게 부상을 입히도록 사주했다는 주장은 현실성을 따져 보자면 지나친 상상의 결과이다. 진실은 영원히 알 수 없겠지만, 그런 주장에 조금이라도 신빙성을 부여하는 학자는 거의 없을 것이다. 두 사람의 죽음을 포함하여 아우구스투스와 가까운 가족들의 때 이른 죽음은 불운 때문이었다고 믿는 편이 훨씬 쉽고 가능성도 더 높다. 클라우디우스 가문과 율리우스 씨족 사이의 권력 투쟁이었다고 주장하는 학자들도 있다. 여기서 율리우스 씨족이란 율리아의 자식들과 더 나아가 율리아의 어머니 스크리보니아의 후손들을 가리킨다. 그러나 이 주장 역시 믿기 어렵다.[8]

기원후 4년 아우구스투스는 티베리우스에게 10년간의 호민관 권한을 부여했는데, 아마도 입양하기 전부터 부여했을 것이다. 아우구스투스는 그 전해에 속주 통치권과 임페리움을 10년 더 연장하여 받았다. 이는 티베리우스의 이전 명성을 회복시키는 조치로, 이전까지는 오직 아그리파만이 차지했던 위치로 그를 끌어올렸다. 이제 아우구스투스의 수석 대리인 티베리우스는 그의 사위가 아닌 아들이었다. 이 차이는 중요한데, 아우구스투스의 아들이라는 티베리우스의 새로운 지위가 모두 그에게 유리한 것만은 아니었기 때문이다. 기원후 4년을 기점으로 티베리우스는 완전한 행동의 자유를 가진 오래된 귀족 가문의 수장에서 다른 가문의 일원이 되었고, 그리하여 아버지 아우구스투스의 최고 권위를 받아들여야 했다. 즉시 티베리우스의 모든 재산은 아우구스투스의 소유가 되었고, 아우구스투스가 처분권도 가지게 되었다. 포스투무스의 재산도 마찬가지여서, 아그리파의 거대한 재산 중 남아 있던 재산이 그의 오랜 친구인 아우구스투스의 소유로 넘어갔다. 로마의 법과 전통은 아버지에게 상당한 권한을 부여했다. 아버지는 입양한 아들을 파양할 수 있었지만, 아들은 스스로 입양을 철회할 수 없었다. 경제적 독립성을 잃으면 정치적 독립성도 함께 상실되었다. 아들이 공개적으로 아버지에게 반기를 드는 것은 생각할 수도 없는 불명예스러운 일이었다.[9]

티베리우스는 새로운 지위를 진지하게 받아들이는 모습을 의식적으로 보여주었고, 이후 여생 동안 그의 아버지 아우구스투스에게 깊은 존경심을 가지고 행동했고, 또 그렇게 그의 아버지를 언급했다. 리비아와 이제는 남편의 아들이기도 한 그녀의 아들은 의심할 여지 없이 이 새로운 후계 구도에 크게 만족했으며, 아마도 두 사람이 아우구스투스에게서 그러한 결정을 끌어내기 위해 막후에서 영향력을 행사했을 가능성도 있다. 그러나 그 결정을 통해 누구보다 많은 이득을 얻은 사람은 아우구스투스였으므로, 그가 조종당했다고 믿을 이유는 없다. 입양을 통해 아우구스투스는 중년의 아들 1명, 10대 아들 1명 그리고 두 손자를 장단기 미래의 측근 보좌관으로 확보할 수 있었고, 그 수가 또 4명이나 되었으므로 가이우스와 루키우스를 앗아간 운명이 또 닥친다 해도 어느 정도 안심할 수 있었다. 다시 한번 아우구스투스는 새로운 상황에 적응하여 자기 가족 중에서 측근 집단을 꾸렸다. 기원전 6년, 그때까지의 쉼 없는 공무 수행으로 너무 지쳤다며 은퇴를 선언했던 티베리우스였지만, 기원후 4년이 끝나기 전 게르마니아 원정에 나섰고, 이후 10년 동안 적극적으로 공무를 수행했다. 오랜 휴식으로 일에 대한 욕구가 티베리우스에게 다시 생겼을 수도 있지만, 어쨌든 이제 아우구스투스는 자기 아들에게 명령할 수 있었고 그의 복종을 확신할 수 있었으므로, 한때 아그리파를 열심히 일하게 했던 것만큼이나 티베리우스도 부지런히 일하도록 했다.[10]

이 새로운 후계 구도로 인해 티베리우스는 독립성도 잃고 상당한 노고도 치르게 되었지만, 나이 들고 명망 높은 귀족인 그가 기꺼이 다른 사람의 아들로 입양되기로 했다는 것은, 비록 그 사람이 프린켑스의 지위를 가지고 있다 해도 놀랍고도 전례 없는 일로, 아우구스투스의 '국가를 위해' 결정했다는 말을 무엇보다 잘 설명한다. 그러나 아우구스투스의 티베리우스 입양에 관해서는 두 사람 모두 납득할 수 있는 설명을 내놓아야 했다. 아우구스투스의 입장에서는 경험 많은 티베리우스가 가장 편리한 선택이었지만, 그를 계속해서 공직에서 배제하는 것도 분명 하나의 선택지였고 그로 인해 체제 안정이 위협될 가능성도 크지 않았다. 다른 선택을 촉구하는 목소리들도 있었을 것이다. 디오와 세네카는 그나이우스 코르넬리우스 킨나Cnaeus Cornelius Cinna가 이끈 실패한 음모에 관해 혼란스럽고 믿기 힘든 이야기를 전한다. 음모가 발각되자, 리비아가 그나이우스를 처형하지 말라고 아우구스투스를 설득했다고 전해진다. 리비아의 설득에 넘어간 나머지 아우구스투스는 그나이우스를 처형하는 대신, 그의 집정관 후보 출마를 지지하고 다음 해의 집정관으로 당선되게 했다는 이야기까지 전해진다.[11]

디오는 또한 율리아의 귀환을 요구하는 로마의 군중 시위도 언급하는데, 그녀의 복귀로 이득을 얻을 수 있는 이들이 그러한 시위를 조직했거나 최소한 부추겼으리란 의심이 든다. 디오는 그 시위가 기원후 3년에 있었다고 기록하지만, 일부 역사가는 그 시위가 다음 해에 발생했고 또 더 큰 규모로 있었던 군중 선동의 일부였다고 주장하기도 한다. 그러나 프린켑스는 율리아의 복귀를 단호히 반대하며, 자신이 율리아를 용서할 때를 기다리느니 불과 물이 섞이는 때를 기다리는 게 더 나을 것이라 선언했다. 이 말을 들은 군중은 보란 듯이 횃불을 들고 나가 티베리스강 위로 던졌다. 율리아는 기원후 3년에 마침내 이탈리아 본토로의 귀환을 허락받았고, 여생을 레기움 근처에서 느슨한 가택 연금 상태로 살았다. 어떤 사료에도 율리아가 그녀의 귀환을 요구하는 사람들과 접촉할 수 있을 만큼 충분히 자유로웠다는 암시는 없다. 마찬가지로 딸의 복귀를 거부했다고 해서 아우구스투스의 인기가 어떤 식으로든 타격을 입었다는 언급도 없다. 기원후 3년 초, 팔라티움 언덕에 있는 아우구스투스의 저택이 화재로 심하게 손상되자, 수많은 공동체와 개인들로부터 성금이 답지했다. 아우구스투스는 그들이 보낸 성금 중 일부는 재건축 동참에 대한 감사의 표시로 받았지만, 나머지 금액을 돌려주었는지 아니면 공공사업에 사용되었는지는 불분명하다.[12]

기원후 4년에 아우구스투스는 부분적인 인구조사를 실시할 수 있는 집정관 권한을 받았다. 가난한 시민들이나 이탈리아 밖에 거주하는 사람들은 인구조사 대상이 아니었고, 20만 세스테르티우스 가치 이상의 재산을 가진 사람들만 재등록했다. 동시에 원로원 명부도 다시 검토했는데, 티베리우스 그리고 포스투무스의 잠재적 적들을 제거하기 위해 계획했다고 믿을 만한 특별한 이유는 없다. 아마도 이는 단순히 이전에 해 왔던 노력의 연속으로 품행이나 자격이 의심스러운 의원들을 심사했을 것이다. 필요한 재산 요건을 갖추는 데 어려움을 겪는 일부 의원도 있었을 것이다. 10년 후, 우리는 연설가 호르텐시우스Hortensius의 손자에 관해 듣게 된다. 그는 4명의 아들을 키웠지만 가진 재산이 120만 세스테르티우스밖에 되지 않아, 이를 나누어 주면 4명의 아들이 모두 원로원 의원으로서의 재산 보유 요건을 갖출 수 없었다. 기원후 4년에 프린켑스는 80명의 원로원 의원에게 돈을 나누어 주어 재산 보유 요건을 충족할 수 있도록 했다. 또한 이때부터 티베리우스가 아우구스투스가 사망할 때까지 집정관 선거에 크게 영향을 미쳤다는 주장도 있다. 그러나 이는 아우구스투스가 그랬던 것처럼, 티베리우스가 일부 사람을 집정관으로 승진시키는 데 역할을 했다는 의미일 테고, 사실 그렇게 승진한 사람들은 어쨌든 그 직책에 도달했을 가능성이 높았던 사람들로, 특별히 놀랄 만한 인물은 없었다.[13]

그해에는 근래에 시행한 여러 법률을 강화해 노예 처우를 철저히 규제하는 법이 도입되었다. 특히 노예 해방과 관련하여, 유언을 통해 해방시킬 수 있는 노예의 숫자와 젊은 노예 소유주가 해방시킬 수 있는 노예의 숫자를 제한하고, 해방된 남녀 노예가 전 주인에게 져야 할 의무를 명확히 규정했다. 아우구스투스는 너무 많은 노예가 해방되어 로마 시민의 수가 급격히 늘어나는 걸 우려했을 테고, 특히 곡물 배급을 받을 자격이 있는 시민이 증가하는 것을 확실히 두려워했다. 그러나 다른 조치들은 해방 노예들을 보호했고, 몇 가지 제한은 있었지만 시민권을 계속 부여했으며, 자식을 많이 낳은 해방 노예에게는 시민들에게 제공했던 것과 마찬가지로 보상과 지원도 해 주었다. 해방 노예 중에는 근면하여 아주 성공한 사람들도 많았는데, 이들은 로마의 비쿠스에서 중요한 역할을 하면서 지역에서 명성을 쌓아 다른 지역에까지 이름을 떨치기도 했다. 아우구스투스는 사회 내의 다른 계층과 마찬가지로 해방 노예들도 자신과 국가에 충성심을 가질 수 있도록 주의를 기울였다. 기원후 4년은 법률 제정과 국정 상황 면에서, 권력이나 통치 방식의 급진적인 변화가 없었던 무난한 한 해였던 것으로 보인다.14

한니발 이후 최대의 위기

그해가 끝나기 전 티베리우스는 라인강 동쪽에서 작전을 수행하는 군대의 지휘를 맡았다. 그는 겨울에 잠시 로마로 돌아왔는데, 이는 매년 반복하게 될 일이었다. 그리고 다음 해 봄 다시 원정대를 이끌고 멀리 엘베강까지 진군했다. 이러한 원정 작전은 이미 로마의 영향 아래 있는 지역의 일부 지도자들과 부족들을 겨냥한 것으로, 그들이 지속적으로 저항하고 로마에 대한 태도를 바꾸었다는 사실을 반영한다. 반면, 그 지역의 다른 공동체들은 로마의 지배를 받아들이거나 심지어 환영하는 듯한 모습을 보이기도 했다. 고고학적 증거에 따르면, 기원후 1세기로 접어들 무렵 정복 전쟁 당시 사용된 군 기지에서 멀지 않은 발트기름스Waldgirmes에 적어도 하나의 로마식 도시가 세워진 사실이 확인되었다. 이는 그와 유사한 여러 공동체가 존재했을 가능성도 시사한다. 그 지역 대부분의 종족이 전형적인 로마식 도시 생활에 아직 큰 매력을 느끼지 못했으나, 과거 로마에 정복된 다른 속주들이 그랬듯이, 시간이 지나면 상황이 달라질 것이었다.15

기원후 6년, 로마는 기존 정복지를 공고히 하는 데 그치지 않고, 새로운 영토를 획득하기 위해 대규모 작전을 세웠다. 목표는 마르코만니

Marcomanni족의 왕 마로보두우스Maroboduus였다. 마르코만니족은 게르만족의 하위 집단의 하나로 머리카락을 정수리나 옆면에 묶는 '수에비 매듭 Suebian knot'으로 유명한 수에비족의 한 분파였다. 영리하고 카리스마 넘치며 뛰어난 전쟁 지휘관이었던 마로보두우스는 자신의 종족뿐만 아니라 인근 부족들까지 통합한 제국을 건설하여, 라인강과 다뉴브강 사이, 오늘날의 보헤미아 지역 대부분을 장악했다. 그는 젊은 시절 중 적어도 일부 기간을 로마에서 인질로 살았을 것이며, 따라서 처음에는 로마의 지원을 등에 업고 고향으로 돌아갔을 것이다. 벨레이우스는 그를 "종족은 야만인이었지만 지능은 그렇지 않은" 인물이라 평했으며, 예외적으로 대규모 왕실 군대를 자신의 비용을 들여 상비군으로 유지했다고 전한다. 왕실 군대가 로마군에 필적할 정도로 잘 훈련되었다는 벨레이우스의 주장은 다소 과장된 것으로 보이지만, 마로보두우스가 수 세대를 통틀어 게르만 부족들 사이에서 등장한 가장 강력한 지도자였음은 분명하다. 그가 다스리는 영토는 게르마니아, 노리쿰 그리고 판노니아 지역의 로마 속주들과 접하고 있어 거기서 탈출한 부족들을 받아들이기는 했지만, 벨레이우스는 마로보두우스가 속주 로마인들에 대해 특별히 적대적이지는 않았다고 분명히 밝힌다. 벨레이우스는 마로보두우스왕의 사절들이 로마에 대해 적절한 복종심을 보인 때도 있었지만, 때로는 '마치 대등한 입장에 있는' 듯 말하기도 했다고 전한다.[16]

그러나 외국 지도자의 이러한 '자존심'은 로마의 무력시위를 정당화하는 충분한 이유가 되었다. 서로에 대한 두려움과 의심이 상황을 악화시켰고, 자기방어를 위한 마로보두우스의 군사력 증강을 로마는 더 큰 위협으로 받아들였다. 로마는 게르마니아 주둔군으로 대규모 병력을 꾸려, 대관 총독 가이우스 센티우스 사투르니누스에게 지휘를 맡겼다. 기원전 19년에 집정관을 역임한 경험 많고 나이도 지긋한 전직 집정관 가이우스 센티우스 사투르니누스는 티베리우스를 지원하는 군사 작전에서 공을 세워 그 전해에 '개선 휘장'을 받은 바 있다. 대관 총독의 군대는 북쪽에서부터 마로보두우스를 압박하고, 티베리우스는 다뉴브강 유역의 주둔군에서 차출한 또 다른 대규모 병력으로 남쪽에서 진격할 작전을 세웠다. 기원후 6년 봄, 두 로마군은 로마 속주와 마로보두우스 왕국 사이에 사는 부족들의 영토를 통과하며 공격을 개시했다. 그러나 마로보두우스가 적극적인 공격에 나서지 않은 채 진영만 갖추고 있어 전투는 벌어지지 않았고, 두 로마 군단은 거의 합류하여 마로보두우스왕의 군대가 주둔한 지점까지 불과 며칠이면 닿을 수 있는 지점까지 접근했다. 마로보두우스가 결전을 치르거나 항복을 선택해야 하는 그 순간, 발칸 속주에서 심각한 반란이 발생했다는 소식이 전해지면서 상황이 급변했다. 티베리우스가 마로보두우스에게 강화 조건을 제시했다. 대안만 있다면 로마와의 전쟁 위험을 감수하려 하지 않았던 마로보두우스는 기꺼이 강화 조건을 수용했고, 로마군은 더 시급한 반란을 진압하기 위해 기수를 돌려 퇴각했다.[17]

판노니아인과 달마티아인이 일으킨 발칸 속주의 반란은 로마가 안정화되었다고 자만했던 지역 전체로 빠르게 번져 갔다. 대개의 반란이 그러하듯, 이번 반란도 로마군에 패배한 경험이 없는 젊은 세대가 성장하면서 발생했다. 마로보두우스와의 전쟁에 투입하기 위해 로마가 일리리쿰에서 보조군을 징집했는데, 징집된 병사 수를 본 현지 부족들이 자기들이 가진 힘을 깨닫고 도리어 로마에 봉기했다고 전해진다. 로마 주둔군 유지에 필요한 인력, 가축, 농작물 또는 단순한 세금 등 속주에서의 각종 징발은 속주민들에게 큰 부담이었는데, 특히 해당 관리들이 업무에 서툴거나 부패하면 더욱 그러했다. 반란군 지도자 중 1명은 나중에 이렇게 말했다고 전해진다. "이 모든 것은 너희 로마인들 잘못이다. 양 떼를 지키라고 개나 양치기가 아닌 늑대를 보냈기 때문이다."[18]

속주민들의 끓어오르던 불만은 보헤미아 정복을 위해 로마군에 징집당한 자신들의 수가 많다는 걸 자각하고 나서는, 더욱 고조되었다. 반란은 속주 내 로마 상인들과 민간인들에 대한 공격으로 시작되었다. 로마의 군사 교리는 반란의 조짐이 보이면, 동원할 수 있는 병력을 투입하여 가능한 한 신속히 진압하는 것이었다. 즉각 진압에 나서지 않으면, 나약하게 보여 점점 더 많은 이들이 반란군의 대의에 동참할 가능성이 있기 때문이었다. 그러나 즉각적인 반격에는 성급하게 투입된 병력이 강한 저항에 제대로 대응하지 못할 수도 있는 위험이 따랐다. 로마군의 패배는, 아무리 작은 패배라 하더라도, 반란 세력의 숫자를 크게 늘리기 마련이었다. 당시의 구체적인 전황은 불분명하지만, 최소한 반란을 신속히 진압하는 데는 실패했으며, 오히려 여러 차례의 소규모 패배가 있었던 것으로 보인다. 상당히 심각한 패배도 있어, 벨레이우스는 군단 선임 병사들로 구성된 한 부대가 학살당했다고도 전한다.[19]

다른 속주들에서도 문제가 있었다. 이 무렵에 아프리카 변경에서도 전쟁이 있었는데, 아프리카는 원로원 관할 속주로 마지막까지 로마 군단이 주둔한 속주였다. 아시아 속주의 이사우리아Isauria에서도 문제가 발생했다는 기록이 있다. 시리아 대관 총독 푸블리우스 술피키우스 퀴리니우스가 야전군 대부분을 이끌고 유대 지방으로 간 것도 이 해였다. 헤롯왕의 아들 아켈라우스Archelaus가 백성들에게 너무도 큰 미움을 사 왕위에서 폐위되었고, 갈리아에서 여생을 안락하게 보내도록 추방되었다. 대신 헤롯왕이 다스렸던 왕국의 상당 지역을 로마의 속주로 편입해 로마가 직접 통치하기로 결정했다. 특이하게도, 이 속주는 원로원 신분이 아닌 기사 신분의 프라이펙투스가 통치했는데, 이런 속주 통치는 이집트에서 처음 시행된 이후 유대 지방이 두 번째였고, 이후로도 반복된 인사 혁신이었다. 속주 편입 과정의 일환으로 퀴리니우스는 인구조사를 시작했다. 인구조사를 통해 명부에 등록된 현지인들은 처음으로 현지 왕이 아닌 로마에 직접 세금을 납부해야 했고, 이 때문에 곧 심각한 폭력 사태가 발생했다. 로마의 대응은 기원전 4년 헤롯왕의 죽음 이후 발생한 소요를 진압했을 때처럼 예의 로마 방

식대로 가혹했고, 그 결과 빠른 효과를 보았다.[20]

예순아홉 살이 된 임페라토르 카이사르 아우구스투스는, 여러 전선에서 동시에 심각한 문제들이 발생하자, 잠시 위축되었던 듯하다. 플리니우스는 아우구스투스가 절망에 빠져 나흘 동안 식음을 전폐하고 죽고 싶다고 말했다고 주장한다. 이탈리아와 가장 가까운 속주인 일리리쿰에서 일어난 반란은 처음부터 대규모 봉기였음에 틀림없다. 아우구스투스는 그 지역을 직접 경험했으므로, 그곳의 전사들이 얼마나 강인한지 또 그곳의 지형에서 싸우기가 얼마나 어려운지 잘 알고 있었다. 처음에는 보헤미아에서 무슨 일이 일어날지 알 수 없었다. 만약 마로보두우스가 평화를 받아들이는 대신 싸움을 선택했다면, 반란 진압에 필요한 수의 병력을 동원하기가 매우 어려웠을 것이다. 제국의 나머지 지역에 주둔한 군단들은 너무 멀리 떨어져 있어 작전 지역으로 신속하게 이동하기 어렵거나 이미 다른 문제들을 처리하기 위해 투입된 상태였기 때문이다. 이탈리아에는 9개의 근위대, 게르만인으로 구성된 경호대, 시 보병대 그리고 제국 함대가 있었지만, 이들 병력을 모두 합쳐도 실효적인 야전군을 구성하기엔 턱없이 부족했다.[21]

역설적이게도, 그해 초 영구적이고 지속 가능한 군비 조달 방안을 마련하기 위한 대대적인 개편이 있었다. 아우구스투스는 군사 금고aerarium militare를 만들어 자기 돈 1억 7,000만 세스테르티우스를 기부했고, 3명의 전직 법무관을 3년 임기의 금고 감독자로 임명했다. 병사들의 급여와, 과거 전역 시 분배하던 토지 대신 일반적으로 지급되던 상여금을 이 금고 자금으로 충당했다. 당시에는 28개의 군단이 있었다. 전역 상여금 지급을 지연시켜 비용을 절감하기 위해, 군복무 기간을 16년에서 20년으로 연장했고, 추가 5년은 선임 병사로 근무하도록 했다. 이들 선임 병사로 구성된 부대가 일리리쿰 반란 초기에 학살되었던 것이다. 그럼에도 군비 금고로의 지속적인 자금 유입이 장기적으로 필요했기 때문에, 아우구스투스는 직계 가족 외의 사람들에게 상속되는 재산에 5퍼센트의 세금을 부과하는 제도를 도입했다. 이 상속세는 150년 만에 처음으로 이탈리아 거주 시민에게 부과된 최초의 직접세로, 도입 초기부터 조세 저항이 매우 컸다.22

반란이 각지에서 급속도로 확산되자, 군대 운용의 장기적인 안정보다 당장의 문제를 해결하기 위한 신속한 병력 모집에 우선순위를 두었다. 아우구스투스는 재빨리 조치하지 않으면 10일 안에 적들이 로마에 도달할 수 있다고 원로원을 채근했고, 이 위험한 상황을 카르타고와의 전쟁에 비유하는 이들도 나타났다. 수십 년 만에 처음으로 로마에서 병력을 모집했으나 자원자가 충분하지 않자, 제한적으로 징병을 실시했고 또 신체적으로나 직업상 군복무에 적합하지 않다고 여겨지던 사람들까지도 병사로 받아들였다. 그렇게 창설한 신규 보병을 궁극적으로 군단에 흡수하려 했는지 또는 독립적인 부대로 운용하려 했는지는 불분명하다. 추가로 병사를 확보하기 위해 부유층들에게는 노예를 내놓으라고 요구했고, 그렇게 인계받은 노예들에게 자유와 시민권을 주어 특별 부대, 즉 로마 시민 자원 부대 cohortes voluntariorum civium romanorum를 편성했다. 부대명과 다른 형태의 제복 및 군 장비를 통해 이들을 군단 내 자유 시민들과 구분했다.23

부유층들은 기존 군대 운용과 신규 병력 모집 양면에서 로마 사회의 지도자로서 제 역할을 수행하라는 요구에 직면했다. 아우구스투스는 특히 원로원 신분과 기사 신분의 젊은이들에게 자원해 달라고 요청했다. 지난 몇 년간 아우구스투스는 기사 신분의 정체성을 고취하기 위하여, 가이우스와 루키우스를 그들의 명목상 지도자로 삼고, 기병 복무 요건인 적절한 나이와 건장한 신체를 갖춘 이들에 한해서는 연례 행진도 부활시켰다. 당시의 기사 신분 사람들은 기병이 아닌 보조군의 지휘관이나 군단의 천인대장으로 복무했다. 기원후 6년, 이들 중 일부가 자원입대했고, 나머지 대부분도 국가의 부름이 있다면 기꺼이 입대했다. 그러나 모두가 그런 자세였던 건 아니었다. 기사 신분의 한 아버지가 군복무를 회피할 수 있도록 아들들의 엄지손가락을 자른 악명 높은 사례가 있었다. 아우구스투스는 그를 재판에 회부해 유죄 판결을 내린 후 처벌로 그를 노예로 팔았고, 그의 재산은 경매에 부쳐 팔았다. 그는 여러 국가와 용역 계약을 맺고, 세금 일부를 징수하는 회사인 푸블리카니에서 일했다. 그의 직장 동료들이 입찰에 참여해 그를 노예로 사려 하자, 아우구스투스는 그들에게 팔지 않고 자기의 해방 노예 중 1명에게 상징적인 가격만 받고 팔았다. 그는 결국 한 시골 영지로 보내져 노예 생활을 해야 했지만, 그 외에 더 이상의 학대는 없었다.[24]

각 계층의 남자들이 국가를 위해 충심으로 봉사하기를 꺼리는 태도도 문제였지만, 더 큰 문제도 있었다. 줄곧 로마의 주민에게 심각한 위험이었던 화재가 연속적으로 발생하자 아우구스투스는 7개의 경비대를 창설하여, 각 경비대가 로마의 2개 지역을 책임지고 소방대와 야간 순찰대 역할을 하도록 했다. 경비대원은 대부분 해방 노예였는데, 이는 당시 로마의 인구 구성을 반영할 뿐만 아니라 모든 면에서 인력이 부족했다는 사실을 보여준다. 노예 판매 가격의 2퍼센트에 해당하는 금액을 경비대 운용 자금으로 충당하기 위해 세금으로 거뒀다. 식량 부족 문제도 있었다. 곡물 작황이 나빴거나 로마로의 곡물 수송에 문제가 있었기 때문일 것이다. 부양 인구를 줄이기 위해 검투사와 판매용 노예들을 포함한 급하게 필요하지 않은 인력은 로마시 100마일(약 160킬로미터) 반경 안으로 들어오는 것을 금지했다. 동시에 일부 공적 업무가 중단되었고, 원로원 의원들은 시골에 머물면 원로원 회의에 불참하는 것도 허용해, 의사 정족수가 충족되지 않은 상태에서 이루어진 표결도 유효하도록 예외 규정까지 만들었다.[25]

당연한 일이지만, 이처럼 불안한 시기에는 불만의 목소리가 있을 수밖에 없었다. 익명의 유인물이 유포되기 시작했는데, 공공연히 혁명을 암시하는 내용을 담고 있었다. 프린켑스나 그 주변 인물들을 겨냥한 것인지 아니면 사태의 책임이 있다고 비난받거나 단순히 인기가 없던 다른 정무관들이나 원로원 의원들을 겨냥한 것인지는 알 수 없다. 디오는 루푸스 가문의 한 인물이 선동의 주범자로 지목되었다고 전하는데, 그의 이름이 푸블리우스였다고 하고, 수에토니우스는 플라우티우스Plautius였다고 한다. 하지만 대부분은 그의 정체가 모호할 뿐만 아니라 실제 선동을 계획할 만큼 영민한 사람도 아니라고 믿었다. 현대 학자들은 그러한 선동 행위를 리비아의 후손들이 물러나고 율리아와 그녀의 가족들이 권력을 잡으면 더 큰 이득을 볼 수 있다고 생각했을 사람들과 연관 짓고 싶어 한다. 디오가 새로 도입된 상속세가 여러 불만 요인 중 하나라고 지적한 데다 상속세는 상당한 재산을 소유한 사람들에게만 영향을 미쳤다는 점을 고려해, 역사학자들은 율리아 가족의 지지자들이 불만을 확산시키기 위해 모종의 정치적 술수를 부렸을 것으로 생각한다. 하지만 여전히 추측에 불과하다.[26]

몇 달 동안 식량 부족이 지속되자, 아우구스투스는 자신의 생일에 개최될 예정이었던 공공 연회도 금지시켰다. 그는 여러 명의 전직 집정관에게 곡물 공급 체계를 개선하라고 지시했고, 그동안 배급 식량에 의지했던 사람들에게 자기 비용을 들여 추가로 식량을 공급했다. 점차 식량 공급이 정상적인 수준으로 회복되자 축하 행사를 열었다. 티베리우스의 동생 드루수스를 기리는 검투사 경기가 게르마니쿠스와 클라우디우스의 주관으로 열렸다. 클라우디우스는 신체적으로 약한 데다 가끔 발작 증상도 보였고 말도 더듬었으므로 공적 경력에 필요한 군사적 역량을 갖추지 못했다. 클라우디우스의 어머니는 그를 '자연이 미완성으로 남긴 천재'라고 묘사했으며, 사람들을 모욕할 때 "내 아들 클라우디우스만큼 멍청하다"라는 표현을 즐겨 쓰곤 했다. 외모를 감추기 위해 일반적인 토가를 입지 않고 두꺼운 망토로 둘러싼 채 경기장에 나타났지만, 그래도 그때까지는 대중에게 모습을 드러내도 괜찮다고 생각했던 듯하다. 티베리우스는 포럼에 재건축된 카스토르와 폴룩스의 신전을 헌정하면서 드루수스를 다시 언급했고, 자신을 티베리우스 율리우스 카이사르 클라우디아누스Tiberius Julius Caesar Claudianus로 명명하여 카이사르라는 이름과 더불어 그의 이전 가문도 함께

빛냈다.27

율리아의 자식들

아우구스투스에게 입양된 이후 몇 년간 포스투무스의 활동에 대해서는 알려진 바가 많지 않다. 기원후 5년에 공개적으로 성인이 되었으나, 큰 축하 행사는 없었다. 그러나 이는 클라우디우스에 비하면 나쁘지 않았다. 클라우디우스의 가족들은 어둠을 틈타 몰래 그를 마르스 울토르 신전으로 데려갔다 다시 데려오는 수고를 해 가며 그에게 성인식을 치러 주었기 때문이다. 그의 가족들은 클라우디우스를 대중에게 얼마나 노출시켜야 좋을지 아직 결정하지 못하고 있었다. 포스투무스는 아직 어렸기 때문에, 그가 어떤 공적 역할도 맡지 않았어도 놀랄 일은 아니었다. 클라우디우스와 달리 그는 건강하고 운동 능력도 뛰어났지만, 모든 사료는 그의 성격과 지능에 심각한 문제가 있었다고 전하며, 폭력적인 성정과 구체적이진 않으나 행동의 결함이 있었음을 다소 모호하게 암시한다. 그가 열 살도 채 되지 않았을 때, 그의 어머니 율리아가 불명예스럽게 유배지로 보내졌던 사실을 기억할 필요가 있다. 또 당시 그의 두 형이 빠르게 공적 활동에서 두각을 나타내며 주위의 칭찬을 듬뿍 받았던 점을 고려하면, 포스투무스 역시 인정받고 싶은 욕구가 강했을 것이다.28

기원후 5년, 아우구스투스는 코미티아 켄투리아타 민회의 투표 제도를 개혁하여, 최상위 계층에서 뽑은 10개의 새 투표단을 추가했고, 가이우스와 루키우스의 이름을 따 투표단을 명명했다. 그리고 승자 지지 성향을 보이는 로마 유권자의 투표 행태를 고려하여, 이들 투표단이 먼저 투표하도록 함으로써, 나머지 투표단이 앞선 투표를 참조할 수 있도록 했다. 이러한 변화는 특별한 의도 없이 국가 제도의 원활한 기능 촉진을 위한 장기 계획의 일부로 도입되었을 것이다. 하지만 기원전 6년, 가이우스 카이사르가 후보가 아니었음에도 투표단이 그를 집정관으로 선출했던 사건의 재발을 막는 데 많은 도움이 되었을 것이다. 야심에 찬 사람들이 포스투무스를 통해 자기들이 출세할 기회를 엿보았을 가능성이 충분했기 때문이다. 포스투무스는 현명하지 못한 발언이나 행동으로 아우구스투스의 신뢰를 점차 잃었던 것으로 보인다. 기원후 7년, 열일곱 살이 된 그에게 마침내 공적 역할이 부여되어, 새로 모집된 군대의 일부를 이끌고 판노니아 원정에 참여하라는 명령이 곧 있을 것이란 기대가 있었다. 그러나 그 임무는 게르마니쿠스에게 주어졌다.[29]

포스투무스에게 불명예는 단계적으로 찾아온 듯하다. 처음에는 아우구스투스의 질책을 받고 나폴리 만의 수렌툼Surrentum(오늘날의 소렌토)으로 보내졌는데, 그는 그곳에서 낚시로 소일했다. 그다음은 아우구스투스가 공식적으로 입양을 취소하여 카이사르 씨족의 일원이 아닌 원래 씨족 비프사니우스 아그리파로 돌아갔다. 그러나 그의 아버지 아그리파로부터 상속받은 재산은 그에게 돌아가지 않았다. 대부분을 아우구스투스가 군사 금고를 채우는 데 썼기 때문이다. 포스투무스는 이에 대해 격렬히 불평했고, 특히 리비아를 공격했기 때문에 결국 코르시카 근처의 작은 섬 플라나시아Planasia로 추방되어 엄격한 감시를 받으며 살았다. 티베리우스와 그의 어머니 리비아가 잠재적인 미래의 경쟁자를 어떻게든 제거하려 했다는 의혹은 당시에도 널리 퍼졌고, 지금도 학자들은 그 의혹에 관심을 둔다. 일부분 진실일 수도 있지만, 포스투무스 스스로 자멸했을 가능성이 더 크다. 물론 다른 일에서처럼 이 일을 다루는 데도 리비아의 조언을 받았겠지만, 아우구스투스도 포스투무스의 성장 과정을 지켜보았으므로 그의 성품을 잘 알고 있었을 것이다. 그 가족이 클라우디우스의 정신적, 육체적 약점을 용인했으므로 포스투무스의 어리석음이나 더 나쁜 점까지도 인내했을 것이라는 주장은 맞지 않다. 클라우디우스는 카이사르의 아들도 아니었고,

후계자 중 1명으로 고려되지도 않았다.30

기원후 4년, 프린켑스의 유일한 손자인 포스투무스는 어딘가에 격리되지 않는 한 쉽게 무시될 수 있는 존재가 아니었다. 아우구스투스는 이미 그의 성품에 의심을 품고 있었지만, 그래도 그가 잘 배워 안정되고 유능한 사람으로 성장하기를 바랐다. 입양 이후에도 아우구스투스가 그에게 아무런 공적 역할을 부여하지 않은 이유는 티베리우스나 리비아의 질시와 의심 때문이 아니라 그의 기용에 신중함을 보였기 때문이다. 포스투무스가 나아지지 않자, 아우구스투스가 결국 그를 내쳤던 것이다. 타키투스는 나중에 그 젊은이가 어떤 범죄도 저지르지 않았다고 말했지만, 하나의 행동을 꼬투리 삼아 아우구스투스가 포스투무스를 내쳤다고 볼 수는 없다. 정치적 경쟁 구도도 분명 작용했지만, 성격과 행동이 그가 추방당한 배경이었다는 판단이 아마도 옳을 것이다.31

기원후 7년, 게르마니쿠스는 한 부대를 이끌고 판노니아로 갔다. 그렇게 그는 자신이 참 군인임을 증명하기 시작했다. 그가 맡은 역할은 크지 않았고, 다른 신병 부대들은 다른 지휘관들의 통솔 아래 그 지역으로 행군했다. 역사가 벨레이우스 파테르쿨루스는 그가 그해 재무관으로 임무를 수행하는 대신 부대 중 하나를 이끌며 전장에서 복무했다고 자랑스럽게 이야기한다. 전년도에 판노니아로 서둘러 갔던 티베리우스가 전체 군대를 지휘했다. 판노니아 전선에서 벌인 전투도 힘겨웠는데, 설상가상으로 인근 부족들이 근처의 로마 속주까지 공격했다. 티베리우스는 병력 일부를 빼내 그곳의 봉기를 진압하라고 보냈다. 이는 마로보두우스가 로마군의 일시적인 약점을 이용하는 대신 평화 유지가 더 유리하다고 판단한 것이 로마군에게 얼마나 다행이었는지를 보여주는 또 다른 지표이다. 이 시점부터 마로보두우스는 로마의 충실한 동맹이 되었고, 그 결과 자신의 입지도 더욱 강화되었다.32

대규모의 전투가 이어졌고, 때로는 매우 치열했다. 특히 많은 반란군이 과거에 로마의 보조군에서 복무한 경험이 있어 더욱 그러했다. 그들은 라틴어를 이해하고 로마 군단의 작전을 잘 알고 있었으며, 대개의 부족 군대보다 훈련 상태도 훨씬 더 좋았다. 로마 야전군은 몇 차례 저항에 막혀 후퇴해야 했으며, 승리를 거두어도 심각한 손실이 있었다. 또한 여러 차례 포위된 주둔군은 구원군의 도움을 적시에 받지 못했으면 전멸당할 위기에 처하기도 했다. 어느 시점엔가 티베리우스는 내전 이후 가장 큰 규모로 집결된 로마군을 지휘하게 되었다. 10개 군단, 70개 보조군, 14개 보조군 기병대(알라이), 1만 명의 고참 병사들로 구성되어 있었다. 아마도 고참 병사에는 제대를 앞둔 선임 병사들뿐만 아니라 소집된 예비역 병사들도 포함되었을 가능성이 크다. 여기에 트라키아 왕 등 우호적인 지도자들이 보내 준 동맹군들도 있었다. 이 병력은 당시 로마군 전체의 3분의 1 이상의 규모로, 율리우스 카이사르가 지휘했던 어떤 원정 군대보다도 규모가 컸다. 그러나 군대 규모가 너무 방대하면 보급과 통제가 어렵다는 사실을 깨달은 티베리우스는 곧 여러 개의 야전군으로 재편성했다. 이 병력이 반란을 진압하는 데 동원된 군대의 전부는 아니었다. 총 15개 군단과 그에 상응하는 규모의 보조군이 판노니아인과 달마티아인들의 반란 진압에 투입되었다. 로마군 전체 병력의 절반 이상이 한 속주에서 일어난 반란을 진압하는 데 3년간의 치열한 전투를 벌여야 했다.[33]

이 전쟁은 악티움 해전 이후 가장 치열했으며, 훨씬 더 힘들게 치른 전투였다. 반란군이 로마를 향해 진군하고 있다는 수사는 지나치게 과장된 측면이 있지만, 기원전 30년 이후 있었던 여타 소규모 전쟁과는 달리, 훨씬 규모가 크고 이기기도 어려운 전쟁이었다. 잠시, 어쩌면 아주 잠깐일지 모르지만, 이 전쟁은 아우구스투스 지도력의 근간을 위협했다. 그의 지도력은 로마 인민과 프린켑스가 갖춘 덕성과 경건함 때문에 신들이 로마에 지속적이고 필연적인 승리를 허락한다는 주장에 바탕을 두었기 때문이다. 물론 이러한 주장 대부분은 정권 홍보가 목적이었으나, 그러한 선전 메시지를 쉼 없이 반복하여 전파하면 선전 대상자들이 그 주장을 내면화하지 않을 수 없는 것도 사실이다. 전쟁에서 패배하여 속주 하나를 잃을 수도 있다는 가능성은 그 자체로 충격이었으며, 이는 곧 로마가 더 이상 승리를 누릴 자격이 없다는 의미로도 해석될 수 있었다. 이러한 두려움이 전쟁 초기 임페라토르 카이사르 아우구스투스가 거의 절망에 빠졌던 이유를 설명한다. 그가 만들어 낸 모든 것이 위협받고 있었다. 따라서 다시 평정을 되찾은 이후에도 아우구스투스가 불안에 떠는 기색은 여전했고, 그 불안은 티베리우스가 전쟁을 빠르게 끝내지 못하자, 확연한 초조함과 조급함으로 드러났다.34

기원후 7년, 아우구스투스는 일흔 번째 생일을 맞이했다. 나이를 속일 수 없는 노화가 진행되어 건강이 악화하고 있다는 명확한 징후가 나타나기 시작했다. 이듬해부터 그는 점차 업무를 줄이기 시작했다. 프린켑스에게 청원하거나 찬사를 보내기 위해 줄이어 로마로 몰려오는 동맹 지도자와 공동체 사절단을 맞이하는 임무를 맡기기 위해 3명의 전직 집정관을 지명했다. 원로원 회의 참석 횟수도 크게 줄였다. 여전히 재판 심리를 주재하긴 했으나 공공건물이 아닌 팔라티움 언덕에 있는 그의 저택에서 진행했다. 더 이상 선거 현장에 모습을 드러내어 선호하는 후보를 지지하지 않고, 그 대신 자신의 추천 명단을 써서 유권자들이 볼 수 있도록 게시했다. 그러나 그의 쇠약함을 과장해서는 안 된다. 여전히 과거의 결단력을 엿볼 수 있는 행동도 했다. 기원후 8년 그리고 아마도 그 이후에도, 그는 전장과 가까운 지역으로 가기 위해 일리리쿰 국경 근처인 아리미눔Ariminum(오늘날의 리미니Rimini)까지 이동했다.35

기원후 7년, 식량 부족이 다시 발생하자 소요 사태가 더욱 심해졌다. 이듬해의 정무관을 뽑는 선거에서 폭동이 일어나 결국 선거를 치르지 못하자, 아우구스투스가 모든 정무관을 직접 임명했다. 우리가 아는 한, 이 선거 폭동은 티베리우스와 그의 가문을 지지하는 세력이나 실각한 포스투무스를 지지하는 세력과는 관계없이, 입후보자 간의 경쟁에서 비롯된 것이었다. 기원후 8년, 아그리파와 율리아 사이의 딸인 율리아가 불륜 혐의를 받고 공개적으로 단죄되어, 과거 그녀의 어머니와 마찬가지로 한 섬으로 유배되었다. 공식적으로 거명된 율리아의 불륜 상대는 단 1명, 데키무스 유니우스 실라누스Decimus Junius Silanus였다. 카이사르 아우구스투스는 그에게 우정을 파기한다는 통보를 하며 '자진 추방'을 명령했다. 율리아의 남편 루키우스 아이밀리우스 파울루스의 운명이 어찌되었는지는 불분명하지만, 불륜을 저질렀던 사람이 율리아였던 만큼 목숨은 부지했을 것이다. 기원후 1년의 집정관이었지만 루키우스 아이밀리우스 파울루스는 그 이후 어떠한 고위 직책도 맡지 못했는데, 수에토니우스에 따르면, 아우구스투스를 상대로 반역 음모를 꾸민 공모자 중 1명이 그였다고 한다. 음모를 꾸민 정확한 시기나 세부 내용은 알려지지 않았지만, 음모가 발각되어 이미 망명 중이 아니었다면, 율리아가 유배되었을때 그도 함께 추방되었을 가능성이 높다. 율리아는 추방되고 몇 달 후 출산했으나, 아우구스투스는 그 아이를 키우는 것을 허락하지 않고, 내버리라고 명령했다. 이는 가장의 권한과 프린켑스의 권력이 어떠했는지를 보여주는 냉혹한 조치였다.36

시인 오비디우스도 이 사건에 휘말렸다. 공식적으로 기소되거나 재판을 받지는 않았으나, 흑해 연안의 도시 토미Tomi로 가서 그곳에서 머물며 추후 지시를 기다리라는 명령을 받았다. 토미는 로마 제국의 최변방이자, 그리스-로마 문화권의 끝자락에 자리한 지역이었다. 그곳에서 오비디우스는 용서를 구하며 로마로 돌아가게 해 달라고 간청하는 시를 연이어 썼다. 그러나 안타깝지만 사건의 민감한 성격을 고려할 때 당연하게도, 오비디우스의 시들은 우리가 그 추문의 실상을 파악하는 데는 거의 도움이 되지 않는다. 오비디우스가 비난받은 이유는 어떤 경솔한 행동, 아마도 보아서는 안 될 것을 본 것 때문이었을 가능성이 크며, 더 일반적으로 보면 그의 작품《사랑의 기술》이 남녀 관계의 타락을 부추기며 부정적인 영향을 미쳤기 때문이었을 것이다. 그런데 그 작품은 출간된 지 10여 년이 지났으므로 당시에는 더 이상 화제의 대상이 아니었다. 기력이 떨어지고, 근래의 전쟁으로 두려움을 느꼈으며, 쉽게 분노에 싸이는 노년의 아우구스투스는 혼외 불륜 관계를 유쾌하게 찬양하는 오비디우스의 시집이 젊은이들에게 악영향을 미쳤다고 생각했을 수 있으나, 오비디우스에게 더 큰 잘못이 있었을 가능성이 높다.[37]

대체로 그 사건의 전모가 여전히 불분명하고, 특히 파울루스가 반역 공모자의 1명으로 지목된 점을 고려하면, 그 성 추문의 이면에 정치적 음모가 있었다고 생각하고 싶은 유혹에 빠지는 학자들도 이해할 만하다. 그 음모의 성격에 관해서는 당시 파울루스가 여전히 로마에 있었는지 여부에 따라 다양하게 제시되었다. 그러나 어떤 음모였든 티베리우스와 그의 친인척이 장차 로마의 지도권을 장악하는 것을 저지하려는 시도였다는 점은 일관된다. 흥미로운 가설 중 하나는 율리아와 실라누스가 결혼을 계획했거나, 어쩌면 오비디우스가 목격했을지도 모르는 실제 결혼식까지 올리고, 아우구스투스를 압박하여 자기의 새 남편을 고위직으로 영전시키려 했다는 것이다. 그러나 이 가설도 추측일 뿐이며, 알려진 사실이 빈약하므로 어떠한 가설도 그럴싸하게 들릴 수 있다. 만약 실제로 그러한 음모가 있었다 하더라도 애초에 서툴게 기획되고 실행된 탓에 아무런 성과도 거두지 못했을 가능성이 높다. 율리아가 소외감을 느꼈을 가능성은 있지만, 이 때문에 불륜에 빠졌는지 또는 위험한 정치적 음모에 가담했는지, 혹은 둘 다였는지는 알 수 없다. 후에 아우구스투스는 2명의 율리아와 포스투무스를 자신의 '3개의 종기' 또는 '3개의 궤양'이라고 불렀다. 아우구스투스가 보기에 이들의 죄는 야심을 품고 권력을 탐한 것이라기보다 그가 원한 대로 살고 행동하지 않은 것이다.[38]

어쨌든 결과는 같았고, 리비아의 가족이 후계 구도를 독점하는 상황이 되었다. 은밀한 권력 투쟁에서 승리한 결과일 수도, 단순한 우연이었을 수도 있다. 기원후 9년, 티베리우스는 로마로 돌아왔으며, 발칸 지역의 반란을 진압한 공로로 마침내 개선식의 영예를 부여받았다. 그는 비록 느리기는 했으나 철저하게 임무를 수행했으며, 전쟁 후반부에는 무력뿐만 아니라 회유책도 사용한 듯하다. 실제로 반란 지도자 중 1명 이상이 처형을 면했는데, 이는 반란에서는 말할 것도 없고 어떤 전쟁에서도 매우 드문 사례였다. 어쨌든 확실한 사실은 이후 수 세기 동안, 이 지역에서 다시는 반란이 일어나지 않았으며, 로마 제국의 일부로서 안정과 번영을 지속적으로 누렸다는 점이다. 위기가 끝난 듯 보였고, 승리를 통한 평화가 다시 자리 잡는 듯했다. 그러나 그때 게르마니아에서 끔찍한 군사적 참사가 발생했다는 소식이 도착했다

22장 팍스 아우구스타

> 아우구스투스의 평화Pax Augusta는 동서양 지역과 남북 경계까지 이 세상 구석구석을 약탈의 두려움으로부터 안전하게 보호하고 있다.
>
> — 벨레이우스 파테르쿨루스, 기원후 1세기 초[1]

아르미니우스는 정복당한 민족들을 동화시켜 그들, 혹은 적어도 그들의 지도자들에게 로마의 지배를 받아들이고 로마와 협력하는 편이 더 낫다고 설득하는 로마의 뛰어난 통치술을 보여주는 훌륭한 사례로 여겨진다. 기원전 18~15년경에 태어난 그는 베제르강Weser River 인근의 라인강 동쪽 땅에 살던 게르만 부족인 케루스키족의 왕족 가문 출신이었다. 그러나 왕족 혈통을 지닌 귀족들은 많았고, 게르만족의 느슨한 사회·정치 구조에서 왕권이 차지하는 역할은 미미했으므로, 왕족이라는 출신 배경이 출세를 보장해 주는 건 아니었다. 아르미니우스의 아버지 세기메르Segimer는 부족 내 패권을 두고 경쟁했던 여러 유력자 중 1명으로, 기원전 1세기 말에 있었던 로마와 게르만족 간의 전쟁에 참가했을 것이다. 만약 그랬다면, 그는 곧 로마에 항복하고, 애초부터 부족 내 패권 경쟁에서 우위를 점하기 위한 수단으로 로마와의 동맹을 선택했을 가능성이 있다. 세기메르뿐만 아니라 세계 곳곳의 현지 유력자들이, 로마 군단의 위력을 자기를 겨냥한 위협이라 생각하지 않고, 오히려 자기의 목적을 위해 이용할 수 있는 하나의 수단으로 여겼다.

따라서 젊은 아르미니우스는 로마군과 함께 싸우기 위해 자기 부족에서 모집한 보조군의 지도자로 처음 이름을 알렸고, 곧 그의 동생 플라부스Flavus도 형을 따라 로마군에 복무했다. 두 형제가 인질로 로마에 보내져 팔라티움 언덕의 아우구스투스의 저택에서 살며, 아우구스투스 가문의 자녀들과 함께 교육받았을 가능성도 있지만, 이를 직접적으로 입증할 증거는 없다. 확실한 것은 둘 다 라틴어에 능통했으므로 로마 시민권을 비교적 수월하게 받았을 것이란 점이다. 아우구스투스는 자격을 갖추었다고 여겨지는 외국인들에게만 로마 시민권을 제한적으로 부여하려 했기 때문이다. 아르미니우스는 로마군에 상당 기간 복무하며, 게르마니아뿐만 아니라 대반란이 있었던 일리리쿰 원정에도 참여했을 것이다. 그는 로마의 기사 신분에까지 올랐고, 기원후 7년경 고향으로 돌아가 케루스키족의 주요 지도자 중 1명이 되었다. 기사 신분이 되기 위한 최소 보유 재산 40만 세스테르티우스는 새 속주인 게르마니아의 기준으로 보면 엄청난 재산이었다. 부유하고, 로마의 동맹자로 확인된 데다 로마 상류층의 예법에 익숙했던 아르미니우스를 게르마니아 대관 총독 푸블리우스 퀸크틸리우스 바루스는 자주 식사 자리에 초대했다.[2]

당시 50대에 접어든 바루스는 아프리카에서 프로콘술을 지내고, 이후 시리아에서 대관 총독으로 근무한 경험 많은 행정가였다. 기원전 13년, 티베리우스와 함께 공동 집정관을 지냈고, 아그리파의 딸에 이어 아우구스투스의 조카 손녀 클라우디아 풀크라Claudia Pulchra와 차례로 결혼했던 사실로 보아, 프린켑스가 충성스럽고 신뢰할 만한 인물로 여겼음에 틀림없다. 기원후 7년, 그는 라인강 국경 지역은 물론 엘베강 유역까지 확장되고 있던 게르마니아 속주의 총독으로 임명되었다. 당시 로마제국의 최대 관심은 발칸 속주에서 반란을 일으킨 판노니아인와 달마티아인을 진압하는 데 자원을 쏟고 있었으므로, 그의 주요 임무는 게르마니아 속주를 최대한 안정시키는 것이었다. 바루스는 5개의 군단과 상당 규모의 보조군으로 게르마니아 속주를 통치했는데, 일부 병력이 일리리쿰 전선으로 파견되었을 가능성이 높다. 당시 로마는 신병 모집에 어려움을 겪고 있었기 때문에, 게르마니아 속주에 추가 병력을 배치했을 것 같지는 않다. 게다가 야심에 찬 유능한 장교들은 큰 전쟁에 참여해 무공을 세우고 싶은 욕심에 게르마니아 속주보다는 발칸반도에 배치되길 원했을 것이 분명하다. 바루스를 반란 지역인 일리리쿰이나 일리리쿰 인근 속주로 보내지 않았다는 사실은 아우구스투스가 그를 유능한 행정가로는 생각했지만, 군사 지휘관으로서 뛰어난 재능이 있다고는 평가하지 않았음을 시사한다. 기원후 4년, 헤롯왕 사망 이후 유대 지방에 소요가 발생하자, 시리아 대관 총독이었던 바루스는 유대 지방으로 진군해 소요를 무력으로 진압했지만, 실제 전투는 거의 없었고, 그가 직접 전투에 참여했다는 기록도 남아 있지 않다.[3]

다행히 게르마니아 속주의 정세는 고무적이었다. 무엇보다 아르미니우스와 같은 현지 귀족들이 로마의 통치를 수용했기 때문이다. 이 무렵 그의 아버지는 이미 사망한 것으로 보이지만, 그의 숙부는 케루스키족의 귀족 세게스테스Segestes와 함께 바루스의 식탁에 자주 초대받는 인물 중 하나였다. 세게스테스의 아들은 아그리파가 건설한 우비이Ubii족 키비타스의 수도(오늘날의 쾰른)에 기반을 둔, 로마 여신과 아우구스투스를 숭배하는 신흥 신앙의 사제로 활동하고 있었다. 게르마니아에서 마지막으로 대규모 전투가 벌어졌던 기원후 5년 이후, 이 지역은 부족 간 분쟁과 소규모 반란만 간헐적으로 발생했을 뿐 대체로 평화가 유지되고 있었다. 바루스의 통치 아래 게르만 부족장들은 서로를 공격하는 대신 총독의 판결을 통해 분쟁을 해결하기 시작했다. 과거 로마군 기지가 있던 곳이나 그 인근에 새롭게 형

성된, 로마를 본보기로 한 민간인 정착지들도 꾸준히 성장하고 있었다.[4]

후에 바루스는 게르마니아 속주를 아직 정복 과정에 있는 지역이 아니라 이미 평화가 완전히 자리 잡은 속주로 취급했고, 또 '생긴 모습과 말을 한다는 점에서만 인간일 뿐, 무력으로 굴복시키기는 힘들어도 법으로는 다스릴 수 있는' 종족들이라 언급하며 게르만족을 경멸했다고 하여 비판받았다. 이 비판이 후대의 사후적 평가임은 분명하다. 그러나 속주 총독으로서 그의 행위가 신중하지 못했고 매끄럽지 않았다는 점 또한 부인할 수 없다. 바루스는 과거 로마와의 전쟁에 패해 항복했을 때만 가축이나 농작물 징발을 요구했던 부족들에게, 정기적인 세금을 부과하기 시작했다. 세금이 가혹했는지는 알 수 없으나, 게르만족 입장에서는 처음 당하는 일인 데다 자신들을 로마의 동맹이 아닌 로마의 백성으로 간주한다는 신호로 받아들여 세금 징수 자체에 커다란 반감을 품었다. 로마 속주 행정의 긴 역사에서 다반사로 일어났던 문제인 부패 또한 게르마니아의 상황을 악화시키는 데 일조했을 것이다. 벨레이우스는 바루스를 탐욕스러운 인물로 묘사하며, 그의 시리아 총독 재임 시절을 "가난한 사람으로서 부유한 지방으로 갔고, 부유한 사람으로서 가난한 지방을 떠났다"라고 전한다.[5]

세금 부과 문제로 불 지펴진 로마의 통치에 대한 반감은 점점 커졌다. 이러한 반발은 판노니아에서와 마찬가지로 로마 군단과 전투를 경험해 보지 않았던 젊은 전사들 사이에서 더욱 컸다. 게다가 마로보두우스를 공격하다 로마군이 퇴각하는 것을 목격하고, 일리리쿰 반란을 진압하는 데 로마군이 오랜 시간 애먹는 것을 보자, 로마군의 위력에 대해 게르만 부족들이 품었던 두려움도 동시에 줄어들었다. 로마도 물리칠 수 있다는 인식이 퍼진 듯하며, 따라서 로마와 맺은 동맹으로 많은 이득을 취했던 이들조차 로마와의 동맹이 최선의 선택인지 의심하기 시작했다. 그중 한 사람이었던 아르미니우스도 어느 순간 로마의 기사라는 신분을 포기하고 로마 제국에 반기를 들기로 결심했다. 그러나 그가 언제 그러한 결정을 내렸으며, 어떤 계기가 있었는지는 확실하지 않다. 자기 부족을 포함한 여러 게르만 부족이 독립을 상실한 데에 분노도 충분한 이유가 되었지만, 점령 세력 로마가 자기들을 대하는 태도에 대한 반감도 작용했을 것이다. 로마 시민권을 받은 로마 시민이었지만, 동료 로마 시민이 자신을 하대F待한다고 느꼈을 수도 있다. 그의 동생 플라부스의 이름은 '금발' 혹은 '블론디'로 번역되는데, 이것이 조롱의 의미였는지, '레드Red', '진저Ginger', '블루이Bluey'처럼 친근한 호칭이었는지는 알 수 없다. 반면 그의 단순한 야망 때문이었다고 생각할 수도 있다. 아르미니우스는 로마와의 관계를 통해 높은 지위에 올랐고, 부족 내에서 가장 영향력 있는 인물 중 1명이 되었으나, 로마에 계속 충성하여도 이제 더 이상 자신의 입지를 확대할 가능성이 적다고 판단했을지도 모른다. 근래의 상황은 로마가 무적이 아님을 보여주었으므로 만약 여러 부족을 이끌고 로마를 물리쳐 자유를 되찾아 오는 인물이 있다면, 누구든 엄청난 명성을 얻고 훨씬 크고 영구적인 권력을 확보해 마로보두우스와 같은 강력한 지도자가 될 수 있었다. 개인의 야망과 자유에 대한 열망은 충분히 양립할 수 있는 것이다. 이후 전개된 사건들을 보면 아르미니우스가 권력을 추구했다는 사실을 분명하게 보여준다.6

그러나 한동안 아르미니우스는 신중한 행보를 보이며 조심스럽고 은밀하게 반란을 준비했다. 기원후 9년 봄과 여름, 바루스는 라인강과 엘베강 사이의 속주를 순시했다. 3개의 로마 군단, 즉 제17군단, 제18군단, 제19군난이 6개의 보조군 보병대와 3개의 보조군 기병 부대의 지원을 받으며 행군했다. 심각한 저항이 있을 것이라 예상하지 않았으므로, 이 속주 순시는 군사 원정이 아닌 로마의 위력을 과시하기 위한 행보에 불과했다. 간혹 소요가 발생해 위협을 느끼고 보호를 요청하는 여러 현지 마을과 공동체에 바루스는 소규모 부대를 파견했다. 바루스는 이동하는 동안 각 지역의 귀족들과 만나 그들의 청원을 듣고, 복잡하고 오랜 분쟁을 중재하며 로마 총독의 통상적인 임무를 수행했다. 여름이 끝나갈 무렵, 바루스와 그의 군대가 라인강 근처의 겨울 숙영지로 돌아갈 준비를 하고 있을 때, 동쪽 먼 지역에서 반란이 일어났다는 소식이 전해졌다. 아르미니우스가 비밀리에 조장했을 가능성이 큰 그 반란의 발생 사실을 본인이 직접 바루스에게 보고했을 수도 있다. 바루스는 전형적인 로마 방식으로 대응했다. 기원전 4년, 유대 지방에서 했던 것과 마찬가지로 즉각 군대를 이끌고 반란 진압에 나섰고, 로마 군단이 도착하자 역시 유대 지방에서처럼 공개적인 저항도 수그러들었다.7

반란이 진압된 것으로 보였으므로, 바루스는 9월에 서쪽을 향해 다시 이동했는데, 원래 계획보다 더 늦게 그리고 더 먼 곳에서 출발하게 된 행군이었다. 보급품이 분명 바닥나고 있었으므로 서둘러 진군해야 했지만, 반란이나 소요가 더 이상 있을 이유가 없다고 판단했기에 심각하게 생각하지 않았다. 병력 규모가 최고 수준에 미치지는 못했을 것이므로, 행군하는 전투병의 숫자는 1만~1만 5,000명 정도였을 것이다. 마부와 노새꾼 등 군속軍屬 노예와 장교들의 노예 또는 해방 노예 수행원들을 합해 수천 명의 노예도 있었다. 바루스의 군대는 상당한 격식을 갖추고 이동하고 있었다. 적어도 한 장교가 상아로 장식된 화려한 침상을 짐으로 가지고 다녔다는 기록도 있다. 짐 싣는 노새와 수레가 많았고, 따라서 행군 속도가 느려질 수밖에 없었다. 민간인들도 있었는데, 일부는 병사들에게 물품을 파는 상인이었고, 일부는 게르만 부족들 사이에서 지내다 로마군의 보호를 받으며 이동하려는 사람들이었다. 게다가 많은 여성과 아이들도 행군 대열에 포함되어 있었다. 아우구스투스는 어느 시점엔가 병사들의 결혼을 금지했다. 그 조치가 기원전 13년 또는 기원후 6년에 있었던 군 개혁의 일환이었는지 아니면 다른 해에 시행되었는지는 알 수 없다. 아마 병사 가족의 부양 부담을 덜고 전사한 병사의 미망인과 고아들에게 지급하는 위로금을 줄이려는 의도에 더해, 제국의 한쪽 끝에서 다른 쪽 끝으로 쉽게 이동할 수 있도록 군단의 기동성을 높이려는 목적도 있었을 것이다. 아마도 결혼 금지 정책이 시행되기 이전에 결혼한 병사들의 처자식이 행군 대열에 포함된 여성과 아이들이었을 것이다. 결혼 금지 조치를 무시한 채 불법적으로 여성과 관계를 맺은 후 가족을 이룬 병사들도 있었지만, 군 수뇌부는 이를 눈감아 주었다.[8]

게르마니아 내륙 깊숙한 곳까지는 아직 넓고 제대로 포장된 로마 도로가 건설되지 않았으므로 바루스의 긴 행군 대열은 숲, 경작지, 목초지 그리고 습지를 가로지르며 구불구불 이어진 오래된 수렛길을 따라 10마일(약 16킬로미터) 이상 뻗어 있었다. 행군 경로는 누구나 예측할 수 있었다. 수렛길을 벗어나서는 행군할 수 없었기 때문이었다. 아르미니우스 등 여러 부족 지도자가 지원한 현지 안내인들이 로마군이 길을 찾도록 도왔고, 로마군은 기본적인 경계 태세만 갖춘 채 천천히 이동했다. 자신들이 우호적인 지역에 있다고 확신한 바루스의 당면 목표는 가을비가 길을 진창으로 만들기 전에 목적지에 도달하는 것이었다. 바루스는 어떤 위협이 닥치리라고는 전혀 생각하지 않았고, 따라서 대비도 하지 않았다. 설사 문제가 발생하더라도 케루스키족과 다른 부족들이 지원해 준 정찰병들이 미리 경고해 줄 것이라고 믿었다. 세게스테스가 돌연 아르미니우스가 반란을 모의하고 있다고 바루스에게 귀띔해 주었을 때도, 그는 아무런 조치도 취하지 않았다. 분명 한 야심 많은 부족장이 다른 부족장을 모함하는 시도로 치부했을 것이다. 아르미니우스는 반란을 모의한 사실이 없다고 부인했다. 바루스가 보기에 아르미니우스는 로마 시민으로 기사 신분까지 올라간, 로마에 대한 충성심을 이미 입증한 인물이었다. 대체로 로마인들은 다른 제국의 지도자들과 마찬가지로, 피정복민들이 로마의 지배를 기꺼이 수용함으로써 '우월한' 로마 문화의 혜택을 누릴 수 있는 명백한 이점을 거부할 리 없다고 믿는 경향이 있었다.[9]

얼마 후 아르미니우스는, 보조군과 안내인 등을 추가로 확보해 데려오겠다는 명목으로 로마군의 행렬에서 이탈했다. 실제로는 로마군을 공격하기 위해 집결한 게르만 전사들의 군대에 합류하기 위해서였다. 이후 며칠 동안, 소규모 게르만 전사들이 로마군 행렬의 취약한 부분을 기습했다가 로마군이 방어 태세를 갖추기 전에 후퇴하는 작전을 거듭 펼쳤다. 오스나브뤼크Osnabrück 인근 칼크리제Kalkriese에서 이루어진 발굴 조사에서 20마일(약 32킬로미터)에 달하는 구간에서 펼쳐진 일련의 공격 중에서 결정적인 매복 공격 장소로 추정되는 곳이 특정되었는데, 이는 아르미니우스의 사전 준비가 얼마나 치밀했는지를 보여준다. 아르미니우스는 매복 장소로, 한쪽은 숲이 우거진 언덕이고 다른 쪽은 습지여서 자연적으로 병목 구간이 되는, 목초지를 가로지르는 좁은 길을 택했다. 자연 지형을 더욱 효과적으로 활용하기 위해, 게르만족은 나무를 베어 로마군의 진군을 지연시켰고, 또한 로마군이 습지로 빠져나가 매복 공격을 피할 수 없도록 참호를 팠으며, 반대편 언덕의 나무들 사이로 500야드(약 457미터) 길이의 방벽을 세웠다. 잔디 뗏장과 흙을 이용해 만든 방벽은 로마 군단이 늘 구축하던 야전 방어 시설에서 영감을 받았음에 틀림없었다.[10]

아르미니우스는 로마군으로 복무하며 많은 것을 배웠고, 이제 그 지식을 싸움의 기술에 무자비하게 접목했다. 그는 바루스가 이 길을 반드시 선택하도록 유도했으며, 매복 준비는 며칠, 어쩌면 몇 주가 걸렸을 것이다. 로마군에게는 더할 나위 없이 불리한 상황이었고, 설상가상으로 폭우까지 내려 길이 진흙탕으로 변해 행군은 물론 무기를 다루기도 힘들었다. 바루스는 이 위기를 효과적으로 대처하지 못했다. 우선 수송대의 짐을 불태우라고 명령했는데, 이는 병사들의 불안감만 키우는 결과를 낳았을 것이다. 게르만족의 빠르고 기동성 있는 공격으로 로마군의 대오는 흐트러졌고, 로마군 사이에는 절망감이 퍼져 나갔다. 정교하게 준비해 놓은 매복 지점에 로마군이 다다르자, 게르만족은 더욱 거센 공격을 퍼부었다. 게르만족이 세운 방벽에는 여러 개의 출입구가 마련되어 있어, 전사들이 돌진하여 기습 공격 후 다시 빠르게 방벽 뒤로 피신할 수 있었다. 방벽은 5피트(약

1.5미터) 정도로 그리 높지는 않았지만, 로마군이 돌진하는 기세를 꺾기에는 충분했고, 방벽 위에서 싸우는 게르만 전사에게는 상당한 높이의 이점을 제공했다. 좁은 길에 갇힌 채 사방에서 공격을 받은 로마군은 어떤 형태로도 조직적인 전열을 갖추지 못한 채, 고전할 수밖에 없었다.[11]

뛰어난 지휘관이었다면 그런 혼란 속에서도 병력을 재정비해 조직적인 반격을 가할 수 있었을 것이다. 그러나 바루스는 그런 지휘관이 아니었고, 처음부터 병력 통제에 실패했다. 그의 부관 중 1명이 기병대를 이끌고 빠져나왔지만, 결국 다른 길에서 포위당해 전멸당하고 말았다. 바루스는 부상을 입었는데, 부상 정도는 알 수 없었다. 얼마 지나지 않아 몇몇 고위 참모들과 함께 자살했다. 그의 아버지도 필리피 전투 이후 자살했다. 로마 귀족들은 내전에서 패배한 군 지휘관의 자살은 명예로운 선택으로 여겼지만, 외적을 상대로 한 전쟁에서 군대를 이끄는 지휘관의 자살은 용납될 수 없는 행동이었다. 절망에 빠진 지휘관 밑에서 계속 싸울 의욕을 가질 부하들은 거의 없다. 몇몇 고위 장교들을 포함한 일부 병사들은 항복했고, 일부는 도망치려다 저항도 하지 못한 채 게르만 부족들에게 살해당했다. 몇몇 병사들은 끝까지 싸우며, 방벽을 뚫고 포위망을 벗어나려 필사적으로 시도했다. 격전 속에서 일부 방벽이 무너졌고, 발굴된 유물들은 마지막 처절한 전투의 단면을 보여준다. 노새 한 마리의 뼈가 발견되었는데, 목에 걸린 방울이 뿌리째 갓 뽑힌 풀로 가득 채워져 있었다. 이는 아무 소리도 내지 않고 어둠을 틈 타 공격하려 했다는 걸 보여준다. 방벽을 넘어가려다 반대편으로 떨어져 목이 부러진 또 다른 노새의 뼈도 발견되었다.[12]

탈출 시도는 결국 실패했고, 바루스의 병사들은 하나둘씩 죽어갔다. 포로가 된 많은 병사도, 승리에 들뜬 게르만족이 승리를 안겨 준 그들의 신들에게 바치는 감사제의 희생 제물이 되어, 같은 운명을 맞았다. 노예로 끌려간 일부 포로는, 이후 몇 년간 탈출하거나 몸값을 지급하고 풀려나 당시의 참혹상을 전했다. 바루스의 시신은 급하게 화장하느라 제대로 처리되지 않아, 땅에 묻힌 일부 유골이 다시 파헤쳐져 훼손되었다. 3개의 군단 독수리 깃발은 물론, 여러 군기와 엄청난 양의 갑옷, 무기, 장비 등을 빼앗겼다. 이 승리의 증표들을 각 부족이 나누어 가졌고, 일부는 반란에 동참하라고 부추기기 위해 다른 부족들에게 보내기도 했다. 바루스의 머리는 마로보두우스에게 보내졌지만, 그 마르코만니족의 왕은 로마와 평화적인 관계를 유지하고 싶었고 또 경쟁자인 아르미니우스가 두려웠기 때문에, 그 끔찍한 전리품을 로마로 보냈다. 결국 로마로 운반된 바루스의 머리는 정식으로 화장되어 적절한 예우를 받으며 땅에 묻혔다.[13]

게르마니아에서 발생한 이 대참사 소식은 일리리쿰 전쟁의 승리를 공식적으로 선언한 후 불과 5일 만에 로마에 전해졌다. 이는 적어도 시간이 지나면 발칸반도에 투입되었던 병력을 라인강 국경으로 이동시킬 수 있다는 것을 의미했다. 그러나 게르마니아에서의 패배는 판노니아와 달마티아의 반란군에게 당한 어떤 패배보다도 훨씬 심각했으며, 기원전 53년 카르하이 전투의 참패와 더 나아가 한니발에 당했던 대패와도 비견될 정도였다. 3개 군단이 궤멸했는데, 불과 며칠 만에 전체 로마 병력의 10분의 1 이상이 사라진 것이다. 추가 소식이 도착하기 전까지는 게르마니아 내의 다른 로마군들도 전멸했는지, 또는 게르만 전사들이 라인강을 넘어 갈리아 지방을 약탈하고 있는지 알 수 없었다. 패배 자체도 심각했지만, 신들과의 올바른 관계를 바탕으로 끊임없이 승리를 거두어 왔다고 자부했던 프린켑스와 그의 체제에 가해진 타격이 더욱 심각한 문제였다. 게다가 소중한 독수리 군기를 빼앗겨 로마의 명예에 다시 오점을 남겼는데, 이는 과거에 빼앗긴 군기를 되찾았다고 임페라토르 카이사르 아우구스투스가 자랑스럽게 선전한 후에 일어난 일이어서 더 치명적이었다. 두려움과 충격이 순식간에 로마 전역으로 퍼져 나갔다.[14]

아우구스투스는 충격을 받았지만, 절망보다 분노를 더 크게 느낀 것으로 보인다. 디오는 아우구스투스가 화를 참지 못해 옷을 찢었다는 말을 전한 사람도 있었다고 기록한다. 아우구스투스는 로마의 14개 구역에 대한 순찰 강화를 지시하여, 소란을 방지하고 특히 야만인 출신 노예들이 폭동을 일으킬 생각을 못 하도록 대비했다. 소란이나 폭동이 일어날 가능성은 낮았지만, 군 병력을 도심에 배치함으로써 국가가 여전히 상황을 통제하고 있다는 점을 강조해, 불안해하는 시민들은 안심시키고 잠재적 소요 세력의 준동은 제어했다. 아우구스투스를 호위하는 게르만족 기병대도 가능성은 더 낮았으나 위협 요인으로 제기되었는데, 이 부대는 젊은 시절 아우구스투스를 지키던 히스파니아 출신 호위병들을 언젠가부터 대신해 왔다. 이들은 로마에서 공개적으로 추방되었다. 또 하나의 강력한 민심 안정책으로 '국가의 상태가 나아지면' 유피테르 옵티무스 막시무스를 기리는 특별한 경기를 개최하겠다고 약속했다. 이는 한 세기 이상 개최하지 않은 고대의 의식을 부활시키겠다는 약속으로 전형적인 아우구스투스식 발상이었다. 동시에 그는 속주 총독들의 임기를 연장하여 경험 있는 인물들이 제국 전역의 속주들을 안정적으로 통치할 수 있도록 했다. 병사 모집을 다시 시행하였으나, 기원후 6년보다 자원 인원이 더 적었다. 결국 인기 없는 방법이긴 했지만, 추첨으로 징집 인원을 선발하는 제도가 도입되었다. 징집을 피하려는 자들도 여전해 일부는 본보기로 처형되었다. 한편, 복무 중인 병사들의 복무 기간을 연장했고, 퇴역한 군인들을 더 많이 재소집했으며, 노예들을 또다시 사들여 자유를 준 뒤 특별부대로 편성했다.[15]

    티베리우스는 곧 라인 지방으로 파견되어 상황 수습을 책임지게 되었다. 그사이 아우구스투스는 암살당한 율리우스 카이사르를 애도했을 때처럼, 몇 달 동안 면도도 하지 않고 머리도 깎지 않았다. 그러나 이번에는 수염이 난 얼굴을 주화나 다른 이미지에 나타내지 않았다. 아우구스투스는 흐트러진 머리와 덥수룩한 수염을 가진 노인이었으나, 그를 묘사하는 이미지는 여전히 젊고 흔들림 없는 프린켑스였다. 혼자 있을 때면 바루스에게 불같이 화를 내고, 자기 집 문에 머리를 부딪치며 "퀸틸리우스 바루스, 내 군단을 돌려다오!"라고 외치기도 했다. 죽은 장군은 희생양이 되었고, 초기 사료들은 아르미니우스를 배신자로 묘사했다. 두 견해 모두 전적으로 불공정한 평가는 아니었지만, 둘 다 사건의 전모를 제대로 설명하지는 못했다. 이후 아우구스투스는 게르마니아에서의 대참사가 일어난 날을 애도일로 지정했다. 대참사로 사라진 3개 군단은 다시 편성하지 않았는데, 이는 기존 부대를 보충할 신병조차 모집할 수 없는 상황이었음을 보여준다. 훗날 신규 군단을 창설했을 때도, 17, 18, 19, 이 3개의 숫자는 군단 번호로 사용하지 않았다.16

그 후 몇 달 동안 게르마니아에서 전해진 소식은 아주 나쁘지 않았다. 역사 속에 등장한 수많은 비정규군과 마찬가지로, 승리를 거둔 아르미니우스의 전사들도 약탈한 전리품을 들고 겨울을 나기 위해 각자 집으로 돌아갔다. 소수의 전사만 전장에 남았고, 승리 소식에 고무되어 추후 전투에서라도 영광과 전리품을 차지하려는 자들이 합류했다. 바루스가 게르마니아 전역에 분산 배치했던 소규모 부대 대부분은 괴멸했다. 그러나 알리소 Aliso(아마도 오늘날의 할터른Haltern 발굴 유적지)에 위치한 로마군 기지를 공격한 일군의 게르만족 전사는 격퇴되었다. 방어 전투를 용맹하게 치른 후, 주둔군과 다수의 민간인이 어둠을 틈타 기지에서 빠져나와 라인강 국경의 안전지대까지 극적으로 탈출했다. 다행히 라인강의 모든 도하 지점은 여전히 로마군이 장악하고 있었고, 실제로 게르만족의 공격이 있었던 것 같지는 않다. 바루스의 나머지 2개 군단과 일부 보조군의 전력 손실은 거의 없었고, 지휘관들은 조직적 방어선 구축을 위해 최선을 다하고 있었다.17

말년의 아우구스투스

그렇지만 라인강과 엘베강 사이의 속주는 당분간 상실되었다. 이 지역의 발굴 조사에 따르면, 모든 로마군 주둔지와 민간 정착지가 이때 급작스럽게 버려진 것으로 확인된다. 티베리우스는 다음 네 번의 원정 기간에 라인강 국경 지대에 머물거나 동쪽 지역으로 보복 원정을 떠났고, 게르마니쿠스도 중간에 합류했다. 당시의 원정에 관한 세부 기록은 거의 남아 있지 않지만, 라인강 유역의 안전지대에서부터 동쪽으로 전진하며 마을과 농작물을 불태우고, 가축을 약탈하고, 눈에 띄는 사람들은 모두 포로로 잡거나 죽인 것으로 보인다. 로마군의 주특기인 이러한 작전을 로마인들은 바스타티오vastatio, 즉 '초토화'라 불렀다. 그렇지만 강력한 저항도 여전히 있었음은 분명하다. 로마 군단을 궤멸시킨 장본인이었던 아르미니우스는 케루스키족뿐만 아니라 다른 부족의 전사들까지 이끄는 위치에 오르며 강력한 권력자가 되었다. 바루스의 패배는 로마의 무적 신화를 산산이 부숴 버렸다. 이는 마치 1941~42년 사이에 일본군이 홍콩, 말레이반도, 미얀마를 순식간에 정복하면서 동아시아 지역 전체에서 누리던 대영 제국의 위상을 무너뜨린 역사적 사실과 비교될 수 있다. 굴욕적인 실패를 극복하는 것은 극히 어렵고, 어쩌면 불가능할지도 모른다.[18]

게르마니아 원정은 아우구스투스가 생을 마감할 때까지 계속된 것으로 보아, 끝까지 그 잃어버린 속주를 되찾으려 노력했음이 분명하다. 그러나 실질적인 성과를 거두었다기보다는 상징적인 의미에 그친 원정이었다. 기원후 11년, 합동군을 꾸린 티베리우스와 게르마니쿠스가 라인강을 넘어 대규모 원정에 나섰으나, 실제 전투는 거의 벌어지지 않았다. 양측 모두 군사적 행동에 신중함을 보인 결과, 아르미니우스 등 게르만족 지도자들은 로마군이 유리한 조건에서 전투에 임하는 모험을 감수하려 하지 않았고, 로마 지휘관들 또한 지나치게 적을 몰아붙이려 하지 않았다. 9월 23일, 여전히 적지에 있던 로마군은 아우구스투스의 생일을 기념하여 백인대장들이 조직한 일련의 경마 시합을 한 뒤 라인강으로 철수했다. 바루스의 패배를 응징하거나 빼앗긴 군단기를 되찾지는 못했지만, 로마군이 적진으로 자

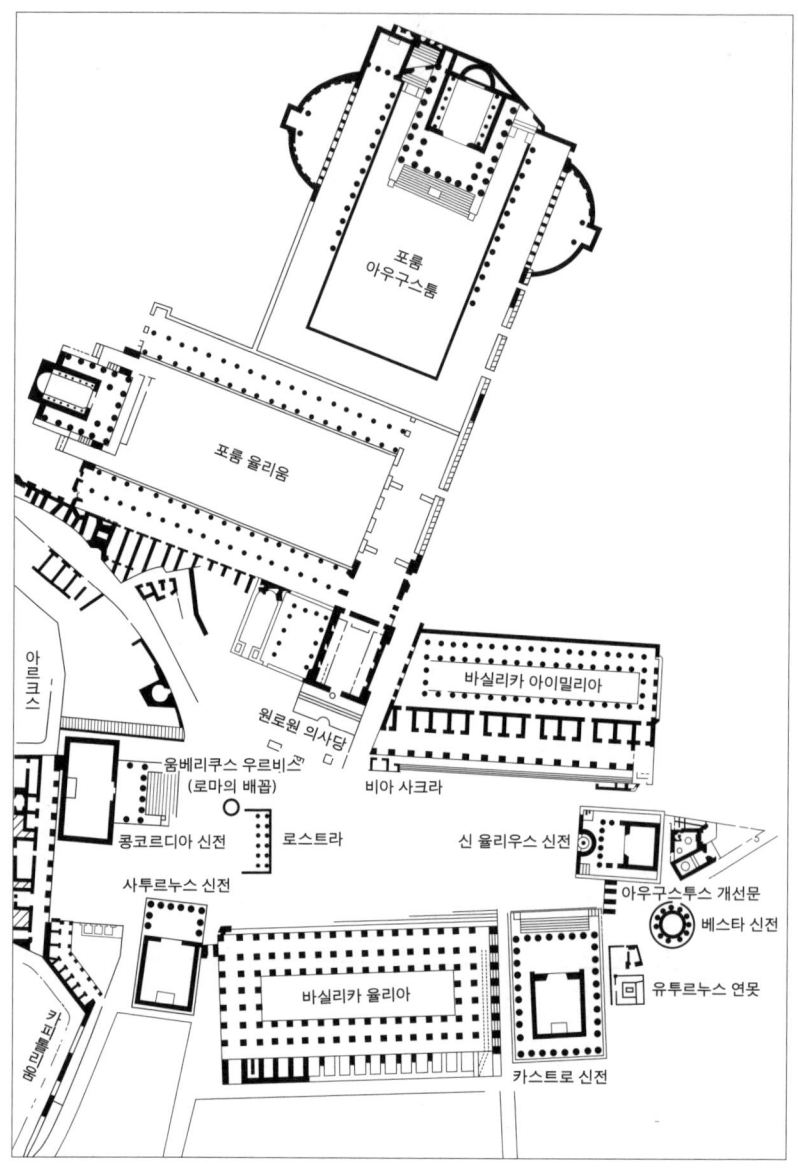

로마 도심, 기원후 14년

신 있게 진군했던 점으로 보아 적어도 전황은 로마군의 최종적인 승리로 기울고 있었음을 시사한다.[19]

계속되는 전쟁을 이끌면서 티베리우스는 더욱 자신의 가치를 입증하고, 또 공화국을 위해 헌신하는 의지와 자세를 보여주었다. 그는 매년 겨울 로마로 돌아왔으며, 기원후 9년 또는 10년부터는 아우구스투스와 나란히 두 집정관 사이에 앉아 원로원 회의를 포함한 공적 회의에 관례적으로 참석했다. 훗날 수에토니우스가 인용한, 아우구스투스가 티베리우스에게 보낸 여러 편지는 이 시기에 쓰인 것들로 보인다. 그가 발췌 인용한 편지 내용은 티베리우스를 향한 아우구스투스의 애정을 보여준다. '사랑하는 티베리우스여, 전쟁에 임하는 너의 태도를 칭찬할 수밖에 없구나. 그토록 많은 난관 속에서 사기가 떨어진 군대를 이끌면서도 너보다 더 신중하게 행동할 수 있는 사람은 없으리라, 난 확신한다.' '네가 쉴 새 없는 노고로 지쳐있다는 이야기를 들을 때, 너를 동정하는 마음에 내 몸도 함께 고통스럽지 않다면, 신들께서 나를 벌하실 것이다. 네가 아프다는 소식만으로도 네 어머니와 나는 쓰러지고 모든 로마인도 도탄에 빠질 것이니, 제발 네 몸을 아끼도록 하라.' '네가 건강하지 않다면 내 건강이 무슨 소용이겠느냐?' 그리고 언제나처럼, 다양한 인용구와 재치 있는 그리스어 문구들을 덧붙여 전하고 싶은 말을 강조했다.[20]

기원후 10년 1월, 티베리우스는 포룸에 복원된 콩코르디아 신전을 자신과 동생 드루수스의 이름으로 봉헌했다. 복원 비용은 게르마니아에서 얻은 전리품으로 충당했다. 아마 근래의 전쟁이 아닌, 이전의 성공적인 원정에서 얻은 전리품이었을 것이다. 일리리쿰 정복을 기념하여 티베리우스에게 수여한 개선식을 기원후 12년 10월 12일로 연기하면서, 개선식 날짜에 맞춰 그의 프로콘술 임페리움을 그가 전쟁 수행 중인 서방 속주를 넘어 제국 전역으로 확대했다. 아우구스투스는 게르만족의 반란을 진압한 공로로 다시 한번 임페라토르 칭호를 받았으나, 평소대로 개선식은 사양했다. 아우구스투스는 죽기 전까지 무려 스물한 번 임페라토르로 찬양되었다. 이는 로마 역사상 전무후무한 기록이었다. 게르마니쿠스는 발칸반도의 반란 진압으로 개선 휘장을 받았고, 기원후 12년 스물여섯 살의 나이에 법무관을 거치지 않고 곧바로 집정관이 되었다. 티베리우스의 친아들 드루수스는 기원후 11년에 재무관이 되어, 역시 이른 나이에 집정관직에 후보로 낙점되었다.[21]

게르마니아에서의 대참사 소식이 로마에 전해지기 전인 기원후 9년, 아우구스투스가 당면한 주요 과제는 결혼과 자녀 양육을 장려하는 법안 도입에 강력히 반발하는 여론을 달래는 것이었다. 대부분 법안의 취지에는 공감했지만, 미혼자와 자녀가 없는 사람들에게 부과되는 처벌 조항에는 반대했다. 무엇보다 그 처벌 조항이 가까운 가족 외의 인물로부터 유산을 상속받을 수 있는 길을 제한했기 때문이다. 과거에는 자녀가 없는 부유한 남성이나 여성들이 자신들이 사망하면 유산을 상속받을 수 있다고 기대하는 사람들과 쉽게 우호적인 관계를 맺을 수 있었다. 그러나 새 법안이 시행되면, 그런 식의 유산 상속이 까다로워질 뿐만 아니라 상속받을 가족이 없으면 사망자의 재산이 국고로 귀속될 수도 있었다. 게다가 법이 장려한 3명 이상의 자녀를 기르려면 상당한 경제적 부담도 따랐다. 특히 자녀들의 안락한 생활을 보장하는 데서 더 나아가 그들이 기사 신분이나 원로원 의원 신분을 유지할 수 있도록 하려면 더 많은 돈이 필요했다.[22]

이 법안에 가장 큰 이해관계가 걸린 사람들은 부유층이었으므로, 어떤 기념 경기가 열리던 중 한 무리의 기사들이 법안 철회를 강력하게 요구했다. 이에 대해 아우구스투스는 공개 회합을 열어, 게르마니쿠스의 다산多産 가족을 본보기로 제시하면서, 참석한 기사들을 자녀가 있는 사람들과 훨씬 더 많은 수의 자녀가 없는 사람들로 나누었다고 한다. 이 회합이든 다른 원로원 회의에서든 아우구스투스는 자신의 연설을 대독시켰다. 수년 동안 매해 1명의 재무관이 배정되어 아우구스투스의 연설을 대독했는데, 게르마니쿠스도 그 역할을 했다는 기록이 전해진다. 아우구스투스는 미래 세대를 양육해야 한다는 자신의 주장을 반복하며, 기원전 2세기에 있었던 유명한 연설을 길게 인용했다. 그 연설은 당시 원로원 의원들이 결혼하지 않거나 자녀를 충분히 낳지 않는 것을 질책하는 내용이었다.[23]

결국 아우구스투스는 법안을 일부 수정하는 것으로 양보하고, 그해 말 보궐 집정관들이 수정 법안을 원로원에 제출했다. 아이러니하게도 두 보궐 집정관 모두 미혼에 자녀가 없었다. 수정 후 법안인 파피우스 포파이우스 법lex Papia Poppaea과 수정 전 법안과의 명확한 차이는 후대 법학자들이 두 법을 혼용하면서 완전히 이해할 수 없게 되었지만, 당시 지배층은 수정된 법도 여전히 가혹하다고 여겼음에 틀림없다. 그러나 장기적으로 볼 때, 그 법도 기존 귀족 가문의 소멸을 막을 수는 없었는데, 이는 국가정책이 미흡해서가 아니라 국가가 통제할 수 없었던 높은 유아 사망률과 더 깊은 관계가 있었다. 그렇지만 그 법은 약간의 세수를 창출했고, 아우구스투스가 생각하는 로마인의 도덕적이고 충실한 생활 행태가 어떤 것인지를 강조하는 역할을 했다. 바루스와 그의 군단이 궤멸적인 패배를 당한 불안한 시기였으므로 더욱 중요한 의미를 지녔다.[24]

그렇지 않아도 힘든 시절이었는데, 엎친 데 덮친 격으로 기원후 12년에 심한 홍수가 발생하여 주요 축제 중 하나가 중단되는 일까지 있었다. 카이사르 아우구스투스는 이미 노년에 접어들어, 그가 없는 세상이 점점 더 현실로 다가오고 있었다. 그러자 로마인들, 특히 귀족들이 오랫동안 집착해 온 점성술이 더욱 기승을 부렸다. 이에 아우구스투스는 개인이 사적으로 점성술사나 예언가에게 미래 예측을 부탁하는 행위를 금지했다. 단체로 예언을 들으러 가는 경우에도 특정인의 죽음에 관해서는 묻지 못하도록 했다. 그러나 동시에 자신의 출생 시각과 그 시점의 별자리 정보를 공개하여, 점성술을 아는 사람이면 누구나 그의 운명을 예측해 볼 수 있도록 허용했다. 한편, 1년 전에 그는 기사들의 검투사 경기 출전을 금지한 법을 완화했다. 이미 여러 명이 법을 어겨 가며 검투사 경기에 참여하고 있었기 때문이다. 군중은 부유한 남성들이 자기들의 목숨과 사지를 내걸고 검투사로

등장해 싸우는 모습을 즐겼던 듯하고, 아우구스투스조차도 이를 흥미롭게 지켜보았다고 전해진다.25

그러나 프린켑스가 항상 개방적이고 관대하며, 법을 무시하는 태도를 애써 눈감아 준 것은 아니었다. 이 무렵, 티투스 라비에누스Titus Labienus가 저술한 책들이 압수되어 공개적으로 불태워졌다. 그는 갈리아 원정 당시 율리우스 카이사르의 부관이었지만, 기원전 49년, 폼페이우스 편에 섰던 인물의 손자였다. 그는 자신의 작품을 공개 낭독할 때, 특정 부분을 건너뛰며 그 부분은 자기가 죽은 후에 읽어 달라고 말하는 습관이 있었다. 그의 그러한 불길한 암시가 더욱 나쁜 징조로 보인 이유는, 그가 공공연히 여러 주요 공적 인물을 신랄하게 공격해 왔던 인물이기 때문이었다. 실제로 중상모략의 의도가 있었는지 아니면 돌이켜 보면 경솔했거나 불편한 과거의 행적을 상기시키려는 목적이었는지는 불분명하다. 말장난을 즐겼던 로마인들은 그를 그의 성 라비에누스와 발음이 유사한 단어인 'Rabienus', 즉 '광포한 자'란 별명으로 불렀다. 현재까지의 기록으로는 그가 아우구스투스나 그의 가까운 가족을 직접 공격한 증거는 없는 것으로 보아, 폼페이우스를 비롯한 율리우스 카이사르의 적들에 관해 호의적으로 기술했을 가능성이 크다. 라비에누스는 자신의 저작물이 불태워진 것에 분노해 스스로 목숨을 끊었다.26

라비에누스 못지않게 신랄하기로 유명했던 웅변가 카시우스 세베루스 Cassius Severus는 불탄 라비에누스의 글들을 모두 암기하고 있다고 자랑했다. 그는 법정에서 단호하고 극도로 공격적인 기소로 유명했고, 수사적 비방이란 오래되고 세련된 로마의 전통적인 방식으로 저명한 남녀를 모욕하는 소책자를 즐겨 썼다. 아우구스투스가 그의 주요 목표였을 가능성은 낮지만, 기원후 12년경, 아우구스투스는 기원후 6년에 개정된 '마이에스타스 법'에 따른 기소를 허용했다. 이 법은 로마라는 국가와 로마 인민의 '위엄'을 훼손하는 범죄라는 막연한 개념을 다루고 있었다. 특정 개인들을 대상으로 한 문서 및 구두 공격에 대해 이 법이 적용된 것은 이때가 처음이었다. 카시우스는 이 법에 따라 유죄 판결을 받고, 비교적 안락한 유배지인 크레타 섬으로 추방되었다. 티베리우스와 그의 후계자들은 황제에 대한 불충을 인지하기만 하여도 이를 징치懲治하기 위해 마이에스타스 법을 적극적으로 활용하였고, 그에 따라 관련 재판은 점점 더 빈번해졌으며 검열도 더욱 심해졌다. 후대의 시각으로 보면, 마이에스타스 법은 시간이 흐르면서 음험하게 악용된 것으로 보인다. 그렇지만 아우구스투스의 치하에서 모욕과 비방이나 난무했던 이유는 지배 계층들이 여전히 서로에게 적대감 품고 있었기 때문이고, 프린켑스와는 거의 또는 전혀 관련이 없었다는 점을 더욱 중요하게 주목해야 한다. 지배 계층 사이의 공직과 명예를 둘러싼 경쟁도 계속되었다. 기원후 11년, 법무관 후보로 출마한 16명의 역량이 우열을 가리기 힘들 만큼 비슷해 보이자, 아우구스투스는 이례적으로 그들 모두를 법무관으로 임용했다. 이후에는 다시 평소대로 1년에 12명을 선출했다.27

고령인 아우구스투스의 업무와 의례 부담을 줄이기 위한 추가 조치들이 취해졌다. 기원후 12년, 게르마니쿠스는 원로원에서 아우구스투스의 연설을 대독했는데, 그 연설에서 프린켑스는 원로원 의원들에게 더 이상 자신이 포룸에 도착하거나 떠날 때 공식적으로 인사하거나 배웅하지 말라고 요청했다. 또한, 원로원 의원들에게 자신의 집으로 찾아와 인사하는 횟수를 줄여 달라고 부탁했고, 과거처럼 그들의 집에서 자주 식사할 수 없음을 용서해 달라고도 부탁했다. 이듬해, 오랫동안 원로원 의견을 사전 수렴하는 역할을 해 왔던 프린켑스 자문단을 근본적으로 개편했다. 기존에는 추첨으로 뽑힌 원로원 의원들이 6개월 동안 자문위원으로 활동했으나, 그 대신 프린켑스가 직접 선발한 원로원 의원들이 종신 위원으로 임명되었다. 자문단의 권한도 더욱 강화되어, 자문단의 결정이 원로원의 모든 의결과 동등한 효력을 갖게 되었다. 분명 고령의 아우구스투스에게는 자신의 집에서 편안하게 많은 국정을 처리하는 것이 더 쉬웠을 것이다. 디오는 아우구스투스가 때때로 침상에 누워 회의를 진행했다고 전한다.[28]

이러한 변화가 가져온 명백한 결과의 하나로 티베리우스와 그의 아들들의 영향력이 더욱 커졌고, 이는 아우구스투스 사망 후의 권력 승계를 준비하는 계기로 작용했다. 그러나 이러한 변화의 과정에서 아우구스투스가 꼭두각시로 전락했다고 보는 것은 잘못이다. 그는 여전히 상당한 업무를 수행했고, 측근과 가족들의 조언을 받으며 중요한 결정도 내렸다. 노련하고 교활한 정치가의 면모도 여전했다. 기원후 13년, 군비 금고의 재원을 충당하기 위해 부과된 5퍼센트의 상속세에 대한 불만이 다시 커졌다. 아우구스투스는 이에 대한 대응책으로 원로원 의원들에게 군비를 안정적으로 확보할 방안을 직접 제안하라고 요청했다. 군비 확보는 항상 중요한 일이었지만, 당시는 게르마니아에서의 전쟁이 계속되고 있었던 만큼 더욱 절실했다. 티베리우스는 로마에 없었으므로, 아우구스투스는 게르마니쿠스와 드루수스에게 어떤 의견도 내지 말라고 지시했다. 그들의 의견이 아우구스투스의 입장으로 해석되는 것을 방지하기 위해서였다. 원로원은 군비 확보 방안을 논의한 후 몇 가지 제안을 서면으로 제출했지만, 어떤 제안도 현실적이지 않았다. 실행 가능한 대안 제시 없이 현행 제도를 반대하는 것에 그쳤을 뿐이었다. 그러자 아우구스투스는 상속세 대신 재산세를 부과하겠다고 발표하며, 관리들을 보내 모든 시민의 재산을 등록하도록 했다. 불안해진 원로원은 불확실한 새로운 세금 대신 기존의 상속세를 유지하는 편이 낫겠다고 서둘러 입장을 정리했다. 이에 프린켑스는 원로원이 현명한 결정을 내려주어 자신 또한 매우 기쁘다는 말을 전했다.[29]

기원후 13년, 아우구스투스는 자신이 관할하는 속주 통치권을 10년 더 연장받았다. 동시에 티베리우스도 마침내 동등한 권한을 완전히 부여받았으며, 몇 년 전부터는 아우구스투스가 앞면에 새겨진 주화의 뒷면에 티베리우스의 얼굴이 등장하기 시작했다. 두 사람은 또한 인구조사를 감독할 집정관 권한을 부여받아, 기원후 14년 5월에 완료하고 493만 7,000명을 시민으로 등록했다. 이는 아우구스투스가 처음 주관했던 기원전 28년의 첫 번째 인구조사보다 약 90만 명이 증가한 수치였다. 아우구스투스는 이러한 인구 증가를 로마인들에게 평화와 번영을 가져온 자신의 업적을 가시적으로 보여주는 상징으로 받아들였다. 안토니우스가 자결한 지 43년이 흘렀고, 아우구스투스는 일흔여섯 살이 되었다. 디오는 다가오는 변화를 암시하는 징조들에 관해 기록했다. 이러한 징조를 알리는 사건 중 하나는 경기 행사로 신들과 각종 상징물의 행진이 펼쳐지고 있을 때 어떤 미친 사람이 경기장에 난입하여 율리우스 카이사르의 업무용 공식 의자에 앉은 것이다. 또 다른 사건으로는 카피톨리움 언덕의 아우구스투스 조각상 받침대에 새겨진 이름 'CAESAR'의 'C'에 벼락이 떨어진 일이었다. 흥미롭게도 'AESAR'는 에트루리아어로 '신'을 의미했으므로 아우구스투스의 신격화가 임박했음을 암시하는 신호로 해석되었다. 수에토니우스에 따르면, 인구조사 완료를 기념하여 평소처럼 의식을 거행하던 중 독수리 한 마리가 아우구스투스 머리 위를 여러 차례 선회하더니 신전 페디먼트에 새겨진 'Agrippa'라는 이름의 첫 글자 바로 위에 앉았다고 한다. 5년 후 다시 인구조사를 할 때까지 로마 시민의 안녕을 기원하며 공식 맹세를 아우구스투스가 낭독하려던 찰나였다. 아우구스투스는 티베리우스에게 자기 대신 맹세하라고 지시하면서, 맹세의 기간이 끝나는 날 자신은 그 자리에 없을 것이라는 말을 남겼다.30

마지막 여정

그해 어느 시점에 프린켑스는 사르디니아 연안의 한 섬으로 장기간 여행을 떠났다고 한다. 포스투무스 아그리파가 그 섬에서 유배 생활을 하고 있었다. 그의 수행원은 전직 집정관 파울루스 파비우스 막시무스Paullus Fabius Maximus 단 1명뿐이었는데, 그는 그해가 가기 전에 사망했다. 학자들은 이를 아우구스투스가 진정으로 원했던 후계 구도가 무엇이었는지 사람들이 의심하도록 만들기 위해 조작된 이야기라고 일축한다. 그러나 아우구스투스가 오랜 기간 로마를 떠났다는 소문이 퍼졌다면, 그의 장기 여행은 개연성 있는 일이고, 어쩌면 실제로 장기로 여행을 떠났었을 수도 있다. 아우구스투스와 한때는 아들이기도 했던 그의 손자가 눈물 어린 재회를 했다는 이야기도 사실일 수 있다. 그러나 분명한 것은 두 사람의 만남이 아우구스투스의 향후 계획에 아무런 영향을 미치지 않았다는 점이다. 프린켑스는 전년도에 이미 유서를 작성하여 베스타 신전의 여사제들에게 맡겼고, 이를 변경하려는 시도는 없었다. 티베리우스를 그의 유산 중 3분의 2를 상속받는 주 상속자로 지정했고, 나머지 3분의 1은 리비아에게 주었다. 아그리파 포스투무스는 상속인으로 언급되지도 않았고, 게다가 그와 2명의 율리아는 아우구스투스의 영묘에 안장하지 말라고 명시하기까지 했다.[31]

그해 티베리우스는 인구조사를 수행하느라 줄곧 이탈리아에 머무르다가 여름이 끝나갈 무렵 일리리쿰 지역이 안전하고 안정되고 있는지 확인하기 위해 짧게 순방을 다녀오려 했다. 분명 수많은 탄원과 현지의 분쟁이 있었을 것이므로, 이를 처리하기 위한 순방이었을 것이다. 그 지역의 전반적인 평화가 위협받고 있다는 징후는 없었다. 일리리쿰은 필요한 일을 명예롭게 수행하고 겨울이 되기 전에 로마로 돌아올 수 있는, 적절한 거리 내에 있는 속주였다. 아우구스투스와 리비아가 그와 여정을 함께 시작해 베네벤툼Beneventum까지 갈 계획이었는데, 이는 프린켑스가 나폴리에서 개최되는 자신을 기리는 경기에 참석하기를 원했기 때문이었다. 일행은 남서쪽으로 이동하여 아스투라 항구에 도착했고, 그곳에서 배를 탔다. 순풍이 불었으므로 낮에만 항해하는 습관을 깬 것이다. 그날 밤, 선상에서 카이사르 아

우구스투스는 설사 증상을 보이며 복통에 시달렸다.32

특별히 심각한 증상은 아닌 듯하여, 남쪽 해안을 따라 계속 항해하여 카프리로 향했다. 그곳에는 아우구스투스의 별장, 화석 소장품이 있는 그 별장이 있었다. 주요 항구인 푸테올리Puteoli에 접근했을 때, 아우구스투스 일행의 배를 지나치던 알렉산드리아에서 온 상선의 선원들과 승객들이 마치 숭배자들처럼 아우구스투스를 맞이했다. 그들은 흰옷을 입고 화관을 쓴 채 향을 피우고 있었다. 아마도 안전하게 도착했음을 기념하는 의식을 벌써 올리고 있었던 듯하다. 그들은 열광적으로 카이사르 아우구스투스에게 외쳤다. "황제 덕분에 우리가 살고, 항해하며, 자유와 번영을 누립니다." 프린켑스는 크게 기뻐하며, 일행 모두에게 금화 40아우레우스aureus(1,000데나리우스 또는 4,000세스테르티우스에 해당하는 금액)를 하사하면서, 알렉산드리아산 물품을 사는 데만 사용하라고 지시했다.33

아우구스투스는 카프리에서 나흘간 휴식하며 회복하는 듯했다. 축제 분위기를 즐기고, 연회와 농담을 좋아했던 아우구스투스는 동료 로마인들에게는 그리스 의상을, 그리스인 친구들에게는 로마 의상을 나누어 주었다. 모두에게 그 옷을 입으라고 한 후, 로마인들은 그리스어로 말하고, 그리스인들은 라틴어로 말하라고 하며 놀이를 즐겼다. 카프리에 머물면서 아우구스투스는 현지 에페베스ephebese*들의 훈련을 흥미롭게 지켜보았다. 그 훈련은 오랫동안 그 지역에 정착한 그리스인들이 남긴 유산이었다. 젊은 청년들이 에페베이아ephebeia라 불리는 일종의 군사 훈련을 통해 체력을 단련하고 제식 연습을 마치면, 비로소 공동체 내에서 성인 시민으로 인정받았다. 아우구스투스는 그들에게 성대한 연회를 열어주었고, 과일과 과자 등의 상품이 적힌 표를 군중에게 던지며 연회를 즐겼으며, 청년들에게 자기를 조롱해도 괜찮으니, 우스갯소리를 해도 좋다고 말했다. 어느 날은 티베리우

---

* 고대 그리스, 특히 아테네에서 18~20세 사이의 젊은 남성을 지칭하는 용어임. (옮긴이)

스의 수행원 중 한 사람과 농담을 나누며, 자신이 막 지은 몇 줄의 시구를 마치 유명한 구절을 인용하는 듯 읊으며, 누가 쓴 시인지 알아맞혀 보라고 했다.

아우구스투스는 주기적인 설사 증상으로 계속 시달렸지만, 나폴리로 건너가 자신을 기리는 경기는 관람할 수 있었다. 이후 그는 티베리우스와 함께 베네벤툼까지 동행한 뒤, 그곳에서 서로 헤어졌다. 로마로 돌아오는 길에 그는 놀라에 있는 별장까지 짧게 이동했으나, 증상이 매우 악화하였다. 놀라의 별장은 아우구스투스의 친아버지가 세상을 떠난 곳이었으므로, 이 우연한 일치에 아우구스투스는 자기의 죽음이 가까웠음을 더욱 직감했을 것이다. 아피우스 가도를 따라 브룬디시움 항구로 향하고 있었을 티베리우스에게 곧 전갈을 보내 급히 돌아오라고 했다. 티베리우스가 아우구스투스 사망 전에 도착했는지는 사료에 따라 다르지만, 가장 상세하고 믿을 만한 설명을 하는 수에토니우스에 따르면, 티베리우스가 도착했고, 두 사람은 오랜 시간 단둘이서 국정을 논의했다고 했다. 그러나 티베리우스가 떠난 후, 수행원들은 아우구스투스가 중얼거리는 소리를 들었다고 한다. "아, 불행한 로마 인민이여, 저토록 굼뜬 턱에 씹힐 신세가 되고 말았구나."34

그 만남 이후 프린켑스는 더 이상 국정에 관해서는 이야기하지 않았지만, 진흙 벽돌로 만들어졌던 로마를 자신이 대리석으로 새로 만들었다고 자랑삼아 말했다. 이는 분명 로마의 물리적 재건뿐만 아니라, 그가 만들어낸 평화와 번영의 견고함을 의미했을 것이다. 그가 며칠을 더 버텼는지는 알 수 없다. 디오에 따르면, 아우구스투스는 정원에서 자신이 직접 가꾼 나무에서 딴 무화과만을 먹었다고 한다. 또한 리비아가 무화과에 독을 발라 아우구스투스에게 주었고, 자기는 멀쩡한 무화과만 먹었다는 소문도 함께 전한다. 이러한 이야기들은, 마치 아우구스투스가 티베리우스를 조롱했다는 주장처럼, 티베리우스가 극도로 인기가 없던 시기에 퍼졌던 것으로 보이며, 그다지 타당한 논거는 없다. 잦은 병치레를 했고, 고대 세계의 기준으로 볼 때 상당히 고령이었던 한 남성의 죽음을 자연사가 아닌 다른 원인으로 설명하려는 시도는 전혀 의미가 없다. 음식을 제대로 먹지 못해 쇠약해진 프린켑스의 심장은 결국 멈추고 말았을 것이다.35

수에토니우스는 아우구스투스 생의 마지막 날인 기원후 14년 8월 19일에 있었던 일들을 비교적 상세히 서술하고 있다. 정확한 출처가 어디인지는 알 수 없으나, 그의 기술은 진실에 가까운 듯하다. 적어도 이 기록은 훌륭한 황제가 어떻게 생을 마감해야 하는가에 대한 당대의 인식을 반영한다. 아우구스투스는 여러 차례 밖에 소란이 있는지 물었는데, 이는 시민들의 지나친 슬픔 표현에 대한 우려 때문이었거나, 혹은 불안이 퍼져 로마의 안정과 원활한 권력 계승이 위협받을까 염려했기 때문일 것이다. 자기 모습을 의식하여 노예에게 거울을 가져오라 하여 머리를 단정하게 빗겨 달라고 했고, 턱을 바로잡아 달라고도 했다. 토가로 머리를 가리고 죽어가던 율리우스 카이사르의 마지막 장면에 비하면 더 절제된 행동이었다. 그렇게 자기 행색을 살피고 친구 몇 명을 들어오라고 한 후, 그들에게 자신이 인생이라는 연극에서 맡은 역할을 잘 연기했느냐고 물었다. 그러고 나서 공연이 끝나고 무대를 떠나는 배우의 대사처럼 들리는 문구를 그리스어로 말하기 시작했는데, 인용한 문구이었을 수도 있고 그가 직접 지은 것이었을 수도 있다.

> 세 역할을 잘 연기한 제게 박수를 쳐 주시고,
> 무대에서 내려오는 저를 갈채로 보내 주시길.36

이 문구의 어조는 아우구스투스가 자신을 향한 세상의 인정과 갈채를 기대했다는 사실을 명확히 알려 준다. 생의 마지막 순간에 내비치는 인생의 회한은 담겨 있지 않으나, 아우구스투스가 그 문구를 읊음으로써 가장 성공적인 인생도 무덤에서 마무리한다는 아이러니를 인정했다는 디오의 지적은 옳아 보인다. 아우구스투스는 친구들에게 이제 나가도 좋다고 말했고, 그들이 나가기 전에 최근 로마에서 온 몇몇 사람에게 리빌라의 소식을 물었다. 리빌라는 티베리우스의 아들 드루수스의 아내로, 한동안 병을 앓았다.[37]

리비아와 가까운 수행원들만 남았는데, 아우구스투스가 40명의 젊은 이가 자신을 데려가려 한다고 소리치자, 약간의 소란이 있었다. 수에토니우스는 이 40명이 그의 시신을 운반한 근위대원의 숫자였다고 언급했는데, 아우구스투스 본인이 자신의 장례식을 위한 상세한 계획을 이미 세워 놓았으므로 그 생각을 떠올렸을 수도 있다. 그는 아홉 번째 시간, 즉 동이 트고 9시간이 지난 시점으로 늦은 오후나 이른 저녁에 리비아의 품에 안겨 그녀에게 마지막 입맞춤을 한 후 사망했다. 리비아에게 남긴 마지막 말은 "리비아, 우리의 결혼 생활을 기억해 주오. 잘 지내시오"였다.

임페라토르 카이사르 아우구스투스, 신성한 율리우스의 아들이자 '조국의 아버지'가 사망했다. 리비아가 후속 준비가 확정될 때까지 그의 사망 발표를 늦추었을 수도 있지만, 이 주장 역시 아우구스투스의 죽음을 둘러싼 더 큰 음모론의 일부일 수도 있다.[38]

아그리파와 드루수스를 포함하여 로마 밖에서 사망한 그의 가족들을 위해 마련되었던 장례 절차에 따라, 프린켑스의 시신도 마지막 여정이 남아 있었다. 로마로 출발하는 여정은 8월의 더위를 피해 그날 밤 시작되었고, 우선 놀라의 시 협의회 위원들이 시신을 정중히 운구하였다. 다음 경유지에 도착하면 공회당의 서늘한 장소에 시신을 안치하였다가, 밤이 되면 그곳 공동체의 지도자들이 다음 경유지로 운구하는 과정이 매일 반복되었다. 경유지마다 애도와 존경을 표하는 군중으로 넘쳐났다. 그들 중 아우구스투스의 치세가 시작되기 이전의 시대를 기억하는 사람은 거의 없었다. 알바 롱가 왕조의 옛 근거지로 로마 바로 남쪽에 위치한 보빌라이Bovillae에서 주요 기사 신분 인사들이 장례 행렬을 영접한 후, 로마 시내로 시신을 운구하여 팔라티움 언덕의 아우구스투스 저택 현관에 안치하였다.[39]

원로원은 아우구스투스를 기릴 최선의 방안을 논의했으나, 이전처럼 그와 가까운 가족들은 지나치다는 이유로 원로원의 제안을 대부분 거부하면서, 아우구스투스 본인이 미리 결정해 놓지 않은 장례 절차는 거의 수용하지 않았다. 귀족들의 장례식이 늘 그랬듯이, 아우구스투스의 장례식도 포룸에서의 집회로 시작되었다. 장례일은 9월 8일이었을 가능성이 있지만, 확실한 증거는 없다. 율리우스 카이사르의 장례식보다 훨씬 더 질서 정연하게 진행되었으나, 장례식이 열린 포룸과 율리우스 카이사르와의 깊은 연관성 때문에, 그의 아들 아우구스투스를 애도하러 온 모든 이들은 그 독재관도 함께 떠올렸을 것이다. 배우들이 전통에 따라 아우구스투스 조상들의 장례 가면을 썼으나, 일부는 로마 역사에 등장하는 위대한 인물들의 가면을 쓰고 그들의 휘장을 걸치기도 했다. 그중에는 폼페이우스도 포함되어 있었고, 포룸 아우구스툼 주랑에 조각상으로 모셔진 숨미 비리summi viri(가장 뛰어난 인물들) 중 많은 이들, 어쩌면 전부가 가장 위대한 로마인의 죽음을 기리기 위해 그곳에 함께 있었다. 카이사르 아우구스투스는 단순한 귀족 그 이상이었다. 로마의 '제2의 창건자'로서 로마에 평화와 번영을 다시 가져오고, 신들과의 관계를 올바르게 복원시킨 인물이었다. 그래서 살아 있을 때와 마찬가지로 죽어서도 그는 과거 로마의 모든 위대한 업적과 영웅적 지도자들과의 연관을 주장할 수 있었다.

율리우스 카이사르의 가면을 쓴 배우는 없었다. 왜냐하면 그는 이제 단순한 인간이 아니라 신이었기 때문이다. 그렇다고 해서 그를 소홀히 취급하거나 그에 대한 기억을 억누르려는 의도는 없었다. 티베리우스가 '신 율리우스 신전' 밖에 있는 공공 연설대에 올라 첫 번째로 추도사를 낭독했다. 그는 애도의 표시로 검은색 튜닉과 토가를 입고 있었고, 그와 같은 복장을 한 그의 아들 드루수스가 율리우스 카이사르와 아우구스투스가 개축한 '옛' 공공 연설대에서 두 번째 추도사를 읽었다. 사방 곳곳에 자리 잡은 기념비와 건축물에 아우구스투스를 기리는 각종 상징물이 보였다. 원로원 의원들이 참석했으며, 다음 해 공직 당선자들이 토가 없이 튜닉만 입은 채 아우구스투스의 시신을 마르스 평원으로 운구했다. 운구 행렬이 지나가는 길목마다 프린켑스의 영광을 기념하는 건축물들이 자리하고 있었다. 아우구스투스의 시신은 관 속에 감추어 놓았는데, 때가 늦여름이고 이미 여러 주가 지났으므로 보존 상태가 좋지 않아서였을 것이다. 대신 관 위로, 상아와 금으로 장식된 침상에 기대어 누운 개선장군의 모습을 재현한, 하나의 흠도 찾기 어려운 깔끔한 밀랍상을 올려놓았다. 아우구스투스의 황금상 2개도 장례 행렬 속에 있었는데, 하나는 그가 신축한 원로원 의사당에 있던 것을 원로원 의원들이 가져와 운반했고, 또 하나는 개선식 전차에 실려 운반되었다.[40]

마르스 평원에 준비된 장작더미 위로 관이 놓였다. 로마의 고위 사제들이 그 주위를 먼저 돌았다. 다음으로 기사 신분에서 선별된 인사들이 장작더미 주위를 돌았고, 그 뒤를 근위대원들이 따랐다. 일부 근위 대원은 율리우스 카이사르의 장례식에서처럼 자신들이 받은 무공 훈장을 관 위로 던졌다. 근위대 백인대장들이 횃불에 불을 붙여 장작더미 위로 던지자, 미리 잘 준비한 장작에 금세 불이 붙었다. 그 순간 프린켑스의 영혼이 승천하여 그의 아버지 곁으로 가서 신들과 함께하는 장면을 상징하듯, 장작더미 안에서 한 마리의 독수리가 하늘로 날아올랐다. 훗날 한 전직 법무관이 아우구스투스의 형상이 하늘로 올라가는 것을 자기 눈으로 똑똑히 보았다고 공개적으로 선서했다.[41]

노년의 리비아는 닷새 동안 그 자리를 떠나지 않았다. 아마도 임시 거처가 있었을 것이다. 그녀의 가족과 주요 기사 신분 인사들이 그녀를 곁에서 보살폈다. 닷새 후, 함께 있던 남자들이, 허리띠를 풀어 튜닉이 발목까지 늘어지게 한 채 맨발로 다가가 유해와 타고 남은 뼈를 모아 항아리에 담았다. 그리고 이 항아리는 아우구스투스가 거의 50년 전부터 건설하기 시작한 영묘, 마우솔레움으로 가져가 안치되었다.

맺음말 천천히 서둘러라

민주정은 분명 꽤 그럴듯하게 들리는 이름이다…. 군주정은… 듣기에는 다소 거북하나 살아가기에는 가장 실용적인 정부 형태이다. 그 이유는 여러 훌륭한 인물을 찾아내는 것보다 1명의 뛰어난 인물을 찾는 것이 더 쉽기 때문이다…. 군주정에서는 대다수 사람이 덕성을 갖추지 않아도 된다…. 번영한 민주정이 실제 있었다고 해도, 최상의 상태를 유지했던 기간은 아주 짧았다.

디오, 3세기 초[1]

아우구스투스는 '군대는 포상으로, 민중은 무료 곡물 배급으로, 전 세계는 평화의 안락함으로 유혹한 후, 점진적으로 원로원과 정무관들을 장악하고 입법권을 획득했다. 그를 막아선 자는 아무도 없었으니, 가장 용감한 인물들은 전장에서 이미 쓰러졌거나 공권 박탈의 희생자가 되었기 때문이다.

타키투스, 2세기 초[2]

아우구스투스의 장례 행렬이 로마로 향하는 동안과 장례식이 로마에서 진행되는 동안에는 공적 업무가 대부분 중단되었다. 다만 아우구스투스의 유언을 듣기 위해 원로원 회의가 소집되었다. 티베리우스와 리비아가 주 상속자로 지명되었고, 로마의 일반적인 관례대로 주 상속자가 먼저 사망할 경우를 대비해 그들보다 먼 친족들이 차순위 상속자로 지정되었다. 아우구스투스는 막대한 금액인 4,300만 세스테르티우스를 국고에 헌납했고, 시민과 병사 개개인에게도 포상금을 남겼다. 근위대 소속 일반 병사에게는 1,000세스테르티우스를, 준군사 조직인 시 보병대와 야간 순찰대 병사에게는 500세스테르티우스를 남겼고, 기원후 6년과 9년의 위기 상황에 모집된 군단병과 노예 신분으로 징집되어 해방된 병사들에게는 각각 300세스테르티우스를 지급했다. 군 장교들에게 지급된 금액은 이보다 훨씬 더 많았을 것이다. 아우구스투스가 이처럼 후한 보상을 군대에 베풀었다는 사실은, 궁극적으로 최고 권력은 군대의 배타적 충성을 유지하는 데 달려 있다는 점을 그가 확실히 인식했음을 보여준다. 열아홉 살에 처음 군사 지도자가 된 아우구스투스는 그 이후 단 한순간도 군사 지도자가 아니었던 적이 없었다.[3]

티베리우스는 마이우스 임페리움과 호민관 권한 등 아우구스투스가 가졌던 모든 중요한 권력을 이미 보유하고 있었다. 따라서 처음부터 자연스럽게 근위대와 로마 주둔 군대에 명령을 내리고, 속주 주둔군의 지휘관들에게도 서신을 보냈다. 실질적인 의미에서는 2명의 프린켑스가 해 오던 제국의 통치를 다시 1명의 프린켑스가 맡게 된 것이었다. 다시 말해 티베리우스가 이미 독자적인 권한을 가지고 있었으므로, 양자나 후계자로서 아우구스투스의 권력을 '상속'받은 형태의 권력 승계가 아니었단 뜻이다. 그러나 형식상 절차도 중요했으므로, 아우구스투스가 기원전 27년 1월 자신의 권력을 '내려놓고', 또 기원전 23년 7월 집정관직에서 사임한 뒤 원로원의 설득에 마지못해 공화국의 지도자로 추대된 것처럼, 티베리우스도 그의 권력을 그렇게 부여받고 싶어 했다. 그러나 두 사람은 매우 다른 성격을 지녔고, 티베리우스의 경우 그 과정이 매끄럽지 않았으며, 사전에 원로원과 잘 조율된 것 같지도 않다. 티베리우스의 어색한 태도와 지나치게 복잡한 수사적 스타일로 인해 많은 사람이 그의 진정한 의도를 파악하는 데 애를 먹었기 때문이다. 그러나 그 역시 깊이 애도해 마지않는 그의 아버지가 맡았던 모든 책임을 떠맡아 달라는 원로원의 요청에 결국 '설득'당했다.

9월 17일, 원로원은 아우구스투스를 신으로 선언했고, 그에 따라 티베리우스의 칭호는 마땅히 티베리우스 율리우스 카이사르 아우구스투스 디비 필리우스Tiberius Julius Caesar Augustus divi filius가 되었다. 아우구스투스의 유언에는 티베리우스가 반드시 '아우구스투스'라는 이름을 이어받아야 한다고 명시되어 있었으므로, 원로원은 표결로 이를 확정하려 하였다. 그러나 티베리우스는 원로원의 표결을 막아서며 아버지의 뜻을 따르고 그를 기리는 차원에서 아우구스투스란 이름을 사용하겠다고 주장했다. 마찬가지로, 그는 '조국의 아버지'라는 칭호를 자동으로 물려받는 것도 사양했다. 그러나 원로원이 최고 권력자로 추대했을 때 그가 짐짓 보였던 망설임과 마찬가지로, 그러한 겸손한 태도도 최고 권력을 장악하려는 그의 속내를 감출 수는 없었다. 생전의 아우구스투스에게 개별적인 권한을 부여받았을 때, 이미 그는 최고 통치자가 되겠다는 결심을 사실상 굳혔다.[4]

티베리우스 외에 실질적인 대안도 없었다. 아우구스투스의 사망 소식이 전해지지, 다뉴브강 유역에 주둔하던 일부 군단에서 반란이 일어났고, 곧이어 라인강 유역에서도 반란이 있었다. 반란의 원인은 권태, 복무 기간을 훨씬 넘기고도 계속 지연되는 전역, 가혹한 군율로 인한 불만에 더해 자신들이 충성을 맹세했고 자신들에게 급여를 지급했던 인물이 사라져 버린 세상에 병사들이 불안감을 느꼈기 때문이었다. 대체로 반란을 일으킨 병사들의 요구는 복무 여건을 개선해 주고 추가 특전을 당장 달라는 수준에 그쳤다. 라인강 유역의 로마 주둔군 사이에서 잠시나마 티베리우스를 대신

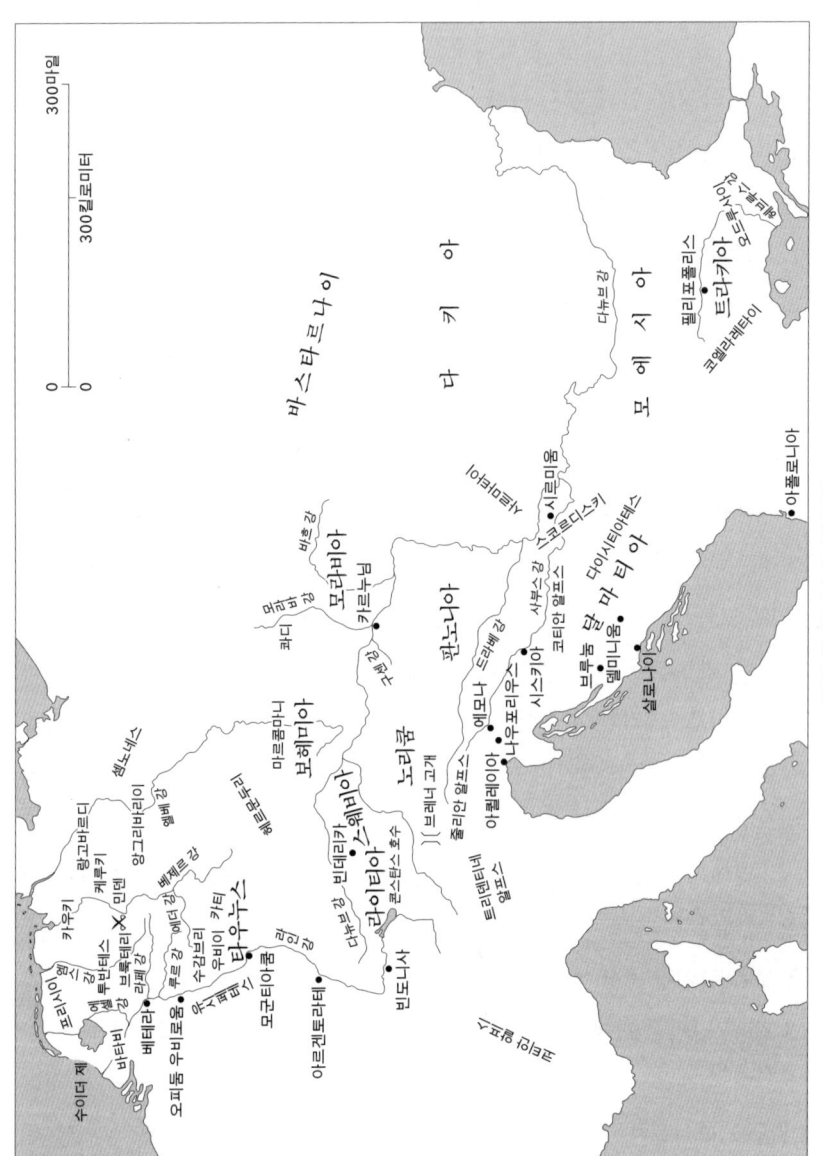

라인 강 및 다뉴브 강 국경

하여 자기들의 지휘관인 게르마니쿠스를 프린켑스로 옹립하자는 논의가 있었으나, 이는 곧 흐지부지되었다. 티베리우스의 양자 게르마니쿠스는 로마의 아들답게 아버지에게 충성했고, 내전이 재발하는 것을 진정으로 원하는 이들도 없었다.

아우구스투스가 사망하자마자, 근위대의 백인대장 1명이 아그리파 포스투무스가 유배된 섬으로 향했다. 그곳에서 백인대장은 아우구스투스의 손자를 살해했다. 전해지는 이야기에 따르면, 젊고 강건했던 포스투무스가 격렬히 저항했다고 한다. 백인대장 일행이 로마로 돌아와 자기들의 지휘관인 티베리우스에게 보고하자, 티베리우스는 자신은 그러한 명령을 내린 적이 없다고 강하게 부인했다. 새로운 프린켑스의 말이 진실이었는지는 알 수 없다. 당시에도 그리고 이후에도 줄곧, 티베리우스의 말은 거짓이며, 또 그가 아그리파 포스투무스의 죽음에 대한 책임을 리비아에게 돌렸다는 추측도 무성했다. 아우구스투스에게 책임이 있다고 생각하는 사람들도 있었다. 그렇다면 그가 내린 생의 마지막 명령이 '죽어야 한다moriendum esse'라는 것인데, 이는 한때 무자비했던 삼두를 다시 떠오르게 했을 것이다. 타키투스는 그러한 생각에는 회의적이었으며, 아우구스투스가 어떤 경우에도 가까운 친족을 살해한 적이 없었다고 주장했다. 아그리파 포스투무스의 죽음은 티베리우스의 잠재적 경쟁자가 제거되었음을 의미하므로, 그의 죽음에서 가장 즉각적인 이득을 본 사람이 티베리우스가 분명하지만, 누가 실제로 그 명령을 내렸는지는 영원히 알 수 없을 것이다. 그해가 가기 전에 티베리우스의 전 부인 율리아도 사망했는데, 그의 지시에 따라 더욱 가혹해진 그녀의 생활환경이 결국 그녀의 죽음을 앞당겼다.[5]

아우구스투스의 친인척들이 보인 심각하게 높은 사망률은 이후에도 몇 년간 계속되었다. 게르마니쿠스는 기원후 19년 동방 속주에서 사망했다. 그를 질투한 티베리우스나 리비아가 독살했다는 소문도 있었지만, 아마도 단지 불운의 또 다른 희생자였을 것이다. 드루수스는 기원후 23년에 사망했는데, 살해당했을 가능성이 높다. 범인은 그의 아내(게르마니쿠스와 클라우디우스의 누이이자 드루수스의 사촌)와 그녀의 연인이었던, 야심 많은 근위대장 루키우스 아일리우스 세야누스Lucius Aelius Sejanus였을 것이다. 세야누스는 계략을 꾸며 게르마니쿠스의 미망인과 그 아들들의 신뢰를 떨어뜨리는 데 일조했다. 율리아의 막내딸 아그리피나와 두 아들은 체포되어 추방당했고, 유배 생활 중 생을 마감했다. 리비아는 남편 아우구스투스보다 15년을 더 살았지만, 아들 티베리우스와의 관계는 점점 나빠졌다. 그녀는 기원후 29년, 여든여섯 살의 나이로 사망했으나, 티베리우스로부터 어떠한 영예도 받지 못했고, 손자인 클라우디우스 황제가 즉위하기 전까지 신격화되지도 않았다.

최고 권력에 오른 초기 몇 주 동안 티베리우스는 원로원 의원들에게 그의 통치를 보좌하는데 더 큰 역할을 해 달라는 말을 자주 했으나 실제로는 권력을 더욱 집중시키는 방향으로 행동했다. 그가 내린 첫 번째 결정은 민회의 투표권을 원로원으로 이관하는 것이었다. 이로써 투표장은 잘 장식된 공원 또는 공공 오락 장소로 전락했다. 아우구스투스가 자신이 낙점한 후보자들이 당선될 수 있도록 영향력을 행사한 것은 사실이지만, 그가 이끈 원수정의 긴 역사를 보면, 그가 낙점하지 않은 공직을 두고, 실제로 때로는 뇌물이 오가고 폭력이 개입되는 경쟁이 벌어지기도 했고, 유권자들이 그의 뜻과 다르게 투표하는 경향도 있었다. 그러나 티베리우스의 투표권 이관 조치에 실질적인 대중의 저항은 없었고, 원로원 의원들도 더 큰 유권자 집단 대신 동료 의원들의 지지만 확보하면 되는 상황을 선호했다. 다만, 이러한 투표 방식의 변화로 정무관의 자질이 더 좋아졌거나 더 나빠졌다는 증거는 없다.[6]

아우구스투스와 달리, 티베리우스는 속주 순방을 꺼렸으며, 로마에서 원로원 의원들과 기타 인사들을 일상적으로 만나는 일조차 점점 지겨워했다. 기원후 26년, 그는 로마를 떠났고, 이듬해부터는 카프리의 별장에서 기거하며, 그의 마지막 10년 동안 로마로 돌아오지 않았다. 기원후 14년부터 16년까지 게르마니쿠스는 라인강 유역에서 지휘관으로 지냈고, 로마로 소환된 후 다시 동방 속주로 파견되었다. 드루수스는 주로 로마에 머물렀고, 특히 게르마니쿠스가 사망한 후에는 그에게 중요 속주 순방 임무를 맡기려 하지 않았다. 대신 속주 순방은 각 속주의 총독들이 수행했고, 속주 총독들은 평소와 달리 오랜 기간 재임했으나, 그들에게 공격적인 전쟁을 수행하라는 지시는 없었다. 제국의 국경을 유지하라고 아우구스투스가 남긴 유지遺志는, 기원후 6년과 9년에 겪은 곤란에서 회복하기 위해 영토 확장을 일시적으로 멈추라는 의미였을 텐데, 티베리우스는 아우구스투스의 그 말을 평생의 지침으로 삼았다. 그 결과, 아우구스투스의 원수정 시절과 비교하면 군사 원정은 줄었고, 승리를 기념하는 공공 축하 행사는 훨씬 적어졌으며, 따라서 전리품을 이용한 새로운 기념물 건립도 거의 없었다. 티베리우스는 아우구스투스가 살아 있을 때보다 로마의 건축 사업과 오락 행사에 훨씬 적은 비용을 사용했다.7

이 시기에 관해 알 수 있는 사료는 주로 타키투스와 수에토니우스가 남긴 저술인데, 두 사람 모두 티베리우스가 복수심이 강하고 잔인했으며, 겉으로 드러나진 않았지만, 변태적 성향까지 있었던 인물이었다고 암시한다. 쉽게 말해, 약간 덜하긴 했어도 칼리굴라나 네로처럼 괴물 같은 인물이었다는 것이다. 현대 학자들이 일반적으로 이러한 편견을 배척하면서 티베리우스를 다소 관대하게 평가하는 경향이 없지 않지만, 그의 통치 기간이 대체로 평화와 안정의 시기였고, 특히 속주에서는 더욱 그러했다는 지적은 정확하다. 공격적으로 전쟁에 나서지는 않았지만, 대외 관계는 전체적으로 보아 성공적이었다. 아르미니우스는 게르마니쿠스에게 패배한 후에도 살아남았고, 로마와의 동맹이 깨지자, 로마인보다 마로보두우스를 공격 대상으로 삼았다. 아르미니우스에게 패한 마르코만니족의 왕 마로보두우스는 도망쳐 제국 내 어디선가 망명 생활을 했고, 그의 부족 연합은 붕괴되었다.

게르마니쿠스가 사망할 무렵, 아르미니우스도 그의 권력에 반감을 품은 부족장들에게 살해당했고, 그가 통합했던 부족들은 다시 분열되고 서로 적대적인 집단이 되어 뿔뿔이 흩어졌다. 이로써 로마의 개입 없이도 2명의 위험인물이 제거되었다. 라인강이나 다뉴브강 국경 지역에 그들처럼 카리스마 있는 지도자가 다시 등장한 것은 수 세대의 시간이 흐른 후였다.

23년간 제국은 대체로 안정적이었고, 국경 지대와 몇몇 속주에서 발생한 문제들도 잘 관리되었다. 이런 측면에서 티베리우스가 내린 결정들은 타당했던 것으로 보인다. 아우구스투스와는 달리 제국 순방을 하지 않았던 티베리우스의 선례를 좇아 그의 후계자 대부분도 제국 순방을 하지 않았고, 자신들을 대신하여 임무를 수행할 원로원의 고위급 인사를 파견하지도 않았다. 그러한 임무를 맡기기에 적합한 인물이 없었거나, 신뢰할 만한 친인척이 없었기 때문이었다. 여러 명의 프린켑스를 통한 제국 통치라는 아우구스투스의 발상을 실현하려는 시도도 종종 있었지만, 성공적인 경우는 더 드물었다. 이는 로마 제국의 향후 팽창이 제한된다는 의미였지만, 그다지 중요한 문제로 생각하지 않았던 듯하다. 과거 로마의 팽창 정책과는 매우 다른 심대한 변화였지만, 그러한 정책 변화가 정치 체제와 경제 및 사회에 미친 영향을 가늠하기는 어렵다.

더 심각했던 문제는 티베리우스가 공적 생활을 점점 멀리하는 것이었다. 그는 카프리로 찾아와 알현 기회를 기다리는 원로원 의원들과 제국 내외의 사절단들만 만날 뿐이었다. 즉위 초기 로마에 머물 때조차도 티베리우스는, 다른 누구도 믿고 싶지 않다는 듯 오직 세야누스만 신뢰하여, 갈수록 그에게 의존하는 정도가 심해졌다. 세야누스가 기사 신분 출신이었으므로 대단한 야망을 품을 가능성이 적다고 여겼기 때문일 수도 있다. 비슷한 출신 배경을 가졌던 아그리파도 아우구스투스의 도움을 받아 원로원 경력을 시작한 후 줄곧 매우 성공적인 장군이자 행정가임을 증명했다. 세야누스는 그런 것에는 관심이 없었지만, 그럼에도 불구하고 그의 역할은 단순한 근위대장을 훨씬 뛰어넘어 프린켑스의 가장 중요한 조언자로 빠르게 입지를 구축했다. 티베리우스가 로마를 떠난 이후로는 그를 만나려면 세야누스를 통해야 했다. 드루수스와 게르마니쿠스의 아들들은 제거되었고, 다른 저명한 인사들 역시 비슷한 운명을 맞았으므로, 다른 생각을 품을 만한 인물들도 없었다. 프린켑스에 대한 사소한 모욕에도 마이에스타스법을 자의적으로 해석하고 엄격하게 집행하며 대응했다. 기원후 31년, 티베리우스는 로마로 오지도 않았지만 집정관으로 취임했고, 세야누스를 공동 집정관으로 삼았다. 이후 그에게 프로콘술 임페리움까지 부여함으로써 그를 동료 프린켑스이자 후계자의 지위로 격상시키겠다는 모든 징후를 보였다. 그러나 마지막 순간 티베리우스는 마음을 바꾸었고, 세야누스는 체포되어 처형되었다. 이어진 피비린내 나는 숙청으로 수많은 로마 지배층이 희생당했다.

    티베리우스의 원수정은 원로원 의원들과 고위 기사 신분 사이에 공포 분위기를 조성하여, 내전과 공권 박탈로 얼룩진 과거의 기억을 떠올리게 했고, 그러한 분위기는 그의 후계자들이 통치할 때도 사그라지지 않았다. 아우구스투스 시대에 아주 대담하거나 무모한 음모가들을 제외하고는 로마의 지배층이 아우구스투스에게 반기를 들 수 없었던 부분적인 이유는 삼두정 시기의 공포를 이미 경험한 바가 있어서였는데, 그때 로마 지배층이 느꼈던 분위기와는 사뭇 달랐다. 아우구스투스는 국가 운영에 가장 중요한 인물들에 관해 알려고 노력했고, 존중하는 태도로 그들을 대하며 친하게 교류했다. 이와 대조적으로 사회적 교류에서 느끼는 어색함을 극복하지 못하고 결국 로마에서 멀리 떨어져 생활했던 티베리우스의 결정은 의도치 않은 여러 결과를 초래하여, 후대의 프린켑스들이 아우구스투스와 같은 편안한 통치 방식을 발전시킬 수 있는 여지를 없애고 말았다. 사료에 묘사되는 이 리비아의 아들은 나쁜 사람이었을 수도 있고 아니었을 수도 있지만, 적어도 이 점에서는 나쁜 프린켑스였다는 사실을 스스로 증명했다.

티베리우스의 통치 아래서는 군주정의 속살이 더 드러났고, 따라서 그를 둘러싼 궁정 내부와 궁정 사람들의 면모가 더 뚜렷해졌다. 세야누스가 군인이나 정무관으로서의 자기 재능을 입증한 바도 없이 오로지 프린켑스의 총애로 그처럼 높은 지위까지 올라갔던 사례가 이를 잘 보여준다.8

옥타비우스와 카이사르 그리고 아우구스투스

이 책은 아우구스투스의 후계자들이나 그들이 원수정이라는 권력 체제의 성격을 변화시킨 과정을 다루지는 않는다. 그러한 주제들은 그 자체로 방대한 논의가 필요하기 때문이다. 로마인들의 자체 평가는 아우구스투스가 모든 그의 후계자들보다 훌륭한 인물이었다는 것이었다. 아주 훗날 그들의 황제가 "트라야누스보다 더 훌륭하고melior, 아우구스투스보다 더 행운이 있기를felicior' 기원하는 것이 로마인의 전통이 되었는데, 이는 아우구스투스가 가까운 가족을 너무 일찍 잃은 것에 대한 아쉬움을 내비친다. 귀족들의 지도력에 바탕을 둔 공화정에 대한 향수와 애착은 브루투스와 카시우스를 찬양하는 형태로 종종 나타났지만, 원로원 의원들은 원수정의 실체에 대해 반감을 품지 않았고, 심각한 반대도 하지 않았다. 칼리굴라 황제가 살해된 후 원로원이 잠시 공화정 복귀를 논의한 바 있으나, 이내 그 논의를 접고, 대신 누구를 프린켑스로 추대할 것인지 고민했다. 원수정이 그런대로 작동한다고 모두가 일반적으로 인정했고, 불만이 있어도 미미한 수준에 그쳤다. 중요한 문제는 과연 황제가 좋은 품성을 지닌 훌륭한 통치자인가였으며, 황제에 관한 평가는 대내외 정책의 성공 여부와 원로원을 대하는 태도에 따라 결정되었다. 따라서 아우구스투스가 구축한 정치 체제는 도전받지 않았고, 아우구스투스 본인은 훌륭한 프린켑스 중 제일의 본보기가 되었다. 그의 성공을 이보다 더 명확히 보여주는 증거는 없다.9

그때나 지금이나 아우구스투스라는 인물에 관한 평가는 매우 어렵다. 너무도 다양한 면모를 보인 그를 쉽게 판단할 수 없기 때문이다. 그의 삶을 관통한 원동력은 야망이었다. 어느 시점엔가 그는 로마에서 으뜸가는 인물이 되기로 결심했고, 이후의 모든 행적은 그 목표를 향했다. 그 시점을 정확하게 단정할 수는 없지만, 율리우스 카이사르가 암살되기 이전은 아니다. 목표 달성을 위해 폭력도 주저 없이 동원해, 이후 수년간 살육과 공포정치를 일삼았고, 시류에 따라 적과 동지의 관계를 넘나들기도 했다. 모든 로마 귀족의 핏속에 흐르는 것이 야망이었지만, 아우구스투스처럼 기존의 관습에 전혀 얽매이지 않으면서, 영구적이며 도전받지 않는 최고 권력 획득을 공공연한 목표로 내세운 인물은 없었다. 그러나 아우구스투스가 '종신 독재관'으로서 그 어떤 로마인보다도 무수한 영예를 얻은 율리우스 카이사르의 후계자였다는 점도 기억해야 한다. 젊은 아우구스투스가 처했던 상황이 그가 보인 행동만큼 전례가 없긴 했으나, 적어도 그가 추구한 야망은 그가 속한 사회 신분의 전통에 깊이 뿌리를 두고 있었다.

자신의 야망을 숨기지 않고 거침없이 드러냈던 아우구스투스였지만, 최종적인 승리가 가까워질수록 적들에게 더욱 관대해졌다. 그가 베푼 관용은 율리우스 카이사르보다 더 계산적인 의도에서 비롯되었지만, 그렇다고 해서 거짓된 것은 아니었다. 특히 안토니우스와의 전쟁에서는 필요하다고 판단될 때만 적을 죽였으며, 물론 이는 자신의 주관적 판단에 따른 것이었고, 안전한 적이라고 여겨지면 기꺼이 용서했다. 그러나 초기에는 그렇지 않았던 듯, 적에게 거의 또는 전혀 자비를 보이지 않았다. 이상하게도, 가능하면 언제든 용서하기로 결심한 사람이 자동적으로 베푸는 자비보다 살인을 멈춘 살인자의 자제심을 더 감사히 생각하는 경향이 있다. 율리우스 카이사르의 적들은 그가 베푸는 관용을 어떻게 받아들여야 할지 몰랐다. 악티움 해전 이후, 아우구스투스는 다른 로마인들을 거의 죽이지 않았다. 반란을 일으킨 자들이나 반란 혐의를 받은 자들은 예외적으로 처형하였지만, 그 경우에도 대규모 숙청은 없었다. 그가 보여준 관용과 절제가 그의 선택이 아닌 누군가의 강요에 의한 것이었다고 시사하는 자료는 전혀 없다. 그러한 그의 태도는 정치적으로도 현명한 결정이었는데, 자신감 있고 우호적인 지배층과 잘 지내는 편이 훨씬 수월했기 때문이다. 그러나 그의 후계자 중 일부는 아우구스투스보다 훨씬 더 기꺼이 처형 명령을 내렸고, 그러고도 오랫동안 권좌를 유지하기도 했다. 실용적인 판단에 근거했는가를 떠나, 아우구스투스가 보인 관대한 행동은 그의 선택에서 비롯된 것임이 분명하므로, 그가 젊은 시절 보여준 잔혹성을 비판하는 것만큼 그의 절제와 관용도 높이 평가해야 할 것이다.

아우구스투스에게 처음부터 깊은 계획이나 장기 목표가 있었던 것 같지는 않고, 자신이 언젠가 창조할 통치 체제를 초창기부터 미리 구상했다는 암시도 없다. 초기 그의 활동은 오로지 권력을 장악하고 적들을 물리치는 당면한 목표에 집중되었으므로, 그 밖의 일에 관해 신경 쓸 여유는 없었을 것이다. 이 시기 아우구스투스는 자신과 율리우스 카이사르와의 연관성을 선전하고, 그의 업적을 찬양하고, 그의 암살자들을 응징하면서, 동시에 자신을 위해 권력을 장악했다. 이후 기원전 30년대에 접어들면서, 아우구스투스는 공공선에 더 큰 관심을 보여, 로마의 기념물과 기반 시설을 보수하고 추가로 건설했으며, 로마의 식량 공급 체계를 규율하기 시작했다. 물론 정치적으로 현명한 행보였지만, 악티움 해전 이후에도 이런 방식으로 꾸준히 헌신했다는 사실은, 그런 행보가 당장의 인기를 얻으려는 욕심 때문만은 아니었다는 걸 방증한다. 무자비하게 권력을 추구했던 아우구스투스였지만, 일단 권력을 장악하고 난 후에는 식량과 물의 공급, 도로 체계, 각종 행정관직, 로마 및 이탈리아 그리고 속주들의 행정 등 모든 일이 제대로 작동되게 하려고 무진 애를 썼다. 오래된 신전을 보수하고, 새 신전을 짓는데 아낌없이 자원을 투자한 것은 과거에 로마를 위대하게 만들었고, 또 미래에 로마를 위대하게 만들 수 있는 신들과의 관계를 적절히 복원하겠다는 의도에서 비롯되었다. 내면 깊은 곳에 자리 잡은 그의 진정한 성품을 알 수 없듯이, 이처럼 다양한 정책을 펼쳤던 그가 내심으로는 어떤 생각을 했는지는 알 수 없지만, 적어도 그는 무언가를 하는 자기모습을 대중에게 보여주고 싶어 했고, 아마도 그러한 바람은 진심이었을 것이다. 이와 유사하게 로마 지배층의 행실과 도덕을 개선하기 위한 그의 노력은, 그들의 방탕한 생활이 공화정 후기의 혼란을 불러온 당연한 원인이 되었고, 따라서 더욱 도덕적인 행동이 국가에 더 큰 행운을 가져오리라는 일반적인 믿음에 근거한 것이었다.

대중의 눈에는 어떻게 비추어졌는지 모르겠으나, 아우구스투스는 무자비하게 권력을 추구했고, 일단 장악한 권력은 놓치려 하지 않았다. 권력을 향한 야망은 분명 성공한 모든 정치 지도자의 특징이다. 물론 그다지 성공하지 못한 많은 지도자도 야망은 있을 것이다. 그러나 아우구스투스는 그 권력을 공공선을 위해 행사했다. 국가가 다시 제대로 기능하도록 열심히 일했고, 그가 이룬 평화와 안정을 바탕으로 로마 제국은 전례 없는 번영을 누렸으므로, 그는 분명 성공한 통치자였다. 기본적인 생활수준을 비교해도, 그가 이끈 원수정 아래에서 살았던 사람들이 그 이전 몇 세대의 사람들보다 더 나은 삶을 살았다. 해결책들이 종종 혁신적이긴 했지만, 아우구스투스는 주로 전통적인 사회 문제에 관심을 가졌다. 율리우스 카이사르를 포함해 이전의 여러 권력자도 그러한 문제들을 해결해 보려 시도했지만, 아우구스투스만큼 철저히 문제 해결에 나선 인물은 없었다. 그 과정에서 공공선을 위해 일하는 자신의 모습을 대중에게 확실히 알리려 노력했는데, 그 정도의 홍보나 자기선전을 하지 않은 로마 정치인은 없었을 것이다. 개인과 공동체 전체에 호의를 베풀어 그들이 자신에게 부채 의식을 느끼도록 만들었고, 그에 따라 흔히 그렇듯 사적 이익과 더 큰 공공의 이익이 구분되지 않고 서로 엮이기도 하였지만, 그 동기가 무엇이든 간에 그가 훌륭하게 통치했다는 사실은 바뀌지 않는다.

그의 지위는 점진적으로 상승했다. 사실상 군사력을 독점한 기원전 30년부터 그는 현대적 의미의 군사 독재자였지만, 그러한 칭호는 의식적으로 쓰지 않으려 했다. 그의 법적 지위가 어떤 전체 계획에 따라 점진적으로 변화한 것 같지는 않다. 법적 지위가 변할 때마다 사전에 신중하게 고려하고 철저히 준비한 후 실행에 옮겼지만, 시행착오도 있었고 이를 통해 수정하기도 했다. 해가 갈수록 그의 이름과 초상은 공적 생활의 모든 분야와 사적 생활의 많은 부분에까지 침투하고 확산했다. 아우구스투스는 로마 제국만큼 큰 땅덩이에서는 이전까지 볼 수 없었던 방식으로, 제국의 곳곳에 구석구석 존재했다. 그처럼 높은 위상에는 속주들과 국경 너머에서 끊임없이 밀려오는 사절단을 응대하고 청원을 접수해야 하는 부담이 따를 수밖에 없었다. 그렇지만 수많은 청원 중 일부는 자신이 직접, 또는 가까운 동료나 친척을 통해 처리함으로써, 여러 개인과 공동체, 특히 호의를 베풀어 준 이들의 충성심을 확보했다. 그 대가로 아우구스투스는, 종종 그 중요성이 일부 지역에 국한되는 문제까지도 포함하여, 수많은 사안을 이해하고 판단하기 위해, 매일, 매시간을 일하며 보내야 했다.

종국에 가서는 인기 많은 지도자가 된 카이사르 아우구스투스이지만, 군사 독재자로서 국가 통치권을 장악한 인물이라는 사실을 감출 수는 없다. 그가 거둔 성공은 기원전 1세기 로마 공화국의 혼란 덕분에 가능했던 것으로, 그 이전 시대에는 상상할 수 없는 일이었다. 브루투스와 카시우스가 필리피 전투에서 승리했다면, 아우구스투스가 섹스투스 폼페이우스나 안토니우스와의 전투에서 전사했다면 또는 그가 여러 번의 병치레 중 사망했다면 등등을 가정하고 그 이후 발생했을 일을 추정하는 시도는 거의 의미 없는 일이다. 물론 열성적인 역사 애호가들의 식후 대화 소재로는 아주 흥미로울 수 있겠지만, 너무도 풍부한 상상력이 동반되어야 하므로, 역사 논의로는 가치가 없다. 아우구스투스는 승리했고, 고령에 이르기까지 살았다. 그가 그렇게 하지 못했다면, 또는 그가 선택한 통치 방식과 달리 통치했다면 무슨 일이 일어났을지 우리는 결코 알 수 없다.

마찬가지로, 우리는 우리가 살고 있는 현대와 아우구스투스가 살았던 시절을 등치하여 성급히 비교해서는 안 된다. 오늘날 많은 서구 민주주의 국가의 핵심 바탕을 이루는 여러 제도적 장치가 무력해지는 현상은 로마 공화정 말기 수십 년간 지속되었던 상황을 연상시킨다. 당시 원로원 지도자들은 서로 경쟁에 몰두하느라 모두가 알고 있는 심각한 문제에 대처하지 못했다. 이러한 점들이 현재와 유사하게 보일 수도 있지만, 훨씬 더 많은 부분이 다르다. 로마 공화정은 정치가 극도로 폭력화되면서 훨씬 더 심각한 상황에 처해 있었다. 로마 공화정이 겪은 운명은 아무리 오랫동안 성공적으로 유지되었던 정치 체제도 타락과 붕괴의 위험으로부터 자유로울 수 없다는 점을 우리에게 상기시켜 주지만, 우리가 그러한 주제에 천착하려면 훨씬 더 많은 연구와 논의가 필요하다. 물론 로마 공화정의 운명이 현대에도 반복될 가능성은 있지만, 그것이 불가피하다고 믿을 이유는 없다. 아직 우리는 현대판 율리우스 카이사르나 아우구스투스가 등장할 만한 상황에까지 이르지 않았고, 이 점을 우리는 다행스럽게 여겨야 한다. 율리우스 카이사르와 아우구스투스는 재능과 역량을 보여주었지만, 내란의 와중에 수천 명을 죽음에 이르게 하는 명령을 내린 인물도 바로 그들이다. 목적이 모든 수단을 정당화한다고는 생각하지 않는다면, 그들이 이룬 공功은 반드시 그들이 끼친 과過와 함께 평가되어야 한다. 군벌이나 독재자의 기준으로 볼 때, 두 사람은 예외적으로 효율적이고 자비로운 인물들이었다고 말할 수 있다. 대부분은 그들보다 훨씬 더 가혹하고 잔인했다.

아우구스투스는 공권 박탈 명단에 서명한 인물이면서도, 동시에 원로원이 수여하려 했던 수많은 영예를 과도하다며 거부한 인물이기도 했다. 남의 아내를 빼앗아 결혼한 아우구스투스는 그녀에게 평생 충실했으면서도 수많은 불륜을 저질렀고, 그러면서도 전통적 도덕과 결혼의 덕성을 설파하기도 했다. 그는 자기 딸과 손녀, 손자를 추방했으면서도 다른 이들에게는 가정을 꾸려야 한다고 말했다. 젊은 시절 그는 법과 관례를 어기고 사병을 모집하여 정당하게 선출된 집정관에 맞섰지만, 후에는 법을 제정하고 그 법을 지켰다. 그의 인생에서 일관된 흐름이 있다면, 대체로 나이가 들어가면서 행동과 품성이 좋아졌다는 것이다.

아우구스투스가 보인 여러 모순되는 모습과 행동이 사실인 것처럼, 그가 결국은 동료 로마 시민들을 살해하면서 최고 권력을 쟁취한 군사 지도자였고, 누구도 그의 군사력을 능가할 수 없었기에 최고 권력을 유지할 수 있었다는 점 또한 사실이다. 조국의 아버지로 찬양받은 원숙한 정치가이자, 평화롭게 살 수 있고 항해할 수 있도록 해 주었다며 알렉산드리아에서 온 선원들로부터 노년에도 환호를 받았던 프린켑스는, 끝까지 군대를 장악해 오직 자신에게만 충성하도록 만들었다. 그가 생전에 이룩한 모든 업적은 군사 지도자로서의 성공에 기초한 것이란 사실을 잊어서는 안 된다. 하지만 군사 독재자로서 카이사르 아우구스투스는 절대 나쁜 지도자는 아니었으며, 적어도 자신의 입지를 확고히 한 후에는 훌륭한 통치를 펼쳤다는 점을 부인해서도 안 된다. 여러 모순에 찬 역할을 했지만, 그래도 그의 연기는 충분히 갈채를 받을 만한 것이었다.

부록 1

원로원 의원의 공직 경로(쿠르수스 호노룸 Cursus Honorum)

로마의 공직자는 군사적 책임과 민간 행정을 겸하였다. 남성들은 일련의 선출직 정무관이 되면서 경력을 쌓았다. 아우구스투스가 여러 정무관의 책임과 중요도를 변경하였으므로, 그의 출생 당시와 사망 당시의 공직 경로를 살펴보면 도움이 된다.

원로원 의원의 공직 경로, 기원전 63년 당시

최소 나이	정무관	인원수	책임/역할
			이론상 10년간 군복무 필요. 대개 천인대장으로 복무하거나, 친척 또는 가문과 연이 닿는 속주 총독의 참모 역할로 대신 하기도 한다.
30	재무관 quaestor	20	로마와 속주에서의 재정 관리. 속주 총독에게는 수석 부관으로 1명의 재무관이 배속되었다. 재무관은 자동으로 원로원 의원으로 등록되었다.
	호민관 tribunus plebis	10	평민에게만 개방된 공직으로, 자원자 중에서 선출되었다. 호민관은 신변불가침권을 가졌으며, 평민을 보호하는 역할을 했다. 정무관이 내리는 모든 조치에 거부권을 행사할 수 있었으며, 민회에 법안도 제출할 수 있었다.
36	조영관 aedile	4	자원자 중에서 선출했고, 두 자리는 평민에게 할당되었다. 일부 연례 축제의 감독, 곡물 공급 관리 그리고 공공 기록 보관소 관리 등 로마에서 행정 역할을 맡았다.
39	법무관 praetor	8	사법 및 행정 기능을 수행했으며, 로마의 주요 법정을 관장했다. 임기 1년이 끝난 후에는 보통 속주 총독(프로프라이토르 또는 종종 프로콘술)으로 파견되었다.
42	집정관 consul	2	공화국 최고위 정무관, 1년 임기 중에는 로마에 머물렀으며, 매월 교대로 선임 집정관이 되었다. 대개 민회에 법안을 제출했다. 임기가 끝나면 대개 주요 속주 총독(프로콘술)으로 임명되었다.
	감찰관 censor	2 5년마다	보통 전직 집정관들이 맡았다. 명망 있는 직책으로, 시민들과 그들의 재산을 기록하는 인구조사와 원로원 명부 검토를 담당했다.

술라는 공직 경로를 수정하고, 최소 나이 요건을 다시 설정했다. 다음 표에 명시된 나이는 각 공직에 출마할 수 있는 최소 나이였다. 호민관을 제외한 모든 공직의 임기는 1월 1일에 시작하여 12월 31일에 끝났다. 호민관은 12월 10일에 임기를 시작했다.

원로원 의원의 공직 경로, 기원후 14년 당시

최소 나이	정무관	인원수	책임/역할
10대 후반	비긴티비라투스 vigintivirate	20	로마에서 행정 업무 보조.
20대 초반	천인대장	24	이집트에 주둔한 군단을 제외하고, 로마의 각 군단에는 원로원 가문 출신의 수석 천인대장이 배치되었다. 한동안 아우구스투스는 2명의 천인대장에게 보조군 기병대의 공동 지휘를 맡겼다.
25	재무관	20	재정 관리 역할은 축소되었고, 원로원 관할 속주에만 배속되었다. 로마에서 집정관을 도와 원로원 회의를 준비했고, 공공 기록 보관소를 관리했다.
	조영관*	6	경기 주관, 곡물 공급, 공공 기록 보관소 관리 등의 책임은 없어졌으나, 다른 행정 기능은 계속 수행했다.
	호민관*	10	거부권과 민회에 법안을 제출할 권리는 잃었지만, 여전히 시민들의 고충을 접수하고 법적 소송에 참여할 수 있었다.
30	법무관	12	주요 법정을 관장하는 사법 기능을 수행했고, 축제와 경기 주최 책임도 맡았다.
	군단 대관 legatus legionis	약 22명	이집트 주둔군을 제외한 각 군단의 지휘를 맡았다.
	프로콘술	약 10명	원로원 관할 속주의 총독.
42 (33)**	집정관	2***	최고위 정무관으로, 민회에 법안을 제출하고 원로원 회의를 주재할 수 있었다. 실제로는 두 집정관 사이에 앉은 아우구스투스와 티베리우스에 의해 그들의 역할은 가려졌다.
	대관 총독 provincial legate	약 9명	이집트 속주와 유대 지방처럼 작은 속주를 제외한 황제 관할 속주의 총독. 이들 속주에는 하나 이상의 군단이 주둔했다.

* 평민 출신자는 조영관직이나 호민관직을 의무적으로 맡아야 했다. 세습 귀족은 두 공직은 맡지 않아도 되었다.
** 공식적으로는 술라가 정한 최소 나이 42세는 법적 요건으로 남아 있었다. 그러나 실제로는 33세의 하한선도 자주 적용된 것으로 보인다. 일반적인 현상이었는지 아니면 특정인에게만 나이 요건을 면제해 주었는지는 명확하지 않다.
*** 때때로 선출된 집정관이 임기 중 사망하거나 사임할 경우, 보궐 집정관을 임명했다.

부록 2

예수 탄생일

나사렛 예수의 탄생일과 당시 정황은 전적으로 복음서 기록에 의존한다. 예수의 탄생을 언급한 복음서 이외의 기록은 훨씬 후대에 등장하는데, 그러한 기록마저도 분명 복음서의 영향을 받았던 것으로 보인다. 어쩌면 전적으로 복음서에 의존했을 것이다. 예수의 십자가 처형이 일찍부터 여러 사료에서 언급되는 것과 대조적인데, 속주에서 태어난 누군가의 탄생을 그리스나 로마에서 기록할 이유는 없었기 때문에, 특별히 놀랄 만한 일은 아니다. 명성이 자자한 로마인들에 관한 출생 정보조차 전혀 없거나 모호한 경우도 종종 있다. 율리우스 카이사르의 출생일도 정확히 알 수 없다. 기원전 100년이 그의 출생 연도일 수 있지만, 수에토니우스와 플루타르코스가 쓴 그의 전기 중 시작 부분이 전해지지 않으므로 이 또한 최선의 추측일 뿐이며, 일부 학자들은 기원전 102년이라고 주장하기도 한다. 아우구스투스의 탄생과 관련된 이야기들도 훨씬 후대에 그가 중요한 인물이라는 사실이 널리 알려진 이후에 비로소 기록되었다.[1]

복음서 중에서는 마태오복음과 루카복음만이 예수의 탄생을 기술한다. 직접적인 증거는 거의 없지만, 통상 이 두 복음의 저작 시기는 기원후 1세기 마지막 사분기로 추정된다. 그러나 그 이후에 또는 그 이전에 쓰였을 수도 있다고 말해야 공정할 것이다. 두 복음보다 더 일찍(아마도 10년 정도) 쓰였다고 여겨지는 마르코복음은 예수의 탄생을 묘사하지 않고, 네 복음서 중 가장 마지막에 쓰였다고 인정되는 요한복음도 마찬가지이다. 복음서는 당시의 역사를 기록하려 했던 저작이 아니라 신학적 메시지를 전달하기 위한 수단이었다는 점을 기억해야 한다. 따라서 복음서는 예수의 삶 중 신학적 측면에서 중요한 시기만을 기술했고, 예수 생전의 다른 사건들 역시 그 목적에 도움이 되는 경우에 한해서 기록했다. 예를 들어 예수의 어린 시절에 관한 내용은 전체적으로 매우 적고, 사역을 시작하기 전 그의 성인 시절에 관해서도 전혀 언급이 없다. 역사가나 전기 작가는 그러한 종류의 세부 사항에 관해 가능한 한 여러 맥락과 배경까지 포함하여 알고 싶어 하지만, 복음서의 저자들은 그런 부분에 신경 쓰지 않았다. 비교하자면, 로마의 주요 인물들 경우에도 그들의 정치적 위상이 높아지기 이전의 삶을 기록한 자료는 거의 없다는 것이다. 따라서 정확성을 크게 염두에 두지 않은 것으로 보이는 복음서 저자들의 부분적 기술을 근거로 이론을 세우려면 매우 신중해야 한다는 점을 우선 지적해 두고 싶다.

마태오복음 2장 1절은 예수가 헤롯왕의 통치 시기에 탄생했다고 확실히 말한다. 루카복음 1장 5절은 세례 요한이 헤롯왕 생전에 출생했다고 구체적으로 명시하는데, 이를 통해 예수도 같은 시기에 탄생했다는 사실을 암시한다. 헤롯왕은 기원전 4년에 사망하였으므로, 예수는 그 전해나 전전해인 기원전 6~5년 사이 어느 시점 또는 기원전 4년 초에 태어났을 가능성이 높다. 또한 기원전 7년의 별자리 위치가 조로아스터교 점성가들에게 매우 특별한 의미를 지녔을 거라는 주장이 제기되었는데, 이는 마태오복음에 등장하는 동방 박사들의 정체에 관한 가장 유력한 설명일 것이다. 그래서 그해를 예수의 탄생 연도로 제시하기도 한다. 이 주장의 진위를 판단할 자격은 내게 없다고 생각하지만, 제시된 연도들 모두, 예수의 십자가 처형이 폰티우스 필라투스Pontius Pilatus가 총독이던 기원후 26~36년 사이 어느 시점에 있었던 사실과 연결하면 예수의 출생 연도와 대략 맞아떨어진다.

그런데 이 경우에는 루카복음 2장 1~2절이 문제가 된다. 널리 알려진 것처럼 '그 무렵 아우구스투스 황제에게서 칙령이 내려, 온 세상이 호적 등록을 하게 되었다. 이 첫 번째 호적 등록은 퀴리니우스가 시리아 총독으로 있을 때에 실시되었다'라고 기록하고 있기 때문이다. 앞서 언급했듯이, 모든 속주에서 인구조사를 하고 세금을 부과한 단일 칙령이 있었다고 기록하는 사료들은 없다. 아우구스투스가 그러한 단일 칙령을 내리지 않았다고 단정할 수 있다는 의미는 아니지만, 오직 이 루카복음의 기술에 기대어 단일 칙령이 있었다고 받아들이는 데는 신중해야 한다는 뜻이다. 루카가 로마 제국의 조세 행정 체계를 정확히 기술하려고 주의를 기울였다고 믿을 이유는 없다. 게다가 오늘날도 자신이 사는 국가의 세금 제도 전반을 이해하는 사람이 거의 없는 것처럼 루카가 당시의 조세 제도를 이해하고 있었다고 믿을 이유도 없다. 분명한 사실은, 아우구스투스 통치 아래에서 로마 제국의 조세 체계가 정부의 여러 제도들과 마찬가지로 정비되었다는 점이다. 이러한 정비 과정의 일환으로 대부분, 어쩌면 모든 속주에서 한 차례 이상의 인구조사를 실시하고 개개인의 납세 능력을 평가했을 것이다. 대부분 속주에서, 적어도 로마의 통치를 직접 받는 속주에서 이러한 목적의 인구조사는 처음으로 시행된 것이었고, 이는 로마 시민과 그들의 재산만을 대상으로 했던 전통적인 로마의 인구조사와는 달랐다.

유대 지방 사람들은 푸블리우스 술피키우스 퀴리니우스(루카복음에서 '퀴리니우스'로 지칭된 인물)가 주관한 인구조사를 오랫동안 기억했고, 거기에 깊은 반감을 품어 봉기까지 일으켰다. 지금의 논의에서 더 중요한 점은 그 인구조사가 기원후 6년에 시작되었다는 사실이다. 이 시기는 헤롯왕의 아들 아켈라우스가 축출되고, 시리아 대관 총독이었던 퀴리니우스의 주도로 유대 지방을 로마의 직할 속주로 편입시킨 때였다. 따라서 우리는 마태오복음과 루카복음이 기술하는 예수 탄생 시기가 서로 직접 모순된다는 걸 발견한다. 더 나아가, 루카복음 1장 5절과 2장 1~2절은 서로 상충한다. 이 모순을 조화시키기 위해 여러 정교한 이론들이 제시되었으나, 어느 것도 만족스럽게 설명하지 못한다. 기원후 6년의 인구조사보다 약 10년 앞서 인구조사가 실시되었다는 주장은 너무 많은 추측에 의존한다. 그 시점은 헤롯왕이 아직 살아 있을 때고, 퀴리니우스가 시리아 총독직에 있었다고 기록으로 확인된 기간보다 이른 시점이기도 하기 때문이다. 헤롯왕 사망 당시의 시리아 대관 총독은 푸블리우스 퀸틸리우스 바루스였는데, 기원전 9년부터 시리아 총독이었던 가이우스 센티우스 사투르니누스의 뒤를 이은 그는 기원전 6년에 이미 시리아 총독이었다. 이 연도들은 티베리우스가 로도스 섬에 체류했던, 기록이 제대로 남아 있지 않은 시기와 일부 겹치지만, 정확한 기록으로 보인다. 아우구스투스 시대에는 한 사람이 같은 속주의 통치권을 두 번 보유하는 것이 불가능하지는 않았지만(이후에는 이런 경우가 드물어졌다), 몇 개월의 짧은 임기로 근무하지 않았다면 퀴리니우스가 헤롯왕의 생전에 시리아 총독이었던 상황은 상정하기 어렵다. 퀴리니우스가 그 시기에 시리아 속주 주변에 있었을 수는 있으나 갈라티아 총독이었을 수도 있고, 당시 그 지역을 순방했던 가이우스 카이사르를 수행했을 수도 있다. 하지만 그가 인구조사에 관여했다는 증거는 없다.[2]

유대인 역사가 요세푸스는 퀴리니우스가 주관하여 유대 지방에서 시행한 기원후 6년의 첫 번째 인구조사를 대단히 충격적인 사건으로 기억한다. 이보다 이른 시기에 로마가 직접 시행한 인구조사가 있었을 것 같지는 않다. 우리는 아우구스투스의 원수정 시기인 기원전 27년, 기원전 12년 그리고 기원후 14년, 갈리아 지방에서 여러 번의 인구조사가 있었다는 것을 알고 있지만, 갈리아는 로마가 직접 통치하는 속주였지, 피위임 통치 왕국은 아니었다. 안타깝지만, 피위임 통치 왕국 전반에서, 특히 유대 왕국에서 어떻게 조세 체계가 작동되었는지 그리고 그 체계가 로마의 조세 행정과 어떻게 연계되었는지 알려진 바는 거의 없다. 헤롯왕이 세금 부과액을 조정할 수 있었다는 점으로 보아, 아마도 나름의 인구조사를 통해 인구수와 재산을 평가하는 체계가 있었던 듯하다. 그러나 그러한 인구조사가 얼마나 자주 시행되었고 어떻게 작동했는지, 예를 들어 조사 대상 인구가 자기들의 출신 공동체에 등록했는지에 관해서는 알려진 내용이 없다.[3]

루카복음 2장 3~5절은 요셉과 그의 약혼녀 마리아가 갈릴리의 나사렛에서 유대 지방의 베들레헴으로 여행한 이유가 인구조사에 등록하기 위해서였고, 그래서 마리아가 베들레헴에서 아들을 낳았다고 기술한다. 메시아가 태어났다는 사실이 중요했으므로, 마태오복음 2장 1절은 예수가 베들레헴에서 태어났다고 간단히 진술할 뿐, 베들레헴이 요셉과 마리아의 평소 거주지가 아니었다는 점도 설명하지 않고 인구조사에 대해서도 언급하지 않는다. 앞서 말했듯이, 이러한 기술이 모순적이라고 생각할 필요는 없다. 복음서 저자들은 그들이 기술하는 사건을 둘러싼 역사적 맥락은 상세히 설명하지 않고, 대신 독자들에게 중요하다고 생각하는 사건을 간추려 전달했기 때문이다. 요셉과 마리아는 헤롯 왕국의 관리들이 시행한 일정 형태의 인구조사에 등록하기 위해 베들레헴에 가야 했을 것이며, 그 인구조사는 세금 부과와 관련되었을 것이다. 그리고 당시 유대 지방 사람들은 그들의 통치자로 헤롯왕을 내세웠고, 또 그를 왕위에 머물게 한 카이사르 아우구스투스에게 자기들이 세금을 낸다고 생각했을 수도 있다. 로마라는 국가와 프린켑스 그리고 헤롯왕과 같은 피위임 통치자 사이에 존재하는 법적 관계의 정확한 성격(학자들의 방대한 연구에도 불구하고 확실한 증거 자료가 없어 실질적인 성과가 거의 없는 연구 주제이다)이 어떻든 간에 그런 일이 있고 나서 한 세대 이상 지난 후 당시의 사람들이 그렇게 생각했다면 그것 역시 이해할 만한 일이다.[4]

이들 모두 가능한 이야기이지만, 여전히 추측에 불과하다. 1세기 후반의 관점에서 인구조사라 하면 자동적으로 그 유명했던 퀴리니우스의 인구조사를 떠올렸을 것이다. 기원후 6년의 인구조사와 그 이전의 인구조사가 직접적으로 연관되었다고 믿기는 훨씬 더 어렵다. 다만, 기원후 6년의 인구조사는 헤롯 왕조 시기에 확립한 조세 제도를 바탕으로 했을 가능성이 매우 높다. 그리고 이는 다시 하스모니아Hasmonea 왕조 시기의 조세 제도에서 비롯되었을 것이다. 프톨레마이오스 왕조 시대의 이집트와 로마 통치 아래의 이집트 사이에 상당한 연속성이 있었듯이, 다른 지역도 마찬가지였을 것이다. 두 복음서 저자 모두 예수가 헤롯왕 통치 마지막 몇 년 사이에 태어났다고 믿었기 때문에, 우리는 다시 예수의 탄생 시기를 기원전 6~5년쯤이라고 추정하게 된다. 요셉은 이 시기에 시행된 인구조사에 등록하기 위해 베들레헴으로 갔을 것이며, 마리아를 데리고 간 것은 명령에 의했거나 본인의 선택이었을 것이다. 마태오복음에 의하면 두 사람은 베들레헴에서 얼마 동안 머물렀던 것 같다. 동방 박사들이 나타났다는 주장은, 제국 밖, 아마도 파르티아 왕국의 중심부에서 왔음을 암시하는데, 많은 파르티아 상인이 유대 지방을 왕래했다는 점을 고려하면 충분히 가능하다. 마찬가지로 그 가족이 유대 지방에서 이집트로 피신했다는 마태오의 주장도 충분히 이해된다. 이집트, 특히 알렉산드리아에는 매우 큰 유대인 공동체가 있었기 때문이다.[5]

그럴듯하다고 해서 확실하다는 의미는 아니다. 결국, 우리는 두 복음서에 등장하는 짧은 언급이 제공하는 빈약한 정보만을 가지고 있고, 당시의 유대 지방과 그리고 로마와의 관계에 관한 충분한 추가 정보가 없으므로, 예수 탄생 연도에 관한 복음서의 기술을 입증하거나 반박할 수 없다. 이 점을 고려해 확고한 입장을 견지하지 않는 편이 현명한 처신이 될 것이다. 필연적으로 이러한 성격의 주제는 아우구스투스와 같은 인물의 생애에 관한 단순한 기술보다 훨씬 더 감정적인 반응을 불러일으키고, 특히 성경

기록에 대한 고증은 일반적인 역사 고증에 비해 매우 다른 기준이 적용되는 경향도 있기 때문이다. 마태오복음 2장 16~18절에 기록된 헤롯왕이 베들레헴에서 어린 남자아이들을 살해하라고 명령한 영아 학살 사건을 예로 들어보자. 이는 날조된 이야기라는 주장이 자주 제기된다. 더 정확히는 이 사건을 언급하는 다른 사료가 존재하지 않는다고 말해야 한다. 루카복음에는 이 이야기가 등장하지 않으며, 헤롯왕의 통치에 관해 비교적 상세하게 다루고 있는 기원후 70~80년대의 역사가 요세푸스도 그 사건을 언급하지 않았다. 요세푸스는 헤롯왕의 통치 기간에 있었던 수많은 살인 사건들을 기록하고 있는데, 그중에는 그의 가족 구성원이나 예루살렘 귀족들이 희생된 경우도 많다. 그런 점에서 마태오복음에서 언급된 영아 학살 이야기가 헤롯의 성격과 동떨어진 것이라고 보기는 어렵다. 그럼에도 일부 학자들은 그 이야기가 헤롯왕이 자기에 대한 음모를 꾸몄다는 혐의로 자기 아들들을 처형한 실제 사건에서 영감을 받아 조작된 것으로 보려고 한다. 이러한 이론들은 베들레헴이 예수의 탄생지로서 가지는 신학적 중요성을 지적하는 다른 이론들과 마찬가지로 고려할 가치는 있지만, 입증하기는 쉽지 않다. 마찬가지로 어떤 일이 가능하다는 진술이 그 일이 실제로 일어났다는 걸 의미하지는 않는다. 이 책의 나머지 부분에서처럼 우리가 가진 증거의 한계를 인정하는 것이 중요하며, 일반적으로 고대사가 그렇듯이 아우구스투스의 생애도 여러 측면에서 조망할 수 있기 때문에 그의 생애를 규명하는 작업에 대해서 절대적 확신은커녕 상당한 확신을 가지기도 어렵다는 점을 기억하면 좋을 것이다.[6]

용어 해설

개선 휘장Ornamenta triumphalia(오르나멘타 트리움팔리아): 아우구스투스가 개선식을 대신하여 승전 장군에게 수여한 승리의 '장식품'이다. 기원전 19년 이후에는 그의 친인척 외에 아무에게도 정식 개선식을 수여하지 않았다. 대신 승리를 거둔 속주 총독들에게 이 영예를 주었다.

개선식triumphus(트리움프): 전쟁에서 승리를 거둔 장군에게 원로원이 수여하는 대규모 축하 행사. 각종 의식을 치렀던 로마 도심의 큰길 비아 사크라를 따라 승리의 전리품과 포로들을 전시하면서 행진한 후, 포획한 적장을 처형하는 의식을 연출하며 대미를 장식했다. 승전 장군은 유피테르의 신상神像과 같은 의복 차림으로 전차를 타고 이동하였으며, 노예 1명이 그의 머리 위로 승리의 월계관을 들고 있었다. 이 노예는 그 승리의 장군에게 인간임을 잊지 말라고 속삭이는 역할을 했다 한다.

군단legio: 원래 징집levy을 의미하는 용어였으나, 이후 로마의 주력 군대 단위를 가리키는 말이 되었다. 아우구스투스 시대에 이론상 일개 군단 병력은 4,800~5,000명으로, 480명으로 구성된 보병대 10개를 합쳐 편성했다. 그러나 원정 시 실제 군단 병력은 이보다 훨씬 적었고, 내전 중에는 특히 그러했다.

군사 금고Aerarium militare: 기원후 6년 아우구스투스가 군비를 지원하여, 특히 병사들의 급여와 전역 상여금을 충당하기 위해 설립한 일종의 군비 조달청이다. 아우구스투스가 사재를 털어 초기 자금 대부분을 출연했지만, 이후 필요 자금 충당을 위해 인기 없는 상속세를 도입했다.

근위대Praetorian cohort: 근위대원은 군단병 중에서 신중히 선발하여 훌륭한 장비로 무장시킨 병사들이었다. 장군들은 각자 1개의 근위대를 보유할 수 있었는데, 내전의 와중에 삼두는 부하 장군들의 근위대를 인수하여 다수의 근위대를 거느렸다. 악티움 해전 이후, 아우구스투스는 자신의 경호를 위해 9개의 상설 근위대를 만들었다. 이 시점에 로마에는 상설 근위대를 위한 병영은 없었고, 3개 근위대만 상주했다.

글라디우스Gladius: 라틴어로 '검'을 의미하며, 일반적으로 글라디우스 히스파니엔시스gladius hispaniensis(히스파니아 검)를 지칭한다. 몸 옆에 차는 로마 군단의 표준 칼로 기원후 3세기 이후까지 널리 쓰였다. 고품질 강철로 제작되었으며, 베는 용도로도 사용되었지만 주로 찌르기 공격용이었다.

기병대Ala: 알라는 보조군 소속 기병대를 말하여, 그 규모는 군단 보병대와 대략 비슷했다.

기병대장Magister equitum(마기스테르 에퀴툼): 공화정 시대 독재관의 수석 부관으로, 전통적으로 기병대를 지휘했다. 당시에는 독재관이 말을 타는 것을 허용하지 않았다.

기수Aquilifer: 은이나 금으로 도금된 독수리 조각상을 막대기 위에 올린 군단의 깃발aquila을 들고 다니던 기수를 말한다.

나우마키아 아우구스티Naumachia Augusti: 나우마키아는 기원전 2년 아우구스투스가 일종의 오락 행사로 개최한 유명한 해전이다. 땅을 파 특별히 만든 인공 호수에서 약 30척의 전함과 수천 명의 해병이 참여했다.

노멘클라토르Nomenclator: 접근하는 시민들의 이름을 주인에게 속삭여, 주인이 그들을 친숙하게 맞이할 수 있도록 특별히 훈련된 노예. 보통 유세하는 정치인을 수행했다.

독재관Dictator: 극심한 국가 위기 상황에서 임명되는 독재관은 6개월 동안 절대적인 군사 및 민사 권한을 행사했다. 이후, 술라와 율리우스 카이사르와 같은 내전의 승자들이 이 호칭을 사용하며 영구 권력 획득의 기반으로 삼았다.

레가투스Legatus(복수: legati): 임페리움을 자기 이름으로 보유하지 못하고 위임받아 행사하는 부관을 의미한다. 레가투스는 선출직이 아니라 정무관이 임명했다. 아우구스투스 시대에는 두 종류의 레가투스가 있었는데, 군단을 지휘하는 레가투스 레기오니스Legatus legionis와 속주를 통치하는 레가투스 아우구스티Legatus Augusti였다.

로스트라Rostra(공공 연설대): 포룸 로마눔에 있는 연설대. 원로원 의사당과 그 주변 지역을 재정비하여 포룸 율리움과 연결하려 했던 율리우스 카이사르의 계획에 따라, 아우구스투스가 재건축한 공공 연설대이다. 또 하나의 공공 연설대는 포룸 로마눔의 반대편, 신성한 율리우스의 신전 옆에 건설되었다. '로스트라'라는 이름은 포획한 적군 전함의 충각을 연설대에 전시했던 관행에서 유래되었다.

릭토르Lictor: 고위 정무관의 공식 수행원으로, 정무관의 사법권과 처벌권(사형 및 신체형)을 상징하는 파스케스를 들고 다녔다. 집정관은 12명의 릭토르가 수행했고, 독재관은 24명의 릭토르가 수행했다.

마우솔레움Mausoleum(영묘): 악티움 해전 이전부터 건설하기 시작한 아우구스투스의 기념비적 무덤으로, 고대 세계 7대 불가사의 중 하나인 카리아Caria 왕 마우솔루스의 유명한 무덤에서 이름을 따 명명했다.

발리스타Ballista: 팔 모양의 두 축을 이용한 비틀림 투석기로 상당한 정확도로 화살이나 돌을 발사할 수 있었으며, 다양한 크기로 제작되었고, 주로 공성전에서 사용했다.

백인대centuria(켄투리아): 로마 군대의 기본을 이루는 하위 단위 부대로, 백인대장이 지휘했고, 보통 80명으로 구성되었다.

백인대장centurio: 로마군 역사에서 중요한 의미를 지닌 장교 계급의 하나로, 원래 켄투리오는 80명으로 구성된 백인대를 지휘했다. 군단의 최선임 켄투리오는 프리무스 필루스primus pilus로 불렸으며, 엄청난 지위를 가진 직책으로 임기는 단 1년이었다.

법무관Praetor: 매년 선출되는 정무관으로 공화정 시대에는 중요도가 떨어지는 속주를 통치했고, 소규모 전쟁도 지휘했다.

벡실룸Vexillum: 십자형의 막대기 위에 장착한 사각형 깃발인 벡실룸은 장군의 위치를 표시하는 데 사용되었으며, 또한 파견 부대가 군기로 삼아 들고 다니기도 했다. 장군의 벡실룸은 일반적으로 빨간색이었던 것으로 보인다.

보병대cohors: 군단의 기본 전술 단위로, 80명의 백인대 6개가 모여 1개 보병대를 구성했으므로, 1개 보병대의 병력은 총 480명이었다.

보조군Auxilia: 공화정 말기에 비시민권자를 모집하여 구성한 군대를 말하며, 지원 임무를 수행했으므로 보조군auxiliaries으로 불렸다.

사이프타Saepta(투표장): 마르스 평원에 있는 투표 구역으로, 다양한 민회의 선거가 이루어지는 장소였다. 율리우스 카이사르가 재건축을 시작하여 아그리파가 완성했다.

삼두Triumvir(트리움비르): 기원전 43년, 안토니우스, 레피두스, 옥타비아누스는 호민관이 제안하고 평민회Concilium plebis가 통과시킨 티티우스 법에 따라 트리움비리 레이 푸블리카이 콘스티투엔다이triumviri rei publicae constituendae(국가 재건을 위한 3인 위원회)로 임명되었다. 이 삼두정 체제에서 이들은 우선 5년간 독재관의 권한을 부여받았다.

세기제Secular Games, ludi saeculares: saeculum(100년 또는 110년)을 단위로 새 시대의 시작을 기념하는 종교 축제. 기원전 17년 아우구스투스가 이 '주기'를 기념하는 제사 행사를 개최했다. 주기는 인간의 수명보다 긴 기간이어야 했다.

소개선식Ovatio(오바티오): 약식으로 진행하는 소개선식으로, 오바티오에서는 승전 장군이 전차 대신 말을 타고 도심을 행진했다.

수부라Subura: 비미날리스 언덕과 에스퀼리누스 언덕 사이의 계곡으로, 좁은 거리와 빈민가로 악명 높았다.

순찰대Vigiles(비질레스): 기원후 6년, 아우구스투스가 창설한 7개 순찰대는 로마의 소방대 겸 야간 경찰이었다. 행정 구역 개편으로 탄생한 로마의 14개 구역 중 2개 구역을 각 순찰대가 담당했다.

스코르피오scorpio: 화살을 발사하는 경량 투석기로 로마군이 야전과 공성전 모두에서 사용했다. 긴 사거리와 뛰어난 정확도를 가졌고 어떤 형태의 갑옷도 관통했다.

시 보병대cohortes urbanae: 로마에서 경찰 기능을 담당하게 할 목적으로 아우구스투스가 3개의 시 보병대를 준 군사 조직으로 창설했고, 시 행정관이 지휘했다. 티베리우스의 지휘 아래 하나의 시 보병대가 갈리아의 루그두눔에 주둔했던 사실로 보아, 아우구스투스가 그곳에 있던 주화 제조창 경비를 위해 네 번째 시 보병대를 창설했을 가능성도 있다.

시 행정관praefectus urbis: 아우구스투스가 부활시킨 고대의 직책으로, 보통 전직 집정관이 맡았다. 로마의 행정을 조율하고, 로마 주둔 3개 보병대를 지휘했다.

시그니페르Signifer: 백인대의 깃발을 들고 다니는 기수.

아우구스투스의 평화 제단Ara Pacis Augustae: 아우구스투스 시대의 예술을 가장 잘 보여주는 위대한 건축물이다. 기원전 13년 아우구스투스의 로마 귀환을 기념해 원로원 의결로 그에게 부여한 영예로, 기원전 9년에 봉헌되었다. 내전의 종식과 외적들을 물리친 승리로 얻은 평화를 주제로 한 작품이다.

아욱토리타스Auctoritas: 로마 원로원 의원의 위신과 영향력, 군사적 업적을 통해 아욱토리타스를 강화했다.

아이네이스Aeneis: 시인 베르길리우스가 지은 12권의 서사시로, 그가 사망한 후 발표되었다. 발표 즉시 라틴어 운문으로 쓰인 가장 위대한 작품으로 평가받아, 교육용 기본 교재로 채택되었다. 트로이가 멸망하자, 트로이인 아이네아스가 일행과 함께 트로이에서 탈출하여 이탈리아에 정착할 때까지의 여정을 담고 있다. 그리하여 그의 후손들이 후에 로마를 건국한다.

에퀴테스Equites(단수: eques): 에퀴테스, 즉 '기사' 신분은 인구조사에서 가장 높은 재산 요건을 충족하는 집단이었다. 그라쿠스 형제가 이들이 법정 배심원으로서 공적 임무를 수행하도록 했는데, 당시 극도의 논란이 있었다. 원로원에서 독자적인 신분을 형성한 시기는 아우구스투스 치세 때였다.

에페베Ephebe: 그리스 도시 국가의 청소년 남성들은 국가의 감독 아래 경기장에서 훈련받았다. 주로 신체 단련이 목표였지만, 종종 구체적인 군사 훈련도 포함되었다.

원로원 비상 의결Senatus consultum ultimum(세나투스 콘술툼 울티뭄): 국가 보호를 위해 필요한 모든 일을 할 수 있는 권한을 정무관들에게 부여하는 원로원 비상 의결. 기원전 63년 카틸리나, 기원전 49년 율리우스 카이사르에게 대항하기 위하여 채택하였고, 마지막으로 기원전 19년 에그나티우스 루푸스의 반란을 진압하기 위해 의결했다.

원로원 의사당Curia(쿠리아): 원로원 의사당은 포룸 로마눔 북측에 위치했으며, 전통적으로 로마의 왕들이 건설했다. 술라가 복원했지만, 클로디우스의 장례식 중 화재로 소실되었다. 독재관이었던 율리우스 카이사르가 새 원로원 의사당 건축을 시작해 아우구스투스가 완공했고, 쿠리아 율리아Curia Julia라고 칭했다. 건물 상태가 양호했어도, 특정 토론을 위한 원로원 회의는 다른 건물에서 열리기도 했다.

원수정Principate(프린키파투스): 아우구스투스가 만든 정치체제를 가리키는 현대 용어로, 프린켑스가 통치하는 체제를 의미한다. 프린켑스는 다소 부정확한 의미를 지닌 황제란 칭호와 혼용되었다.

임페리움Imperium: 정무관 및 전직 정무관이 임기 중 보유한 군사 지휘권을 의미한다. 아우구스투스는 후에 마이우스 임페리움 프로콘술라레maius imperium proconsulare라 불린, 즉 다른 모든 프로콘술의 권한을 능가하는 프로콘술 권한을 부여받았고, 아그리파와 티베리우스도 차례로 이 권한을 보유했다.

재무관Quaestor: 주로 재무 관련 업무를 하는 정무관. 재무관은 원로원 관할 속주 총독의 부관 역할을 하며, 종종 군 지휘권도 가졌다.

조영관Aedile: 조영관은 연례 축제의 개최 등 로마시의 일상생활을 담당하는 정무관이다. 보통 재무관에서 법무관이 되기 전에 맡았던 공직이었다. 법무관보다 수가 적었고, 원로원 의원들의 공직 경로에서 반드시 거쳐야 하는 직책은 아니었다.

조점관Augur: 로마에서 가장 중요한 사제단의 구성원으로, 15명이 종신 임명되었다. 가장 중요한 책임은 여러 징조의 올바른 관찰과 해석을 관장하는 것이었다. 로마에서는 여러 징조를 보고 길흉을 점치는 행위가 공적 기능의 일부로 간주되어 정기적으로 이루어졌다. 율리우스 카이사르는 독재관 시절, 조점관 숫자를 16명으로 늘렸다.

집정관Consul: 로마 공화국의 최고위 선출 정무관으로 매년 2명이 봉직했고, 중요 군사 원정을 지휘했다. 임기가 끝난 집정관에게 원로원이 종종 권한을 연장해 주는 경우가 있었는데, 그때 그들은 '프로콘술proconsul'이라고 불렸다.

천인대장Tribunus militum(트리부누스 밀리툼): 공화정 시대 각 군단에는 6명의 천인대장이 선출되거나 임명되었고, 이들 중 2명이 교대로 지휘권을 가졌다. 아우구스투스 시대에도 6명을 유지했지만, 이들 중 원로원 신분의 공직 경로에 있는 한 사람이 최선임으로 임명되었다. 흉갑 주위로 넓은 띠를 둘렀으며, 트리부누스 라티클라비우스tribunus laticlavius로 불린 최선임 천인대장이 '레가투스 레기오니스'의 수석 부지휘관 역할을 했다. 좁은 띠를 두른 5명의 다른 천인대장 트리부니 안구스티클라비이tribuni angusticlavii는 보조군 보병대를 지휘한 경험이 있는 기사 신분 출신 중에서 임명했다.

카타프렉트Cataphract: 갑옷을 입힌 말을 타는 중무장 기병을 말한다. 파르티아 군의 핵심 전력이었다.

코미티아 켄투리아타Comitia centuriata: 켄투리아 민회, 집정관과 법무관을 포함한 최고위 정무관을 선출하는 로마 시민의 의회. 켄투리아라 불린 193개의 투표단으로 구성되었으며, 각 투표단은 인구조사에 등록된 재산을 기준으로 구분했다. 부유한 사회 구성원들의 표심이 선거 결과에 지나치게 반영되었다. 이 민회는 로마 군대의 초기 편제를 기반으로 조직되었다고 여겨졌다.

코미티아 트리부타Comitia tributa: 트리부스 인민회, 세습 귀족과 평민 모두를 포함한 로마 시민 전체의 의회. 혈통에 따라 구분한, 투표권을 가진 35개의 지역구로 구성되었다. 입법권을 가졌으며 집정관, 법무관 또는 쿠룰레 조영관이 회의를 주재했다. 재무관과 쿠룰레 조영관을 포함한 여러 공직을 선출했다.

콘킬리움 플레비스 Concilium plebis: 평민회, 로마의 평민들로 구성된 의회로, 입법 활동을 하거나 호민관과 같은 특정 정무관을 선출했다. 세습 귀족은 참여할 수 없었다. 혈통에 따라 구분한 35개 부족별로 투표했다. 이 민회는 호민관이 주재했다.

쿠르수스 호노룸 Cursus honorum: 공직자들의 공직 승진 경로를 의미하는 용어이다. 술라가 독재관 시절에 선출 정무관의 나이와 기타 자격 요건을 규정한 기존 법령을 수정, 강화하였고, 이후 아우구스투스가 개정했다.

탈렌트Talent: 그리스의 무게 측정 단위로 탈렌트의 실제 무게는 약 57~83파운드(약 26~38킬로그램) 사이에서 상당히 다양했고, 돈을 측정하는 단위로도 쓰였다. 이 용어를 사용하는 사료들에서는 1탈렌트에 해당하는 무게가 얼마였는지 명확하지 않은 경우가 많다.

테스투도Testudo: 유명한 거북이 대형으로 로마 군단병들이 긴 방패를 겹쳐 전면, 측면 및 머리 위를 보호했다. 요새 공격 시 가장 많이 사용했다.

트리부니 아이라리이 Tribuni aerarii: 인구조사에서 기사 신분 아래에 등록된 집단이다. 이들에 관해서는 알려진 바가 상대적으로 적다.

파스케스Fasces(단수: fascis): 길이 약 5피트(약 1.5m)의 여러 막대를 장식하여 묶은 다발로, 그 가운데 도끼가 들어 있다. 릭토르들이 들고 다녔으며, 정무관의 권력과 위신을 가장 잘 보여주는 상징물이었다.

파테르 파트리아이 Pater patriae: '조국의 아버지'라는 이 칭호는 기원전 2년 아우구스투스에게 수여됐다.

판테온Pantheon: 여러 신들을 모시는 신전으로 아그리파가 건설했다. 아그리파의 이름이 신전에 새긴 비문에 여전히 보이지만, 오늘날 우리가 알고 있는 신전은 기원후 2세기에 하드리아누스 황제가 재건축한 건물이다.

포룸 로마눔 Forum Romanum: 로마 광장. 로마의 정치, 경제 중심지로 카피톨리움, 팔라티움, 퀴리날리스, 벨리아 언덕들 사이에 있었다. 공공 연설대 주위 또는 이 포룸 동쪽 끝에서 종종 공공 집회가 열렸다. 입법 활동을 위한 콘킬리움 플레비스와 코미티아 켄투리아타가 주로 이 광장에서 열렸다.

포룸 아우구스툼 Forum Augustum: 아우구스투스 광장, 아우구스투스가 건설한 포룸으로, 마르스 울토르 신전이 중앙에 자리 잡고 있었다.

포룸 율리움 Forum Julium 또는 **포룸 카이사리스**Forum Caesaris: 율리우스 광장. 율리우스 카이사르가 계획하여 착공하고, 아우구스투스가 완공한 포룸이다. 베누스 게네트릭스 신전이 중앙에 위치한다.

폰티펙스 막시무스 Pontifex maximus(대제사장): 15명으로 구성된 사제단의 수장으로, 로마 귀족만이 맡을 수 있었던 3개 주요 사제직 중 하나이다. 사제들이 국가가 주관하는 축제와 행사의 개최 시기를 정했다. 대제사장은 사제단의 지도자가 아닌 의장이었지만, 매우 명망 높은 직위였다.

프라이펙투스praefectus: 동맹군이나 보조군의 지휘를 포함해 다양한 임무를 수행했던 기사 신분의 장교.

프린켑스 유벤투티스Princeps iuventutis(복수principes iuventutis): '청년들의 지도자'라는 새로운 칭호로, 처음에는 가이우스 카이사르에게 부여했고, 이후 그의 동생 루키우스에게도 주어졌다. 두 형제는 기사 신분의 상징적 수장이 되었다.

프린켑스Princeps(원수): 프린켑스는 원로원과 시민 그리고 국가의 지도자를 의미한다. 아우구스투스는 자신의 지위를 가리키는 칭호로 프린켑스를 선호했다. 과거에는 감찰관들이 뽑은 가장 권위 있고 존경받는 원로원 의원, 즉 프린켑스 세나투스princeps senatus를 원로원 명부의 맨 윗줄에 기록했다. 특정 권력을 의미하는 용도로 사용되지는 않았지만, 존경과 경의의 대상에게 붙이는 호칭이었다.

필룸Pilum(복수형: pila): 로마 역사의 대부분 동안 로마 군단병의 표준 장비였던 무거운 창. 뾰족한 창끝으로 적의 방패를 뚫을 수 있었고, 길고 얇은 창 자루로 뒤에 있는 적도 타격할 수 있었다.

하스모니아 왕조Hasmonaean: 기원전 2세기, 셀레우코스 왕조에 대항하여 성공적으로 반란을 일으킨 유대 지방 사람들이 독립 왕국을 세웠고, 이 왕국을 하스모니아 왕조가 통치했다. 안토니우스와 옥타비아누스가 이 왕조를 물리치고 헤롯을 유대의 왕으로 내세웠다.

호민관 권한Tribunicia potestas(트리부니키아 포테스타스): 원로원 회의를 소집하고 민회에 법안을 제출할 수 있는 권리를 포함한 호민관의 권한이 아우구스투스에게 부여되었으며, 이후 아그리파와 티베리우스에게도 부여되었다.

호민관tribunus plebis: 매년 10명씩 평민 중에서 선출된 호민관은 군사적 책임은 없는 정치적 직위로, 모든 문제에 관해 법안을 제출할 수 있었다. 공화정 후기에 마리우스, 폼페이우스, 율리우스 카이사르와 같은 야심을 품은 장군들은 호민관들의 도움을 얻어 자신들에게 중요한 군사 지휘권을 확보했다. 아우구스투스는 호민관의 신변불가침권sacrosanctitas과 함께 호민관의 다른 권한들도 부여받았다.

후보자Candidatus: 공직 선거 출마자는 자신의 출마 의사를 동료 시민들에게 알리기 위해 특별히 '하얀candidatus' 토가를 입었다. 우리가 현재 사용하는 '후보자candidate'라는 단어의 어원이다.

주요 인물

가이우스 마리우스Gaius MARIUS(기원전 157년경~기원전 87년): 율리우스 카이사르의 고모와 결혼한 마리우스는 '신인'으로서 당대 가장 명망 높은 로마 군사 지도자가 되어, 전례 없이 다섯 차례 연속으로 집정관직을 역임했다. 그러나 술라와의 경쟁으로 내전이 발발했고, 로마를 장악한 지 불과 며칠 만에 사망했다.

가이우스 마이케나스Gaius MAECENAS(기원전 63년경~기원전 8년): 오랜 세월 아우구스투스의 친구이자 지지자였지만, 기사 신분에 머물며 공식적인 공직을 맡지 않았다. 그럼에도 몇 차례 로마의 실질적인 통치를 맡았고, 특히 제2차 삼두정 기간에 중심 역할을 했다. 이후에도 아우구스투스에게 계속 자문하며, 호라티우스와 베르길리우스를 비롯한 문인들과의 모임을 이끌었다.

가이우스 옥타비우스Gaius OCTAVIUS(기원전 59년 사망): 아우구스투스의 아버지. 재산이 많았던 기사 신분 가문 출신으로, 가문 최초로 로마 정계에 입문했다. 기원전 61년 법무관으로 선출되었으며, 이후 프로콘술로 마케도니아 속주를 성공적으로 통치했다. 속주 통치를 마치고 로마로 귀환하던 중, 놀라에 있는 자신의 별장에서 사망했다.

가이우스 율리우스 카이사르Gaius JULIUS CAESAR(기원전 100년~기원전 44년): 그다지 명망 높지 않은 귀족 가문 출신이었던 율리우스 카이사르는 전통적인 방식으로 초기 경력을 쌓았다. 기원전 59년 집정관으로 재임하면서, 오늘날 '제1차 삼두정'이라고 부르는 비밀 동맹을 폼페이우스 및 크라수스와 맺었다. 이후 10년간 갈리아에서 군사적으로 큰 성공을 거둔 후, 폼페이우스와 내전을 벌였고, 결국 독재관이 되었다. 과거 지지자들과 사면받은 적들이 꾸민 음모로 암살당했다.

가이우스 카시우스 롱기누스Caius CASSIUS Longinus(기원전 85년경~기원전 41년): 기원전 53년 크라수스의 재무관으로, 파르티아 원정에서 참패했지만 살아남았다. 율리우스 카이사르에게 맞서 싸웠으나, 파르살루스 전투 이후 항복했고, 율리우스 카이사르는 그를 법무관으로 기용했다. 그와 레피두스는 브루투스의 누이들과 각각 결혼했다. 브루투스와 함께 '해방자들'을 이끌었으나, 필리피 1차 전투에서 패한 후 자살했다.

가이우스 카이사르CAIUS CAESAR(기원전 20년~기원후 4년): 아그리파와 율리아의 장남으로,

기원전 17년 아우구스투스에게 입양되어 많은 총애를 받았다. 기원전 1년 주요 속주의 통치권을 부여받았으나, 기원후 3년 심각한 부상을 입었고 이듬해 초 사망했다.

가이우스 클라우디우스 마르켈루스Gaius Claudius MARCELLUS(기원전 42년~기원전 23년): 아우구스투스의 누나 옥타비아와 전직 집정관 가이우스 클라우디우스 마르켈루스의 아들로, 프린켑스의 특별한 총애를 받았으나 갑작스럽게 요절했다.

게르마니쿠스GERMANICUS(기원전 15년~기원후 19년): 드루수스와 안토니아의 아들로, 대중의 인기가 많았던 게르마니쿠스는 기원후 6년 판노니아 반란과 기원후 9년 게르마니아 반란 이후 점점 더 중요한 군사 지휘권을 받았다. 기원후 19년에 사망했는데, 그의 죽음을 둘러싸고 많은 의혹이 있었다.

그나이우스 폼페이우스 마그누스POMPEIUS Magnus(기원전 106년~기원전 48년): 당대 가장 유명했던 로마 장군. 술라의 부관으로 두각을 나타내기 시작했고, 이후 대부분의 기존 규칙을 깨뜨리며 눈부신 경력을 쌓았다. 기원전 50년대에 히스파니아 속주의 총독으로 임명되었지만, 자신은 로마 근처에 머물면서 부하 장군들을 대관 총독으로 보내 통치하도록 했다. 이후 율리우스 카이사르와 내전을 벌였으나, 기원전 48년 파르살루스 전투에서 패배했고, 곧 이집트에서 살해당했다.

드루수스DRUSUS(기원전 38년~기원전 9년): 리비아와 그녀의 첫 번째 남편 티베리우스 클라우디우스 네로의 차남으로, 이른 나이에 공직에 진출할 기회를 얻어, 알프스 지역 원정에서 무공을 쌓았고, 이후 게르마니아 원정에서는 엘베강까지 진출했다. 그는 옥타비아와 마르쿠스 안토니우스의 딸인 안토니아와 결혼하여 게르마니쿠스와 클라우디우스를 포함한 세 자녀를 두었다. 기원전 9년, 말을 타다 입은 부상으로 결국 사망했다.

루키우스 마르키우스 필리푸스Lucius MARCIUS PHILIPPUS(생몰 시기 미상, 기원전 56년 집정관, 기원전 43년 이후 기록 없음): 아우구스투스의 어머니 아티아의 두 번째 남편으로, 아우구스투스의 계부가 되었다. 특히 아우구스투스의 경력 초창기에 도움을 준 것으로 보인다.

루키우스 세르기우스 카틸리나CATILINA(기원전 108/6년경~기원전 62년): 유서 깊은 세습 귀족이었으나 가세가 기운 가문에서 태어났다. 고위 공직을 얻기 위해 막대한 돈을 써 가며 필사적으로 노력하다, 결국 쿠데타를 시도하기에 이른다. 키케로가 그가 일으킨 반란을 진압했다.

루키우스 아이밀리우스 레피두스Lucius Aemilius LEPIDUS(기원전 86년경~기원전 13/12년): 기원전 78년 쿠데타를 시도했던 집정관의 아들로서, 레피두스는 내전 동안 율리우스 카이사르를 지지했고, 그 대가로 점점 더 높은 공직에 임명되었다. 특히 기원전 44년, 기병대장으로 임명되어 군사 지휘권을 확보해 카이사르 암살 이후 입지가 공고해졌으나, 이후 그를 추종하는 병사들의 충성심이 약해졌다. 마르쿠스 안토니우스 및 아우구스투스와 함께 '제2차 삼두정'에 참여했으나, 시간이 지나면서 권력을 잃어 기원전 36년에 축출되었고,

사실상 가택연금 상태로 여생을 보냈다.

루키우스 안토니우스LUCIUS ANTONIUS(기원전 80년경~기원전 40/39년): 마르쿠스 안토니우스의 2명의 남동생 중 1명으로, 기원전 41년 아우구스투스에게 대항하여 반란을 일으켰으나 페루시아 전투에서 패했다. 목숨은 부지해 히스파니아 총독으로 보내졌으나 곧 사망했다.

루키우스 카이사르LUCIUS CAESAR(기원전 17년~기원후 2년): 아그리파와 율리아의 둘째 아들로, 그의 형 가이우스와 마찬가지로 아우구스투스의 양자로 입양되어 큰 총애를 받았다. 기원후 2년, 히스파니아 총독으로 파견되었으나, 속주에 도착하기 전에 병에 걸려 마실리아에서 사망했다.

루키우스 코르넬리우스 술라 펠릭스Lucius Cornelius SULLA Felix(기원전 138년~기원전 78년): 유서 깊은 가문이었으나 가세가 기운 귀족 집안 출신으로, 기원전 88년에 자신의 군단을 로마로 돌려 권력을 찬탈한 최초의 인물이었다. 마리우스 및 다른 적들을 상대로 내전에서 승리한 후 스스로 독재관이 되었고, 공권 박탈 명부를 도입해 합법적으로 정적을 제거했다.

리비아 드루실라LIVIA Drusilla(기원전 58년경~기원후 29년): 기원전 38년부터 기원후 14년 아우구스투스가 사망할 때까지 아우구스투스의 아내였다. 두 사람 사이에서 태어난 단 1명의 아이는 사산되었다. 그러나 그녀의 이전 결혼에서 태어난 두 아들 티베리우스와 드루수스는 둘 다 뛰어난 장군으로 명성을 얻으며 중요한 공적 역할을 했다. 티베리우스, 칼리굴라, 클라우디우스, 네로는 모두 리비아의 후손이었다. 아우구스투스 생전에 그녀는 때때로 중요한 공적 행사에서 상당한 역할을 했고, 사적으로는 아우구스투스의 중요한 조언자였다.

마르쿠스 리키니우스 크라수스Marcus Licinius CRASSUS(기원전 30년의 집정관, 그 외 생몰 시기 미상): 크라수스의 손자로, 내전 중 안토니우스와 맞서 아우구스투스 편에 섰다. 이후 마케도니아 총독 시절, 주변 민족들을 상대로 잇따라 승리를 거두었다. 기원전 27년 개선식을 거행했으나, 그의 양자가 기원전 14년의 집정관이었다는 사실 이외에, 이후의 행적은 알려진 바 없다.

마르쿠스 리키니우스 크라수스 디베스Marcus Licinius CRASSUS dives(기원전 115년경~기원전 53년): 엄청난 부자였기 때문에 '디베스(부자)'라는 별명을 얻었으며, 술라의 통치 아래에서 두각을 나타내며 정치적 영향력을 쌓아갔다. 기원전 59년 폼페이우스, 율리우스 카이사르와 함께 제1차 삼두정 시대를 열었으며, 기원전 55년 폼페이우스와 함께 두 번째로 집정관이 되었다. 이후 파르티아의 도발이 없었음에도 공격을 감행하다, 카르하이에서 저지당했다. 후퇴하는 과정에서 살해당했고, 그의 군대는 거의 전멸하다시피 했다.

마르쿠스 비프사니우스 아그리파Marcus Vipsanius AGRIPPA(기원전 63년경~기원전 12년): 아우구스투스의 가장 오랜 친구이자 가장 충성스럽고 유능한 부하로, 율리우스 카이사르가 암살당했다는 소식을 들었을 때 아우구스투스와 함께 있었다. 아그리파의 군사적 역량 덕분에 섹스투스 폼페이우스와 안토니우스를 상대로 승리를 거둘 수 있었다. 행정가이자 건축가로서도 뛰어난 능력을 보여주었다. 기원전 21년, 미망인이 된 율리아와 결혼하여 세 아들과 두 딸을 두었다. 꾸준히 입지를 강화하여 마침내 아우구스투스의 동료 프린켑스까지 되었다.

마르쿠스 안토니우스MARCUS ANTONIUS(기원전 86/83년~기원전 30년): 유서 깊은 귀족 가문 출신으로, 막대한 빚을 상속받았고 자신이 진 빚도 많았다. 갈리아 전쟁 막바지에 율리우스 카이사르와 함께 싸웠고, 이후 내전에서도 그를 지지했다. 그 보답으로 기원전 44년 집정관이 되어 카이사르 암살 당시에는 권력 장악에 유리한 위치에 있었다. 처음에는 아우구스투스와의 관계가 좋지 않았으나, 갈등 끝에 레피두스와 함께 동맹을 맺어 제2차 삼두정을 결성했고, '해방자들'을 패퇴시켰다. 이후 파르티아 원정 실패로 그의 입지는 치명적으로 약화되었고, 클레오파트라와의 관계로 로마에서의 평판 역시 크게 훼손되었다. 기원전 31년 악티움 해전에서 패배한 뒤, 이듬해 스스로 목숨을 끊었다.

마르쿠스 유니우스 브루투스Marcus Junius BRUTUS(기원전 85년경~기원전 41년): 레피두스의 아버지와 함께 기원전 78년 처형된 인물의 아들이고, 그의 어머니는 율리우스 카이사르의 오랜 정부였던 세르빌리아이다. 기원전 49년 내전이 발발하자, 원로원의 떠오르는 인물 중 하나로 주목받았다. 파르살루스 전투에서 율리우스 카이사르에게 맞서 싸워 패했지만, 사면을 받고 법무관으로 임명되었다. 그런데도 독재관 율리우스 카이사르를 암살한 공모자들을 일컫는 '해방자들'의 우두머리 역할을 했고, 필리피 전투에서 패배한 후 스스로 목숨을 끊었다.

마르쿠스 툴리우스 키케로Marcus Tullius CICERO(기원전 106년경~기원전 43년): 동시대에서 가장 성공한 '신인' 정치인 중 1명으로, 로마에서 가장 뛰어난 웅변가였다. 기원전 63년 집정관으로서 카틸리나의 모반을 진압했으나, 당시 그가 내린 결정의 합법성 여부가 문제 되어 비난받았다. 내전에서는 율리우스 카이사르에게 맞서 싸웠으나, 후에 사면받았다. 독재관이 암살된 후에는 '해방자들'을 독려하면서 아우구스투스를 이용해 안토니우스를 제거하려 했다. 그러나 제2차 삼두정이 시작되면서 공권 박탈의 첫 번째 희생자 중 1명이 되었다.

마르쿠스 포르키우스 카토, 소 카토Marcus Porcius CATO the Younger(기원전 95년~기원전 46년): 엄격한 덕성 준수를 강조한 인물로 유명하며, 율리우스 카이사르의 강력한 적대자였다. 카이사르의 자비를 받아들이는 대신 스스로 목숨을 끊는 선택을 했다. 이후 그의 이복누이인 세르빌리아의 아들 브루투스가 미망인이 된 카토의 딸과 결혼하였다.

비프사니아VIPSANIA(기원전 36년~기원후 20년): 아그리파와 아티쿠스의 딸 폼포니아 사이에서 태어났고, 티베리우스와 결혼했다. 티베리우스는 율리아와 결혼하기 위해 비프사니아와 이혼했지만, 크게 후회했다고 전해진다. 한 원로원 의원과 재혼하여 여러 자녀를 두었다.

섹스투스 폼페이우스 마그누스 피우스Sextus POMPEIUS(기원전 67년경~기원전 36년): 폼페이우스의 둘째 아들로, 율리우스 카이사르가 암살되기 직전 그에 대항해 병사를 모았으나, 본격적으로 세력을 형성한 것은 그 이후였다. 시칠리아를 근거지로 강력한 함대를 구축하여, 이탈리아 해안을 봉쇄하기도 했고, 공권 박탈을 피해 도망치는 사람들을 구해 주기도 했다. 여러 차례 해전에서 승리를 거두었으나, 결국 아우구스투스와 그의 지지자들에게 패했다.

소 드루수스DRUSUS the Younger(기원전 13년~기원후 23년): 티베리우스와 비프사니아의 아들이자 리비아의 손자이다. 기원후 4년, 그의 아버지가 아우구스투스에게 입양되면서 아우구스투스의 손자가 되었다.

스크리보니아SCRIBONIA(기원후 16년 이후 사망): 아우구스투스의 아내이자 율리아의 어머니로, 추방당한 율리아를 따라가 함께 유배 생활을 했다.

아그리피나AGRIPPINA(기원전 14년경~기원후 33년): 아그리파와 율리아의 딸로, 게르마니쿠스와 결혼하여 5명의 자녀를 두었다. 기원후 19년, 게르마니쿠스 사망 이후, 티베리우스로부터 의심을 사, 두 아들과 함께 유배지에서 생을 마감했다.

아우구스투스AUGUSTUS(기원전 63년~기원후 14년): 가이우스 옥타비우스로 태어났고, 이후 차례로 가이우스 율리우스 카이사르, 카이사르 아우구스투스로 불렸다. 율리우스 카이사르의 조카손자로, 내전에서 승리하여 공화국을 홀로 통치했다.

아티아ATIA(기원전 43년 사망): 율리우스 카이사르의 누나인 율리아와 마르쿠스 아티우스 발부스의 딸로, 가이우스 옥타비우스와 결혼하여 가이우스 옥타비우스, 즉 훗날 아우구스투스를 낳았다. 미망인이 된 후 루키우스 마르키우스 필리푸스와 재혼했다. 아티아는 아들 아우구스투스가 열아홉 살의 나이로 처음 집정관이 된 후 얼마 지나지 않아 세상을 떠났다.

옥타비아OCTAVIA(기원전 69년경~기원전 11년): 아우구스투스의 진누나로, 가이우스 클라우디우스 마르켈루스 및 마르쿠스 안토니우스와 차례로 결혼하면서, 남편들과 동생 아우구스투스와의 동맹을 공고히 만들어 주었다. 첫 번째 결혼에서 낳은 아들 마르켈루스가 있었고, 두 번째 결혼에서는 모두 안토니아라 불린 두 딸을 두었다.

율리아JULIA: 율리우스 카이사르의 누이이자 아우구스투스의 외조모로, 마르쿠스 아티우스 발부스와 결혼하여 아티아를 낳았다.

율리아JULIA, 아우구스투스의 딸(기원전 39년~기원후 14년): 출산의 위험을 이겨 내고 살아남은 아우구스투스의 유일한 자녀로, 아우구스투스는 주요 지지자들의 충성을 확고히 하기 위해 그녀를 마르켈루스, 아그리파, 티베리우스와 차례로 결혼시켰다. 아그리파와의 사이에서 다섯 자녀를 두었으나, 티베리우스와의 사이에서 낳은 아이는 사산했다. 티베리우스와의 결혼 생활이 악화하면서, 그가 로도스 섬으로 은퇴하는 계기가 되었다. 기원전 2년, 불륜 혐의로 아버지 아우구스투스에 의해 유배형에 처해졌다.

율리아JULIA, 아우구스투스의 손녀(기원전 19년경~기원후 28년): 아우구스투스의 딸 율리아와 아그리파 사이의 딸로, 역시 불륜 혐의로 기원후 8년 유배형에 처해졌다.

퀸투스 호라티우스 플라쿠스HORATIUS(기원전 65년~기원전 8년): 성공한 해방 노예의 아들로, 훌륭한 교육을 받았으며 필리피 전투에서 '해방자들' 편에서 싸웠다. 몇 년 후, 마이케나스의 문학 모임에 들어가 아우구스투스와도 친분을 쌓았다. 아우구스투스는 그에게 값비싼 영지를 하사하여 집필에 전념할 수 있도록 배려했다. 아우구스투스가 비서로 영입하려 하였으나 거절했고, 그럼에도 두 사람은 친밀한 관계를 유지했다.

클라우디우스CLAUDIUS(기원전 10년~기원후 54년): 절름발이에 정신적으로도 문제가 있는 것으로 의심받았던 그를, 아우구스투스와 리비아는 공직에 내보내지 않았다. 조카 칼리굴라가 집권한 후에 비로소 공직을 맡았고, 칼리굴라가 암살되자 근위대에 의해 프린켑스로 추대되었다.

클레오파트라 7세CLEOPATRA VII(기원전 70/69년경~기원전 30년): 이집트 인근에 기반을 둔 왕국을 통치한 마케도니아계 프톨레마이오스 왕조의 마지막 통치자로, 그녀는 생애 내내 로마와 긴밀한 동맹을 유지하였다. 그러나 그녀의 불운은, 로마 공화정이 내전으로 분열된 시대에 내전에서 패배한 마르쿠스 안토니우스와 지나치게 밀접한 관계를 맺은 데서 비롯되었다. 아우구스투스가 자기나 자기 자녀들에게 권력을 허용하지 않을 것임이 명백해지자 스스로 목숨을 끊었다.

티베리우스TIBERIUS(기원전 42년~기원후 37년): 리비아와 그녀의 첫 번째 남편 티베리우스 클라우디우스 네로의 큰아들로, 어린 나이부터 중요한 공직을 거쳤고, 여러 속주를 통치했다. 원래 아그리파의 딸 비프사니아와 결혼했다가 그녀와 이혼하고 율리아와 결혼했지만, 두 사람의 결합은 불행한 결말을 맞았다. 기원전 6년 자발적으로 은퇴하여 로도스 섬에서 머물며 10년 동안 공적 무대에서 사라졌다. 복귀가 허용되어 이탈리아로 돌아왔고, 가이우스와 루키우스가 사망한 후 아우구스투스에 의해 입양되었다. 이후 몇 년 동안 프린켑스와 동등한 권력을 부여받아, 기원후 14년 아우구스투스가 사망하자 순조롭게 그의 후계자가 되었다.

티투스 리비우스LIVIUS(기원전 59년경~기원후 17년 또는 기원전 64년경~기원후 12년): 리비우스는 아우구스투스 시대의 위대한 역사가로, 로마 건국부터 기원전 9년 드루수스의 사망까지를 다룬 애국적이고 도덕적인 역사서 142권을 집필했다. 그중 일부만 전해지며, 나머지는 요약 형태로만 남아 있다. 아우구스투스는 농담 삼아 그를 '폼페이우스파'라고 책하기도 했으나, 리비우스가 아우구스투스 정권에 적대적인 태도를 보였다는 증거는 없고,

오히려 여러 면에서 프린켑스가 중시하는 덕목들을 찬양했다.

티투스 스타틸리우스 타우루스Titus STATILIUS TAURUS(생몰 시기 미상, 기원전 37년과 26년의 집정관): 아그리파 다음으로 아우구스투스가 신뢰한 충성스러운 부하였다. 기원전 16년에 시 행정관으로 임명되었으나, 이후 행적에 대한 기록이 없는 것으로 보아, 임명된 후 곧 사망한 듯하다.

티투스 폼포니우스 아티쿠스Titus Pomponius ATTICUS(기원전 106년경~기원전 32년): 키케로의 오랜 친구이자 서신 교환 상대였으며, 기사 신분으로 남아 공직에는 진출하지 않았으나 공화정의 주요 인물들과 두루 좋은 관계를 유지했다. 아우구스투스와도 서신을 주고받았으며, 그의 딸은 아그리파와 결혼했다. 불치병 말기에 이르렀음을 깨닫고 자살했다.

포스투무스 아그리파POSTUMUS AGRIPPA(기원전 12년~기원후 14년): 아그리파와 율리아의 막내아들로, 아버지가 사망한 후 태어난 유복자였기 때문에 '포스투무스'라는 이름을 얻었다. 기원후 4년 아우구스투스에게 입양되기 전까지 대중의 관심을 거의 받지 못했다. 그러나 그 이후에도 공직을 받지 못했고, 결국 아우구스투스의 눈 밖에 나, 유배당했다. 아우구스투스가 사망한 직후 살해당했으나, 누가 살해 명령을 내렸는지는 명확하지 않다.

푸블리우스 베르길리우스 마로VERGILIUS(기원전 70년경~기원전 19년): 제2차 삼두정이 시행한 토지 몰수 조치로 가족 토지의 일부를 잃은 것으로 보이지만, 이후 마이케나스와 아우구스투스의 친구가 되어 새로운 체제와 호흡을 맞춘 작품들을 썼다. 《아이네이스》를 완성하지 못하고 사망했으나, 본인의 바람과 달리 아우구스투스가 마무리 짓도록 했고, 발표 즉시 큰 찬사를 받았다.

푸블리우스 오비디우스 나소OVIDIUS(기원전 43년~기원후 17년): 베르길리우스와 호라티우스보다 한 세대 젊은 시인으로, 내전에 휘말릴 나이가 아니어서 원수정 체제의 평화로운 환경에서 주요 작품을 집필했다. 작품 성향은 상대적으로 전통을 중시하지 않았으며, 특히 《사랑의 기술》은 아우구스투스의 심기를 불편하게 했다. 결국 기원후 8년, 아우구스투스의 손녀 율리아의 추문에 연루된 혐의로 흑해 연안으로 유배되었다.

풀비아FULVIA(기원전 40년 사망): 마르쿠스 안토니우스의 아내이자 그의 두 로마 태생 아들, 안틸루스와 율루스의 어머니이다. 안토니우스와 결혼하기 전 이미 2명의 남편이 끔찍한 폭력에 희생되었다. 이후 루키우스 안토니우스가 주도한 반란에서 그를 마지못해 지원했고, 결국 반란이 실패로 끝나자, 안토니우스에게 버림받았다. 그 충격으로 일찍 사망했다고 전해진다.

가계도

1. 1차 삼두
2. 2차 삼두와 그 후손들의 혼맥 관계
3. 아우구스투스의 사촌들
4. 아우구스투스와 리비아, 옥타비아의 가족들, 기원전 30년 마르쿠스 안토니우스 사망 당시
5. 아우구스투스와 리비아, 옥타비아의 가족들, 기원전 19년 당시
6. 아우구스투스와 리비아, 옥타비아의 손자/손녀들, 기원전 10년 당시
7. 아우구스투스 사망 당시 그의 후손들, 서기 14년 당시
8. 율리우스-클라우디우스 가문 출신 황제들의 간략한 가계도
9. 아그리파의 가족

* 연도는 기원후만 AD를 기입해 표시했다.

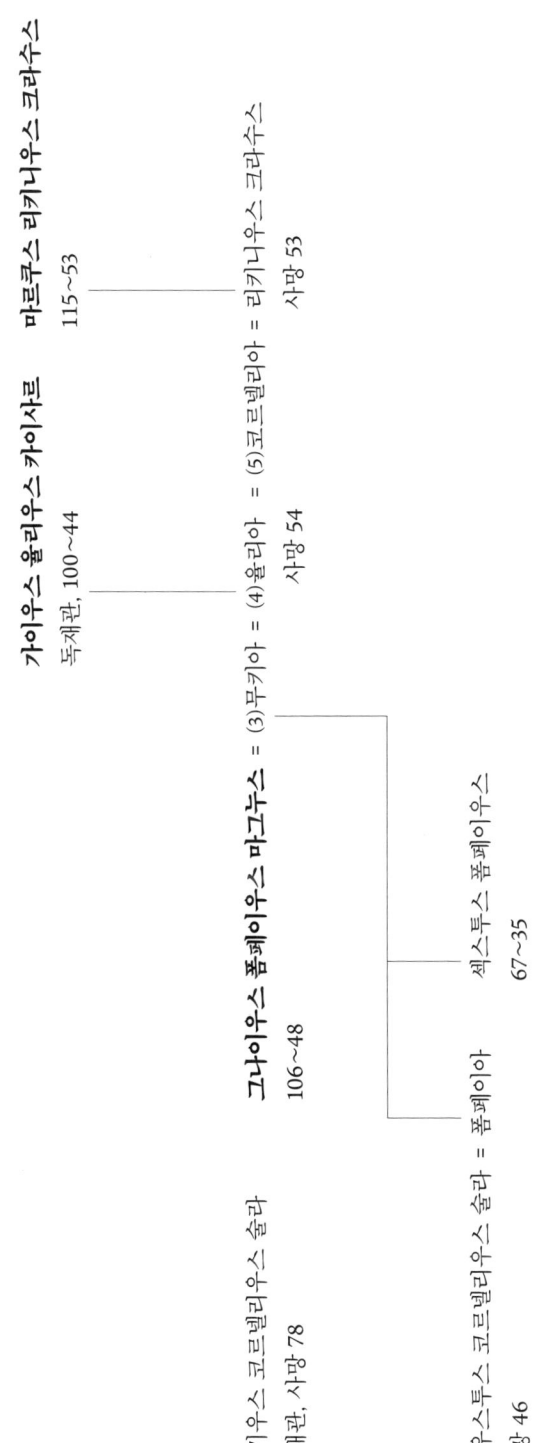

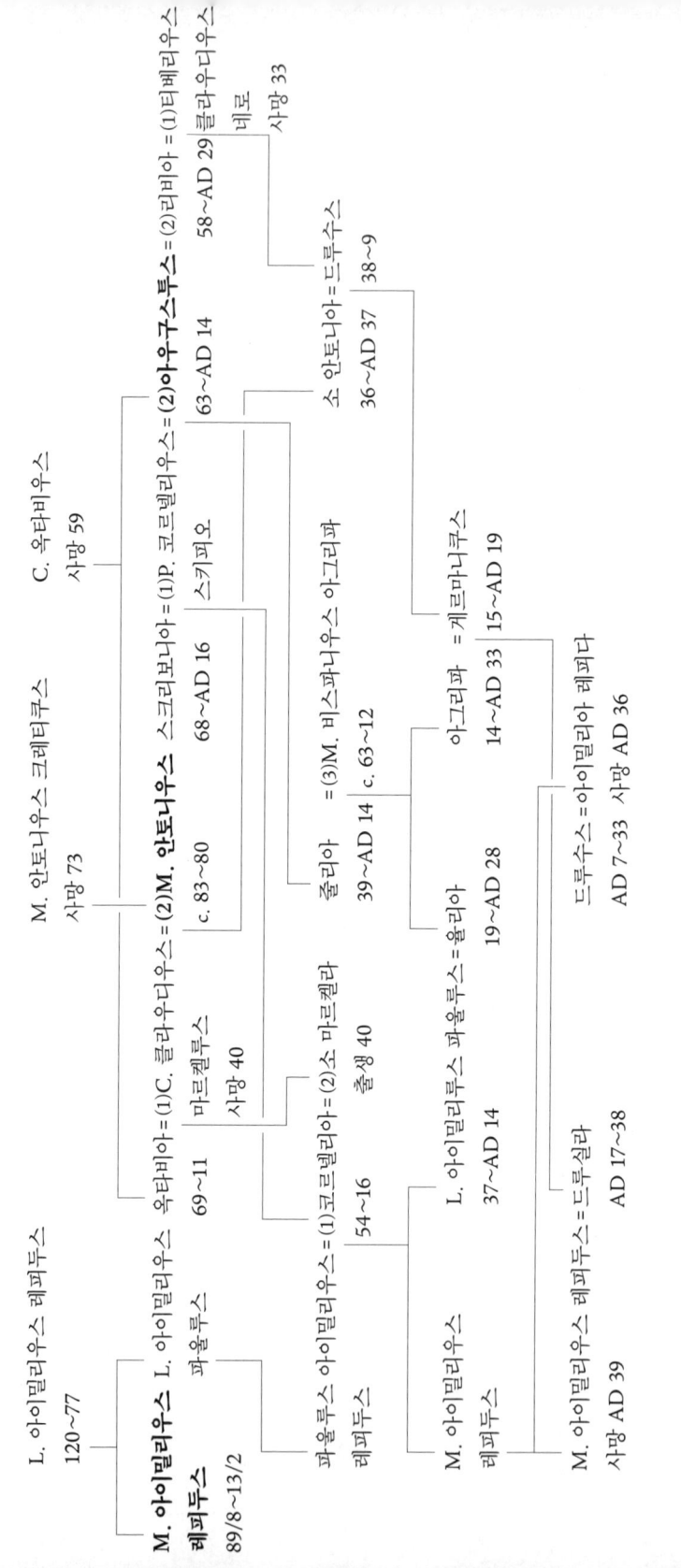

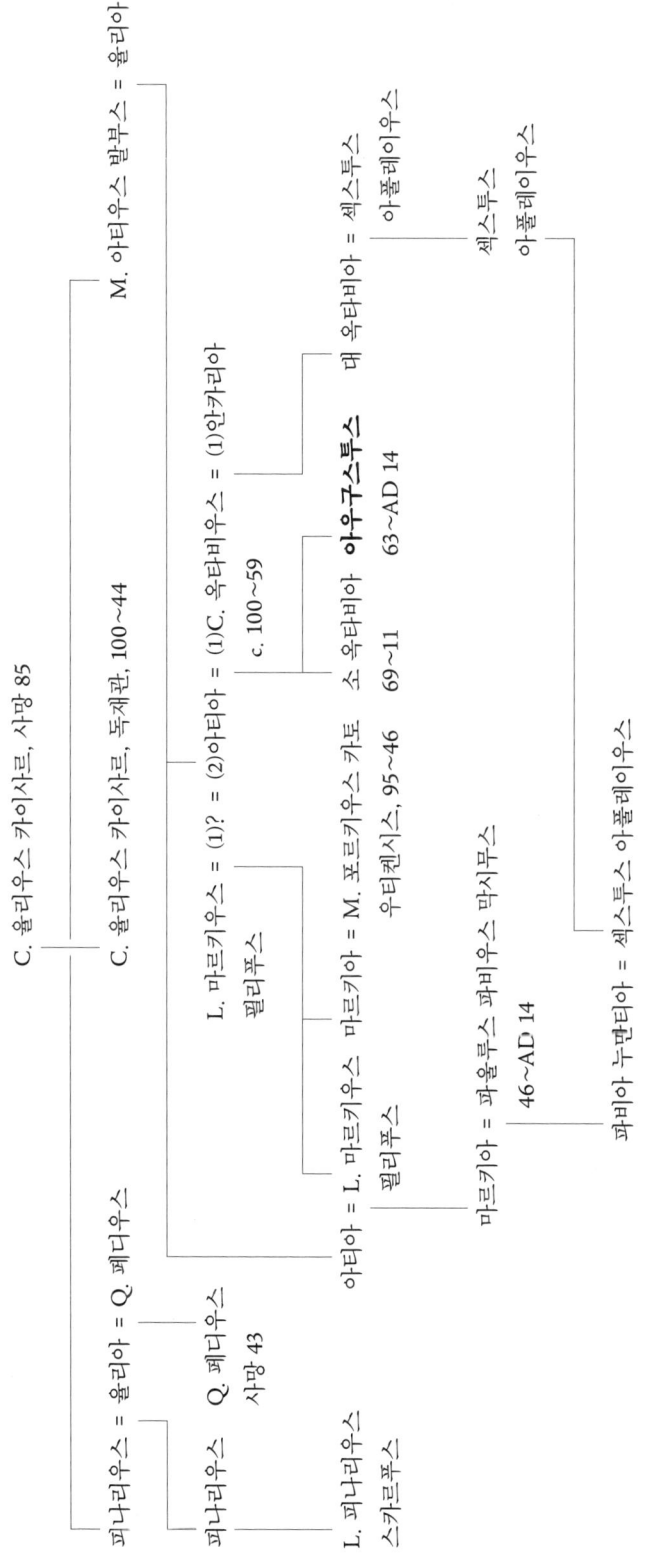

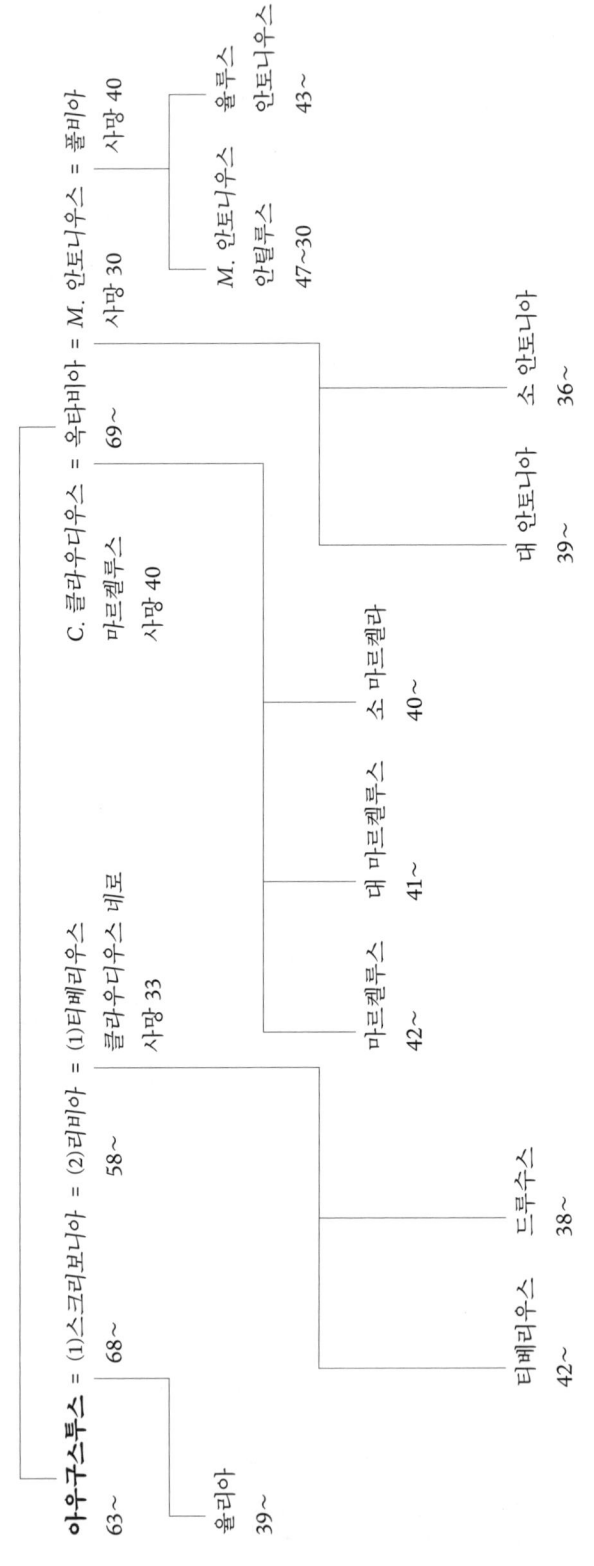

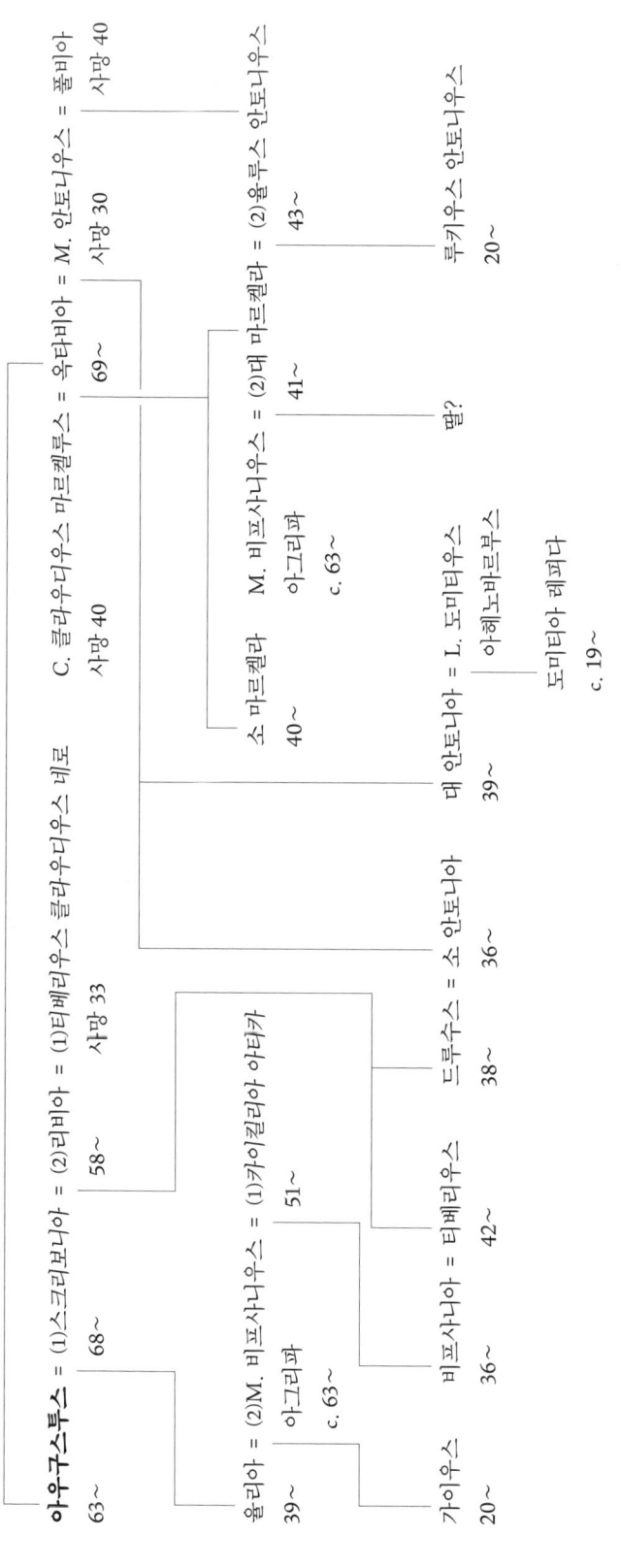

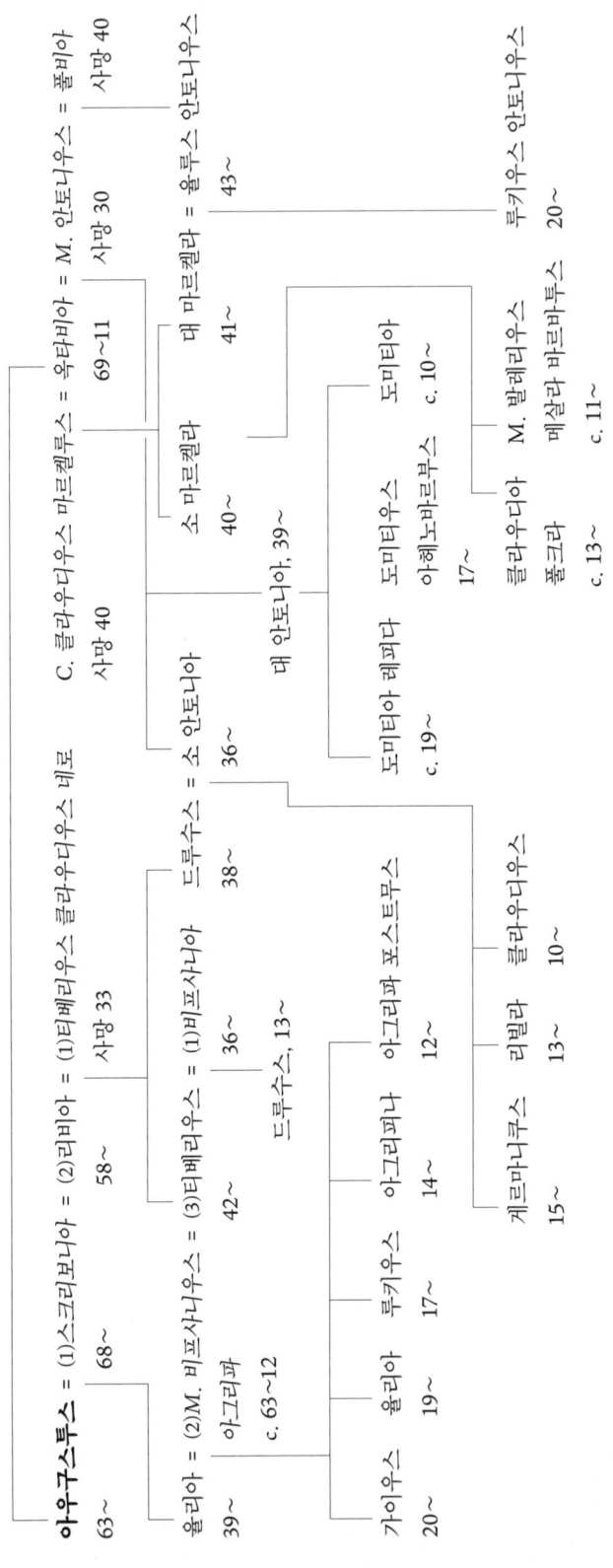

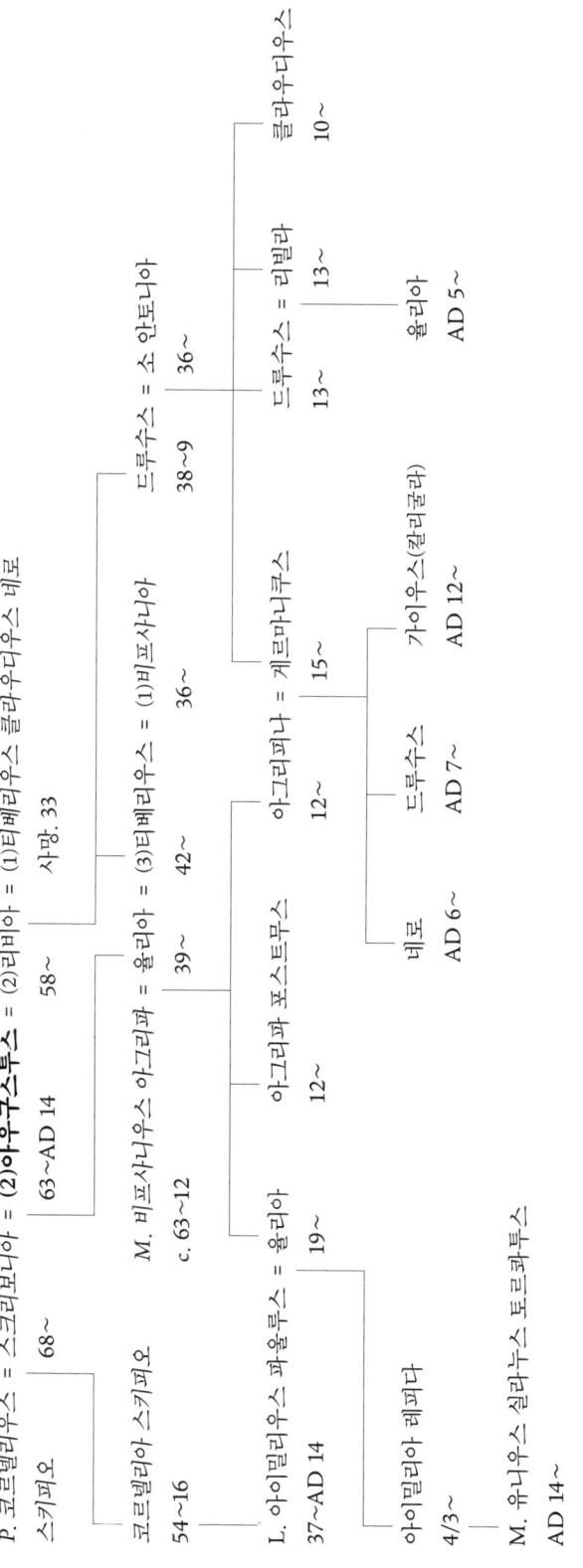

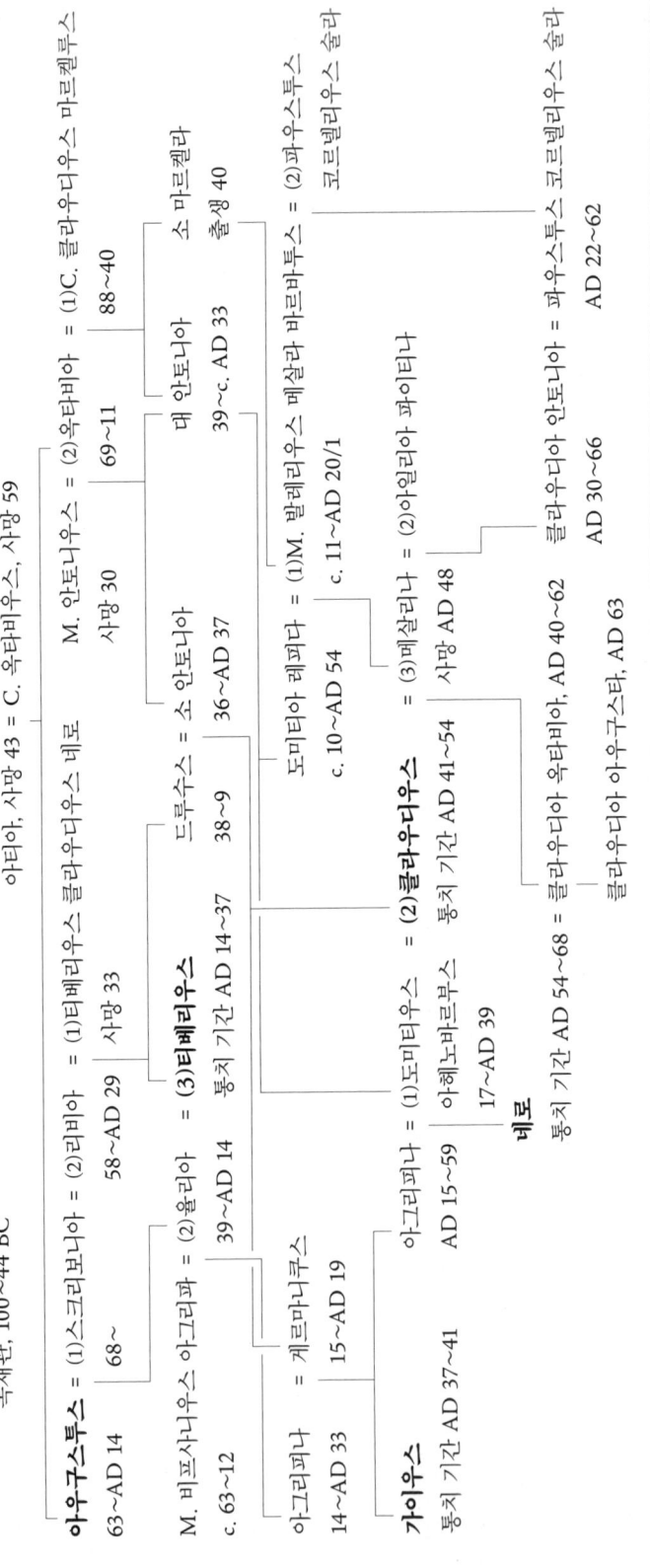

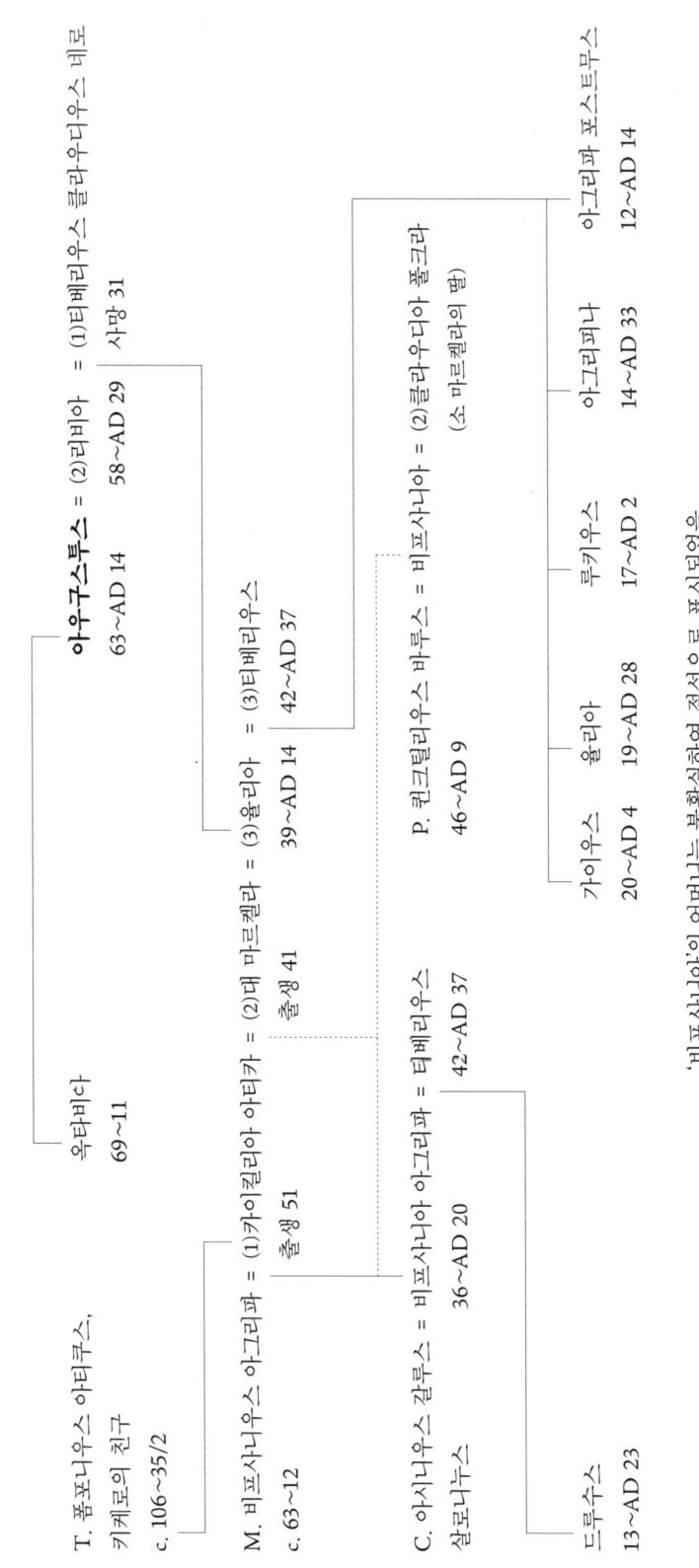

참고문헌

미주에서 언급되는 모든 자료를 아래에 썼다. 늘 그렇듯, 가능한 한 근래 출간된 자료를 인용하려 애썼으며, 무언가 더 읽고 싶다는 욕구를 키우고 있는 적극적인 독자에게 도움이 되도록 영어로 쓰인 것을 찾았다. 아래 자료들이 참조하고 있는 것들까지 따라가다 보면, 이 책의 독서를 다른 언어로 쓰인 방대한 문헌으로까지 확장시킬 수 있을 것이다.

Adcock, F., *The Roman Art of War under the Republic* (1940)

Alföldy, G., *Noricum* (1974)

Badian, E., *Publicans and Sinners* (1972)

Badian, E., '"Crisis Theories" and the beginning of the Principate', in W. Wirth, *Romanitas and Christianitas* (1982), pp. 18–41

Balsdon, J., 'Fabula Clodiana', *Historia* 15 (1966), pp. 65–73

Barnes, T., 'The victories of Augustus', *JRS* 64 (1974), pp. 21–6

Barrett, A., *Caligula. The Corruption of Power* (1989)

Barrett, A., *Livia. First Lady of Imperial Rome* (2002)

Barton, T., 'Augustus and Capricorn: Astrological polyvalency and imperial rhetoric', *JRS* 85 (1995), pp. 33–51

Billows, R., 'The religious procession of the Ara Pacis Augustae: Augustus' *supplicatio* in 13 bc', *JRA* 6 (1993), pp. 80–92

Billows, R., *Julius Caesar. The Colossus of Rome* (2009)

Bingen, J., *Hellenistic Egypt: Monarchy, Society, Economy, Culture* (2007)

Birch, R., 'The Settlement of 26 June ad 4 and its Aftermath', *Classical Quarterly* 31 (1981), pp. 443–56

Boatright, M., 'The Pomerial extension of Augustus', *Historia* 35 (1986), pp. 13–27

Bowersock, G., *Augustus and the Greek World* (1965)

Bowersock, G., 'Augustus and the East: The problem of succession', in Millar & Segal (1990), pp. 169-88

Bradley, K., 'Wet-nursing at Rome. A Study in Social Relations', in Rawson (1986), pp. 201-29

Brandon, C., 'Cement, concrete and settling barges at Sebastos: comparisons with other Roman harbour examples and the descriptions of Vitruvius', in A. Raban & K. Houm (eds), *Caesarea Maritima. A Retrospective after Two Millennia* (1996), pp. 25-40

Brunt, P., *Italian Manpower* 225 BC-AD 14 (1971)

Brunt, P., 'The administrators of Roman Egypt', *JRS* 65 (1975), pp. 124-47

Brunt, P., 'Princeps and equites', *JRS* 73 (1983), pp. 42-75

Brunt, P., 'The role of the Senate in the Augustan regime', *Classical Quarterly* 34. 2 (1984), pp. 423-44

Camp, J., *The Archaeology of Athens* (2001)

Campbell, B., 'The marriage of soldiers under the Empire', *JRS* 68 (1978), pp. 153-66

Campbell, B., 'War and diplomacy: Rome and Parthia, 31 bc-ad 235', in Rich & Shipley (1993), pp. 213-40

Campbell, J., *The Emperor and the Roman Army 31 BC-AD 235* (1984)

Carson, R., 'Caesar and the monarchy', *Greece & Rome* 4 (1957), pp. 46-53

Carter, J., *The Battle of Actium: The Rise and Triumph of Augustus Caesar* (1970)

Cartledge, P., 'The second thoughts of Augustus on the res publica in 28/7 bc', *Greece and Rome* 31 (1984), pp. 30-40

Champlin, E., 'Tiberius and the Heavenly Twins', *JRS* 101 (2011), pp. 73-99

Chilver, G., 'Augustus and the Roman constitution 1939-1950', *Historia* 1 (1950), pp. 408-35

Christol, M., *Une Histoire Provinciale. La Gaule narbonnaise av. J.-C. au IIIe siècle ap. J.-C.* (2010)

Clarke, J., 'Augustan domestic interiors: propaganda or fashion?' in Galinsky (2005), pp. 264-78

Collins, J., 'Caesar and the corruption of power', *Historia* 4 (1957), pp. 445-65

Conlin, D., *The Artists of the Ara Pacis. Studies in the History of Greece and Rome* (1997)

Connolly, P., *Greece and Rome at War* (1981)

Cooley, M. (ed.), *The Age of Augustus. Lactor* 17 (2003)

Corbett, J., 'The Succession policy of Augustus', *Latomus* 33 (1974), pp. 87-97

Crawford, M., *Roman Republican Coinage* (1974)

Crook, J., 'Some remarks on the Augustan Constitution', *Classical Review* 3 (1953), pp. 10-12

Cunliffe, B., *Greeks, Romans and Barbarians: Spheres of Interaction* (1988)

Curchin, L., *The Romanization of Central Spain. Complexity, Diversity and Change in a Provincial Hinterland* (2004)

Delia, D., 'Fulvia Reconsidered', in S. Pomperoy (ed.), *Women's History and Ancient History* (1991), pp. 197–217

Dennison, M., *Empress of Rome. The Life of Livia* (2010)

Derks, T., *Gods, Temples and Ritual Practices: The Transformation of Religious Ideas and Values in Roman Gaul* (1998)

Dixon, S., *The Roman Mother* (1988)

Dowling, M., *Clemency and Cruelty in the Roman World* (2006)

Drinkwater, J., *Roman Gaul. The Three Provinces, 58 BC–AD 260* (1983)

Drinkwater, J., 'The Principate – lifebelt, or millstone around the neck of Empire?', in O. Hekster, G. Kleijn & D. Slootjes (eds), *Crises and the Roman Empire* (2007), pp. 67–74

Durán Cabello, R. M., 'Edificios de espectáculo', in X. Raventós (ed.), *Les capitales provinciales de Hispania 2. Merida: Colonia Augustua Emerita* (2004)

Dyson, S., 'Native Revolt Patterns in the Roman Empire', *Aufstieg und Niedergang der römischen Welt* 2. 3 (1975), pp. 38–175

Dyson, S., *The Creation of the Roman Frontier* (1985)

Dyson, S., *Rome. A Living Portrait of an Ancient City* (2010)

Eck, W., 'Senatorial Self-Representation: Developments in the Augustan Period', in Millar & Segal (eds) (1990), pp. 129–67

Eck, W., *The Age of Augustus* (2003)

Edmondson, J. (ed.), *Augustus* (2009)

Ehrenberg, V. & Jones, A., *Documents Illustrating the Reigns of Augustus and Tiberius* (2nd edn, 1975)

Everitt, A., *Cicero. A Turbulent Life* (2001)

Everitt, A., *Augustus: The Life of Rome's First Emperor* (2006)

Fantham, E., *Julia Augusti, the Emperor's Daughter* (2006)

Ferrary, J., 'The powers of Augustus', in Edmondson (2009), pp. 90–136

Ferrill, A., 'Prosopography and the Last Years of Augustus', *Historia* 20 (1971), pp. 718–31

Ferrill, A., 'Augustus and his daughter: a modern myth', in C. Deroux (ed.), *Studies in Latin Literature and Roman History* 2 (1980), pp. 332–46

Feugère, M. (ed.), *L'Équipment Militaire et L'Armement de la République, Journal of Roman*

Military Equipment Studies 8 (1997)

Finley, M. I. (ed.), *Studies in Roman Property* (1976)

Fishwick, D., *The Imperial Cult in the Latin West: Studies in the Ruler Cult of the Western Roman Empire* Vol. 3 (2002)

Flory, M., 'Abducta Neroni Uxor': The historiographic tradition on the marriage of Octavian and Livia', *Transactions of the American Philological Association* 118 (1988), pp. 343–59

Flower, H., 'The tradition of the spolia opima: M. Claudius Marcellus and Augustus', *Classical Antiquity* 19 (2000), pp. 34–64

Franzen, P., 'The Augustan legionary fortress at Nijmegen. Legionary and auxiliary soldiers', in A. Morillo, N. Hanel & E. Martín, *Limes XX: Estudios sobre la frontera romana. Roman Frontier Studies. Anejos de Gladius 13* Vol. 1 (2009), pp. 1257–69

Gabba, E., 'The Perusine War and Triumviral Italy', *Harvard Studies in Classical Philology* 75 (1971), pp. 139–60

Gabba, E. (trans. P. Cuff), *The Roman Republic, the Army and the Allies* (1976)

Galinsky, K., *Augustan Culture* (1996)

Galinsky, K. (ed.), *The Cambridge Companion to the Age of Augustus* (2005)

Galinsky, K., *Augustus. Introduction to the Life of an Emperor* (2012)

Gardner, J., 'The Dictator', in Griffin (2009), pp. 57–71

Garnsey, P., *Famine and Food Supply in the Graeco-Roman World. Responses to Risk and Crisis* (1988)

Gelzer, M. (trans. P. Needham), *Caesar. Politician and Statesman* (1968)

Goldsworthy, A., *The Roman Army at War 100 BC–AD 200* (1996)

Goldsworthy, A., '"Instinctive genius": the depiction of Caesar the general', in Welch & Powell (1998), pp. 193–219

Goldsworthy, A., *In the Name of Rome* (2004)

Goldsworthy, A., *The Complete Roman Army* (2004)

Goldsworthy, A., *Caesar: The Life of a Colossus* (2006)

Goldsworthy, A., *Antony and Cleopatra* (2010)

Goudineau, C., *César et la Gaule* (1995)

Gowers, E., 'Augustus and "Syracuse"', *JRS* 100 (2010), pp. 69–87

Grant, M., *Cleopatra* (1972)

Green, P., *Alexander to Actium: The Historical Evolution of the Hellenistic Age* (1990)

Greenhalgh, P., *Pompey: The Roman Alexander* (1980)

Griffin, J., 'Augustus and the poets: "Caesar qui cogere posset"', in Millar & Segal (1990), pp. 189–218

Griffin, M., 'The Elder Seneca and Spain', *JRS* 62 (1972), pp. 1–19

Griffin, M. (ed.), *A Companion to Julius Caesar* (2009)

Grimal, P. (trans. A. Train), *Love in Ancient Rome* (1986)

Gruen, E., *The Last Generation of the Roman Republic* (1974)

Gruen, E., 'Cleopatra in Rome. Fact and Fantasies', in D. Braund & C. Gill (eds), *Myths, History and Culture in Republican Rome: Studies in honour of T. P. Wiseman* (2003), pp. 257–74

Gruen, E., 'Caesar as a politician', in Griffin (2009), pp. 23–36

Gwynn, A., *Roman Education* (1926)

Hallett, J., 'Perusinae Glandes and the Changing Image of Augustus', *American Journal of Ancient History* 2 (1977), pp. 151–71

Harmand, J., *L'armée et le soldat à Rome de 107 à 50 avant nôtre ère* (Paris, 1967)

Harrington, D., 'The Battle of Actium – a study in historiography', *Ancient World* 9. 1–2 (1984), pp. 59–64

Hölbl, G. (trans. T. Saavedra), *A History of the Ptolemaic Empire* (2001)

Holder, P., *The Auxilia from Augustus to Trajan* (1980)

Holland, R., *Augustus. Godfather of Europe* (2004)

Huzar, E., 'Mark Antony: Marriages vs. careers', *The Classical Journal* 81 (1985/6), pp. 97–111

James, S., *Rome and the Sword. How Warriors and Weapons Shaped Roman History* (2011)

Johnson, J., 'The authenticity and validity of Antony's will', *L' Antiquité Classique* 47 (1978), pp. 494–503

Jones, A., 'The *Imperium* of Augustus', *JRS* 41 (1951), pp. 112–19

Jones, A., 'The elections under Augustus', *JRS* 45 (1955), pp. 9–21

Jones, R., 'The Roman Military Occupation of North-West Spain', JRS 66 (1976), pp. 45–66

Kennedy, D. (ed.), *The Roman Army in the East. Journal of Roman Archaeology Supplements* 18 (1996)

Kennedy, D., 'Parthia and Rome: eastern perspectives', in Kennedy (1996), pp. 67–90

Keppie, L., *Colonisation and Veteran Settlement in Italy: 47–14 BC* (1983)

Keppie, L., *The Making of the Roman Army* (1984)

Keppie, L., 'A centurion of legio Martia at Padova?', *Journal of Roman Military Equipment Studies* 2 (1991), pp. 115–21 = L. *Keppie, Legions and Veterans: Roman Army Papers 1971–*

2000 (2000), pp. 68-74

King, D., *The Elgin Marbles* (2006)

Kos, M., *Appian and Illyricum* (2005)

Lacey, W., 'Summi Fastigii Vocabulum: The story of a title', *JRS* 69 (1979), pp. 28-34

Lacey, W., *Augustus and the Principate. The Evolution of the System* (1996)

Lange, C., *Res Publica Constituta. Actium, Apollo and the Accomplishment of the Triumviral Assignment* (2009)

Lange, C., 'The Battle of Actium: A reconsideration', *Classical Quarterly* 61. 2 (2011), pp. 608-23

Last, H., 'Imperium Maius: A note', *JRS* 37 (1947), pp. 157-64

Le Bohec, Y., *The Imperial Roman Army* (1994)

Leon, E., 'Scribonia and her daughters', *Transactions and Proceedings of the American Philological Association* 82 (1951), pp. 168-75

Levick, B., 'Abdication and Agrippa Postumus', *Historia* 21 (1972), pp. 674-97

Levick, B., 'Julians and Claudians', *Greece and Rome* 22 (1975), pp. 29-38

Levick, B., *Tiberius the Politician* (1999)

Levick, B., *Augustus. Image and Substance* (2010)

Lewis, N. Reinhold, M. (eds), *Roman Civilization. Selected Readings Vol. 1: The Republic and the Augustan Age* (3rd edn, 1990)

Liebeschuetz, J., 'The settlement of 27 bc', in C. Deroux, *Studies in Latin Literature and Roman History* (2008), pp. 345-65

Linderski, J., 'Aphrodisias and the Res Gestae: The Genera Militiae and the Status of Octavian', *JRS* 74 (1984), pp. 74-80

Lintott, A., 'Electoral bribery in the Roman Republic', *JRS* 80 (1990), pp. 1-16

Lintott, A., *The Constitution of the Roman Republic* (1999)

Lintott, A., *Cicero as Evidence* (2008)

Lintott, A., 'The assassination', in Griffin (2009), pp. 72-82

Lo Cascio, E., 'The Size of the Roman Population: Beloch and the Meaning of the Augustan Census Figures', *JRS* 84 (1994), pp. 23-40

Lowe, B., *Roman Iberia. Economy, Society and Culture* (2009)

Luce, T., 'Livy, Augustus, and the Forum Augustum', in Edmondson (2009), pp. 399-415

MacMullen, R., *Enemies of the Roman Order. Treason, Unrest and Alienation in the Empire* (1967)

MacMullen, R., *Romanization in the Time of Augustus* (2000)

McNally, M., *Teutoburg Forest AD 9. The Destruction of Varus and his Legions.* Osprey Campaign Series 228 (2011)

Magie, D., 'Augustus' War in Spain (26–25 bc)', *Classical Philology* 15 (1920), pp. 323–39

Manley, J., *AD 43 The Roman Invasion of Britain – A Reassessment* (2002)

Marrou, H., *A History of Education in Antiquity* (1956)

Matyszak, P., *Mithridates the Great. Rome's Indomitable Enemy* (2004)

Maxfield, V., *The Military Decorations of the Roman Army* (1981)

Mayor, A., *The Poison King* (2010)

Meier, C. (trans. D. McLintock), *Caesar* (1996)

Mellor, R., *Tacitus* (1993)

Mierse, W., *Temples and Towns in Roman Iberia. The Social Dynamics of Sanctuary Designs from the Third Century BC to the Third Century AD* (1999)

Millar, F., *A Study of Cassius Dio* (1964)

Millar, F., 'Triumvirate and Principate', *JRS* 63 (1973), pp. 50–67

Millar, F., *The Emperor in the Roman World* (1977)

Millar, F., 'Empire and City, Augustus to Julian: Obligations, excuses and status', *JRS* 73 (1983), pp. 76–96

Millar, F. & Segal, E. (eds), *Caesar Augustus. Seven Aspects* (corrected paperback edn, 1990)

Millar, F., 'State and Subject: the impact of monarchy', in Millar & Segal (1990), pp. 37–60

Millar, F., *The Roman Near East 31 BC–AD 337* (1993)

Millar, F., *The Crowd in the Late Roman Republic* (1998)

Mitchell, T., *Cicero: The Ascending Years* (1979)

Mitchell, T., *Cicero the Senior Statesman* (1991)

Morillo Cerdán, A., 'The Augustean Spanish Experience: The origin of the limes system?', in A. Morillo, N. Hanel & E. Martín, *Limes XX: Estudios sobre la frontera romana. Roman Frontier Studies. Anejos de Gladius* 13 Vol. 1 (2009), pp. 239–51

Morrison, J. & Coates, J., *Greek and Roman Oared Warships* (1996)

Mouritsen, H., *Plebs and Politics in the Late Roman Republic* (2001)

Murdoch, A., *Rome's Greatest Defeat. Massacre in the Teutoburg Forest* (2006)

Nicolet, C., 'Augustus, Government, and the Propertied Classes', in Millar & Segal (1990), pp. 89–128

North, J., 'Caesar at the Lupercalia', *JRS* 98 (2008), pp. 144–60

Oorthuys, J. (ed.), *The Varian Disaster: The Battle of the Teutoburg Forest. Ancient Warfare* special issue (2009)

Osgood, J., *Caesar's Legacy. Civil War and the Emergence of the Roman Empire* (2006)

Paget, R., 'The ancient ports of Cumae', *JRS* 58 (1968), pp. 152–69

Paget, R., 'The Naval Battle of Cumae in 38 bc', *Latomus* 29 (1970), pp. 363–9

Parker, H., *The Roman Legions* (1957)

Patterson, J., 'The City of Rome Revisited: From Mid-Republic to Mid-Empire', *JRS* 100 (2010), pp. 210–32

Pelling, C., *Plutarch: Life of Antony* (1988)

Pelling, C., *Plutarch and History* (2002)

Pitassi, M., *The Navies of Rome* (2009)

Platner, S. & Ashby, T., *A Topographical Dictionary of Ancient Rome* (1929)

Pollini, J., 'Appuleii and Some Others on the Ara Pacis', *American Journal of Archaeology* 90 (1986), pp. 453–60

Potter, D., 'Emperors, their borders and their neighbours: the scope of imperial *mandata*', in Kennedy (1996), pp. 49–66

Powell, A., '"An island amid the flame": The Strategy and Imagery of Sextus Pompeius, 43–36 bc', in Powell & Welch (2002), pp. 103–33

Powell, A. & Welch, K. (eds), *Sextus Pompeius* (2002)

Powell, A., *Virgil the Partisan: A Study in the Re-integration of Classics* (2008)

Powell, L., *Eager for Glory. The Untold Story of Drusus the Elder, Conqueror of Germany* (2011)

Price, S., *Rituals and Power. The Roman Imperial Cult in Asia Minor* (1985)

Purcell, N., 'Livia and the Womanhood of Rome', *Proceedings of the Cambridge Philological Society* (1986), pp. 78–105 = Edmondson (2009), pp. 165–94

Queseda Sanz, F., 'Gladius hispaniensis: an archaeological view from Iberia', *Journal of Roman Military Equipment Studies* 8 (1997), pp. 251–70

Queseda Sanz, F., *Armas de la Antigua Iberia de Tartessos a Numancia* (2010)

Raaflaub, K. & Toher, M. (eds), *Between Republic and Empire. Interpretations of Augustus and his Principate* (1990)

Raaflaub, K., 'The political significance of Augustus' military reforms', in Edmondson (2009), pp. 203–28

Ramsay, J., 'The Senate, Mark Antony, and Caesar's Legislative Legacy', *Classical Quarterly* 44 (1994), pp. 130–45

Ramsay, J. & Licht, A., *The Comet of 44 BC and Caesar's Funeral Games* (1997)

Ramsay, J., 'Did Mark Antony contemplate an alliance with his political enemies in July 44 B.C.E.?', *Classical Philology* 96. 3 (2001), pp. 253–68

Ramsay, J., 'Mark Antony's Judiciary Reform and its revival under the Triumvirs', *JRS* 95 (2005), pp. 20–37

Ramsay, J., 'The Proconsular Years: Politics at a Distance', in Griffin (2009), pp. 37–56

Rawson, B. (ed.), *The Family in Ancient Rome* (1986)

Rawson, B. (ed.), *Marriage, Divorce and Children in Ancient Rome* (1991)

Rawson, B., *Children and Childhood in Roman Italy* (2003)

Rawson, E., 'Caesar's Heritage: Hellenistic Kings and their Roman Equals', *JRS* 65 (1975), pp. 148–59

Rawson, E., 'The Ciceronian Aristocracy and its properties', in Finley (ed.) (1976), pp. 85–102

Rawson, E., *Intellectual Life in the Roman Republic* (1985)

Rea, J., 'Lease of a Red Cow called Thayris', *The Journal of Egyptian Archaeology* 68 (1982), pp. 277–82

Reinhold, M., *Marcus Agrippa: A Biography* (1933)

Reynolds, J., *Aphrodisias and Rome* (1982)

Ribera i Lacomba, A. & Calvo Galvez, M., 'La primera evidencia arqueológica de la destrucción de Valentia por Pompeyo', *Journal of Roman Archaeology* 8 (1995), pp. 19–40

Rice, E., *Cleopatra* (1999)

Rice Holmes, T., *The Roman Republic* Vols 1–3 (1923–8)

Rice Holmes, T., *The Architect of the Roman Empire* Vol. 1 (1928)

Rich, J., *Declaring War in the Roman Republic in the Period of Transmarine Expansion* (1976)

Rich, J. & Shipley, G. (eds), *War and Society in the Roman World* (1993)

Rich, J., 'Augustus and the spolia opima', *Chiron* 26 (1996), pp. 85–127

Rich, J., 'The Parthian honours', *Papers of the British School at Rome* 66 (1998), pp. 71–128

Rich, J., 'Augustus, War and Peace', in Edmondson (2009), pp. 137–64 = L. de Blois, P. Erdkamp, O. Hekster, G. de Kleijn S. Mols (eds), *The Representation and Perception of Roman Imperial Power: Proceedings of the Third Workshop of the International Network, Impact of Empire (Roman Empire c.200 BC–AD 476). Netherlands Institute in Rome, 20–23 March 2002* (2003), pp. 329–57

Rich, J., 'Cantabrian closure: Augustus' Spanish War and the ending of his memoirs', in Smith & Powell (2009), pp. 145–72

Richardson, J., 'The triumph, the praetors and the Senate in the early second century bc', *JRS* 65 (1976), pp. 50–63

Richardson, J., '*Imperium Romanum*: Empire and the Language of Power', JRS 81 (1991), pp. 1–9

Richardson, J., *The Romans in Spain* (1996)

Richardson, J., *Augustan Rome 44 BC TO AD 14. The Restoration of the Republic and the Establishment of Empire* (2012)

Richardson, P., *Herod. King of the Jews and Friend of the Romans* (1996)

Rickman, G., *The Corn Supply of Ancient Rome* (1980)

Rihll, T., 'Lead Slingshot (*glandes*)', JRA 22 (2009), pp. 149–69

Roddaz, J. M., *Marcus Agrippa* (1984)

Rogers, W., *Greek and Roman Naval Warfare* (1937)

Roller, D., *The Building Programme of Herod the Great* (1998)

Rose, C., 'Princes and barbarians on the Ara Pacis', *American Journal of Archaeology* 94 (1990), pp. 453–67

Rosenstein, N., *Imperatores Victi* (1993)

Rost, A., 'The Battle between Romans and Germans in Kalkriese: Interpreting the Archaeological Remains from an ancient battlefield', in A. Morillo, N. Hanel & E. Martín, *Limes XX: Estudios sobre la frontera romana. Roman Frontier Studies. Anejos de Gladius* 13 Vol. 3 (2009), pp. 1339–45

Roth, J., *The Logistics of the Roman Army at War* (264 BC–AD 235) (1999)

Roymans, N., *Tribal Societies in Northern Gaul: An Anthropological Perspective. Cingula* 12 (1990)

Saddington, D., *The Development of the Roman Auxiliary Forces from Caesar to Vespasian* (49 BC–AD 79) (1982)

Saller, R., 'Anecdotes as historical evidence', *Greece and Rome* 27 (1980), pp. 69–83

Salmon, E., 'The Evolution of Augustus' Principate', *Historia* 5 (1956), pp. 456–78

Salway, B., 'What's in a name? A survey of Roman onomastic practice from 700 bc–ad 700', JRS 84 (1994), pp. 124–45

Scheid, J., 'To honour the Princeps and venerate the gods. Public cult, neighbourhood cults, and imperial cult in Augustan Rome', in Edmondson (2009), pp. 275–99

Scheidel, W., 'Emperors, Aristocrats, and the Grim Reaper: Towards a Demographic Profile of the Roman Elite', *Classical Quarterly* 49 (1999), pp. 254–81

Schlüter, W., 'The Battle of the Teutoburg Forest: archaeological research at Kalkriese near

Osnabrück', in J. Creighton & R. Wilson, *Roman Germany. Studies in Cultural Interaction. Journal of Roman Archaeology Supplementary Series* 32 (1999), pp. 125–59

Schürer, E., Vermes, G. & Millar, F., *The History of the Jewish People in the Age of Jesus Christ* Vol. 1 (1973)

Scott, K., 'The Political Propaganda of 44–30 bc', *Memoirs of the American Academy in Rome* 11 (1933), pp. 7–49

Seager, R., *Pompey the Great. A Political Biography* (2nd edn, 2002)

Seager, R., *Tiberius* (2005)

Shatzman, I., *Senatorial Wealth and Roman Politics. Collection Latomus* Vol. 142 (1975)

Sheppard, S., *Philippi 42 BC. The Death of the Roman Republic.* Osprey Campaign Series 199 (2008)

Sheppard, S., *Actium: Downfall of Antony and Cleopatra.* Osprey Campaign Series 211 (2009)

Sherk, R., *Roman Documents from the Greek East* (1969)

Sherwin-White, A., *Roman Foreign Policy in the East, 168 BC–AD 1* (1984)

Siani-Davies, M., 'Ptolemy XII Auletes and the Romans', *Historia* 46 (1997), pp. 306–40

Sidebotham, S., 'Aelius Gallus and Arabia', *Latomus* 45 (1986), pp. 590–602

Simpson, C., 'The date of the dedication of the Temple of Mars Ultor', *JRS* 67 (1977), pp. 91–4

Slater, W., 'Pueri, *Turba Minuta*', in *Bulletin of the Institute of Classical Studies* 21 (1974), pp. 133–40

Smith, C. & Powell, A. (eds), *The Lost Memoirs of Augustus and the Development of Roman Autobiography* (2009)

Smith, R., *Service in the Post-Marian Roman Army* (1958)

Spaul, J., *ALA²* (1994)

Spawforth, A., *Greece and the Augustan Cultural Revolution. Greek Culture in the Roman World* (2012)

Speidel, M., 'The Roman army in Judaea under the Procurators', in M. Speidel, *Roman Army Studies* Vol. 2, Mavors (1992), pp. 224–32

Stavely, E., 'The "Fasces" and "Imperium Maius"', *Historia* 12 (1963), pp. 458–84

Stevenson, T., 'The ideal benefactor and the father analogy in Greek and Roman thought', *Classical Quarterly* 42 (1992), pp. 421–36

Stockton, D., 'Primus and Murena', *Historia* 14 (1965), pp. 18–40

Stockton, D., *Cicero. A Political Biography* (1971)

Swan, M., 'The consular fasti of 23 bc and the conspiracy of Varro Murena', *Harvard Studies in Classical Philology* 71 (1967), pp. 235–47

Syme, R., 'Notes on the legions under Augustus', *JRS* 23 (1933), pp. 14–33

Syme, R., 'The Spanish War of Augustus', *American Journal of Philology* 55 (1934), pp. 293–317

Syme, R., 'The Allegiance of Labienus', *JRS* 28 (1938), pp. 113–25

Syme, R., *Tacitus* (2 vols, 1958)

Syme, R., 'Imperator Caesar: A study in imperial nomenclature', Historia 7 (1958), pp. 172–88 = *Roman Papers* Vol. 1 (1979), pp. 181–96

Syme, R., 'Livy and Augustus', *Harvard Studies in Classical Philology* 64 (1959), pp. 27–87

Syme, R., *The Roman Revolution* (paperback edn, 1960)

Syme, R., *History in Ovid* (1978)

Syme, R., 'The conquest of North-West Spain', *Roman Papers* Vol. 2 (1979), pp. 825–54

Syme, R., 'Neglected children on the Ara Pacis', *American Journal of Archaeology* 88 (1984), pp. 583–9

Syme, R., *The Augustan Aristocracy* (1986)

Talbert, R., 'Augustus and the Senate', *Greece and Rome* 31 (1984), pp. 55–63

Tatum, W., *The Patrician Tribune Publius Clodius Pulcher* (1999)

Taylor, L. Ross, *Party Politics in the Age of Caesar* (1949)

Taylor, L. Ross, 'The rise of Julius Caesar', *Greece and Rome* 4 (1957), pp. 10–18

Taylor, L. Ross, *Roman Voting Assemblies: From the Hannibalic War to the Dictatorship of Caesar* (1966)

Taylor, L. Ross, 'The dating of major legislation and elections in Caesar's first consulship', Historia 17 (1968), pp. 173–93

Tchernia, A., 'Italian wine in Gaul at the end of the Republic', in P. Garnsey, K. Hopkins & C. Whittaker (eds), *Trade in the Ancient Economy* (1983), pp. 87–104

Todd, M., *Roman Britain* (3rd edn, 1999)

Todd, M., *The Early Germans* (2004)

Toher, M., 'Augustus and the Evolution of Roman Historiography', in Raaflaub & Toher (1990), pp. 139–54

Torelli, M., *Typology and Structure of Roman Historical Reliefs* (1982)

Treggiari, S., *Roman Marriage* (1991)

Treggiari, S., 'Divorce Roman Style: How easy and frequent was it?' in Rawson (1991), pp.

131–46

Trillmich, W. (trans. C. Nader), *Colonia Augusta Emerita, Capital of Lusitania* in Edmondson (2009), pp. 427–67

Tyldesley, J., *Cleopatra. Last Queen of Egypt* (2009)

Tyrell, W., 'Labienus' departure from Caesar in January 49 bc', *Historia* 21 (1972), pp. 424–40

Ullman, B., 'Cleopatra's pearls', *The Classical Journal* 52. 5 (Feb. 1957), pp. 193–201

Veyne, P. (trans. B. Pearce), *Bread and Circuses* (1992)

Wallace-Hadrill, A., 'Civilis Principis: between citizen and king', *JRS* 72 (1982), pp. 32–48

Wallace-Hadrill, A., 'Image and authority in the coinage of Augustus', *JRS* 76 (1986), pp. 66–87

Wallace-Hadrill, A., *Suetonius* (2nd edn, 1995)

Wallace-Hadrill, A., 'Family inheritance in the Augustan Marriage Laws', in Edmondson (2009), pp. 250–74 = *Proceedings of the Cambridge Philological Society* 27 (1981), pp. 58–80

Ward, A., *Marcus Crassus and the Late Roman Republic* (1977)

Wardle, D., 'Valerius Maximus on the Domus Augusta, Augustus, and Tiberius', *Classical Quarterly* 50 (2000), pp. 479–93

Wardle, D., 'A perfect send-off: Suetonius and the dying art of Augustus (Suetonius Aug. 99)', *Mnemosyne* 60 (2007), pp. 443–63

Watson, G., *The Roman Soldier* (1985)

Webster, G., *The Roman Invasion of Britain* (rev. edn, 1993)

Weigel, R., *Lepidus. The Tarnished Triumvir* (1992)

Weinstock, S., *Divus Julius* (1971)

Welch, K. & Powell, A. (eds), *Julius Caesar as Artful Reporter: The War Commentaries as Political Instruments* (1998)

Welch, K., 'Sextus Pompeius and the *Res Publica* in 42–39 bc', in Powell & Welch (2002), pp. 31–63

Wells, C., *The German Policy of Augustus. An Examination of the Archaeological Evidence* (1972)

Wells, C., 'What's new along the Lippe: Recent work in North Germany', *Britannia* 29 (1998), pp. 457–64

Wells, P., *The Barbarians Speak. How the Conquered Peoples Shaped the Roman Empire* (1999)

Wells, P., *The Battle that Stopped Rome* (2003)

White, L., 'Herod and the Jewish experience of Augustan rule', in Galinsky (2005), pp. 361–

White, P., *Promised Verse. Poets in the Society of Augustan Rome* (1993)

Wiedermann, T., 'The political background to Ovid's Tristia 2', *Classical Quarterly* 25 (1975), pp. 264-71

Wilbers-Rost, S., 'The site of the Varus Battle at Kalkriese. Recent Results from Archaeological Research', in A. Morillo, N. Hanel & E. Martín, *Limes XX: Estudios sobre la frontera romana. Roman Frontier Studies. Anejos de Gladius* 13 Vol. 3 (2009), pp. 1347-52

Williams, C., *Roman Homosexuality. Ideologies of Masculinity in Classical Antiquity* (1999)

Williams, G., 'Did Maecenas "Fall from favour"? Augustan Literary Patronage', in Raaflaub & Toher (1990), pp. 258-75

Wiseman, T., '*Conspicui Postes Tectaque Digna Deo*: the public image of aristocratic and imperial houses in the Late Republic and Early Empire', in *L'Urbs. Espace urbain et histoire* (1987), pp. 393-413

Wiseman, T., 'The House of Augustus and the Lupercal', *JRA* 22 (2009), pp. 527-45

Wolters, R., *Die Schlacht im Teutoburger Wald* (2008)

Woolf, G., 'Roman Peace', in Rich & Shipley (1993), pp. 171-94

Yakobson, A., '*Petitio et Largitio*: Popular participation in the centuriate assembly of the Late Republic', *JRS* 8 (1992), pp. 32-52

Yavetz, Z., *Plebs and Princeps* (1969)

Yavetz, Z., *Julius Caesar and his Public Image* (1983)

Yavetz, Z., 'The *Res Gestae* and Augustus' public image', in Millar & Segal (1990), pp. 1-36

Yavetz, Z., 'The personality of Augustus', in Raaflaub & Toher (1990), pp. 21-41, 32

Zanker, P. (trans. A. Shapiro), *The Power of Images in the Age of Augustus* (1988)

Zink, S., 'Reconstructing the Palatine temple of Apollo: a case study in early Augustan temple design', *JRA* 21 (2008), pp. 47-63

Ziolkowski, J. & Putnam, J., *The Virgilian Tradition. The First Fifteen Hundred Years* (2008)

미주 약어 목록

Ampelius, *Lib. mem* = Lucius Ampellius, *Liber memorialis*

Appian, *BC* = Appian, *Civil Wars*

Appian, *Bell. Hisp.* = Appian, *Spanish Wars*

Broughton, *MRR 2* = Broughton, T., & Patterson, M. (1951), *The Magistrates of the Roman Republic* Vol. 2

Caesar, *BC* = Caesar, *The Civil Wars*

Caesar, *BG* = Caesar, *The Gallic Wars*

CAH^2 IX = Crook, J., Lintott, A., & Rawson, E. (eds), *The Cambridge Ancient History* 2nd edn Vol. IX: *The Last Age of the Roman Republic, 146–43 BC.*

CAH^2 X = Bowman, A., Champlin, E., & Lintott, A. (eds), *The Cambridge Ancient History* 2nd edn Vol. X: *The Augustan Empire, 43 BC–AD 69.*

Cicero, *ad Att.* = Cicero, *Letters to Atticus*

Cicero, *ad Fam.* = Cicero, *Letters to his Friends*

Cicero, *ad Quintum Fratrem* = Cicero, *Letters to his Brother Quintus*

Cicero, *Agr.* = Cicero, *Orationes de Lege Agraria*

Cicero, *Cat.* = Cicero, *Catilinarian Orations*

Cicero, *de reg. Alex F.* = Cicero, fragment from the *Oration Concerning the King of Alexandria*

Cicero, *Verrines* = Cicero, *Verrine Orations*

CIG = *Corpus Inscriptionum Graecarum*

CIL = *Corpus Inscriptionum Latinarum*

Comp. Nic. = Fragment of Nicolaus of Damascus, History

De vir. Ill. = the anonymous *de viris illustribus*

Dio = Cassius Dio, *Roman History*

Galen, *Comm. In Hipp. Epid., CMG* = Kühn, C., *Galenus Medicus* (1821-33), supplemented by Diels, H. *et alii* (1918–)

Gellius, *NA* = Aulus Gellius, *Attic Nights*

ILLRP = Degrassi, A. (ed.) (1963–5), *Inscriptiones Latinae Liberae Rei Republicae*

ILS = Dessau, H. (1892–1916), *Incriptiones Latinae Selectae*

Josephus, *AJ* = Josephus, *Jewish Antiquities*

Josephus, *BJ* = Josephus, *The Jewish War*

JRA = *Journal of Roman Archaeology*

JRS = *Journal of Roman Studies*

Justin = Justinus, *Epitome*

Livy, *Pers.* = Livy, *Roman History. Periochae.*

OGIS = Dittenberger, W., *Orientis Graeci Inscriptiones Selectae* (1903–5).

Pliny the Elder, *NH* = Pliny the Elder, *Natural History*

Pliny the Younger, *Epistulae* = Pliny the Younger, *Letters*

Quintilian = Quintilian, *Training in Oratory*

Sallust, Bell. *Cat.* = Sallust, *The Catilinarian War*

Sallust, Bell. *Jug.* = Sallust, *The Jugurthine War*

Sallust, *Hist.* = Sallust, *Histories*

SEG. = Roussel, P., Tod, M., Ziebarth, E. & Hondius, J. (eds), *Supple mentum Epigraphicum Graecum* (1923–)

Serv. = Servius

Strabo, *Geog.* = Strabo, *Geography*

Tacitus, *Ann.*= Tacitus, *Annals*

Valerius Maximus = Valerius Maximus, *Memorable Doings and Sayings*

Velleius Paterculus = Velleius Paterculus, *Roman History*

미주

서문

1. 루카복음 2장 1~3절.
2. 2006~2007년 방영된 HBO의 미니시리즈 〈로마Rome〉에서 젊은 옥타비우스는 좀 더 동정적인 인물로 묘사되었으나, 나이 든 옥타비우스는 다른 배우가 차갑고 계산적인 인물로 연기했다. 그의 가학성도 단순한 암시 수준을 넘어 드러났는데, 새 신부 리비아와 사랑을 나눌 때 그녀에게 고통을 주면 쾌락을 느낀다고 말하는 장면이 그 예다.
3. Shakespeare, *Julius Caesar*, 4. 1. 1.
4. 아우구스투스와 그의 시대에 관한 최근의 간략한 연구 중 다음이 참고할 만하다. DD. Shotter, *Augustus Caesar*(2nd edn, 1991), W. Eck, *The Age of Augustus*(2003), K. Galinsky, *Augustus. Introduction to the Life of an Emperor*(2012), J. Richardson, *Augustan Rome 44 BC to AD 14. The Restoration of the Republic and the Establishment of the Empire*(2012): 대중적 저술 중에는 R. Holland, *Augustus. Godfather of Europe*(2004)가 주로 악티움 해전에 이르는 수년간을 다루며, A. Everitt, *Augustus: The Life of Rome's First Emperor*는 악티움 해전 이후의 권력 승계를 둘러싼 쟁투에 초점을 맞추고 있다.
5. Julian, *Caesars* 309 B-C; K. Galinsky, *Augustan Culture*(1996), p. 373 참고.
6. 아우구스투스를 바라보는 역사학자들의 시각은 Z. Yavetz, 'The Res Gestae and Augustus' public image', in F. Millar & E. Segal(eds), *Caesar Augustus. Seven Aspects*(1990), pp. 1-36, esp. pp. 22-6과 J. Edmondson(ed.) *Augustus*(2009), pp. 14-26 참고.
7. 주요 출처에 관한 논의는 다음을 참고. F. Millar, *A Study of Cassius Dio*(1964), A. Wallace-Hadrill, *Suetonius*(2nd edn, 1995), C. Pelling, *Plutarch and History*(2002), C. Smith & A. Powell(eds), *The Lost Memoirs of Augustus and the Development of Roman Autobiography*(2009), R. Syme, *Tacitus*(2 vols, 1958) 및 R. Mellor, *Tacitus*(1993).

1장

1. Suetonius, *Augustus* 94. 5.
2. 날짜는 Suetonius, *Augustus* 5. 1 참고; 출산에 따르는 의례와 전반적인 설명은 B. Rawson, *Children and Childhood in Roman Italy*(2003), *passim*, esp. pp. 99 -113, S. Dixon, *The Roman Mother*(1988), pp. 106-8, 237-40 및 B. Rawson(ed.), *Marriage, Divorce and Children in Ancient Rome*(1991)에 수록된 여러 논문 참고; 율리우스 카이사르의 대제사장 당선에 관해서는 A. Goldsworthy, *Caesar: The Life of a Colossus*(2006), pp. 124-6, 율리우스 카이사르의 종교적 신실함 부족에 관해서는 Suetonius, *Caesar* 59 참고; 아우구스투스의 출생일과 염소자리 채택에 관해서는 T. Barton, 'Augustus and Capricorn: Astrological polyvalency and imperial rhetoric', *JRS* 85(1995), pp. 33-51 참고.
3. 일련의 징조는 Suetonius, *Augustus* 94. 1-12 esp. 94. 3-4 참고; Dio 45. 1. 2-3에는 수에토니우스와 일반적 출처를 인용하여 뱀에 관한 이야기를 반복 서술한다.
4. 집정관 포함 고위 정무관에 관한 상세 설명은 A. Lintott, *The Constitution of the Roman Republic*(1999), pp. 94-120, esp. 104-9 참고.
5. Suetonius, *Augustus* 94. 5에서는 저명한 종교 전문가이자 신비주의자 니기디우스 피굴루스Publius Nigidius Figulus가 그 예언을 했다고 주장함, 그 예언의 신빙성을 높이기 위해 키케로와 퀸투스 루타티우스 카툴루스Quintus Lutatius Catulus를 등장시키는 이야기들도 있음. 카틸리나를 둘러싼 논쟁과 그 시기에 관해서는 D. Stockton, *Cicero. A Political Biography*(1971), pp. 336-9, esp. 337 참고.
6. 전반적 내용은 Rawson(2003), pp. 105-12를 참고.
7. 로마에서 이름의 중요성에 관한 전반적인 설명은 B. Salway, 'What's in a name? A survey of Roman onomastic practice from 700 BC-AD 700', *JRS* 84(1994), pp. 124-45, esp. 124-31을 참고. 아우구스투스가 가졌던 이름들에 관한 상세한 설명과 통찰적 분석 그리고 직명을 둘러싼 낭시의 일반적 관습은 R. Syme, 'Imperator Caesar: A study in imperial nomenclature', *Historia* 7(1958), pp. 172-88=*Roman Papers* Vol.1(1979), pp. 181-96을 참고.
8. Plutarch, *Cato the Elder* 20.3. 참조. 이 주제에 관한 상세한 설명은 K. Bradley, 'Wet-nursing at Rome. A Study in Social Relations', in Rawson(1986) pp. 201-29 참고.
9. Suetonius, *Augustus* 94.6. 참고.
10. Mithridates에 관해서는 P. Matyszak, *Mithridates the Great. Rome's Indomitable Enemy*(2004)와 A. Mayor, *The Poison King*(2010) 참조.
11. 카이사르가 어머니에게 한 말은 Suetonius, *Caesar* 13, Plutarch, *Caesar* 7, Dio 37.1-3 및

Velleius Paterculus 2.43. 3 참조, 일반적인 설명은 Goldsworthy(2006), pp. 124-7=(2007), pp. 150-4 참고.
12 카이사르의 가계는 Goldsworthy(2006), pp. 31-4=(2007), pp. 37-41 참고, 카틸리나의 가계는 Stockton(1971), pp. 73-8, 96-8, 100-07 참고.
13 T. Mitchell, *Cicero: The Ascending Years*(1979), pp. 149-76, 222-5와 Stockton(1971), pp. 79-84.
14 전반적인 참고 문헌은 Sallust, *Bell. Cat.* 26-7, Stockton(1971), pp. 105-6, Mitchell(1979), pp. 226-32, T. Rice Holmes, The Roman Republic Vol. 1(1928), pp. 259-72; 'resident alien'(*inquilinus civis urbis Romanam*)에 관해서는 Sallust, *Bell. Cat.* 31. 9 참고: 수뢰 혐의로 비난받은 후보자를 성공적으로 변호한 키케로의 연설 *Pro Murena*도 관련하여 참고할 수 있다.
15 독수리에 관해서는 Sallust, *Bell. Cat.* 59. 3 참고.
16 Cicero, *In Pisonem* 6.
17 카틸리나의 모반에 관해서는 Stockton(1971), pp. 110-42와 Mitchell(1979), pp. 219-40 참고: 토의에서 카이사르가 한 역할은 M. Gelzer, *Caesar:Politician and Statesman*(1968), pp. 50-52와 C. Meier, *Caesar*(1996), pp. 170-72 및 Goldsworthy(2006), pp. 115-42=(2007), pp. 144-72 참고.

2장

1 Velleius Paterculus 2. 59. 1-2(Loeb translation).
2 Suetonius, *Augustus* 3, 5, Velleius Paterculus 2. 59. 1-2, Dio 45. 1. 1, Tacitus, *Ann.* 1. 9; 그의 부富에 관해서는 I. Shatzman, *Senatorial Wealth and Roman Politics. Collection Latomus* Vol.142(1975), p. 387(fns 692와 693 포함)을 참고하고, 전반적 사항은 E. Rawson, 'The Ciceronian Aristocracy and its Properties', in M. I. Finley(ed.), *Studies in Roman Property*(1976), pp. 85-102를 참고; 팔라티움 언덕 북동쪽에서, 기원전 1세기와 2세기에 사람이 거주하였으나 네로 황제가 저지른 화재로 파괴된 귀족 저택을 발굴했는데, 그 집이 옥타비우스의 집이었을 가능성이 있다. 그 지역의 최근 발굴 내용은 J. Patterson, 'The City of Rome Revisited: From Mid-Republic to Mid-Empire', *JRS* 100(2010), pp. 210-32, esp. p. 223 fn. 112를 참고.
3 Suetonius, *Augustus* 1. 2. 2.
4 Suetonius, *Augustus* 2. 3-3. 1, Appian, *BC* 3. 23; C. Octavius란 이름이 은행의 대출 전

표에 나타나는데, 가이우스 옥타비우스의 아버지와 연관된 듯하다. 원로원 의원들이 연관된 대출에 관해서는 Shatzman(1975), pp. 75-9를 참고.
5   Livy, Pers. 98에는 기원전 70~69년 시행된 인구조사 결과 90만 명이라 했지만, 이보다 1만 명이 더 많았다고 주장하는 자료들도 있다. E. Lo Cascio, 'The Size of the Roman Population: Beloch and the Meaning of the Augustan Census Figures', JRS 84(1994), pp. 23-40을 참고. 고대의 인구 통계는 논란이 많다.
6   군대를 유지할 능력이 있는 사람만 자신을 부자라고 부를 수 있다는 주장은 Plutarch, Crassus 2를 참고; 그의 토지 소유 현황은 Pliny, NH 33. 134를 참고. Shatzman(1975), pp. 375-8의 관련 내용을 함께 참고하면 Plutarch, Crassus 2에 언급된 토지 규모보다 조금 작다. 폼페이우스의 재산은 Shatzman(1975), pp. 389-93을 참고. 대체적인 그들의 경력은 각각 A. Ward, Marcus Crassus and the Late Roman Republic(1977)과 P. Greenhalgh, Pompey: The Roman Alexander(1980) 및 R. Seager, Pompey the Great. A Political Biography(2nd edn, 2002)를 참고.
7   크라수스가 돈을 썼던 방식은 Plutarch, Crassus 2-3 참고; 그에게 빚을 진 원로원 의원들에 관해서는 Sallust, Bell. Cat. 48. 5-6 참고; 푸블리카니에 관한 일반적인 내용은 E. Badian, Publicans and Sinners(1972) 참고.
8   Suetonius, Augustus 4. 1.
9   R. Syme, The Roman Revolution(1960), p. 112; 폼페이우스와의 관계는 Suetonius, Augustus 4. 1. 참고.
10 그의 나이는 추측에 의한 것이지만, 그가 가이우스 토라니우스와 함께 기원전 73년에 재무관이었다는 가정에 근거한다. 두 사람은 함께 평민 출신 조영관으로도 지냈다. ILS 47 참고. 그러나 토라니우스는 스파르타쿠스에게 패했으므로(Sallust, Hist. 3. 46M, Florus 2. 8. 5), 이후 그의 경력은 내리막길을 탔을 것이고, 그로 인해 두 사람은 나중에 동료가 되었을 가능성 역시 존재한다. 이에 관한 증거는 Broughton, MRR 2, p. 110 참고.
11 가이우스 옥타비우스의 경력은 ILS 47 참고; 이 시기 군단 수는 P. Brunt, Italian Manpower 225 BC-AD 14(1971), pp. 446-72 참고. 기원전 80년에는 최소 13개 군단, 기원전 71~72년에는 최대 39~40개 군단이 있었다고 추정함.
12 재무관직에 관해서는 Lintott(1999), pp. 133-7, 연도는 n. 9 참고; 토라니우스와 스파르타쿠스에 관해서는 Sallust, Hist. 3. 46M, Florus 2. 8. 5. 참고.
13 Lintott(1999), pp. 129-33.
14 카이사르의 초기 경력에 관해서는 최근의 우수 저작인 E. Gruen, 'Caesar as a politician', in M. Griffin(ed.), A Companion to Julius Caesar(2009), pp. 23-36을 참고. L. Taylor, 'The Rise of Julius Caesar', Greece and Rome 4(1957), pp. 10-18, Gelzer(1968), p. 22,

Goldsworthy(2006),pp. 82-151=(2007), pp. 61-183, R. Billows, *Julius Caesar*도 함께 참고. *The Colossus of Rome*(2009), pp. 56-110에서는 카이사르가 인기 있는 대의명분을 계속 지지했다는 점을 강조한다. 시민관(corona civica)에 관해서는 Gellius, NA 5. 6. 13-14와 Pliny NH 16. 12-13 및 V. Maxfield, *The Military Decorations of the Roman Army*(1981), pp. 70-74, 119-20을 참고.

15 선거 운동과 투표 과정에 관한 전반적 사항은 L. Taylor, *Party Politics in the Age of Caesar*(1949), esp. pp. 50-75, *Roman Voting Assemblies: From the Hannibalic War to the Dictatorship of Caesar*(1966), esp. pp. 78-106, A. Lintott, 'Electoral Bribery in the Roman Republic', *JRS* 80(1990), pp. 1-16, F. Millar, *The Crowd in the Late Roman Republic*(1998), H. Mouritsen, *Plebs and Politics in the Late Roman Republic*(2001), esp. pp. 63-89, A. Yakobson, 'Petitio et Largitio': Popular participation in the centuriate assembly of the Late Republic', *JRS* 8(1992), pp. 32-52를 참고.

16 Q. Cicero, *Handbook on Electioneering* 35. 퀸투스 키케로가 이 책의 저자라는 데 의견이 모인다. 그는 왕성히 저작 활동을 했지만, 오늘날까지 전해지는 건 거의 없다. 율리우스 카이사르와 함께 참가한 갈리아 원정 중 16일 만에 4편의 비극, 즉 *Quintum Fratrem* 3. 5/6. 8을 썼다고 그의 형에게 말했다.

17 Q. Cicero, *Handbook on Electioneering* 25-6(Loeb translation).

18 Plutarch, *Cato the Younger* 8. 2 참고; 유권자 이름을 기억하고, 상대의 이름을 몰라 노예의 도움을 받을 때도 자연스럽게 보여야 하는 것이 후보자에게 얼마나 중요한지에 관한 설명은 Q. Cicero, *Handbook on Electioneering* 41-2 참고.

19 율리우스 카이사르의 Rabirius Postumus 재판에 관한 입장은 Goldsworthy(2006), pp. 119-45, esp. pp. 121-4 참고; 그의 주된 성공 요인은 인기 있는 대의명분을 꾸준히 지지하였기 때문이라는 설명은 Billows(2009), pp. 56-110 참고.

20 Sallust, *Bell. Cat.* 60. 7-61. 4.

21 폼페이우스의 경력에 관한 약술은 A. Goldsworthy, *In the Name of Rome*(2004), pp. 152-80 참고; 자세한 기술은 Seager(2002), pp. 20-38; 그의 별명은 Valerius Maximus 6. 2. 8 참고.

22 Suetonius, *Caesar* 15, Dio 37. 43. 1-4, Plutarch, *Cato the Younger* 26. 1-29. 2.

23 Q. Cicero, *Handbook on Electioneering* 45, 47-8(Loeb translation).

24 이 점은 Billows(2009), pp. 104-5에 잘 지적되어 있다.

25 L. Ross Taylor, *Roman Voting Assemblies*(1966), pp. 84-106.

26 1등 당선에 관해서는 Velleius Paterculus 2. 59. 2와 E. Gruen, *The Last Generation of the Roman Republic*(1974), pp. 118-19를 참고.

27 Cicero, *ad Quintum Fratrem* 1. 21(Loeb translation).
28 Suetonius, *Caesar* 11, Dio 37. 10. 1-3, Plutarch, *Cato the Younger* 17. 4-5.
29 Suetonius, *Augustus* 3. 1.
30 Catullus 10; Cicero, *Verrines* 1. 40.
31 Suetonius, *Augustus* 3. 2, 94. 5, Velleius Paterculus 2. 59. 2, *ILS* 47; 5,000명의 적을 죽여야 한다는 요건은 Valerius Maximus 2. 8. 1과 J. Richardson, 'The triumph, the praetors and the Senate in the early second century BC', *JRS* 65(1976), pp. 50-63, esp. 61-2를 참고.
32 Tacitus *Ann*, 1. 9와 Cicero, *Philippics* 3. 15 및 Gruen(1974), p. 143, fn. 96 참고.

3장

1 카일리우스가 키케로에게 보낸 서신에서 인용, *ad Fam*. 8. 8. 9.
2 Suetonius, *Augustus* 8. 1, 27. 1, Nicolaus of Damascus 2, Appian, *BC* 4. 12.
3 Nicolaus of Damascus 3과 R. Syme, *The Roman Revolution*(1960), pp. 127-8 및 'Neglected children on the Ara Pacis', *American Journal of Archaeology* 88(1984), pp. 583-9, 586 fn. 17. 참고.
4 옥타비우스의 파이다고구스에 관해서는 Dio 58. 33. 1, 참고. 기원전 40년 스파이루스가 사망하자, 옥타비우스가 공식 장례식을 치러 주어 감사를 표했다 함; Cicero, *Orator* 120; 로마인들의 어린 시절에 관해서는 B. Rawson(ed.), *Children and Childhood in Roman Italy*(2003), esp. pp. 99-113 참고; 교육에 관해서는 H. Marrou, *A History of Education in Antiquity*(1956), pp. 229-91과 A. Gwynn, *Roman Education*(1926), esp. 1-32 참고; Cicero, *de re publica* 4. 3; '오래되고 번영했던 기사 신분의 가문'에 관해서는 Suetonius, *Augustus* 2. 3. 참고.
5 Appian, *BC* 2. 9.
6 자세한 내용은 R. Seager, *Pompey the Great. A Political Biography*(2002), pp. 72-9와 T. Wiseman in *CAH*² IX, pp. 358-67 참고.
7 아욱토리타스가 가지는 힘을 특히 노골적으로 보여주는 사례는 Valerius Maximus 3. 7. 8. 참고.
8 Seager(2002), pp. 79-82, M. Gelzer(trans. P. Needham), *Caesar*(1968), pp. 65-8; 율리우스 카이사르가 병사들에게 지급하는 급여를 두 배로 올려 주었으나, 그것으로는 충분하지 않았다는 점이 Suetonius, *Julius Caesar* 26에 언급됨. 당시 로마군의 실태에 관한 상세한 내용은 R. Smith, *Service in the Post-Marian Roman Army*(1958) 참고.

9   Cicero, *ad Att.* 1. 17. 9, 18. 3, 18. 7, 2. 1. 8과 E. Badian, *Publicans and Sinners*(1972), pp. 101-4 참고.

10 히스파니아 프로콘술 시절과 이후 로마로 귀환하는 과정의 전반적 설명은 Gelzer(1968), pp. 61-70, A. Goldsworthy, *Caesar. The Life of a Colossus*(2006), pp. 148-59=(2007), pp. 179-95, Gruen, 'Caesar as a politician', in M. Griffin(ed.), *A Companion to Julius Caesar*(2009), pp. 23-36, esp. 29-31 참고; 카토의 필리버스터에 관한 고대 자료는 Appian, *BC* 2. 8, Dio 37. 54. 1-2, Suetonius, *Julius Caesar* 18. 2 및 Plutarch, *Cato the Younger* 31. 2-3, *Caesar* 13. 1 참고.

11 Syme(1960), pp. 34-5.

12 Cicero, *ad Att.* 2. 3, 3-4.

13 율리우스 카이사르의 집정관직 수행에 관해서는 L. Ross Taylor, 'The dating of major legislation and elections in Caesar's first consulship', *Historia* 17(1968), pp. 173-93, Gruen(2009), pp. 31-5, Gelzer(1968), pp. 71-101, C. Meier(trans. D. McLintock), *Caesar*(1996), pp. 204-23, Goldsworthy(2006), pp. 161-81=(2007), pp. 196-220, R. Billows, *Julius Caesar. The Colossus of Rome*(2009), pp. 111-29, Seager(2002), pp. 86-100; 카토의 체포에 관해서는 Dio 38. 2. 1-3. 3 참고. Suetonius, *Julius Caesar* 20. 4와 Plutarch, *Cato the Younger* 33. 1-2는 다르게 설명하는데, 카토가 토지법을 토의하던 날에 체포된 것이 아니라, 다른 사건과 연관되어 체포되었다고 전한다.

14 아티우스 발부스가 20명으로 구성된 토지분배위원회 위원 중 1명이었다는 사실은 Suetonius, *Augustus* 4. 1 참고.

15 포룸에서 있었던 소요 사태는 Dio 38. 6. 4-7. 2, Appian, *BC* 2. 11, Plutarch, *Cato the Younger* 32. 2-6, Suetonius, *Julius Caesar* 20. 1 참고; 비불루스의 법안 통과 저지 시도에 관해서는 Suetonius, *Julius Caesar* 20. 2와 Dio 38. 8. 2 및 Taylor(1968), pp. 177-9의 언급 참고.

16 Suetonius, *Julius Caesar* 21, 50. 1-2와 Plutarch, *Pompey* 47-48, *Caesar* 14 및 Dio 38. 9. 1; '여성들의 남편이자 남성들의 아내'라는 조롱은 Suetonius, *Julius Caesar* 52. 3. 참고.

17 율리우스 카이사르에게 군 통수권을 허가한 Vatinia 법에 관해서는 Taylor(1968), pp. 182-8 참고.

18 Nicolaus of Damascus 3; 로마 교육에 관한 전반적인 설명은 Nicolaus of Damascus 4. 참고.

19 제1차 포에니 전쟁 당시 클라우디우스 풀케르에 관해서는 Suetonius, *Tiberius* 2-3과 Cicero, *de natura deorum* 2. 7 참고, 클로디우스에 관한 전반적 사항은 W. Tatum, *The Patrician Tribune Publius Clodius Pulcher*(1999) *passim* 참고, *Bona Dea* scandal과 키케로

에 대한 그의 반감은 J. Balsdon, 'Fabula Clodiana', *Historia* 15(1966), pp. 65-73 참고; 기원전 1세기 클로디우스 가문의 위세에 관해서는 E. Gruen, *The Last Generation of the Roman Republic*(1974), pp. 97-100 참고.

20 Dio 38. 12. 1-3, Cicero, *de domo* 41, *ad Att.* 8. 3, Suetonius, *Julius Caesar* 20. 4, Plutarch, *Caesar* 14; Gelzer(1968), pp. 76-8, Seager(2002), pp. 91-9도 함께 참고.

21 이 당시 정치 환경을 잘 다룬 J. Ramsay, 'The Proconsular Years: Politics at a Distance', in Griffin(2009), pp. 37-56과 Wiseman in *CAH*² IX, pp. 366-81, 385-408 참고.

22 루카에서 열린 회담과 폼페이우스, 크라수스, 율리우스 카이사르 삼자의 동맹 확인에 관해서는 Suetonius, *Caesar* 24. 1, Appian, *BC* 2. 17, Plutarch, *Pompey* 50, *Caesar* 21, *Crassus* 14 참고; Gelzer(1968), pp.120-24, Seager(2002), pp. 110-19, Meier(1996), pp. 270-73 및 A. Ward, *Marcus Crassus and the Late Roman Republic*(1977), pp. 262-88 함께 참고.

23 율리아의 유산流産은 Plutarch, *Pompey* 53 참고; 크라수스가 로마를 떠나는 상황은 Cicero, *ad Att.* 4. 13, Plutarch, *Crassus* 16 참고.

24 Suetonius, *Julius Caesar* 27. 1; 카르하이 전투와 크라수스의 죽음에 관해서는 Plutarch, *Crassus* 17-33과 Dio 40. 12-30을 주로 참고하였음.

25 클로디우스와 밀로에 관해서는 Gelzer(1968), pp. 145-52와 Meier(1996), pp. 297-301 및 Seager(2002), pp. 126-35 참고.

26 폼페이우스가 단독 집정관이 된 당시 정황은 Plutarch, *Pompey* 54, *Cato* 47과 Dio 40. 50. 4 및 Appian, *BC* 2. 23 참고; 폼페이우스의 입지와 새 결혼은 Syme(1960), pp. 36-40, 코르넬리아에 관해서는 Plutarch, *Pompey* 55 참고.

27 갈리아 원정에 관한 세부 사항은 Goldsworthy(2006), pp. 184-356=(2007), pp. 222-431 참고;《갈리아 전쟁기》에 관한 전반적인 내용은 K. Welch & A. Powell(eds), *Julius Caesar as Artful Reporter: The War Commentaries as Political Instruments*(1998) 참고.

28 Lucan, *Pharsalia* 1. 125-6(Oxford translation by S. Braund)과 Cicero, *ad Fam.* 8. 8. 9에서 인용; 내전으로 치달은 상황에 관한 전반적 설명은 Gelzer(1968), pp. 169-94, Seager(2002), pp. 138-51, Wiseman in *CAH*² IX, pp. 414-23 및 Goldsworthy(2006), pp. 358-79=(2007), pp. 434-60 참고.

29 Appian, *BC* 2. 28 참고. Plutarch, *Pompey* 58과 Dio 60. 64. 1-4의 기술은 약간 다르다.

30 Plutarch, *Pompey* 59, *Caesar*, *BG* 8. 52. 3, Dio 40. 64. 3-4, Appian, *BC* 2. 31-2, *Caesar*, *BC* 1. 1-5, Suetonius, *Julius Caesar* 29. 2, Dio 41. 1. 1-3. 4.

31 Suetonius, *Caesar* 31-2, Plutarch, *Caesar* 32, Appian, *BC* 2. 35.

4장

1 Suetonius, *Caesar* 30. 4에서 인용함.
2 자기가 발을 구르면 이탈리아 땅에서 군단과 기병들이 솟아오를 것이라며 폼페이우스가 으스댄 사실은 Plutarch, *Pompey* 57, 60 참고; '술라가 해냈다'라는 말은 Cicero, *ad Att.* 9. 10. 3 참고; 여기서 언급된 원정들에 관해서는 A. Goldsworthy, *Caesar. The Life of a Colossus*(2006), pp. 380-471=(2007), pp. 461-574 참고.
3 Cicero, *ad Att.* 9. 7C.
4 여기서 언급된 전쟁들은 Goldsworthy(2006), pp. 380-431=(2007), pp. 461-524 참고.
5 로마 지휘관들의 행동에 관해서는 N. Rosenstein, *Imperatores Victi*(1993), pp. 114-51 참고; 폼페이우스의 죽음과 율리우스 카이사르가 이집트에서 보낸 시간에 관한 자세한 기록은 A. Goldsworthy, *Antony and Cleopatra*(2010), pp. 167-81 참고.
6 Suetonius, *Augustus* 8. 1, Nicolaus of Damascus 3; 장례식에 관해서는 Polybius 6. 53. 1-54. 6에 잘 기술되어 있다.
7 Tacitus, *Dialogues* 28. 6(Loeb translation), p. 307.
8 Nicolaus of Damascus 3, Velleius Paterculus 2. 59. 3; 어머니상과 어머니의 역할에 관한 폭넓은 설명은 S. Dixon, *The Roman Mother*(1988), pp. 104-40, esp. 129-35 참고.
9 Nicolaus of Damascus 4; 필리푸스의 별장들은 Cicero, *ad Att.* 12. 16, 12. 18, 14. 11에서 언급됨; 마르켈루스의 중립적 태도는 R. Syme, *The Roman Revolution*(1960), p. 62 참고.
10 Suetonius, *Augustus* 8. 1, 94. 10, Dio 45. 1. 5-6, Nicolaus of Damascus 4; 토가 비릴리스를 입는 의식에 관한 전반적 설명은 B. Rawson, *Children and Childhood in Roman Italy*(2003), pp. 142-4 참고, 유벤투스에 바치는 희생제는 Dionysius of Halicarnassus 4. 15. 5 참고.
11 사제 선출은 Nicolaus of Damascus 4와 Cicero, *Philippics* 5. 17. 46 및 Velleius Paterculus 2. 59. 3 참고.
12 Suetonius, *Augustus* 79. 1-2.
13 Sallust, *Bell. Cat.* 25.
14 율리우스 카이사르의 외모는 Suetonius, *Julius Caesar* 45. 1 참고. 옥타비우스의 눈은 Suetonius, *Augustus* 79. 2 참고. 성 풍습과 옥타비우스에 관해서는 Nicolaus of Damascus 5, 15 참고; 고대 로마의 성에 관한 문헌은 방대하고 계속 늘어나고 있으나 현대의 고정관념이 반영되는 경우가 많다. P. Grimal(trans. A. Train), *Love in Ancient Rome*(1986)가 로마의 성을 적절히 소개했다; 안토니우스와 키테리스의 관계는 Cicero, *ad Att.* 10. 10과 *Philippics* 2. 58, *ad Fam.* 9. 26 및 Serv. On E10 참고; *de vir. Ill.* 82. 2와 Plutarch, *Antony* 6,

9 참고. 키케로가 키테리스를 혐오한 사실은 *Philippics* 2. 58, 69, 77을 통해 알려졌다; 전반적인 내용은 Grimal(1986), pp. 222-37 참고; 레스비아가 클로디우스의 여자 형제 중 1명이었다는 사실은 Apuleius, *Apologia*. 10 참고.

15 Suetonius, *Augustus* 8. 1과 Velleius Paterculus 2. 59. 3 및 Nicolaus of Damascus 10-13, 15 참고.

16 율리우스 카이사르의 독재관직에 관한 간략한 설명은 J. Gardner, 'The Dictator', in M. Griffin(ed.), *A Companion to Julius Caesar*(2009), pp. 57-71 참고, 자세한 설명은 M. Gelzer(trans. P. Needham), *Caesar*(1968), pp. 272-333과 C. Meier(trans. D. McLintock), *Caesar*(1996), pp. 430-96 참고.

17 전반적 설명은 E. Rawson, 'Civil War and dictatorship' in *CAH*² IX, pp. 438-67 참고, 카이사르파와 새로 지명된 원로원 의원들에 관해서는 Syme(1960), pp. 61-96 참고.

18 Cicero, *ad Att*. 4. 16. 3, 8, 17. 7, Suetonius, *Caesar* 26. 2, Pliny, *NH* 36. 103 및 Rawson in *CAH*² IX, pp. 453-4 참고.

19 Suetonius, *Caesar* 44. 2, Pliny, *NH* 18. 211, Plutarch, *Caesar* 59, Macrobius, *Saturnalia* 1. 14. 2-3, T. Rice Holmes, *The Roman Republic* Vol. III(1923), pp. 285-7, Gelzer(1968), p. 289 및 Z. Yavetz, *Julius Caesar and his Public Image*(1983), pp. 111-14 참고.

20 개선식에 관한 설명은 Dio 43. 19. 1-21. 4, 42. 3, 44. 1-3, Appian, *BC* 2. 101-2, Plutarch, *Caesar* 55, Suetonius, *Caesar* 37, Pliny, *NH* 7. 92, Cicero, *Philippics* 14. 23 참고; M. Gelzer, *Caesar*(1968), pp. 284-6과 Holmes(1923), pp. 279-81에 언급된 내용을 참고하고, 전반적인 설명은 S. Weinstock, *Divus Julius*(1971), esp. pp. 76-7 참고.

21 그에게 충성하면 강도에게도 보상하겠다는 율리우스 카이사르의 말은 Suetonius, *Augustus* 72 참고; 추종자들을 위한 부채 탕감과 보상은 Goldsworthy(2010), pp. 183-90 참고.

22 Suetonius, *Augustus* 8. 1, 41. 1, Nicolaus of Damascus 6-15, Dio 43. 47. 3, Tacitus, *Ann*. 11. 25. 2 참고. 옥타비우스와 그의 조카들에게 보인 율리우스 카이사르의 태도는 R. Billows, *Julius Caesar: The Colossus of Rome*(2009), pp. 256-8에 언급된 내용을 참고.

23 Suetonius, *Julius Caesar* 77.

24 율리우스 카이사르의 계획에 관해서는 E. Rawson, 'Caesar's Heritage: Hellenistic Kings and their Roman Equals', *JRS* 65(1975), pp. 148-59와 R. Carson, 'Caesar and the monarchy', *Greece & Rome* 4(1957), pp. 46-53, 및 J. Collins, 'Caesar and the corruption of power', *Historia* 4(1957), pp. 445-65를 비교 참고.

25 클레오파트라의 중요성에 관한 출중한 설명은 E. Gruen, 'Cleopatra in Rome. Fact and Fantasies', in D. Braund & C. Gill(eds), *Myths, History and Culture in Republican*

Rome: Studies in honour of T. P. Wiseman(2003), pp. 257 74 참고, 일반적인 설명은 Goldsworthy(2010), pp. 192-203 참고; 율리우스 카이사르에게 여러 명의 부인을 허용하는 법에 관해서는 Suetonius, *Julius Caesar* 52. 3 참고.

26 "나는 왕이 아니라 카이사르다"라는 말은 Suetonius, *Julius Caesar* 79. 2 참고; 루페르칼리아 축제에 관해서는 Dio 44. 11. 1-3, Appian, *BC* 2. 109, Plutarch, *Caesar* 61, *Antony* 12, Cicero, *Philippics* 2. 84-7, *de divinatione* 1. 52, 119, Suetonius, *Caesar* 79. 2-3 참고. 율리우스 카이사르가 왕이 되려는 바람으로 그런 일을 연출하지는 않았고, 만약 계획한 일이라면 왕이 되지 않겠다는 의사를 공개적으로 밝히려는 의도였다는 합리적 주장을 펴는 J. North, 'Caesar at the Lupercalia,' *JRS* 98(2008), pp. 144-60의 최근 연구를 참고; Weinstock(1971), pp. 318-41도 참고.

27 Suetonius, *Caesar* 41. 2, 76. 2, 80. 3, Dio 43. 46. 2-4, Plutarch, *Caesar* 58, Pliny *NH* 7. 181, Cicero, *ad Fam.* 7. 30. 1-2와 Gelzer(1968), p. 309, 310-11 및 Holmes(1923), pp. 328-30 참고.

28 Suetonius, *Caesar* 77 참고; 키케로가 속주들로부터 감사 인사를 받은 내용은 Cicero, *ad Fam.* 9. 15. 4 참고; 공공 경기장에서 율리우스 카이사르가 했던 행동은 Suetonius, *Augustus* 45. 1 참고.

29 "나는 살 만큼 살았다"란 말은 Cicero, *pro Marcello* 8, 25 참고; "그는 나를 싫어한다"라는 말은 Cicero, *ad Att.* 14. 1 참고.

30 공모자들에 관한 전반적 설명은 Gelzer(1968), pp. 323-9, Syme(1960), pp. 44-5, 56-60, 64, 95, A. Lintott, 'The assassination', in Griffin(2009), pp. 72-82 및 Suetonius, *Caesar* 83. 2, Dio 43. 47. 3, 44. 11. 4-14. 4, Appian, *BC* 2. 111-14, 3. 98, Plutarch, *Antony* 13, *Brutus* 6-13, *Caesar* 62, Suetonius, *Caesar* 80. 1, 3-4, Velleius Paterculus 2. 58. 1-4 등 참고; 카토의 자살은 Dio 43. 10. 1-13. 4, Appian, *BC* 2. 98-9, Plutarch, *Cato the Younger* 56. 4, 59. 1-73. 1 참고.

31 Cicero, *ad Fam.* 15. 19. 4에서 인용; 카토를 찬양하는 저술과 율리우스 카이사르가 쓴 *Anticato*에 관해서는 Cicero, *ad Att.* 12. 21. 1, 13. 40. 1, 46, 51. 1, *Orator* 10, 35, Plutarch, *Cato the Younger* 11. 1-4, 25. 1-5, 73. 4, Cicero 39. 2, *Caesar* 3. 2, Suetonius, *Caesar* 56. 5와 Gelzer(1968), pp. 301-4, Holmes(1923), p. 311 및 D. Stockton, *Cicero*(1971), p. 138 참고; 율리우스 카이사르를 보호하겠다는 원로원 의원들의 맹세는 Suetonius, *Julius Caesar* 84. 2 참고; 음모자들은 맹세로 결속되지 않았다는 내용은 Plutarch, *Brutus* 12 참고, 카틸리나 추종자들과 달랐다는 점은 Sallust, *Bell. Cat.* 22. 1-2 참고.

32 율리우스 카이사르 암살에 관해서는 Plutarch, *Caesar* 66, *Brutus* 17, *Antony* 13, Dio 44.

19. 1-5, Appian, *BC* 2. 117, Suetonius, *Caesar* 82. 1-3 참고.
33 가이우스 마티우스가 쓴 편지 내용은 Cicero, *ad Att*. 14. 1에서 인용함.

5장

1   Cicero, *ad Att*. 15. 12. 2. 〈무서워도 놀라지마 심야괴담〉
2   아폴로니아에서 보낸 시기는 Suetonius, *Augustus* 9. 2, Appian, *BC* 3. 9, Velleius Paterculus 2. 59. 4, Dio 45. 3. 1, Nicolaus of Damascus 16 참고; 키케로와 율리우스 카이사르도 수사학을 배우기 위해 그리스에서 유학했다. Cicero, *Brutus* 316과 Suetonius, *Caesar* 4. 2 및 Plutarch, *Caesar* 2 참고.
3   Appian, *BC* 3. 9에 기병대와의 훈련이 강조되어 있다.
4   살비디에누스와 아그리파에 관해서는 R. Syme, *The Roman Revolution*(1960), pp. 129, fn. 2-3 참고.
5   독재관의 사망 소식과 그에 대한 반응은 Nicolaus of Damascus 16과 J. Osgood, *Caesar's Legacy. Civil War and the Emergence of the Roman Empire*(2006), p. 31 참고, 군단 병사들의 약탈에 대한 기대는 J. Osgood, *Caesar's Legacy. Civil War and the Emergence of the Roman Empire*(2006), p. 47 참고.
6   Nicolaus of Damascus 17-18, Appian, *BC* 3. 10-11.
7   3월 15일 암살 사건 여파와 율리우스 카이사르의 장례식에 관해서는 Rawson in *CAH*² IX, pp. 468-70, Syme(1960), pp. 97-105, Osgood(2006), pp. 12-14, A. Goldsworthy, *Antony and Cleopatra*(2010), pp. 204-14, T. Mitchell, *Cicero the Senior Statesman*(1991), pp. 289-91 참고; 자유를 선언하면서 대중을 매수하려는 아이러니에 관해서는 Appian, *BC* 2. 120-23, 120 참고.
8   유언 내용은 Suetonius, *Julius Caesar* 83. 2 참고, 유언에 관한 유용한 설명과 논쟁은 R. Billows, *Julius Caesar: The Colossus of Rome*(2009), pp. 256-8과 Osgood(2006), p. 31 fn. 71 참고; 율리우스 카이사르가 동방에서 돌아오지 않았을 것이라는 키케로의 주장은 Cicero, *ad Att*. 15. 2. 3 참고,
9   상속을 거부했다는 사례는 Cicero, *Philippics* 2. 44 참고; 해방 노예에 대해 가지는 권한은 Appian, *BC* 3. 94 참고.
10 Nicolaus of Damascus 18, Appian, *BC* 3. 11-13, Suetonius, *Augustus* 9. 2; 필리푸스가 자기 친아들을 집정관 선거에 출마시키려 했다는 계획에 관한 키케로의 언급은 Cicero, *ad Fam*. 12. 2. 2 참고; 아킬레우스가 했다는 말은 Appian, *BC* 3. 13에 기록되어 있고 *Iliad*

18. 98을 인용했음. "그렇다면 저도 곧 죽을 운명입니다; 제 친구가 살해당했을 때 제가 그의 곁을 지켜 주지 않았으니까요"(Lattimore translation).

11 아우구스투스가 처음부터 최고 권력을 목표로 했다는 주장은 B. Levick, *Augustus. Image and Substance*(2010), pp. 23-4 참고.

12 카이사르라는 이름에 관해서는 중요한 논문인 R. Syme, 'Imperator Caesar: A study in imperial nomenclature', pp. 172-88 참고.

13 Nicolaus of Damascus 18, Appian, *BC* 3. 13-21, Cicero, *ad Att.* 14. 6. 1 및 Osgood(2006), p. 31, fn. 73 참고; 카이사르의 로마 도착 당시 상황을 아티쿠스에게 물었다는 내용은 Cicero, *ad Att.* 14. 5. 3 참고.

14 Cicero, *ad Att.* 14. 10. 3; 발부스의 배경과 율리우스 카이사르의 참모 역할에 관해서는 Syme(1960), pp. 71-3 참고. 키케로가 법정에서 발부스를 변호한 적이 있는데, 그 변호 연설은 *pro Balbo*에 보존됨; 키케로의 전반적 증언은 A. Lintott, *Cicero as Evidence*(2008), esp. pp. 339-73 참고.

15 키케로의 편지 내용은 Cicero, *ad Att.* 14. 11. 2에서 인용; 마르켈루스가 암살 공모자들과 좋은 관계였다는 내용은 Cicero, *ad Att.* 15. 12. 2 참고; 전직 집정관 2명의 태도에 관해서는 Syme(1960), pp. 114, 128 참고. 사임 경은 카이사르파와 폼페이우스파라고 칭하는 걸 선호했으나, 응집력 있고 지속된 집단을 의미하지는 않았다.

16 돌라벨라에 관해서는 Syme(1960), pp. 69, fn. 2, 97, 150-51 참고; 돌라벨라와 안토니우스와의 과거 갈등은 Goldsworthy(2010), pp. 186-91 참고.

17 안토니우스가 헤라클레스를 흉내 내고, 으스대는 병사의 전형이었다는 내용은 Plutarch, *Antony* 4 참고; 안토니우스에 관한 전반적 설명은 Goldsworthy(2010), *passim.* 참고.

18 안토니우스의 가족 관계는 Goldsworthy(2010), pp. 52-65 참고.

19 안토니우스가 아버지의 영지 일부에 대해 상속을 거부했다는 내용은 Cicero, *Philippics* 2. 44 참고. 그의 젊은 시절은 Cicero, *Philippics* 44-6 참고; 안토니우스에 관한 전반적 설명은 Goldsworthy(2010), pp. 81-104 참고.

20 Cicero, *Philippics* 2. 58, *ad Att.* 10. 10, 13, *ad Fam.* 9. 26, Serv. On E10; *de vir. Ill.* 82. 2. 키케로의 혐오는 *Philippics* 2. 58, 69, 7에 드러났다; Plutarch, *Antony* 6, 9와 Pliny, *NH* 8. 55 참고.

21 Cicero, *Philippics* 2. 64-9, 72-4, 78, Plutarch, *Antony* 10, Dio 45. 28. 1-4; Plutarch, *Antony* 10에서는 율리우스 카이사르와 안토니우스 사이가 좋지 않았다고 주장한다. M. Gelzer(trans. P. Needham), *Caesar*(1968), pp. 261-2는 이를 심각한 문제로 보고 있으나, Syme(1960), p. 104에서는 이에 의문을 품는다; 율리우스 카이사르와 같은 마차를 탔다는 내용은 Plutarch, *Antony* 11 참고.

22 Plutarch, *Antony* 13.
23 R. Weigel, *Lepidus. The Tarnished Triumvir*(1992), pp. 44-51과 Syme(1960), pp. 97-111 참고; J. Ramsay, 'Did Mark Antony contemplate an alliance with his political enemies in July 44 B.C.E.?', *Classical Philology* 96. 3(2001), pp. 253-68은 여름에 있었던 일에 더 주목했지만, 안토니우스의 태도를 깊게 통찰하고 정확히 분석했다.
24 아마티우스가 율리우스 카이사르에게 바친 제단은 Appian, *BC* 3. 2-3, 36, Cicero, *ad Att.* 14. 15, Syme(1960), p. 99 참고; 젊은 옥타비우스의 환심을 사려했던 아마티우스의 노력은 Nicolaus of Damascus 14 참고.
25 J. Ramsay, 'The Senate, Mark Antony, and Caesar's Legislative Legacy', *Classical Quarterly* 44(1994), pp. 130-45에서는 키케로의 판단을 그대로 받아들이지 않고, 논란이 가장 많았던 몇 가지 조치와 맥락에 관해 훌륭한 분석을 내놓는다. 하지만 안토니우스의 입법과 결정 사항들이 독재관의 실제 결정을 따랐다 하더라도 안토니우스 자신에게도 매우 도움이 되었다는 중심 요지는 달라지지 않는다.
26 Appian, *BC* 3. 27, 30, Syme(1960), pp. 115-16, P. Brunt, *Italian Manpower 225 BC-AD 14*(1971), pp. 477-83, Osgood(2006), pp. 33-4.
27 Cicero, *ad Att.* 16. 1, 2. 3, 4. 1, 5. 1, Appian, *BC* 3. 24, Plutarch, *Brutus* 21. 2-3; Cicero, *ad Att.* 15. 4에서 인용.
28 Cicero, *ad Att.* 16. 15. 1에는 돌라벨라가 지참금을 돌려주지 않았다는 사실을 키케로가 공개했다고 언급한다.

6장

1 *Res Gestae* 1(Brunt & Moore's translation).
2 Appian, *BC* 3. 21-2, Suetonius, *Augustus* 10. 1-2, 95, Dio 45. 3. 4-7. 2, Nicolaus of Damascus 28 참고. R. Syme(1960), pp. 114-17, 116, fn. 3은 T. Rice Holmes, *The Architect of the Roman Empire* Vol. 1(1928), p. 191을 인용하며 루디 케리알레스 축제는 평소와 다르게 4월이 아닌 5월 말에 열렸다고 한다.
3 율리우스 카이사르의 전쟁 금고는 Nicolaus of Damascus 18 참고. 옥타비우스의 재정 후원자는 Nicolaus of Damascus 4 참고.
4 이 당시 베누스 게네트릭스를 기념한 축제의 개최 일자와 기간은 Appian, *BC* 3. 23-4, 28, Suetonius, *Augustus* 10. 1, Dio 45. 6. 4, Cicero, *ad Att.* 15. 2. 3, Syme(1960), p. 131 및 J. Ramsay, 'Did Mark Antony contemplate an alliance with his political enemies in July

44 B.C.E.?', *Classical Philology* 96. 3(2001), pp. 253-68, esp. 253, fn. 3 참고. Ramsay의 논문은 기원전 44년 여름에 있었던 축제 행사를 일자별로 매우 유용하게 분석했다.
5 Suetonius, *Julius Caesar* 88, Pliny, *NH* 2. 93-4 및 J. Osgood, *Caesar's Legacy. Civil War and the Emergence of the Roman Empire*(2006), pp. 40-41 참고. 상세한 설명은 J. Ramsay & A. Licht, *The Comet of 44 BC and Caesar's Funeral Games*(1997), pp. 135-53 참고.
6 이 호민관 선거와 관련한 매우 상세한 설명은 Appian, *BC* 3. 31 참고. 이 기록에 의하면 카이사르는 다른 후보자를 지원했다. 대중은 그가 직접 출마해야 한다고 요구했지만, 안토니우스가 그의 출마를 막았다고 한다. Plutarch, *Antony* 16, Dio 45. 6. 2, Suetonius 10. 2와 Syme(1960), p. 120 및 Z. Yavetz, *Plebs and Princeps*(1969), pp.73-5도 함께 참고; 카이사르가 혜성의 출현을 자신이 위대해지리라는 징조로 받아들였다는 내용은 Pliny, *NH* 2. 93 참고.
7 배심원단 개혁에 관해서는 J. Ramsay, 'Mark *Antony*'s Judiciary Reform and its revival under the Triumvirs', *JRS* 95(2005), pp. 20-37 참고. 이 논문 p.31에서는 코미티아 켄투리아타 최상위 투표단의 재산 보유 요건인 4만 또는 5만 세스테르티우스는 그 금액의 8배에 달하는 기사 신분의 재산 보유 요건에 비하면 '지나치게 적은 금액'이었다고 지적한다. 하지만 그 금액도 곧 카이사르가 병사들에게 약속하게 되는 관대한 전역 상여금의 두 배에 해당하는 금액이다. 그리고 최소 보유 요건이었으므로, 기사 신분의 최소 보유 요건에 달하는 재산을 가진 백인대장들도 분명히 있었을 것이다.
8 율리우스 카이사르와의 우정 때문에 어린 카이사르를 재정적으로 지원할 뿐이라고 설명하며 마티우스가 키케로에게 보낸 편지 내용은 Cicero, *ad Fam*. 11. 28. 6-7 참고; 화해 시도를 위한 투표장에서의 행동은 Appian, *BC* 3. 28-30 참고, 두 사람의 관계 악화와 뒤이은 살해 모의에 관해서는 Appian, *BC* 3. 32-42와 Cicero, *ad Att*. 16. 8. 1-2, *ad Fam*. 12. 3, Dio 45. 7-3-9.5, 12. 1-6, Plutarch, *Antony* 16 참고. 카이사르 군에 자원입대한 병사들의 신분에 관해서는 J. Linderski, 'Aphrodisias and the *Res Gestae*: The *Genera Militiae* and the Status of Octavian,' *JRS* 74(1984), pp. 74-80 참고. 이 논문은 카이사르의 병사들은 비상 징집의 일환인 맹약coniuratio을 하고 카이사르 군대에 합류하였으므로, 일반적인 군사 서약sacramentum을 하고 군에 입대한 병사들과는 다르다고 주장한다.
9 이 시기 키케로의 생각과 행동에 관해서는 D. Stockton, *Cicero. A Political Biography*(1971), pp. 292-7과 Ramsay(2001), esp. pp. 265-7 참고.
10 Osgood(2006), pp. 41-2, Stockton(1971), pp. 292-3, 297-9, A. Lintott, *Cicero as Evidence*(2008), pp. 375-82; 안토니우스에게 6,000명에 달하는 병력이 있었다는 내용은 Appian, *BC* 3. 5 참고; 키케로가 느꼈던 두려움은 Cicero, *ad Fam*. 12. 2. 1, 3. 1 및 Plutarch, *Cicero* 43 참고.

11 Appian, BC 3. 40; 기원전 44년 11월 4일 쓰인 Cicero, ad Att. 16. 8은 카이사르가 3,000명의 퇴역 병사들을 규합했고, 마케도니아 군단 인수를 희망했다고 언급한다.
12 Cicero, ad Att. 16. 11. 6.
13 카이사르에 대한 키케로의 우려는 Cicero, ad Att. 16. 14. 1과 Atticus' quote 16. 15. 3 및 Plutarch, Cicero 44-6과 Stockton(1971), pp. 295-6 참고.
14 Cicero, ad Att. 16. 15. 3에서 인용. Appian, BC 3. 41-2 및 Dio 45. 12. 3-6 참고.
15 안토니우스가 원로원을 소집하여 카이사르를 공공의 적으로 선포할 계획을 세웠다는 주장은 Cicero, Philippics 3. 20 참고.
16 기원전 53년 갈리아 지방에 있던 퀸투스 키케로의 겨울 주둔지 바깥에 상인들이 있었던 것이 아니라 그들이 로마 군대를 당연히 따라다녔다는 내용은 Caesar, BG 6. 37 참고.
17 정예 군단의 하급 백인대장들을 진급시켜 새로 창설한 부대의 상위직으로 배치한 율리우스 카이사르의 인사 관행은 Caesar, BG 6. 40 참고.
18 Appian, BC 3. 31, 40-44, Dio 45. 12. 1-13. 5, Cicero, Philippics 3. 4, 6, 38-9, 4. 5-6 및 Osgood(2006), pp. 47-50 참고; 마르스 군단과 백인대장의 것으로 추정되는 묘비에 관해서는 L. Keppie, 'A centurion of legio Martia at Padova?', Journal of Roman Military Equipment Studies 2(1991), pp. 115-21=L Keppie, Legions and Veterans: Roman Army Papers 1971-2000(2000), pp. 68-74 및A. Goldsworthy, Antony and Cleopatra(2010), pp. 219-21 참고.
19 Appian, BC 3. 46과 Dio 45. 13. 5 및 Syme(1960), pp. 126-7 참고.
20 카이사르에 대한 공격은 Cicero, Philippics 3. 20, Appian, BC 3. 44-6, Dio 45. 13. 5 참고; 제5알라우다이 군단에 관한 11월의 언급은 Cicero, ad Att. 16. 8 참고. 안토니우스의 추종자들을 야만인으로 묘사하기 위하여 군단 이름을 일부러 그렇게 불렀을 수도 있다.
21 요세푸스가 한 말은 BJ 3. 75 참고; 이 당시 로마군에 관한 전반적 설명은 H. Parker, The Roman Legions(1957), pp. 47-71, esp. 55-6, F. Adcock, The Roman Art of War under the Republic(1940), P. Brunt, Italian Manpower, 225 BC-AD 14(1971), P. Connolly, Greece and Rome at War(1981), M. Feugère(ed.), L'Équipment Militaire et L'Armement de la République, JRMES 8(1997), E. Gabba(trans. P. J. Cuff), The Roman Republic, the Army and the Allies(1976), L. Keppie, The Making of the Roman Army(1984), Y. Le Bohec, The Imperial Roman Army(1994), J. Harmand, L'armée et le soldat à Rome de 107 à 50 avant nôtre ère(Paris, 1967) 참고; 더 포괄적인 연구에는 A. Goldsworthy, The Complete Roman Army(2004)와 최근의 우수한 저작인 S. James, Rome and the Sword. How Warriors and Weapons Shaped Roman History(2011) 등이 있다.
22 인용문 출처는 Cicero, ad Att. 16. 5. 3과 Osgood(2006), p. 49 및 Stockton(1971), pp.

299-306이다; 집정관들에 대한 퀸투스의 평가는 Cicero, ad Att.. 16. 27. 2 참고; 갈리아 키살피나에 있던 데키무스 브루투스의 입장에 관해서는 Cicero, ad Fam. 11. 6, 6a. 2 참고.

23 Cicero, *Philippics* 3. 2(3, 5)(Loeb translation, 약간 수정함).
24 Cicero, *Philippics* 3. 3(6)(Loeb translation, 약간 수정함).
25 Osgood(2006), pp. 49-51, Lintott(2008), pp. 385-8.
26 Syme(1960), pp. 162-70; 표결에 관해서는 Appian BC 3. 30 참고.
27 Suetonius, *Augustus* 2. 3-3. 1, 4. 2에 이 비방 및 모욕의 일부가 기록되어 있다. 일반적인 내용은 K. Scott, 'The Political Propaganda of 44-30 BC', *Memoirs of the American Academy in Rome* 11(1933), pp. 7-49 참고.
28 '이름 덕분에 모든 것을 얻은 소년'은 Cicero, *Philippics* 13. 24에서 인용; 키케로에 대한 카이사르의 아첨은 Plutarch, *Cicero* 45-6 참고; 키케로의 전략은 Stockton(1971), pp. 300-02, 326-8 참고.
29 Appian, BC 3. 48, 50-51, Dio 46. 29. 2-6, Cicero, ad Brutum 1. 12, *Philippics* 5. 3-4, 25, 31 및 Rawson in CAH^2 IX, pp. 479-81 참고.

7장

1 Cicero, ad Fam. 11. 20(SB 401)(Loeb translation, 수정함).
2 Appian, BC 3. 27, 49와 J. Osgood, *Caesar's Legacy. Civil War and the Emergence of the Roman Empire*(2006), p. 50 참고.
3 Appian, BC 3. 63, 79와 R. Syme, *The Roman Revolution*(1960), pp. 171-2, 183 참고.
4 Caesar, BG 8. praef.는 발부스가 히르티우스에게 저술을 촉구했다고 주장한다. Osgood(2006), p. 51, fn. 133은 제7군단과 제8군단이 히르티우스를 긍정적으로 평가했다고 언급한다.
5 Cicero, ad Fam. 10. 6. 3과 *Philippics* 13. 7-9 및 A. Lintott, *Cicero as Evidence*(2008), p. 399 참고.
6 보조군 기병대 중 일부가 안토니우스에게 다시 투항한 내용을 포함해 Appian, BC 3. 50, 65와 Dio 46. 35. 1-37. 3 참고. 비둘기를 이용한 서신 교환은 Pliny NH 10. 110 참고.
7 포룸 갈로룸에서 있었던 두 번의 전투에 관한 Servius Sulpicius Galba의 생생한 목격담은 Cicero, ad Fam. 10. 30 참고. 이 밖에 Appian, BC 66-70, Dio 46. 37. 1-7, Osgood(2006), pp. 51-5, L. Keppie, *The Making of the Roman Army*(1984), pp. 115-18 및

A. Goldsworthy, *Antony and Cleopatra*(2010), pp. 225-7 참고. 아피아노스는 베테랑 군단 병사들이 기계처럼 조용히 적을 살해하는 장면을 극적으로 묘사하며 강조하는데, 이는 단지 수사에 불과할 것이다. 전투에 참여한 베테랑 군인은 근위대원뿐이었다는 사실을 기억할 필요가 있다. 마케도니아 군단 병사들은 거의 전투에 임하지 않았다.

8 카이사르의 행동에 관해서는 Appian, *BC* 3. 71-2, Dio 46. 38. 1-7, Cicero, *ad Fam*. 11. 13. 2, Suetonius, *Augustus* 10. 4 참고. 특히 그의 용감함과 젊음에 대해서는 Velleius Paterculus 2. 61. 4의 기술 참고. 전장에서 적을 도발하는 행위에 관해서는 A. Goldsworthy, *The Roman Army at War* 100 BC-AD 200(1996), pp. 143-5 참고.

9 Appian, *BC* 3. 73-5 및 Plutarch, *Antony* 17-18 참고. 데키무스 브루투스가 부족했던 동물들은 Cicero, *ad Fam*. 11. 13. 2 참고.

10 판사의 주치의를 개인적으로 알았기 때문에 브루투스가 실제로 의심했다는 당시의 소문은 Cicero, *ad Brutum* 1. 6. 2 참고. 카이사르가 히르티우스와 판사의 죽음에 연루되었다는 후대의 이야기는 Suetonius, *Augustus* 11 참고. Tacitus, *Ann*. 1. 10에서는 판사는 독살되었고, 카이사르가 그의 부하들을 설득해 히르티우스를 살해했다고 암시함. 포룸 갈로룸 전투에서 같은 편인 안토니우스 병사들에게 잡혀 거의 죽을 뻔했던 지휘관 이야기는 Cicero, *ad Fam*. 10. 30. 3 참고.

11 무티나 전투 승리에 대한 원로원의 반응과 이후 있었던 일들은 Cicero, *ad Brutum* 1. 3. 4, *ad Fam*. 10. 21. 4, 11. 19. 1, 11. 21. 2, Appian, *BC* 3. 74, Dio 46. 40. 1, Rawson in *CAH*² IX, pp. 483-5, Syme(1960), pp. 176-8 및 D. Stockton, *Cicero. A Political Biography*(1971), pp. 318-23 참고, 폴리오의 편지는 Cicero, *ad Fam*. 10. 33. 1에 수록되어 있음.

12 인용문은 Cicero, *ad Fam*. 11. 11. 4 참고. 제4군단과 마르스 군단의 지휘권을 받지 못해 실망한 데키무스에 관해서는 Cicero, *ad Fam*. 11. 19. 1 참고, 레피두스의 군단의 투항은 Plutarch, *Antony* 18, Appian, *BC* 3. 80-84, Dio 46. 38. 6-7 및 Syme(1960), pp. 178-9와 Brunt(1971), pp. 481-4 참고.

13 Stockton(1971), pp. 319 30.

14 Cicero, *ad Fam*. 11. 20.

15 Cicero, *Philippics* 13. 22-5.

16 Appian, *BC* 3. 82, Cicero, *ad Brutum* 1. 3. 2, 4. 3-6, *Philippics* 14. 15, Plutarch, *Cicero* 45, Stockton(1971), pp. 325-8, Lintott(2008), pp. 416-21; 카이사르에게 집정관직을 권유하는 카이사르의 친척들에 관해서는 Cicero, *ad Brutum* 1. 10. 3(Loeb translation 18.3) 참고.

17 Appian, *BC* 3. 88, Suetonius, *Augustus* 26. 1, Dio 46. 42. 3-43. 6; Syme(1960), p. 185, fn. 7은 이 이야기의 구체성에 회의를 표한다.

18 Appian, *BC* 3. 88-95, Dio 46. 44. 1-49. 5, Velleius Paterculus 2. 65. 2, *Res Gestae* 1 및 Syme(1960), pp. 185-8 참고; 이 시기 로마 군단에 관해서는 P. Brunt, *Italian Manpower 225 BC-AD 14*(1971), pp. 481-4 참고.

19 J. Ramsay의 논문 'Did Mark *Antony* contemplate an alliance with his political enemies in July 44 B.C.E.?', *Classical Philology* 96. 3(2001), pp. 253-68에서 안토니우스는 자신의 입지를 강화하는 데만 관심이 있었을 뿐, 암살 공모자들과 동맹을 맺을 생각은 전혀 없었다고 주장한다.

20 삼두정 결성에 관해서는 Plutarch, *Antony* 19-21, Appian, *BC* 3. 96-4. 46. 50. 1-56. 4, Syme(1960), pp. 188-91, Osgood(2006), pp. 57-61, Rawson in *CAH*² IX, pp. 485-6 및 Goldsworthy(2010), pp. 228-31 참고.

8장

1 Appian, *BC* 4. 8(Loeb translation).

2 Velleius Paterculus 2. 67. 2(Loeb translation)

3 Appian, *BC* 4. 6은 12명을 즉각적으로 죽이라고 명령했다는 자료도 있고, 17명이었다고 주장하는 자료도 있다고 언급한다.

4 공권 박탈에 관한 전반적 사항은 Appian, *BC* 4. 6-31, Dio 47. 1. 1-15. 4, Plutarch, *Cicero* 46, *Antony* 19와 J. Osgood, *Caesar's Legacy. Civil War and the Emergence of the Roman Empire*(2006), pp. 62-82의 훌륭한 개괄 및 R. Syme, *The Roman Revolution*(1960), pp. 190-94 참고; 공권 박탈령의 발의와 영향 그리고 젊은 카이사르가 수행한 역할에 관한 흥미로운 설명은 A. Powell, *Virgil the Partisan: A Study in the Re-integration of Classics*(2008), pp. 55-62, 68-9 참고. 저자는 우리가 '공권 박탈령'이란 단어에 너무 익숙해진 나머지 공권 박탈이 필연적으로 초래한 무참한 살육에 둔감해지는 위험에 빠질 수 있다고 지적한다; 삼두가 로마로 데려온 병력 규모에 관해서는 Appian, *BC* 4. 7 참고; 삼두를 비판하는 글을 쓰지 말라는 아시니우스 폴리오의 언급은 Macrobius, *Satires* 2. 11.1이 출처임.

5 Appian, *BC* 4. 8-11에는 실제 문안으로 보이는 공권 박탈 선포령이 실려 있다. 가이우스 토라니우스를 공권 박탈 대상에 포함시킨 경위는 Suetonius, *Augustus* 27. 1 참고.

6 Plutarch, *Antony* 19-20, Appian, *BC* 4. 5-30, 37, Dio 57. 1. 1-14. 5, Syme(1960), pp. 190-96 및 Osgood(2006), pp. 62-82 참고; 인용문은 Plutarch, *Antony* 20(Oxford translation, modified) 참고.

7 Plutarch, *Cicero* 47-8, Appian, *BC* 4. 19-20 및 Osgood(2006), p. 78 참고. 상세 내용과 다른 사료들은 D. Stockton, *Cicero. A Political Biography*(1971), pp. 331-2, T. Mitchell, *Cicero. The Senior Statesman*(1991), pp. 322-4, A. Everitt, *Cicero. A Turbulent Life*(2001), pp. 304-10 참고.

8 Dio 47. 8. 3-4, Plutarch, *Cicero* 48-9, *Antony* 20, Appian, *BC* 4. 19 및 Cornelius Nepos, *Atticus* 9. 3-7과 A. Goldsworthy, *Antony* and *Cleopatra*(2010), pp. 245-6 참고.

9 Suetonius, *Augustus* 27. 1-2는 카이사르가 공권 박탈 대상자를 열심히 색출했다고 주장하는데, 이는 안토니우스와 레피두스에게 그 책임을 확실히 돌린 Velleius Paterculus 2. 66-7과 대조되는 기술이다. 카이사르에 대한 태도와 그에 관한 평가는 K. Scott, 'The Political Propaganda of 44-30 BC', *Memoirs of the American Academy in Rome* 11(1933), pp. 7-49, esp. 19-21과 Powell(2008), pp. 63-8 참고. 이외 Goldsworthy(2010), pp. 246-7도 참고.

10 코린토스 양식의 화병 이야기는 Suetonius, *Augustus* 70. 2, 안토니우스가 미술 소장품이 탐나서 베레스를 공권 박탈 대상에 포함시켰다는 이야기는 Pliny, *NH* 34. 2. 6과 Scott(1933), pp. 20-21 참고; 안토니우스와 풀비아의 행태에 관해서는 Appian, *BC* 4. 40과 Dio 47. 7. 4-5, 8. 5 참고.

11 어린 희생자들에 관해서는 Appian, *BC* 4. 30, 공권 박탈 대상자의 아내들에 관해서는 Appian, *BC* 4. 23-4 참고; 여자들의 역할은 Osgood(2006), pp. 74-82 참고.

12 Appian, *BC* 4. 23과 Osgood(2006), pp. 64-5, 79 참고; 레피두스의 수행원들에게 매 맞은 여인의 이야기는 그녀의 남편 Laudatio Turiae(정확하지 않을 수도 있으나 현재는 통상 이 사람이라고 알려져 있다)가 그녀를 기리기 위해 세운 추모비 비문에 적혀 있다. 추가 설명 및 참조는 Osgood(2006), pp. 67-74.

13 Dio 47. 7. 4-5.

14 Appian, *BC* 4. 31-4, Dio 47. 14. 2-3 및 Osgood(2006), pp. 84-8.

15 Dio 47. 18. 3-19 및 S. Weinstock, *Divus Julius*(1971), pp. 386-98.

16 아티아의 죽음은 Suetonius, *Augustus* 61. 2와 Dio 47. 17. 6 참고; 초기의 약혼과 파혼, 뒤이은 클라우디아와의 결혼은 Suetonius, *Augustus* 62. 1, Velleius Paterculus 2. 65. 2 및 Plutarch, *Antony* 20 참고; 그들이 이혼했을 때 클라우디아가 여전히 처녀였다는 이야기는 Dio 48. 5. 3 참고.

17 상세 내용은 R. Weigel, *Lepidus. The Tarnished Triumvir*(1992), pp. 69-70, 77-9 참고.

18 Dio 47. 25. 3과 Appian, *BC* 4. 100-01; 병사들의 태도에 관한 자세한 설명은 Appian, *BC* 5. 17, 마케도니아 군단의 베테랑들과 당시의 로마 병사들이 가졌던 욕심과 내전 참여 의사에 대한 비교는 Cornelius Nepos, *Eumenes* 8. 2 참고; 브루투스가 만든 주화의 실

례는 M. Crawford, *Roman Republican Coinage*(1974), pp. 498-508 참고.

19 Appian, *BC* 4. 101-8, Plutarch, *Brutus* 37-40.

20 Appian, *BC* 4. 106, 108, Dio 47. 37. 2-3, Suetonius, *Augustus* 13. 1.

21 숫자들은 Appian, *BC* 4. 88, 108 참고; 논의를 위해, 그러나 높은 수치를 대개 인정하는 것은 P. Brunt, *Italian Manpower* 225 BC-AD 14(1971), pp. 485-8을 참고, Goldsworthy(2010), pp. 251-3은 그 수치들에 회의적이다; 전쟁의 규모를 강조하는 Appian, *BC* 4. 137과 내전 중 가장 큰 전투는 아니었다고 주장하는 Dio 47. 39가 대비된다; Velleius Paterculus 2. 113에 의하면 훗날의 황제 티베리우스는 한곳에 모인 10개 군단을 지휘하기란 어려운 일이라고 말했다 한다.

22 전투에서 적을 도발하는 행위에 관해서는 A. Goldsworthy, *The Roman Army at War* 100 BC-AD 200(1996), pp. 141-5 참고.

23 1차 필리피 전투는 Appian, *BC* 4. 109-14, Plutarch, *Brutus* 40-45, Dio 47. 42. 1-47. 1 참고, 상세한 묘사는 S. Sheppard, *Philippi 42 BC. The Death of the Roman Republic*(2008) 참고; 소지품을 잃어 군단병들의 사기가 떨어졌다는 내용은 Caesar, *BG* 5. 33 참고, 이와 대조적으로 군기를 잘 지킨 군단도 있었다는 기술은 Caesar *BG* 5. 43 참고.

24 카이사르의 행동에 관한 다양한 설명은 Plutarch, *Brutus* 41, *Antony* 22, Dio 47. 41. 3-4, 46. 2, Velleius Paterculus 2. 70. 1, Suetonius, *Augustus* 13. 1, Pliny, *NH* 7. 147 참고, Syme(1960), pp. 204-5, Osgood(2006), pp. 95-6, Stark(1933), pp. 21-2, 및 Powell(2008), p. 106에서 간략한 설명도 참고할 수 있다.

25 Appian, *BC* 4. 125-31, Plutarch, *Brutus* 49-52, *Antony* 22(안토니우스는 카이사르가 2차 전투 시에도 아팠다고 암시한 유일한 인물이다   및 Dio 47. 48. 1-49. 4.

26 Appian, *BC* 4. 129-31, 135, Suetonius, *Augustus* 13. 1-2, Dio 47. 49. 2, Plutarch, *Brutus* 53. 3, *Antony* 22, *Comparison of lives of Dion and Brutus* 5. 1, 및 Stark(1933), pp. 22-3 참고.

27 *Res Gestae* 2(Loeb translation).

28 그 이후 1년 반 동안 안토니우스의 행동에 관한 자세한 기술은 Goldsworthy(2010), pp. 261-71 참고. 클레오파트라를 피위임 통치자로 맞이하는 안토니우스의 선택을 특별히 조명한다.

29 Appian, *BC* 5. 3, 12, Dio 48. 1. 2-3. 6 및 Weigel(1992), pp. 79-80 참고.

30 토지 몰수에 관한 자세한 설명은 L. Keppie, *Colonisation and Veteran Settlement in Italy: 47-14 BC*(1983), *passim*과 Osgood(2006), pp. 108-51 참고.

31 페루시아 전쟁은 Appian, *BC* 5. 12-51, Dio 48. 5. 1-14. 6, Plutarch, *Antony* 30, Velleius Paterculus 2. 74-6 참고, 상세 내용은 E. Gabba, 'The Perusine War and Triumviral Italy', *Harvard Studies in Classical Philology* 75(1971), pp. 139-60, Syme(1960), pp. 207-

12. Osgood(2006), pp. 152-72 및 C. Pelling in *CAH*² X, pp. 14-17 참고.
32 이들 내용은 J. Hallett, 'Perusinae Glandes and the Changing Image of Augustus', *AJAH* 2(1977), pp. 151-71 및 T. Rihll, 'Lead Slingshot(glandes)', *JRA* 22(2009), pp. 149-69 참고. 후자는 투석기가 아닌 가볍고 휴대하는 무기로 납탄을 쏘았을 것이라는 합리적인 주장을 펴는데, 여전히 납탄이 전하는 메시지의 중요성은 달라지지 않는다; 카이사르는 기습 공격으로 거의 죽을 뻔했다. Suetonius, *Augustus* 14는 습격자들이 해방된 검투사들이었다고 주장한다. Appian, *BC* 5. 33도 참고; 포위망을 뚫고 탈출했으나 결과는 비극적이었다. Propertius, *Elegies* 1. 21 참고.
33 페루시아 전쟁 종식과 전쟁 포로 처리는 Appian, *BC* 5. 46-9, Dio 48. 14. 3-6, Suetonius, *Augustus* 15 및 Velleius Paterculus 2. 74. 4 참고, 페루시아 주민이 방화했다는 이야기는 Stark(1933), pp. 27-8과 함께 참조; 아킬레우스가 올린 희생제는 Iliad 23. 21-2 참고.

9장

1 Virgil, *Eclogues* 1. 67-72(Loeb translation, 약간 수정함).
2 Virgil, *Eclogues* 4. 4-12(Loeb translation, 약간 수정함).
3 Martial, *Epigrams* 11. 20. 3-8 및 K. Scott, 'The Political Propaganda of 44-30 *BC*', *Memoirs of the American Academy in Rome* 11(1933), pp. 7-49, esp. 24-6에서의 언급 참고.
4 글라피라에 관해서는 Appian, *BC* 5. 7과 Dio 49. 32. 3 참고, 마니우스는 R. Syme, *The Roman Revolution*(1960), pp. 208-9와 Appian, *BC* 5. 19 참고.
5 카이사르에게 대항한 전역 병사들의 두 차례 반란과 백인대장 노니우스의 살해로 이어진 두 번째 반란은 Appian, *BC* 5. 13과 특히 5. 15-17 및 Dio 48. 8. 1-10, 1 참고; Suetonius, *Augustus* 104. 12-106. 2는 자신의 운명을 확신한 카이사르에 관해 기록한다.
6 클라우디아에 관해서는 Suetonius, *Augustus* 62. 1 및 Dio 48. 5. 3 참고, 칼레누스에 관해서는 Dio 48. 20. 3 및 Appian, *BC* 5. 51, 54, 59-61 참고.
7 Appian, *BC* 5. 55 및 Velleius Paterculus 2. 76.
8 안토니우스의 어머니 율리아에 관해서는 Appian, *BC* 5. 52; 라비에누스의 아버지에 관해서는 R. Syme, 'The Allegiance of Labienus', *JRS* 28(1938), pp. 113-25와 W. Tyrell, 'Labienus' departure from Caesar in January 49 *BC*', *Historia* 21(1972), pp. 424-40 참고; 라비에누스는 Dio 48. 24. 4-25. 1 참고; 파르티아의 시리아 침략은 Dio 48. 26. 5 와 Syme(1960), p. 223 참고, D. Kennedy, 'Parthia and Rome: eastern *perspectives*', in

D. Kennedy(ed.), *The Roman Army in the East. Journal of Roman Archaeology Supplements* 18(1996), pp. 67-90, esp. 77-81, J와 Osgood, *Caesar's Legacy. Civil War and the Emergence of the Roman Empire*(2006), pp. 185, 225-8은 파르티아가 시리아를 침략한 배경을 상세히 다루고 있다.

9 Dio 48. 12. 1-5 및 Appian, *BC* 5. 20-24.

10 Appian, *BC* 5. 56-66과 Dio 48. 28. 1-30. 2 및 Syme(1960), pp. 129, 216-17, 242, 253-5 와 Pelling in *CAH*² X, pp. 17-20 참고; 마이케나스는 Syme(1960), pp. 129, 341-2, 359 참고.

11 D. Delia, 'Fulvia Reconsidered', in S. Pomperoy(ed.), *Women's History and Ancient History*(1991), pp. 197-217에서는 풀비아에 관한 현존 사료의 신빙성을 의심한다. 풀비아의 죽음은 Plutarch, *Antony* 30, Appian, *BC* 5. 59, Dio 48. 28. 3-4 참고; 안토니우스와 옥타비아의 결혼에 관해서는 Plutarch, *Antony* 31, Appian, *BC* 5. 64, Dio 48. 28. 3-31. 3, Velleius Paterculus 2. 78. 1 및 Osgood(2006), pp. 188-201, Syme(1960), pp. 217-20, E. Huzar, 'Mark *Antony*: Marriages vs. careers', *The Classical Journal* 81(1985/6), pp. 97-111, esp. 103-11 참고.

12 이 시기를 배경으로 한 베르길리우스의 *Fourth Eclogue*는 Plutarch, *Antony* 57과 Osgood(2006), pp. 193-200 참고. 그 아이의 신분에 관해서는 폴리오의 자식이란 주장을 포함해 다양한 견해가 있다. 기독교 시대에 접어들어서는 메시아의 강림을 예견하는 듯한 베르길리우스 시의 어조와 시의 시점이 기원전 1세기란 점을 들어 예수를 언급한 것이라는 해석도 종종 있었다.

13 Appian, *BC* 5. 53, Suetonius, *Augustus* 52. 2, Dio 48. 16. 3, Syme(1960), p. 213.

14 G. Rickman, *The Corn Supply of Ancient Rome*(1980), pp. 60-61과 P. Garnsey, *Famine and Food Supply in the Graeco-Roman World. Responses to Risk and Crisis*(1988), pp. 202, 206-8 참고.

15 A. Powell & K. Welch(eds), *Sextus Pompeius*(2002), pp. 31-63에 수록된 K. Welch, 'Sextus Pompeius and the Res Publica in 42-39 *BC*' 참고; 그나이우스 폼페이우스에 관한 카시우스의 평가는 Cicero, *ad Fam.* 15. 19. 4 참고.

16 Powell & Welch(2002), pp. 103-33. esp. 105-9, 118-29에 수록된 A. Powell, "An island amid the flame": The Strategy and Imagery of Sextus Pompeius, 43-36 *BC*'와 A. Powell, *Virgil the Partisan: A Study in the Re-integration of Classics*(2008), pp. 31-83 참고; 루키우스 안토니우스는 Dio 48. 5. 4 참고.

17 Appian, *BC* 4. 25, 36, 85, 5. 143, Dio 47. 12. 1-13. 1, Velleius Paterculus 2. 72. 5, 77. 2 및Welch(2002), pp. 45-6 참고; 카이사르의 면도 의식은 Dio 48. 34. 3 및 M. Flory,

'*Abducta Neroni Uxor*': The historiographic tradition on the marriage of Octavian and Livia,' *Transactions of the American Philological Association* 118(1988), pp. 343-59, esp. 344 의 언급 참고.

18 Appian, *BC* 5. 67-8과 Dio 48. 31. 1-6 참고.
19 Appian, *BC* 5. 69-74, Dio 48. 36. 1-38. 3, Velleius Paterculus 2. 77, Plutarch, *Antony* 32 및 Syme(1960), pp. 221-2, Osgood(2006), pp. 205-7과 Powell(2008), pp. 190-91 참고; 특히 Welch(2002), pp. 51-4는 망명자들이 섹스투스에게 협약을 맺도록 압박했을 것이라고 암시한다.
20 Plutarch, *Antony* 33, Appian, *BC* 5. 76, Dio 48. 39. 2, Seneca, *Suasoriae* 1. 6, 및 M. Grant, *Cleopatra*(1972), pp. 129-30 참고; 벤티디우스의 원정에 관해서는 A. Goldsworthy, *Antony and Cleopatra*(2010), pp. 286-8에 고대의 사료와 함께 간략히 언급되어 있다.
21 Dio 54. 7. 2와 Suetonius, *Tiberius* 6. 2-3 및 A. Barrett, *Livia. First Lady of Imperial Rome*(2002), pp. 10-11, 16-18 참고.
22 Barrett(2002), pp. 3-10, 15-16; 리비아 아버지의 죽음은 Dio 48. 44. 1과 Velleius Paterculus 2. 71. 2 참고.
23 Suetonius, *Tiberius* 6. 1-3, *Augustus* 27. 4.
24 *Ulixes stolatus*, Suetonius *Caius* 23; 전반적 설명은 Flory(1988)와 Barrett(2002), pp. 11-14 참고.
25 Suetonius, *Augustus* 53. 1, 69. 1-2에 언급된 후대의 비난은 안토니우스가 로마에서 목격한 일들일 것이다; Flory(1988), pp. 352-3과 Barrett(2002), pp. 24-5에서는 식사 도중 침실로 끌고 갔다는 전직 집정관의 아내가 리비아였다고 주장하는데, 클라우디우스는 전직 집정관이 아니라 전직 법무관이었다.
26 Flory(1988), pp. 345-6은 '리비아의 아들이 태어나기 전에 카이사르가 결혼하기를 원했다는 점은, 인기 없는 전쟁을 앞두고 있던 카이사르가 그 결혼을 통해 현실적인 이익을 취하려 했다는 사실을 보여준다. 그렇지 않으면 혼전 리비아의 관계뿐만 아니라 태어날 아이를 둘러싼 추문이 필연적으로 따를 것이란 걸 알면서도 카이사르가 그렇게 결혼을 서둘렀다는 점을 이해하기 어렵다'라고 주장한다. 그러나 그 결혼으로 당장의 정치적 이익을 얻을 수 있다고 생각한 사람은 없었다. 그러한 주장은 카이사르의 모든 행동은 정치적 술수로서 계산된 결정이라고 보고자 하는 태도에서 비롯된 듯하다. 조숙했던 젊은 이의 행동이었다고 단순하게 보는 편이 훨씬 더 설득력 있다.
27 Barrett(2002), pp. 11-26과 Flory(1988), p. 348; 이혼에 관한 전반적 설명은 S. Treggiari, *Roman Marriage*(1991), pp. 435-82와 B. Rawson(ed.), *Marriage, Divorce and Children*

in *Ancient Rome*(1991), pp. 131-46의 'Divorce Roman Style: How easy and frequent was it?' 참고; 스크리보니아에 대한 카이사르의 언급은 Suetonius, *Augustus* 62. 2 참고; Suetonius, *Claudius* 1에서는 드루수스가 카이사르와 리비아가 결혼한 지 3개월 후에 태어났다고 전하는데, 결혼이 아닌 약혼을 말하는 것일 테다.

28 Suetonius, *Augustus* 70. 1-2(Loeb translation); 결혼 축하연은 Suetonius, *Augustus* 70. 1과 Dio 48. 43. 4-44. 5 및 Barrett(2002), pp. 24-7 참고. Barrett은 '12신의 연회'가 결혼식이 아닌 약혼식에 있었다고 주장하지만, Flory(1988)는 결혼식 연회였다는 더 합리적인 주장을 편다; 델리키아이에 관해서는 Dio 48. 44. 3과 W. Slater, '*Pueri, Turba Minuta*', in *BICS* 21(1974), pp. 133-40 참고.

29 Dio 48. 45. 5-46 참고. Appian, *BC* 5. 78-80은 '메나스'를 '메노도루스'라고 칭한다.

30 이 해전에 관해서는 Appian, *BC* 5. 81-92, Dio 48. 46. 1-48. 4 및 J. Morrison & J. Coates, *Greek and Roman Oared Warships*(1996), pp. 149-52, M. Pitassi, *The Navies of Rome*(2009), pp. 186-91, W. Rogers, *Greek and Roman Naval Warfare*(1937), pp. 496-516과 R. Paget, 'The Naval Battle of Cumae in 38 *BC*', *Latomus* 29(1970), pp. 363-9 참고.

31 넵투누스는 Suetonius, *Augustus* 16. 2, 시는 Suetonius, *Augustus* 70. 2 참고. Appian, *BC* 5. 100, Dio 48. 48. 6-49. 1 및 Powell(2002), pp. 120-26과 Powell(2008), pp. 97-8도 함께 참고.

32 기원전 38년에 카이사르와 안토니우스가 만나지 못했던 정황은 Appian, *BC* 4. 78-80 참고. 기원전 37년 두 사람의 회담은 Appian, *BC* 5. 93-5, Plutarch, *Antony* 35 및 Pelling in *CAH*² X, pp. 24-7 참고. 안토니우스에게 약속한 병사의 숫자는 P. Brunt, *Italian Manpower 225 BC-AD 14*(1971), p. 502 참고; 삼두에게 주어진 5년의 법정 임기 종료는 F. Millar, 'Triumvirate and Principate', *JRS* 63(1973), pp. 50-67, esp. 51, 53과 Pelling in *CAH*² X, pp. 67-8 참고.

33 갈리아에서의 아그리파 활약상은 Dio 48. 49. 2-3, Appian, *BC* 5. 92 참고. J. M. Roddaz, *Marcus Agrippa*(1984), pp. 70-72, Pelling in *CAH*² X, p. 25, Syme(1960), p. 231에 상세한 설명이 있다.

34 Appian, *BC* 5. 96-122, Dio 49. 1. 1-16. 2, Suetonius, *Augustus* 16. 1-3, Velleius Paterculus 2. 79. 1-6, Livy, *Pers.* 128-9 참고; Osgood(2006), pp. 298-303, Morrison & Coates(1996), pp. 154-7, Pitassi(2009), pp. 187-91, Roddaz(1984), pp. 87-138, M. Reinhold, *Marcus Agrippa* 참고: *A Biography*(1933), p. 29는 아그리파가 기원전 37년 전쟁 지휘를 맡았을 때 해전 경험이 부족했다고 지적한다; 아그리파가 쿠마이에 건설한 항구에 관해서는 R. Paget, 'The ancient ports of Cumae,' *JRS* 58(1968), pp. 152-

69, esp. 161-9 참고; 코로나 나발리스corona navalis에 관해서는 V. Maxfield, *The Military Decorations of the Roman Army*(1981), pp. 74-6 참고.

10장

1. *Res Gestae* 3(Loeb translation).
2. Suetonius, *Augustus* 17. 1(Loeb translation).
3. 이 일화는 Velleius Paterculus 2. 28. 3-4, Appian, *BC* 5. 123-6, Dio 49. 11. 1-12. 4 참고. 설명은 R. Weigel, *Lepidus. The Tarnished Triumvir*(1992), pp. 88-92 참고.
4. Dio 49. 17. 1-18. 7, 50. 1. 4, Appian *BC* 5. 127, 133-44, Velleius Paterculus 2. 79. 5.
5. Plutarch, *Antony* 37.
6. 이 원정에 대한 상세 묘사는 A. Goldsworthy, *Antony and Cleopatra*(2010), pp. 304-20; 안토니우스의 패배에 관해서는 Plutarch, *Antony* 49-51, Velleius Paterculus 2. 82. 3. Dio 49. 31. 1-3 및 A. Sherwin-White, *Roman Foreign Policy in the East, 168 BC-AD* 1(1984), pp. 320-21 참고. Livy, *Pers.* 130은 아르메니아를 행군하던 중 8,000명이 '폭풍'으로 사망했다고 주장하나, 전체 사상자 규모는 언급하지 않는다; 안토니우스가 자살하려 했다는 내용은 Plutarch, *Antony* 48 참고; 현대의 학자들은 안토니우스에게 지나치게 관대한 경향이 있다. 예를 들어 R. Syme, *The Roman Revolution*(1960), p. 264는 '패배는 맞지만, 참패나 궤멸 수준은 아니었다'라고 기술하지만, C. Pelling, *Plutarch: Life of Antony*(1988), pp. 220-43에서 플루타르코스는 파르티아 원정 실패가 안토니우스의 인생에서 전환점이 되었다는, 당시 현실에 더 맞는 지적을 한다.
7. Appian, *BC* 5. 130-31과 *Res Gestae* 4 및 25에서는 3만 명의 노예를 주인에게 돌려주었다고 주장한다; 카이사르 함대의 노예 이용은 Suetonius, *Augustus* 16. 1과 Dio 47. 17. 4, 48. 49. 1, 49. 1. 5 참고. Dio 49. 1. 5에서는 전역하는 노예에게 자유가 주어졌다고 암시한다; 카이사르에게 주어진 영예들은 P. Zanker(trans. A. Shapiro), *The Power of Images in the Age of Augustus*(1988), pp. 40-42와 B. Levick, *Augustus. Image and Substance*(2010), p. 40 참고.
8. 이들 전투에 관해서는 Appian, *Illyrian Wars* 16-29, Dio 49. 34. 2-38. 1, 43. 8 및 E. Gruen in *CAH*² X, pp.172-4와 특히 M. Kos, *Appian and Illyricum*(2005), pp. 393-471 참고.
9. Appian, *Illyrian Wars* 19-21과 Suetonius, *Augustus* 20 참고.
10. Appian, *Illyrian Wars* 26, 27, Suetonius, *Augustus* 20, 24; 안토니우스가 한 보병대를

데키마티오로 처벌한 내용은 Plutarch, *Antony* 39, Dio 49. 26. 1-27. 1 및 Sherwin-White(1984), p. 318 참고.

11 J. Osgood, *Caesar's Legacy. Civil War and the Emergence of the Roman Empire*(2006), pp. 325-6.
12 Dio 47. 15. 2-3, 48. 43. 2, 49. 43. 6-7, 49. 39. 1 및 Osgood(2006), pp. 257-67.
13 Osgood(2006), pp. 252-3, 326-31 참고.
14 Suetonius, *Augustus* 28. 3, Pliny *NH* 36. 121 및 N. Purcell in *CAH*² X, pp. 782-9 참고.
15 클레오파트라의 이력은 Goldsworthy(2010)와 M. Grant, *Cleopatra*(1972) 및 J. Tyldesley, *Cleopatra. Last Queen of Egypt*(2009) 참고; 클레오파트라가 율리우스 카이사르에게 중요한 영향을 미친 인물이었다는 생각에 대한 재평가는 E. Gruen, 'Cleopatra in Rome. Fact and Fantasies', in D. Braund & C. Gill(eds), *Myths, History and Culture in Republican Rome: Studies in honour of T. P. Wiseman*(2003), pp. 257-74, 클레오파트라 아버지와 로마인들과의 관계는 M. Siani-Davies, 'Ptolemy XII Auletes and the Romans', *Historia* 46(1997), pp. 306-40 참고; 클레오파트라에 대한 키케로의 언급은 Cicero, *ad Att*. 14. 8, 15. 15와 Goldsworthy(2010), p. 234를 참고하고, 이와 대비되는 Grant(1972), pp. 95-7도 참고; 아르시노에 관련은 Strabo, *Geog*. 14. 6. 6과 P. Green, *Alexander to Actium: The Historical Evolution of the Hellenistic Age*(1990), p. 669 및 Goldsworthy(2010), pp. 235-6 참고; 프톨레마이오스 14세의 죽음은 Josephus, *AJ* 15. 39, *Against Apion* 2. 58과 Porphyry, *Fragments of Greek Historians* 260 참고.
16 아르시노에와 또 다른 잠재적 경쟁자 제거에 관해서는 Josephus, *AJ* 15. 89, Appian, *BC* 5. 9, Dio 48. 24. 2; 안토니우스가 클레오파트라를 레바논으로 불렀다는 내용은 Plutarch, *Antony* 51과 Dio 49. 31. 4 참고.
17 Plutarch, *Antony* 53-4, Appian, *BC* 5. 95, 138, Dio 49. 33. 3-4 및 Grant(1972), pp. 150-53, Osgood(2006), p. 336, Syme(1960), p. 265 참고.
18 로마에서 옥타비아가 남편 안토니우스를 대신하려 계속 노력했다는 내용은 Plutarch, *Antony* 54 참고; 호민관의 신변불가침권tribunicia sacrosanctitas은 Dio 49. 15. 5-6, 38. 1과 Pelling in *CAH*² X, pp. 68-9 및 A. Barrett, *Livia. First Lady of Imperial Rome*(2002), pp. 31-2 참고; 토지 몰수의 영향을 줄여 호의를 얻었다는 내용은 Virgil, *Eclogues* 1. 40-47과 Osgood(2006), pp. 121-2 참고.
19 Plutarch, *Antony* 54, Dio 49. 40. 3-4, Velleius Paterculus 2. 82. 3-4 및 Grant(1972), pp. 161-2와 Pelling in *CAH*² X, p. 40의 언급 참고.
20 Plutarch, *Antony* 54, Dio 49. 41. 1-6 및 Pelling in *CAH*² X, pp. 40-41, Osgood(2006), pp. 338-9, Grant(1972), pp. 162-75, J. Bingen, *Hellenistic Egypt: Monarchy, Society,*

Economy, Culture(2007), pp. 78-9, G. Hölbl,, *A History of the Ptolemaic Empire*(2001), pp. 244-5 참고; 안토니우스와 가장 가까운 동맹자들이 안토니우스가 전한 내용이 치명적인 영향을 미칠 수 있다고 우려하여 그 내용을 감추려 했다는 언급은 Dio 49. 41. 4 참고.

21 Horace, *Epodes* 9. 11-16(Loeb translation).

22 Plutarch, *Comparison between Antony and Demetrius* 4와 Grant(1972), p. 188, 및 Pelling in *CAH*² X, p. 43 참고. 헤라클레스와 옴팔레에 관해서는 Zanker(1988), pp. 57-65, 특히 58-60 참고; 마법 물약에 관해서는 Dio 49. 34. 1과 Josephus, *AJ* 15. 93 참고.

23 Suetonius, *Augustus* 69. 2.

24 여론 선전전에 관해서는 K. Scott, 'The Political Propaganda of 44-30 BC', *Memoirs of the American Academy in Rome* 11(1933), pp. 7-49, esp. 33-49, Osgood(2006), pp. 335-49, Pelling in *CAH*² X, pp. 40-48 및 Syme(1960), pp. 276-8 참고.

25 오피우스가 카이사리온이 독재관의 자식이 아님을 '입증하는' 소책자를 썼다는 내용은 Suetonius, *Caesar* 52. 2; 일리리아 King Cotiso와 맺으려 했다는 혼인 동맹에 대한 비난은 Suetonius, *Augustus* 63. 2 참고.

26 Plutarch, *Antony* 55-6 및 Dio 49. 44. 3, 50. 1. 1-2. 2 참고.

27 Dio 49. 41. 4, 50. 2. 2-7과 Osgood(2006), pp. 252-3; 삼두정의 종식에 관해서는 Pelling in *CAH*² X, pp. 67-8의 훌륭한 요약 설명을 참고.

28 Velleius Paterculus 2. 83. 1-2, Pliny, *NH* 9. 119-21, cf. Horace, *Satires* 2. 3. 23942, Valerius Maximus 9. 1. 2, Pliny, *NH* 9. 122; Suetonius, *Caligula* 37. 1과 B. Ullman, 'Cleopatra's pearls', *The Classical Journal* 52. 5(Feb. 1957), pp. 193-201, Osgood(2006), pp. 276-80 및 Goldsworthy(2010), pp. 337-9 참고; 인용문은 Velleius Paterculus 2. 83. 3.

29 Plutarch, *Antony* 58, Suetonius, *Augustus* 17. 1, Dio 50. 3. 1-4. 1 및 J. Johnson, 'The authenticity and validity of *Antony*'s will', *L' Antiquité Classique* 47(1978), pp. 494-503 참고.

30 Zanker(1988), pp. 72-7.

31 아시니우스 폴리오는 Velleius Paterculus 2. 86. 3 참고. 충성 맹세에 관해서는 *The Res Gestae of the Divine Augustus* 25. 2-3과 Suetonius, *Augustus* 17. 2 및 Osgood(2006), pp. 357-68 참고; Syme(1960), p. 278, fn. 3은 300명 이상의 원로원 의원이 안토니우스에게로 갔다고 주장하는데, 이 숫자가 추론이 아닌 실제 숫자인 것처럼 반복되는 이유 중 하나는 Syme 경의 권위 때문이다.

32 카이사르가 부활시킨 이후, 그 의식에 관한 기록은 Dio 50. 4. 1-6. 1과 Livy 1. 32 참고; J. Rich, *Declaring War in the Roman Republic in the Period of Transmarine Expansion*(1976), pp.

56-8, 104-7도 참고.

33 Dio 50. 9. 3, Plutarch, *Antony* 56, Pelling(1988), pp. 259-60과 *CAH*² X, pp. 52, 55, M. Grant, *Cleopatra*(1972), pp. 197-8 및 R. Syme, *The Roman Revolution*(1960), pp. 294-5 참고.

34 이 전투에 관한 전반적 설명은 Goldsworthy(2010), pp. 360-64 참고; '국자 위에 앉아 있다'는 Plutarch, *Antony* 62와 Pelling(1988), pp. 271-2 참고; 투항자들에 관해서는 Plutarch, *Antony* 59, 63, Velleius Paterculus 2. 84. 2, Dio 50. 13. 6, 14. 3 및 Osgood(2006), pp. 372-3과 Syme(1960), p. 296 참고.

35 악티움 해전에 관하여는 Plutarch, *Antony* 64-6, 68, Dio 50. 14. 4-35. 6과 J. Carter, *The Battle of Actium: The Rise and Triumph of Augustus Caesar*(1970), pp. 203-13, S. Sheppard, *Actium: Downfall of Antony and Cleopatra*. Osprey Campaign Series 211(2009), Osgood(2006), pp. 374-5, 380-82, Grant(1972), pp. 206-15, 그리고 Pelling(1988), pp. 278-89, Goldsworthy(2010), pp. 364-9, D. Harrington, 'The Battle of Actium – a study in historiography', *Ancient World* 9. 1-2(1984), pp. 59-64 참고. C. Lange, 'The Battle of Actium: A reconsideration', *Classical Quarterly* 61. 2(2011), pp. 608-23에서는 학자들이 악티움 해전을 치열한 전투가 아니었다고 잘못 생각한다고 주장한다; 안토니우스 군단의 투항에 관해서는 Plutarch, *Antony* 68, Dio 51. 1. 4-3. 1, Velleius Paterculus 2. 85. 5-6 및 L. Keppie, *The Making of the Roman Army*(1984), pp. 134-6 참고.

36 Dio 51. 3. 1-4. 8과 Pelling in *CAH*² X, pp. 61-2.

37 Dio 51. 6. 4-8. 7, Plutarch, *Antony* 72-3 및 Pelling(1988), pp. 297-300 참고; 클레오파트라가 카이사르의 이집트 침략 때 도운 것으로 보인다는 주장은 Dio 51. 10. 4-5와 Plutarch, *Antony* 76 참고; Grant(1972), pp. 222-3은 계략으로 보지 않고, 절망적인 상황에서 투항한 것으로 본다.

38 전반적인 내용은 Goldsworthy(2010), pp. 376-87 참고, 카이사르와 클레오파트라의 만남은 Dio 51. 11. 3, 5-13, Plutarch, *Antony* 82-3, Pelling(1988), pp. 313-16, Florus 2. 21. 9-10 참고; 클레오파트라의 죽음은 Strabo, *Geog.* 17. 1. 10, Dio 51. 13. 4-14. 6, Plutarch, *Antony* 84-6, Pelling(1988), pp. 316-22, Velleius Paterculus 2. 87. 1 참고; 또한 Grant(1972), pp. 224-8, Tyldesley(2009), pp. 189-95, E. Rice, *Cleopatra*(1999), pp. 86-91, P. Green, *Alexander to Actium*(1990), pp. 679-82 및 G. Hölbl(trans. T. Saavedra), *A History of the Ptolemaic Empire*(2001), pp. 248-9 참고; 율리우스 카이사르의 개선식에 포함시킨 아르시노에에 관해서는 Dio 53. 19. 1-20. 4와 Appian, *BC* 2.101 참고.

39 Dio 51. 15. 5-6과 Plutarch, *Antony* 81 참고. 디오는 카이사르가 실제로는 그리스어를 사용하여 연설했고, 단지 현지의 연설가를 고용하지 않았을 뿐일 것이라 주장한다.

11장

1   Tacitus, *Ann*. 1. 2(Loeb translation, 약간 수정함).
2   *Res Gestae* 3, 4(Loeb translation).
3   Horace, *Odes* 1. 37(Loeb translation).
4   Virgil, *Aeneid* 8. 678-99(Loeb translation, 약간 수정함).
5   악티움 해전에 관한 상세 설명과 더불어 악티움 해전에 관한 방대한 문헌은 C. Lange, *Res Publica Constituta. Actium, Apollo and the Accomplishment of the Triumviral Assignment*(2009), pp. 75-90과 J. Osgood, *Caesar's Legacy. Civil War and the Emergence of the Roman Empire*(2006), pp. 370-72, 375-83 참고.
6   Horace, *Epodes* 7. 1-10(Loeb translation); 파르티아에 대한 승리와 브리타니아 정복에 대한 대중의 염원은 J. Rich, 'Augustus, War and Peace', in J. Edmondson(ed.), *Augustus*(2009), pp. 137-64, esp. 143-6과 L. de Blois, P. Erdkamp, G. de Kleijn and S. Mols(eds), *The Representation and Perception of Roman Imperial Power: Proceedings of the Third Workshop of the International Network, Impact of Empire*(Roman Empire c.200 BC-AD 476)(2003), pp. 329-57 참고.
7   Horace, *Epodes* 16, lines 1-9에서 인용(Loeb translation).
8   Horace, *Epodes* 1은 카이사르 함대에 승선한 마이케나스에 관해 언급하면서 호라티우스가 자신의 나약함에도 불구하고 마이케나스를 좇아 승선해야 한다고 느꼈던 감상을 전한다. Osgood(2006), pp. 362-3도 참고; *Odes* 2. 7은 필리피 전투에서 호라티우스가 도망친 사실을 기술한다. *Epistulae* 2. 2. 46-51도 함께 참고.
9   Suetonius, *Augustus* 51. 1과 Velleius Paterculus 2. 86. 1-3 참고, 아우구스투스가 적들에게 보인 관용에 관한 상세 설명은 M. Dowling, *Clemency and Cruelty in the Roman World*(2006), pp. 29-75 참고.
10 Tacitus, *Ann*. 1. 1-2, 4와 W. Lacey, *Augustus and the Principate. The Evolution of the System*(1996), pp. 1-16 참고.
11 Dio 51. 19. 1-7과 상세 설명은 Lange(2009), pp. 125-48, 그리고 Lacey(1996), pp. 182-3 참고; 평화를 향한 갈망은 Osgood(2006), pp. 389-98 참고.
12 Dio 51. 20. 4-5, Suetonius, *Augustus* 22, *Res Gestae* 13 및 Lange(2009), pp. 140-48과 J. Crook in *CAH*² X, pp. 74-5 참고; Dio 51. 19. 7에서는 카이사르에게 주어진 사법적 권한을 아테네에서 아테나가 행사한 투표와 비교하는데, 이는 어떤 판결에서도 카이사르가 투표권을 행사할 수 있었다는 걸 의미한다. 또는 카이사르가 최종 항소심의 재판장 역할을 했다는 의미일 수도 있으나, 상세 내용은 알 수 없다; 아우구리움 살루티스는

Lacey(1996), p. 41, fn. 92 참고.

13 사산한 아이는 Suetonius, *Augustus* 63. 1 참고, 전반적 내용은 A. Barrett, *Livia. First Lady of Imperial Rome*(2002), pp. 28-34, 118-22와 M. Dennison, *Empress of Rome. The Life of Livia*(2010), pp. 89-96 참고.

14 Dio 55. 7. 2-3, Loeb translation에서 인용; 아테노도루스는 Plutarch, *Moralia* 207C. 7 참고.

15 Suetonius, *Augustus* 85. 1-2.

16 Nepos, *Atticus* 20에서 인용(Loeb translation).

17 알바 롱가 왕들의 복장은 Dio 43. 43. 2와 S. Weinstock, *Divus Julius*(1971), p. 324 참고; 이 당시 귀족들이 과거 역사에 가졌던 관심은 E. Rawson, *Intellectual Life in the Roman Republic*(1985), pp. 102-3, 233-49 참고.

18 Nepos, *Atticus* 20과 J. Rich, 'Augustus and the spolia opima,' *Chiron* 26(1996),pp. 85-127, esp. 113-16의 설명 참고.

19 Nepos, *Atticus* 22. 3-4.

20 Dio 51. 16. 3-17. 8과 A. Bowman in CAH^2 X, pp. 676-89, P. Brunt, 'The administrators of Roman Egypt', *JRS* 65(1975), pp. 124-47 및 'Princeps and equites', *JRS* 73(1983), pp. 42-75, esp. 62-3 참고; 갈루스에 관해서는 R. Syme, *The Roman Revolution*(1960), pp. 252-3, 300 참고.

21 Dio 51. 18. 1과 Suetonius, *Augustus* 18. 2 참고.

22 G. Hölbl(trans. T. Saavedra), *A History of the Ptolemaic Empire*(2001), pp. 14-15.

23 Suetonius, *Augustus* 18. 1과 Dio 51. 16. 5; 이 시기 카이사르가 자신의 모습을 알렉산드로스 대왕과 비슷하게 꾸몄다는 내용은 K. Galinsky, *Augustan Culture*(1996), pp. 164-79, esp. 167-8 참고.

24 안토니우스와 클레오파트라의 매장은 Suetonius, *Augustus* 17. 4, Plutarch, *Antony* 86, Dio 51. 15. 1 참고, 조각상 철거로 안토니우스를 모욕한 행위에 관해서는 Dio 51. 19. 3-5와 Lange(2009), pp. 136-40 참고; 알렉산드로스 대왕과 고르디우스 매듭에 관해서는 Plutarch, *Alexander the Great* 18 참고.

25 Dio 51. 18. 1-3과 Syme(1960), pp. 300-02 및 F. Millar, *The Roman Near East 31 BC-AD 337*(1993), pp. 27-34 참고.

26 Josephus, *AJ* 14. 314-16과 14. 301-12(Loeb translation에서 인용); J. Osgood, *Caesar's Legacy: Civil War and the Emergence of the Roman Empire*(2006), pp. 105-6도 함께 참고; 신전들과 숭배 신앙에 관해서는 Dio 51. 20. 6-8 참고; 로마 제국의 숭배 신앙에 관한 전반적 설명은 S. Price, *Rituals and Power. The Roman Imperial Cult in Asia Minor*(1985)와 J.

Scheid, 'To honour the Princeps and venerate the gods. Public cult, neighbourhood cults, and imperial cult in Augustan Rome', in Edmondson(2009), pp. 275-99, esp. 288-99 참고.
27 Suetonius, *Augustus* 41. 1과 Dio 51. 21. 5 참고.
28 Josephus, *AJ* 15. 161-78, 183-236, *BJ* 1. 386-97, 431-44 및 E. Schürer, G. Vermes & F. Millar, *The History of the Jewish People in the Age of Jesus Christ Vol. 1*(1973), pp. 301-3 참고; 경호대에 관해서는 Josephus, *BJ* 1. 397 참고.
29 Dio 51. 18. 2-3과 A. Sherwin-White, *Roman Foreign Policy in the East, 168 BC-AD 1*(1984), pp. 324-41 및 Rich(2009), pp. 143-8 참고.
30 Dio 51. 19. 2-3, 20. 4와 Lacey(1996), pp. 39-41 참고, 황금관 거부는 Dio 51. 21. 4 참고.
31 까마귀 관련 일화는 Macrobius 2. 4. 29.
32 Strabo, *Geog.* 12. 35는 통치자 1명과 그의 아들이 처형되었다고 기술한다.
33 개선식은 Dio 51. 21. 4-9, Plutarch, *Antony* 86, *Res Gestae* 4, 왕실 포로들은 Lange(2009), pp. 148-57과 Lacey(1996), p. 41 참고; 전차를 탄 마르켈루스와 티베리우스는 Suetonius, *Tiberius* 6. 4 참고.
34 *Res Gestae* 8.

12장

1 *Res Gestae* 34(Loeb translation, 약간 수정함).
2 Velleius Paterculus 2. 89. 3.
3 Dio 51. 21. 3-4, *Res Gestae* 15. 디오는 아그리파에게는 짙푸른 깃발을 주었다고 기록했는데, 섹스투스 폼페이우스를 물리친 후 받은 깃발과 같은 것인지 아니면 추가로 주어진 것인지는 불분명하다. Suetonius, *Augustus* 25. 3 참고; 식민시 정책은 P. Brunt, *Italian Manpower 225 BC-AD 14*(1971), pp. 332-44와 L. Keppie, *Colonisation and Veteran Settlement in Italy 47-14 BC*(1983), esp. pp. 58-86 참고.
4 Dio 51. 22. 1-4와 Crook in *CAH*² X, pp. 75-6 및 P. Zanker(trans. A. Shapiro), *The Power of Images in the Age of Augustus*(1988), pp. 79-82 참고.
5 카이사르가 주최한 경기는 Dio 51. 22. 4-9와 *Res Gestae* 22 참고; 스타틸리우스 타우루스와 그에게 주어진 법무관 1명을 지명할 수 있는 영예에 관해서는 Dio 51. 23. 1 참고.
6 Dio 53. 1. 1-2와 E. Stavely, 'The "Fasces" and "Imperium Maius"', *Historia* 12(1963), pp. 458-84, esp. 466-8 및 F. Millar, 'Triumvirate and Principate', *JRS* 63(1973), pp. 50-67,

esp. 62 참고.

7   Cicero, *ad Fam.* 6. 18. 1, *Philippics* 11. 5. 12, 13. 13. 27, Dio 43. 47. 3, Suetonius, *Caesar* 76. 2-3, 80. 2 참고; 율리우스 카이사르가 새로이 임명한 원로원 의원들의 출신에 관해서는 R. Syme, *The Roman Revolution*(1960), pp. 78-96 참고; 율리우스 카이사르의 암살 이후 기간은 J. Osgood, *Caesar's Legacy. Civil War and the Emergence of the Roman Empire*(2006), pp. 257-60, 283-8 참고; 도망친 노예가 정무관이 된 사례는 Dio 48. 34. 5 참고.
8   Dio 52. 42. 1-5, Suetonius, *Augustus* 35. 1-2, *Res Gestae* 8.
9   히스파니아에서 승리를 거둔 Caius Calvisius Sabinus의 개선식은 5월 26일, 갈리아에서 승리를 거둔 Caius Carrinas의 개선식은 7월 6일, 아프리카에서 승리를 거둔 Lucius Autronius Paetus의 개선식은 8월 16일 거행되었다.
10 Tacitus, *Ann.* 3. 28 '*non mos, non ius*'; 공화국 복원을 위한 삼두의 역할에 관한 전반적 설명은 C. Lange, *Res Publica Constituta. Actium, Apollo and the Accomplishment of the Triumviral Assignment*(2009), *passim* 참고.
11 Dio 53. 2. 3, W. Lacey, *Augustus and the Principate. The Evolution of the System*(1996), pp. 83-6, Crook in CAH² X, pp. 76-7. J 및 Liebeschuetz, 'The settlement of 27 BC', in C. Deroux, *Studies in Latin Literature and Roman History*(2008), pp. 345-65 참고.
12 선거에 관해서는 A. Jones, 'The elections under Augustus,' *JRS* 45(1955), pp. 9-21, esp. 11 참고; 국고 관리에 관해서는 Dio 53. 2. 1, 3 참고.
13 건축 사업은 *Res Gestae* 20, Dio 53. 2. 4-6과 Lacey(1996), pp. 83-4 및 Zanker(1988), pp. 101-36 참고.
14 Dio 53. 1. 4-6.
15 Dio 53. 1. 3과 Zanker(1988), pp. 65-71, 240-54 및 T. Wiseman, '*Conspicui Postes Tectaque Digna Deo*: the public image of aristocratic and imperial houses in the Late Republic and Early Empire', in *L'Urbs. Espace urbain et histoire*(1987), pp. 393-413, esp. 399-407 참고; 아폴로 신전에 관한 최근의 연구는 S. Zink, 'Reconstructing the Palatine temple of Apollo: a case study in early Augustan temple design', *JRA* 21(2008), pp. 47-63 참고.
16 Purcell in CAH² X, pp. 787-8과 Zanker(1988), pp. 66-71; Velleius Paterculus 2. 86. 2.
17 Dio 51. 23. 2-27. 3과 Livy, *Per.* 134.
18 Dio 51. 25. 2와 J. Rich, 'Augustus and the spolia opima', *Chiron* 26(1996), pp. 85-127, esp. 95-7 및 T. Barnes, 'The victories of Augustus', *JRS* 64(1974), pp. 21-6. 참고
19 Livy 4. 20. 5-7(Loeb translation); 스폴리아 오피마에 관한 상세 설명은 H. Flower, 'The

tradition of the spolia opima: M. Claudius Marcellus and Augustus', *Classical Antiquity* 19(2000), pp. 34-64 참고.

20 크라수스 가문에 관해서는 Syme(1960), pp. 424, 496-7 참고.

21 크라수스가 스폴리아 오피마를 봉헌할 권리를 주장하다가 거절당했다는 가정은 Syme(1960), pp. 308-9, 'Livy and Augustus', *Harvard Studies in Classical Philology* 64(1959), pp. 27-87, esp. 43-7, Crook in CAH^2 X, p. 80, Lacey(1996), pp. 87-8, Millar(1973), p. 62, J. Richardson, 'Imperium Romanum: Empire and the Language of Power', *JRS* 81(1991), pp. 1-9, esp. 8 참고; 이 논란에 관해 나는 아주 설득력 있는 E. Badian, '"Crisis Theories" and the beginning of the Principate', in W. Wirth, *Romanitas and Christianitas*(1982), pp. 18-41, esp. 24-7과 Rich(1996)의 주장을 따랐다.

22 Suetonius, *Augustus* 28. 1; 아그리파와 마이케나스 사이의 논쟁은 Dio 52. 1. 2-41. 2와 F. Millar, *A Study of Cassius Dio*(1964), pp. 102-18 참고.

23 일반적으로 추정되는 율리우스 카이사르 시대와 다른 점은 P. Cartledge, 'The second thoughts of Augustus on the res publica in 28/7 BC', *Greece and Rome* 31(1984), pp. 30-40, esp. 34-5와 Syme(1960), pp. 317-18, E. Salmon, 'The Evolution of Augustus' Principate', *Historia* 5(1956), pp. 456-78, esp. 459-62 및 Galinsky(2012), pp. 63, 152-3 참고. 그러한 추정이 독재관의 생전 마지막 며칠과 암살 공모자들의 동기를 바라보는 문헌들의 주된 배경이 된다.

24 내란의 종식과 관련해서는 Macrobius, *Saturnalia* 1. 12. 35와 Lacey(1996), pp. 81-2. 참고.

25 Suetonius, *Augustus* 84, 연설 낭독 습관은 Dio 53. 2. 7과 11. 1 참고. 디오의 설명은 Dio 53. 3. 1-10. 8 참고.

26 Dio 53. 8. 1-2(Loeb translation).

27 Dio 53. 11. 1-4.

28 Dio 53. 11. 5-12. 1.

29 *Res Gestae* 34와 Lacey(1996), pp. 86-8 및 Zanker(1988), pp. 91-4 참고.

30 Dio 53. 12. 2-16. 3과 Lacey(1996), pp. 89-95, Liebeschuetz(2008), pp. 346-53, Salmon(1956), pp. 459-67, Cartledge(1984), pp. 31-8, J. Ferrary, 'The powers of Augustus', in J. Edmondson(ed.), *Augustus*(2009), pp. 90-136, esp. 90-99, A. Jones, 'The imperium of Augustus', *JRS* 41(1951), pp. 112-19, esp. 112-14 및 G. Chilver, 'Augustus and the Roman constitution 1939-1950', *Historia* 1(1950), pp. 408-35 참고하고, 그 시점까지의 학문적 논쟁에 관한 유용한 개괄과 카이사르의 입지를 정당화하는 데 기여했던 속주 통치와 전쟁에 관한 전반적 설명은 J. Rich, 'Augustus, War and Peace', in Edmondson(2009), pp. 137-64, esp. 153-7 참고; 원로원 의원들이 지속적으로 벌였던 경

쟁에 관해서는 W. Eck, 'Senatorial Self-Representation: Developments in the Augustan Period', in F. Millar & E. Segal(eds), *Caesar Augustus. Seven Aspects*(1990), pp. 129-67 참고.

31 근위대의 급여에 관해서는 Dio 53. 11. 5 참고, G. Watson, *The Roman Soldier*(1985), pp. 97-8에서는 근위대가 일반 병사보다 두 배의 급여를 받았다는 디오의 주장은 정확한 계산이 아니라 대강의 추정치일 것이라고 주장한다; 군 통제에 관한 전반적 설명은 J. Campbell, *The Emperor and the Roman Army 31 BC-AD 235*(1984), *passim* 참고.

32 로물루스가 쌍둥이 형제 레무스를 살해하여 로마가 저주받았다는 당대의 주장은 Horace, *Epodes* 7. 17-20 참고; 로물루스와 그의 죽음은 Livy 1. 16. 1-4 참고.

33 *Res Gestae* 34, Suetonius, *Augustus* 7, Dio 53. 16. 7, Velleius Paterculus 2. 91, Lacey(1996), pp. 92-5, Zanker(1988), pp. 95-100, Syme(1959), p. 59 및 'Imperator Caesar, a study in nomenclature', *Historia* 7(1958), pp. 172-88 참고; '덕성의 방패'와 관련된 덕목의 설명과 그러한 덕목이 과거에는 율리우스 카이사르에게 보냈던 찬양이라는 주장은 S. Weinstock, *Divus Julius*(1971), pp. 228-59 참고.

34 Suetonius, *Julius Caesar* 77.

35 속주 총독의 부인들이 남편을 따라 속주로 가는 것을 아우구스투스가 허가하지 않으려 했다는 내용은 Suetonius, *Augustus* 24. 1 참고; 리비아에 관해서는 A. Barrett, *Livia. First Lady of Imperial Rome*(2002), pp. 34-7 참고.

13장

1 Virgil, *Aeneid* 6. 851-3: *tu regere imperio populos, Romane, memento(Hae tibi erunt artes) pacisque imponere morem, parcere subiectis et debellare superbos.*

2 Horace, *Odes* 3. 5. 2-4(Loeb translation, 약간 수정함); 전쟁을 통한 아우구스투스의 대중적 이미지 고양과 대중의 파르티아, 브리타니아, 인디아 공격 염원은 J. Rich, 'Augustus, War, and Peace', in L. de Blois, P. Erdkamp, O. Hekster, G. de Kleijn & S. Mols(eds), *The Representation and Perception of Roman Imperial Power: Proceedings of the Third Workshop of the International Network, Impact of Empire(Roman Empire, c.200 BC-AD 476)* (2003), pp. 329-57=J. Edmondson(ed.), *Augustus*(2009), pp. 137-64, esp. 143-8 참고; 브리타니아와 브리타니아인이 갈리아를 도왔다는 내용은 Caesar, *BG*. 4. 20 참고, 율리우스 카이사르의 브리타니아 상륙 작전의 전반적 설명은 A. Goldsworthy, *Caesar. The Life of a Colossus*(2006), pp. 278-92 참고.

3   전반적 설명은 M. Todd, *Roman Britain*(3rd edn, 1999), pp. 15-22와 G. Webster, *The Roman Invasion of Britain*(rev. edn, 1993), pp. 41-74 및 J. Manley, *AD 43 The Roman Invasion of Britain - A Reassessment*(2002), pp. 37-50 참고; 로마 함대가 브리타니아섬을 일주한 내용은 Tacitus, Agricola 38 참고.
4   Dio 53. 22. 5, Orosius 6. 21.1-11, Florus 2. 33. 46-59.
5   발렌시아 지방에서 발견된 증거는 A. Ribera i Lacomba & M. Calvo Galvez, 'La primera evidencia arqueológica de la destrucción de Valentia por Pompeyo', *Journal of Roman Archaeology* 8(1995), pp. 19-40과 Caesar, *Spanish War* 32 참고; 히스파니아 내 로마 국경과 속주의 변천은 S. Dyson, *The Creation of the Roman Frontier*(1985), esp. pp. 199-236과 J. Richardson, *The Romans in Spain*(1996), pp. 41-126 참고; 글라디우스 히스파니엔시스의 기원은 F. Queseda Sanz, '*Gladius hispaniensis*: an archaeological view from Iberia', *Journal of Roman Military Equipment Studies* 8(1997), pp. 251-70 참고, 히스파니아의 전쟁 장비와 전투에 관한 상세한 연구는 *Armas de la Antigua Iberia de Tartessos a Numancia*(2010) 참고.
6   발부스에 관해서는 Cicero, *pro Balbo*와 Richardson(1996), pp. 103, 106, 117, 119, 126 참고, 가데스에서 소 발부스의 행동을 아시니우스 폴리오가 신랄하게 비판했다는 Cicero, *ad Fam*. 10. 32. 3을 인용한다; 히스파니아 출신 로마 시민들의 공직 추구에 관해서는 M. Griffin, 'The Elder Seneca and Spain', *JRS* 62(1972), pp. 1-19 참고; 가데스에 거주한 기사 신분의 숫자에 관해서는 Strabo, *Geog*. 3. 5. 3 참고; 속주들의 경제상과 사회상에 관해서는 Richardson(1996), pp. 149-78 참고.
7   켈티베리아인과 히스파니아의 로마화 및 문화 동화에 관한 현재 진행 중인 고고학적 논의는 L. Curchin, *The Romanization of Central Spain. Complexity, Diversity and Change in a Provincial Hinterland*(2004), esp. pp. 69-143 참고.
8   로마인들이 히스파니아를 바라보는 시각은 단순했다. 특히 히스파니아를 가보지 않은 사람들의 시각이 그리했다. 이에 관한 Strabo의 다소 기이하고 오래된 묘사와 근래의 정보는 Richardson(1996), pp. 150-68 참고; 디오는 약탈 무리의 지도자가 자수하자 아우구스투스가 사면하고 보상해 주었다고 언급했다. Dio 56. 43. 3 참고.
9   아우구스투스와 그의 군대에 관한 전반적 설명은 J. Campbell, *The Emperor and the Roman Army 31 BC-AD 235*(1984) 참고.
10 아우구스투스의 새 군단에 관한 전반적 설명은 L. Keppie, *The Making of the Roman Army*(1984), pp. 132-54와 H. Parker, *The Roman Legions*(1957), pp. 72-92 및 R. Syme, 'Notes on the legions under Augustus', *JRS* 23(1933), pp. 14-33 참고. *Legio XXI Rapax*와 *Legio XXII Deiotariana*의 창설 시기는 불분명하다. *Legio XXII Deiotariana*는 로마에

서 훈련받은 갈라티아 왕의 병사들로 구성되었고, 이들은 로마군으로 편입되자 로마 시민권을 받았다. 이는 기원전 25년 갈리티아 왕이 사망하자 일어났을 수도 있다.

11 기원전 29년 12만 명의 퇴역 군인들이 식민시에 정착했다는 내용은 *Res Gestae* 15 참고.
12 Suetonius, *Augustus* 38. 2.
13 카틸리나 모반의 추종 병력을 규합한 전직 백인대장 만리우스에 관해서는 Sallust, *Bell. Cat.* 24. 2, 28. 4, 30. 1, 56. 1-2, 59. 3 참고, 그와 맞섰던 지휘관으로서 30년간 천인대장, 부대장, 대관 총독 및 법무관을 역임했던 페트레이우스Petreius에 관해서는 59. 6 참고; Dio 52. 27. 4-5; 기원전 44년 안토니우스가 전직 백인대장들을 규합한 내용은 본서 6장 참고. 백인대장의 역할은 Campbell(1984), pp. 101-9와 R. Smith, *Service in the Post-Marian Roman Army*(1958), pp. 59-69 참고.
14 Keppie(1984), esp. pp. 134-40, 142-3 참고.
15 히스파니아 주둔 군단에 관해서는 A. Morillo Cerdán, 'The Augustean Spanish Experience: The origin of the *limes system*?', in A. Morillo, N. Hanel & E. Martín, *Limes XX: Estudios sobre la frontera romana. Roman Frontier Studies. Anejos de Gladius* 13 Vol. 1(2009), pp. 239-51, 240과 R. Syme, 'The Spanish War of Augustus', *American Journal of Philology* 55(1934), pp. 293-317, 298-301 및 R. Jones, 'The Roman Military Occupation of North-West Spain', *JRS* 66(1976), pp. 45-66, 48-52 참고; 카이사르의 *Legio X Equestris*에 관해서는 *BG* 1. 42와 Keppie(1984), p. 137 참고.
16 Suetonius, *Augustus* 24. 2-25. 1; 코밀리토네스commilitones, 즉 '전우들'이라는 용어 사용과 병사들을 대한 태도는 Campbell(1984), pp. 32-93 참고.
17 Suetonius, *Augustus* 25. 4.
18 로마 지휘관에 관한 설명은A. Goldsworthy, '"Instinctive genius": the depiction of Caesar the general', in K. Welch & A. Powell(eds), *Julius Caesar as Artful Reporter: The War Commentaries as Political Instruments*(1998), pp. 193-219 참고; 전쟁 패배의 책임에 관해서는 Suetonius, *Augustus* 23 참고. 카이사르는 갈리아와 게르마니아에서의 전쟁 패배를 본인이 직접 전쟁을 지휘하지 않았어도 자기의 패배로 받아들였다.
19 Dio 53. 23. 5-7, ILS 8995, 1l. 4 ff와 Crook in *CAH*² X, pp. 80-81 참고; 아티쿠스의 딸 폼포니아를 유혹한 일은 Suetonius, *Gram.* 16 참고.
20 Dio 53. 23. 6, 24. 1-2와 상세 설명은 Levick(2010), pp. 174-5 참고.
21 Suetonius, *Augustus* 66. 2와 R. Syme, *The Roman Revolution*(1960), pp. 309-10 참고. 사임 경은 갈루스가 일찍이 기원전 28년에 이집트에서 로마로 소환될 수도 있었다는 근거로 크라수스와 연관된 이전의 사건과 연계시킨다. 그러나 디오가 기록한 이후의 일시가 틀렸다고 볼 이유도 없는 듯하다.

22 기원전 26~25년의 원정은 최근의 연구인 Morillo Cerdán(2009) 및 고고학적 증거와 함께 참고. 당시 정황에 관한 폭넓은 조망은 Gruen in *CAH*² X, pp. 163-6 참고. Syme(1934)과 'The conquest of North-West Spain', *Roman Papers*. Vol. 2(1979), pp. 825-54 및 D. Magie, '*Augustus*' War in Spain(26-25 BC), *Classical Philology* 15(1920), pp. 323-39도 유용한 문헌 증거를 제시한다; 아우구스투스의 자서전은 Suetonius, *Augustus* 85. 1과 J. Rich, 'Cantabrian closure: Augustus' Spanish War and the ending of his memoirs', in C. Smith & A. Powell(eds), *The Lost Memoirs of Augustus and the Development of Roman Autobiography*(2009), pp. 145-72 참고; 아우구스투스의 병은 Dio 53. 25. 6-7 참고.

23 Orosius 6. 21. 1-11과 Florus 2. 33. 46-59.

24 Morillo Cerdán(2009), p. 243.

25 Florus 2. 33. 50.

26 Morillo Cerdán(2009), pp. 243-4; 제1아우구스타 군단에 관해서는 Dio 54. 11. 5와 Keppie(1984), pp. 138, 157 참고.

27 Orosius 6. 21. 19-20, Strabo, *Geog*. 12. 8. 18, Crook in *CAH*² X, p. 82 및 J. Richardson, *Augustan Rome 44 BC to AD 14* 참고. *The Restoration of the Republic and the Establishment of Empire*(2012), pp. 93-4는 아우구스투스가 머무는 동안 타라코가 로마 세계의 중심으로 얼마나 중요한 기능을 하였는지 강조한다.

28 리비아의 역할은 A. Barrett, *Livia. First Lady of Imperial Rome*(2002), pp. 127-9 참고.

14장

1 Horace, *Odes* 3. 14. 1-8(Loeb translation).

2 Dio 53. 28. 1-3과 *Res Gestae* 15. 1 및 Crook in *CAH*² X, pp. 83-4 참고.

3 타우루스의 경호원에 관해서는 ILS 7448-9를 인용하는 R. Syme, *The Roman Revolution*(1960), p. 372 참고.

4 Dio 53. 23. 1-4와 P. Zanker(trans. A Shapiro), *The Power of Images in the Age of Augustus*(1988), pp. 139-43 참고.

5 Dio 53. 26. 1-5, 27. 1-2와 T. Barnes, 'The Victories of Augustus', *JRS* 64(1974), pp. 21-6의 언급 참고.

6 아일리우스 갈루스의 아라비아 원정은 Dio 53. 29. 3-8, Strabo, *Geog*. 16. 4. 23-4, 17. 1. 53-4, *Res Gestae* 26. 5 및 S. Sidebotham, 'Aelius Gallus and Arabia', *Latomus* 45(1986),

pp. 590-602와 Gruen in *CAH*² X, pp. 148-51 참고.

7   메살라 코르비누스에 관해서는 Tacitus, *Ann*. 6. 11과 Syme(1960), p. 403 및 Crook in *CAH*² X, pp. 81-2 참고.
8   Dio 53. 22. 1-2.
9   Dio 53. 27. 5-6, 30. 1과 Suetonius, *Augustus* 81. 1을 참고하고, 인용문은 E. Badian, '"Crisis Theories" and the beginning of the Principate', in W. Wirth, *Romanitas and Christianitas*(1982), pp. 18-41, 31 참고.
10 Dio 53. 26. 1-2, 28. 3-4, 31. 2-3과 Suetonius, Tiberius 8-9. 3 및 B. Levick, *Tiberius the Politician*(1999), pp. 19-24와 R. Seager, *Tiberius*(2005), pp. 12-13 참고.
11 *Res Gestae* 15. 1; 피소가 공직에 나서지 않으려 했다는 사실은 Tacitus, *Ann*. 2. 43 참고.
12 곡물 관련은 *Res Gestae* 15. 1 참고.
13 Suetonius, *Augustus* 59와 81. 1-2 및 Dio 53. 30. 1-3 참고.
14 Dio 53. 31. 1.
15 아우구스투스의 집정관 사임과 세스티우스에 관해서는 Dio 53. 32. 3-4와 Syme(1960), p. 335 참고.
16 Dio 53. 32. 5-6.
17 상세 내용과 이와 관련하여 현재까지 지속되는 학문적 토론은 W. Lacey, *Augustus and the Principate. The Evolution of the System*(1996), pp. 100-16, A. Jones, 'The imperium of Augustus', *JRS* 41(1951), pp. 112-19, E. Stavely, 'The "Fasces" and "Imperium Maius"', *Historia* 12(1963), pp. 458-84, Salmon(1956), pp. 456-78, esp. 464-73, J. Crook, 'Some remarks on the Augustan Constitution', *Classical Review* 3(1953), pp. 10-12, W. Lacey, 'Summi Fastigii Vocabulum: The story of a title', *JRS* 69(1979), pp. 28-34, H. Last, 'Imperium Maius: A note', *JRS* 37(1947), pp. 157-64, J. Ferrary, 'The powers of Augustus', in J. Edmondson(ed.), *Augustus*(2009), pp. 90-136, esp. 99-103, Syme(1960), pp. 335-8 및 B. Levick, *Augustus. Image and Substance*(2010), pp. 84-7 참고.
18 Dio 53. 32. 3.
19 기원전 23년의 결정을 아우구스투스와 그의 측근들이 원로원 의원들의 조직적 저항에 대한 대응으로 해석하는 관점은 Syme(1960), pp. 335-6 참고. Levick(2010), pp. 80-86은 좀 더 균형 잡힌 시각을 제시한다; 그러나 Badian(1982), pp. 28-38에서는 이러한 주장의 근거를 허물고, 아우구스투스의 건강 문제를 고려해 사전에 치밀하게 계획된 것이라고 주장한다; 아우구스투스를 계속 집정관으로 선출하려 했던 시도들은 Dio 54. 6. 1-2, 10. 1과 A. Jones(1955), pp. 9-21, esp. 13 참고.
20 Dio 53. 32. 2.

21 Tacitus, *Ann*. 3. 56과 Lacey(1979) 참고.

22 T. Wiseman, 'Conspicui Postes Tectaque Digna Deo: the public image of aristocratic and imperial houses in the Late Republic and Early Empire', in *L'Urbs. Espace urbain et histoire*(1987), pp. 393-413, esp. 401-12

23 Dio 53. 32. 1과 당시 아그리파가 가졌던 권한에 관해서는 Lacey(1996), pp. 117-31, esp. 127-31 참고.

24 Dio 53. 31. 4-32. 1, Velleius Paterculus 2. 93. 1-2, Josephus, *AJ* 15. 350, Suetonius, *Augustus* 66. 3.

25 Dio 53. 30. 4, 33. 4, Velleius Paterculus 2. 93. 1.

26 리비아가 마르켈루스를 살해했다는 언급은 Dio 53. 33. 4-5, 다른 가족 구성원의 죽음에도 연루되었다는 의혹은 Tacitus, *Ann*. 1. 3에 기술됨; 귀족들의 수명에 관한 전반적 설명은 W. Scheidel, 'Emperors, Aristocrats, and the Grim Reaper: Towards a Demographic Profile of the Roman Elite', *Classical Quarterly* 49(1999), pp. 254-81 참고.

27 Virgil, *Aeneid* 6. 860-65, 870-81(Loeb translation), Propertius 3. 18.

28 Dio 54. 1. 1-3; G. Rickman, *The Corn Supply of Ancient Rome*(1980), pp. 60-66, 179-86 참고.

29 Dio 54. 1. 4-2. 1, *Res Gestae* 5.

30 Dio 54. 2. 1-3. 1.

31 율리우스 카이사르에 관한 언급은 *BG* 4. 11-16, 그를 향한 원로원의 공격은 Plutarch, *Cato the Younger* 51. 1-2 참고.

32 프리무스 재판은 Dio 54. 3. 2-4 참고; 마르켈루스의 섣부른 판단은 Dio 53. 31. 4 참고.

33 반란 음모에 관해서는 Dio 54. 3. 4-8 참고. 프리무스의 재판과 뒤이은 반란 음모가 기원전 24년 또는 23년에 발생했다고 주장하면서 아우구스투스가 권력 재정비에 나선 주요 요인이라고 강조하는 내용은 Syme(1960), pp. 333-4와 Levick(2010), pp. 80-83 및 D. Stockton, 'Primus and Murena', Historia 14(1965), pp. 18-40 참고. 반면, M. Swan, 'The consular fasti of 23 BC and the conspiracy of Varro Murena', *Harvard Studies in Classical Philology* 71(1967), pp. 235-47과 Badian(1982)에서는 반란 공모자 무레나는 기원전 23년의 집정관이 아닌 다른 사람이었고, 프리무스의 재판과 뒤이은 반란 음모는 아우구스투스가 집정관을 사임하고 난 후 일어난 일이라고 명확히 주장한다; 모든 결정이 비밀리에 이루어져 당시의 사건 서술이 어렵다는 디오의 불평은 Dio 53. 19 참고. 도미티아누스 황제의 음모에 관한 언급은 Suetonius, *Domitian* 21 참고; 황제들에 대한 반란 모의를 브루투스와 카시우스가 내건 대의와 연계하는 언급은 R. MacMullen, *Enemies of the Roman Order. Treason, Unrest and Alienation in the Empire*(1967), pp. 1-45 참고.

15장

1 *Res Gestae* 29. 2(Loeb translation).
2 Horace, *Epodes* 1. 12. 27-8(Loeb translation).
3 아우구스투스가 내린 서면 훈령에 관해서는 F. Millar, 'State and Subject: the impact of monarchy', in F. Millar & E. Segal(eds), *Caesar Augustus. Seven Aspects*(1990), pp. 37-60, esp. 46-8 참고. 훈령의 성격에 관해서는 D. Potter, 'Emperors, their borders and their neighbours: the scope of imperial mandata', in D. Kennedy(ed.), *The Roman Army in the East. JRA Supplementary Series* 18(1996), pp. 49-66 참고.
4 Dio 54. 6. 1-4, *Res Gestae* 5.
5 Dio 54. 7. 1, Strabo, *Geog.* 6. 2. 4-5, Pliny, *NH* 3. 90 및 R. Wilson in CAH^2 X, pp. 437-9.
6 원로원 의원이 황제의 허가 없이 시칠리아를 방문할 수 있는 권리는 Tacitus, *Ann.*12. 23. 1과 Dio 52. 42. 6 참고. 디오는 시칠리아를 방문할 수 있는 권리를 아우구스투스가 주었다고 하고, 디오와 타키투스는 유사한 권리가 갈리아 나르보넨시스를 방문할 때도 주어졌다고 주장한다.
7 A. Wallace-Hadrill, 'Image and authority in the coinage of *Augustus*', *JRS* 76(1986), pp. 66-87.
8 Matthew 22: 20-21과 Millar(1990), pp. 44-5의 언급 참고.
9 J. Rea, 'Lease of a Red Cow called Thayris', *The Journal of Egyptian Archaeology* 68(1982), pp. 277-82.
10 *Inscriptiones Graecae*(1893-) II^2 3173과 J. Camp, *The Archaeology of Athens*(2001), pp. 187-8의 언급 참고.
11 Strabo, *Geog.* 10. 5. 3.
12 Camp(2001), pp. 188-93 참고. 아우구스투스 시대에 로마인이 그리스에 대해 가졌던 태도와 로마에 대해 그리스인들이 가졌던 태도에 관한 폭넓은 설명은 G. Bowersock, *Augustus and the Greek World*(1965), esp. pp. 42-61, 85-100 참고. 아테네에 관해서는 A. Spawforth, *Greece and the Augustan Cultural Revolution. Greek Culture in the Roman World*(2012), *passim* and esp. pp. 59-86, 106-17 참고.
13 전반적 설명은 F. Millar, 'Empire and City, Augustus to Julian: Obligations, excuses and status', *JRS* 73(1983), pp. 76-96과 P. Veyne, *Bread and Circuses*(1992) 및 특히 Spawforth(2012) 참고.
14 전반적 설명은 B. Levick in CAH^2 X, pp. 649-50 참고; 아일리우스 갈루스의 군대는

Josephus, *AJ* 15. 317 참고; 헤롯왕이 후계자를 선택할 권리는 Josephus, *AJ* 15. 343, 16. 129와 Gruen in *CAH*² X, pp. 155-7의 언급 참고.

15　Dio 54. 9. 3, Josephus, *AJ* 15. 343-8, 360, *BJ* 1. 398-400.

16　전반적 설명은 D. Roller, *The Building Programme of Herod the Great*(1998), 항구 건설은 C. Brandon, 'Cement, concrete and settling barges at Sebastos: comparisons with other Roman harbour examples and the descriptions of Vitruvius', in A. Raban & K. Houm(eds), *Caesarea Maritima. A Retrospective after Two Millennia*(1996), pp. 25-40 참고.

17　세바스토스 주민의 로마군 편입은 M. Speidel, 'The Roman army in Judaea under the Procurators', in M. Speidel, *Roman Army Studies* Vol. 2, Mavors(1992), pp. 224-32 참고.

18　헤롯왕의 통치에 관한 훌륭한 소개는 E. Schürer, G. Vermes & F. Millar, *The History of the Jewish People in the Age of Jesus Christ* Vol. 1(1973), pp. 287-329, esp. 309-15 참고; 올림픽 경기는 Josephus, *AJ* 16. 149, *BJ* 1. 427, 헤롯왕이 주최한 축제는 15. 268-71 참고; 암살 시도는 15. 280-91 참고; 헤롯왕이 그리스 공동체에 기부한 내용은 G. Bowersock, *Augustus and the Greek World*(1965), pp. 54-6과 Spawforth(2012), pp. 84-6 참고.

19　Josephus, *AJ* 15. 217, 17.198, *BJ* 1. 672 및 Schürer(1973), p. 315.

20　Josephus, *AJ* 15. 272-9.

21　Josephus, *AJ* 15. 305-16.

22　R. MacMullen, *Romanization in the Time of Augustus*(2000), pp. 1-29.

23　L. Jalabert, R. Mouterde et al., *Inscriptiones grecques et latines de la Syrie*(1929-) 3. 718=R. Sherk, *Roman Documents from the Greek East*(1969), no. 58, doc. iii; J. Reynolds, *Aphrodisias and Rome*(1982), no. 13.

24　Dio 54. 7. 2.

25　Dio 54. 7. 1-6; 아우구스투스의 피부가 민감해 햇빛을 가리기 위해 모자를 썼다는 내용은 Suetonius, *Augustus* 82. 1에서 참고.

26　Dio 54. 7. 2, 6.

27　Dio 54. 5. 4-6, Strabo, *Geog.* 17. 1. 54(Loeb translation); 로마에서의 소요 사태는 Dio 54. 6. 1 참고.

28　Velleius Paterculus 2. 91. 3-4와 Suetonius, *Augustus* 19. 1 및 Dio 53. 24. 4-6 참고. 디오는 이 사건이 기원전 26년에 일어났다고 잘못 기록한다. Crook in *CAH*² X, p. 89와 R. Syme, *The Roman Revolution*(1960), pp. 371-2 및 W. Lacey, *Augustus and the Principate. The Evolution of the System*(1996), pp. 148-9 참고.

29　Dio 53. 33. 1-2.

30　Dio 54. 9. 4-6과 Velleius Paterculus 2. 94. 4 및 Levick(1999), pp. 25-7과 R. Seager,

Tiberius(2005), pp. 13-14 참고.

31 Dio 54. 8. 1-2, *Res Gestae* 29. 2, Velleius Paterculus 2. 91. 1, Suetonius, *Augustus* 21. 3, *Tiberius* 9. 1, Ovid, *Fasti* 5. 579-84 및 D. Kennedy, 'Parthia and Rome: eastern perspectives', in Kennedy(1996), pp. 67-90, esp. 82-3과 B. Campbell, 'War and diplomacy: Rome and Parthia, 31 BC-AD 235', in J. Rich & G. Shipley(eds), *War and Society in the Roman World*(1993), pp. 213-40, esp. 220-28 참고; *dulce et decorum est pro patria mori*, Horace, Odes 3. 2. 13.

32 논의된 영예들과 그 맥락은 J. Rich, 'The Parthian honours', *Papers of the British School at Rome* 66(1998), pp. 71-128; 코끼리와 개선식은 Plutarch, *Pompey* 14. 4, 폼페이우스의 개선식은 Pliny *NH* 8. 4, 코끼리를 타고 횃불을 운반했다는 내용은 Suetonius, *Julius Caesar* 37 참고.

33 개선문에 관해서는 Rich(1998), pp. 97-115, 아우구스투스에게 주어진 영예에 관한 전반적 기술은 Gruen in *CAH*² X, pp. 159-60과 Levick(1996), pp. 236-7 참고.

34 Lacey(1996), pp. 138-40과 Syme(1960), p. 367 및 Crook in *CAH*² X, p. 91 참고.

35 Dio 54. 9. 8-10과 *Res Gestae* 31-2 및 Rich, 'Augustus, War, and Peace', in L. de Blois, P. Erdkamp, O. Hekster, G. de Kleijn & S. Mols(eds), *The Representation and Perception of Roman Imperial Power: Proceedings of the Third Workshop of the International Network, Impact of Empire(Roman Empire, c.200 BC-AD 476)*(2003) pp. 329-57=J. Edmondson(ed.), *Augustus*(2009), pp. 137-64, esp. 145-6 참고.

16장

1 Virgil, *Aeneid* 1. 286-94(Loeb translation).

2 Donatus, *Life of Virgil* 31-2, 35.

3 Suetonius, *Horace*(Loeb translation).

4 '스스로 스펀지 위로 떨어져 죽었다(fallen on his sponge)'는 Suetonius, *Augustus* 85. 2, Horace passim 참고; 상세 설명은 P. White, *Promised Verse. Poets in the Society of Augustan Rome*(1993), esp. pp. 3-34, 112-55와 J. Griffin, 'Augustus and the poets: "Caesar qui cogereposset",' in F. Millar & E. Segal(eds), *Caesar Augustus. Seven Aspects*(1990), pp. 189-218 및 K. Galinsky, *Augustan Culture*(1996), pp. 225-79 참고. 이들 참고 자료 모두 아우구스투스 시대의 시인들을 주제로 다룬 폭넓은 문헌 자료를 소개한다.

5 Suetonius, *Horace*; Horace, *Epistulae* 2. 1. 156-7; 저술 압박을 받았다는 예는 Hirtius

in the preface to *BG* 8; 상세 설명은 White(1993), pp 112-42와 A. Powell, *Virgil the Partisan*(2008), esp. pp. 3-30 참고.

6 Propertius 3. 5, 9, 12.

7 Donatus, *Life of Virgil* 20-24, 34와 Galinsky(1996), pp. 246-53 참고.

8 Donatus, *Life of Virgil* 35-41.

9 J. Ziolkowski & J. Putnam, *The Virgilian Tradition. The First Fifteen Hundred Years*(2008), pp. 44-5.

10 Galinsky(1996), pp. 229-31과 Powell(2008), pp. 11-12, 151, 153-5, 159-61 참고.

11 디도 여왕과 '작은 아이네아스' 이야기는 Virgil, *Aeneid* 4. 328-9와 Cleopatra 8. 685-714 참고.

12 전투 장면은 Virgil, *Aeneid* 10. 510-605, 12. 291-305, 인용문은 12. 295, 디도 여왕의 영혼은 6. 450-76 참고.

13 Virgil, *Aeneid* 12. 945-52.

14 적에 대한 로마의 태도는 G. Woolf, 'Roman Peace', in J. Rich & G. Shipley(eds), *War and Society in the Roman World*(1993), pp. 171-94, esp. 178-85의 설명 참고.

15 아이네아스가 적들을 죽이면서 조롱한 이야기는 Virgil, *Aeneid* 10. 510-605 참고.

16 아우구스투스의 언급이 그의 궁극적인 신격화를 암시한다면 Virgil, *Aeneid* 1. 286-94 참고; Virgil, *Aeneid* 6. 666-70과 Powell(2008), pp. 42-3, 133 참고; 율리우스 카이사르와 폼페이우스는 Virgil, *Aeneid* 6. 828-35 참고.

17 Dio 54. 10. 1-7; 아우구스투스의 집정관 지명은 P. Brunt, 'The role of the Senate in the Augustan regime', *Classical Quarterly* 34. 2(1984), pp. 423-44, esp. 429-30 참고.

18 Suetonius, *Augustus* 37; B. Levick, *Augustus. Image and Substance*(2010), pp. 89-90과 Salmon(1956), pp. 456-78, esp. 471-3 및 A. Jones, 'The Imperium of Augustus', *JRS* 41(1951), pp. 112 19, esp. 117 참고하고, 상징이 가지는 힘에 관해서는 E. Stavely, 'The "Fasces" and "Imperium Maius"', *Historia* 12(1963), pp. 458-84 참고.

19 Dio 54. 13. 1-14. 5와 Suetonius, *Augustus* 54 및 Crook in *CAH*[2] X, pp. 91-3 참고.

20 Dio 54. 15. 1-8, Suetonius, *Augustus* 35, 54 및 R. Talbert, 'Augustus and the Senate', *Greece and Rome* 31(1984), pp. 55-63, esp. 61 참고.

21 Dio 54. 15. 1-4, 16. 1, 17. 3과 Suetonius, *Augustus* 35 및 Jones(1955) 참고.

22 Dio 54. 6. 4-6, 8. 5, 10. 4, 12. 4-5.

23 칸타브리아 원정은 Dio 54. 11. 1-6 참고.

24 아그리파의 속주 통치권에 관해서는 Dio 54. 12. 4-5와 W. Lacey, *Augustus and the Principate. The Evolution of the System*(1996), pp. 117-31 참고.

25 입양은 Suetonius, *Augustus* 55. 1 참고.
26 아우구스투스에게 쉽게 다가갈 수 있었다는 이야기는 Suetonius, *Augustus* 53. 2-3 참고.
27 Macrobius, *Saturnalia* 2. 4. 31.
28 Dio 54. 10. 5-7, 16. 1-2, *Res Gestae* 6. 2 및 Crook in CAH^2 X, pp. 92-3.
29 Dio 54. 16. 3-5.
30 Dio 54. 16. 7.
31 Dio 54. 16. 6 및 전반적 설명은 A. Wallace-Hadrill, 'Civilis Principis: between citizen and king', *JRS* 72(1982), pp. 32-48 참고.
32 Dio 54. 23, Pliny, *NH* 9. 77, Seneca, *de ira* 3. 40. 2, *de clementia* 1. 18. 2 및 R. Syme, *The Roman Revolution*(1960), p. 410 참고; 베디우스에 관해서는 R. Syme, 'Who was Vedius Pollio?', *Roman Papers* Vol. 2(1979), pp. 518-29 참고.
33 Suetonius, *Augustus* 45. 4, 55와 Dio 54. 17. 4-5.
34 루디 사이쿨라레스에 관한 전반적 설명은 Galinsky(1996), pp. 100-06과 Levick(2010), p. 152 및 Price in CAH^2 X, pp. 834-7 참고.
35 Horace, *Carmen Saeculare* 17-20, 50-52(Loeb translation); 루디 사이쿨라레스를 기록한 비문의 번역은 N. Lewis & M. Reinhold(eds), *Roman Civilization. Selected Readings Vol. 1: The Republic and the Augustan Age*(3rd edn, 1990), pp. 612-16 참고. 인용문은 이 번역에서 발췌해 약간 수정하였다.
36 Suetonius, *Horace, Augustus* 86. 2, Donatus, *Life of Virgil* 9, Dio 55. 7. 1-6, C 및 Williams, *Roman Homosexuality. Ideologies of Masculinity in Classical Antiquity*(1999), pp. 157-9 참고.

17장

1 Dio 54. 19. 2(Loeb translation).
2 *Res Gestae* 26.
3 Dio 54. 20. 4-6, Suetonius, *Augustus* 23. 1; Strabo, *Geog.* 7. 1. 4는 멜로왕이 이끈 수감브리족의 공격이 발단이 되어, 아우구스투스가 게르만 부족과 전쟁을 시작했다고 언급하는데, 아마도 후에 일어났던 사건을 말하는 듯하다.
4 Dio 54. 19. 1-2.
5 Dio 54. 19. 3; 퀴리누스 신전은 Price in CAH^2 X, p. 822.
6 R. Syme, *The Roman Revolution*(1960), p. 369.
7 Crook in CAH^2 X, pp. 94-5.

8   Dio 54. 19. 6, Suetonius, *Tiberius* 12. 2, Levick(1999), p. 27 및 Syme(1960), pp. 403-4.
9   Dio 53. 12. 7, 54. 4. 1; 나르보넨시스 개발에 관한 전반적 설명은 C. Goudineau in *CAH*² X, pp. 471-87과 M. Christol, *Une Histoire Provinciale. La Gaule narbonnaise av. J.-C. au IIIe siècle ap. J.-C.*(2010), esp. 'La municipalisation de la Gaule narbonnaise', pp. 105-28 및 J. Drinkwater, *Roman Gaul. The Three Provinces, 58 BC-AD 260*(1983), pp. 20-21 참고.
10 공화정의 마지막 수십 년간 갈리아 트란살피나에 관해서는 Dyson(1985), pp. 165-73; Pliny, *NH*. 3. 31.
11 상세 설명은 Drinkwater(1983), pp. 17-25와 Goudineau in *CAH*² X, pp. 487-502 참고.
12 율리우스 카이사르의 원정에 관해서는 A. Goldsworthy, *Caesar. The Life of a Colossus*(2006), pp. 205-92=(2007), pp. 248-353 참고.
13 Dio 54. 20. 1-2, 22. 1-2, Florus 2. 22, Strabo, *Geog*. 4. 6. 7-8.
14 Dio 54. 22. 2-5, Velleius Paterculus 2. 95. 1-2, Strabo, *Geog*. 4. 6. 9, *Res Gestae* 26, Horace, *Odes* 4. 4 & 14와 Gruen in *CAH*² X, pp. 169-71, C. Wells, *The German Policy of Augustus. An Examination of the Archaeological Evidence*(1972), pp. 59-89 및 G. Alföldy, *Noricum*(1974), pp. 52-61 참고.
15 Wolff in *CAH*² X, pp. 535-41 참고.
16 Drinkwater(1983), pp. 12, 21, 119-40과 Wells(1972), pp. 93-148 참고.
17 와인 교역은 A. Tchernia, 'Italian wine in Gaul at the end of the Republic', in P. Garnsey, K. Hopkins & C. Whittaker(eds), *Trade in the Ancient Economy*(1983), pp. 87-104 참고; 갈리아 지방의 일반적 상황은 Gallic society N. Roymans, *Tribal Societies in Northern Gaul: An Anthropological Perspective. Cingula* 12(1990), esp. pp. 17-47과 B. Cunliffe, *Greeks, Romans and Barbarians: Spheres of Interaction*(1988), esp. pp. 38-58 and 80-105에 잘 묘사되어 있다.
18 R. MacMullen, *Romanization in the Time of Augustus*(2000), pp 85-120, P. Wells, *The Barbarians Speak. How the Conquered Peoples Shaped the Roman Empire*(1999), pp. 49-78, Cunliffe(1988), pp. 48-9, 86-7, 96-7, 132-4, Dyson(1985), pp. 137-9, 154 및 C. Goudineau, *César et la Gaule*(1995), pp. 141-3 참고.
19 Drinkwater(1983), pp. 18-27, 93-118, 141-59.
20 현지 귀족의 권력은 그를 따르는 전사들의 수로 판단되지 않았다는 기술은 Caesar, *BG* 6. 15; 로마 시민이 드루이드 의식에 참여하는 것이 금지되었다는 기술은 Pliny, *NH* 30. 4. 13 참고. 전반적 설명은 Drinkwater(1983), pp. 38-9, 44, 179-81, 206-7과 T. Derks, *Gods, Temples and Ritual Practices: The Transformation of Religious Ideas and Values in Roman Gaul*(1998), *passim* 참고.

21 전반적 설명은 Alföldy in *CAH*² X, pp. 449-63과 J. Richardson, *The Romans in Spain*(1996), pp. 41-126 및 B. Lowe, *Roman Iberia. Economy, Society and Culture*(2009), esp. pp. 87-115 참고; 로마 군단에 관해서는 A. Morillo Cerdán, 'The Augustean Spanish Experience: The origin of the limes system?', in A. Moirillo, N. Hanel & E. Martín, *Limes XX: Estudios sobre la frontera romana. Roman Frontier Studies. Anejos de Gladius* 13 Vol. 1(2009), pp. 239-51, esp. 244-7 참고.

22 W. Mierse, *Temples and Towns in Roman Iberia. The Social Dynamics of Sanctuary Designs from the Third Century BC to the Third Century AD*(1999), pp. 54-127과 Lowe(2009), pp. 87-115 및 MacMullen(2000), pp. 50-84 참고; W. Trillmich(trans. C. Nader), *Colonia Augusta Emerita, Capital of Lusitania* in J. Edmondson(ed.), *Augustus*(2009), pp. 427-67 과 R. M. Durán Cabello, 'Edificios de espectáculo', in X. Raventós(ed.), *Les capitales provinciales de Hispania 2. Merida: Colonia Augustua Emerita*(2004), pp. 55-61 참고.

23 Dio 54. 25. 5-6 및 K. Raaflaub, 'The political significance of Augustus' military reforms', in Edmondson(2009), pp. 203-28 참고.

24 알라 스카에바 부대는 *CIL* 10. 6011과 J. Spaul, *ALA*²(1994), pp. 20-21의 언급 참고, 보조군에 관한 전반적 설명은 D. Saddington, *The Development of the Roman Auxiliary Forces from Caesar to Vespasian*(49 BC-AD 79)(1982), pp. 15-26, 77-82와 P. Holder, *The Auxilia from Augustus to Trajan*(1980), pp. 5-13 참고; 재판에 관해서는 Macrobius, *Saturnalia* 2. 4. 25와 Dio 55. 4. 2 참고; 아우구스투스와 병사들 그리고 퇴역 군인들과의 관계에 관한 전반적 설명은 J. Campbell, *The Emperor and the Roman Army 31 BC-AD 235*(1984), pp. 32-59, 243-81 참고.

25 Dio 54. 15. 4-7, 27. 2-3, *Res Gestae* 10(인용은 Loeb translation), Suetonius, *Augustus* 16. 4, 31. 1, Ovid, *Fasti* 3. 415-28.

26 *Res Gestae* 10과 Price in *CAH*² X, pp. 825-7 및 S. Weinstock, *Divus Iulius*(1971), pp. 276-81 참고.

27 Dio 54. 25. 1-4, 26. 1-2.

28 Dio 54. 27. 1과 Suetonius, *Augustus* 56.

29 Dio 54. 27. 4 및 Syme(1960), pp. 377, 379.

30 Dio 54. 26. 3-9와 진정으로 자유로운 토론 분위기 조성에 애로가 있었단 기술은 R. Talbert, 'Augustus and the Senate', *Greece and Rome* 31(1984), pp. 55-63 참고.

31 Dio 54. 28. 1.

32 아그리파가 좋아했던 격언은 *namconcordia parvae res crescunt, discordia maximae dilabuntur.* Seneca, Epistulae 94. 46 참고(Sallust, *Bell. Jug.* 10. 6과 Syme, p. 343, n. 1).

33 Dio 54. 28. 2-29. 8, Suetonius, *Augustus* 64. 1, Velleius Paterculus 2. 96, Tacitus, *Ann.* 1. 3

18장

1 *Res Gestae* 12(Loeb translation).
2 Ovid, *Fasti* 1. 709-18(Loebtranslation).
3 Dio 54. 29. 4-5, Suetonius, *Augustus* 42. 1.
4 Dio 54. 2. 5.
5 Dio 54. 25. 3, *Res Gestae* 4, 12; 아라 파키스에 관해서는 D. Conlin, *The Artists of the Ara Pacis. Studies in the History of Greece and Rome*(1997), M. Torelli, *Typology and Structure of Roman Historical Reliefs*(1982), pp. 27-61, P. Zanker(trans. A. Shapiro), *The Power of Images in the Age of Augustus*(1988), esp. pp. 158-60, 179-83, 203-4, K. Galinsky, *Augustan Culture*(1996), pp. 141-55 참고; 기원전 13년에 개최된 수프리카티오, 즉 공공 감사제를 묘사한 것이란 주장은 R. Billows, 'The religious procession of the Ara Pacis Augustae: Augustus' supplicatio in 13 BC', *JRA* 6(1993), pp. 80-92 참고. Torelli(1982), p. 54에서는 실제 행사라기보다 '있었어야 하는 회합'을 상상하여 묘사한 장면이라 주장한다.
6 아라 파키스 복원에 관해서는 Conlin(1997), pp. 47-56.
7 아이들의 신분에 관한 상이한 견해는 R. Syme, 'Neglected children on the Ara Pacis', *American Journal of Arch aeology* 88(1984), pp. 583-9와 J. Pollini, 'Appuleii and Some Others on the Ara Pacis', *American Journal of Archaeology* 90(1986), pp. 453-60 및 C. Rose, 'Princes and barbarians on the Ara Pacis', *American Journal of Archaeology* 94(1990), pp. 453-67 참고.
8 판테온 프리즈에 관해서는 D. King, *The Elgin Marbles*(2006) 참고. 그리스 문화가 아라 파키스에 미친 영향과 아테네에 대한 아우구스투스의 태도에 관한 전반적 설명은 pp. 137-8 참고.
9 Levick(1999), pp. 28-30에서는 2명씩이 연속해 계승했을 것이라 주장한다.
10 티베리우스가 비프사니아와 이혼하고 율리아와 결혼한 내용은 Dio 54. 31. 1-2, 35. 4와 Suetonius, *Augustus* 63. 2, *Tiberius* 7. 2 및 Levick(1999) p. 31과 Seager(2005), pp. 19-20 참고.
11 Dio 54. 31. 2-4.

12　자세한 설명은 Gruen in *CAH²* X, pp. 178-81, C. Wells, *The German Policy of Augustus*(1972), pp. 246-50, J. Rich, 'Augustus, War and Peace', in L. de Blois, P. Erdkamp, O. Hekster, G. de Kleijn & S. Mols(eds), *The Representation and Perception of Roman Imperial Power: Proceedings of the Third Workshop of the International Network, Impact of Empire(Roman Empire, c.200 BC-AD 476)*(2003), pp. 329-57=J. Edmondson(ed.), *Augustus*(2009), pp. 137-64, esp. 149-62, A. Goldsworthy, Caesar. *The Life of a Colossus*(2006), pp. 205-14=(2007), pp. 248-57.

13　Suetonius, *Augustus* 71. 3(Loeb translation); 드루수스의 대중적 인기는 Tacitus, *Ann.* 2. 41 참고.

14　편지 내용은 Suetonius, *Augustus* 71. 2와 A. Barrett, *Livia. First Lady of Imperial Rome*(2002), pp. 38-44 참고.

15　Luke 2: 1 및 F. Millar, 'State and subject: the impact of monarchy', in F. Millar & E. Segal(eds), *Caesar Augustus. Seven Aspects*(1990), pp. 37-60, esp. 41-2 참고.

16　Livy, *Pers.* 137-8과 Dio 54. 32. 1 참고.

17　나이메헨 기지는 P. Franzen, 'The Augustan legionary fortress at Nijmegen. Legionary and auxiliary soldiers', in A. Morillo, N. Hanel & E. Martín, *Limes XX: Estudios sobre la frontera romana. Roman Frontier Studies. Anejos de Gladius* 13 Vol. 1(2009), pp. 1257-69 참고. 일반적 설명은 Wells(1972), pp. 93-148과 C. Wells, 'What's new along the Lippe: Recent work in North Germany', *Britannia* 29(1998), pp. 457-64 참고.

18　Dio 54. 32. 1-3과 Tacitus, *Agricola* 30.

19　Dio 54. 33. 1-2, Florus 2. 30. 24; L. Powell, *Eager for Glory. The Untold Story of Drusus the Elder, Conqueror of Germany*(2011)는 드루수스의 원정을 상세히 재구성한다. 기원전 11년 드루수스의 원정은 pp. 81-92 참고.

20　전반적 설명은 M. Todd, *The Early Germans*(2004), pp. 17-47과 P. Wells, *The Barbarians Speak. How the Conquered Peoples Shaped Roman Europe*(1999), pp. 3-93. 참고.

21　갈리아 지방에서 율리우스 카이사르의 보급품 조달은 Caesar, *BG* 1. 23, 일반적 설명은 J. Roth, *The Logistics of the Roman Army at War(264 BC-AD 235)*(1999), pp. 117-55 참고.

22　Dio 54. 33. 2-4; 게르만 부족 군대와 그들이 보인 한계는 A. Goldsworthy, *The Roman Army at War 100 BC-AD 200*(1996), pp. 42-53 참고.

23　Dio 54. 33. 5-54. 4, 35. 4-5.

24　갈리아 드루이드들의 연례 모임은 Dio 54. 32. 1, 36. 2, Suetonius, *Claudius* 2. 1, Livy, *Pers.* 139, Caesar, *BG* 6. 13 및 D. Fishwick, *The Imperial Cult in the Latin West: Studies in the Ruler Cult of the Western Roman Empire* Vol. 3(2002), pp. 9-20 참고.

25 Suetonius, *Tiberius* 50. 1, Claudius 1. 4 및 Levick(1999), p. 34와 Seager(2005), pp. 21-2 참고.
26 원정으로 이룬 영토 정복은 Dio 54. 36. 3-55. 1. 5, Suetonius, *Claudius* 1. 2-3, Livy, *Pers.* 142 및 Wells(1972), pp. 163-211 참고.
27 Dio 55. 2. 1-7, Valerius Maximus 5. 5. 3, Pliny, *NH* 7. 84, Seneca, *ad Marciam* 3. 2 및 Seager(2005), p. 22와 E. Champlin, 'Tiberius and the Heavenly Twins', *JRS* 101(2011), pp. 73-99, esp. 76-81 참고.
28 Pliny, *NH* 36. 72-73.

19장

1 Macrobius, *Saturnalia* 2. 5. 4.
2 저자가 알려지지 않은 *Consolation to Livia* 349-56은 드루수스가 사망한 후 리비아를 위해 쓰인 글로 보이지만, 수십 년 후 클라우디우스 황제 시대에 수사학 연습으로 작성했을 가능성도 있다. 리비아의 역할에 관해서는 N. Purcell, 'Livia and the Womanhood of Rome', *Proceedings of the Cambridge Philological Society*(1986), pp. 78-105=J. Edmondson(ed.), *Augustus*(2009), pp. 165-94 참고.
3 Dio 55. 2. 3, 5-7, Suetonius, *Claudius* 1. 4-5, Seneca, *de consolatione ad Marciam* 4. 3 및 A. Barrett, *Livia. First Lady of Imperial Rome*(2002), pp. 44-5, 108-9.
4 Dio 58. 2. 4와 Suetonius, *Augustus* 71. 1 참고. 상세 내용은 Barrett(2002), pp. 122-6과 Purcell(2009), pp. 167-72 참고.
5 Suetonius, *Augustus* 83과 Pliny, *NH* 7. 75; 리비아의 식솔들이 맡은 구체적 업무를 기록한 비문은 Barrett(2002), pp. 103-6, 180-81, 364, n. 7 참고. 예로 dressers(ornatrices)는 *CIL* 6. 3985, 4041, 4251, pearl-setter(margaritarius)는 *CIL* 6. 3981.
6 Dio 55. 2. 4 및 Purcell(2009), pp. 165-8, 177-80.
7 Suetonius, *Tiberius* 7. 2-3 및 Levick(1999), pp. 31-2, R. Seager, *Tiberius*(2005), p. 20과 E. Fantham, *Julia Augusti, the Emperor's Daughter*(2006), pp. 79-82 참고.
8 Tacitus, *Ann.* 1. 14. 3, 53. 2와 Levick(1999), p. 37.
9 Macrobius, *Saturnalia* 2. 5. 5, 7.
10 율리우스 카이사르의 게르만 부족 사절단 체포는 Dio 55. 6. 2-3, cf. Caesar, *BG.* 4. 7-9, 그러한 관례 위반에 대한 비판은 Plutarch, *Cato the Younger* 51. 1-2 참고.
11 Dio 55. 6. 4-5와 Fantham(2006), pp. 97-8.

12　Dio 55. 6. 6-7, Suetonius, *Augustus* 31. 2, Macrobius *Saturnalia* 1. 12. 35, *Res Gestae* 8 및 M. Boatright, 'The Pomerial extension of Augustus', *Historia* 35(1986), pp. 13-27 참고.

13　Dio 55. 7. 16과 Suetonius, *Horace*는 마이케나스가 사망한 지 59일이 지난 기원전 8년 11월 27일에 호라티우스가 사망했다고 기록한다; 마이케나스의 영향력에 관해서는 G. Williams, 'Did Maecenas "Fall from favour"? Augustan Literary Patronage', in K. Raaflaub & M. Toher(eds), *Between Republic and Empire. Interpretations of Augustus and his Principate*(1990), pp. 258-75 참고.

14　Dio 54. 30. 2, 55. 3. 1-4. 2, 5. 3.

15　Dio 55. 8. 1-2.

16　상세 설명은 E. Champlin, 'Tiberius and the Heavenly Twins', *JRS* 101(2011), pp. 73-99.

17　Dio 55. 8. 2와 Barrett(2002), pp. 46-7 및 Levick(1999), pp. 36-7.

18　Dio 55. 8. 3-4, Pliny, *NH*. 16. 20.

19　Dio 55. 8. 5-6.

20　비문은 Dio 55. 8. 6-7, *CIL* 6. 50705=*ILS* 3090 및 Purcell in *CAH*² X, pp. 800-02 참고.

21　Suetonius, *Tiberius* 9. 3, 11. 3, Velleius Paterculus 2. 99. 1, Tacitus, *Ann.* 56. 3, Dio 55. 9. 4 및 Levick(1999), pp. 35-6.

22　Dio 55. 9. 1-5와 Levick(1999), pp. 37-8, 일반적 내용은 'Julians and Claudians', *Greece and Rome* 22(1975), pp. 29-38.

23　Dio 55. 9. 5-8, Suetonius, *Tiberius* 10. 1-2, Velleius Paterculus 2. 99. 1-4.

24　상세 설명은 Crook in *CAH*² X, pp. 100-01, Levick(1999), pp. 37-40과 *Augustus. Image and Substance*(2010), pp. 182-3, Seager(2005), pp. 23-7, Fantham(2006), pp. 83-4, Barrett(2002), pp. 48-9, J. Corbett, 'The Succession policy of *Augustus*', *Latomus* 33(1974), pp. 87-97, esp. 87-91 및 R. Syme, *The Roman Revolution*(1960), pp. 391-2, 413-14 참고.

25　과중한 업무에 대한 아우구스투스의 불평은 Seneca the Younger, *On the shortness of Life* 4. 2-5 참고.

26　Dio 55. 9. 9, 10a. 2-3과 Gruen in *CAH*² X, pp. 182-3 및 Fantham(2006), p. 99.

27　아시아 속주 세금에 관한 내용은 Dio 54. 30. 3 참고.

28　*EJ* 312=*SIG*3 780.[번역은 M. Cooley (ed.), The Age of Augustus. Lactor 17(2003), pp. 197-8].

29　Josephus, *BJ* 1. 538-51 참고. 헤롯왕의 말년에 관한 일반적 설명은 E. Shürer, G. Vermes & F. Millar, *The History of the Jewish People in the Age of Jesus Christ* Vol. 1(1973), pp. 320-29와 Goodman in *CAH*² X, pp. 741-2 및 L. White, 'Herod and the Jewish experience of Augustan rule', in K. Galinsky(ed.), *The Cambridge Companion to the Age of*

Augustus(2005), pp. 361-87, esp. 375-6.

30 아우구스투스의 농담은 Macrobius, *Saturnalia* 2. 4. 11; 헤롯왕의 처형은 Josephus, *BJ* 1. 648-53, 시리아 속주 군대의 개입은 *BJ* 2. 45-79 참고.

31 달력 변경에 관해서는 R. Sherk, *Roman Documents from the Greek East*(1969), no. 65와 V. Ehrenberg & A. Jones, *Documents Illustrating the Reigns of Augustus and Tiberius*(2nd edn, 1975), 311, v 참고.

32 Suetonius, *Augustus* 58. 2에서 수에토니우스는 메살라와 아우구스투스가 한 말을 정확히 기록했다고 주장한다. Crook in *CAH*² X, pp. 101-2와 Levick(2010), pp. 91-2, 204-5 참고; '조국의 아버지'라는 칭호 수여에 관한 자세한 설명은 W. Lacey, *Augustus and the Principate. The Evolution of the System*(1996), pp. 193-7 참고. '조국의 아버지'라는 용어와 개념의 의미에 관한 전체 설명은 T. Stevenson, 'The ideal benefactor and the father analogy in Greek and Roman thought', *CQ* 42(1992), pp. 421-36 참고. T. Stevenson은 키케로와 율리우스 카이사르 모두 *pater patriae*로 불렸다고 믿는다. 율리우스 카이사르에게 주어진 경위는 M. Gelzer(trans. P. Needham), *Caesar, Politician and Statesman*(1968), p. 315, fn. 2 참고.

33 *Res Gestae* 35.

34 Suetonius, *Tiberius* 7. 3에서는 이 부부가 그 아이를 잃은 이후로 동침하지 않았다고 주장한다; 율리아의 생활 방식은 Fantham(2006), esp. pp. 81-4.

35 'Naso was our teacher'(*Naso magister erat*)는 Ovid, *Ars Amatoria* 2. 744, 3. 812 참고. K. Galinsky, *Augustan Culture*(1996), pp. 261-9는 변신 이야기(*Metamorphoses*)에 초점을 맞추고 있지만, 오비디우스를 아우구스투스 시대의 맥락 안에 위치시킨다.

36 Macrobius, *Saturnalia* 2. 6-7, 9, Suetonius, *Augustus* 54. 2.

37 Dio 55. 9. 11-16, Suetonius, *Augustus* 65. 1, *Tiberius* 11. 4, Velleius Paterculus 2. 100. 2-5, Seneca, *Brevitate Vitae* 4. 6, *de Beneficiis* 6. 32, Pliny, *NH* 21. 8-9, Tacitus, *Ann*. 1. 53, 3. 24. 3, 4. 44; 음모자들의 신원과 관계는 A. Ferrill, 'Prosopography and the Last Years of *Augustus*', *Historia* 20(1971), pp. 718-31, esp. 729와 'Augustus and his daughter: a modern myth', in C. Deroux(ed.), *Studies in Latin Literature and Roman History* 2(1980), pp. 332-46 및 Barrett(2002), pp. 48-51 참고.

38 Pliny, *NH* 7. 149는 율리아가 자기 아버지의 암살을 모의했다고 주장하고, Dio 55. 10.15는 율루스가 권력 탈취를 기도했고 이름이 알려지지 않은 여러 인물도 처형되었다고 주장한다.

39 Tacitus, *Ann*. 3. 24, 4. 44, Dio 55. 10. 15.

40 포에베에 관해서는 Suetonius, *Augustus* 65. 2 참고, 불명예와 망명에 관한 전반적 설명

은 Fantham(2006), pp. 84-91과 E. Leon, 'Scribonia and her daughters', *Transactions and Proceedings of the American Philological Association* 82(1951), pp. 168-75, esp. 173-4 참고; Ferrill(1980)은 정치적 음모라는 현대의 이론에 관해 회의적인 분석을 내놓는다; Lacey(1996), pp. 202-9는 주 관심은 가이우스와 루키우스의 정통성을 보호하는 것이었다고 주장한다.

41 Seneca, *de Beneficiis* 6. 32.

20장

1 Ovid, *Fasti* 5. 550-54, 567-8(Loeb translation).
2 일반적 내용은 Dio 55. 10. 6, Velleius Paterculus 2. 100. 2, Suetonius, *Augustus* 31. 5 및 Ovid, *Fasti* 5. 545-98 참고; 날짜는 C. Simpson, 'The date of the dedication of the Temple of Mars Ultor', *JRS* 67(1977), pp. 91-4 참고. 8월 1일도 가능해 보이나 5월 12일이라는 주장이 더 설득력 있다.
3 토지 소유자에게 포룸 건설에 필요한 땅 매각을 강요하지 않았다는 내용은 Suetonius, *Augustus* 56. 2 참고
4 Pliny, *NH* 36. 11, 102; 에렉테이온 신전은 J. Camp, *The Archaeology of Athens*(2001), pp. 93-100; 아우구스투스의 포룸과 그 구조는 P. Zanker(trans. A. Shapiro), *The Power of Images in the Age of Augustus*(1988), pp. 81-2, 113-14, 193-215와 S. Dyson, *Rome. A Living Portrait of an Ancient City*(2010), pp. 128-31 및 W. Lacey, *Augustus and the Principate. The Evolution of the System*(1996), pp. 193, 197-202 참고.
5 아우구스투스의 장례식에 이와 비슷한, 위대한 과거 인물의 행렬이 있었음은 Dio 56. 34. 2-3 참조; *summi viri*란 용어의 출처는 후대의 사료인 *Scriptores Historia Augusta, Alexander Severus* 28. 6이다; 상세 내용은 T. Luce, 'Livy, Augustus, and the Forum Augustum', in J. Edmondson(ed.), *Augustus*(2009), pp. 399-415, esp. 403-6; 비문 설명과 일부 내용은 *CIL* 1, pp. 186-202, 일부 해석 발췌는 M. Cooley(ed.), *The Age of Augustus. Lactor* 17(2003), pp. 238-9 참고; 비문 작성에 아우구스투스가 관여한 정도는 Pliny, *NH* 22. 6. 13; 코르넬리아는 *CIL* 1. 39 참고.
6 율루스에 관해 분분한 의견은 Livy 1. 3; 마리우스에 관해서는 Luce(2009), pp. 406-7, 해석은 Cooley(2003), p. 238, K25 참고.
7 Suetonius, *Augustus* 31. 5, *Res Gestae* 35.
8 Dio 55. 10. 6-8, Suetonius, *Augustus* 43. 2. 디오가 아그리파를 기리기 위한 장례 경기를

축제 행사의 일부로 포함시켰을 가능성이 있다.
9   *Res Gestae* 23, Velleius Paterculus 2. 100. 1, Dio 55. 10. 7.
10 아우구스투스 시대 주요 신전의 웅장함은 Zanker(1988), pp. 105-6 참고; 헬레니즘 왕들의 노골적인 건축 형태와 달랐다는 주장은 Purcell in CAH^2 X, pp. 788-90 참고, 좀 더 설득력 있는 설명은 K. Galinsky, *Augustan Culture*(1996), pp. 197-213 참고.
11 Pliny, *NH* 34. 48, 35. 93-4.
12 Macrobius, *Saturnalia* 2. 4. 18.
13 아우구스투스가 율리우스 카이사르와 거리를 두었다는 주장의 예는 Z. Yavetz, 'The personality of Augustus', in K. Raaflaub & M. Toher(eds), *Between Republic and Empire. Interpretations of Augustus and his Principate*(1990), pp. 21-41, 32의 '점진적으로 일관되게 그는 율리우스 카이사르에 관한 기억과 거리를 두었다'; 마르스 울토르 신전에 관해서는 Ovid, *Fasti* 570-83 참고. 포룸 아우구스툼 설계에서 율리우스 카이사르를 의도적으로 상기시켰다는 내용은 Galinsky(1996), p. 208 참고.
14 Tacitus, *Ann.* 1. 1, Suetonius, *Claudius* 41. 2; 일반적 설명은 M. Toher, 'Augustus and the Evolution of Roman Historiography', in Raaflaub & Toher(1990), pp. 139-54 참고.
15 R. Syme, 'Livy and Augustus', *Harvard Studies of Classical Philology* 64(1959), pp. 27-87과 Galinsky(1996), pp. 280-87 참고.
16 Luce(2009), pp. 406-15 참고.
17 Tacitus, *Ann.* 4. 34; 율리우스 카이사르의 탄생이 과연 바람직했는지 묻는 리비우스에 관해서는 Seneca, *Quaestiones Naturales* 5. 18. 4 참고; 아우구스투스가 율리우스 카이사르와 거리를 두었다는 사실에 관한 추가 강조는 Syme(1959), p. 58 참고.
18 Suetonius, *Augustus* 51. 3(인용은 Loeb translation).
19 Seneca, *Suasoriae* 4. 22.
20 Dio 55. 10. 17-18, 인용은 Ovid, *Ars Amatoria* 1. 177-86, 203-4(Loeb translation)와 전반적으로는 177-229 참고.
21 이 당시의 티베리우스에 관해서는 Levick(1999), pp. 39-42, 44-6과 R. Seager, *Tiberius*(2005), pp. 23-9; 티베리우스를 대신해 아우구스투스가 율리아와 이혼시켰다는 내용은 Suetonius, *Tiberius* 11. 4-5; 환자 방문은 Suetonius, *Tiberius* 11. 2; 철학자는 Suetonius, *Tiberius* 11. 3 참고.
22 Dio 55. 10. 19와 Velleius Paterculus 2. 101. 1 및 Suetonius, *Tiberius* 11. 1, 12. 2, 13. 1 참고. 티베리우스의 행동과 만난 장소에 관해 수에토니우스의 기술은 다르다; 이 시기에 관한 흥미로운 설명은 G. Bowersock, 'Augustus and the East: The problem of succession', in F. Millar & E. Segal(eds), *Caesar Augustus. Seven Aspects*(1990), pp. 169-88 참고.

23 Bowersock(1990), p. 172.
24 Bowersock(1990), pp. 172-3과 Camp(2001), pp. 116-17 참고; 가이우스에게 조언한 인물들은 R. Syme, *The Roman Revolution*(1960), pp. 425, 428-9 참고.
25 Gellius, *NA* 15. 7. 3(Loeb translation, 약간 수정함).
26 Suetonius, *Augustus* 64. 3, 89. 2, *de grammaticus et rhetoribus* 17. 2.
27 팔라티움 언덕 위 아우구스투스의 저택에 관한 문헌 기록 평가는 P. Wiseman, 'The House of Augustus and the Lupercal', *JRA* 22(2009), pp. 527-45, esp. 527-36 참고.
28 Suetonius, *Augustus* 72. 1, 73, 78. 1-2, Pliny, *NH* 33. 49.
29 '거대한 뼈들'은 Suetonius, *Augustus* 72. 3, 문을 열어놓은 채 또는 밖에서 취침은 82. 1 참고. 아우구스투스의 생활양식에 관한 전반적 설명은 Yavetz(1990), pp. 21-41, 주의 깊은 기술은 R. Saller, 'Anecdotes as historical evidence,' *Greece and Rome* 27(1980), pp. 69-83 참고; 벽화는 J. Clarke, 'Augustan domestic interiors: propaganda or fashion?' in K. Galinsky, *The Cambridge Companion to the Age of Augustus*(2005), pp. 264-78과 Galinsky(1996), pp. 179-97 참고; 팔라티움 언덕 건물들이 당시의 최신 유행을 따른 데 대한 건축가의 비판은 Vitruvius, *de architectura* 7. 5. 3-4 참고.
30 Suetonius, *Augustus* 73, 82. 1.
31 Suetonius, *Augustus* 75-77.
32 Suetonius, *Augustus* 74는 아우구스투스가 식사 초대한 유일한 해방 노예는 섹스투스 폼페이우스와 전쟁 시 아우구스투스에게 전향한 메나스 장군이었다고 기술한다; 꼽추 원로원 의원에게 건넨 농담은 Macrobius, *Saturnalia* 2. 4. 8 참고.
33 Macrobius, *Saturnalia* 2. 4. 14-15.
34 Macrobius, *Saturnalia* 2. 4. 20, Suetonius, *Augustus* 53. 3; 아우구스투스의 유머가 거둔 효과는 Yavetz(1990), pp. 36-38 참고.
35 Suetonius, *Augustus* 29. 3, 86. 1-88, 95, 97. 1-2, Gellius, *NA* 10 11. 5, 24. 2.
36 Suetonius, *Augustus* 72. 2, 80-83 및 E. Gowers, 'Augustus and "Syracuse"', *JRS* 100(2010), pp. 69-87.
37 친척들을 유권자에게 추천했다는 기술은 Suetonius, *Augustus* 56. 2; 동방 속주에서의 가이우스의 활동은 Dio 55. 10. 20, 10a. 4-5, Velleius Paterculus 2. 101. 1-3 및 A. Sherwin-White, *Roman Foreign Policy in the East, 168 BC to AD 1*(1984), pp. 325-41 참고.
38 Dio 55. 10a. 5-10, Velleius Paterculus 2. 102. 1-3, Suetonius, *Augustus* 65. 1-2, Tacitus, *Ann.* 1. 3.

21장

1   Velleius Paterculus 2. 103. 1-2.
2   Suetonius, *Augustus* 65. 2.
3   피사(*ILS* 140)의 한 비문에 가이우스의 죽음 소식이 4월 2일 피사에 도착했다고 명확히 새겨진 것으로 보아, 로마에는 그 전에 소식이 전해졌을 것이다; 그해에 내린 결정에 관한 상세 설명은 R. Birch, 'The Settlement of 26 June AD 4 and its Aftermath', *Classical Quarterly* 31(1981), pp. 443-56 참고; 카이사르라는 이름과 그 가족 관계는 D. Wardle, 'Valerius Maximus on the Domus Augusta, Augustus, and Tiberius', *Classical Quarterly* 50(2000), pp. 479-93 참고.
4   Suetonius, *Caligula* 4. 1; 전반적인 설명은 Levick(1999), pp. 47-52와 R. Seager, *Tiberius*(2005), pp. 29-32 참고; 아이밀리우스 파울루스와 그의 가문은 R. Syme, *The Augustan Aristocracy*(1986), pp. 104-27 참고.
5   Suetonius, *Tiberius* 12. 2-3, 15. 1, Velleius Paterculus 2. 102, Tacitus, *Ann*. 3. 48.
6   Dio 55. 13. 1a-2, Velleius Paterculus 2. 103. 1-104. 1, Suetonius, *Tiberius* 15. 2, 및 Birch(1981), esp. pp. 444-8의 설명 참고.
7   Velleius Paterculus 2. 104. 1에서 인용; Crook in *CAH*^{2} X, p. 105와 Levick(1999), pp. 49-50 및 Seager(2005), pp. 29-32; 아우구스투스가 티베리우스에게 쓴 편지들은 Suetonius, *Tiberius* 21. 2-6.
8   리비아가 가이우스와 루키우스의 죽음에 관련되었다는 소문은 Dio 55. 10a. 10, Pliny, *NH* 7. 149, Tacitus, *Ann*. 1. 3, Suetonius, *Augustus* 65. 1 및 A. Barrett, *Livia. First Lady of Imperial Rome*(2002), pp. 52-9, 241-2 참고; 가족 간 경쟁 관계에서 비롯되었다는 주장은 B. Levick, 'Julians and Claudians', *Greece and Rome* 22(1975), pp. 29-38 참고.
9   Dio 55. 13. 2와 Suetonius, *Tiberius* 16. 1은 호민관 권한이 3년간 주어졌다고 주장하지만, 10년간 주어졌다는 *Res Gestae* 6의 기술이 더 신빙성 있어 보인다.
10 티베리우스가 자신의 양자 지위를 진지하게 받아들였다는 내용은 Suetonius, *Tiberius* 15. 2 참고.
11 Dio 55. 13. 1, 14. 1-22. 2, Seneca, *de clementia* 1. 9. 1-10 및 Levick(1999), p. 54, Birch(1981), p. 447, Barrett(2002), pp. 131-3, Syme(1986), p. 266 참고.
12 Dio 55. 12. 4-5, Tacitus, *Ann*. 1. 53.
13 Dio 55. 13. 4-7과 전반적 설명은 C. Nicolet, 'Augustus, Government, and the Propertied Classes', in F. Millar & E. Segal(eds), *Caesar Augustus. Seven Aspects*(1990), pp. 89-128 참고; 기원후 16년 호르텐시우스 호르탈루스와 4명의 아들은 Tacitus, *Ann*. 1. 37-8과

Nicolet(1990), pp. 95-6 참고; 집정관 선거에 관해서는 Levick(1999), pp. 51-4 참고.

14 노예 처우에 관한 법률은 Treggiari in *CAH*² X, pp. 893-7에 잘 소개되어 있다.

15 Dio 55. 13. 1a, 29. 5-7, Velleius Paterculus 2. 104. 2-107. 3; 발트기름스 유적 발굴 내용 요약은 R. Wolters, *Die Schlacht im Teutoburger Wald*(2008), pp. 65-9 참고.

16 Velleius Paterculus 2. 108. 1-109.4; 마르코만니족과 수에비족에 관한 전반적 설명은 Tacitus, Germania 38-41과 Strabo, *Geog.* 7. 1. 3 참고.

17 Velleius Paterculus 2. 109. 4-110. 2, Dio 55. 28. 6; Tacitus, *Ann.* 2. 46에 따르면 마로보두우스는 12개의 로마 군단과 맞서고 있다고 주장하며 수사로 가득한 연설을 했다고 한다.

18 Dio 56. 16. 3(Loeb translation).

19 Dio 55. 29. 1-30. 6, Velleius Paterculus 2. 110. 2-6; 반란에 대한 로마군의 대응은 A. Goldsworthy, *The Roman Army at War 100 BC-AD 200*(1996), pp. 79-95 참고.

20 Dio 55. 27. 6-28. 4, Josephus, *BJ* 2. 111-118, *AJ* 17. 314.

21 자살 시도는 Pliny, *NH* 7. 149 참고.

22 Dio 55. 24. 9-25. 6, *Res Gestae* 17 및 L. Keppie, *The Making of the Roman Army*(1984), pp. 147-8.

23 Suetonius, *Augustus* 25. 2와 Velleius Paterculus 2. 110. 6-111. 2 참고, Keppie(1984), pp. 168-9에서는 로마 시민 징집에 관해 V. Ehrenberg & A. Jones, *Documents Illustrating the Reigns of Augustus and Tiberius*(2nd edn, 1975), p. 368을 인용한다.

24 Suetonius, *Augustus* 24. 1과 전반적 내용은 Nicolet(1990), pp. 99-101 참고.

25 야간 순찰대에 관해서는 Dio 55. 26. 4-5와 G. Watson, *The Roman Soldier*(1985), pp. 19-20 참고; 다른 문제들은 Dio 55. 26. 1-27. 3 참고.

26 Suetonius, *Augustus* 19. 1, Dio 55. 27. 1-2 및 Birch(1981), pp. 450-52, Levick(1999), pp. 55-9와 T. Wiedermann, 'The political background to Ovid's *Tristia* 2', *Classical Quarterly* 25(1975), pp. 264-71, esp. 265-8 참고.

27 Dio 55. 26. 2-3, 27. 3-5, Suetonius, *Claudius* 2. 2.

28 Dio 55. 32. 1-2, Suetonius, *Augustus* 51. 1, 65. 1, *Claudius* 2. 2, Velleius Paterculus 2. 112. 7, Tacitus, *Ann.* 1. 5-6 및 Birch(1981), pp. 446-52와 B. Levick, 'Abdication and Agrippa Postumus', *Historia* 21(1972), pp. 674-97, esp. 690-93 참고.

29 Dio 55. 32. 1 및 Levick(1999), pp. 51-2와 A. Jones, 'The Elections under Augustus', *JRS* 45(1955), pp. 9-21, esp. 13-17 참고.

30 Dio 55. 32. 1 및 Levick(1972), pp. 690-97, Birch(1981), pp. 448-51, 455-6과 Barrett(2002), pp. 57-65 참고.

31 Tacitus, *Ann.* 1. 3.
32 Velleius Paterculus 2. 111. 3-4; 당시 전쟁에 관한 전반적 설명은 Dio 55. 29. 1-32. 4, 34. 4-7, 56. 11. 1-17. 1, Velleius Paterculus 2. 110. 1-116. 5.
33 Velleius 2. 113. 1-2, Suetonius, *Tiberius* 16. 1 및 Goldsworthy(1996), pp. 35-7, 116-25.
34 Dio 55. 31. 1에서는 티베리우스가 빨리 전투를 진행하지 않는다고 아우구스투스가 불만스럽게 생각했다고 기술하는데, 이는 Suetonius, *Augustus* 25. 4에서 아우구스투스가 휘하 장군들에게 조심스럽게 전투에 임하라고 촉구했다는 기술과 아주 상반된다.
35 Dio 55. 33. 5-34. 3.
36 Suetonius, *Augustus* 65. 1, 4, 72. 3, 101. 3, Tacitus, *Ann.* 3. 24, 4. 71, Pliny, *NH* 7. 75 및 Birch(1981), pp. 452-4, R. Syme, *The Roman Revolution*(1960), pp. 432, 468과(1986), pp. 115-27, 188-99 참고.
37 Ovid, *Tristiae* 2. 207은 '두 가지 범죄는 노래와 실수이다'라고 전한다; 자세한 설명은 R. Syme, *History in Ovid*(1978), pp. 206-29 참고.
38 Suetonius, *Augustus* 65. 4 참고. Levick(1999), pp. 55-62와 Crook in CAH^2 X, pp. 108-9는 그 주제를 아주 조심스럽게 다룬다.

22장

1 Velleius Paterculus 2. 127. 3(Loeb translation).
2 아르미니우스와 그의 어린 시절은 Velleius Paterculus 2. 118. 1-3, Tacitus, *Ann.* 2. 9-10, 88 및 P. Wells, *The Battle that Stopped Rome*(2003), pp. 105-10과 A. Murdoch, *Rome's Greatest Defeat. Massacre in the Teutoburg Forest*(2006), pp. 75-97, esp. 83-6 참고; 아우구스투스가 시민권 남발을 꺼렸다는 내용은 Suetonius, *Augustus* 40. 3 참고.
3 바루스에 관해서는 Wells(2003), pp. 80-86과 Murdoch(2006), pp. 49-74 및 R. Syme, *The Roman Revolution*(1960), pp. 401, 424-5, 434, 437 참고.
4 Tacitus, *Ann.* 1. 57-59, Velleius Paterculus 2. 118. 4.
5 인용문을 포함하여 Velleius Paterculus 2. 117. 2-4 및 Dio 56. 18. 1-5 참고.
6 전반적 설명은 S. Dyson, 'Native Revolt Patterns in the Roman Empire', *Aufstieg und Niedergang der römischen Welt* 2. 3(1975), pp. 38-175 참고.
7 바루스의 병력은 Velleius Paterculus 2. 117. 1; 반란은 Dio 56. 18. 5-19. 4.
8 Dio 56. 20. 1-2와 백인대장 Marcus Caelius의 기념비에 새겨진 해방노예들은 *CIL* 13 8648=*ILS* 2244 참고; 침상에 관해서는 W. Schlüter, 'The Battle of the Teutoburg

Forest: archaeological research at Kalkriese near Osnabrück', in J. Creighton & R. Wilson, *Roman Germany. Studies in Cultural Interaction. Journal of Roman Archaeology Supplementary Series* 32(1999), pp. 125-59, esp. 148-9 참고; 병사들의 결혼에 관해서는 B. Campbell, 'The marriage of soldiers under the Empire', *JRS* 68(1978), pp. 153-66 참고.

9   Velleius Paterculus 2. 118. 4, Dio 56. 19. 2-3, Tacitus, *Ann.* 1. 58.

10 발굴 결과에 따라 전투 상황을 다양하게 재구성한 내용은 A. Rost, 'The Battle between Romans and Germans in Kalkriese: Interpreting the Archaeological Remains from an ancient battlefield'와 S. Wilbers-Rost, 'The site of the Varus Battle at Kalkriese. Recent Results from Archaeological Research' 참고. 두 논문 모두 A. Morillo, N. Hanel & E. Martín, *Limes XX: Estudios sobre la frontera romana. Roman Frontier Studies. Anejos de Gladius* 13 Vol. 3(2009), pp. 1339-45, 1347-52에 수록됨. Schlüter(1999), pp. 125-59 와 Wells(2003) 및 Murdoch(2006)도 참고; M. McNally, *Teutoburg Forest AD 9. The Destruction of Varus and his Legions*(2011)와 J. Oorthuys(ed.), The Varian Disaster: *The Battle of the Teutoburg Forest. Ancient Warfare special issue*(2009)에 실린 논문들에 잘 설명되어 있다; 고대의 주요 출처는 Dio 56. 19. 1-22. 2, Velleius Paterculus 2. 119. 1-5, Tacitus, *Ann.* 1. 61-2이다. 이들 자료에 근거해 기술했으며, 자세한 설명은 인용한 자료들에서 찾아볼 수 있다.

11 수송대의 짐 분실에 대한 율리우스 카이사르 군단병들의 반응은 *BG* 5. 33 참고, *BG* 5. 44의 기술과는 상반된다.

12 지휘관들의 마땅한 행동에 관해서는 Goldsworthy(1996), pp. 163-5 참고.

13 Tacitus, *Ann.* 1. 57-8, 71, Velleius Paterculus 2. 119. 5.

14 Velleius Paterculus 2. 117. 1.

15 Dio 56. 23. 1-4, Suetonius, *Augustus* 23. 1-2.

16 Suetonius, *Augustus* 23. 2; 이들 군단은 L. Keppie, *The Making of the Roman Army*(1984), pp. 163-9 참고.

17 Dio 56. 22. 2a-4, Velleius Paterculus 2. 120. 1-6 및 Wells(2003), pp. 200-12와 Murdoch(2006), pp. 121-8 참고.

18 바스타티오는 J. Roth, *The Logistics of the Roman Army at War, 264 BC-AD 235*(1999), pp. 148-55, 298-305 참고.

19 Dio 56. 25. 2-3.

20 Suetonius, *Tiberius* 21. 5-6.

21 Dio 56. 17. 1-3, 25. 1, Suetonius, *Tiberius* 17. 2, *Res Gestae* 4 및 Levick(1999), pp. 61-4와 T. Barnes, 'The victories of Augustus', *JRS* 64(1974), pp. 21-6 참고.

22 이들 법률이 미친 영향에 관한 자세한 설명은 A. Wallace-Hadrill, 'Family inheritance in the Augustan Marriage Laws', in J. Edmondson(ed.), *Augustus*(2009), pp. 250-74=*Proceedings of the Cambridge Philological Society* 27(1981), pp. 58-80 참고.
23 Dio 56. 1. 2-10. 3, Suetonius, *Augustus* 34. 2, 89. 2.
24 Tacitus, *Ann.* 3. 25-8은 개정된 법도 가혹하다고 강조했다. S. Treggiari, *Roman Marriage*(1991), esp. pp. 60-80 참고; K. Galinsky, *Augustan Culture*(1996), pp. 128-40에 서는 도덕의 추락이 바루스의 참패와 같은 결과를 초래했다는 더 큰 두려움을 반영하여 그 법이 제정되었다고 하지만, 바루스의 궤멸 소식이 전해지기 전에 그 법의 기본 틀은 짜여졌을 것이다.
25 Dio 56. 25. 7-8, 27. 4, Suetonius, *Augustus* 43.3.
26 라비에누스에 관해서는 R. Syme, *The Roman Revolution*(1960), p. 486과 B. Levick, *Augustus. Image and Substance*(2010), pp. 190-91 참고.
27 Dio 56. 25. 4, 27. 1, Tacitus, *Ann.* 1. 72 및 Syme(1960), pp. 486-7.
28 Dio 56. 26. 1-3, 28. 2-3.
29 Dio 56. 28. 4-6; 이 당시 티베리우스의 위치는 Levick(1999), pp. 61-7 참고.
30 Dio 56. 29. 1-6, Suetonius, *Augustus* 97. 1-3, *Res Gestae* 8.
31 아우구스투스의 마지막 여정은 Tacitus, *Ann.* 1. 5와 Dio 56. 30. 1 참고; 아우구스투스의 유서는 Suetonius, *Augustus* 101. 1-3 참고. 유서에서 아우구스투스는 2명의 율리아는 영묘에 안치하지 말라고 명시했고, 아그리파 포스투무스의 안치도 금지했을 것이다; Syme(1960), p. 433은 아우구스투스가 아그리파 포스투무스를 방문했단 사실을 믿지 않으나, Levick(1999), pp. 64-5는 아우구스투스가 실제 방문했다고 수긍할 만한 주장을 한다.
32 Dio 56. 29. 2 참고. 아우구스투스의 마지막 며칠을 가장 자세히 다룬 현존 사료는 Suetonius, *Augustus* 97. 3-100. 1이고, 본문 기술 대부분은 이에 근거했다. D. Wardle, 'A perfect send-off : Suetonius and the dying art of Augustus(Suetonius Aug. 99)', *Mnemosyne* 60(2007), pp. 443-63도 자세히 다루고 있다.
33 인용문 출처는 Suetonius, *Augustus* 98. 2.
34 '턱'에 관한 인용문 출처는 Suetonius, *Tiberius* 21. 2; Dio 56. 31. 1에 따르면, 아우구스투스가 사망한 후 티베리우스가 도착했다고 대부분의 자료가 기술한다고 전한다.
35 Dio 56. 30. 1-4와 A. Barrett, *Livia. First Lady of Imperial Rome*(2002), pp. 242-7 참고.
36 Suetonius, *Augustus* 99(Loeb translation).
37 Dio 56. 30. 4.
38 인용문 출처는 Suetonius, *Augustus* 99. 1; 리비아가 아우구스투스의 죽음을 며칠 숨겼다

는 주장은 Dio 31. 1 참고.

39　Suetonius, *Augustus* 100. 2, Dio 56. 31. 2.

40　아우구스투스 장례식 묘사의 주된 출처는 Suetonius, *Augustus* 100. 2-4와 Dio 56. 34. 1-42. 4; 수에토니우스와 달리 디오는, 드루수스가 '신 율리우스 신전' 밖에 있는 공공 연설대에서 추도사를 낭독했고, 티베리우스는 구 공공 연설대에서 추도사를 낭독했다고 전한다.

41　Suetonius, *Augustus* 100. 4, Dio 56. 42. 3.

맺음말

1　Dio 44. 2. 1-3(Loeb translation).
2　Tacitus, *Ann*. 1. 2.
3　Tacitus, *Ann*. 1. 8.
4　티베리우스가 택한 이름과 칭호에 관한 설명은 Levick, *Tiberius the Politician*(1999), p. 247, n. 11 참고.
5　티베리우스의 프린켑스 승계와 그가 이끈 초기 몇 개월은 Levick(1999), pp. 68-81과 R. Seager, *Tiberius*(2005), pp. 40-59 참고.
6　Tacitus, *Ann*. 1. 15.
7　아우구스투스가 남긴 유지는 Tacitus, *Ann*. 1. 11 참고.
8　티베리우스의 원수정에 관한 자세한 설명은 Levick(1999)와 Seager(2005) 참고.
9　Eutropius, *Breviarium* 8. 5; 아우구스투스가 유산으로 남긴 통치 방식은 실패할 수밖에 없었다는 주장은 J. Drinkwater, 'The Principate – lifebelt, or millstone around the neck of Empire?', in O. Hekster, G. Kleijn & D. Slootjes(eds), *Crises and the Roman Empire*(2007), pp. 67-74 참고; 칼리굴라 황제가 살해된 후 공화정 복귀 논의가 있었다는 내용은 A. Barrett, *Caligula. The Corruption of Power*(1989), pp. 172-6 참고.

부록 2

1　예수의 십자가 처형에 관한 초기 사료는 Tacitus, *Ann*. 15. 44와 Josephus, *AJ* 18. 63-4. 20. 200에 언급됨. testimonium Flavianum에 관한 방대한 문헌의 입문서인 E. Schürer, G. Vermes & F. Millar, *The History of the Jewish People in the Age of Jesus Christ* Vol. 1(1973)의

pp. 430-41 참고. 구절 중 일부는 후대에 추가되었을 수 있다; 율리우스 카이사르의 출생은 A. Goldsworthy, *Caesar: The Life of a Colossus*(2006), p. 30 참고.

2 Josephus, *BJ* 2. 117-18, *AJ* 17. 355, 18. 1, 26, *ILS* 2683; 자세한 논의는, 적어도 한 번은 시리아 황제 대관 총독을 포함해 황제 대관 총독을 두 번 지낸, 이름이 알려지지 않은 원로원 의원을 기록한 *ILS* 918을 언급하는 Schürer(1973), pp. 258-9 참고. 이 인물이 퀴리니우스일 수도 있고 아닐 수도 있다. 기원후 2세기 말에서 3세기 초에 활동한 기독교 변증가 Tertullian이 시리아 대관 총독 Coponius가 실시한 인구조사 시기에 예수가 탄생하였다고 주장하여, 이 문제는 더욱 복잡해진다. Tertullian, *Against Marcion* 4. 19 참고; Strabo, *Geog.* 12. 5. 6과 Tacitus, *Ann.* 3. 48은 Cilicia 국경에서 퀴리니우스가 거둔 승리를 기술하는데, 이는 그가 기원전 4~3년에 Galatia와 Pamphylia의 대관 총독을 지닐 때 있었던 일로 보인다.

3 갈리아 지방에 있었던 인구조사는 Goudineau in *CAH*² X, p. 490 참고.

4 유용한 논의는 Schürer(1973), pp. 399-427 참고. 간략한 설명은 Richardson, *Herod. King of the Jews and Friend of the Romans*(1996), pp. 295-8 참고.

5 이집트에 관한 언급은 A. Bowman in *CAH*² X, pp. 679-86, 689-93 참고.

6 영아 학살에 관한 회의적인 견해는 Richardson(1996), pp. 297-8 참고. 이러한 주장은 A. Murdoch, *Rome's Greatest Defeat. Massacre in the Teutoburg Forest*(2006), p. 59에서처럼 관련 없어 보이는 책들에서도 마치 사실인 것처럼 제시된다.

찾아보기

ㄱ

가데스(카디스) Gades(Cadiz) 120, 307
갈라티아 Galatia 41, 127, 272
갈루스, 가이우스 코르넬리우스 Gallus, Caius Cornelius 314~320, 327
갈루스, 마르쿠스 아일리우스 Gallus, Marcus Aelius 327~328, 366, 371
갈리아 Gallia 41, 46, 77, 80~81, 83~85, 90, 97~98, 100, 106, 120, 123, 126, 128, 134, 141~142, 145, 147, 149~150, 152~153, 159, 162, 164~166, 198~199, 201, 216, 231, 253, 257, 268, 279, 287, 186, 295, 301~309, 321, 369, 380, 385, 417~419, 421~435, 447~448, 453~456, 459~460, 462, 464, 466, 475, 520, 530, 544, 566, 574
게르마니쿠스 Germanicius 472, 533~536, 548, 550~551, 569, 571~572, 575~576, 588~591, 593
게르만 German 216~277, 295, 325, 349, 369, 417~418, 424, 458~463, 475~476, 542, 545, 557, 559~562, 564~571
공권 박탈 Proscriptio 15, 168~175, 177, 187, 205~206, 208~209, 218, 222, 232, 255, 259, 261, 347, 353, 405, 420, 495, 517, 585, 593, 599
그라쿠스, 티베리우스 셈프로니우스 Gracchus, Tiberius Sempronius 40, 46, 58, 91

ㄴ

나울로쿠스 Naulochus 217, 325, 381
나폴리 Napoli 49, 120, 150, 206, 214, 216, 550, 578, 580
네로 황제 Nero 13, 15, 371, 524, 591
네로, 티베리우스 클라우디우스 Nero, Tiberius Claudius 208~209, 211~213, 272, 374

ㄷ

다뉴브 강 Danube 225, 453, 463~464, 476, 518, 542~543, 587~588, 592
돌라벨라, 푸블리우스 코르넬리우스 Dolabella, Publius Cornelius 121~122, 124~126, 128~129, 135, 152, 164
드루수스(리비아의 아들) Drusus 212, 401, 420, 421, 425~426, 438, 445, 447, 450~456, 458~459, 462~467, 471~472, 475~476, 479, 483, 485, 514, 531, 533, 548, 571, 582, 589, 592, 593
드루수스(소小)(티베리우스의 아들) Drusus(the younger) 534~536, 572, 576, 582~583
디도(카르타고 여왕) Dido 392~394
디오, 카시우스 Dio, Cassius 27, 259, 268, 283, 286, 288~293, 297, 314, 318~319, 337, 347, 349, 352, 382, 397~398, 401, 406, 417, 419, 435, 442, 444, 449, 456, 489, 498, 510, 539, 547~548, 566, 576~577, 580~581, 585

ㄹ

라베오, 마르쿠스 안티스티우스 Labeo, Marcus Antistius 398~400
라비에누스, 티투스 Labienus, Titus 199, 574
레무스 Remus 420, 448, 505
레피두스, 마르쿠스 아이밀리우스 Lepidus, Marcus Aemlius 15, 22, 27, 42, 126, 135, 152, 159, 165~166, 168~170, 172~177, 187, 189, 197, 201, 217, 219~222, 250, 314, 351, 398~399, 422, 436
렌툴루스, 푸블리우스 코르넬리우스 Lentulus, Publius Cornelius 46~46, 123
로도스 Rodos 177, 485, 495, 519~520, 533, 536
로물루스 Romulus 36, 163, 281, 286~287, 297~298, 340, 345, 386, 389, 420, 448, 505~506, 512
롤리우스, 마르쿠스 Lollius, Marcus 417~419, 421, 424, 521, 530, 534
루그두눔(리옹) Lugdunum 309, 426, 428~429, 454, 464, 476
루비콘 강 Rubicon 86, 162, 517
루페르칼리아 축제 Lupercalia 102, 131, 300, 346
루푸스, 마르쿠스 에그나티우스 Rufus, Marcus Egnatius 376~377, 397
리비아(드루실라) Livia(Drusilla) 14~15, 209~213, 235, 237, 258~259, 261, 272, 301, 323,

331, 336, 343~344, 374, 401, 407, 419, 447, 449, 464, 471~473, 475, 479~480, 485, 487, 514, 519, 523~524, 535~536, 538~539, 548, 550~551, 555, 578, 580, 582, 584, 586, 589~590, 593

리비우스, 티투스 Livius, Titus 27, 286~288, 456, 514~518

ㅁ

마로보두우스 왕 Marobduus 542~543, 545, 551, 560~561, 566, 591

마르스 울토르 신전 Mars Ultor 380, 386, 503, 505, 507, 513, 534, 549

마르스 평원 Campus Martius 61, 77, 97, 163, 241, 266, 283~284, 325~326, 344~345, 412, 443, 445, 486, 508, 584

마르켈루스, 마르쿠스 클라우디우스(옥타비아의 남편) Marcellus 82, 85, 92, 100, 121, 160, 201~202

마르켈루스, 마르쿠스 클라우디우스(옥타비아의 아들) Marcellus, Marcus Claudius 272, 275, 301, 323, 330~331, 333~334, 342~345, 348~351, 354, 384~351, 354, 384, 445, 449, 472, 474, 485

마르코만니 족 Marcomanni 541~542, 566, 591

마르쿠스 안토니우스 Marcus Antonius 12~15, 17, 19~20, 22, 24, 27~28, 50, 86, 95, 99, 103~104, 107, 114~115, 119~131, 133~139, 141~142, 144~149, 151~156, 158~160, 164~166, 168~191, 196~202, 205~208, 210, 215, 217, 219, 222~225, 228~230, 232~252, 254~256, 260~264, 266~272, 276, 278, 280, 282, 285, 289, 294, 298, 301, 311, 314~315, 329, 334, 342, 363, 369, 379, 401, 421~422, 438, 447, 467, 494, 497~498, 523, 534, 577, 595, 598

마리암메(유대 여왕) Mariamme 268~269, 491

마리우스, 가이우스 Marius, Caius 42, 45, 55, 88, 122, 126, 139, 311, 506, 511, 515

마우솔레움(아우구스투스 영묘) Mausoleum 241, 584

마이케나스, 가이우스 Maecenas, Caius 200, 214~215, 246, 253, 259, 290, 314, 320, 325, 349, 352, 376, 383~385, 389, 401, 409, 415, 419, 474, 477, 501, 515, 528, 534

마케도니아 Macedonia 41, 44~45, 66, 88, 112~113, 123, 128, 135~136, 138, 140, 143~144, 152~154, 160, 178, 180, 182, 187, 205, 255, 265, 285, 295~296, 348, 381

메살라 코르비누스, 마르쿠스 발레리우스 Messalla Corvinus, Marcus Valerius 301, 328~329, 421, 494

무레나, 루키니우스(바로) Murena, Lucinius or Varro 332, 348~353, 356
무사, 안토니우스 Musa, Antonius 333, 343
무티나 Mutina 150~151, 153~154, 156~158, 165, 176, 221
문다 Munda 90, 124, 199, 290
미트리다테스 6세(폰투스 왕) Mithridates VI 40, 59, 70, 90, 364
밀로 Milo 80, 82~84, 172, 376

ㅂ

바루스, 푸블리우스 퀸크틸리우스 Varus, Publius Quinctilius 437, 558~569, 573

발부스, 루키우스 코르넬리우스 Balbus, Lucius Cornelius 120, 131, 307

발부스, 루키우스 코르넬리우스(소小) "Balbus, Lucius Cornelius(the younger)" 307, 325 ,381, 437~438, 480

발부스, 마르쿠스 아티우스(아우구스투스의 외조부) Balbus, Marcus Atius 38, 53, 62, 68, 78

발칸 Balkan 225, 277, 285, 441, 453, 464, 476, 543, 556, 559, 566, 571

베누스 Venus 98, 122, 131~132, 231, 277, 386, 389, 391~392, 415, 505, 512

베르길리우스 Vergilius 26, 195, 202, 252, 302, 345, 383~384, 386~390, 392~396, 404, 414~415, 448, 511

베스타(여신, 신전, 여사제) Vesta 62, 240, 256, 270, 437, 485, 522, 570, 578

벤티디우스 바수스, 푸블리우스 Ventidius Bassus, Publius 166, 208

벨레이우스 파테르쿨루스, 가이우스 Velleius Paterculus, Caius 27, 49, 168, 275, 510, 532, 535, 542, 544, 551, 557, 560

브루투스, 데키무스 유니우스 Brutus, Decimus Junius 94, 106~108, 115, 125, 128, 134, 145, 147, 149, 151~154, 156~160, 164~165, 188

브루투스, 마르쿠스 유니우스 Brutus, Marcus Junius 13, 15, 22, 24, 28, 100, 106~108, 114, 118, 125, 128~129, 152, 158, 160~161, 163, 165~166, 171, 177~186, 188, 198, 204, 239, 243, 247, 250, 254~255, 260, 267, 282, 328, 335, 351, 363, 439, 494, 594, 598

브룬디시움 Brundisium 87, 114, 117, 119, 135~138, 140~141, 146, 150, 154, 178, 198, 200, 203, 215, 220, 389, 580

브리타니아 Britannia 84, 303~304, 310, 390

비불루스, 마르쿠스 칼푸르니우스 Bibulus, Marcus Calpurnius 74~76, 106

비아 사크라(신성한 도로) Via Sacra 62, 205, 253, 272, 301, 570

비티니아 Bithynia 41, 65, 76, 267, 374

비프사니아 Vipsania 261, 323, 331, 401, 451~452, 474

ㅅ

사르디니아 Sardinia 41, 166, 203, 206, 213, 577

사모스 Samos 373~375, 382

소시우스, 가이우스 Sosius, Caius 230, 239, 285

수감브리 족 Sugambri 417, 459, 461, 476, 588

수에비 족 Suebi 277, 459, 461, 542

수에토니우스 Suetonius 28, 31, 33, 35, 37, 39, 50, 65, 92, 109, 156, 161, 172, 190, 219, 280, 290~291, 298, 316, 319, 330, 400, 418, 449, 454, 465, 471, 509, 523~526, 532~533, 548, 554, 571, 577, 580~582, 591

술라, 루키우스 Sulla, Lucius 42~43, 45, 49, 51, 53~54, 59, 62, 64, 70, 88, 96, 99, 101, 147, 169, 175, 243, 255, 275, 280, 290, 299, 311, 314, 348, 364, 506, 511

스크리보니아 Scribonia 202, 210~211, 421, 500, 537

스트라보 Strabo 307, 362~363, 375

스파르타쿠스 Spartacus 55, 65, 146, 225, 253

스폴리아 오피마 spolia opima 286~289, 318, 465, 506, 515

시칠리아 Sicilia 41, 65, 93, 128, 150, 166, 199, 203, 206~209, 214, 216~217, 219~220, 224, 250, 356~358, 365, 374, 392, 529

《신 아우구스투스의 업적록 Res Gestae》 28, 130, 219, 250, 273, 275, 299, 355~356, 417, 443, 469, 489, 494

신 율리우스 신전 Aedes Divi Iulli 277, 381, 466, 570, 583

ㅇ

아그리파, 마르쿠스 비프사니우스 Agrippa, Marcus Vipsanius 113, 215~218, 224, 226, 231, 243, 245, 247, 261~262, 272, 276, 278~279, 281~284, 290~291, 317~318, 320, 322~323, 325~327, 329~331, 333, 341~343, 357, 363~364, 367~368, 375, 397, 401~403, 405, 411~414, 417, 419, 421, 426, 432~434, 437~438, 441~453, 467, 474~476, 481, 483,

485~488, 495~496, 501, 504, 524, 537~538, 550, 554, 558~559, 582, 592

아그리피나 Agrippina 535, 590

아르메니아 Armenia 223, 228, 235, 377~378, 483, 518, 530, 536

아르미니우스 Arminius 557~564, 566, 568~569, 591

아르시노에 Arsinoe 233, 248

아스투라 Astura 92, 111, 578

아스투리아 Asturia 308, 320, 322, 376

아우구스타 에메리타(메리다) Augusta Emerita 433~434

아우구스투스의 평화 제단(아라 파키스) Ara Pacis Augustae 443, 445, 447~449, 453, 467, 486

아이네아스 Aeneas 345, 386, 388~395, 443, 448~449, 505~506, 512, 516, 522

《아이네이스 Aeneis》 26, 383~384, 388~392, 394~396, 414

아퀴타니아 Aquitania 216, 304, 309, 321, 424, 426

아퀼레이아 Aquileia 454, 474, 588

아킬레우스 Achilleus 118, 190, 391

아테네 Athene 135, 171, 182, 208, 234, 301, 358, 362~364, 374, 382~383, 442, 504, 510, 520, 579

아티아 Atia 33~39, 47, 49, 52, 67~69, 75, 78, 82, 91~93, 99, 112~113, 117~118, 121, 131, 162, 176

아티쿠스, 티투스 폼포니우스 Atticus, Titus Pomponius 120, 137, 260~262, 264, 288, 318, 331, 385, 387, 444

아폴로(신, 신전) Apollo 36, 128, 212~213, 230, 232, 284~285, 326, 340, 344, 413, 437, 482, 510, 522

아폴로 소시아누스 신전 Apollo Sosianus 230, 285

아폴로니아 Apollonia 112, 114, 141, 179, 182, 216, 588

아피아노스 Appianos 27~28, 114, 118, 168

아피우스 가도 Via Appia 150, 397, 580

아헤노바르부스, 그나이우스 도미티우스 Ahenobarbus, Cnaeus Domitius 198, 201, 239, 244

아헤노바르부스, 루키우스 도미티우스 Ahenobarbus, Lucius Domitius 420, 447, 489, 521

악티움(지역, 해전) Actium 15, 17, 23~24, 182, 232, 244~245, 251~254, 256, 263, 271, 283~285, 311~312, 314, 325, 351, 358~359, 363, 381, 395, 435~436, 443, 477, 492, 494, 511, 518, 529, 552, 595~596

안토니아(큰딸) Antonia 401, 421, 447, 464, 472, 514

안토니아(작은딸) Antonia 489

찾아보기

안토니우스, 가이우스(마르쿠스 안토니우스의 형) Antonius, Caius 36, 44, 59
안토니우스, 가이우스(마르쿠스 안토니우스의 동생) Antonius, Caius 152, 188
안토니우스, 루키우스 Antonius, Lucius 130, 188~191, 196, 198, 200~201, 204, 208
안토니우스, 율루스 Antoninus, Iullus 447, 497~500
안틸루스, 마르쿠스 안토니우스 Antyllus, Marcus Antonius 215, 248
알렉산드로스 대왕 Alexandros 36, 118, 178, 222, 265~266, 303, 382, 386, 510~511
알렉산드로스 헬리오스 Alexandros Helios 234, 236, 271
알렉산드리아 Alexandria 41, 102, 153, 199, 235~236, 241, 249, 265~266, 471, 498, 579
알바 롱가 Alba Longa 101, 261, 505, 582
야누스 신전(야누스 게미누스) Janus Geminus 256~257, 302, 322, 327, 446, 464
에그나티우스 가도 Via Egnatia 112, 178, 182
에페수스 ephesus 267, 362, 373
예루살렘 Jerusalem 40, 230, 285, 367, 369~370
예수 Jesus 359, 361, 368, 492
《오디세이아 Odysseia》 389, 391, 460
오비디우스 나소, 푸블리우스 Ovidius Naso, Publius 26, 443, 449, 495~496, 502, 513, 518, 520, 554~555
옥타비아 Octavia 38, 82, 85, 92, 100, 121, 162, 201~202, 208, 215, 229, 233~235, 272, 301, 336, 345, 384, 401, 420, 447, 464, 472, 479, 486, 520, 524
옥타비우스, 가이우스(아우구스투스의 아버지) Octavius, Caius 33~37, 44, 46~50, 52~56, 59~69
요세푸스 Josephus 143, 371
원로원 비상 의결 senatus consultum ultimum 45, 58, 86, 149, 376
유노 Juno 391~392, 413, 482
유대(유대인) Judaea, Judaean 40, 123, 143, 177, 199, 230, 267~268, 285, 359, 367~371, 390, 491~492, 544, 559, 562
유프라테스 강 Euphrates 41, 239, 520, 530
유피테르 Jupiter 71, 76, 93, 213, 262, 286~288, 413, 438, 382, 567
율리아(율리우스 카이사르의 딸) Julia 76, 81~82
율리아(아그리파와 율리아의 딸) Julia 530, 554~555, 578
율리아(아우구스투스의 딸) Julia 210~211, 215, 323, 330~331, 343, 401~403, 407, 421, 441~442, 444, 452, 464, 473~475, 480, 481, 484, 487, 495~502, 519, 533, 535, 539, 548,~549, 554, 578, 589~590

율리아(아우구스투스의 조모) Julia 90
율리아(안토니우스의 어머니) Julia 170, 199
이두매, 이두매아 Idumae, Idumaea 268, 367, 369
이집트 Egypt 41, 89~90, 123, 199, 203, 233~234, 238, 243, 247~249, 251~252, 256~257, 263~268, 270~271, 276, 281, 283, 295~296, 302, 318~319, 327~328, 339, 357~361, 363, 371, 375, 393, 425, 467, 483, 509, 544
일리리아 Illyria 77, 81, 201, 225, 228~229, 235, 238, 271, 285, 316, 321, 418
일리리쿰 Illyricum 41, 150, 225, 227, 426, 433, 454, 474, 477, 543, 545, 553, 558~560, 566, 571, 578
《일리아스 Ilias》 118, 190, 389, 391, 393

ㅋ

카르타고 Carthago 40, 79, 97, 225, 253, 305~306, 308~309, 311, 358, 392~393, 546
카르하이(지역, 전투) Carrhae 81, 255, 269, 379, 566
카스토르Castor와 폴룩스Pollux의 신전 138, 479, 548
카시우스 롱기누스, 가이우스 Cassius Longinus, Caius 22, 24, 100, 105, 107, 114, 118, 125, 128~129, 152, 158, 160, 163, 165~166, 177, 179~186, 198, 204, 239, 243, 247, 250, 254, 267, 282, 328, 351, 363, 439, 494, 594, 598
카이사르, 가이우스 Caesar, Caius 403, 438, 448, 476, 481, 483, 492, 518~519, 521, 529, 531~533, 535, 550
카이사르, 루키우스 Caesar, Lucius 402~403, 410, 442, 444, 445, 448~450, 467, 481, 484~487, 493, 499, 501~502, 508, 522, 530, 534~535, 538, 548, 549
카이사르, 루키우스 율리우스 Caesar, Lucius Julius 149, 170, 171
카이사리온 Kaisarion 102, 233, 236, 238~240, 248, 360, 393
카토(소小) Cato the Younger 47, 58, 60, 64, 72~76, 83, 86, 90, 100, 106~107, 148, 185, 396, 511~512
카틸리나, 루키우스 세르기우스 Catiline, Lucius Sergius 33, 37, 43~47, 52, 59~60, 64~65, 74, 80, 86, 107, 122, 136, 146, 164, 169, 276, 314, 351, 353, 396, 479
카프리아이(카프리 섬) Capreae 524, 579, 590, 592
칸타브리아 Cantabria 306, 308~310, 316, 320, 322, 376, 433
칼리굴라 황제 Caligula 210, 524, 591, 594

케루스키 족 Cherusci 459, 461, 557~559, 563, 569

코르시카 Corsica 41, 182, 203, 206, 213, 245, 550

코린토스 Korinthos 97, 173, 182, 363, 505

코미티아 켄투리아타(민회) comitia centuriata 61, 82, 133, 549

쿠리아 율리아(원로원 의사당) Curia Julia 276, 299

퀴리니우스, 푸블리우스 술피키우스 Quirinius, Publius Sulpicius 11, 521, 544

크라수스, 마르쿠스 리키니우스 Crassus, Marcus Licinius 51~52, 60, 72~76, 78~81, 112, 180, 208, 222, 225

크라수스, 마르쿠스 리키니우스(소小) Crassus, Marcus Licinius(the younger) 255, 285~289, 295, 301, 318, 348, 379, 465, 518

클라우디우스 황제 Claudius 28, 411, 464, 514, 516, 548~550, 590

클레오파트라 Cleopatra 13~15, 89~90, 102, 187, 196, 199, 219, 232~234, 236~238, 240~249, 251~252, 256, 263~266, 268, 271, 298, 360, 363, 369, 393, 467, 498

클로디우스 풀케르, 푸블리우스 Clodius Pulcher, Publius 79~80, 82~83, 94, 115, 127, 171~172, 176, 376

키르쿠스 플라미니우스(원형 경기장) Circus Flaminius 466, 508~509

키케로, 마르쿠스 툴리우스 Cicero, Marcus Tullius 15, 27~28, 35~37, 44~47, 53~54, 59, 63~64, 69, 74, 79~80, 84, 100, 102, 104~106, 108, 114, 116, 119~122, 126~130, 134~139, 141~142, 145~149, 152, 158~162, 164, 169, 171~173, 175, 197, 203, 233, 249, 260~261, 264, 280, 349, 353, 387, 408, 455, 479, 493, 517, 524

키케로, 마르쿠스 툴리우스(소小) Cicero, Marcus Tullius(the younger) 255~256

키케로, 퀸투스 Cicero, Quintus Tullius 57, 60, 63

E

타라고나 Tarragona 305~306, 310, 320, 322, 375

타렌툼 Tarentum 65, 150, 215, 276

타우루스, 티투스 스타틸리우스 Taurus, Titus Statilius 230, 277, 305, 317, 320, 325, 329, 376, 421, 440, 486

타키투스 Tacitus 28, 250, 254, 282, 339, 449, 458, 500, 514, 516, 551, 585, 589, 591

토라니우스, 가이우스 Toranius, Caius 54~55, 68, 170~171

트레보니우스, 가이우스 Trebonius, Caius 106~107, 125, 128, 152

트로이 Troy(Troia) 101, 190, 277, 345, 383, 388~389, 391~392, 394~395, 414, 438, 448, 479, 506, 516, 522

트로이 경기 lusus Troiae 277, 438, 448, 509

티베리스 강 Tiberis 115, 169, 332, 345, 412~413, 437, 486, 509, 539

티베리우스 황제 Tiberius 27~28, 209~210, 261, 272, 301, 323, 330~332, 344, 352, 360, 378, 401, 419~421, 425~426, 437~438, 445, 447, 450~455, 458, 463~467, 473~476, 479~481, 483, 485~489, 495, 498~499, 516, 519~520, 528, 531, 533~538, 540~543, 548, 550~553, 555~556, 558, 567, 569, 571~572, 575~578, 580, 582~583, 586~593

ㅍ

파르살루스 전투 Pharsalus 87, 89, 93, 96, 100, 113, 123~124, 131, 179, 182, 203, 255

파르티아 Parthia 81, 96, 101, 105, 111~112, 116, 119, 121, 128, 131, 141, 143, 199, 208, 215, 222~225, 228, 234~236, 239, 253, 266, 269, 295, 303~304, 310, 341~343, 355, 369, 377~381, 388, 418, 483, 507, 513, 518, 520, 529~530

파스케스 fasces 21, 63, 75, 278~279, 346, 438

파울루스, 루키우스 아이밀리우스 Paullus, Lucius Aemilius 530, 533, 554~555

파테르 파테르아이(조국의 아버지) Pater Patriae 493, 507

판사, 가이우스 비비우스 Pansa, Caius Vibius 145, 147, 149, 153~158, 160, 162

페디우스, 퀸투스 Pedius, Quintus 100, 163, 169, 204

페루시아 Perusia 150, 189~191, 196~201, 208~209, 247, 254, 259, 395

페트로니우스, 푸블리우스 Petronius, Publius 328, 371, 375

포룸 갈로룸 Forum Gallorum 150, 154~155, 157~158

포룸 아우구스툼 Forum Augustum 380, 504, 583

포룸 율리움 Forum Julium 98, 231, 276, 504

포스투무스, 아그리파 Postumus, Agrippa 131, 442, 509, 533~535, 537, 540, 549~551, 555, 577~578, 589

폴리오, 가이우스 아시니우스 Pollio, Caius Asinius 87, 152, 158~159, 195, 200, 202, 230, 240, 509, 514

폴리오, 베디우스 Pollio, Vedius 408~409, 480

폼페이우스 마그누스 Pompeius Magnus 40, 51~53, 59~60, 67, 69~93, 96~101, 106~107, 119~121, 123, 128, 134, 140, 147~148, 160, 165~166, 179~180, 187, 199, 204, 243, 255,

257, 260, 265, 281, 296, 299, 306, 311, 315, 317, 346, 372, 378, 380, 396, 422, 425, 506, 511~512, 516, 534, 574, 583

폼페이우스, 그나이우스 Pompeius, Cnaeus 90, 95, 107, 204, 207

폼페이우스, 섹스투스 Pompeius, Sextus 15, 27, 160, 164, 166, 178, 187~191, 199~200, 202~204, 209, 213, 217~218, 220, 222, 231, 235, 238, 240, 245, 255, 260, 289, 316, 357, 598

푸블리카니 publicani 52, 60, 72~73, 75, 364, 547

푸테올리 Puteoli 92, 120, 150, 579

풀비아 Fulvia 62, 127, 141, 171~173, 176, 189~191, 196, 201, 215, 260, 438, 497

프라아테스 4세(파르티아 왕) Phraates Ⅳ 269, 355, 377~379

프로페르티우스 Propertius 345, 386, 388

프리무스, 마르쿠스 Primus, Marcus 348~351, 353, 356

프린켑스 유벤투티스(청년들의 지도자) princeps iuventutis 488, 493, 535

프톨레마이오스(왕, 왕조) Ptolemaios 89, 233, 236, 264~265, 271

플라부스 Flavus 558, 561

플랑쿠스, 루키우스 무나티우스 Plancus, Lucius Munatius 152, 159, 164, 176, 240, 298, 347

플로루스 Florus 27, 459

플루타르코스 Ploutarchos 28, 186, 222

플리니우스(大) Plinius the Elder 423, 467, 498, 504, 545

피소, 그나이우스 칼푸르니우스 Piso, Cnaeus Calpurnius 332~335, 337

피소, 루키우스 칼푸르니우스 Piso, Lucius Calpurnius 76, 135

필리포스 2세 Philippos Ⅱ 135, 178

필리푸스, 루키우스 마르키우스 Philippus, Lucius Marcius 68, 82, 90~93, 95, 117~118, 120~121, 131, 147, 160

필리피 전투 Philippi 175, 178~180, 182, 184, 197~199, 209, 220, 238, 253~255, 259, 267, 325, 332, 335, 337, 358, 380, 395, 503, 565, 598

ㅎ

하드리아누스 황제 Hadrianus 13, 25, 326, 355, 371

한니발 Hannibal 13, 50, 175, 253, 305, 541, 566

헤라클레스 Heracles 122, 124, 224, 237, 292, 324

헤롯(헤로데) 대왕 Herodes Magnus 230, 268~269, 366~371, 491~492, 544, 559

호라티우스 Horatius 236, 251~253, 269, 303, 324, 355, 379, 384~387, 389, 404, 414~415, 426, 478

호메로스 Homeros 389~393, 460

히르카누스 Hyrcanus 267~269

히르티우스, 아울루스 Hirtius, Aulus 145, 147, 149, 152~157, 160

히스파니아 Hispania 9, 41~42, 73, 81, 88, 90, 95, 97, 99, 105, 116, 120, 124, 149, 152, 158, 160, 166, 191, 203, 228, 257, 281, 295, 299, 302, 305~306, 315~316, 320~325, 327, 330, 375, 380, 384, 402, 424, 426, 433~435, 437, 457, 528, 530, 567

아우구스투스
AUGUSTUS

1판 1쇄 인쇄 2025년 11월 18일
1판 1쇄 발행 2025년 12월 4일

지은이 에이드리언 골즈워디
옮긴이 박재영 **감수** 김덕수
펴낸이 김영곤 **펴낸곳** (주)북이십일

TF팀 팀장 김종민
기획편집 진상원 **마케팅** 정성은 김지선
편집 김화영 **디자인** 이찬형
영업팀 정지은 한충희 남정한 장철용 강경남 황성진 김도연 이민재
해외기획실 최연순 홍희정 소은선
제작팀 이영민 권경민

출판등록 2000년 5월 6일 제406-2003-061호
주소 (우10881) 경기도 파주시 회동길 201(문발동)
대표전화 031-955-2100 **팩스** 031-955-2151 **이메일** book21@book21.co.kr

(주)북이십일 경계를 허무는 콘텐츠 리더
21세기북스 채널에서 도서 정보와 다양한 영상자료, 이벤트를 만나세요!
페이스북 facebook.com/jiinpill21   포스터 post.naver.com/21c_editors
인스타그램 instagram.com/jiinpill21   홈페이지 www.book21.com
유튜브 youtube.com/book21pub

ISBN 979-11-7357-633-1 (03920)

* 책값은 뒤표지에 있습니다.
* 이 책 내용의 일부 또는 전부를 재사용하려면 반드시 (주)북이십일의 동의를 얻어야 합니다.
* 잘못 만들어진 책은 구입하신 서점에서 교환해 드립니다.

리더를 위한 정치와 사상의 교양
그레이트 하모니

그레이트 하모니는 다양한 요소의 조화로 정치가 완성된다는 철학을 담은 시리즈입니다. 정치적 통찰을 바탕으로 리더십을 꿈꾸는 독자들을 위해 엄선된 도서를 소개합니다. 복잡한 정세 속에서 조화를 이루는 리더로 성장하는 길을 제시합니다.

---

001 《아우구스투스》
혼돈에서 제국을 세운 질서와 통치의 리더십
에이드리언 골즈워디 지음 | 박재영 옮김 | 김덕수 감수

002 《알렉산드로스》
세계를 손에 넣은 대왕의 도전과 정복의 리더십
필립 프리먼 지음 | 노윤기 옮김

003 《21세기 지정학》 (근간)
5000년 문명사를 통해 보는 세계질서의 대전환
아미타브 아차리아 지음 | 최준영 옮김

004 《잘못된 전략》
외교 역사와 이론으로 살펴보는 국제정치 속 오판의 메커니즘
비어트리스 호이저 지음 | 이혜진 옮김

005 《백악관 상황실》
작지만 위대한 지하실에서 펼쳐지는 대통령 리더십의 성공과 실패
조지 스테퍼노펄러스, 리사 디키 지음 | 황성연, 천상명 옮김